LES
FRÈRES PRÊCHEURS
EN GASCOGNE
AU XIIIme ET AU XIVme SIÈCLE

CHAPITRES, COUVENTS ET NOTICES

DOCUMENTS INÉDITS
PUBLIÉS POUR LA SOCIÉTÉ HISTORIQUE DE GASCOGNE

PAR

C. DOUAIS
CHANOINE HONORAIRE DE MONTPELLIER
PROFESSEUR A L'INSTITUT CATHOLIQUE DE TOULOUSE

« Tanta est ordinis Prædicatorum præstantia,
« tanta sunt ejus in Ecclesiam bene merita, ut
« quæcumque ipsum tangunt, vel minima anti-
« quitatis monimenta præterire sit nobis religio. »
(D. MARTÈNE, *Ampliss. Collect.*, t. VI, c. 331.)

PREMIÈRE PARTIE : CHAPITRES

PARIS	AUCH
HONORÉ CHAMPION	COCHARAUX FRÈRES
ÉDITEUR	IMPRIMEURS
15, quai Malaquais, 15	11, rue de Lorraine, 11

M DCCC LXXXV

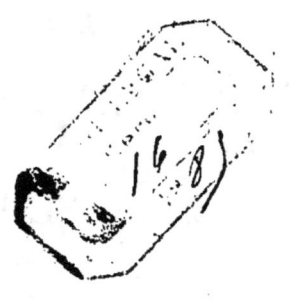

ARCHIVES HISTORIQUES
DE LA GASCOGNE

FASCICULE SEPTIÈME

LES
FRÈRES PRÊCHEURS EN GASCOGNE
AU XIIIe ET AU XIVe SIÈCLE

PAR C. DOUAIS

PRÉFACE.

Sous ce titre : *Les Frères Prêcheurs en Gascogne au treizième et au quatorzième siècle*, je publie les actes de trois chapitres généraux et de vingt chapitres provinciaux, l'histoire de la fondation de treize couvents et de leurs prieurs, et les notices de plus de quatre cents Frères Prêcheurs. Je dois d'abord exposer ici le caractère, l'objet, l'utilité de cette publication ; en même temps, je ferai connaître les sources auxquelles j'ai puisé.

I.

CHAPITRES.

I. Chapitres Généraux. — A partir de l'année 1220, le chapitre général de l'ordre des Frères Prêcheurs, fondé à Toulouse en 1216, se réunit régulièrement chaque année, l'année de la mort du Maître seule exceptée. De 1220 à 1245, pendant vingt-cinq ans, il fut convoqué alternativement à Bologne et à Paris. Mais après 1245, il s'assembla dans d'autres villes, appartenant même à d'autres pays que l'Italie et la France. Le nombre des couvents s'était déjà beaucoup accru; il était de 562 sous Clément V (¹). La tenue du chapitre général au couvent des villes les plus centrales fut dès lors jugée utile, nécessaire. Ainsi les couvents de Cologne, de Montpellier, de Trèves, de Londres, de Metz, de Milan, de Barcelone, de Strasbourg, de Florence, d'Oxford, de Vienne, de Valenciennes, etc., reçurent, eux aussi, les Frères accourus de tous les points de l'Europe pour l'assemblée. Le couvent de Bordeaux, la ville la plus considérable de la Gascogne, eut trois chapitres généraux, de 1220 à 1340, dates marquant les limites chronologiques de cette publication : le premier, en 1277, le deuxième, en 1287, le troisième, en 1324. Les actes des deux premiers de ces trois chapitres ont été publiés, mais en partie seulement, par D. Martène (²), qui pensa devoir n'en retenir que les points les plus notables; je crois les actes du troisième, qui est le plus important, inédits encore dans toute leur étendue. D. Martène emprunta le texte des deux premiers à un manuscrit du célèbre couvent des Frères Prêcheurs de Toulouse (³). Probablement, c'est ce même manuscrit que la Bibliothèque publique de cette ville possède sous le n° 489 (I, 55). Ce ms.

---

(1) B. Gui en a donné l'énumération. Bibliothèque publique de la ville de Toulouse, ms. 490 (I, 273), f° 76 A-B, f° 77 A-B, f° 78 A-B, f° 79 A-B, f° 80 A-B, f° 81 A-B, f° 82 A-B.

(2) *Thesaurus*, IV, 1789-1795, 1819-1824.

(3) *Thesaurus*, IV, 1669.

comprend les actes des chapitres généraux de 1220 à 1344 ; j'ai reproduit le texte qu'il donne. Sous forme de supplément, j'ai joint au texte des actes du chapitre général de 1324 deux notes composées en grande partie d'extraits des actes de quelques autres chapitres sur deux sujet importants : I. *Du culte du T. S. Sacrement dans l'ordre des Frères Prêcheurs et de l'auteur de l'office du T. S. Sacrement*; — II. *Règlements des chapitres généraux relatifs à l'Inquisition.*

Les actes des chapitres généraux étaient rédigés par les définiteurs, pris parmi les membres des chapitres eux-mêmes. B. Gui ([1]), une des illustrations de l'Ordre, travailla le premier à la compilation des actes des chapitres généraux pour l'usage de la province de Toulouse; elle fut continuée après lui ([2]) ; car chaque province était tenue de posséder une copie des actes des chapitres généraux.

Le chapitre général réglait la conduite à suivre dans l'ensemble de la vie religieuse, pratiques monastiques, études, ministère extérieur, rapports avec les séculiers et le pouvoir civil, etc. Il élisait le prieur général appelé Maître. Chaque province y députait ses représentants qu'elle désignait en chapitre provincial; d'ordinaire, c'était le prieur provincial auquel on donnait un *socius*. Il avait tout pouvoir pour établir les constitutions auxquelles le Maître lui-même était soumis; à plus forte raison, avait-il tout pouvoir pour fonder de nouveaux cou-

---

([1]) Pour la vie et la bibliographie de B. Gui, voyez *Notice sur les Manuscrits de B. Gui*, par M. Léopold Delisle.
([2]) B. Gui fut nommé évêque de Lodève (Hérault) en 1324 ; il mourut le 30 décembre 1331.

vents ou autoriser telle province à faire des fondations, pour suspendre de leurs fonctions les Frères en charge, lecteurs, sous-prieurs, prieurs conventuels ou prieurs provinciaux, pour reprendre, punir, corriger. Il se réunissait invariablement le jour de la Pentecôte, au couvent désigné par le chapitre de l'année précédente. Le prieur général ou Maître y présidait; à son défaut, le vicaire de l'Ordre. Les représentants des provinces prenaient rang à droite et à gauche, *in dextro choro et in sinistro choro*, d'après l'ancienneté de chaque province. La province d'Espagne, par honneur pour le lieu d'origine de saint Dominique, occupait la première place à droite, et la province qui avait le couvent de Toulouse, où l'ordre s'était fondé, la première place à gauche.

II. CHAPITRES PROVINCIAUX. — Le chapitre provincial se réunissait régulièrement chaque année au couvent désigné l'année précédente, après le chapitre général, mais à des dates variables selon l'opportunité, le 24 juin, le 22 juillet, le 15 août, le 28 août, le 8 septembre, le 14 septembre ou même le 9 octobre, etc. Deux fois le lieu de la tenue du chapitre fixé d'avance fut changé. Le chapitre provincial tenu à Montpellier en 1283 désigna le couvent de Condom pour la réunion du chapitre de 1284 (¹); mais pendant l'année, le prieur général, Jean de Verceil, étant mort, le prieur provincial, Bérenger Notaire *(Notarii)*, pour une raison que je n'ai pu saisir, convoqua le chapitre à Perpignan; mention de ce changement

---

(1) Biblioth. publ. de la ville de Toulouse. Ms. 490 (I, 273), f° 337 A.

fut faite (¹). En 1294, le couvent de Montauban fut choisi ; mais le Maître étant encore mort, le chapitre se réunit à Castres le jour de la Nativité de saint Jean-Baptiste (²).

Le prieur provincial ou son vicaire présidait au chapitre. Régulièrement les actes ne mentionnaient point sa présence ; accidentellement, le compilateur des actes a transcrit son nom à la marge, ainsi que les noms des quatre définiteurs. Ces définiteurs, choisis parmi les religieux les plus recommandables, préparaient les décisions et rédigeaient eux-mêmes les actes. Les prieurs des divers couvents de la province prenaient place dans l'assemblée, à droite et à gauche du président, *in dextro choro et in sinistro choro*, d'après la date de la fondation de chaque couvent : le plus ancien avait le pas sur le plus récent. Les couvents de Gascogne étaient représentés au chapitre dans l'ordre suivant : à droite, *in dextro choro*, le couvent de Bayonne, le couvent de Bordeaux, le couvent d'Orthez, le couvent de Condom, le couvent de Saint-Gaudens ; à gauche, *in sinistro choro*, le couvent d'Agen, le couvent de Saint-Émilion, le couvent de Morlaas, le couvent d'Auvillar, le couvent de Saint-Sever, le couvent de Lectoure et le couvent de Saint-Girons (³). Les simples religieux pouvaient obtenir la faveur de se rendre au chapitre. A en juger par les monitions sans cesse reproduites et par

---

(1) Biblioth. publ. de la ville de Toulouse, f° 337 B, à la marge.
(2) *Ibid.*, f° 366 B, f° 367 B.
(3) B. Gui, *Conventus fratrum ordinis predicatorum in provincia Tholosana*. Bibl. publ. de la ville de Toulouse, ms. 490 (I, 273), f° 76 A-B, et dans mon *Essai sur l'organisation des études dans l'ordre des Frères Prêcheurs au treizième et au quatorzième siècle*. Appendice I.

les défenses souvent renouvelées, beaucoup étaient désireux d'y assister; souvent, beaucoup s'y rendaient sans l'autorisation préalable et malgré la pénitence toujours imposée.

Les attributions du chapitre provincial étaient assez étendues. Ainsi il élisait le prieur provincial, qui n'entrait toutefois en fonction qu'après l'approbation du Maître; dans le cas où la charge de Maître était vacante, les quatre plus anciens membres du chapitre donnaient l'approbation nécessaire. Le chapitre pouvait absoudre de leur charge les prieurs conventuels, sous-prieurs et lecteurs, etc. Il fixait les divers centres d'études dans la province, pour les arts, pour la philosophie, pour l'Écriture sainte, pour les sentences, et cela chaque année ; il désignait les lecteurs en chaque matière de l'enseignement, les sous-lecteurs de théologie et même les étudiants, pour la philosophie, l'Écriture sainte, la théologie, pour le *Studium Solemne* et le *Studium generale;* il fixait l'époque à laquelle les cours commençaient et finissaient, les matières à étudier et l'ordre dans lequel elles devaient être étudiées : on ne trouve pas un seul chapitre qui ne se soit occupé de l'enseignement. Il nommait les prédicateurs généraux, *predicatores generales*, c'est-à-dire les Frères qui, recommandables par leur savoir ou leur éloquence, étaient autorisés à étendre leur ministère au delà des limites de chaque *prédication*, pour parler la langue dominicaine ; chaque couvent, en effet, était considéré comme une *prédication*, c'est-à-dire comme un centre d'action évangélique dont le chapitre, par ses mandataires, fixait les limites géographiques.

Le chapitre choisissait lui-même les visiteurs, d'ordinaire au nombre de six, qui avaient chacun charge et droit de visite et de correction dans les couvents vers lesquels ils étaient envoyés. Sous la rubrique *Ordinationes et admonitiones*, il rangeait un certain nombre d'avis pouvant atteindre le religieux jusque dans les moindres détails de sa vie. Mais il ne se bornait pas à imprimer une direction générale; son rôle s'étendait plus loin: il corrigeait lui-même et directement les abus qui se produisaient et veillait à ce que la pratique des règles fût très exacte. Il disposait de moyens de répression; les peines qu'il imposait étaient les sept psaumes de la pénitence à réciter, le jeûne au pain et à l'eau pendant un certain nombre de jours, la dépossession d'une charge, la privation du droit de voter ou même la prison. Les couvents étaient, en effet, munis d'une prison, et telles étaient les mœurs de ce temps de vigoureuse initiative et de libre indépendance, que pour en prévenir les excès les couvents étaient invités à pourvoir leur prison de ceps, de chaînes et de menottes (1).

Le chapitre provincial était pour chaque province de l'Ordre comme l'intermédiaire naturel entre les Frères, le Maître et le chapitre général, entre les couvents, les évêques et le Pape, ou même entre une province et une autre province. Ainsi le prieur du couvent de Paris, frère Guillaume de Kayto, avait écrit au prieur provincial de la province de Provence pour l'informer de la mort dans son

---

(1) Voyez les actes du chapitre provincial de 1340 tenu à Condom.

couvent de Frère Étienne de Besançon, Maître de l'Ordre. Sa lettre fut lue en chapitre (¹).

Le chapitre provincial s'occupait quelquefois d'affaires intéressant l'Ordre tout entier. Naturellement, les cas de cette nature furent rares; mais il en est un digne d'être noté. Ce fut une cause d'émotion douloureuse pour tout l'Ordre que la tentative du pape Nicolas IV, auparavant Franciscain, pour confier à deux cardinaux le gouvernement des Frères Prêcheurs; les constitutions paraissaient en être renversées. La première province de Provence protesta par la voix du prieur et des quatre définiteurs dans une lettre adressée au Pape, le 14 septembre 1290, et contenant des plaintes respectueuses, mais motivées (²).

Avant de se séparer, le chapitre recommandait aux suffrages des Frères les amis de l'Ordre, vivants ou morts; souvent il les nommait. Parmi les vivants, nous trouvons toujours le Pape, puis les bienfaiteurs insignes et les fondateurs de couvents, cardinaux, évêques, seigneurs, bourgeois, souvent les rois de France et d'Angleterre. Pour saint Louis seul, la première province de Provence, à laquelle les couvents de Gascogne furent rattachés jusqu'en 1303, fixa des prières propres, particulières; ce fut au chapitre provincial tenu à Narbonne, en 1250, pendant la croisade du saint roi (³).

---

(1) Biblioth. publ. de la ville de Toulouse. Ms. 490 (I, 273), f° 366 B, f° 367 A-B. Le chapitre provincial se tint cette année-là à Montpellier.

(2) *Ibid.*, f° 354 A-B. Je publie cette pièce curieuse dans une histoire abrégée du couvent de Pamiers, qui, sous le titre: *Les Frères Prêcheurs à Pamiers au XIII° siècle*, paraîtra dans le volume du *Congrès archéologique de France* de 1884.

(3) *Ibid.*, f° 284 B, f° 285 A-B.

Ainsi nous constatons avec quelle anxiété pieuse la province suivait une entreprise intéressant le bien commun de l'Église. Les chapitres nous la montrent aussi très vivement émue par les luttes que le Saint-Siège eut à soutenir au XIIIe siècle avec le pouvoir civil. Du temps des démêlés de Frédéric II et d'Innocent IV, chacun dut s'abstenir de prendre parti pour l'empereur ([1]). Quand le conflit de Boniface VIII et de Philippe-le-Bel éclata, le langage des chapitres revêtit une certaine réserve commandée par la prudence; mais les Frères Prêcheurs se séparèrent nettement de Louis de Bavière en lutte avec Jean XXII; le chapitre général de 1328, tenu à Toulouse, ordonna à chacun d'éviter ses partisans ([2]). Au XIIIe et au XIVe siècle, l'Ordre se montra très attaché au Saint-Siège; c'est là un fait qui se dégage de tous les monuments primitifs de son histoire. Quand le pape Jean XXII lui demanda des docteurs pour s'opposer aux erreurs de son temps, et quand Benoît XII fit appel à son zèle bien connu pour

---

(1) Chap. gén. de 1246. Ap. Martène, *Thesaurus*, IV, 1691.
(2) Mandamus et omni districtione qua possumus imponimus fratribus universis, nec non et magister Ordinis in virtute sancte obedientie precipit fratribus omnibus de diffinitorum concilio *(sic)* et assensu, quod Ludovicum condam ducem Bavarie hostem ac persecutorem sacrosancte Romane Ecclesie, hac *(sic)* per eandem tanquam hereticum condempnatum, nec non et omnes alios fautores ejusdem, tanquam ereticos condempnatos vitent, ac interdictum ocasione dicti perfidi bavari per sanctam Romanam Ecclesiam positum inviolabiliter servent, nec eidem bavaro vel suis predictis fautoribus quocumque modo prebeant auxilium, concilium *(sic)* vel favorem. Si qui autem contrarium inventi fuerint facientes, pena carceris ad quem eos nunc pro tunc adjudicamus inviolabiliter puniri volumus et mandamus eisdem mandatis et impositionibus quibus supra, injungentes quod fratres in suis predicationibus juxta formam mandati apostolici *Processus noviter factos* contra dictum bavarum cum omni diligencia studeant publicare. Bibl. publ. de la ville de Toulouse, ms. 489 (I, 55), f° 161 c.

l'œuvre des missions chez les infidèles (¹), ils continuaient une tradition ancienne déjà du Saint-Siège. Mais les Frères Prêcheurs restèrent en principe toujours éloignés de toute immixtion dans les affaires du pouvoir civil, dans les luttes de seigneur à seigneur. Les chapitres généraux et les chapitres provinciaux étaient formels et unanimes sur ce point. Ils ne devaient ni s'occuper de mariages et de testaments, ni accepter des missions ou ambassades, ni même être simples porteurs de messages entre les seigneurs, ni s'entremettre à titre d'arbitre ou de pacificateur; en un mot, ils ne s'avisaient point des affaires temporelles des familles et des princes; leur ministère les plaçait au-dessus de ces préoccupations. Et c'est pour répondre aux inspirations de ce ministère évangélique que le chapitre leur demandait de prier pour la prospérité des villes où ils étaient, pour le maintien de la paix entre les princes, notamment entre les rois de France et d'Angleterre.

Ainsi les actes des chapitres provinciaux permettent de constater la direction donnée aux Frères Prêcheurs dans leurs rapports avec les laïques, vis-à-vis desquels ils devaient être exclusivement prêtres et moines. En même temps, les suffrages pour les morts, cardinaux, évêques, seigneurs, etc., font connaître les amis de l'Ordre et laissent entrevoir l'ascendant considérable qu'il exerça. Les actes des chapitres provinciaux offrent ainsi un très réel intérêt; dépouillés minutieusement, ils présenteraient un riche ensemble de renseignements historiques.

---

(1) Biblioth. publ. de la ville de Toulouse, ms .489 (I, 55), f° 164 d, f° 165 a.

Ce fut le frère Raymond Masquerie qui s'occupa le premier de réunir les actes des chapitres provinciaux de la première province de Provence et de la province de Toulouse. Bérenger de Landorre, prieur provincial de la province de Toulouse, un des hommes considérables de son temps, mort archevêque de Compostelle (¹), le lui avait demandé. Il fit ce travail à Prouilles; il le mena jusqu'à l'année 1308 (²). Mais il ne réunit et ne publia pour l'usage de la province que la partie principale des actes de chaque chapitre, les *Monitiones*, la seule probablement dont la lecture publique fut obligatoire pour les couvents plusieurs fois chaque année.

Après lui, B. Gui, l'historien des couvents, entreprit de les donner aussi, mais *in extenso*. Sa compilation commence à l'année 1239; je ne saurais dire jusqu'à quelle date il la conduisit lui-même; je suis porté à croire qu'il l'arrêta à l'année 1314. Après lui, la compilation fut continuée par les soins de la province, sur le même plan. Cette compilation fait suite

---

(1) Voyez sa notice dans la troisième partie de cette publication.

(2) Il donne lui-même ces renseignements. « Ego frater R. Masquerie scripsi istum librum in Pruliano cum magno labore, de mandato venerabilis patris prioris provincialis in provincia Tholosana, Magistri Berengarii de Landora, magistri in theologia Parisius, quem Dominus conservet per suam gratiam. » A la marge; « Anno Domini M°CCC°VIII° » Biblioth. publique de la ville de Toulouse, ms. 488 (II, 91), f° 61 d. — Je n'ai trouvé que de très minimes renseignements sur ce Frère Prêcheur. D'après les actes des chapitres provinciaux, il étudia la philosophie au couvent de Béziers, en 1292, sous la direction de fr. Bertrand *de Medis* (Bibl. publ. de la ville de Toulouse, ms. 490, f° 360 A), et au couvent de Montauban, en 1293, où fr. Andric Maurand enseignait (*Ibid.*, f° 363 B). Dix ans plus tard, il étudiait la théologie d'abord au couvent de Bordeaux, en 1302, où fr. Arnaud Fradet et fr. Jean Mathieu (*de Matheo*), enseignait (*Ibid.*, f° 384 A), puis en 1303 et en 1304, au couvent de Toulouse, qui avait le *studium generale* (*Ibid.*, f° 387 B, f° 390 A). Ses maîtres y furent fr. Guilhem *de Levibus*, et fr. Jean de Faubet (*de Faubeto*). De 1293 à 1302, la compilation des actes que j'ai consultée présente des lacunes en ce qui regarde les étudiants.

à l'histoire des couvents dans le ms. 490 (I, 273) de la Bibliothèque publique de la ville de Toulouse. On voit donc que j'ai établi le texte des actes des chapitres provinciaux d'après deux mss. : d'abord le ms. 488, contenant la compilation de fr. Raymond Masquerie continuée jusqu'en 1327, et le ms. 490, contenant la compilation de B. Gui continuée jusqu'en 1342. J'ai suivi de préférence le second, tout en le corrigeant ou le complétant par le premier, quand il y a eu lieu. Pour les actes du chapitre de 1315, tenu à Saint-Émilion, qui manquent dans le ms. 490, j'ai suivi le ms. 489.

Les actes de trois chapitres provinciaux sont suivis de suppléments. Après les actes du chapitre provincial de 1257, tenu à Bordeaux, j'ai publié les règlements de la première province de Provence relatifs à l'Inquisition « *hœreticœ pravitatis* » de Carcassonne et de Toulouse. J'ai joint aux actes du chapitre provincial de 1322, tenu à Agen, un état des visiteurs et des lecteurs du couvent de Marciac dont les continuateurs de B. Gui n'écrivirent pas l'histoire; et aux actes du chapitre provincial de 1335, tenu à Auvillar, d'abord l'état des visiteurs et des lecteurs du couvent de Port-Sainte-Marie jusqu'en 1342, ensuite l'instrument d'un accord entre les religieuses de Prouilles et la province de Toulouse. Cet instrument, qui donne le nom des religieuses professes de Prouilles, au nombre de cent dix-sept, à cette date, m'a paru digne d'être publié.

Il est inutile de faire remarquer que les chiffres marquant les divisions ont été introduits par l'éditeur pour donner au texte plus de clarté.

II.

COUVENTS.

B. Gui écrivit en 1311 (¹) l'histoire de chacun des couvents compris dans la province de Toulouse et de quelques couvents de la province de Provence. Ces deux provinces n'en avaient fait qu'une jusqu'en 1303.

L'Ordre, qui avait commencé à Prouilles (Aude), en 1207, et qui avait, en 1216, fondé à Toulouse son premier couvent, avait vu ses fondations se multiplier dans tout le Midi de la France. La première province de Provence comptait en 1302 cinquante-quatre couvents, et celle de Toulouse, formée en 1303 avec les couvents du sud-ouest et dont Bayonne, Bordeaux, Limoges, Rodez et Carcassonne marquaient les limites extrêmes, en avait vingt-sept, quand B. Gui raconta leur fondation et consacra une notice à chacun de leurs prieurs. La Gascogne en compta jusqu'à quinze, en y comprenant le monastère des religieuses dominicaines de Pont-Vert, le couvent de Marciac et celui de Port-Sainte-Marie fondés quand B. Gui avait écrit déjà l'histoire des couvents. Malheureusement, ces deux derniers couvents n'eurent pas leur chroniqueur. Je publie donc l'histoire de treize couvents, savoir : le couvent de Bayonne

---

(1) Biblioth. publ. de la ville de Toulouse, ms. 490 (I, 273), 24 A, 64 A-B.

(1221-1315), le couvent de Bordeaux (1230-1315), le couvent d'Agen (1249-1335), le couvent d'Orthez (1250-1315), le couvent de Condom (1261-1323), le couvent de Saint-Émilion (1262-1335), le couvent de Morlaas (1268-1325), le couvent d'Auvillar (1275-1333), le couvent de Lectoure (1276-1313), le couvent de Saint-Sever (1280-1315), le monastère de Pont-Vert, à Condom (1280-1321), le couvent de Saint-Gaudens (1290-1314), et le couvent de Saint-Girons (1306-1315). Seul, le couvent de Saint-Girons n'avait pas été compris d'abord dans la première province de Provence.

L'histoire de chaque couvent se divise en deux parties : Fondation et Prieurs. Ici encore, B. Gui eut des continuateurs. Je n'ai pas cru devoir me dispenser de publier leur suite, bien qu'elle n'ait ni l'importance ni peut-être la sûreté de ses consciencieux travaux. Sa provenance dominicaine la recommande. D. Martène, c'est vrai, a déjà publié des fragments de cette histoire des couvents de B. Gui; mais il fit un choix parmi les notices consacrées aux prieurs, quand il ne l'arrêta pas à la fondation elle-même. Cependant il écrivait que rien de ce qui touche à l'histoire de l'Ordre des Frères Prêcheurs ne doit et ne peut être omis. En publiant intégralement l'œuvre de B. Gui et de ses continuateurs, je n'ai donc fait que me conformer à l'avis du célèbre bénédictin. J'ai, du reste, noté avec soin les fragments insérés par lui dans l'*Amplissima collectio;* on verra qu'ils forment une partie très minime de ma publication. Enfin, en faisant cette publication, je me trouve en conformité de vues avec l'Académie des Inscriptions et Belles-Lettres qui ne tardera pas à éditer toute l'œuvre de B. Gui (1).

J'ai suivi le ms. 490 (I, 273) de la Bibliothèque publique de la ville de Toulouse qui, s'il n'est pas autographe, est certainement l'édition originale de B. Gui. L'histoire de chaque couvent est suivie de deux suppléments : c'est d'abord la liste des visiteurs; c'est ensuite la liste des lecteurs ou professeurs, d'après les actes des chapitres provinciaux. J'ai déjà publié la liste des lecteurs dans mon *Essai sur l'organisation des études dans l'Ordre des Frères Prêcheurs au XIIIe et au XIVe siècle* (2); en la reproduisant ici, je n'ai eu d'autre but que de réunir ensemble la plus grande somme possible de renseignements. J'y joins, du reste, le tableau des étudiants que je n'ai point publié dans l'*Essai*.

III.

NOTICES.

La troisième partie de cette publication consiste en une série de notices placées dans l'ordre alphabétique et consacrées à ceux des Frères Prêcheurs nommés dans les actes des chapitres et dans l'histoire des couvents, de la vie desquels il m'a été possible de reconstituer le cadre. Quelques-unes contiennent

---

(1) Dans le XXVe vol. des *Historiens de France*. Acad. des Insc. et Belles-Lettres, Comptes-rendus, 1884, p. 124.
(2) Appendices x, xi, xii et xiv.

des extraits de B. Gui, puisque cet historien s'est attaché à nous laisser le portrait d'un certain nombre d'entre eux dans un style net, quelquefois élégant, toujours correct, d'un tour agréable bien qu'un peu uniforme et d'ordinaire admiratif. Mais il n'a jamais donné le détail des différentes fonctions remplies par eux dans l'Ordre : de plus, il n'a portraicturé que les prieurs. J'ai donc essayé de recueillir ce détail, et pour ceux des Frères Prêcheurs dont B. Gui a parlé, et pour ceux qu'il n'a pas eu occasion de nous faire connaître. Le dépouillement minutieux des actes des chapitres provinciaux m'a permis de noter chacune des différentes fonctions remplies par chaque Frère Prêcheur, l'année où il fut élevé en charge, et quelquefois aussi, pas aussi souvent que je le désirais, l'année de sa mort. Ces données composent le principal des notices que je publie. Pour quelques Frères Prêcheurs déjà connus, elles augmentent seulement le nombre des renseignements déjà recueillis par Quétif et Echard et par l'*Histoire littéraire de la France* notamment ; mais la plupart d'entre eux entrent pour la première fois sur la scène de l'histoire. L'ensemble de ces notices présente une belle somme de renseignements qu'il m'a paru intéressant de recueillir ([1]).

Cette publication est donc divisée en trois parties :
Première partie : Chapitres.
Deuxième partie : Couvents.
Troisième partie : Notices.

(1) Le signe * placé après un nom de frère prêcheur, indique une notice dans la troisième partie de cette publication.

Comme B. Gui donne fréquemment les dates d'année, je crois devoir rappeler que, pour lui comme pour la plupart des historiens et chroniqueurs du Midi de la France au XIII° siècle et dans les premières années du XIV°, l'année commence le 25 mars; Mamachi l'a longuement et très doctement démontré (¹).

Un mot sur la manière dont j'ai noté les citations. La lettre A indique le recto, la lettre B le verso du ms. cité, quand la page du ms. est pleine; la lettre *a* indique la première colonne, la lettre *b* la seconde, la lettre *c* la troisième, la lettre *d* la quatrième, quand le ms. est à deux colonnes au recto et à deux colonnes au verso.

Pour l'intelligence des dispositions capitulaires relatives à l'enseignement et aux écoles intérieures des couvents des Frères Prêcheurs, il me sera permis de renvoyer une fois pour toutes à mon *Essai sur l'organisation des études dans l'Ordre des Frères Prêcheurs au XIII° et au XIV° siècle* paru depuis peu (²). Les désignations *Bibliothèque municipale de la ville de Toulouse* et *Bibliothèque publique de la ville de Toulouse* indiquent une seule et même bibliothèque. C'est par une méprise regrettable que je l'ai appelée d'abord Bibliothèque municipale de la ville de Toulouse. Je tiens à corriger moi-même cette erreur.

Toulouse, 16 juin 1884.

---

(1) *Annales Ord. Præd.*, tom. I, pp. 522, 523, 524, 525. Le premier volume de ces *Annales* seul a paru. Cf. Cabié et Mazens, *Un cartulaire et divers actes des Alaman*, Introd. p. XXX et suiv. (Paris, Picard, 1883).

(2) Paris, librairie Picard, rue Bonaparte, 82.

LES
FRÈRES PRÊCHEURS
EN GASCOGNE
AU XIIIe ET AU XIVe SIÈCLE.

PREMIÈRE PARTIE.

CHAPITRES.

I.
CHAPITRES GÉNÉRAUX.

I.
16 MAI 1277.

CHAPITRE GÉNÉRAL DE BORDEAUX.

B.bliothèque publique de la ville de Toulouse, ms. 489 (I, 55.) —
D. Martène, *Thesaurus*, t. IV, cc. 1789-1791.

I. Confirmation de constitutions précédentes. — II. Approbation de motions émises dans les chapitres précédents. — III. Motions. — IV. Admonitions et ordonnances. — V. *Studia generalia*. — VI. Concession de deux maisons à la province de Pologne. — VII. Office de sainte Marthe et légende. — VIII. Fixation du couvent pour la tenue du chapitre suivant. — IX. Prieurs relevés de leur charge.

[F° 88 d] In nomine Patris, et Filii, et Spiritus Sancti. Amen. Acta capituli generalis Burdegalis celebrati, anno Domini M° CC° LXXVII°.

Magister ordinis, fr. Jo. Verzellensis (1).

I. Confirmationes (2). — Confirmamus has constitutiones: in capitulo de electione prioris conventualis, ubi dicitur *ad electionem prioris conventualis admittatur*, addatur *infra vero idem tempus in socium prioris vel in electione prioris provincialis nullatenus admittatur*. Et hoc habent tria capitula (3).

II. Iste sunt approbationes.

1. Approbamus has: in capitulo de suffragiis, post id ubi dicitur, *si in via mori contigerit*, a[d]datur *idem eciam fiat pro procuratore ordinis in Curia Romana, si in predicationis officio decessit*. Et hoc habent duo capitula.

2. Item hanc, in capitulo de jejuniis, ubi dicitur in *vigilia Jo. Baptiste, Petri et Pauli, Jacobi*, addatur *et Beati Dominici*. Et hoc habent duo capitula.

3. Item hanc, in capitulo de electione prioris provincialis, ubi dicitur *quòd si capitulum provinciale ex aliqua causa ad conventum alium transferatur*, addatur, *que translacio fiat per priorem provincialem vel ejus vicarium de consilio discretorum*. Et hoc habent duo capitula.

4. Item hanc, in eodem capitulo, post illud ubi dicitur *qui vices provincialis in omnibus optinebit*, addatur *si prior illius domus, ubi provinciale capitulum fuerit celebrandum, in provincia presens non extiterit et capitulo provinciali, quacumque ex causa, non interfuerit; simili modo prior illius domus ubi precedens capitulum provinciale fuerit celebratum, vices prioris provincialis in ipso tum capitulo in omnibus optinebit*. Et hoc habent duo capitula.

5. Item hanc, in eodem capitulo, ubi dicitur *Prior provincialis provinciam suam visitare curet*, deleatur totum quod sequitur usque in finem capituli, et dicatur sic *Prior provincialis per se, si potuerit,*

---

(1) A la marge.
(2) A la marge.
(3) *Ut multitudo constitutionum vitetur, prohibemus ne de cætero aliquid statuatur, nisi per duo capitula generalia continua fuerit approbatum; et tunc in tertio capitulo immediate sequenti confirmari vel deleri poterit, sive per priores provinciales, sive per alios diffinitores, ubicumque illud tertium capitulum celebretur.* Constitutiones Ordinis Prædicatorum. Prolog. n. 6.

vel per vicarios ydoneos provinciam suam totam teneatur singulis annis visitare, quibus vicariis auctoritatem suam committat prout sibi videbitur expedire. Et hoc habent duo capitula.

6. Item hanc, in capitulo de sollempni celebratione capituli, ubi dicitur *debeat prolongari*, addatur sic *Capitula provincialia eodem modo infra pretaxatum dierum numerum terminentur.* Et hoc habent duo capitula.

7. Item hanc, in letania, ubi dicitur *Episcopos et priores*, deleatur *priores*, et dicatur *Prelatos*. Et hoc habent duo capitula (1).

III. Inchoationes (2). — Iste sunt inchoationes.

1. Inchoamus has : in capitulo de capitulo provinciali, post illud ubi dicitur *ejus excessum refferant ad capitulum generale scripto contrasigillato*, addatur sic *singulis vero annis in capitulo provinciali, auditis culpis, fiat scrutinium seorsum in conspectu omnium, super renunciatione* [f° 89 a] *vel absolutione prioris provincialis, cum expressione nominum et officiorum fratrum exprimencium vota sua per diffinitores capituli provincialis; quod scrutinium statim in eodem capitulo in conspectu omnium publicetur et sigillo corumdem diffinitorum coram omnibus sigilletur et per diffinitorem capituli generalis vel ejus socium vel per socium provincialis in anno ad generale capitulum deferatur: et hec eadem forma scrutinii faciendi de priore conventuali per subpriorem vel ejus vicarium in absencia subprioris et duos antiquiores in ordine de conventu presentes in capitulo in tractatu eorum que mittenda sunt ad capitulum observentur. Et sigillo conventus dictum scrutinium statim coram omnibus sigilletur et per socium prioris ad provinciale capitulum transmittatur.*

2. Item hanc : in capitulo de gravi culpa, ubi dicitur *secundum exigenciam culpe gravius puniatur*, deleatur hoc totum et dicatur sic *Pena gravioris culpe debita puniatur.*

---

(1) *Inchoationes autem, quæ fiunt in capitulis generalibus, non mandentur executioni, usquequo approbatæ fuerint per alia duo capitula, et factæ sint constitutiones, nisi forte eadem inchoatio fiat per modum ordinationis. Interpretationes regulæ vel constitutionum factæ a generali capitulo, non habeant vim constitutionis, nisi per tria capitula generalia continua in modum aliarum constitutionum, scilicet per viam inchoationis, et confirmationis, continuate fuerint approbatæ.* Constitut. Ordinis Prædicatorum, *Prolog.* n. 7.

(2) A la marge.

3. Item hanc, in capitulo de electione prioris provincialis, in fine addatur *Priores provinciales* (1) *cum fuerint absoluti ad illos conventus pertineant de quibus fuerint assumpti, nisi per superiores suos aliter fuerit ordinatum.*

IV. Admonitiones (2). — Iste sunt admonitiones (3).

1. Monemus quod lectores ordinarii in conventibus plus (4) legant de textu Biblie quam solebant, et semper lectio Biblie aliis lectionibus premittatur.

2. Item, admonemus quod interdictum factum a Magistro ordinis (5) in precedenti capitulo generali Pisis celebrato de non recipiendis alterius religionis professis, secundum formam ipsius interdicti arctius observetur, et priores provinciales sine magna causa recipiendi licentiam non concedant in hiis, in quibus eisdem dispensandi auctoritas est permissa (6).

3. Item, in singulis conventibus assignentur tres depositarii per conventum, qui sine licentia prioris, vel ejus vicarii, recipiendi, ostendendi, seu etiam reddendi deposita non habeant facultatem, nec prior vel ejus vicarius sine ipsis. Quod si aliquem predictorum depositariorum abesse vel impediri contigerit, clavis ejus tradatur

---

(1) Ici commence la publication de D. Martène.
(2) A la marge.
(3) Manque dans D. Martène.
(4) *Prius*, dans Martène, *Thesaurus*, IV, 1789.
(5) Fr. Jean de Verceil, 6ᵉ général de l'ordre (1263-1283). B. Gui. Biblioth. publ. de la ville de Toulouse. ms. 490 (I. 273) f° 59 A.
(6) Ordonnance du chapitre général de Pise, 1276.
Item, Magister ordinis de consilio et assensu diffinitorum interdicit prioribus et fratribus universis, ne aliquem professum in ordine Heremitarum Sancti Augustini, Sancti Guillermi recipiant, cum nobis per dominum papam in virtute obedientie fueri specialiter interdictum. De ordinibus autem Cisterciensis, Saccatorum, Carmelitarum, Servorum seu fratrum Beate Virginis, nullum recipiant sine suorum priorum provincialium, vel ipsius Magistri ordinis licentia speciali. Qui autem contra fecerint, vel facienti consenserint, XII. dies in pane et aqua jejunent, nec cum ipsis possit per aliquem, nisi per Magistrum ordinis, dispensari. Qui autem in conventibus suis aliquem de predictis ordinibus receperunt, vel receptioni consenserunt, VI. dies in pane et aqua jejunent pro quolibet sic recepto, cum hoc in generali capitulo Bononie fuerit intrrdictum.
M. 489, f° 87 d. — Ap. Martène, *Thesaurus*, IV, 1785-1786.
Les actes du chapitre de Bologne publiés par Martène ne font aucune mention de ce dernier point, bien que le ms. 489, f° 74 b, le donne très exactement.

illi quem prior vel ejus vicarius assignaverit de consilio discretorum; et caveatur semper, ne simul teneat aliquis plures claves. Preter autem istam ordinationem nullus frater depositum audeat recipere vel tenere (1).

4. Item, priores provinciales et conventuales et eorum vicarii in penitentiis in capitulo injunctis, sine causa legitima non dispensent.

5. Item, constitutio de ingressu mulierum [ad] (2) claustrum, oratorium et alias officinas arcius (3) observetur; et qui culpabiles circa hoc inventi fuerint, gravius puniantur (4).

6. Item, constitutio de non recipiendis novitiis sine etate perfecta diligencius observetur, et in etate sine causa valde legitima nullatenus dispensentur. Quod si aliqui de cetero infra etatem legitimam aliquem receperint, vel tali receptioni consenserint, cum effectu sint privati vocibus in receptione novitiorum, quousque per Magistrum ordinis vel per priorem provincialem suum, et definitores provincialis capituli fuerint restituti, et nichilominus qui contra hoc deliquerunt, à tempore generalis capituli ultimo Florencie celebrati, VII. diebus in pane abstineant, nisi de hoc alias specialiter fuerint privati (5).

7. Item, ordinamus quod singulis annis in quolibet capitulo provinciali fiat scrutinium super retentione vel absolutione [f° 89 b] prioris provincialis (6) et diffinitores recipiant vota fratrum,

---

(1) Ordonnance renouvelée par le chapitre général de 1283, tenu à Montpellier. Ap. Martène, *Thesaurus*, IV, 1810.

(2) Dans Martène.

(3) *Arctius*, dans Martène.

(4) Le chapitre général de 1280 renouvela cette ordonnance. *Item, districte injungimus, ne fratres permittant mulieres intrare officinas nostras interiores vel hortos nostros, et qui contrarium fecerint, per priores suos vel vicarios durius puniantur.* Ap. Martène, *Thesaurus*, IV, 1801.

(5) L'âge fixé était 15 ans. Une ordonnance semblable à celle-ci avait été portée déjà par le chapitre général de 1275, tenu à Montpellier (Ap. Martène, *Thesaurus* IV 1741); elle fut renouvelée par le chapitre général de 1283, tenu à Montpellier (*Ibid.*, 1810), et par le chapitre général de 1294, tenu encore à Montpellier (*Ib.*, 1856).

(6) Semblable disposition avait été prise déjà par le chapitre général de 1273 (*Ib.*, 1768, 1769), de 1275 (*Ib.*, 1782). Elle fut renouvelée par le chapitre général de 1278 (*Ib.*, 1793), par celui de 1280 (*Ib.*, 1799), et par celui de 1286 (*Ib.*, 1816).

et ipsum scrutinium statim in eodem capitulo publicetur, et sub sigillo deffinitorum per diffinitorem vel ejus socium vel per socium provincialis in anno provincialium ad generale capitulum deferatur. Item fiat de priore conventuali, receptis votis fratrum per subpriorem vel ejus vicarium, absente subpriore, et duos fratres, qui primitus habitum nostri ordinis susceperunt, et sub sigillo conventus per socium prioris ad capitulum generale vel provinciale deportetur; et si quid huic ordinationi contrarium hactenus ordinatum fuerit, revocamus.

8. Item, ordinamus quod in singulis diebus, immediate post matutinas, exceptis festis simplicibus et semiduplicibus, fratres in choro super formas prostrati pro bono statu et conversatione ordinis dicant (1) : *Kyrie, Pater Noster*, cum versiculis *Post partum, Virgo, Ora pro nobis, beate Dominice, Memor esto congregationis tue, Salvos fac servos tuos, Esto nobis, Domine, turris fortitudinis;* et orationibus : *Protege, Domine, famulos, Concede, quesumus, omnipotens Deus*, et *Ineffabilem misericordiam tuam*, et ad suffragia ista fratres, ubicumque fuerint, teneantur.

9. Item, ordinat Magister ordinis quod festum beate Marthe (2), fiat vi° kls augusti (3) ; et in kalendariis et rubricis de officio inseratur officium dicti festi ordinatum.

V. Ordinationem studii Parisiensis et aliorum generalium studiorum, ut ipse de magistris et baccallariis ordinet et disponat, prout generali utilitati ordinis viderit expedire (4].

VI. Concessiones domorum (5). — Concedimus provincie Polonie duas domos versus Rusciam collocandas (6).

---

(1) Dicant psalmum *Deus, in adjutorium, cum letania*, dans D. Martène.

(2) Déjà le chapitre général de 1265, tenu à Trèves, avait établi l'office de sainte Marthe. *Item, de sancta Martha fiat festum trium lectionum, et magister ordinis provideat de officio et de die* (ap. Martène, *Thesaurus*, IV, 1742). De même celui de 1274, tenu à Lyon, qui s'exprima dans les mêmes termes (*Ibid.*, 1772).

(3) 27 juillet.

(4) Manque dans Martène.

(5) A la marge.

(6) La province de Pologne comptait 32 couvents sous Clément V (B. Gui, ms. 490, f° 81 B). — Nulla domus concedatur nisi a priore provinciali, et a definitoribus capituli provincialis fuerit postulata. (Constit. frat. Ord. Præd. rat. Ord. Præd. Dist. II, cap, 1, n. 1).

VII. Sexto kalendas augusti (1) fiat festum trium lectionum de beata Martha (2), hoc modo. In vesperis ymnus *Hujus optentu*, et cetera. *Gloria patri genitequc proli*. Ad Magnificat, an. *Ista est virgo sapiens*, et cum oratione *Exaudi nos, Deus salutaris noster*, et cetera. Ad matutinas hymnus *Hujus optentu, Gloria patri*, et cetera. Tria responsoria ultima de communi unius virginis, scilicet *Audivi vocem*, et cetera, *Cum veni*, et cetera, *Cum regnum mundi*, et cetera. In Laudibus, hymnus *Jhesu corona*, et cetera. Super psalmos. A(nt). *Ista est*, et cetera. Oratio, *Exaudi nos*, et cetera. Epistola : *Mulierem fortem quis inveniet*, et cetera, usque ad illum locum *manus suas aperuit inopi et palmas extendit ad pauperem*, inclusive. Responsum, *Propter veritatem*, et cetera; *Alleluia, Veni electa mea*, et cetera. [Evang.], *Intravit Jhesus in quoddam castellum*. Offertorium, *Filie regum*. Secreta, *Accepta sint tibi, domine*, et cetera. Communio, *Diffusa est gratia in labiis tuis*. Post communionem, *Saciasti, domine*.

De beata Martha. *Lectio prima*.

Venerabilis hospita Christi, beata Martha de regali exorta projenie, Lazari et Marie Magdalene soror, intima caritate redundans, castitate pollens, viriles legitur omnino vitasse contactus. Hec hospitalitati semper intenta, ipsum Salvatorem mundi frequenter recipere hospicio suo meruit ; unde et hospita ejus specialiter apellatur. Quo post passionem et resurectionem in celum assumpto, cum beato Maximino et Lazaro et sorore, relicta patria et patrimonio satis largo, usque ad Massiliam transfretavit.

Secunda [*lectio*].

Post modicum tempus, de Massilia ad Tharasconem se transtulit, ubi drachonem ingentem inveniens [f° 89 c], homines et bestias devorantem et naves transeuntes per Rodanum sepius submergentem, ad clamorem populi plangentis fiducialiter ipsum adiit. Quem aqua benedicta aspergens, signo crucis contra eum

---

(1) Tout ce qui suit, jusqu'à *sic ordine*, manque dans Martène.
(2) Pour tout ce qui touche au culte de sainte Marthe, voyez *Bolland.* juillet, t. VII. — *Petits Bolland.*, t. IX. — Faillon, *Monuments inédits sur l'apostolat de sainte Marie-Madeleine en Provence*, etc., t. II. — Pellechet, *Notes sur les livres liturgiques des diocèses d'Autun, Chalon et Mâcon*, p. 375 et suiv. — Ce dernier ouvrage est le plus complet.

facto, singulo proprio alligatum populo tradidit lacerandum; qui quare Thariscus vocabatur, locus Tharasconensis est appellatus. In hoc loco predicatione sua multos convertit, et religiosarum personarum conventum instituit.

Tercia [lectio].

Cumque illic, per multum temporis, gloriosis exs[emplis?] magnisque miraculis coruscasset, obitum suum circiter ante per annum sibi Dominus revelavit. Cui ante diem obitus apparens dixit: Quia tociens me in tuo hospicio suscepisti, veni, electa mea, in palacio celi a me suscipienda; eos autem qui ad sepulcrum tuum pro necessitatibus suis accesserint, pro amore tuo exaudiam. In hora vero sepulture ipsius, apparens Dominus beato Frontoni apud Petragoras divina misteria celebranti, vocavit eum ut sequeretur se ad hospite sepulturam; ipsamque sepulture ambo pariter tradiderunt. Quo facto, relicta ibi cirotheca in testimonium rei geste, beatus Fronto rediit ad incepta divina misteria peragenda. Cum autem, et cetera (1).

(1) La présence de saint Front, évêque de Périgueux, aux funérailles de sainte Marthe est racontée dans la plupart des légendes de saint Front et de sainte Marthe.
Raban-Maur, *de Vita B. Mariæ Magdalenæ et B. Marthæ* — Cf. Faillon. *Monuments sur l'apostolat de sainte Marie-Madeleine en Provence*, t. I, *Histoire du culte de sainte Marthe depuis les ravages des Sarrasins*, col. 1203 et suiv.
— Pergot, *La Vie de saint Front*, p. 345 et suiv.
Des légendes, ce fait est passé dans la liturgie :

Tharasconum properatur,
Christus illum comitatur,
Celebrant funebria.

Prose de la messe de saint Front, dans le Propre du diocèse de Périgueux, imprimé en 1629.

Corpus tuum Tarrascone
Sepelivit cum Frontone,
Christus manu propria.

Prose de la messe de sainte Marthe dans plusieurs diocèses (Missel d'Auch, 1555, dans Pellechet, *Notes sur les livres liturgiques des diocèses d'Autun, Chalon et Mâcon*, p. 383. Paris, 1883).

Mortem suam hæc præscivit,
Quia Christus præmunivit;
Hanc in monte tumulavit,
Cum Frontone quem amavit.

Miss. de Paris, 1615. Pellechet, *ibid.*, p. 392.

Sic ordinetur in kalendario in rubrica que incipit *VI° kls. augusti*, in fine: *Item, commemoracio beate Marthe felicis hospite domini nostri Jhesu Christi et sororis beate Marie Magdalene et beati Lazari Martiris, cujus transitus in Galliis apud Tharasconem contigit IIII. kls. augusti* (1), *set hoc die a nobis recolitur.*

VIII. Capitulum generale sequens assignamus apud Mediolanum in provincia Lombardie, et diffinitores veniant dominica infra octabas Ascensionis.

IX. Absolvimus priores conventuales Niciensem, Cistaricensem (2), Valentinum, Aurasicensem, Tharasconensem, Arelatensem, Nemausensem, Albenacii, Pirpiniani (3), Rivensem (4), Condomiensem (5), Sancti Emiliani (6).

Absolvimus priorem provincialem Theutonie; et assignamus eum Parisius ad legendum Sententias isto anno.

Nota de subprioribus qui, absentibus prioribus, faciunt vicarios et non post, nisi prior in recessu suo aliquem nominet, qui, recedente vel exeunte subpriore, sit vicarius prioris (7).

---

(1) 29 juillet.

(2) Je ne puis donner le nom de ce prieur. La notice du couvent de Sisteron par B. Gui (ms. 490, f° 257 A-B) s'arrête à la fondation. Je ne puis de même donner le nom des prieurs des couvents de Nice, de Valence, d'Orange, de Tarascon, d'Arles, de Nimes et d'Aubenas, relevés de leur charge. B. Gui n'a pas écrit leur histoire.

(3) Le nom de ce prieur manque dans le ms. 490, f° 258 A. Peut-être était-ce fr. Bernard Étienne, de Montpellier.

(4) Fr. R. du Pont (de Ponte), premier prieur du couvent de Rieux. B. Gui, ms. 490, f° 210 A.

(5) Fr. P. de Fabrica. *Ibid*, f° 189 B.

(6) Fr. Gérauld Darsis. *Ibid*, f° 201 A.

(7) Manque dans Martène.

II.

25 mai 1287.

CHAPITRE GÉNÉRAL DE BORDEAUX.

Bibliothèque publique de la ville de Toulouse, ms. 489 (I, 55). —
D. Martène, *Thesaurus*, t. IV, cc. 1819-1824.

I. Constitutions des chapitres précédents confirmées. — II. Motions des chapitres précédents approuvées. — III. Motions ; entre autres, division des provinces d'Espagne, de Provence, de Lombardie, de Rome et de Pologne. — IV. Admonitions et ordonnances. — V. Concession de maisons, une à la province de Rome, une à celle de Lombardie, trois à celle d'Allemagne, quatre à celle de Pologne. — VI. Office. — VII. Prieurs relevés de leur charge. — VIII. Pénitences. — IX. *Studia generalia*. — X. Définiteurs au chapitre général. — XI. Fr. G. *de Odone*, lecteur à Paris. — XII. Sentences des juges approuvées. — XIII. Assignation du couvent pour la tenue du chapitre suivant. Les membres du chapitre doivent être rendus le vendredi avant la Pentecôte. — XIV. Fr. P. de Valetica. Lettre du Maître de l'ordre, Munio.

[F° 100 b] In nomine Patris, et Filii, et Spiritus Sancti. Amen. Acta capituli generalis Burdegalis celebrati, anno Domini M° CC° XXXVII°.

I. Confirmamus has constitutiones.

1. In capitulo de domibus concedendis et construendis, ubi dicitur *cura vel custodia monialium, seu quarumlibet aliarum mulierum*, addatur *nisi de licencia magistri ordinis speciali*. Et hoc habent tria capitula.

2. Item, hanc : in letania ubi dicitur *sancta Katerina*, addatur *sancta Margareta, ora pro nobis*.

II. Approbationes (1). — Iste sunt approbationes.

1. Aprobamus hanc : in capitulo de electione prioris provincialis, ubi dicitur *quod dictum scrutinium alicui per modum aliquem non revelent*, addatur *quod aliquis vel aliqui de dictis scrutatoribus prioris provincialis impedimentum habuit judicio majoris partis*

---

(1) A la marge.

conventus ad audiendum vel videndum seu scribendum ea que in scrutinio deponuntur unus de fratribus ad electionem ipsam pertinentibus quem, ut dictum est, major pars conventus nominavit, loco illius qui impeditus fuerit ad recipiendum dictum scrutinium, admittatur; et tunc ad servandum scrutinium ex vi precepti, ut alii teneantur. Et hoc eadem forma circa scrutinium electorum prioris provincialis et electionis prioris conventualis in omnibus observetur. Et hoc habent duo capitula (1).

2. Item, aprobamus quod conventus Duracenus (2) ad provinciam Ungarie transferatur; et hoc habent duo capitula (3).

III. Iste sunt inchoationes.

1. Inchoamus (4) has : in capitulo de apostatis (5), in fine, ubi dicitur *fuerit restitutus*, addatur *que restitutio non fiat per eosdem ante tres annos ad minus.*

2. Item hanc : in capitulo de domibus concedendis, ubi dicitur *hac eadem districtione precipimus*, usque ad illud, *ordini committatur*, deleatur totum, et dicatur sic : *Prohibemus districte ne aliquis curam recipiat predictarum, nisi per tria capitula generalia fuerit comprobatum; et ubi cura per dominum proprium ordini committatur vel per alium qui possit facere commissionem predictam.*

3. Item hanc : in eodem capitulo in fine addatur sic (6) : *Quinque provincie, scilicet, Hispania, Provincia, Lombardia, Romana provincia, et Polonia dividantur; ita quod quelibet earum dividatur in duas. Si vero relique provincie, vel aliqua, vel alique ex ipsis, exceptis provinciis Grecie et Terre-Sancte, dividi voluerint et petierint, in eodem tertio capitulo in quo hec constitutio fuerit confirmata, quelibet earum in duas modo simili dividatur; quam*

---

(1) Voyez plus haut, p. 27, les chapitres cités.
(2) *Duracensis*, ap. Martène, *Thesaurus*, IV, 1816.
(3) Cf. le chapitre de 1286, tenu à Paris ap. Martène. *Thesaurus*, IV, 1816.
(4) Ici commencent les actes de ce chapitre publiés par Martène.
(5) Le mot *apostat* désigne ceux qui quittaient l'ordre. Les chapitres généraux statuèrent souvent sur ce cas pour prévenir toute fuite. Ainsi celui de 1238 (ap. Martène, IV, 1677), celui de 1242 (*ibid.*, 1684), celui de 1244 (*ibid.*, 1685), celui de 1269, qui permettait aux prieurs d'excommunier, arrêter lier, incarcérer les apostats (*ibid.*, 1754), celui de 1273 (*ibid.*, 1769), celui de 1281 (*ibid.*, 1805), celui de 1316 (*ibid.*, 1962). Les constitutions de l'ordre ont tout un chapitre consacré aux apostats. Distinct. I, cap. XX.
(6) Manque dans Martène.

divisionem magister ordinis et diffinitores capituli generalis imme-diate sequentis, postquam hec constitutio fuerit confirmata, facere teneantur, et faciant, secundum modum a singulis provinciis dividen-dis eisdem tradendum. Quem modum ipse provincie dividende tradere teneantur infra nominatum capitulum immediate sequens post confir-mationem predictam. Et si alique provincie in modum divisionis non convenerint, duos fratres mittere teneantur, et mittant, qui in dicto capitulo generali referant magistro et diffinitoribus, que circa divisionem viderint expedire. Quod si modum divisionis predicte magistro et diffinitoribus memoratis, infra predictum tempus, non presentaverint, nichilominus ex tunc dicti magister et diffinitores ad divisionem procedant, et nomina ipsis divisis provinciis impo-nant (1).

3. Item hanc : in eodem [f° 100 b] capitulo immediate post premissa (2) : *Volumus autem quod, provinciis divisis modo predicto, illa provincia, ubi primo fuit conventus fratrum, retineat locum suum consuetum in capitulo generali : relique vero post provinciam Grecie in choro dextro, et Ultramarinam in choro sinistro, habeant locum suum; ita quod novus provincialis Hyspanie sit primus post provin-cialem Grecie in choro dextro, et novus provincialis Provincie sit primus in choro sinistro post provincialem Terre Sancte. Et similiter omnes provinciales alii collocentur.*

4. Item hanc : in capitulo de capitulo generali in fine adda-tur (3) : *Capitulum generale uno anno intermittatur, et sequenti anno celebretur. Et quidquid contra formam hujus constitutionis repertum fuerit in constitutionibus, per diffinitores capituli generalis in quo hec constitutio confirmabi[tur], removeatur.*

IV. Admonitiones (4). — Iste sunt admonitiones (5).

1. Ordinamus et volumus, quod magistri in theologia, actu legentes Parisius, non se absentent tempore lectionum vel vaccationum a conventu, nisi forte per tres septimanas, vel per

---

(1) Le vœu exprimé ici avait déjà été émis par le chapitre général de 1286. (Ap. Martène, *Thesaurus*, 1815, 1816).
(2) Manque dans Martène.
(3) Manque dans Martène.
(4) A la marge.
(5) Manque dans Martène.

mensem ad plus, pro causa necessaria, et hoc de (1) licentia Magistri ordinis, vel prioris provincialis Francie; ita tamen quod alter ipsorum remaneat in conventu (2).

2. Item, magister ordinis (3) de consilio diffinitorum precipit in virtute obedientie fratribus universis, quod in alquimia non studeant, nec doceant, nec aliquatenus operentur, nec aliqua scripta de illa sciencia teneant, sed prioribus suis restituant quam citius poterunt bona fide, per eosdem priores prioribus provincialibus assignanda. Et qui contra hoc de cetero deprehensi fuerint, aut convicti, preter penam inobedientie, carcerali custodie mancipentur (4).

3. Item, volumus quod priores provinciales singulis annis provideant missis extra provinciam ad studendum, de libris fratrum moriencium, si non habent aliunde unde possint eis comode providere (5).

4. Item, prohibemus districte ne aliquis frater de cetero intromittat se de matrimoniis consiliandis, aut pertractandis, seu etiam magnis et arduis negociis secularium, sine prioris provincialis, vel ejus vicarii licentia speciali; et qui contra fecerint, per priores et visitatores severius puniantur (6).

5. Item, quia quidam vicarii, vacante officio provincialium,

---

(1) Manque dans Martène.

(2) Le fr. G. *de Odone*, n'ayant pas tenu compte de cette ordonnance, fut sévèrement puni par le chapitre général de 1288, tenu à Luques : — Cum propter absentiam fratris G. de Odone, qui non acquievit ordinationi præcedentis Capituli Burdegalis celebrati de se factæ, et schola nostra Parisiensis diu vacaverit in magnam ordinis confusionem et studii jacturam, ejus correctionem magistro ordinis committimus faciendam. — Suit l'ordonnance du chapitre de Bordeaux. Ap. Martène, *Thesaurus*, IV, 1825.

(3) Le Maître de l'Ordre était alors fr. Munio, qui eut beaucoup à souffrir pendant son généralat de six ans.

(4) Les chapitres généraux statuèrent souvent sur ce point : l'étude de l'alchimie fut toujours défendue. Ainsi le chapitre de 1273 (ap. Martène, *Thesaurus*, IV, 1769), celui de 1289 (*ibid.*, 1831), celui de 1313, qui ordonna que tous les livres d'alchimie fussent brûlés (*ibid.*, 1943).

(5) Cf. les actes des chapitres relatifs à cette matière ap. Martène, *Thesaurus*, IV, 1704, 1716.

(6) Les Frères Prêcheurs étaient tenus de ne pas s'occuper d'affaires temporelles, de quelque nature qu'elles fussent, sans la permission des supérieurs, Cf. ap. Martène, IV, 1734, 1750, 1759, 1760, 1782, 1791, 1820, 1862, 1880.

multas mutationes facere presumpserunt contra ordinationem capituli generalis Vienne celebrati (1), volumus quod de cetero caveant a mutationibus fratrum usque ad confirmationem, nisi ex dilatione videretur periculum iminere; et si secus fecerint, provinciales, cum fuerint confirmati, inordinatas assignationes factas per eosdem studeant revocare; et nichilominus in provinciali vel generali capitulo puniantur.

6. Item, ordinationem factam in preterito capitulo generali de inductionibus non faciendis temperantes (2), prohibemus districte prioribus et fratribus universis, ne faciant aliquas inductiones in tractatibus ordinis quocumque modo. Qui vero contrarium fecerint, et in hoc fuerint deprehensi, voce per triennium sint in omni electione privati; ita quod nec eligi, nec eligere possint; et singulis sextis feriis abstineant in pane et aqua, nec in hoc aliquis [f° 100 d], nisi prior provincialis, vel ejus vicarius valeat dispensare : et super hoc visitatores inquirant diligenter, et referant cum testimonio seniorum fratrum de conventu ad capitulum generale vel provinciale, si quos invenerint excessisse.

7. Item, volumus et ordinamus, quod subpriores in socios priorum ad capitulum provinciale nullatenus eligantur (3).

8. Item, littere misse prioribus et conventibus non aperiantur, nisi in presentia priorum et conventuum quibus littere diriguntur.

9. Item, injungimus prioribus conventualibus universis ac

---

(1) Ap. Martène, *Thesaurus*, IV, 1806.

(2) Ordonnance du chapitre général de l'année précédente, tenu à Paris. *Item, cum ex temerariis inductionibus lædatur multipliciter et specialiter sanctitas ordinis, precipit magister de definitorum consilio et assensu, quod nullus, prælatus sive subditus, inducat aliquem fratrem per se vel per alium, dicto, facto vel scripto, prece vel pretio, promissionibus seu relationibus, vel per alios modos, ex certa scientia vel intentione inducendi, et etiam retrahendi aliquem ad eligendum in magistrum ordinis, seu priorem provincialem vel conventualem, subpriorem, definitorem provincialis vel generalis capituli, socium prioris provincialis vel magistri. Et si quis contrarium fecerit, nisi per magistrum ordinis vel priorem provincialem non possit... Et si de hoc fuerit convictus, ipso facto, omni voce sit privatus, donec per magistrum ordinis vel generale capitulum, seu provinciale fuerit restitutus. Et si quis talis inveniatur ultra hoc valde transgressor precepti, per correctionem ordinis puniatur.* Ap. Martène, *Thesaurus*, IV, 1818.

(3) Le chapitre général de 1304, tenu à Toulouse, renouvela cette ordonnance, mais excepta le cas où le chapitre général devait se tenir au couvent du sous-prieur à nommer comme *socius*. Ap. Martène, *Thesaurus*, IV, 1894 A.

corum vices gerentibus, quod fratribus indigentibus in vestibus et necessariis singulis annis studeant providere.

10. Item, quia circa infirmos diligens cura est adhibenda, eisdem prioribus et vicariis districte injungimus, quod fratribus infirmis in medicinis et aliis necessariis, secundum quod eorum infirmitas exigit, provideant diligenter (1).

11. Item, prohibemus districte, ne aliquis frater de cetero veniat ad capitulum generale vel provinciale, vel ad loca propinqua capituli, sine magistri ordinis vel prioris sui provincialis licencia speciali. Et qui de cetero contrarium fecerint, statim ejiciantur de loco capituli, et nichilominus injungatur eis penitentia secundum suorum exigentiam meritorum. Et priores provinciales non sint faciles ad tales licentias concedendas (2).

12. Item, Magister ordinis concedit prioribus provincialibus, quod possint mittere unum fratrem ydoneum pro suarum provinciarum negotiis ad Curiam Romanam, quem etiam cum voluerint poterunt revocare (3).

V. Concessiones domorum (4). — Concedimus provincie Romane unam domum, ad preces domini Thome de Sancto Severino comitis Massilii, ponendam in terra ipsius. Concedimus provincie Lombardie unam domum, ponendam in Clugia; provincie Theotonie, tres; provincie Polonie, quatuor; et ponantur omnes ubi prioribus provincialibus dictarum provinciarum et diffinitoribus capitulorum provincialium videbitur expedire.

VI. Item, letania more solito dicatur immediate post matutinas, dicto *Fidelium* et *Pater noster*.

VII. Absolutiones priorum conventualium (5).

Absolvimus priores Bononiensem, Morlanensem (6), Sancti

---

(1) Plusieurs chapitres réglèrent le soin des malades, ainsi celui de Paris de 1286 (ap. Martène, *Thesaurus*, IV, 1816), celui de 1280 (*ibid.*, 1800) ; chaque couvent devait avoir un lieu de récréation et de repos pour eux (*ibid.*, 1801).
(2) Cette ordonnance fut fréquemment renouvelée.
(3) Ce cas excepté, il était défendu aux Prêcheurs d'aller *ad Curiam Romanam*.
(4) A la marge.
(5) A la marge.
(6) Prieur du couvent de Morlaas, fr. Arnaud de Morlaas (B. Gui, ms. 490, f° 207 B).

Emiliani (1), Narbonensem (2), Bitterrensem (3), Nemausensem, Aquensem, Massiliensem, Grassensem, Alti Villaris (4), Caturcensem (5), Appamiensem (6), Petragoricensem (7), Castrensem (8), Marologii, Podiensem, Amiliani (9), Aurasiscensem, Diensem (10).

VIII. Penitencie (11). — Iste sunt penitentie.

1. Quia multi conventus Francie nobis suis litteris intimarunt, quod quidam fratres ejus provincie accuerunt linguas suas in derogationem fame venerabilis Patris Magistri Ordinis, effundentes et disseminantes de ipso quedam, de quibus idem Magister est innocens omnino et immunis : ordinamus et volumus, quod fratres Hugo de Villa Sana, R. de Sancta Fena (12), Johannes de Arencs, quos prior provincialis Francie, propter hujusmodi linguarum suarum lubricitatem et detractionem, de suis emisit conventibus, non redeant ad eosdem, et sint omni voce privati, nisi in sui accusatione, nec ad alios tractatus ordinis admittantur, donec per generale capitulum fuerint restituti; xii. insuper diebus in pane et aqua abstinebunt, xii. missas et xii. disciplinas recipient. Et injungimus priori provinciali Francie, quod in sua provincia, super quibusdam fratribus, qui nobis de predicto excessu fuerunt delati, et etiam de aliis fratribus inquirat [f° 101 a] diligenter;

---

(1) Prieur du couvent de Saint-Emilion, fr. Bernard André, de Sarlat (B. Gui, ms. 490, f° 201 B).

(2) Prieur du couvent de Narbonne, fr. Gerauld Poiada, de Cahors (B. Gui, *ibid.*, f° 255 B).

(3) Prieur du couvent de Béziers, fr. Guillaume de Mauguio (B. Gui, *ibid.*, f° 259 B).

(4) Prieur d'Auvillar, fr. Raymond Baranho, de Toulouse (B. Gui, *ibid.*, f° 213 A).

(5) Prieur du couvent de Cahors, fr. Bernard Etienne (B. Gui, *ibid*, f° 142 B).

(6) Prieur du couvent de Pamiers, fr. Raymond du Poey (*de Podio*), diocèse de Pamiers (B. Gui, *ibid.*, f° 204 B.

(7) Prieur du couvent de Périgueux, fr. Bernard Barssalona, de Périgueux. (B. Gui, *ibid.*, f° 152 B).

(8) Prieur du couvent de Castres, fr. Raymond Sycred, de Carcassonne. (B. Gui, *ibid.*, f° 184 B).

(9) Prieur du couvent de Milhau, fr. Guillaume de Peyralade (*de Petra lata*), de la prédication de Narbonne. (B. Gui, *ibid*, f° 261 A).

(10) Ce paragraphe manque dans Martène.

(11) A la marge.

(12) Teva, dans Martène.

et si quos invenerit deliquisse, similiter vel etiam gravius puniat, si gravius excesserint, ne tantus excessus remaneat impunitus.

2. Item, injungimus omnibus fratribus, qui venerunt ad capitulum generale sine licentia, vii. dies in pane et aqua, vii. letanias, et iii. psalteria, et sacerdotibus vii. missas.

3. Item, rogamus Magistrum ordinis, ut quam cito poterit mittat Parisius aliquem fratrem vel aliquos, qui auctoritate sua inquirant de quibusdam studentibus, nec non et aliis qui dicuntur nuper turbationem fecisse in conventu Parisiensi, et secundum quod invenerint, arcius puniant turbatores; et si eis visum fuerit, pro pace dicti conventus, possint studentes extraneos ad suas provincias remittere, ac etiam alios mutare et emittere de conventu, et a suis officiis absolvere.

4. Item, omnibus qui non servaverunt sententias judicum per generale vel provinciale capitulum approbatas, injungimus vii. dies in pane et aqua; et per visitatores et priores provinciales facere compellantur penitentias supra dictas.

5. Volumus et ordinamus ut priores absoluti hoc anno in capitulo generali ad eadem officia in eisdem conventibus hoc anno nullatenus resumantur (1).

IX. Comittimus Magistro ordinis ordinationem studii Parisiensis et aliorum studiorum generalium, ut ipse de magistris et baccallariis ordinet et disponat, prout generali viderit utilitati ordinis expedire (2).

X. Volumus et injungimus quod diffinitores generalis capituli presentis et futuri in redeundo et veniendo deducantur de conventu ad conventum; et provideatur eis secundum morem ordinis consuetum (3).

XI. Absolvimus G. de Odone (4), priorem provincialem Anglie, et assignamus eum conventui Parisiensi ad legendum.

XII. Sententias judicum approbamus (5).

XIII. Sequens generale capitulum assignamus apud Lucham,

---

(1) Manque dans Martène.
(2) *Idem.*
(3) *Idem.*
(4) B. de Odone, dans Martène.
(5) Manque dans Martène.

in provincia Romana. Diffinitores autem sint ibi dominica infra octabam Ascensionis. Nullus autem aliorum fratrum, etiamsi licentiam habeat, intret locum capituli ante sextam feriam precedentem vigiliam Penthecostes.

XIV. [Fr. P. de Valetica*]. Ille pauper et modicus, pater sanctus felicis ac celebris memorie, fr. P. de Valetica, qui erat lucerna ardens et lucens super montes Vasconie, nunc autem paupertatis altissime precio regna possidens glorie, suum feliciter spiritum post generale capitulum Burdegalense existens reddidit Domino patri, anno Domini M° CC° LXXVII° (1).

Littera Magistri ordinis fratris Munionis *.

In Dei Patris Unigenito dilectis universis fratribus ordinis Predicatorum, frater Munio eorum licet immeritus et indignus sub Magistri nuncupatione conservus, salutem et in ardentis devotionis profectum proximorum tenebras lucentis sanctitatis fulgoribus illustrare.

Copiosa servande religionis instructio cunctum secludens regularis institutionis abusum, multis paternarum tradicionum exhortacionibus, vestris annuatim consolationibus ministrata, jam nunc tertio exigitur a me, predecessorum meorum minimo consimili suscepti regiminis oficiositate, vestre caritati transmitti. Hanc diligentes prelati provida circumspectione servantes infra septa domorum, subveniendo debilibus, consolando tristes, obtemperando majoribus, fovendo minores, communia compensacione distribuendo decenti, sic in exponendis ad exteriora fratribus, faciendis combinacionibus, examinand[o] tam loca quam personas causis et necessitatibus debite correctionis commendare (2) censuram, commumemque [f° 101,b.] cunctis suum studeant prestare favorem, ut parcialitatis nota merito non notentur; instinctu directionis hujus subditorum corda, tractu coactionis semoto, per prompte semitas obedientie deducantur, juvenes vaccacionibus ociositatis excussis, habendo se reverenter et humiliter ad majores, in communibus obsequiis coequales juvando,

(1) B. Gui, ms. 490 (I, 273), f° 322 A. — A la marge.
(2) *Commediare*, dans le ms.

religiosis actibus sanctarumque studiis lectionum vaccando, satagant in etate tenera congregare, quod postmodum retinens status provectior absque ruboris hesitatione depromat. Et quia quod antiquatur et senescit, propinquum vite presentis exitum et future protestatur ingressum, qui statum perfectionis requirunt senes, cujuslibet procrastinationis obduracione remota, solis spiritualibus inherentes, ex redundantibus animorum ferventi devotione thesauris, exemplarem cunctis palam proferant sanctitatem. Nulli sic nebulosa prosperitas mundi lenocinantis alludat, ut fastidica clausalis (1) meditacionis quiete, curiarum velit magnatum frequentare tumultus ; quibus ambitio[so] (2) favoris conatu religiosi quidam vehementer illecti, neclectis sue professionis insigniis, cenoque terrene cupiditatis immersi, totaliter ad hoc ferunt sollicitudinis intentum, ut videlicet magnatum mediante favore, [seu] per latissime promissionis vadum, sive per …monialis (3) oblacionis vicium, seu per strictissime comminacionis potestatem, in pontificum transeant dignitates ; quarum subterfugiis a disciplina correctionis ex trangressione sibi debita professionis emisse, consequi possint exequtionis optate quomodolibet libertatem. Non sic vos, fratres karissimi, non sic ad illud vhe (4), quod disciplinam abjicientibus est repositum, redeatis, set sancte devotionis fervor, qui cum Joseph Egiptie carnalitati, relicto cupiditatis pallio, vos a baptismo Johannis exemplum contulit in religionis desertum, sic indesinentibus ferveat incrementis, ut nullius temporis cursu tepescat, ne, quod absit, fastidientes manna contemplationis celestis, et ad ollas relictorum temporalium suspirantes, in vobis velut in primo flore vinea, nitor religionis marcescat, et retracta missa manus ad aratrum spiritualis profectus, revertentes retrorsum minus aptos efficiat regno Dei. Recedant ab ore vestro, recedant penitus commendationis excessus, et depressionis contemptus, qui dum diversas personas partiali relationis affectione depingunt, cordibus audien-

---

(1) *Claustralis*, dans Martène.
(2) *Ambitioso*, dans Martène. Le ms. porte *ambitio*.
(3) Martène remplaça ce mot entier par des points.
(4) *Ve* dans Martène.

cium concitatis, qui vel in hiis, vel istis pocioris dilectionis affinitate junguntur, sic animorum dissidia, partiumque colligationes insurgant, ut ubi jocundus deberet esse fraternitatis convictus, alternatas amaritudo concepta deflectat obtutus, ac indagare conetur dispar animorum conceptus, quonam colore (1) vel veracis adinventionis objectu, sub procurande correctionis pretextu, supra dorsum partis illius quam emulatur, rodit (2) accusationes, possit judices (3) fabricare. Vos autem, karissimi, quos Christi congregavit amor in unum, abhorrentes rixas, contentiones et emulationes noxias, ac zelo fraterne caritatis succensi, cum vitiorum odio proximos diligatis, et viriliter ad correctionem juvetis, juxta vestre professionis instituta, cum [f° 101 c] premisso discretionis examine conservanda : ad hoc quippe solus sollicitus prelatorum conatus minus posset sufficere, dum opitulanti seniorum sanioris in congregatione partis unius fulciretur favore. Presertim cum procurata dyabolice fraudis commenta possint tam fortiter quam prudenter elidi, dum seniores consulantur, quorum sunt sana cousilia, laudabilisque conversationis experiencia diuturna. Hec igitur sunt, fratres harissimi, que sub quadam vobis brevitate notificare decrevi, quibus tam prelati quam subditi, tam majores quam minores, juxta sui status decenciam informati, premissa salutaris exhortationis verba debito prosequantur effectu; sic intermisse reprehensionis oppositum satagentes, quod ad Omnipotentis honorem, promotionem ordinis, et animarum profectum, exemplaria patrum nos precedentium, zelus religionis, devotionis fervor, honestas morum, et conversationis sanctitas in omnibus nobis fructifere reviviscant. Ceterum instanter rogo vestre caritatis affectum, quatenus vestre profectionis orationibus mei supplentes multiplex imperfectum, qui generalem vestrorum omnium, non meis revera meritis, set ex sola permissiva divini gero commissione regiminis personam, supplicare Patri animarum velitis, ut intellectum meum illustrans, affectum inflammans, et effectum perficiens et confirmans, id mihi concedere cum conti-

---

(1) *Colorare*, dans le ms.
(2) *Rodat*, dans Martène.
(3) *Mendices*, dans le ms.

nua virtutum infusione dignetur, quod anime mee saluti, necnon tam directioni quam promotioni mei noverit ordinis profuturum. Donet vobis Dominus inter crescentes vobis consolationes spiritualium gratiarum, omni prorsus vestrorum persequtorum consitacione (1) sedata, regulares actus prompta semper devoti ordinis obediencia custodire. Datum Burdegalis, in capitulo generali, anno Domini M° CC° LXXVII° (2).

III.

3 juin 1324.

CHAPITRE GÉNÉRAL DE BORDEAUX
Bibliothèque publique de la ville de Toulouse, ms. 489 (I, 55).

I. Election de fr. Barnabé, Maître de l'ordre. — II. Motion pour que la fête de saint Thomas d'Aquin soit célébrée le 7 mars. — III. Motions approuvées. — IV. Constitutions confirmées, entre autres celle pour la célébration de la fête du T. S. Sacrement. — V. Admonitions et ordonnances. — Inquisiteurs. — VI. Office. — VII. Prieurs relevés de leur charge. — VIII. Suffrages. — IX. Fr. Wilhem de La Coste (*de Costa*) lecteur à Paris. — X. *Studia generalia*. — XI. Sentences des juges approuvées. — XII. Désignation du couvent pour le chapitre suivant, et disposition regardant les membres du chapitre.
Lettre du Maître de l'ordre, fr. Barnabé.
Suppléments : I. Culte du T. S. Sacrement dans l'ordre des Frères Prêcheurs ; Auteur de l'office du T. S. Sacrement. — II. Règlements des chapitres généraux relatifs à l'Inquisition « hœreticæ pravitatis. »

[F° 155 a] In nomine Patris, et Filii, et Spiritus Sancti. Amen.

Acta capituli generalis apud Burdegalam celebrati, anno Domini M° CCC° XXIIII°.

I. In isto capitulo fuit electus in Magistrum ordinis Reverendus

---

(1) *Conjuratione*, dans Martène.
(2) Cette lettre est rédigée d'après le rythme prosaïque du XIII° siècle, dont M. Noël Valois a donné les règles principales. *Étude sur le rythme des bulles pontificales*. Dans *Bibliothèque de l'École des Chartes*, année 1881, pag. 161 et suiv., pag. 257 et suiv.

Pater fr. Barnabas, Lombardus. Erat autem tunc prior provincialis Lombardie superioris. In hoc eciam capitulo fuerunt ix. magistri in Theulogia, scilicet fr. Matheus de Urssinis, provincialis romanus, postmodum factus Cardinalis per dominum Johannem Papam in jejuniis quatuor Temporum Adventus, anno Domini M° CCC° XXVII° (1), fr. Hugo de Vausamanti* (2) provincialis Francie, fr. [*manque*] provincialis Anglie, fr. Jo. de Neapoli (3) elector, fr. P. de Parma (4) elector, fr. Benedictus de Cunis, fr. Johannes de Pratis (5), Gallicus et Inquisitor Carcassonensis, fr. Hugo de Marciaco*, Albiensis, et fr. [*manque*] (6).

II. Inchoationes (7). — Iste sunt inchoationes.

Inchoamus quod de sancto Thoma de Aquino, venerabili doctore, fiat per totum ordinem, septima die marcii, totum duplex, et in letania immediate post beatum Dominicum nominetur; et id officium per totum ordinem uniformiter habeatur, de quo Magister ordinis providebit; cui ex nunc comitimus de predicto officio providendum; et hoc, tam de festo quam de officio, suis locis in kalendario et ordinario annotetur (8). Volumus autem et ordinamus, quod interim de eo sicut de uno confessore per totum ordinem celebretur (9).

(1) « F. Matthæum de Ursinis Romanum assumpsit in Avinione papa Johannes XXII in presbyterum cardinalem tit. S. Sabinæ in jejuniis quatuor temporum in adventu Domini, anno Domini M° CCC° XXVII°; postmodum autem Papa Benedictus XII fecit eum cardinalem episcopum Sabinensem. Erat autem archiepiscopus Sipontinus, quando assumptus fuit in presbyterum cardinalem. » B. Gui, cité par Echard, *Script. or. pr.* I, 596.

(2) *De Vauceman*, dans Echard, *ibid.*, I, 580.
(3) Sa notice dans Echard, *ibid.*, I, 567. Cf. Ul. Chevalier, *Répertoire*, 1214.
(4) *De Palma*, dans Echard, *ibid.*, I, 614. Notice.
(5) Sa notice, dans Echard, *ibid.*, I, 593.
(6) Cette indication se trouve à la marge.
(7) A la marge.
(8) Fr. Urgerus de Saltellis, provincial de la province d'Aragon, composa un office pour la fête de saint Thomas, qui ne fut jamais adopté par l'ordre. On trouve cet office dans le ms. 610 (I, 37) de la Biblioth. publique de la ville de Toulouse, f° 83 a. Ce même ms., f° 68 a, contient l'office pour la translation des reliques de saint Thomas par fr. Aldovrandinus, du couvent de Ferrare, mort en 1380. Cf. Echard, *ibid.*, I, 681.

(9) Extraits des Actes des chapitres se rapportant au culte de saint Thomas d'Aquin dans l'ordre.

Chapitre général de 1320: « Item, cum de canonisatione fratris Thome de

III. Approbationes (1). — Iste sunt approbationes.

Approbamus hanc, in capitulo de studentibus, ubi dicitur *quilibet prior provincialis potestatem habeat mitendi duos fratres ad studium,* deleatur totum quod sequitur, et dicatur quod *si in aliqua dictarum provinciarum,* et cetera.

IV. Confirmationes. (2) — Iste sunt confirmationes

1. Confirmamus hanc, scilicet quod officium de Corpore Christi per venerabilem doctorem sanctum Thomam de Aquino editum, ut asseritur, per totum ordinem fiat feria quinta post festum Trinitatis usque ad octabas inclusive; et dictum officium in ordinario in locis debitis annotetur (3).

2. Declaramus hanc : in capitulo de graviori culpa (4) ubi dicitur : *si quis tale quod extra monasterium comiserit ad lapsum carnis juxta co[n]stitutionis seriem tum modo referatur.*

Aquino bona spes habeatur, volumus et districte injungimus prioribus provincialibus, quod tot florenos ad capitulum generale mittere teneantur, quod fratrum conventus in suis provinciis habeant; quem florenorum numerum per conventus suarum provinciarum condundant, secundum quod eis videbitur expedire. » Biblioth. publ. de la ville de Toulouse, ms. 489, f° 149 c, d.

Chapitre général de 1325 : « Item, super approbationes approbamus hanc, scilicet, ut sanctus Thomas d'Aquino (sic) immediate post beatum Dominicum nominetur, et idem officium per totum ordinem uniformiter habeatur, de quo Magister ordinis providebit. » *Ibid.*, f° 156 b.

Chapitre général de 1326 : « Iste sunt confirmationes. Confirmamus hanc, quod de sancto Thoma de Aquino, venerabili doctore, fiat per totum ordinem, septima die martii, totum duplex, et in Letania immediate post beatum Dominicum nominetur. » *Ibid.*, f° 158 a.

Chapitre général de 1328 tenu à Toulouse : « Item, hanc [inchoationem], quod fiat memoria de sancto Thoma de Aquino per octabas; in Laudibus antiphona *O Thoma, laus et gloria;* in vesperis autem, *Collaudetur Christus, rex glorie,* cum versiculis de communi. » *Ibid.*, f° 161 b.

Le calendrier d'un missel du quatorzième siècle, à l'usage des Frères prêcheurs, porte, aux nones de mars : « Thome Confessoris et Doctoris Ordinis Predicatorum totum duplex. » Biblioth. publ. de la ville de Toulouse, ms. 105, f° 1 A. Aux deux derniers folios non numérotés de ce missel, se trouve la messe du T. S. Sacrement et la messe pour la fête de saint Thomas.

(1) A la marge.
(2) A la marge.
(3) Voyez sur le culte du T. S. Sacrement dans l'ordre des Frères Prêcheurs la première note supplémentaire placée à la suite du texte de ce chapitre.
(4) Les *Constitutions* renferment un chapitre *De levi culpa, Dist.* I, cap. XVI, un autre *De gravi culpa, Dist.* I, cap. XVII, un troisième *De graviori culpa, Dist.* I, cap. XVIII, un quatrième *De gravissima culpa, Dist.* I, cap. XIX.

3. Item, ubi dicitur *volumus quod de Corpore Christi officium per beatum Thomam de Aquino, ut asseritur, editum, per totum ordinem fiat*, dicimus *quod a capitulo Barchinonensi ad omnes provincias fuit missum*.

V. Admonitiones et ordinationes (1). — Iste sunt admonitiones et ordinationes.

1. Cum electiones maxime libere esse debeant et omni nota choactionis carere, et invenerimus quod notabiles excessus circa assignationes fratrum ad conventus et mutationes ab eisdem imminentibus electionibus in quibusdam provinciis fuerint commissi, injungimus prioribus provincialibus et quibuscumque vicariis quod, infra menssem ante electiones quascumque, novas assignationes et mutationes fratrum non faciant in conventibus in quibus hujusmodi electiones fuerunt celebrande, nisi pro officio lectorie vel pro gravi scandalo evitando, vel nisi in capitulo provinciali in loco ipsius provincialis capituli, sicut in aliquibus provinciis fieri est conssuetum. Quod si contrarium factum fuerit hujusmodi assignationes seu mutationes, quoad vocem suum non sorciantur effectum; subpriores autem, imminentibus electionibus et tractatibus (2), nullatenus absolvantur (3).

2. Item, cum invenerimus in quibusdam provinciis multos conventus carere lectoribus contra nostri ordinis instituta, volumus et districte injungimus prioribus provincialibus universis, quod singulis conventibus suarum provinciarum, postposita quacumque excusatione, provideant de lectore; ubi autem ad hoc ydoneos esse contigerit in aliis officiis ocupatos, volumus quod a suis officiis absolvantur, si de lectoribus non potest aliter provideri, adicientes quod studentes redeuntes de studiis generalibus non fiant priores vel subpriores, usque post tres annos; et ut predicta valeant melius

---

(1) A la marge.

(2) L'expression *tractatus* désigne les conférences dans lesquelles les religieux de chaque couvent s'occupaient des propositions, vœux, etc., à adresser au chapitre provincial.

(3) Chapitre général de 1320, tenu à Rouen. *Item, cum electiones nostre libere esse debeant, volumus et ordinamus ut quicumque in aliqua electione vel tractatu, directe vel indirecte aliquem iuduxerit ad aliquid eligendum vel non eligendum, sit per triennium voce privatus*. Biblioth. publique de la ville de Toulouse, ms. 489, f° 149, b.

observari, volumus et ordinamus quod [f° 155 b] studentes in facultate quacumque teneantur continue sequi scolas, disputationes, collationes, in vi^a feria, repetitiones eciam lectionum; ante prandium quoque in actu ubi non legitur, in studio seu collatione scientiffica se ocupent quam possunt. Qui autem circa hec inventi fuerint negligentes a studiis absolvantur. Ceteri autem fratres non studentes per penas graves sequi scolas continue et studio vacare a suis prioribus compellantur (1).

3. Item, volumus et ordinamus quod fratres juvenes non mitantur ad studia arcium nec ad sacros ordines promoveantur, nisi sint in divino officio et gramaticalibus sufficienter instructi.

4. Item, cum ad exaltationem catholice fidei inquisitores heretice pravitatis omni nota cupiditatis aut [infamia] sumptuositatis mundos esse deceat et immunes, districtione qua possumus, imponimus inquisitoribus universis, quod, singulis annis semel, de receptis et expensis pro inquisitionis officio suis provincialibus rationem reddant claram, integram et perffectam; et volumus quod provinciales eorum rationem ab eis exigant eciam per preceptum. Quicumque autem inventi fuerint in pecuniarum receptionibus vel in immoderatis expensis notabiliter excessisse a suis officiis absolvantur (2).

5. Item, cum plurimi fratres ambitione detestanda elati, sibi indebite honores querant et importune procurent per personas extra obedienciam ordinis costitutas, unde scandala et turbationes sepius sunt exorta, precipit Magister ordinis in virtute sancte obediencie, de difinitorum consilio et assensu, fratribus universis, quod nullus procuret per se vel per alium, verbo vel scripto, officium, gradum, statum vel promotionem aliquam pro se sive pro alio in ordine obtinendam. Insuper eodem precepto astringit illos qui procuraverunt alium impediri quam ad permissa vel adeptis ullatenus amoveri. Qui vero in aliquo predictorum contrarium fecerit sententiam excomunicationis late sententie, ipso

---

(1) Des ordonnances semblables, regardant les lecteurs, avaient déjà été souvent portées. Ap. Martène, *Thesaurus*, IV, 1677, 1689, 1726, 1773, 1848.

(2) Voyez pour les règlements de l'ordre des Frères prêcheurs relatifs à l'Inquisition, la seconde note supplémentaire placée à la suite du texte de ce chapitre.

facto, se noverit incurrisse, quam sententiam prefatus Magister coram diffinitoribus juridice pertulit in diffinitorio, de ipsorum diffinitorum concilio et assensu (1).

6. Item, precipit Magister ordinis in virtute sancte obediencie, de diffinitorum consilio et assensu, ne aliquis frater nostri ordinis, cujuscumque conditionis aut status existat, ad Romanam Curiam presumat accedere, neque de suo conventu iter assumat cum intentione ad eamdem Romanam Curiam accedendi, ante ejusdem Magistri licensiam specialem. Concedit tamen Magister ordinis singulis prioribus provincialibus et vicariis generalibus eorumdem, quod pro negociis ordinis et multum urgentibus ad dictam Curiam mitere valea[n]t duos fratres (2).

VI. 1. Letania more solito dicatur.

2. Item, ordinamus quod missa *de Beata Virgine et de Beato Dominico* in quolibet [f° 155 c.] conventu in aliqua vacante feria, singulis septimanis, et *de Beato Petro* (3) martire ad minus semel in quindena, sollem[p]niter celebretur.

VII. Absolutiones (4). — Iste sunt absolutiones.

1. Absolvimus hos priores, provincialem provincie Tholosane (5).

2. Item absolvimus priores conventuales Tholosanum (6),

---

(1) L'ordre des Frères Prêcheurs avait, à cette date, donné de nombreux évêques à l'Église : en 1311, B. Gui en compta 123. Biblioth. publ. de la ville de Toulouse, ms. 490 (I, 273) f. 24 A. — 35 A. Mais l'ordre ne voyait pas de bon œil ces promotions, qui pouvaient aiguiser des ambitions malsaines, d'où une déchéance dans la profession religieuse. B. Gui, un peu plus tard évêque de Lodève (Hérault), se plaisait à signaler les cas de refus ou d'acceptations forcées, et même les dangers qu'offre pour le salut éternel la charge épiscopale. Cf. la lettre de fr. Munio, plus haut, p. 40.

(2) Pareille disposition se trouve dans les actes de nombreux chapitres généraux et provinciaux. Ainsi dans les actes des chapitres généraux de Perpignan, 1327, f° 160 a, de Toulouse, 1328, f° 162 b, de Sisteron, 1329, f° 163 b, de Dijon, 1333, f° 164 d, de Bruges, 1336, f° 168 d.

(3) Saint Pierre de Vérone, invoqué immédiatement après saint Dominique jusqu'à la canonisation de saint Thomas (18 juillet 1323) ; l'ordre faisait par une seule antienne mémoire de saint Thomas d'Aquin et de saint Pierre de Vérone. Bibl. publ. de la ville de Toulouse, ms. 610 (I, 37). Office de saint Thomas. Voyez le troisième supplément aux actes de ce chapitre.

(4) A la marge.

(5) Fr. Guillaume Dulcini de Montauban. B. Gui, ms. 490, f° 73 A.

(6) Le prieur du couvent de Toulouse était fr. Dominique de Montoussin (*de Monte Totino*), Haute-Garonne. B. Gui, ms. 490, f° 122 B.

Carcassonensem (1), Rivensem (2), Albiensem, Bellividere, Petragoricensem, Sancti Severi, Marciaci ; et volumus quod priores in isto capitulo absoluti non possint ressumi in eisdem provinciis vel conventibus ad eadem officia isto anno.

VIII. Suffragia (3). — Ista sunt suffragia.

1. Pro vivis : pro sanctissimo Patre et domino nostro Domino Johanne Dei gracia summo Pontifice, quilibet sacerdos IIII. missas, et cetera.

2. Denonciatio diffinitorum defunctorum (4). Notum facimus fratribus universis quod frater Andreas, diffinitor pro provincia regni Cicilie, rediens de capitulo generali Barchinone celebrato (5), mortuus fuit in via. Item, notum facimus quod diffinitor Dacie, veniens Burdegalam ad capitulum generale, mortuus est in via.

IX. Assignatio Bachallarii Parisius (6). Assignamus Parisius ad legendum Sentencias isto anno fratrem W^{um} de Costa, de provincia Francie.

X. Comitimus Magistro ordinis ordinationem studii Parisiensis et aliorum studiorum generalium, quod ipse de magistris et bachallariis et lectoribus Biblie provideat et disponat, prout generali utilitati ordinis viderit expedire; ordinationem vero de bachallariis et magistris studencium in generalibus studiis volumus inviolabiliter observari.

XI. Sentencias judicum approbamus.

XII. Sequens generale capitulum assignamus Erffordiam in provincia Saxonie (7); et ordinamus quod difinitores qui anno futuro deffiniant illuc dominica infra octabas Ascensionis veniant. Nullus autem alius, eciam si licenciam habeat ad capitulum veniendi, locum intret capituli ante sextam feriam (8) vigiliam Penthe-

---

(1) Fr. Berenger Goth de Montréal (Aude). B. Gui, *ibid.*, f° 159 A.
(2) Fr. Pierre Arnauld, de Toulouse. B. Gui, *ibid.*, f° 211 B.
(3) A la marge.
(4) A la marge.
(5) L'année précédente.
(6) A la marge.
(7) Assignatio capituli que non fuit sortita suum effectum, set de voluntate domini Johannis, summi Pontificis, fuit revocata, et conventui Veneciano assignata in provincia Lombardie inferioris. — En marge.
(8) Le vendredi.

costes immediate precedentem. Quicumque vero sine licencia ad capitulum venerit, vel loco capituli cum intentione veniendi appropincaverit, ex vi presentis ordinationis, sint per biennium omni voce privati. Volumus et ordinamus, quod diffinitores anni presentis et socii eorumdem cum pueris in redeundo de capitulo generali bene et curialiter recipiantur et caritative tractentur et secundum facultatem conventus melius procurentur.

Explicit.

[F° 155 d.] Littera fratris Barnabe, Magistri ordinis.

In Dei Filio sibi karissimis fratribus universis ordinis fratrum predicatorum fr. Barnabas ejusdem ordinis servus inutilis, salutem et celestis profectus continuum incrementum. — Inter pressuras cure regiminis, cui heu immeritus sum addictus, hec me specialiter ex intimis cordis angit, quod inportabilis sarcina fragiles humeros fere frangit, dum eam indignus honore su[s]cepto sub imposito honere vix respiro, dum obediencia opus inperat quod potenciam superat, dum nec virtus honori, nec vires oneri correspondeant, multo plus laboris solito in ediffìcio caritatis exquiritur et tum palee subtrahuntur. Nam si in virili et viridi juventute sub leviori onere trepidabam, quid fiet sub tanto pondere in fragili et arido senectutis, quando scilicet ydria farine defecit et lecytus (1) est olei inminutus. Ecce, karissimi, dum me contra faciem meam statuo, dum casum (?) meum in assensu formido, dum in loco superiori periculum majus cerno, vita mihi est tedio, mors desiderio; cupio dissolvi cum apostolo, et cum Helya mori efflagito sub umbra juniperi, crucis videlicet Jhesu Christi. Novi, fratres dilectissimi, quid ex talento condito de meis manibus requiratur; set quid agere debeam, hoc ignoro. Sucepi locum virorum illustrium predecessorum et precessorum meorum, quorum nec coequari meritis, nec moribus valeo coaptari. Verum cum non sufficiam etiam meam insufficienciam cogitare, in spem contra spem credere vestra caritas me compellit, quod sufficiencia, que ex Deo est, quam possibilitas mea non optinet, vestris mihi meritis et intercessione donetur; ut quod proprie vires denegant, vestrorum mihi apud Dominum

---

(1) *Legitus* dans le ms.

impetrent subfragia meritorum. Eya ergo, fratres mei dilecticimi, considerate vocationem vestram, per quam positi estis ut eatis et non solum vestre, set aliorum salutis fructum, coram Domino proferatis. Quod maxine facietis, si religionem mundam et immaculatam in vestris semper verbis et in actibus observetis; si turrem David mille munitam clipeis, sanctorum videlicet patrum exemplis salutiferis a temptationum inpulsibus defalcetis; si vellud castrorum ordinata acies terribilis humani generis hostibus insultetis; si conversationis honeste, sancte opinionis odore salvifico redolentes, alios ad curendum in odore unguentorum vestrorum suavius provocetis. Animadvertite, fratres, animadvertite quod magna vobis Dominus et preciosa donavit, qui ad hanc lucem per sui gratiam de mundi tenebris [f° 156 a] specialiter vos vocavit, ut vestri doctrina fulgeat ecclesia, ut exemplari vita vigeat et proficiat religio christiana; et ideo continue vobis orationibus instantibus, lectioni et predicationi vacantibus in verbis vestris ut appareat, nisi quod vestram deceat sanctitatem, nisi quod apud Deum et homines regularem redoleat honestatem. Attendite ad Abraam patrem vestrum beatissimum, videlicet Dominicum (1), et ad Sarram que peperit vos, preclaram s[c]ilicet religionem que est serenate consciencie verus rissus et deliciosa gracie paradizus. Videte quales ex hoc virgulto plantule pullulantes jam sicut in celeste plantarium transplantate, quarum flores alii candidati propter virginitatem, alii sanguine roridati propter martirii acerbitatem, alii stellati propter doctrine et studii claritatem lucis immense, fructus coram Deo profferunt sempiternos; hos vos sequi oportet; hos vos expedit ymitari, in superhabundando gaudio, fratres mei, qui revera mihi estis gaudium et corona, si vos andiero, si videro per tam laudabiles semitas ambulare. Ceterorum principes populorum, sancte matris Ecclesie prelatos, sic a vobis honorari, amari convenit et timeri, ut ab eis mereamur benignius reffoveri. Demum id a vobis tota devotione deposco, ut, penssato honere mihi pro vobis inposito eciam angelis formidando, me sic vestris apud Deum orationibus adjuvetis, ut profectui vestro diligencius inten-

---

(1) Fr. Munio, Maître de l'ordre, s'était déjà ainsi exprimé sur saint Dominique ap. Martène, *Thesaurus*, IV, 1840.

dere causius consulem, et ipsum valeam efficacius pertractare. Valete. Datum Burdegalis in nostro capitulo generali, anno Domini M° CCC° XXIIII° (1).

SUPPLÉMENTS AU CHAPITRE GÉNÉRAL DE 1324.

I.

Culte du T. S. Sacrement dans l'ordre des Frères Prêcheurs. — De l'auteur de l'Office du T. S. Sacrement.

La manière dont le chapitre général des Dominicains s'exprime ici dans le chap. de 1324 et s'exprima d'autres fois impose plusieurs réflexions.

1. C'est par la Bulle *Transiturus de hoc mundo* du 11 août 1264 qu'Urbain IV institua la fête du T. S. Sacrement (Bull. rom., III, p. 1). Il est un peu étonnant que cette fête n'eût pas été dès lors célébrée par l'ordre des Frères Prêcheurs.

2. Le chapitre général tenu à Lyon en 1318, qui le premier rendit obligatoire dans l'ordre l'office du T. S. Sacrement, dit *sicut in constitutionibus Viennensis concilii est statutum* (Bibl. publique de la ville de Toulouse, ms. 489, f° 146 d). Or, Mgr Hefelé a fait remarquer avec raison « que la Constitution de Clément V (confirmant l'institution de la Fête-Dieu), porte explicitement et dès les premières lignes que le Pape l'avait publiée après en avoir délibéré avec les cardinaux seulement. » (*Hist. des Conciles*, trad. Delarc, VIII, 452).

3. Ce qui surprend encore davantage, au premier abord, c'est l'hésitation de plusieurs chapitres à affirmer que saint Thomas est

---

(1) Cette lettre est comme celle de Munio (plus haut, p. 40), écrite dans le rhythme prosaïque. Voici la notice consacrée par les documents de source dominicaine à fr. Barnabé Cagnolo, le quinzième prieur général. — Quintus decimus magister ordinis fuit frater Barnabas, nacione Lombardus, de Vercellis, de provincia Lombardie superioris ; successit predicto fratri Herveo, fuitque electus in capitulo generali Burdegalensi, anno Domini M° CCC° XXIIII°, in vigilia Penthecostes, ubi ab omnibus electoribus, ex more inclusis, fuit electus concorditer et in pace. Erat autem tunc prior provincialis Lombardie superioris. Hic prefuit in officio magisterii annis septem cum dimidio. Obiit autem in conventu Parisiensi, in festo sancti Pauli Heremite, et ibidem in choro honorifice tumulatus, anno Domini M° CCC° XXXI°. — Biblioth. publique de la ville de Toulouse, ms. 490 (I. 273), f° 62. — Cf. Echard *Script. ord. Præd.* I, 559. — Gregory. *Vercell. letter.* I, 554.

l'auteur de l'office du T.-S. Sacrement, alors surtout que d'après le chapitre de Vienne de 1322 l'ordre avait reçu un mandat apostolique de composer cet office. On sait qu'après Wadding, quelques auteurs, entre autres Launoy, ont disputé à saint Thomas la gloire d'avoir composé l'office du T. S. Sacrement ; ils ont attribué à saint Bonaventure quelques parties de cet office, la prose *Lauda Sion*, par exemple. Bzovius, Echard, Noël Alexandre, Touron, Rubéis, et en général les Dominicains, ont défendu la tradition qui voit dans le docteur angélique l'auteur de cet office. Ils sont très généralement suivis, et avec raison : l'hésitation des chapitres généraux n'est qu'apparente.

Nous donnons ici les extraits des chapitres généraux de l'ordre, inédits encore, se rapportant à cet objet, d'après le ms. 489 de la Bibliothèque publique de la ville de Toulouse.

I. — Chapitre général de Lyon, en 1318.

Item, volumus et ordinamus quod per totum ordinem fiat officium totum duplex de Corpore Christi, feria V^a, infra octabas Trinitatis, sicut in constitutionibus Viennensis Concilii est statutum. De officio vero Magister ordinis studeat providere. Ms. 489, f° 146, d.

II. — Chapitre général de Florence, en 1321.

Item, hanc (inchoationem) in ordinario et rubrica de festo Trinitatis, in fine, ubi dicitur, *usque ad vesperas sequentis sabbati exclusive*, deleatur *sabbati exclusive*, et dicatur *ferie quarte exclusive*, et addatur, *Feria quinta post festum Trinitatis fiat festum totum duplex de Corpore Christi cum octabis, quibus durantibus, de quibuscumque aliis octabis memoria tantum fiat*. Ms. 489, f° 150 c.

3. — Chapitre général de Vienne, en 1322.

Inchoationes. Item, hanc : Cum ordo noster debeat se sancte Romane ecclesie, in quantum possibile est, in divino officio conformare, et in eo precipue quod per ordinem nostrum de mandato apostolico est confectum, volumus quod officium de Corpore Christi per venerabilem doctorem fratrem Thomam de Aquino editum, ut asseritur, per totum ordinem fiat, quinta feria post festum Trinitatis usque ad octavam inclusive ; et dictum officium in ordinario in locis debitis annotetur. Ms. 489, f° 152 c.

4. — Chapitre général de Barcelone, en 1323.

Item hanc in ordinario et rubrica de festo Trinitatis, ubi dicitur *usque ad vesperas sabbati sequentis exclusive*, deleatur *sabbati exclusive*, et addatur *feria [quinta] post festum Trinitatis fiat de Corpore Christi festum totum duplex cum octabis*. Ms. 489, f° 153 d.

A ces extraits des actes des chapitres généraux je joins deux extraits de deux offices pour la fête de saint Thomas, dans l'ordre des Frères Prêcheurs. Ils lui attribuent l'un et l'autre l'office du T.-S. Sacrement. Le premier office pour la fête de saint Thomas dont je donne le Répons à la troisième leçon de Matines, est dû à fr. Aldobrandin, de Ferrare, mort en 1380 (Echard, *Script. Ord. Præd.*, I, 681). Pour comprendre le Répons, il faut savoir qu'Urbain IV demanda à l'ordre l'office pour le T. S. Sacrement, qu'Urbain V lui rendit le corps du vénérable docteur, et que cette décision fut prise le jour même de la fête du T. S. Sacrement de l'année 1368. Voici ce Répons :

> Corpus datur in festo Corporis
> Christi, cujus grande mysterium
> Reseravit occultum ceteris
> Et dictavit, scribens officium,
> Dono Doctor divini muneris.
> Per Urbanum opus indicitur ;
> Per Urbanum Ordini redditur.
> Dono Doctor divini muneris.
>
> Bibl. publ. de la ville de Toulouse, ms. 160 (I, 37), f° 60.

Le second office, dont je donne également le Répons de la troisième leçon du premier nocturne, est dû à l'Aragonais fr. Urgerus de Saltellis. Voici ce Répons : il est moins explicite que le précédent, mais l'allusion au fait que saint Thomas composa l'office du T. S. Sacrement et à ses études théologiques sur l'Eucharistie y est évidente.

> Sacramentum hic Eucharistie
> Dum scrutari profunde nititur,
> Per infusum donum sciencie
> Mox a Christo doceri cernitur.   *Ibid.*, f° 84.

Au commencement du xve siècle, saint Vincent Ferrier, dans un de ses panégyriques de saint Thomas d'Aquin, consignait la tradition dominicaine : « Idem, de officio Corporis Christi quod de mandato Pape ordinavit, quo completo, super altare posuit, et, ipso orante, Christus in forma pueri super librum se posuit, dicens quod illa ordinatio erat sancta et bona, quam intellectus humanus potest comprehendere » Biblioth. publ. de la ville de Toulouse, ms. 346 (I, 19), f° 75 a.

II.

Règlements des chapitres généraux relatifs à l'Inquisition.

Nous donnons ici une série intéressante de règlements capitulaires touchant les inquisiteurs, non de tel ou tel pays, mais tous les inquisiteurs en général. Ils ont trait aux rapports des inquisiteurs avec l'ordre. Plus bas (Supplément au chap. prov. de 1257) nous publions les règlements des chapitres provinciaux de la première province de Provence, regardant les inquisiteurs de Carcassonne et de Toulouse.

A.) Règlements inédits.

1. — Chapitre général de Florence, en 1321.

Declaramus autem quod inquisitores heretice pravitatis de personalibus priori suo conventuali, set de pertinentibus ad officium priori provinciali rationem reddere teneantur. Bibl. publ. de Toulouse, ms. 489, f° 151 a.

2. — Chapitre général de Florence, en 1321.

Item, volumus et ordinamus quod provinciales diligenter inquirant de excessibus inquisitorum heretice pravitatis, sive in modo procedendi, sive in exto[r]tione pecuniarum, seu etiam in pompis, et victu et vestitu et observancia regulari; et absolvant quos invenerint notabiliter excedere in predictis vel in aliquo premissorum. Bibl. publ. de Toulouse, ms. 489, f° 151 d.

3. — Chapitre général de Vienne, en 1322.

Item, ordinationes precedenti anno in generali capitulo factas de lectoribus non confirmandis in priores, de inquisitoribus heretice pravitatis quod non extorqueant pecuniam... volumus inviolabiliter observari. Bibl. publ. de Toulouse, ms. 489, f° 153 a-b.

4. — Chapitre général de Venise, en 1325.

Item, ordinationem factam de inquisitoribus heretice pravitatis super ratione reddenda suis provincialibus... volumus in suo robore permanere. Bibl. publ. de Toulouse, ms. 489, f° 156 d.

5. — Chapitre général du Puy, en 1344.

Item, cum ad inquisitores heretice pravitatis pertinere noscatur hereticos et errantes quosque ad catholice fidei unitatem atque sacrosancte ecclesie obedientiam, non minus exemplo vite quam verbo, et aliis vere modis reducere, propter quidem seipsos debent singularem obediendi formam ceteris exhibere, volumus et ordinamus quod inquisitores prefati, sicut ceteri fratres ordinis, teneantur superioribus ordinis sive conventuum ad quos pertinent vel aliqociens declinabunt, in omnibus que directe suum non consernunt officium obedire. Ceterum nec fratres quoscumque ad villam vel extra conventum possint propria a[u]ctoritate mittere, nec sibi socium deputare, nec sibi socium alium assumere, sine prioris provincialis vel conventualis aut vices eorum gerencium licencia et assensu, inponentes exhacte prioribus provincialibus eorumque vicariis generalibus, ut si quos inquisitores aut eorum vicarios defectuosos in aliquo invenerint, punire eos non omittant secundum qualitatem et exhigenciam suorum defectuum aut culparum, etiam per amotionem ab officio inquisicionis, si expediens judicaverint de consilio discretorum, presertim cum etiam hoc possint virtute privilegii cujusdam super hoc ordini nostro indulti, cujus tenor est iste. Illos vero ipsius ordinis fratres qui ad predicandam crucem vel inquirendum contra pravitatem hereticam seu ad alia hujusmodi negocia sunt vel fuerint ubique a sede apostolica deputati, Magister ejusque successores removere seu revocare penitusque transferre ipsisque quod supersedeant injungere aliosque substituere [f° 179 a] cum expedire videbitur, licite ac libere valeant, et in eos, si contra venerint, censuram ecclesiasticam exercere; ac quilibet prior provincialis vel ejus vicarius ejusdem ordinis ad ipsum in sua provincia contra fratres sui ordinis quibus ab eadem sede similia contigerit in illa comiti facere possit, non obstantibus aliquibus litteris vel indulgenciis apostolicis impetratis vel etiam in posterum impetrandis, que de hoc non fecerint mentionem. Supradicte autem admonitioni et ordinationi adicimus quod priores provinciales Magistro ordinis denuncient, si quos inquisitores aut vicarios eorumdem invenerint notabiliter deliquisse. Volumus tamen et imponimus prioribus conventualibus et vicariis eorumdem ut ipsos inquisitores pertractent et recipiant reverenter, favorabiliter et benigne, eisdem de una camera pro se, socio suo, et famulo, prout melius et comodius poterunt providendo, caventes atente ne inquisitores ipsos in hiis que ad inquisitionis pertinent officium impediant vel conturbent. Bibl. publ. de Toulouse, ms. 489, f° 178 d.

B.) Règlements non inédits.

1. — Chapitre général de Milan, en 1270.

Item, injungimus tam prioribus quam fratribus universis, ut ipsi diligenter assistant inquisitoribus ad fidei negotium promovendum. Martène, *Thesaurus*, IV, 1756.

2. — Chapitre général de Valence, en 1291.

Item, inquisitores hæreticæ pravitatis officium suum solito diligentius exequantur : alioquin per priores provinciales corrigantur, vel ab officio penitus amoveantur, proviso quod priores actu non fiant inquisitores, et facti ab altero duorum officiorum, prout citius fieri poterit, absolvantur. *Ibid.*, 1847.

3. — Chapitre général de Bologne, en 1285.

Item, volumus et ordinamus, quod inquisitores hæreticæ pravitatis ad capitula ordinis venire secundum modum ordinis teneantur. *Ibid.*, 1812, cf. 1782.

4. — Chapitre général de Montpellier, en 1294.

Item, volumus et ordinamus, quod inquisitores hæreticæ pravitatis teneantur singulis annis de omnibus receptis et expensis prioribus provincialibus veras et certas sub jurejurando, prout requisiti fuerint, reddere rationes ; et iidem provinciales rationes scripto commendatas et sigillo suo et inquisitorum signatas, venerabili patri nostro Magistro ordinis transmittere teneantur. *Ibid.*, 1857.

III.

Prose de saint Pierre de Vérone, martyr. — Prose de saint Antonin de Florence (1).

Je donne ces deux proses inédites, je crois, d'après un ms. du XVIe siècle qui vient de me tomber entre les mains et qui sera déposé à la bibliothèque du couvent des Frères Prêcheurs de Toulouse. Ce ms. sur parchemin, hauteur 0^m 12 cent., largeur 0^m 08 cent., avec paroles notées, avait été fait pour le chœur et probablement pour l'usage d'un tierçaire de l'ordre de saint Dominique, car il ne contient que les offices des principales fêtes de l'année et des principaux saints de l'ordre.

Sancti Petri (2) *martyris Prosa.*

Adest dies celebris
Quo lumen de tenebris
Exortum emicuit.

Nam ab infidelibus (3)
Petrus dispar moribus
Ortus mundo claruit.

Mundum mundus abjicit;
Ordini se sub[j]icit
Evangelizantium.

Fit salutis speculum,
Morumque spectaculum,
Vas virtutum omnium.

Carnis pudiciciam
Et baptismi gratiam
Conservat viriliter.

(1) Ce troisième supplément au chapitre général de 1324 n'a pas été annoncé dans la *Préface*, déjà tirée quand il a été donné à l'imprimeur.
(2) Saint Pierre de Vérone, martyr près de Milan, 29 avril 1252. Canonisé le 25 mars 1253, Bulle du pape Innocent IV, *Magnis et crebris*, dans Ripolli, *Bullar. Prædic*, I, 228. Un des plus grands saints de l'ordre des Frères Prêcheurs. Pour sa bibliographie, voyez Ul. Chevalier, *Répertoire*, 1825.
(3) Saint Pierre était né de parents manichéens.

Verbi semen seminat;
Errores exterminat,
Pugnans fortiter.

Dum non cedit hostibus,
Resistens erroribus,
Justi sanguis funditur.

A profanis manibus
Sanctus diris ictibus
Invasus occiditur.

Christi factus hostia,
Celi transit ostia,
Cum palma martirii.

Sempiterna gaudia
Possidet cum gloria
Trescenteni premii.

Morbi, mors, demonia
Petri per suffragia
Depelluntur penitus.

Credit plebs incredula,
Videns hœc miracula
Fieri divinitus.

Nobis ergo veniam
Det Deus et gratiam
Petri prece sedula.

Et post hanc miseriam
Largiatur gloriam
Per œterna sæcula.   Amen.

Je joins à la prose de saint Pierre de Vérone celle de saint Antonin. Saint Antonin de Florence n'appartient pas, c'est vrai à la Gascogne, et l'époque où il vécut (1389-1459) n'entre pas dans le cadre chronologique de cette publication. Mais cette prose présente quelque intérêt par l'essai d'imitation de la prose *Victimæ pascali* dont elle témoigne. Cet essai est du XVIe siècle, car saint Antonin de Florence fut canonisé en 1523, et le ms. que je reproduis est bien du XVIe siècle.

Prosa sancti Anthonini.

Anthonino magno laudes concinant Christiani.
O presul mitissime, tuis Christo precibus reconcilientur peccatores.
Mors et vita celesti refulcere nitore; vivens et mortuus claret signis.
Da, pastor benigne, doctor clemens et digne,
Muniri nos hic viventes, non deseri abste morientes.
Virtutum munda vestes, culparum tolle pestes.
O doctrine lampas, et noctem atrorum disperge densam errorum.
Credendum est esse illum tunc magnum in cœlo qui tanto Christi exarcerit zelo.
Scimus te gemina ornatum gloria vere; o virgo, o doctor, nos intuere. Alleluya.

II.

CHAPITRES PROVINCIAUX.

PROEMIUM DE BERNARD GUI.
Biblioth. publique de la ville de Toulouse, Ms. 490 (I, 273).

[F° 279 A] Ab exordio quo predicatorum ordo cepit capitula provincialia celebrare, quod estimo fuisse factum anno Domini M° CC° XX°, usque ad annum M^m CC^m XL^m, pauca valde que reperi de capitulis provincialibus in provincia Provincie celebratis, inferius recollegi.

Ab anno vero Domini M° CC° XL°, usque ad annum Domini M^m CCC^m XV^m, quo hec scripsi, complecius ponuntur inferius recollecta, exceptis quibusdam que nondum valui, sicut volui, reperire, que ab hiis quibus fuerit oportunum suppleri poterunt locis suis.

I.

1246.

CHAPITRE PROVINCIAL DE BORDEAUX.
Bibliothèque publique de la ville de Toulouse, ms. 490 (I, 273). —
Ms. 488 (II, 91), f° 32 b.

I. Admonitions et ordonnances. — II. Pénitences.

[F° 283 B] In nomine Patris, et Filii, et Spiritus Sancti. Amen. Acta capituli provincialis Burdegalis celebrati, anno Domini M° CC° XLVI° (1).

(1) Prior provincialis fr. Poncius de Lespara. — A la marge.

I. Monitiones (1). — 1. Monemus fratres ut non preveniant ingressum capituli ultra terciam diem; nec generale capitulum intrent ante sextam feriam precedentem; nec in via morentur.

2. Item, quod fratres non sint faciles ad dandas indulgencias vel petendas.

3. Item, quod districte et cum consilio utantur potestate a penitenciariis concessa.

4. Item, quod fratres medicinis non nimis intendant, set uni medico tamen credant a priore electo.

5. Item, quod priores discrete dispensent cum sedentibus ad terram, ne talis penitencia contempnatur.

6. Item, vult Magister ordinis (2) quod fratres de cetero per provinciale capitulum non mutentur sine causa evidenti, nec fratres hoc petant, nec super hoc scribant, set per priorem provincialem, cum ad conventus declinaverit visitandos.

II. Omnibus prioribus qui non miserunt communem collectam, 1. psalterium, 1. diem in pane et aqua imponimus; et injungimus ut infra festum sancti Michaelis mittant (3).

II.

8 SEPTEMBRE 1257.

CHAPITRE PROVINCIAL DE BORDEAUX.

Bibliothèque publique de la ville de Toulouse, ms. 490 (I, 273). — Ms. 488 (II, 91), f° 34 d, f° 35 a.

I. Admonitions et ordonnances. Inquisiteurs. — II. Suffrages. — III. Pénitences. — IV. Définiteur au chapitre général. — V. Admonitions du prieur provincial.
Supplément : Règlements des chapitres provinciaux relatifs à l'inquisition « hœreticæ pravitatis », dans le Midi de la France au XIIIe siècle. — Inquisition de Carcassonne et de Toulouse.

[F° 291 B] In nomine Patris, et Filii, et Spiritus Sancti. Amen.

---

(1) A la marge.
(2) *Ordinis* manque dans le ms. 488, f° 32 b.
(3) Ce paragraphe manque dans le ms. 488.

Acta capituli provincialis Burdegalis celebrati, anno Domini M⁰ CC⁰ LVII⁰, in Nativitate beate Virginis Marie.

Iste sunt absolutiones. Absolvimus priores... [*manque*].

I. Iste sunt admonitiones.

1. Admonemus ne fratres clerici, rogati a conversis, scribant eis literas mittendas priori provinciali vel alii, nisi de licencia prioris sui, qui eciam eas videat (1) antequam ipsis conversis reddantur.

2. Item, ne fratres sint sine capuciis in rasuris, vel alibi, coram secularibus.

3. Item, quod studentes in artibus non occupentur in aliis, ita quod impediantur a lectionibus, vel a prima repetitione.

4. Item, quod nullus frater comedat cum inquisitoribus in locis ubi conventum habemus (2).

5. Item, fratres et priores qui mittunt nuncios vel cursores, dent eis literas in quibus contineantur utrum sint conducticii, vel cum fratribus habitantes, nec conventus per quos transeant teneantur conducticiis providere.

6. Item, quod ea que dantur fratribus pro vestibus, non ponantur in scriptis, nec e converso, nec priores super hoc dent licenciam.

7. Item, caveant fratres ne accusent aliquem scienter de falso, nec proclamati negent scien[f⁰ 292 A]ter veritatem, nec reservent scienter (3) proclamationes aliquas de uno capitulo ad aliud; si quis autem, quod absit, contra aliquid istorum fecerit, ordinamus quod nullus possit ipsum absolvere, nisi prior suus, vel locum ejus tenens.

II. Hec sunt suffragia : pro domino Burdegalensi (4), et ceteris.

III. Fratribus qui exiverunt terminos sue predicationis ultra tres leucas et illis qui miserunt sine evidenti necessitate injungimus I. diem in pane et vino.

IV. Diffinitor capituli generalis fr. Poncius de Sancto Egidio*, socius ejus frater Romeus* (5).

(1) Ms. 488, f⁰ 34 d. Videant.
(2) Voyez le supplément aux actes de ce chapitre de 1257 : Règlements des chapitres provinciaux relatifs à l'Inquisition méridionale.
(3) Ces quatre derniers mots manquent dans le ms. 490.
(4) Probablement l'archevêque de Bordeaux, Gérauld de Malemort.
(5) Le suffrage, l'imposition de ces pénitences et la désignation des définiteurs

V. Iste sunt admonitiones prioris provincialis (1).

1. Quod fratres non veniant usque ad sextam feriam precedentem ad capitulum generale; nec veniant nisi qui, secundum constitutionem, debent venire.

2. Item, quod juvent et faciant juvari conventum Tholosanum qui poterunt, et in quibus (2).

3. Item, quod diffinitores provinciarum associentur, postquam intraverint terminos provincie, de conventu ad conventum, et in omnibus habeant se fratres ad eos ut decet, et instanter eos detineant.

4. Item, quod visitatores diligenter visitent hoc anno provinciam et non nimis tempestive; et provincialis idem faciat per se vel per alios bonos et discretos fratres (3).

5. Item, quod predicatores generales, fr. Romeus*, fr. Guido Navarra*, fr. Hugo de Malamorte et ceteri similes veniant ad capitulum (4); et conventus eligat socios aptos, et qui ad serviendum, et ad legendum et similia juvare possint.

6. Item, quod fratres provinciales, cum venerint Tholosam, sequantur melius chorum et teneant melius silencium, maxime post prandium et post completorium; et ubique magis ac magis edificent supervenientes (5).

7. Item, quod *Ave, Maria,* divisim et eadem voce dicatur.

8. Item, quod fratres matrimonia non consilient, nec se de controversiis intromittant.

9. Item, quod fratres sese excusent, nec mala seminent, set abscondant.

10. Item, de literis familiaritatis non dandis, nec a Magistro petendis, nisi magnis et honestis personis.

---

manquent dans le ms. 488. F. Pons de Saint-Gilles, ami de saint Louis et du pape Clément IV, neuvième prieur provincial de la première province de Provence, fut un des religieux les plus distingués de son temps. B. Gui, ms. 490, f° 67 B, f° 68 A. De même fr. Romée. *Ibid.*, f° 66 A.

(1) Le célèbre fr. Gérauld de Frachet. B. Gui ms. 490, f° 67 B.

(2) Invitation qu'il est important de faire remarquer; récemment, on a affirmé gratuitement que la magnificence du couvent de Toulouse était due aux *Incours*.

(3) Manque dans le ms. 488, f° 35 a.

(4) Manque dans le ms. 488, f° 35 a.

(5) Manque dans le ms. 488, f° 35 a.

11. Item, quod in locis ubi conventum habemus fratres non comedant, nisi cum episcopis, et hoc raro; nec de bibendo invitantibus credant.

12. Item, quod a monialibus cordas vel cingula non querant nec tersoria, nec suadeant de ingressu Prulliani (1), contra intentionem fundantis.

13. Item, quod nullus frater suggerat quod misse vel an[n]iversaria pro (2) defunctis [f° 292 B] fiant, ita quod studium impediatur.

14. Item, nullus frater alicui persone literas familiaritatis directe vel indirecte procuret, nisi tamen illis qui in capitulo conventuum de quorum predicatione sunt, recepta fuerit, vel ad minus a prioribus eorumdem.

SUPPLÉMENT AU CHAPITRE PROVINCIAL DE 1257.

Réglements des chapitres provinciaux relatifs à l'inquisition dans le Midi de la France au XIIIe siècle. — Inquisition de Carcassonne et de Toulouse (3).

1. — Chapitre provincial de Montpellier, en 1242.

a.) Item, volumus et mandamus quod inquisitores non equitent, nisi ex magna necessitate et evidenti, verbi gratia, si transe[a]nt (4) per locum periculosum, dum erunt in loco illo, vel si indigeant ire ad concilium vel legatum et habeant arctum tempus; et hoc faciant, habita licencia a prelatis suis, si comode possit haberi; nec portent expensas; nec contractent nummos, nec aliquis nomine eorum; set ab extraneis provideatur eis in equis et expensis; nec teneant equos, nec garciones

---

(1) Monastère des Dominicaines de Prouilles (Aude), fondé par saint Dominique.
(2) *Pro* manque dans le ms. 488, f° 35 a.
(3) Voyez Ch. Molinier, *L'Inquisition dans le Midi de la France au XIIIe et au XIVe siècle. — Étude sur les sources de son histoire.* — Toulouse, 1880. — Douais, *Les sources de l'histoire de l'Inquisition dans le Midi de la France aux XIIIe et XIVe siècles*, Paris, 1881. — Je prépare une seconde édition de ce mémoire.
(4) *Transeunt*, dans le ms.

pro equis habeant; et si in aliquo deliquerint, a prelatis suis corrigantur, et qumcumque declinaverint ad conventus suos, veniant ad capitula. Ms. 490, f° 281 B, 282 A. Cf. ms. 488, f° 31 c.

b.) Item, in virtute obediencie, districte prohibemus ne imponant penas pecuniarias sive mortuis, sive vivis, nec jam impositas exigant, vel accipiant. Ms. 490, f° 282 A. Cf. ms, 488, f° 31 c.

c.) Item, eadem districtione precipimus, ut ab executione sententiarum, veluti a carceribus construendis, deprehensis custodiendis, incarcerandis, mortuis exhumandis (1) et comburendis, et aliis, omnino abstineant, nisi quantum fuerit eis concessum. Ms. 490, f° 282 A. Cf. ms. 488, f° 31 c.

d.) Item, preceptum ne dent, vel exigant penas pecuniarias, et quedam alia. Ms. 490, f° 282 A. (Manque dans le ms. 488.)

2. — Chapitre provincial de Narbonne, en 1243.

Item, libri inquisitionis non portentur; et quod priores vel alii fratres non faciant inquisitores questores. Ms. 490, f° 282 A. Cf. ms. 488, f° 31 c.

3. — Chapitre provincial de Cahors, en 1244.

Item, quod inquisitores non sustineant quod aliquid detur fratribus de negocio, quia possemus infamari. Ms. 490, f° 282 B, Cf. ms. 488, f° 32 a.

4. — Chapitre provincial d'Avignon, en 1245.

a.) Item, inquisitores, qum declinant ad locum ubi conventum habemus, semel in septimana veniant ad capitulum, vel si essent aliqua causa impediti, licenciam petant. Ms. 490, f° 283 A. Cf. ms. 488, f° 32 a.

b.) Item, priores et alii fratres caritative recipiant inquisitores et infamantibus officium inquisitionis de facili non credant. Ms. 490, f° 283 B. Cf. ms. 488, f° 32 a.

5. — Chapitre provincial de Bordeaux, en 1257.

Item, quod nullus frater comedat cum inquisitoribus in locis ubi conventum habemus.

6. — Chapitre provincial de Narbonne, en 1289.

Item, inhibemus districte, ne fratres aliquas commissiones super facta inquisitionis hereticorum, vel Judeorum vel eorum similium, vel etiam super regimine vel correctione, vel dispensatione hospitalium recipiant sine priorum suorum licencia speciali; et [si] aliqui receperint, priores vel eorum vicarii exequi non permittant; quod si aliquas

---

(1) A la marge.

litteras aliqui receperint in hujusmodi com[m]issionibus ab aliqua persona extra obedientiam ordinis constitutam, eas restituere priori provinciali quam cicius teneantur. Ms. 490, f° 351 B. Cf. ms. 488, f° 49 b, c.

7. — Chapitre provincial de Carcassonne, en 1293.

Admonemus quod si fratres audiant vel sciant aliquid de negocio inquisitionis vel fidei, statim denuncient inquisitoribus Carcassone et Tholose. Ms. 490, f° 364 B. Cf. ms. 488, f° 52 d.

8. — Chapitre provincial de Narbonne, en 1296.

Notandum quod hoc anno vel parum post, de villa Appamiensi, que nondum erat civitas, dominus Bonifacius octavus Papa fecit civitatem novam, procurante et promovente viro venerabili ac memorie recolende domino Bertrando Sayssecti, abbate tunc monasterii canonicorum regularium sancti Anthonini, episcopi et martiris, mansi Appanarum; et instruit ibi inquisitorem heretice pravitatis novum, fr. Arn. Johannis*, Tholosanum, ordinis nostri; et divisit episcopatum Tholosanum per limitatores istos, scilicet per Archiepiscopum Narbonensem, per dominum Jordanum Ferolli Carcassonensem. Episcopus vero primus factus fuit, per ipsum papam, civitatis predicte dominus B. Saysseti. Ms. 490, f° 369 A. — Ce *nota*, placé à la marge dans le ms. 490, manque dans le ms. 488, f° 54 a, b.

9. — Chapitre provincial de Montauban, en 1303.

Item volumus et ordinamus quod pro pace et tranquillitate universalis ecclesie, mitigatione negociorum que noviter emerserunt ac defensione et promotione officii inquisitionis, fiat oratio in missis conventualibus, et fiant processiones cunctis diebus, sicut nuper per vicarium provincie extitit ordinatum. Ms. 490, f° 389 B. Cf. ms. 488, f° 59 d.

10. — Chapitre provincial de Pamiers, en 1310.

Pro inquisitoribus, et monasteriis sororum Pruliani, Pontisviridis (1) et Sancti Pardulfi (2), quilibet sacerdos unam missam [dicat]. Ms. 490, f° 410 A.

---

(1) Pontvert : voyez plus bas son histoire.
(2) Saint-Pardoux-la-Rivière (Dordogne). Vte de Gourgues, *Diction. topog. du département de la Dordogne*, p. 301.

III.

15 AOUT 1276.

CHAPITRE PROVINCIAL D'AGEN.

Bibliothèque publique de la ville de Toulouse, ms. 490 (I, 273). — Ms. 488 (II, 91), f° 41 d, f° 42 a, b.

I. Election de fr. B. Géraud, provincial pour la seconde fois. — II. Définiteurs. — III. Pénitences. — IV. Fondation du couvent d'Albi. — V. Lecteurs et sous-lecteurs. — VI. Vicaires. — VII. Lecteurs des arts. — VIII. Lecteurs de philosophie naturelle. — IX. Étudiants envoyés à Paris. — X. Visiteurs. — XI. Admonitions et ordonnances. — XII. Suffrages. — XIII. Sentences des juges approuvées. — XIV. Désignation du *socius* du provincial.

[F° 321 B] In nomine Patris, et Filii, et Spiritus Sancti. Amen. Acta capituli provincialis Agenni celebrati, anno Domini M° CC° LXXVI°, in festo Assumptionis beate Marie.

I. In isto provinciali capitulo fuit electus in provincialem fr. B. Geraldi* secunda vice, et confirmatus ibidem a tribus antiqioribus electoribus, ex concessione Magistri (1), inter quos fuit unus fr. G. de Sancto Valetico* Lemovicensis, fr. Stephanus de Salanhaco* qui vice sua et aliorum electionem pronunciavit.

II. Diffinitores fuerunt :

Frater Stephanus de Salanhaco*, Lemovicensis,

Frater Bertrandus de Rupe Amatoris*,

Frater R. de Medullione*, junior, ad dextram senioris patris sui (2);

Frater (*manque*) (3).

III. Penitentie (4). — 1. Priorem Altivillaris, quare improvide et inconsulte et contra formam constitutionum nostrarum et monitiones capituli (5) recepit locum in Lectura (6), et tenuit ibi

---

(1) Fr. Jean de Verceil. B. Gui, *Cathalog. magist. or. pred.* Biblioth. publique de Toulouse, ms. 490, f° 59 A.

(2) Fr. Raymond de Meuillon, mort archevêque d'Embrun, le 28 juin 1294. A la marge.

(3) La désignation des définiteurs, quand elle est donnée, est toujours placée à la marge du ms.

(4) A la marge.

(5) Le chapitre provincial de l'année précédente, f° 320 B.

(6) Voyez plus bas, *Couvent d'Auvillar* et *Couvent de Lectoure*.

fratres et erexit altare, admovemus ab officio prioratus; et infra annum ad idem officium non possit assumi; et injungimus ei ut, quolibet mense per annum, jejunet duobus diebus in pane et aqua et I. in pane et vino, et legat XII. psalteria, et dicat XII. missas, et recipiat XII. disciplinas.

2. Item fratri de Condomio, quare illicite et incaute processit in receptione loci Lectorensis, injungimus VI. dies in pane et aqua, VI. disciplinas et tria psalteria.

3. Item, volumus quod frater Willermus de Tonnenx*, prior Burdegalensis (1), precepta que dedit et sententias quas tulit, admoveat (2) penitus in publico, et absolvat fratres, si aliqui sint ligati, et committat confessoribus quod a transgressione possint eos absolvere. Quare vero Reverendo Priori Magistro ordinis (3) denunciata sunt quedam de preceptis et de sententiis datis in quolibet, et de processu habito per predictum priorem contra fratres R. Bertrandi, Michaelem Vigorosum (4), et de marchatione (5) rerum conventus Tholosani, quem videtur recepisse ad manum suam cum super hoc inquisitorem miserit specialem, qui inquisitor super hoc rescripsit Magistro, sicut ipse scripsit nobis; ideo de hoc non intromittimus nos ad presens; set quare priorem Petragoricensem et quosdam alios fratres detinuit invitos et minus curialiter se habuit ad eos; et pro aliquibus aliis de quibus fuit in capitulo accusatus, injungimus ei III. dies in pane et aqua, III. missas et III. disciplinas. Fratri Michaeli qui incaute proposuit quedam contra priorem suum, que probare non potuit, licet injungeretur ei frequenter ne faceret, et quare vadens ad priorem provincialem (6) equitavit [f° 322 A] sine licencia et peccuniam portavit, vel portari fecit, injungimus X. dies in pane et aqua, X. disciplinas.

4. Item, fratri R. de Callione, qui dixit priori suo ter quod

---

(1) Voyez plus bas le couvent de Bordeaux.
(2) Ms. 488, *amoveat*.
(3) Fr. Jean de Verceil, maître de l'Ordre, de 1264 à 1283. B. Gui, ms. 490, f° 59 A.
(4) Parent du célèbre fr. Jean Vigouroux.
(5) Ms. 488, f° 41 d. *Marcatione*.
(6) Manque dans le ms. 490.

menciebatur, injungimus v. dies in pane et aqua, v. disciplinas et v. psalteria, et damus ei ita parvam penitentiam, quia gravem occasionem dederat sibi prior.

5. Item, fratribus qui venerunt ad capitulum sine licencia, injungimus v. dies in pane et aqua, v. disciplinas; et districte eis injungimus, quod infra Adventum Domini compleant penitencias sibi injunctas.

6. Item, prioribus qui sine causa rationabili licenciaverunt eos, totidem dies et totidem disciplinas.

7. Item, prioribus qui receperunt novicios hoc anno deficientes etate vel sciencia, contra formam datam in capitulis (1), injungimus XII. dies in pane et aqua, XII. disciplinas et XII. missas; illis autem qui receptionem talium consenserunt IIII. dies in pane et aqua et III. psalteria.

8. Item, omnibus fratribus qui sine licencia equitaverunt, et prioribus et vicariis qui, sine causa rationabili, equitandi licenciam dederunt, injungimus pro qualibet dieta III. dies in pane et aqua, III. disciplinas et unam quinquagenam; et vicarii, priores, et visitatores vicarios ad faciendam penitenciam compellant.

9. Item, omnibus prioribus et vicariis qui sine licencia Magistri ordinis vel prioris provincialis (2) fratres ad Curiam miserunt, injungimus III. dies in pane et aqua, IX. disciplinas et tria psalteria.

10. Item, privationem vocis in tractatibus capituli positam illis qui litteras missas aliis aperuerunt, sive in similibus casibus delinquentibus per capitula provincialia impositam, dispensando revocamus ad presens, injungendo III. dies in pane et aqua eis qui in talibus deliquerunt, volentes quod [qui] in talibus delinquentes inventi fuerint, gravius pugniantur.

11. Absolvimus priores Massiliensem, Aquensem, Aurasiscensem, Bitterrensem (3), Tharasconensem, Tholosanum (4), Morla-

---

(1) Vid. ap. Martène, *Thesaurus*, IV, 1681, 1689, 1729, 1741, 1747, 1766. Cf. chap. prov. de 1242 (ms. 490, f° 281 B), chap. prov. de 1245 (*Ibid.*, 283 A), chap. prov. de 1250 (*Ibid.*, f° 285 A), Chap. prov. de 1264 (*Ibid.*, f° 299 B).
(2) *Provincialis* manque dans le ms. 490.
(3) Fr. P. de Landa, Bitterrensis. B. Gui, ms. 490, f° 259 A.
(4) Fr. Guillermus de Podio, Burdegalensis. B. Gui, *ibid.*, f° 120 A.

nensem (1), Brageriacensem (2), Figiacensem (3), Baionensem (4), Castrenensem (5), Montis Albani (6).

IV. Recepimus locum (7) apud Albiam (8); et assignamus ibi conventum; et instituimus ibi fratrem B. de Bosiacis* [in priorem]; et assignamus ibi lectorem G. Andree (9)*; conventuales fratres G. de Ambiaco (10), Hugo de Marciaco*, P. Bet, Jo. Campani, Johannem Gaventi (11), G. Cocha (12), G. de Valle, B. Mileti, Paulum Cultellerii, B. Andoyni (13), R. Payrola (14); conversos, P. de Curvala, Germanus, G. de Bocheti (15).

V. Assignamus lectores [et sublectores] :

1. Massilie, fratrem R. Gulha* ; ad secundam lectionem, (fr.) [f° 322 B] B. Dalmacii*;

In Arelate, fratrem Bertrandum Bovelli;

In Albenato (16), fratrem Jocobum Alamanni*;

In Podio, fratrem Ricardum*;

In Alesto, fratrem P. de Pocheti* (17);

Narbone, fratrem R. Mauricii; ad secundam lectionem, fratrem P. Amati*;

Carcassone, fratrem Berengarium Fornerii*;

(1) Fr. Guillermus Fabri, Baionensis. B. Gui, f° 207 A.
(2) Fr. Bertrandus de Claromonte, Brageriacensis. B. Gui, *ibid.*, f° 198 B.
(3) Fr. Helias de Albussonio. B. Gui, *ibid.*, f° 173 B.
(4) Fr. Johannes de Pelagrua. B. Gui, *ibid.*, f° 138 B. Cependant B. Gui, dans sa notice des prieurs du couvent de Bayonne (voyez plus bas), dit qu'il fut relevé de sa charge seulement en 1278.
(5) Fr. Ermengaudus Leuterii, dyocesis Albiensis. B. Gui, *ibid.*, f° 184 B.
(6) Fr. Geraldus Poiada, Caturcensis. B. Gui, *ibid.*, f° 169 B.
(7) *Conventum*, ms. 488, f° 42 a.
(8) Le chapitre général de cette année, tenu à Pise, avait accordé à la province de Provence la fondation du couvent d'Albi, si le prieur provincial et les définiteurs du chapitre provincial l'estimaient opportun. B. Gui, ms. 490, f° 216 A.
(9) Je trouve deux frères de ce même nom et à la même époque. B. Gui qualifie celui-ci de *Guillermus Andree de Marologio* (Marvejols).
(10) *Ampiaco*, ms. 488.
(11) Deest in cod., 490.
(12) *Coya*, dans l'histoire du couvent d'Albi, par B. Gui, ms. 490, f° 216 A.
(13) *Audini*. Ibid.
(14) *Peyrolha*. Ibid.
(15) *Boysseti, Galhacensis*. Ibid.
(16) Aubenas (Ardèche).
(17) Aliàs, *Poieti*.

Tholose, fratrem B. de Trilia*; ad secundam lectionem fratrem Willermun de Monteclaro*;

In Appamiis, fratrem B. Guillermi*; in Altovil[l]ari, f. Ar. de Maloleone*;

Morlanis*, fratrem G. de Malartis*;

Lemovicis, fratrem G. Helye*.

2. Ad secundam lectionem fratres:

In Figiaco, fr. R. de Barreria;

In Caturco, fratrem Willermum de Sancto Genesio*;

Petragoris, fratrem Yterium Labranda*;

Burdegalis, fr. G. de Prato*.

VI. Vicarii fuerunt hii (1). In vicaria Massiliensi (2) ponimus vicarium fr. R. Gal.; in vicaria Avinionensi, fr. P. Fornerii*; in vicaria Montispessulani, fr. P. de Combis*; in vicaria Tholosana, fr. W^{um} de Podio*; in vicaria Lemovicensi, fr. P. de Listraco*; in vicaria Burdegalensi, fr. Bertrandum de Rupe Amatoris*.

Et rogamus eos, quod, tam in mutationibus fratrum quam in ordinationibus conventuum et eorum que ad ipsos (3) pertinent,

---

(1) A la marge.

(2) Le chapitre prov. de 1275 avait divisé la province en six vicairies.

« Provinciam distinguimus in sex Vicarias.

« Ad unam vicariam pertineant conventus Massiliensis, Tharasconensis, Arelatensis, Niciensis, Grassensis, Cistaricensis, Aquensis; et ista vocetur vicaria Massiliensis; et ponimus ibi vicarium fr. Bertrandum de Calquerio (alias, de Fonte Calquerio).

« Ad aliam pertineant conventus Avinionensis, Aurasiscensis, Valentinus, Albenacii, Alestensis, Aniciensis, locus Dyensis; et vocetur vicaria Avinionensis; et ponimus vicarium fr. Guiranum.

« Ad aliam pertineant conventus Montispessulani, Bitterrensis, Nemausencis, Pirpiniani, Carcassone; et vocetur vicaria Montispessulani, et ponimus ibi vicarium fr. Stephanum Enguerivent (?).

« Ad aliam pertineant conventus Tholosanus, Appam[i]ensis, Rivensis, Montis Albani, Castrensis, et locus Albiensis; et vocetur vicaria Tholosana; et ponimus ibi vicarium fr. Hugonem Averilis (?).

« Ad aliam pertineant conventus Burdegalensis, Agennensis, Sancti Emiliani, Baionensis, Orthesii, Morlanensis, Condomiensis, Alti Villaris; et vocetur vicaria Burdegalensis; et ponimus ibi vicarium fr. W^{um} de Sancto Asterio.

« Ad aliam pertineant conventus Lemovicensis, Brivensis, Figiacensis, Caturcensis, Petragoricensis, Brageriacensis; et vocetur vicaria Lemovicana; et [ponimus] ibi vicarium fr. P. de Listraco. »

Biblioth. publiq. de Toulouse, ms. 490 (I, 273), f° 319 A-B.

(3) *Ipsorum*, dans le ms.

non nimis auctoritate sua utantur, nisi quum necessitas vel manifesta utilitas hoc requiret.

VII. Lectores arcium (1).

1. In vicaria Massiliensi, ponimus studium arcium Massilie; et assignamus lectorem fratrem Gaufridum de Tholono.

2. In vicaria Avinionensi, ponimus studium in Alesto, et assignamus lectorem fr. Jo. de Sancto Egidio.

3. In vicaria Montispessulani, ponimus studium Bitterris, et assignamus lectorem fr. R. Thome.

4. In vicaria Tholosana, ponimus studium in Monte Albano, et assignamus lectorem fr. G. Boneti.

5. In vicaria Lemovicensi, ponimus studium in Caturco, et assignamus lectorem fr. P. Bernardi*.

6. In vicaria Burdegalensi, ponimus studium Burdegalis, et assignamus lectorem fratrem Ar. de Burgada*.

VIII. Lectores et studentes naturalium (2).

1. Pro vicariis Avinionensi [et] Massiliensi, ponimus [studium naturalium] Tharascone; et assignamus [lectorem] fr. P. Tardini*, studentes fratres Jacobum Ger., R. de Castronovo, Jo. Ardecii de Novis, P. de Aurasicca, Aymericum Barravi, B. de Ramedo, Hugonem Amelii.

2. Pro vicariis Tholosana et Montispessulani, ponimus studium naturalium Narbone; et assignamus lectorem [fr]Jo. Christiani*, studentes fratres Jacobum Christiani, Dominicum [de] Bitterris, Jacobum Oliverii, Aydemarum de Sancto Paulo, R. de Genaco, Geraldum Alpharici, Bernardum Ducus, Hyspanum, pro quo scripsit Magister.

[f° 323 A] 3. Pro vicariis Burdegalensi et Lemovicensi, ponimus studium naturalium in Agennio, et assignamus ibi lectorem fr. G. Burgensis*, auditores fratres P. Nayracis, P. Porta, P. G., Jo. de Martino, G. de Sancto Severo, Hugonem Mascalli, Durandum de Curendella, Bartholomeum Boscassa, Motasy.

IX. Studentes Parisius. Studentes Bononie (3). — Assignamus studio Parysiensi fratres B. Movere (?) Masiliensem, R. G.

---

(1) A la marge.
(2) A la marge.
(3) A la marge.

de Villafranca; studio Bononie, fratres G. Ravelli, Ymbertum de Vitrola.

X. Visitatores (1). — Isti visitabunt hoc anno:

Conventus Nisciensem, Grascensem, locum Dienssem, fr. Bertrandus Quintini;

Conventus Anisciensem, Albenacii, Alestensem, Nemascensem, Montispessulani, fr. Guirannus*;

Conventus Massiliensem, Aquensem, Aurasciscensem, Avinionensem, Tharasconensem, Arelatensem, fr. G. Capitis Malleri;

Conventus Bitterrensem, Narbonensem, Pirpiniani, Carcassonnensem, Prulianum extra, fr. Hugo Amelii*;

Conventus Tholosanum, Appamiensem, Rivenssem, Montis Albani, Castrensem, Albiensem, fr. W^{us} de Sancto Asterio*;

Conventus Agennensem, Condomensem, Orthosiensem, Morlanensem, Altivillaris, Baionensem, fr. Armengaudus*;

Conventus Petragoricensem, Bragyriacensem, Sancti Emiliani, Burdegalensem, fr. Jo. de Nontromo;

Conventus Lemovicensem, Brivensem, Caturcensem, Figiacensem, fr. Ar. de Valle Scallis (2).

XI. Monitiones (3). Iste sunt admonitiones.

1. Cum nostra provincia, de fractione silencii tam in mensa quam alibi sit notata, specialiter monemus, quod fratres melius solito silencium teneant locis et temporibus constitutis, et arcius in menssa; priores autem diligencius attendant et singulis mensibus compellant ad debitam penitenciam transgressores.

2. Item, injungimus quod fratres a capitulo vel priore provinciali aut a vicariis aliis conventibus assignati, sine moris (4) dispendio ad suos conventus accedant; quod si facere neclexerint, a prioribus suis durius pugniantur, et fratres etiam studiis arcium vel naturalium assignati, cum sint de conventibus illis ad quos assignati sunt, non recedant ab illis, quousque fuerit de ipsis aliter ordinatum.

(1) A la marge.
(2) Tout ce qui précède, depuis la liste des frères envoyés à Albi exclusivement, manque dans le ms. 488.
(3) A la marge.
(4) *Moris*, ms. 488.

3. Item, curent priores habere acta capitulorum generalium et provincialium; et constitutiones confirmatas inserant locis suis; et prior provincialis et vicarii severius pugniant quos contra hoc invenerint necligentes.

4. Item, caveant priores et vicarii et visitatores ne dent precepta vel ferant sentencias sine debita deliberatione et necessitate vel causa evidenti, et maxime precepta obligancia in futurum.

[f° 323 B] 5. Item, monitiones Magistri et capituli generalis, quod non intromittamus nos de g[u]erris principum et sententiis prelatorum et de negligenciis communitatum, volumus diligentius observari; et caveant fratres omnes, ne de istis, maxime in conspectu secularium, incaute loquantur.

6. Item, caveant fratres, ne rotulos vel cedulas de culpis vel excessibus priorum vel fratrum retineant; et qui habent, statim reddant; et qui in presenti non habent, quam cito obtulerit se oportunitas, reddant; quod si contra fecerint, habita oportunitate, per triduum teneantur a vino donec reddiderint abstinere (1).

7. Item, fratres et conventus qui posuerunt coram nobis de predicationum limitationibus questiones, si convenire inter se non potuerint, ponant quilibet unum fratrem qui cum priore provinciali, cum ad conventum declinaverit, vel cum alio quem eis assignaverit, dirimat questionem, ita quod, si omnes non concordaverint, plurium sententia teneatur (2).

XII. Ista sunt suffragia: pro domino Papa et statu universalis Ecclesie, quilibet [sacerdos] III. m[issas], etc.

Suffragia pro defunctis: pro domino Papa Gregorio et domino Papa Innocentio deffunctis, quilibet sacerdos III. missas, et cetera.

XIII. Sententias judicum approbamus.

XIV. Assignamus socium priori provinciali ad capitulum generale fratrem Stephanum de Salanhaco*, Lemovicensem.

(1) Ce paragraphe manque dans le ms. 488, f° 42 b.
(2) Ce qui suit manque dans le ms. 488, f° 42 b.

IV.

1277.

CHAPITRE DE BORDEAUX « POST GENERALE ».

Biblioth. publique de la ville de Toulouse, ms. 490 (I, 273) — ms. 488 (II, 91), f° 42 b. c.

I. Vicaires. — II. Lecteurs de théologie et sous-lecteurs. — III. Lecteurs de philosophie naturelle. — IV. Lecteurs des arts. — V. Visiteurs. — VI. Prédicateurs généraux. — VII. Admonitions. — VIII. Fixation du chapitre suivant. — IX. Définiteur au chapitre général.

[F° 323 B] In nomine Patris, et Filii, et Spiritus Sancti. Amen.

Acta capituli provincialis Burdegalis celebrati, anno Domini M° CC° LXXVII°, post generale (1), prima vice, ibidem celebratum (2).

I. Vicarios ponimus (3) :

In vicaria Massiliensi, fratrem R. de Medullione*;

In vicaria Avinionensi, fratrem Hugonem de Morariis*;

In vicaria Montispessulani, fratrem P. de Cumbis*;

In vicaria Tholosana, fratrem Armengaudum*;

In vicaria Burdegalensi, fratrem G. de Podio*;

In vicaria Lemovicensi, fratrem Heliam de Briva*.

II. Assignamus lectores Theologie [et sublectores] :

1. Conventui Podiensi, fr. Franciscum*, et disputet;

Conventui Avinionensi, fr. Wm de Petralata*;

Aquensi, fr. B. Juvenis*;

Aurasicensi, fr. B. de Turnis*;

Grascenci, fr. Hug. Martini;

Nemansensi, fr. fr. Jo. Ariralli;

---

(1) Le chapitre général se tenait régulièrement le jour de la Pentecôte, cette année le 16 mai. — Prior provincialis fr. B. Geraldi, secunda vice. — A la marge.

(2) Cf. ms. 488, f° 42 b, c. Ce ms. ne donne que les *admonitiones*.

(3) Vicarii fuerunt hii. — A la marge.

Bitterris, fr. Odonem, et disputet;
Appamiensi, fr. Jacobum Blancum;
Rivensi, fr. Vitalem de Valteron;
Orthesiensi, fr. P. de Ma[r]siaco;
Figiaci, fr. P. Humaudi *;
Castrensi, fr. Wm de Monteclaro;
Montis Albani, fr. R. Guillaberti;
Carcassone, fr. Jordanum;
Diensi, fr. P. de Fraysseneto.

2. Ad secundam lectionem :
In Montepessulano, fr. Ar. de Podio *;
In Tholosa, fr. Jo. de Villanova *;
In Burdegalis, fr. B. de Jussico *;
Massilie, fr. R. Dalmacii *;
Avinione, fr. Gaufridum Rigordi.

III. Studia naturalium ponimus:

1. Pro vicariis Massiliensi et Avinionensi, in conventu Aurelatensi, lectorem fr. P. Tardini *, studentes fratres Gaufridum de Tholono, Thobiam, et ceteros.

2. Pro vicariis Tholose et Montispessulani, in conventu Carcassonensi, lectorem fratrem Wm Bernardi, studentes fratres R. Thome, Bernardum de Rarerato (?), Poncium, et ceteros.

3. Pro vicariis Burdegalensi et Lemovicensi, in Burdegalis, lectorem G. Burgensis, studentes fratres P. Geraldi, Wm de Podio, G. de Sancto Severo, P. Porta, P. de Labacut, Bartholomeum Bostassa, Hug. Mascalli.

IV. Studia logycalia ponimus :

1. Pro vicaria Massiliensi, in conventu Cistaricensi, lectorem fratrem Jacobum Fedier;

2. Pro vicaria Avinionensi, in conventu Avinionensi, lectorem fr. Jo. Rothberti;

3. Pro vicaria Montispessulani, in conventu Bitterrensi, lectorem fr. Guillermum Conilli;

4. Pro vicaria Tholosana, in conventu Rivensi, lectorem fr. Wm Boneti;

5. Pro vicaria Lemovicensi, in conventu Lemovicensi, lectorem fr. P. Bernardi;

6. Pro vicaria Burdegalensi, in conventu Agennensi, lectorem fr. Jo. de Meraheto.

V. Isti visitabunt hoc anno :

1. Conventum Nisciensem, Grassensem, Cistaricensem, Valentinum et locum Diensem, frater R. [de] Dorgone* ;

2. Conventus Podiensem, Albenacii, Alestensem, Nemansensem, fr. Jo. de Balmellis *;

3. Conventus Massiliensem, Aquensem, Aurasicensem, Tharasconensem, Aralatensem, fr. R. Severi * ;

4. Conventus Montispessulani, Bitterensen, Narbonensen, Pirpiniani, Carcassone, fr. R. Botini * ;

5. Conventus Tholosanum, Appamiensem, Rivensem, Castrensem, Montis Albani, Albiensem, Pruliani extra, [fr.] G. Poiada *.

6. Conventus Agennensem, Condomensem, Altivillaris, Orthosiensem, Morlanensem, [Baionensem], frater W^{us} de [Sancto] Asterio* ;

7. Conventus Lemovicensem, Brivensem, Figiacensem, Caturcensem, fr. Vitalis Geraldi ;

8. Conventus Petragoricensem, Brajeriacensem, Sancti Emiliani, Burdegalensem, fr. Ar. Guillermi de Poiesio.

VI (1). Facimus predicatores generales priorem Montispessulani (2), priorem Massiliensem, priorem Appamiensem (3), P. de Balneolis *, P. de Cumbis *, Franciscum, Franciscum Valen-[tinum],Hugonem de Morrariis, R. Severi, R. Barravi, priorem Brageriaci (4), priorem Albiensem (5), G. de Sancto Valetico, [f° 324 B] Jordanum Tholosanum *, R. Amelii *, R. Macii, G. Frabri Baionensem, R. Humaudi *, Vitalem, Ger...

VII. Admonitiones (6) sunt iste :

1. Admonemus ne fratres in villa aliquo modo jaceant; et priores

---

(1) Predicatores generales. A la marge.
(2) Fr. Jean de Genestet. B. Gui, *Priores in conv. Montisp.* Ms. 490, f° 253 A.
(3) Fr. Bernard Garin. B. Gui. *Prior. in conv. Appam.* ms. 490, f° 204 B.
(4) Fr. Helie d'Aubusson (*de Albussonio*). B. Gui. *Prior in conv. Brager.* ms. 490, f° 198 B.
(5) Fr. B. de Bociac (*de Bociacis*) . B. Gui. *Prior in conv. Albiensi.* ms. 490, f° 216 A.
(6) *Monitiones*, à la marge.

provideant ut, quacumque hora venerint ad conventum, aperiatur eis.

2. Item, admonemus quod priores et eorum vicarii caveant diligenter ne fratres permittant venire (1) vel accedere ad locum capituli, nisi prius ostenderint se licentiam habere per litteram vel per testes; omnibus autem qui sine licencia venerint, quod in Adventu, V. dies in pane et vino jejunent, V. disciplinas recipiant injungimus districte, et legant V. psalteria; prioribus autem et eorum vicariis, qui aliquos ad capitulum sine causa legitima adduxerint, III. dies in pane et vino, et III. disciplinas, et tria psalteria infra terminum pretaxatum; quam penitentiam, si non fecerint infra predictum tempus, eis duplicamus, quam perficiant infra pascha (2).

3. Item, caveant fratres diligenter ne iter ad provinciale capitulum arripiant nimis cito; nec in conventibus contrahant longam moram; nec accedant ad locum capituli ante diem vigiliam precedentem.

4. Item, fratres et conventus qui posuerunt questionem de limitationibus predicationum, si inter se non poterunt convenire, ponat quilibet unum fratrem, qui cum priore provinciali vel cum alio quem eis assignaverit dirimant questionem, infra quod, si omnes in unum non concordant, duorum sententia teneatur

VIII. (3). Sequens provinciale capitulum assignamus in Montepessulano, in festo beate Marie Magdalene.

IX. Diffinitor capituli generalis frater G. de Podio *, cui socium assignamus priorem Tholosanum (4).

(1) Manque dans le ms. 488.
(2) Ce qui suit manque dans le ms. 488.
(3) Assignatio capituli provincialis. A la marge.
(4) Fr. Hugues Amelii *, de Castelnaudary, ms. 490, f° 120 A.

V.

9 OCTOBRE 1285.

CHAPITRE PROVINCIAL DE CONDOM.

Bibliothèque publique de la ville de Toulouse, ms. 490 (I, 273). — Ms. 488 (II, 91), f° 46 b, c, d.

I. Vicaire de la province. — II. Fr. B. Gérauld, élu provincial. — III. Définiteurs du chapitre. — IV. Prieurs relevés de leur charge. — V. Lecteurs de théologie et sous-lecteurs. — VI. Désignation des étudiants en théologie. — VII. Le manque de récoltes empêche les couvents de recevoir cette année le *studium logycale* et le *studium naturalium*. — VIII. Visiteurs. — IX. Expédition de Philippe III en Catalogne; sa mort (27 septembre 1285). — X. Frères délégués à Lectoure pour y fonder un couvent. — XI. Frères délégués à Grasse en vue d'y fonder un couvent. — XII. Pénitences. — XIII. Admonitions. — XIV. Définiteur au chapitre général. — XV. Date et lieu du chapitre suivant. — XVI. Sentences des juges approuvées.

[F° 340 A] In nomine Patris, et Filii, et Spiritus Sancti. Amen. Acta capituli provincialis in Condomio celebrati, in festo beati Dyonisii (1), anno Domini M° CC° LXXXV°.

I. Vicarius provincie, auctoritate Magistri, fr. Ar^{us} Seg(u)erii *, Pruliani prior (2).

II. In isto capitulo provinciali, fuit electus in priorem provincialem fr. B. Geraldi * (3).

III. Diffinitores capituli fuerunt (4):

Fr. Berengarius Notarii *, a provincialatu absolutus;

Fr. B. Geraldi *, in provincialem ibidem electus, qui erat tunc prior Tholosanus (5);

Fr. P. de Mulceone *, prior Brivensis (6);

---

(1) 9 octobre.
(2) A la marge.
(3) A la marge.
(4) La désignation des définiteurs, placée à la marge, ne faisait pas partie intégrante des actes du chapitre.
(5) B. Gui, *Priores in convent. Tholos.*, ms. 490, f° 120 A.
(6) B. Gui, *Priores in convent. Briv.*, ms. 490, f° 195 A.

Fr. W`us` de Podio *, prior Castrensis (1), qui, terminato capitulo, obiit ibidem.

IV. Absolutiones priorum (2).

Absolvimus priores Nisciensem, Dienensem, Aurasicensem, Avinionensem, Aniciensem, Alestensem, Nemansensem, Narbonensem (3), Pirpiniani (4), Appamiensem (5), Altivillaris (6), Agennensem (7), Morlanensem (8), Orthosiensem (9), Baionensem (10), Brageriacensem (11), Petragoricensem (12), Lemovicensen (13), Caturcensem (14), Figiacensem (15).

V. Assignatio lectorum in Theologia (16) [et sublectorum].

1. Assignamus lectores theologic :

Massilie, fr. Bertrandum Juvenis * ;

Die, fr. Artaldum ;

Valencie, fr. Symonem, Massiliensem * ;

Aurasisce, fr. Beraynerii ;

Avinione, fr. Poncium Fulconis * ;

Tharascone, fr. P. de Balneolis ;

Albenacio, fr. P. Sicardi ;

In Podio, fr. Franciscum *, Valentinum ;

(In) Marologi[o], fr. Jacobum Olivarii * ;

Ruthene, fr. Heliam Manhani *, Lemovicensem ;

Amiliani, fr. Jacobum Ger. ;

Alesti, fr. Jo. Gobi * ;

Bitterris, fr. G. Andree * ;

---

(1) B. Gui, *Priores in convent. Castr.*, ms. 490, f° 184 B.
(2) A la marge.
(3) Fr. P. de Cumbis, de Montepessulano (B. Gui, ms. 490, f° 255 B).
(4) Fr. Petrus Misse (B. Gui, *ibid.*, f° 258 B).
(5) Fr. Guillermus de Lesiaco (B. Gui, *ibid.*, f° 204 B).
(6) Fr. Arnaldus de Ponciaco (B. Gui, *ibid.*, f° 213 A).
(7) Fr. P. de Tapia (B. Gui, *ibid.*, f° 162 A).
(8) Fr. Bernardus de Villa (B. Gui, *ibid.*, f° 207 B).
(9) Fr. P. de Salvaterra (B. Gui, *ibid.*, f° 166 A).
(10) Fr. P. de Listraco (B. Gui, *ibid.*, f° 138 B).
(11) Fr. P. de Mulceone (B. Gui, *ibid.*, 198 B).
(12) Fr. Guillermus Coralli (B. Gui, *ibid.*, f° 152 B).
(13) Fr. Petrus Raymundi Baranho, Tholosanus (B. Gui, *ibid.*, f° 131 B).
(14) Fr. Bernardus Stephani (B. Gui, *ibid.*, f° 142 B).
(15) Fr. Geraldus Poiada (B. Gui, *ibid.*, f° 174 A).
(16) A la marge.

Pirpiniani, fr. G. de Lesiaco;
Appamie, fr. P. Ati*;
In Sancto Emiliano, fr. G. Gaucelmum (1);
Rivis, fr. R. de Liberone (2);
In Altovillari, fr. B. de Rameto (3);
Agenni, fr. B. de Visico*;
Morlanis, fr. G. de Podio*;
Orthesii, fr. G. de Rama (4);
Brageriaco, fr. P. de Pignibus*;
Petragoris, fr. P. Porta*;
Figiaci, fr. Heliam Labessa;
Caturci, fr. P. Copelli*;
In Monte Albano, fr. B. de Turnis*;
Albie, fr. W^{um} de Petralata*, prope dominum Episcopum;
Castris, fr. W^{um} de Levibus*, et disputet;
Burdegalis, in sede, fr. Yterium de Compuhaco (5);
In domo Grandis Silve (6) monachis albis, fr. W^{um} de Sancto Genesio*.

2. Sublectores (7). Ad secundam lectionem [assignamus]:
Tholose, fratrem W^{um} B. Galliacensem*;
In Avinione, fr. G. de Ronhonatio;
Bitterris, fr. B. de Birano (8);
Lemovicis, fr. [P.] de Labatut (9).

---

(1) Prieur du couvent d'Auvillar de 1296 à 1299. Voyez *Couvent d'Auvillar.*

(2) Fr. R. de Liberone *(Librone)*, lecteur de théologie au couvent de Saint-Sever, en 1286 (Act. cap., ms. 490, f° 342 A).

(3) Prieur d'Auvillar de 1299 à 1301 ; plus bas, *Couvent d'Auvillar.*

(4) Fr. Geraldus de Rama, prieur de Saint-Sever, en 1292 ; sa notice plus bas, *Couvent de Saint-Sever.*

(5) Prieur du couvent de Bordeaux de 1295 à 1297. Voyez *Couvent de Bordeaux.*

(6) Abbaye de l'ordre de Citeaux, *Beata Maria Grandis Silva*, alors diocèse de Toulouse, plus tard diocèse de Montauban. Bertrand Jauffre en était abbé en 1285. Moulenq, *Documents historiques sur le Tarn-et-Garonne*, t. I. p. 208. Dans ce même volume, histoire de Grandselve, p. 150-232.

(7) A la marge.

(8) Prédicateur général en 1304 (*Act. des chap.*, ms. 490, f° 391 B) ; visiteur des couvents de Cahors, Montauban et Castres en 1304 (*Ibid.*, f° 391 A).

(9) Prieur du couvent d'Agen de 1301 à 1303. Voyez *Couvent d'Agen.*

VI. Studentes (1). Assignamus studentes in Theologia;

1. In conventu [f° 340 B] Montispessulani, loco illorum qui admoti sunt, fratres Lupum, Stephanum Laurelli, R. de Corsanno, Arnaldum, G. de Lordato, Paycardi;

2. In conventu Tholosano, fratres R. Massaut, Aydemarum de Sancto Paulo, Bonum Mancipium, Franciscum, P. Bernardi;

3. In conventu Massiliensi, fratres R. de Aquileria, Jacobum Franci;

4. In conventu Narbonensi, fratres G. Pagani, P. Bonafos, P. de Casa Dei Pervelli;

5. In conventu Lemovicensi, fratres Guidonem Helye, B. Guidonis, Jo. de Podio, R. de Cura Monta;

6. Burdegalis, fratres P. Berala, P. de Castro, Ar^{um} Vitalem, P. Ortholhan[um] de Pomeriis, Stephanum Petri;

7. In conventu Bitterrensi, fratres R. de Lana, P. G. Baudilii, P. Galterii;

8. In conventu Avinionensi, fratres Jo. de Caprilis, Guidonem Castelli;

9. In conventu Agennensi, fratres Jacobum de Bonopassu, G. Ar^l de Podio, Ber. de Sancto Martino.

VII. Cum in hoc anno nullum conventum provincie potuimus invenire qui velit aliquod studium logycale vel naturale recipere, propter nimiam paupertatem vel sterilitate[m] terre et alia multa gravamina, propter que non possunt sibi sufficere ad sustinendum fratres, ideo, de voluntate et consilio tocius capituli, uno vel duobus duntaxat exceptis, duximus predicta studia intermittenda hoc anno; set ne fratribus aptis ad studium materia proficiendi substrai videatur, volumus quod quilibet prior in conventu suo fratres suos instrui faciat, secundum exigenciam status sui; et prior provincialis vel vicarius, secundum quod necesse fuerit, ipsis provideat de lectore.

VIII. Visitatores (2). Isti visitabunt hoc anno:

1. Frater R. Magistri*, conventus Niciensem, Grassensem, Cistaricensem, Valentinum, Diensem;

(1) A la marge.
(2) A la marge.

2. Frater Hugo de Dei adjutorio *, conventus Ma[s]siliensem, Aquensem, Arelatensem, Tharasconensem, Avinionensem;

3. Frater Alexius, conventus Podiensem, Alestensem, Albenatensem, Marologii, Nemansensem;

4. Frater P. Ri Baranho * (1), conventus Montispessulani, Bitterrensem, Narbonensem, Pirpiniani, Carcassonensem, Prulianum extra;

5. Frater R. Gullaberti *, conventus Tholosanum, Appamiensem, Rivenssem, Castrensem, Albiensem;

6. Frater P. de Lopiaco (2), conventus Agennensem, Condomensem, Altivillaris, Morlanensem, Orthesiensem, Sancti Severi, Baionensem;

7. Frater Jo. de Villanova *, conventus Montis Albani, Caturcensem, Figiacensem, Ruthenensem, Amiliani;

8. Frater Bertrandus de Castronovo *, Burdegalensem, Sancti Emiliani, Brageriacensem, Petragoricensem, Lemovicensem, Brivensem.

IX. Hoc anno, scilicet M° CC° LXXXV°, in pasca fuit Lemovicis Phylipus, rex Francorum; post pasca, venit in Catholoniam, ubi obsedit et cepit Gironam et Catholona; obiit die dominica, ante festum sancti Michaelis, et allata ossa ejus inde Parisius ad sepulcrum parentum; cor vero ipsius humatum fuit in ecclesia fratrum Predicatorum, Parisius, prout ipse ordinaverat adhuc vivens (3).

X. Inquisitio super locum Lectorensem (4). Cum sit voluntas fratrum [f° 341 A] quod locus recipiatur in Lectora (5), ordinamus quod fratres Bertrandus de Castronovo et P. R¹ Baranho ad

---

(1) Prieur du couvent d'Auvillar de 1285 à 1287, et de celui de Saint-Emilion en 1288. Voyez plus bas l'histoire des prieurs de ces deux couvents.

(2) Déjà visiteur en 1280 des couvents de Limoges, Brives, Cahors et Figeac. f° 330 B.

(3) En marge. — La fête de Pâques tomba cette année le 25 mars. Le dimanche avant la fête de saint Michel marque la date du 23 septembre. La plupart des auteurs font mourir Philippe le Hardi le 5 du mois d'octobre. Paul Æmil. Du Tillet, *Chron. abr.*, p. 92. Petau, *Ration.*, 396. — Ulv. Chevalier, *Répertoire*, 1779.

(4) A la marge.

(5) Voyez *Couvent de Lectoure*.

dictum locum accedant et diligenter inquirant, si po[s]sit ibi esse ingressus pacificus, et si possit haberi locus oportunus ; si habeantur beneficia, per que fratres possint secundum exigenciam status nostri ibi locum construere, vivere et manere ; quod si ita evenerit, auctoritatem habeant ibi recipiendi locum. Injungimus autem, sicut districte possumus, et super animas ipsorum ponimus, quod diligenter attendant, ne in dicta receptione ordo inveniat se deceptum ; et ex tunc prior provincialis vel vicarius mittat fratres ydoneos ad loci promotionem.

XI. Inquisitio super locum Draguiniani (1).

Idem ordinamus de loco Draguiniani ; et committimus priori Montispessulani et priori Arelatensi et priori Grassensi, ut ad dictum locum accedant (2) et cum domino Episcopo Forojuliensi (3) videant si locum Saccatorum possimus habere pacifice et quiete ; et si alie conditiones existant, que videantur pro honestate ordinis oportune ; et si ita invenerint, locum possint recipere, sicut de alio est expressum.

XII. Penitentie (4). Iste sunt penitentie (5).

1. Priori Bitterrensi (6), pro hiis que commisit in suis visitationibus, injungimus VII. dies in pane et aqua, VII. psalteria, VII. letanias, VII. disciplinas, VII. m(issas).

2. Priori Pirpiniani (7) qui denunciavit regi Maioricarum (8), in periculo multarum personarum, gravia et periculosa, et quare non apperuit fugientibus ad domum fratrum qui erant ex parte ecclesie, et propter alia de quibus fuit proclamatus, X. (9) dies in pane et aqua, X. psalteria, X. letanias, X. missas, X. disciplinas.

---

(1) A la marge.
(2) B. Gui, *Fundacio conventus Draguiniani*, f° 267 B, et ap. Martène, *Amp. Collect.*, t. VI, c. 535.
(3) Bertrand de Favas (1285-1300). P. Gams, *Series Ep.*, p. 551.
(4) A la marge.
(5) Les actes de ce chapitre commencent ici dans le ms. 488.
(6) Fr. Guillaume de Mauguio (B. Gui, ms. 490, f° 259 B).
(7) Fr. Pierre Missa, *Petrus Misse* (Ber. Gui, *ibid.*, f° 258 B).
(8) Jacme I, qui, en 1228, avait commencé la conquête de Majorque. Ch. de Tourtoulon, *Jacme I le Conquérant, roi d'Aragon*. Liv. second, chap. I, chap. II, chap. III, chap. IV, t. I, p. 225-341. Montpellier, 1863.
(9) XII., dans le ms. 488.

3. Fratri P. de Fabrica* (1), pro hiis que commisit in suis visitationibus, in preceptis et verbis incautis, et aliis excessibus de quibus fuit proclamatus, xii. dies in pane et aqua, xii. missas, xii. psalteria, xii. letanias, xii. disciplinas, et quod per duos annos non possit assumi ad officium prioratus.

4. Illi fratres qui sine licencia, contra preceptum datum in precedenti capitulo provinciali (2) et per vicarium inculcatum, ad provinciale capitulum venerint, surgant in capitulo, et si non surrexerint, priores eorum et omnes alii qui scirent aliquos sic venisse, teneantur accusare eosdem, et qum recognoverint culpam suam, injungatur eis pena gravioris culpe, que secundum constitutiones est inobedientibus imponenda; quam siquidem penitentiam, post tres dies recepti hospicii teneantur in suis conventibus inchoare (3); postquam vero dictam penitentiam dicti fratres aliquibus [f° 341 B] diebus fecerint, priores eorum possint dispensare cum eis, de consilio seniorum; nec infra iii. annos possint eligi in socios priorum, nec venire ad capitulum (4), quacumque occasione vel causa.

5. Item, cum in conventu Bragayriacensi, aliqui artiste scripserint quamdam literam falsam et diffamatoriam contra priorem, videlicet fratrem Bertrandum de Claromonte, et conventum, injungimus illi qui confecit literam penam gravis culpe, et quod per duos annos non habeat vocem in tractatibus et electionibus ordinis; omnibus autem subscribentibus et consencientibus eandem penam injungimus, et quod per annum non habeant vocem, nisi in suis proclamationibus propriis.

XIII. Iste sunt admonitiones.

1. Volumus et ordinamus quod constitutio de recipiendis noviciis (5) arcius observetur; et nulli priori, vicario vel conventui, contra constitutionem liceat dispensare, sine prioris provincialis vel ejus vicarii licencia speciali. Quicumque contrarium feceri[n]t

---

(1) Fr. P(etrus) de Fabrica (La Fargue?), prieur des couvents d'Orthez, de Condom et de Morlaas. Sa notice plus bas, à chacun de ces couvents.
(2) F° 339 A.
(3) Manque dans le ms. 488, f° 46 c.
(4) Manque dans le ms. 490.
(5) Noviciis manque dans le ms. 488, f° 46 c.

vel facienti consenseri[n]t, potestate recipiendi novicios sint privati et singulis septimanis jejunare in pane et aqua septimas ferias teneantur. Quicumque autem, contra formam in capitulo Carcassonensi traditam (1), novicios receperint hoc anno aut recipientibus consenserint, pro receptione cujuslibet jejunare VII. dies in pane (et aqua) et VII. psalteria [dicere] teneantur (2).

2. Item, cum notabiles discursus fratrum fiant per provinciam in gravamen conventuum et fratrum, volumus et mandamus quod ordinatio facta alias, quod priores non licencient extra predicationem, qum sine periculo licencia prioris provincialis poterit expectari, et tunc non dent licenciam sine quatuor fratrum seniorum consilio et assensu; et qui contrarium feceri[n]t vel licenciando vel discurrendo, III. diebus in pane et aqua jejunent; volumus autem quod omnes licenciati literam sue licencie secum portent; alias ad eandem penitentiam teneantur.

3. Item, cum in recreatione fratres aliqui excedere videantur, volumus et mandamus quod priores et eorum vicarii prohibeant ne carnes tritte (3) in recreatione alicui ministrentur.

4. Item, volumus et mandamus quod detractores et discordiarum seminatores diligencius requirantur et gravius pugniantur.

5. Item, volumus et mandamus quod predicatores crucis ultra formam constitutionis non multiplicentur; et omnes, preter tres in quolibet conventu qui per priorem et duos seniores magis ydonei adjudicati fuerint, absolvantur.

6. Item, cum retentio culparum [f° 342 A] et accusationum ab illis ad quos correptio non pertinet videatur esse in turbationem et diffamationem fratrum, volumus et mandamus et in virtute obedientie precipimus, quod omnes qui habent rotulos vel cedulas accusationes fratrum continentes, eas sine dilatione vicario reddere teneantur, absque retentione exemplaris.

7. Item, omnes licencias generales datas fratribus revocamus.

---

(1) Item, ordinamus quod nullus prior, vel supprior, vel vices eorum gerens, vel frater aliquis, seu conventus, recipiat aliquem ad ordinem infra annum xv. completum, nec aliquem qum oporteat in grammaticalibus instrui, sine prioris provincialis licencia speciali. — Chap. prov. de Carcassonne, 1267, f° 304 A.

(2) Cette dernière phrase manque dans le ms. 488, f° 46 c.

(3) *Carnes tritte*, hâchis de viande probablement.

8. Item, in virtute obediencie, precipimus ne aliqui fratres ad sequens provinciale capitulum vel ad locum capituli venire presumant, qui secundum formam constitutionum venire non possunt, sine prioris provincialis vel ejus vicarii licencia speciali.

9. Item, cum aliqui incaute loqui de negocio Aragonie (1) inveniantur, et dominum Petrum incaute deffendant, volumus et mandamus quod fratres in hac materia caveant, et quod semper negocia ecclesie quam cum bona consciencia poterunt approbent et excusent, et priores et eorum vicarii quos incautos invenerint pugniant, secundum quod videbitur expedire.

XIV. Diffinitores capituli generalis (2). Diffinitor (3) capituli generalis frater P. de Mulceone*, prior Brivensis, socius ejus frater W^{mus} de Podio*, prior Castrensis, qui ibidem obiit capitulo terminato.

XV. Assignatio capituli provincialis (4). Sequens provinciale capitulum assignamus apud Brageriacum, dominica post octabas apostolorum Petri et Pauli; et non intrent fratres locum capituli nisi in vi^a feria precedenti.

XVI. Sententias judicum approbamus.

(1) Çurita *Annales de la Corona de Aragon*. Saragosse, 1610, t. I, lib. IIII.
(2) A la marge.
(3) Cette fin manque dans le ms. 488, f° 46 d.
(4) A la marge.

VI.

1287.

CHAPITRE PROVINCIAL DE BORDEAUX « POST GENERALE ».

Biblioth. publique de la ville de Toulouse, ms. 490 (I, 273) — ms. 488 (II, 91), f° 47 c, d, f° 48 a.

I. Réception du couvent de Lectoure. — II. Lecteurs de théologie et sous-lecteurs. — III. Étudiants en théologie. — IV. Lecteurs de philosophie naturelle. — V. Lecteurs des arts. — VI. Visiteurs. — VII. Admonitions. — VIII. Définiteur au chapitre général. — IX. Fixation du lieu et de la date du chapitre suivant.

[F° 344 B] In nomine Patris, et Filii, et Spiritus Sancti. Amen.

Acta capituli provincialis Burdegalis celebrati, post generale ibidem, anno Domini M° CC° LXXXVII° (1).

Prior provincialis fr. Ber. Geraldi*, tercia vice (2).

I. Receptio conventus Lectorensis (3).

Ponimus conventum in Lectura; et instituimus ibi priorem fratrem P. de Tapia*, et assignamus ibi lectorem fratrem [f° 345 A] P. de Balatut; fratres Ar^m de Ponciaco*, P. de Comino, P. de Biarivo, Ar^m de Valserent, Arnaldum Guillermi de Costerio, R. Berengarii de Calveto, G. Vigerii, G. de Vulpelione, P. de Pinu; conversos Vitalem de Portu, P. Barberii, Vesianum, Ber. Vesiani.

II. Lectores Theologie [et sublectores] (4).

1. Assignamus lectores Theologie (5) :

In Cistarico, f. Lambertum*;

---

(1) Cf. Biblioth. de Toulouse, ms. 488, f. 47 c, d, f° 48 a.

(2) A la marge.

(3) A la marge. — Ms. 488, f° 47 c. *Ponimus conventum in Lectora et instituimus ibi priorem fratrem P. de Labatut, fratres Arn. de Ponciaco, P. de Comivo, P. de Biarnio, etc.*

(4) A la marge.

(5) Les désignations des lecteurs et des étudiants manquent dans le ms. 488 ainsi que celles des visiteurs.

In Avinione, f. P. Malirati*;
In Tharascone, f. Berengarium Alphandi*;
Arelate, f. P. de Balneolis*;
In Nemanso, f. P. de Nayraco*;
In Ammiliano, f. Jacobum Christiani*;
Bitterris, f. P. de Maslaco*;
In Appamiis, f. Eydemarum de Sancto Paulo*;
In Agenno, f. G. Aymerici*;
In Caturco, f. R. Guilaberti*;
Brivie, f. Guillermum de Villa*;
In Castris, f. Lupum*;
In Sancto Emiliano, f. Ber. Andree*;
In Baiona, f. W^{um} P. de Guodino*;
In Sancto Severo, f. Campanum*;
Burdegalis, f. R. Guilha*.
2. Sublectores (1).
Ad secundam lectionem [assignamus] :
In Avinione, f. Jo. de Sancto Egydio*;
Biterris, f. Jacobum de Arul[is]*;
Narbone, f. Vitalem Johannis (2);
Burdegalis, f. W^{um} Aurelie*.
III. Studentes Theologie (3).
Assignamus studentes in Theologia :

1. In Montepessulano, fratres Roberti Salvatum, Stephanum Laurelli, Ar^m Wm de Lordato, Radulphum de Fonte, Ber. Aycelyni, Radulphum de Assio, G. de Laudano, Jo. de Caprilis, P. de Casa Dei, P. de Castro, P. Aycardi, P. Vitalis, Martinum Pessati, Jacobum Franci, Poncium de Torrellis;

2. Tholose, fratres Ber. Masaudi, Ysarnum Lauri, Poncium Johannis, Vitalem de Bosco, R. de Asta nova, P. Pagani, Arnaldum Vitalem, G. de Moreriis, Ber. de Campo Bernardi, Bonum Mancipium, P. Helie, P. de Verzala, Jo. de Podio;

(1) A la marge.
(2) Fr. Vitalis Johannis. Sous-lecteur au couvent de Toulouse, en 1289 (*Act. cap. prov.*, f° 350 A), lecteur de théologie au couvent d'Albi en 1291 (*ibid.*, f° 357 A).
(3) A la marge.

3. Massilie, fratres Gaufridum de Calano, R. de Salona, G. Rostagum, R. de Fragis;

4. In Avinione, fratres Nicholaum de Valencia, Guidonem Castellis, Vitalem de Sancto Canabo;

5. Biterris, fratres Jacobum et P. Bonafons, P. Galterii, G. Ati, [B.] de Bello monte;

6. Narbone, fratres R. Pharandi, Ber. de Capreria, G. Palerii, Ber. Mathei, Ar^m Martini, P. David;

7. Burdegalis, fratres Helyam de Pinu, Galterum de Mota, Austorcum Bonafos, P. de Autelhano, Ber. R. de Podiolis, Gualhardum de Pommeriis, Odonem de Gordoma, R. Barrati, Odonem de Morlanis, P. de Boberiis;

8. Lemovicis, fratres R. de Cura Monta, Bertrandum Fulcodii, Ber. Guidonis, G. de Veteri villa, Helyam Fayditi;

9. In Agenno, fratres [f° 345 B] Arnaudum de Viridario, Frabrum de Sixo.

IV. Lectores et studentes naturalium (1).

Assignamus studia naturalium :

1. Primum ponimus in Tharascone, lectorem f. R. de Corsannio*; studentes fratres Rothlandum, De[od]andum Baboti, Rostagnum Caudola, De[od]andum Bartholomei, Jacobum Raembaudi, Poncium Bernardi, Petrum de Thoro, Fulconem de Marologio.

2. Secundum ponimus in Carcassona, lectorem f. B. Sabaterii de Montepessulano*; ˙studentes fratres Ber. Cathalani, Ber. Dominici, Ber. Sabaterii Bitterrensem, Andream de Cellis, B. G. de Salsis, Paulum de Tresaco, Poncium Fabri.

3. Tercium ponimus in Condomio, lectorem f. Bellum de Bethomiis; studentes fratres P. Ysar[nu]m de Agenno, Jo. de Faubeto, P. de Carreria, Helyam Petri, Ber. de Landora, Henricum Tholosanum, Raymundum Maurandi, Jo. de Riparia.

4. Quartum ponimus in Figiaco, lectorem f. Franciscum Tholosanum*; studentes fratres Helyam de Planis, G. de Capite Manso, Ar^m de Barreria, Amelium, R. Bernardi, P. R^i de Lacu, P. de Morlanis, P. de Veridario.

V. Lectores arcium (2).

(1) A la marge.
(2) A la marge.

Assignamus studia logicalia :

1. Pro conventibus Massiliensi, Niciensi, Gracensi, Cistaricensi, Diensi, Aquensi, Arelathensi, Tharasconensi, ponimus studium in Arelata, lectorem f. Dominicum Fabri*.

2. Pro conventibus Avinionensi, Aurasicensi, Podiensi, Valentino, Albenaci, Marologii, Alestensi, ponimus studium in Valencia, lectorem f. Dalmacium de Montiliis*.

3. Pro conventibus Montispessulani, Nemansensi, Biterrensi, Carcassonensi, Emiliani, Narbonensi, Perpiniani, ponimus studium in Biterri, lectorem f. Ferrarium Grossi*.

4. Pro conventibus Tholosano, Appamiensi, Rivensi, Castrensi, Albiensi, Montis Albani, ponimus studium in Albia, lectorem f. G. de Flegario.

5. Pro conventibus Burdegalensi, Altivillaris, et omnibus aliis conventibus Vasconie, ponimus studium in Orthesio, lectorem f. B. Riparie*.

6. Pro conventibus Lemovicensi, Petragoricensi, Caturcensi, Figiacensi, Ruthenensi, ponimus studium in Caturco, lectorem fr. Galhardum de Cadrivo*.

VI. Visitatores (1).

Isti visitabunt :

1. Conventus Niciensem, Grassensem, Cistaricensem, Valentinum, Diensem, fr. R. Cayrelli*;

2. Conventus Massiliensem, Aquensem, Arelatensem, Tarasconensem, Aurasicensem, Avinionensem, f. [J.] de Geneste[t]o*;

3. Conventus Podiensem, Alestensem, [f° 346 A] Nemansensem, Albenacii, Marologii, [f.] Jhoelis de Aspis ;

4. Conventus Montispessulani, Biterrensem, Narbonensem, Perpiniani, Carcassonensem, Prulianum extra, f. Ber. de Castro*.

5. Conventus Tholosanum, Appamiensem, Rivensem, Castrenensem, Albiensem, f. P. R¹ Baranho*.

6. Conventus Montis Albani, Caturcensem, Figiacensem, Rutenensem, Amm[i]liani, f. Jo. de Villa*.

7. Conventus Burdegalensem, Sancti Emiliani, Brageriacensem,

---

(1) A la marge.

Petragoricensem, Lemovicensem, Brivensem, f. Arnaldus de Morlanis*.

VII. Monitiones (1).

Iste sunt admonitiones (2).

1. Monemus quod fratres layci, qum juvant ad missas in absencia clericorum, non contractent calicem, nec preparent materiam sacramenti; set hoc ipsi sacerdotes preparent, nisi sit alius cui hoc facere ex ordine debeatur.

2. Item, cum secundum formam constitutionum, vilibus vestibus uti debeamus, que vilitas debet in cappis pocius apparere, mandamus et districte injungimus prioribus universis, quod ipsam constitutionem in se et in aliis faciant diligencius observare; nec sustineant quod sit excessus in precio, vel in forma; et visitatores pugniant quid invenerint excessive; nec sustineant quod tales cape portentur ab aliquo, cujuscumque conditionis existat.

3. Item (3), cum per domini Pape indulgenciam prohibeatur fratribus universis quod nullus confiteatur nisi prelato suo vel alteri fratri nostri ordinis, de suorum licencia prelatorum, precipit prior provincialis, de voluntate et consilio diffinitorum, quod nullus frater, sub pretextu domini Pape Martini vel alterius cujuscumque que de predicta indulgencia nullam faceret mentionem, aliquem fratrem a peccato mortali (4) si, quod Deus advertat, aliquis commisisset, scienter absolvat, cum talis absolutio sit irrita et inanis, et cedat in periculum animarum.

4. Item, cum propter abusum predicancium indulgenciarum jactancium aliquorum prelati contra ordinem sint turbati, monemus omnes quod predictis privilegiis cum modestia et humilitate utantur, et qum bono modo poterunt in omnibus reverenter se habeant ad prelatos et ab ipsorum offensa caveant diligenter.

5. Item, cum inveniatur quod fratres incaute contrahant debita et inde turbationes et scandala oriantur, districte injungimus fratribus universis, quod debita non contrahant sine suorum

(1) A la marge.
(2) *Monitiones*, dans le ms. 488, f. 47 c.
(3) *Nota in libro parvulo nigro privilegiorum ordinis*, à la marge.
(4) *Mortali* manque dans le ms. 488, f° 47 a.

licencia prelatorum; quod si aliqui contra feceri[n]t, a prioribus suis et visitatoribus durius pugniantur, et prior[es] non dent licenciam, nisi illis de quibus videbitur, quod predicta debita possint solvere tempore oportuno.

[F° 346 B] 6. Item, injungimus subprioribus vel eorum loca tenentibus quod acta capitulorum cum apportata fuerint, legi faciant in conventu et constitutiones confirmatas, infra VIII. dies ad longius; ex quo lecta fuerint acta in libro constitutionum in locis suis inseri faciant diligenter; quod si facere contempserint, qualibet septimana una die in pane et aqua abstineant, quousque compleverint supradicta.

7. Item, cum multi conventus limitatores pecierint sibi dari, volumus quod prior provincialis debeat dare illis conventibus de quibus videbitur expedire; non enim expedit illa que limitata sunt immutare, nisi error aliquis, vel aliqua innovatio, vel aliqua necessitas hoc exposcat (1).

8. Item volumus (2) quod juvenes qui mittuntur ad studia studio diligenter intendant, et religiose et pacifice studeant conversari; qui autem inutiles in studio vel aliis insolentes, vel turbatores pacis fuerint deprehensi, priores cum consilio et assensu lectoris, subprioris et trium aliorum fratrum discretorum, ad suos conventus possint [re]mittere, ita duntaxat, si primo moniti, neglexerint emendare (3).

9. Propter multam devocionem quam magister B. Belini (4),

---

(1) Chaque couvent formait une *prédication*, dont les frères prêchaient dans une étendue géographique déterminée. La délimitation des *prédications* fut l'objet de plusieurs dispositions capitulaires entre les années 1265 et 1332. Le chapitre provincial de 1265 tenu à Montpellier détermina le moyen de faire ces délimitations. « Ordinamus et volumus, de consilio et assensu priorum « conventualium [et] eorumdem sociorum, quod ad limitationem predicationis « ponat quilibet conventus unum fratrem, et nos, prior et diffinitores domus « tercium in singulis predicationibus, qui, cum illis qui positi erunt a conventu, « plenam potestatem habeant limitandi, ita quod plurium sentencia teneatur. « Si autem de positis a nobis contengerit inpediri, illi qui consignati sunt « conventibus eligant tercium, vel prior provincialis eis, si non possent de « tercio conveniri. » F° 300 A-B, cf. f° 302 A, f° 304 B.

(2) Ms. 488, f° 48 a, *Monemus*.

(3) L'application à l'étude fut l'objet de nombreuses dispositions capitulaires. J'ai réuni les textes qui s'y rapportent dans mon *Essai sur l'organisation des études chez les Frères Prêcheurs au XIII° et au XIV° siècle*.

(4) Ms. 488, f° 48 a, *Bellini*.

canonicus Narbone, ostendit ad ordinem se habere, sicut multa et magna declarant beneficia, que jamdudum ordo recepit ab ipso, capitulum provinciale sue devocioni respondens, concessit eidem, quod quilibet frater sacerdos, quolibet anno, quatuor missas per decennium pro ipso dicere teneatur, et quilibet conventus, post mortem ejus, quolibet anno, per decennium, faciat anniversarium pro eodem; alia suffragia non injungimus propter multa suffragia, que concessa sunt per capitulum generale.

10. Propter immoderatam multitudinem predicatorum generalium, de qua nostra provincia est notata, de voluntate et auctoritate et consilio venerabilis prioris Magistri ordinis et diffinitorum capituli generalis, anno Domini M° CC° LXXXVI° Burdegalis celebrati, ordinamus quod usque ad duos annos immediate sequentes predicatores generales non fiant, et ideo licet multi boni sint oblati supercedimus ad presens.

VIII. Diffinitor capituli generalis (1).

Diffinitor capituli generalis frater Ber. de Trilia*; socius ejus frater P. de Mulceone*, prior Montispessulani.

IX. Assignatio capituli provincialis (3).

Sequens provinciale capitulum assignamus in conventu Avinionensi, in festo beate Marie Magdalene (4); et fratres non veniant nec appropinquent locum capituli, nisi qui secundum ordinem debeant venire, nisi de prioris provincialis, vel ejus vicarii, licencia speciali; et fratres venientes non intrent [f° 347 A] locum capituli ante diem immediate precedentem vigiliam dicti festi.

---

(1) A la marge.
(2) Cette fin manque dans le ms. 488, f° 48 a.
(3) A la marge.
(4) 22 juillet.

VII.

22 juillet 1301.

CHAPITRE PROVINCIAL D'AGEN.

Biblioth. publique de la ville de Toulouse, ms. 490 (I, 273) — ms. 488 (II, 91), f° 58 a, b, c.

I. Fr. Guil. Pierre de Godin, élu provincial. — II. Fr. Arnaud Jean, vicaire de la province. — III. Définiteurs. — IV. Prieurs relevés de leur charge. — V. Lecteurs de théologie et sous-lecteurs. — VI. Lecteurs de la Bible. — VII. Étudiants en théologie. — VIII. Lecteurs de philosophie naturelle. — IX. Lecteurs des arts. — X. Désignation des étudiants ; règlement. — XI. Visiteurs. — XII. Admonitions ; études. — XIII. Suffrages. — XIV. Définiteur au chapitre général. — XV. Sentences des juges approuvées. — XVI. Assignation du lieu et de la date du chapitre suivant.

[F° 380 B] In nomine Patris, et Filii, et Spiritus Sancti. Amen.

Acta capituli provincialis Agenni celebrati, anno Domini M° CCC° 1°, in festo beate Marie Magdalene (1).

I. In isto provinciali capitulo fuit electus in provincialem fr. W. Petri de Godino*, Baionensis, tunc baccallarius in Theologia, nunc vero magister.

II. Vicarius autem provincie, ex parte Magistri, fr. Ar^{us} Jo[annis] Caturcensis*, prior Pirpiniani.

III. Diffinitores hujus capituli fuerunt :

Fr. P. de Balneolis*, prior Montispessulani ; ibidem fuit absolutus ;

Fr. Lupus*, prior Baionensis, paulo post translatus in Tholosanum priorem ;

Fr. Bertrandus de Claromonte* ;

Fr. Ar^{us} de Prato Condomensis* (2).

IV. Absolutio priorum (3).

Absolvimus priores Tholosanum (4), Lemovicensem (5), Avi-

---

(1) 22 juillet. — Le ms. 488 ne donne que le texte des *admonitiones*.
(2) A la marge, depuis *In isto provinciali capitulo*.
(3) A la marge.
(4) Fr. Arnaldus de Villario (B. Gui, f° 121 B).
(5) Fr. Yterius de Compuhaco (B. Gui, f° 133 A).

nionensem, Podiensem, Cistaricensem, Condomensem (1), Castrensem (2), Nemansensem, Carcassonensem (3), Rivensem (4), Brageriacensem (5), Rivensem (6), Altivillaris (7), Amiliani (8), Diensem, Sancti Severi (9), Lectorensem (10), Sancti Gaudencii (11), Podii Cerdani (12).

V. Lectores Theologie (13) [et sublectores].

1. Assignamus lectores [Theologie], fratres :

Cistaricensi (conventui) Ber. Sabbaterii*, *et disputet;*

Sancti Maximini (conventui), P. Vitalem (14);

Arelate, R. Bartholomei (15);

Aquis, Hugonem Alamanni (16);

In Tharascone, Dalmacium de Montiliis*, *et disputet;*

Aurasisce, Ber. Aycelini*;

Valencie, Franciscum Valentinum*;

Diensi, Rostragnum de Follanis (17);

Alesti, Ferrarium Gro[s]si*;

Nemansi, Ber. Dominici (18);

Podii, Jo. de Caprilis*;

---

(1) Fr. P. de Bobeas (B. Gui, f° 190 A).
(2) Fr. Poncianus de Caerano de Lautrico (B. Gui, f° 195 A).
(3) Fr. Bernardus Guidonis (B. Gui, f° 157 B).
(4) Fr. Bernardus de Bosco (B. Gui, f° 211 A).
(5) Fr. Bernardus Andree de Sarlato (B. Gui, f° 199 A).
(6) Fr. Guido Helie de Avexovio (B. Gui, f° 196 A).
(7) Fr. Bernardus de Rameto (B. Gui, f° 213 B).
(8) Fr. Helias Arnaldi (B. Gui, f° 261 A).
(9) Fr. Guillermus Arnaldi de Fonte de Tartasio (B. Gui, f° 222 B).
(10) Fr. Esius de Perdio Gallinis (B. Gui, f° 228 B).
(11) Fr. Arnaldus de Morlanis (B. Gui, f° 231 B).
(12) Fr. Bernardus Guillermi (B. Gui, f° 264 A).
(13) A la marge.
(14) Fr. P. Vitalis. Les actes des chapitres provinciaux distinguent trois frères de ce nom, l'un de Montpellier (f° 363 A), l'autre de Figeac (f° 387 A), un troisième de Carcassonne (f° 473 A). Je ne saurais dire duquel des trois il s'agit ici.
(15) Fr. R. Bartholomei, sous-lecteur au couvent d'Avignon en 1297 (*Act. cap.*, f° 371 A), lecteur de théologie au couvent de Nice en 1298 (*ibid.*, f° 372 B), au couvent d'Aix en 1299 (*ibid.*, f° 377 A).
(16) Fr. Hugo Alamanni, lecteur de théologie au couvent de Puycerda en 1299 (*ibid.*, f° 377 A), au couvent d'Arles en 1300 (*ibid.*, f° 379 A).
(17) Sous-lecteur au couvent de Sisteron en 1300 (*Act. cap.*, pr., f° 379 A).
(18) Lecteur de théologie au couvent d'Alais en 1302 (*ibid.*, f° 383 A).

Amiliani, Jo. Ferrarii*;
Bitterris, Jo. Berengarii*, *et disputet;*
Pirpiniani, Ber. Marmi, *et disputet:*
Carcassone, Ber. Guidonis*;
Lemovicis, Berengarium de Landorta*;
Rivis, B. Blanchi (1);
Caturci, Yterium de Compnhaco;
Figiaci, Guidonem Helye*;
Brageriaci, Ber. de Malartico*;
Condomi, Jo. de Falbeto*, *et disputet;*
[Baione] P. de Berzala;
Morlanis, P. Ar^t de Arrione (2);
[Sancti] Severi, R. de Pardinis (3);
Sancti Emiliani, Esium de Podio Gallini (4);
Lectore, R. Bernardi de Quinbato.

2. Sublectores (5).

Ad secundam lectionem assignamus fratres :
Massilie, Franciscum de Turnone;
In Tharascone, G. Piconis (6);
Avinioni, Paulum de Albarufa;
In Montepessulano, Ar^m de Barreria*;
Pirpiniani, R. Mironis (7);
Narbone, G. Seguerii*;
Carcassone, P. Blanchi*;
Tholose, Dominicum Grima*;

---

(1) Sous-lecteur au couvent de Béziers en 1296 (*Act. cap. prov.*, f° 369 A), lecteur de théologie au couvent de Nîmes en 1299 (*ibid.*, f° 377 A), étudiant à Paris en 1302 (*ibid.*, f° 386 B).

(2) Lecteur de théologie au couvent de Saint-Sever en 1296 (*Act. cap. prov.*, f° 369 A), en 1304 (*ibid.*, f° 390 A), au couvent de Morlaas en 1308 (*ibid.*, f° 400 B); en 1310, visiteur des couvents de Cahors, Montauban, Albi et Castres (*ibid.*, f° 409 B).

(3) Fr. R[aymundus] de Pardinis, prieur du couvent de Morlaas en 1312. Sa notice plus bas, *Couvent de Morlaas.*

(4) Fr. Esius de Podio Gallini, prieur du couvent de Lectoure en 1299, en 1302 et en 1309. Sa notice plus bas, *Couvent de Lectoure.*

(5) A la marge.

(6) Lecteur de théologie au couvent de Grasse en 1302 (*Act. cap. prov.*, f° 383 A).

(7) Sous-lecteur au couvent de Perpignan en 1299 (*Act. cap. prov.*, f° 377 B).

Caturci, Bartholomeum Gaudiera*;
Lemovicis, Celabrunum (1);
Petragoris, G. de Ausanis*;
Agenni, R. Sancii*;
Albie, Aymericum de Miromonte*;
Condomi, Hugonem de Monte E[s]quivo*.
VI. Ad lectionem Biblie [assignamus] :
In Montepessulano, Jo. Rotberti*;
Tholose, Franciscum Aymerici.
VII. Studentes in Theologia (2).
Assignamus studentes in Theologia :

1. Cistarici, fratres R. Melleti, Raynaldum de Corello, et ceteros;
2. Massilie, fratres Hugonem Sardi, Bertrandum [f° 381 A] Gauberti, et ceteros;
3. Avinioni, fratres R. Mirmande, P. Andree, et ceteros;
4. Tharascone, fratres Jacobum Bernardi, Jacobum Regis, et ceteros;
5. Bitterris, fratres Ber. Calveti, Folcrandum de Vernetis, et ceteros;
6. Narbone, fratres Dominicum de Trabe, W^{um} Cavelli, et ceteros;
7. Pirpiniani, fratres P. de Villarasa, Ar^m Justi, et ceteros;
8. Carcassone, fratres Ber. Vasconis, Poncium de Colemano;
9. Tholose, fratres Hugonem de Moceran Lemovicensem, P. Calverie, et ceteros;
10. Albie, fratres Ber. Dominici, Stephan[um] Rannulphi, et ceteros;
11. Caturci, fratres Jo. Bladerii, Ber. de Clusello, Dominicum de Marcens;
12. Lemovicis, fratres W^{um} Barrati, P. de Summis (?),
13. Petragoris, fratres Guillermum Boeti, et ceteros;
14. Burdegalis, fratres P. de Mus, Thomam de Avorta, et ceteros;

---

(1) Sous-lecteur au couvent d'Albi en 1302 (*Act. cap. prov.*, f° 383 A).
(2) A la marge.

15. Condomi, fratres Jo. de Prato, Jo. de Valentica, et ceteros;
16. Agenni, fratres G. Lucratoris, et ceteros.

Revocamus autem et assignamus conventibus de quorum predicationibus sunt, omnes alios studentes qui non sunt superius nominati, sive in actis sive per litteras fuerint assignati; et subtrahimus omnem studencium libertatem.

VIII. Lectores naturalium (1).

Assignamus studia naturalium :

1. Pro conventibus Baionensi, Orthosiensi, et ceteris, ponimus studium in Orthesio, lectorem fr. [P.] Ar¹ de Toronda*;

2. Pro conventibus Burdegalensi, Sancti Emiliani et ceteris, ponimus studium Petragoris, lectorem fr. Hugonem de Noalhas*;

3. Pro conventibus Caturcensi, Figiacensi, et ceteris, ponimus studium in Monte Albano, lectorem fr. R. Petri de Garico (2);

4. Pro conventibus Tholosano, Appamiensi, et ceteris, ponimus studium in Albia, lectorem fr. P. de Oratorio*;

5. Pro conventibus Montispessulani, Alestensi, et ceteris, ponimus studium in Biterri, lectorem fr. P. de Ausaco;

6. Pro conventibus Avinionensi, Arelatensi, et ceteris, ponimus studium in Aurelate, lectorem fr. G. Bernardi;

7. Pro conventibus Valentino, Diensi, et ceteris, ponimus studium Valencie, lectorem fr. Johannem Dominici;

8. Pro conventibus Massiliensi, Cistaricensi, et ceteris, ponimus studium Nicie, lectorem fr. P. Lamberti.

IX. Assignamus studia arcium.

1. Pro conventibus Niciensi, Grassensi, et ceteris, ponimus studium Massilie, lectorem fratrem R. Legordi;

2. Pro conventibus Valentino, Cistaricensi, et ceteris, ponimus studium Cistarici, lectorem fr. Falconem;

3. Pro conventibus Alestensi, Nemansensi, et ceteris, ponimus studium in Alesto, lectorem fr. Bernardum Furnerii;

4. Pro conventibus Narbonensi, Pirpiniani, et ceteris, ponimus studium Narbone, lectorem fr. [B.] de Bardolio;

[F° 381 B] 5. Pro conventibus Tholosano, Appamiensi, et

---

(1) A la marge.
(2) Sous-lecteur au couvent de Condom en 1306 (*Act. cap. prov.*, f° 395 A).

ceteris, ponimus studium in Carcassona, lectorem fr. P. de Goderiis*;

6. Pro conventibus Castrensi, Albiensi, et ceteris, ponimus studium in Castris, lectorem fr. Ber. Porta;

7. Pro conventibus Lemovicensi, B[r]ivensi, et ceteris, ponimus studium Figiaci, lectorem fr. Jacobum de Conquosio*;

8. Pro conventibus Burdegalensi, Sancti Emiliani et ceteris, ponimus studium in Burdegala, lectorem fr. P. de Podio Maurini*;

9. Pro conventibus Condomiensi, Agennensi et ceteris, ponimus studium in Condomio, lectorem fr. Vitalem de Podio (1).

X. Et ordinamus quod quilibet prior, vel ejus vicarius, de consilio trium vel quatuor seniorum sui conventus, possit mittere ad conventum sue conbinationis, ubi est studium naturalium vel arcium, unum fratrem; conventus autem Montispessulani et Tholose possint mittere ad hujusmodi studia II. Et omnes qui sic mittentur vel per litteras assignabuntur, ad conventus quibus mittentur vel assignabuntur pertineant cum ad ipsos pervenerint, et non ante, set si sint de illis conventibus a quibus assumuntur. Idem etiam intelligimus et ordinamus de studentibus Theologie noviter assignatis, necnon et de aliis, si quos contigerit assignari. Volumus autem et ordinamus quod si in studiis naturalium vel arcium inventi fuerint aliqui turbatores pacis vel delatores verborum vel alias insolentes, per priorem [qui] intus illud studium fuerit, de consilio supprioris et duorum seniorum, ad conventus ad quorum predicationem [pertinent] remittantur (2).

XI. Visitatores (3).

Isti visitabunt hoc anno :

1. Conventus Baionensem, Orthosiensem, et ceteros, f. R. de Curamonta*;

2. Conventus Condomensem, Agennensem, et ceteros, fr. Odo, de Ossuno*;

3. Conventus Brivensem, et ceteros, fr. B. de Rocamauro*;

---

(1) Fr. Vitalis de Podio, sous-lecteur à Agen en 1308 (*Act. cap. prov.*, f° 400 B), lecteur de théologie à Lectoure en 1309 (*ibid.*, f° 404 A).

(2) Disposition reproduite dans les actes du chapitre de l'année suivante tenu à Carcassonne, ms. 490, f° 384 A.

(3) A la marge.

4. Conventus Caturcensem, Montis Albani, et ceteros, f. Ber. de Rameto*;

5. Conventus Tholosanum, Carcassonensem, et ceteros, f. Hel. Arnaldi*;

6. Conventus Montispessulani, Bitterrensem, et ceteros, t. Poncium Astoaldi*;

7. Conventus Podiensem, Albenacii et ceteros, fr. Jo. de Asperiis (1);

8. Conventus Arelatensem, Tharasconensem et ceteros, fr. G. de Malgorio*;

9. Conventus Massiliensem, Aquensem et ceteros, fr. P. de Rovorias*;

10. Conventus Burdegalensem, Sancti Emiliani et ceteros, fr. P. de Bobeis*.

XII. Monitiones (2).

Hee sunt monitiones.

1. Cum propter scienciam sacre doctrine ordo noster ab inicio fama claruerit, et nunc circa studium et audienciam sacre pagine fratres inveniantur nimis notabiliter negligentes, volumus et admonemus quod fratres studio dili[f° 382 A]genter intendant, ad lectiones et disputaciones sollicite veniendo; et qui circa hoc inventi fuerint negligentes, per priores suos vel eorum loca tenentes et per visitatores (3) debite pugniantur; et si studentes fuerint, libertas studencium subtrahatur; nec priores, nec vicarii ad eundum extra, nisi ex causa rationabili, ipsos licencient tempore lectionum (4).

2. Item, volumus et injungimus, quod priores, sicut et ceteri, teneant in depositis, ad hoc deputatis, peccunias suas.

3. Item, volumus et injungimus prioribus et fratribus universis quod constitutionem de mulieribus non introducendis in officinas nostras diligentius observetur; et qui circa hoc inventi fuerint delinquentes, per priores suos et visitatores gravius pugniantur.

---

(1) Visiteur en 1287; prédicateur général en 1302 (f° 386 B).
(2) A la marge.
(3) *Per visitatores* manque dans le ms. 488, f° 58 a.
(4) Disposition reproduite dans les actes du chapitre de l'année suivante tenu à Carcassonne (ms. 490, f° 385 A).

4. Item, injungimus prioribus et eorum vicariis, quod circa custodiam porte debita diligencia adhibeatur, et porta absque aliquo portario nullatenus dimittatur.

5. Item, injungimus prioribus et eorum vicariis, quod, absque causa rationabili et necessaria, non licencient fratres ad discurrendum infra vel extra limites sue predicationis; nec ad alios conventus ipsos licencient, nisi de consilio trium vel quatuor seniorum presencium in conventu; nec absque litteris testimonialibus mittant eos, nisi forsitan ad illos conventus propinquos ubi eorum noticia et clara opinio haberetur; priores autem et [eorum] vicarii conventus ad quos declinaverunt, ipsos de hujusmodi litterarum ostensione requirere teneantur.

6. Item, volumus et ordinamus quod ad tractatum eorum qui sunt mittend[i] in socios priorum, non eligantur juvenes predicationis officium non habentes.

7. Item (1), volumus et injungimus prioribus universis, quod, juxta monitionem generalis capituli, precedenti anno Massilie celebrati, de supprioribus absolvendis vel retinendis, semel in anno, cum discretis fratribus collatio habeatur; et quod major pars eorum et sanior judicaverit, impleatur.

8. Item, volumus et monemus, quod nullus absque necessitate cogente comedat carnes vel alia in conventibus nostris, nisi in locis vel domibus de quibus per constitutiones nostri ordinis est concessum.

9. Item, volumus et injungimus prioribus et eorum vicariis quod circa infirmos curam adhibeant diligentem, et provideant eis de servitoribus et necessariis, quum facultas domus permiserit, de consilio medicine.

10. Item, districte in[f° 382 B]jungimus prioribus et fratribus universis quod in curreationibus et domibus secularibus vel quorumcumque exteriorum (2) carnes tricte vel incise nullatenus comedantur, nec causa cujuscumque laboris preteriti vel futuri, nisi gravamen vel infirmitas corporis, judicio curam habentis infirmitorii, evidenter appareat, et esus carnium concedatur.

(1) *De scrutinio suppriorum semel in anno faciendo*, à la marge.
(2) *Aliorum*, dans le ms. 488, f° 58 b. *Curreationibus* manque dans le ms. 490.

11. Item, volumus et ordinamus, quod omnes lectores tam de sentenciis quam de textu, usque ad festum sancti Johannis Baptiste, et lectores Biblie usque ad festum beati Dominici, suas lectiones continuant.

12. Item, cum ex effrenato discursu fratrum ad Romanam Curiam accedencium, et ex indiscretione licenciam concedencium predictam Curiam ad[ire], scandala oriantur, juxta impositionem reverendi prioris [Magistri ordinis] super hoc nobis factam, in virtute sancte obediencie precipimus prioribus, supprioribus et fratribus universis, ut nullus accedat ad Curiam memoratam, nisi de ipsius Magistri ordinis vel prioris provincialis licentia speciali; quam, si ab eodem provinciali ex aliqua causa urgenti dari contigerit, vult ipse Magister hujusmodi licentiam sibi notificari; vel si ipse in remotis partibus esset, saltem priori provinciali Romane Provincie intimari, priusquam dictam Curiam quisquam adire presumat.

13. Item, sub pena gravioris culpe, inhibemus districte prioribus et fratribus universis, quod nullus procuret divisionem nostre provincie per aliquam personam, que sit extra nostrum ordinem constituta.

XIII. Suffragia (1).

Ista suffragia sunt (2).

1. Pro vivis, pro domino rege Francie, regina et liberis eorum, et bono statu regni sui, et domino Karolo et domino Katherina imperatrice Constantinopolitana uxore ejusdem, quilibet sacerdos I. missam; summa pro vivis quilibet sacerdos XIIII. [missas], quilibet conventus II.

2. Ista sunt suffragia pro defunctis, pro domino Arnaldo condam episcopo Agennensi (3) et W^{mo} Seguini sepulto in

---

(1) A la marge.
(2) Cette fin manque dans le ms. 488.
(3) L'église d'Agen fut, au XIIIe siècle, gouvernée par quatre évêques du nom d'Arnaud, Arnaud de Rovinhan (1209-1230), Arnaud (1230-1231), Arnold de Galard (1235-1240), et Arnaud de Got (1271-1282). C'est ce dernier probablement qui est ici désigné, car en 1301 Bertrand de Got était évêque d'Agen ; les Frères prêcheurs avaient les meilleures relations avec la famille de Got, et c'est sous l'épiscopat d'Arnaud de Got, en 1275, que les Frères prêcheurs avaient fondé le couvent d'Auvillar dans le diocèse d'Agen.

ecclesia nostra Agennensi (1) quilibet sacerdos i. missam, etc.; summa pro defunctis v. [missas].

XIV. Diffinitor capituli generalis (2).

Diffinitor capituli generalis, fr. Bertrandus de Claromonte*, cui socium assignamus fratrem Berengarium Alphandi*.

XV. Sentencias judicum approbamus.

XVI. Assignatio capituli provincialis (3).

Sequens provinciale capitulum assignamus Carcassone, in festo beati Dominici (4); et nullus intret locum capituli ante diem immediate vigiliam precedentem.

---

(1) Peu de temps après l'arrivée des Frères prêcheurs à Agen, dès 1253, des contestations au sujet des droits curiaux sur les sépultures s'étaient élevées. L'évêque Guillaume rendit un règlement en plusieurs articles. Aux termes de ce règlement, on pouvait élire sépulture dans le couvent des Frères prêcheurs; mais alors un service religieux était célébré dans l'église paroissiale (Barrère, *Histoire religieuse et monumentale du diocèse d'Agen*, t. II, p. 14. Agen, 1856). — Un W. Seguin est nommé parmi les prud'hommes présents à un traité de février 1226 entre les villes de La Réole et de Saint-Macaire, d'une part, et les villes d'Agen, du Port-Sainte-Marie et du Mas-d'Agenais, d'autre part (Magen et Tholin, *Archives municipales d'Agen, Chartes*, p. 25, 28).

(2) A la marge.

(3) A la marge.

(4) 4 août.

VIII.

22 juillet 1307.

CHAPITRE PROVINCIAL DE CONDOM.

Biblioth. publique de la ville de Toulouse, ms. 490 (I. 273) — ms. 488 (II. 91), f° 61 c, d.

I. Prieur provincial et définiteurs. — II. Prieurs relevés de leur charge. — III. Lecteurs de Théologie et sous-lecteurs. — IV. Lecteurs des Sentences et de la Bible. — V. Etudiants en théologie. — VI. Lecteurs de philosophie naturelle. — VII. Lecteurs des arts. — VIII. Désignation des étudiants : règlement. — IX. Visiteurs. — X. Admonitions et ordonnances. — XI. Pénitences. — XII. Suffrages. — XIII. Définiteur au chapitre général. — XIV. Etudiants envoyés à Montpellier et à Oxfort. — XV. Désignation du lieu et de la date du chapitre suivant. — XVI. Sentences des juges approuvées.

[F° 397 B] In nomine Patris, et Filii, et Spiritus Sancti. Amen.

Acta capituli provincialis Condomi celebrati, anno Domini M° CCC° VII°, in festo Magd[alene] (1).

I. Prior provincialis fr. Berengarius de Landorra*.

Diffinitores fuerunt :

Prior Lemovicensis, fr. Stephanus Laurelli*;

Prior Baionensis, fr. P. de Fabrica*;

Prior Castrensis, fr. Lupus*;

Inquisitor Tholosanus, fr. Bernardus Guidonis*.

II. Absolutio priorum (2).

Absolvimus priores (3), Albiensem (4), Ruthenensem (5), Figiacensem (6), Petragoricensem (7), Altivillaris (8), Orthosien-

---

(1) 22 juillet.
(2) A la marge.
(3) Ce mot est à la marge.
(4) Fr. Poncius de Torrellis, prope Limosum (B. Gui, f° 219 B).
(5) Fr. P. Berengarii (B. Gui, f° 226 A).
(6) Fr. Sixtus, Caturcensis (B. Gui, f° 174 B).
(7) Fr. Armannus, Petragoricensis (B. Gui, f° 153 A).
(8) Fr. Germanus de Mazeriis (B. Gui, f° 214 A).

ensem (1), Sancti Severi (2), Morlanensem (3); et ordignamus (*sic*) quod hii priores superius absoluti non possint resumi ad eadem officia in eisdem couventibus, isto anno.

III. Lectores Theologie (4) [et sublectores].

1. Assignamus lectores in Theologia:

Conventui Albienensi, fr. Hug. de Marciaco*;
Conventui Ruthenensi, fr. Ber. Riparie, Brivensem*;
Conventui Figiacensi, fr. Guillermum de Ausanis*;
Conventui Caturcensi fr. Ber. Massandi*;
Conventui Montis Albani, fr. Jo. de Garrossio*;
Conventui Brivensi, fr. Ber. de Maloduno*;
Conventui Lemovicensi, fr. Guidonem Helie*;
Conventui Petragoricensi, fr. Bertrandum Fulcodii*;
Conventui Orthosiensi, fr. Jo. de Podio*;
Conventui Morlanensi, fr. Ber. de Condomio (5);
Conventui Sancti Severi, fr. Raymundum de Pardinis*;
Conventui Rivensi, fr. Ar^m de Bernadino (6);
Conventui Lectorensi, fr. Jo. de Veridario*.

2. Ad secundam lectionem (7).

Ad secundam lectionem assignamus:

Lemovicis, ad secundam lectionem fr. Thomam Normanni*;
Petragoris, fr. Durandum de Portello*;
Caturci, fr. P. de Goderiis*;
Figiaci, fr. Wm Riparie*;
Castris, fr. Deodatum Mogerii*;
In Monte Albano, fr. P. Stephani Carcassonensem*;
Albie, fr. Ar^m de Fabricis*;
Agenni, fr. P. de Bisos (8);

(1) Fr. P. de Bobeas (B. Gui, f° 167 A).
(2) Fr. Bernardus de Rameto (B. Gui, f° 223 A).
(3) Fr. Bernardus de Riparia, Rivensis (B. Gui, f° 208 A).
(4) A la marge.
(5) Fr. Bernardus de Condomio. Lecteur de théologie au couvent de Saint-Sever en 1309 (*Act. cap. prov.*, f° 404 B) et en 1315 (ms. 488, f° 72 c).
(6) Lecteur de théologie eu 1304 (*Act. cap. prov.*, f° 390 A); sous-lecteur à Montauban en 1305 (*Ib.*, f° 392 A).
(7) A la marge.
(8) Lecteur de théologie au couvent de Saint-Gaudens en 1304 (*Act. cap. prov.*, f° 390 A).

Brageriaci, fr. Gr. Aymerici (1);
Baione, fr. Hug. Bochardi (2);
Orthosii, fr. Jo. de Mercerio ;
In Appamiis, fr. Jo. de Pignerio.

IV. Tholose, ad legendum Sententias integraliter isto anno, fr. Jordanum de Castronovo*; ad legendum Bibliam ibidem, fr. Aymericum de Miromonte* (3).

V. Studentes Theologie (4).

Assignamus studentes in Theologia :

1. Tholose, fratres Guillermum de Solano, Guillermum Alzeni, Wm Vaquerii, P. Stephani Lemovicensem, Ar^m de Monte deserti, Wm de Belafar, Vitalem de Podio, R. de Albeda, Guillermum Guillaberti, R. de Carabordas, Athonem de Castro Verduno, Jo. de Prato, Vitalem de Fontibus orbis, Ar^m de Roseriis, Ar^m Guillermi de Bedereto, R. de Rupe, Ger. de Ponte, Bertrandum Pellicerii, P. de Insula, G. de Mulceone, Helyam Margoti, P. de Fenoleto, Helyam Thelphondi ;

[F° 398 A] 2. Conventui Burdegalensi, fratres P. de Barsilva, R. de Portela, Stephanum Agni, Wm de Sala Merdi, P. de Cassellis, Wm de Camburato, Johannem Syrenis, Raymundum Monachi, Ademarum Setot lansa, Guillermum Averii, P. Bernardi Orthesiensem, Fortanerium de Petra longa, Berengarium Goti, Bernardum Pauli, Aydemarum Ari, P. de Bureia, Guillermum de Castro ;

3. Conventui Lemovicensi, fratres Ber. Gonela, Jo. de Rupe, Heliam de Ranconio *(Reaconio)*, Jo. Lachieza, Jo. Perrelli, Wm Blayni, Ber. de Auriaco ;

4. Conventui Caturcensi, fratres Ar^m Raterii, Helyam de Ferrariis, Gaubertum de Roseto, Geraldum Pellicerii, Raymundum Ar^i, Poncium de Foyssaco, P. Arquerii, Wm de Volverio ;

5. Conventui Agennensi, fratres Ar^m de Bornaselio, Jacobum

(1) Sous-lecteur au couvent de Figeac en 1308 (*Act. cap. prov.*, f° 400 B).

(2) Fr. Hugo Bochardi. Sous-lecteur à Bordeaux en 1308 (*ibid.*, f° 400 B), et en 1310 (*ibid.*, f° 407 B) ; en 1317, visiteur des couvents de Cahors, Montauban, Albi et Castres (*ibid.*, f° 427 B).

(3) Ce n. IV est dans le ms. placé immédiatement après *Ad secundam lectionem assignamus*.

(4) A la marge.

de Balhaco, Sancium de Borderiis, Bonum hominem, P. de Brugeria, Vitalem de Gusmhano, Stephanum Rannulpi Petragoricensem;

6. Conventui Condomensi, fratres P. Taravelli, Bernardum de Biausano, P. R. Audaldi, Bonum hominem;

7. Conventui Petragoricensi, fratres R. de Cambonio, Ademarum Ar¹, P. Fabri Brageriacensem, Raymundum de Martino;

8. Conventui Albiensi, fratres Jacobum Brossonis, Ber. Cartarie, B. Baudini;

9. Brageriaci, fratres Ber. de Bodis, Guillermum Ar¹.

Ceteros autem studentes in Theologia, qui non sunt nominati in actis, ad conventus de quorum predicatione sunt revocamus, sive per acta sive per litteras fuerint assignati.

VI. Studia naturalium (1).

Assignamus studia naturalium.

1. Primum ponimus in Albia, lectorem fr. Poncium de Bresis*; auditores fratres Sicardum Maffredi, Bernardum Mercerii, P. Fabri, Ger^m Maurelli, R. Ademarii, Ar^m de Rivis, Aymericum de Morlhone, Vitalem de Raganhaco, Ger^m de Alhannano, Reginaldum Clareti, P. [de] Exalduno;

2. Secundum ponimus in Monte Albano, lectorem fratrem Guillermum Dulcini*; auditores, fratres Stephanum Barrani, Bertrandum Frezelli, P. de Frontihonano (sic), Jacobum de Monte accuto, Rogerium de Palheriis, R. Jo. de Rivis, Paulum de Alanhano, P. Rigaldi, Ar^m de Sancto Felice, Bonafossum;

3. Tercium ponimus in Brageriaco, lectorem fr. P. de Podio Maurini*; auditores, fratres P. Bruni, Ger^m Durandi, P. de Marcello, Robertum de Solumihaco, R. Barionis, Robertum Manham, [F° 398 B] Wm Laurelli, Bartholomeum de Ortho, Dominicum de Priore, Ger^m de Podanh, Guillermum Garrici, Sicardum de Albina, Bartholomeum de Barro;

4. Quartum ponimus in Condomio, lectorem fratrem Hugonem de Sancto Marciale*; auditores fratres P. de Tholosa, Fortanerium de Salis, Geraldum de Cautencio, Ar^m de Potenssano, Guidonem de Venthodoro, P. de Larama, Vitalem de Monte Anerio, R. de Duro forti, Poncium de Mirallis, P. de Saunaco;

---

(1) A la marge.

5. Quintum ponimus in Baiona, lectorem fratrem P. de Castro*; auditores fratres Jo. de Domo, Ber. de Tarone, Ber. de Bissos, R. Grima, Arnal^m Calhavelli, P. de Symeon, Ber. de Gamano, Garsiam Ar^l de Salinis, Geraldum de Bareto.

VII. Studia arcium (1).

Assignamus studia arcium :

1. Pro conventibus Baionensi, Orthosiensi, Sancti Severi, ponimus studium in Orthesio, lectorem fr. Aymericum de Bovinhano (2);

2. Pro conventibus Morlanensi, Condomiensi, Lectorensi, ponimus studium in Lectora, lectorem fr. P. de Podio*;

3. Pro conventibus Altivillaris, Agennensi, Burdegalensi, ponimus studium in Burdegala, lectorem fr. B. Brosta;

4. Pro conventibus Sancti Emiliami, Brageriacensi, Petragoricensi, ponimus studium in Petragora, lectorem fr. Ar^m Vigerii*;

5. Pro conventibus Caturcensi, Montis Albani, ponimus studium in Caturco, lectorem fr. Jo. Fabri Caturcensem;

6. Pro conventibus Lemovicensi, Brivensi, ponimus studium in Briva, lectorem fr. Audebertum Lemovicensem*;

7. Pro conventibus Figiacensi, Ruthenensi, ponimus studium in Ruthena, lectorem fr. R. Talaferi (3) Albiensem;

8. Pro conventibus Albiensi, Castrensi, ponimus studium in Castris, lectorem fr. Deodatum Enguilberti*;

9. Pro conventibus Tholosano, Sancti Gaudencii, ponimus studium in Sancto Gaudencio, lectorem f. Jordanum de Miro monte;

10. Pro conventibus Rivensi, Appamiensi, Carcassonensi, ponimus studium in Carcassona, lectorem fr. Bertrandum de Mansso.

VIII. Et ordinamus, quod quilibet prior, vel ejus vicarius, de consilio lectoris, si presens fuerit, et trium vel quatuor fratrum discretorum, ad studium sue combinationis possit mittere tres fratres, et conventus Tholosanus quatuor (4); et imponimus consciencis priorum et vicariorum et aliorum qui super hoc fuerint requisiti,

---

(1) A la marge.
(2) Sous-lecteur au couvent de Saint-Sever en 1314 (f° 419 B).
(3) L'ordre avait eu déjà un frère de ce nom, mort en 1273 (f° 317 A).
(4) Cinq, d'après le chapitre provincial de Pamiers de 1310. (f° 409 A).

quod mittant in sciencia et moribus aptos. Ne autem studia naturalium vel arcium confundantur, volumus et ordinamus quod nullus prior vel [f° 399 A] ejus vicarius aliquem de assignatis pro studio naturalium possit mittere vel recipere alibi quam ubi sunt in actis capituli assignati; nec auditores arcium extra sue combinationis studium possit mittere vel recipere, sine prioris provincialis licencia speciali. Ordinamus autem quod illi conventus quibus studentes in Theologia et lectores naturalium et auditores earum, qui sunt in actis capituli assignati, vel deinceps per litteras contigerit assignari, non teneantur eos in priorum electionibus expectare, quamvis ad eosdem conventus pertineant quibus fuerant assignati. Volumus item et ordinamus quod, si in studiis naturalium vel arcium inventi aliqui (1) fuerint turbatores pacis, vel delatores verborum, vel alias insolentes, per priorem in cujus conventu studium fuerit, de consilio supprioris, lectoris (2) et duorum fratrum discretorum, ad conventus de quorum predicatione fuerint, remittantur.

IX. Visitatores (3).

Isti visitabunt hoc anno :

1. Conventus Baionensem, Orthesiensem, Sancti Severi, Morlanensem, frater Poncius de Torrellis*;

2. Conventus Condomensem, Agennensem, Altivillaris et locum Pontis viridis extra, frater Guillermus de Sebrelhano*;

3. Conventus Burdegalensem, Sancti Emiliani, Brageriacensem, Petragoricensem et locum Sancti Pardulphi extra, frater Ysarnus Lauri*;

4. Conventus Lemovicensem, Brivensem, Ruthenensem, frater P. de Bobeys*;

5. Conventus Caturcensem, Montis Albani, Castrensem, frater Ber. de Rameto*;

6. Conventus Tholosanum, Carcassonensem, Appanensem, Rivensem, Sancti Gaudencii et Prulianum extra, frater Sixtus Caturcensis*.

X. Admonitiones et ordinationes (4).

(1) *Aliqui*, à la marge.
(2) *Lectoris*, à la marge.
(3) À la marge.
(4) À la marge.

Iste sunt admonitiones (1).

1. Cum in diversis capitulis sepius extiterit ordinatum de peccuni[i]s communibus non contrectandis per priores vel subpriores vel eorum vicarios, et cum, ex mala et negligenti custodia porte multa pericula possint sequi, et mulieribus sit interdictus ingressus ad officinas nostras interiores, volumus et mandamus, ut predicta omnia melius observentur, nec alicui mulieri permittatur ingredi infirmitorium pro infirmis fratribus visitandis, nec infra cepta pro operibus faciendis; et visitatores super premissis inquirant, et pena debita pugniant transgressores.

2. Item, ordinamus, quod in studiis naturalium vel arcium, priores vel eorum vicarii magistrum studencium instituant (2), absque requisitione voluntatis seu votorum naturalium vel artistarum, prout melius viderint expedire.

3. Item, inhibemus prioribus et eorum vicariis, ne naturalibus vel artistis permittant aut licenciam conce[f° 399 B]dant quod in festis sancti Nicholay vel sancte Katherine contributiones faciant vel collectas pro conventibus procurandis.

4. Item, inhibemus ne fratres sudariola vel pannos lineos nec bursas ad cingulum patenter deferrant, cum hoc videatur derogare ordinis honestati.

5. Item, volumus et mandamus quod officium beate Virginis in do[r]mitorio melius solito dicatur; et negligentes durius pugniantur.

6. Item, ordinamus quod visitatores in actis capituli assignati vel per priorem provincialem dati, fratres discretos et maturos in socios sibi datos et non alios ad capitulum secum ducant (3).

7. Item, ut ordinatio reverendi patris Magistri ordinis et generalis capituli circa provisionem infirmorum et vestibus indigencium diligencius observetur.

8. Volumus et ordinamus, quod in quolibet conventu prior vel ejus vicarius, de consilio sacerdotum predicatorum et majoris partis

---

(1) Les actes du chapitre commencent ici seulement dans le ms. 488.

(2) A la marge : *De institutione magistri studencium in studiis naturalium et arcium per priorem.*

(3) A la marge : *Quod visitatores possint secum ducere socios ad capitulum provinciale.*

eorum, instituat duos fratres qui sextam partem omnium que obvenient conventui, nisi darentur pro libris vel ecclesiasticis ornamentis et ceteris refectionibus vel pictanciis, vel nisi essent per dantes operibus deputata, excepto pane et vino, necnon omnes vestes fratrum decedencium et pecuniam ipsorum usque ad centum solidos turonensium parvorum inclusive recipiant et conservent, ac de hiis infirmis provideant secundum eorum conscienciam et de consilio medicorum. Similiter volumus quod predicti duo fratres, de consilio prioris vel ejus vicarii et duorum fratrum aliorum discretorum, de predictis sic preceptis provideant in vestibus et calciamentis, illis fratribus qui manifestam indigenciam paciuntur, nec habent (1) unde sibi provideant aliunde; et si predicta non sufficiant, de communi quod deerit suppleatur. Volumus tamen et ordinamus, quod predicti fratres priori certis temporibus, de receptis rationem reddere teneantur; et si quid in fine anni residuum fuerit, sibi restituant, ut inde possit aliis conventus necessitatibus providere; predictam autem ordinationem volumus cum efficacia citra festum Nativitatis beate Marie Virginis effectui mancipari; et, ut predicta inviolabiliter observentur, prior provincialis precipit, de voluntate diffinitorum et consilio multorum fratrum (2), prioribus et eorum vicari[i]s, quod dictos duos fratres secundum ordinationem predictam instituant, nec eos aliquo modo impediant, quin predicta ad manum eorum veniant ad faciendum quod ordinatum est per eosdem, et prefati duo fratres sub precepto sint obligati exequi (3) supradicta; si autem [f° 400 A] dictos fratres vel aliquem ipsorum mori vel totaliter impediri contigerit, vult prior provincialis et ordinat, sub eadem districtione et forma, quod alii vel alius ponantur seu instituantur per priores vel eorum vicarios, modo pretaxato.

XI. Iste sunt penitencie.

Omnes fratres qui ad presens provinciale capitulum sine licencia venerint, vel ad locum capituli ad unam leucam appropincaverint, vel qui de Lectora vel Agenno seu de Altovillari, lecta vel audita littera prioris provincialis, ultra versus locum capituli sine prioris

---

(1) A la marge.
(2) *Fratrum*, à la marge.
(3) *Exequi*, à la marge.

provincialis licencia processerint, voce in omnibus, nisi in accusatione propria, per biennium privamus; et injungimus eis quod xii. dies in pane et aqua jejunent, et xii. recipiant disciplinas; nec credatur alicui de restitutione vocis vel dispensatione in predicta, penitencia, nisi per litteram prioris provincialis faceret plenam fidem; quam ordinationem de non veniendo vel appropinquando ad sequens provinciale capitulum sub pena simili, volumus et ordinamus inviolabiliter observari (1).

XII. Suffragia pro vivis. — Summa pro vivis xii. — Summa pro defunctis ii. (2).

Ista sunt suffragia (3).

1. Pro vivis, pro sanctissimo patre nostro domino Clemente, summo Pontifice, et bono statu universalis ecclesie, quilibet sacerdos quatuor missas, etc.

2. Ista sunt suffragia pro defunctis, pro domino Berrando (*Bernardo*) condam episcopo Albiensi (4), etc.

Pro qualibet missa superius posita, quilibet frater clericus non sacerdos vii. psalmos cum letania, et quilibet conversus c. *Pater noster*, cum totidem *Ave, Maria*, dicant.

XIII. Diffinitor capituli generalis fr. Ber. Guidonis, Inquisitor Tholosanus, cui socium assignamus fr. Johannem de Faubeto, priorem Condonensem.

XIV. Assignamus studentes: in Montepessullano f. Jacobum de Concosio;

Item, Exonie, fr. Guillermum de Podio Burdegalensem.

XV. Sequens capitulum provinciale assignamus in conventu Rivenensi, in festo beate Marie Magdalene; et fratres non intrent

---

(1) Après ce chapitre, dans le ms. 488, f° 61 d., on lit à la marge: Ego fr. R. Masquerie scripsi istum librum in Pruliano cum magno labore de mandato venerabilis patris prioris in provincia Tholosana magistri Berengarii de la Dora, magistri in Theologia Parisius, quem Dominus conservet per suam graciam (anno Domini m° ccc° viii°).

Cette première compilation des actes des chapitres provinciaux fut donc antérieure à celle faite par B. Gui.

(2) A la marge.

(3) La fin manque dans le ms. 488, f° 61 d.

(4) Bernard de Castanet, évêque d'Albi, 1275-1308, grand ami de l'ordre des Frères prêcheurs.

locum capituli ante diem precedentem immediate vigiliam dicti festi.

XVI. Sentencias judicum approbamus.

IX.
15 AOUT 1311.
CHAPITRE PROVINCIAL DE BORDEAUX.

Biblioth. publique de la ville de Toulouse, ms. 490 (I, 273) — ms. 488 (II, 91), f° 64 a, b, c, d, f° 65 a, b, c, d, f° 66 a, b, c.

I. Prieur provincial et définiteurs. — Prieurs relevés de leur charge. — III. *Studium* de Toulouse. — IV. Lecteurs de la Bible et des Sentences.— V. Lecteurs de théologie et sous-lecteurs.— VI. Étudiants en théologie. — Règlement. — VII. Lecteurs de philosophie naturelle. — VIII. Lecteurs des arts. — IX. Désignation des étudiants : règlement. — X. Visiteurs. — XI. Admonitions et ordonnances. — XII. Suffrages. — XIII. Pénitences. — XIV. Concession à fr. Bérenger de Landorre. — XV. Étudiants envoyés à Montpellier. — XVI. Électeurs du Maître de l'ordre. — XVII. Définiteur au chapitre général. — XVIII. Le chapitre général de 1312 devant se tenir à Carcassonne, les frères, qui n'en font point partie, ne peuvent ni s'y rendre, ni s'en approcher. — XIX. Assignation de religieux à divers couvents. — XX. Sentences des juges approuvées.

[F° 410 B] In nomine Patris, et Filii, et Spiritus Sancti. Amen.

Acta capitulis provincialis Burdegalis celebrati in festo Assumptionis beate Marie Virgini[s], anno Domini M° CCC° XI°.

I. Prior previncialis frater Berengarius de Landorra*; secunda vice.

Diffinitores vero fuerunt :

Frater Bertrandus de Claromonte*;

Fratres Petrus de Maslaco*;

Frater Guillermus de Anhanis*, prior Tholosanus;

Frater Bernardus Guidonis*, Inquisitor Tholosanus (2).

---

(1) 15 août.

(2) La désignation du provincial et des définiteurs est placée à la marge du ms; elle manque dans le ms. 488.

II. Absolutiones priorum (1).

Absolvimus priores Sancti Severi (2), Appamiensem (3), Caturcensem (4), Carcassonensem (5), Lemovicensem (6), Condomiensem (7), Brageriacensem (8). Et ordinamus quod supradicti priores absoluti non resumantur ad idem officium in iisdem conventibus isto anno; ac eosdem conventibus ad quorum predicationem pertinent assignamus.

III. Ad honorem et promotionem studii Tholosani, taliter ordinamus, quod cum frater Guillermus de Leus, magister in Theologia, apud Tholosam pervenerit, ibidem incipiat et disputet de quolibet et aliis, prout sibi visum fuerit, ut magister; et nichilominus assignamus ibidem lectorem fratrem Dominicum Grimam *.

IV. Studia Biblie quatuor (9).

Assignamus lectores Biblie [et Sententiarum] :

1. Burdegalis, fratrem Petrum de Berdala (10);

Petragoris, fratrem B^m de Maloduno *;

Figiaci, fratrem Guillermum de Ausanis *;

Agenni, fratrem Aymericum de Miromonte *.

2. Assignamus lectores Sententiarum in studiis Biblie :

Burdegalis, fratrem Raymundum de Rupe (11) Carcassonensem;

Petragoris, fratrem Hugonem de Sancto Marciale *;

Figiaci, fratrem Arnaldum Raterii (12);

Agenni, fratrem Petrum de Podio Maurini *.

---

(1) A la marge.
(2) Fr. Garsias de Baccarissa (B. Gui, f° 223 A).
(3) Fr. Bonus Mancipius Tholosanus (B. Gui, f° 153 B).
(4) Fr. Guido Helye de Anexonio (B. Gui, f° 134 A).
(5) Fr. Guillermus Barrati (B. Gui, f° 199 B).
(6) Fr. Andreas de Cellis (B. Gui, f° 205 B).
(7) Fr. Stephanus Laurelli (B. Gui, f° 158 B).
(8) Fr. Hugo de Monte Esquivo (B. Gui, f° 190 B).
(9) A la marge.
(10) Ms. 488, *Verzala.*
(11) *Ruppe*, ms. 488, f° 64-b. Je trouve deux autres frères de ce même nom, mais non qualifiés *Carcassonenses*, l'un lecteur de théologie au couvent du Puy en 1252 (*Act. cap. prov.*, f° 286 B), l'autre lecteur des arts au couvent d'Orthez en 1267 (*Ibid.*, f° 303 B).
(12) Un autre frère du nom de Rathier (André) était mort en 1286 (*Act. cap. prov.*, f° 344 B).

V. Lectores Theologie (1).
Assignamus lectores in Theulogia [et sublectores] :
1. Caturci, fratrem Raymundum Bequini*;
Brageriaci, fratrem Jordanem de Castronovo*;
Albie, fratrem Petrum Raymundi Assaliti*;
In Appamiis, fratrem G^m Duranda*;
In Monte Albano, fratrem Guillermum Dulcini*;
In Ruthena, fratrem Poncium de Bresis*;
In Condomio, fratrem Hugonem de Monte Esquivo*;
In Altovillari, fratrem G^m de Solano (2);
In Sancto Emiliano, fratrem Geraldum de Ponte*;
In Rivis, fratrem G^m Alseni*;
In Sancto Gaudencio, fratrem Arnaldum de Monte deserti*;
[F° 411 A] In Morlanis, fratrem Vitalem de Fontibus orbis*;
In Sancto Severo, fratrem Arnaldum de Roseriis*;
In Briva, fratrem B^m Bricii*;
In Lactora, fratrem Durandum de Portello*.
2. Ad secundam lectionem :
Tholose, fratrem Hugonem de Marciaco*;
Albie, fratrem Deodatum Mogerii*;
In Castris, fratrem Jordanem de Miromonte*;
In Appamiis, fratrem Bertrandum de Manso*;
Condomii, fratrem B^m Carrerie*;
In Monte Albano, fratrem Paulum de Alanhano*;
In Brageriaco, fratrem G^m de Volverio*;
In Baiona, fratrem Guillermum de Castro*;
In Briva, fratrem Geraldum de Miromonte*;
In Caturco, fratrem Poncium Foysaco*.
VI. Studentes in Theologia (3).
Assignamus studentes in Theologia :
1. Tholose, fratres G^m Guilaberti, Petrum de Podio, Rotbertum de Solumihaco (4), Audebertum, Petrum de Tholosa, Deodatum

---

(1) A la marge.
(2) Prédicateur général en 1313 (*Act. cap. prov.*, f° 419 A).
(3) A la marge.
(4) Solmiaco, ms. 488, f° 64 c.

Engilberti (1), Johannem de Porcinis, Arnaldum Vigerii, Arnaldum de Rivis, Raymundum de Duro forti, Petrum de Casellis, Galhardum (2) de Pogeto, Geraldum de Podans, Johannem Fabri, Raymundum Adzemarii, G^m Garrici, Raymundum Arnaldi de Vilario, Dominicum de Priore, Jacobum de Monte acuto, Adzemarium Ar^{dl}, Bernardum de Carabordis, Berengarium Goti, Fortanerium de Petralonga, Bertrandum Pellicerii, Aymericum de Morlhano, Geraldum Durandi, Guidonem de Ventodoro, Raymundum Barce Appamiensem, Geraldum de Bareto, B^m de Tarone, B^m de Bisocio, Aymericum de Rovinhano, Rotbertum Manhani, Vitalem de Reganhaco, Petrum Rigaldi Carcassonnensem, Petrum de Rama Condomiensem, P. de Frontinhano;

2. Burdegalis, studentes fratres Sicardum Matfredi, Arnaldum de Ordelano (3), Boniffacium, Arnaldum Maurini, Dominicum de Salvis (4), Stephanum Barravi, P. de Suberna, Johannem de Domo, B^m de Auriaco, B^m Martini, Johannem de Monte Saunerio, Arnaldum Regis, Raymundum Grima, G^m Ar^{dl} de Pogeto, Garsiam Arnaldi de Salvis, Arnaldum Petri, Petrum Fabri Castrensem, Raymundum de Sancto Hylario, Cicredum Gozini, Bernardum Ferrerii, Johannem de Rivis, Johannem de Usrcis, Gaubertum de Roseto, Petrum Fabri Brageriacensem, G^m Radulfi, Geraldum de Filatio, Fortanerium de Salis;

3. In Carcassona, studentes fratres Sicardum de Albina, Raymundum Andree, Augerium Castanni, B^{ni} Mercerii, Ar^m Juleani, P. Raymundi Autali[s], P. de Symone, Raymundum de Rupe Albiensem, Augerium de Ferris, Amelium Hugonis Castrensem, P. de Stanno Ruthinensem;

4. Lemovicis, studentes fratres Helyam de Ranqonio, Petrum de Martello, Johannem Lachiesa, Reginaldum Clareti, B^m de Mortuaguta, B^m Radulfi, B^m Capreoli (5), Hugonem Peregrini;

5. In Caturco, fratres B^m de Gaurano, Bartholomeum de Orto,

---

(1) Enjalberti, ms. 488, f° 64 c.
(2) Guaylhardum, *ibid.*
(3) Ordilhano, *ibid.*
(4) Ms. 488, *Salinis.*
(5) Capreolus. — B. Capreolus est bien différend de J. Capreolus, le célèbre commentateur de saint Thomas, qui mourut en 1444.

Geraldum Pellicerii, Bonum hominem [f⁰ 411 B], Petrum Fabri de Altovillari, B^m de Viridario Castrensem;

6. In Agenno, studentes fratres Raymundum G^i de Fagia, P. Carrerie de Sancto Gaudencio, Bartholomeum de Artigossa, Raymundum de Perusello (1), Dominicum de Nogerio;

7. Petragoris, studentes fratres G^m Jaurelli, Raymundum Rotberti, Stephanum Rochonis, P. Bernardi Brageriacensem, Raymundum de Martino, Deodatum de Plancadis;

8. In Condomio, studentes fratres P. de Bec, G^m de Calasio.

Omnes autem studentes qui in istis actis non sunt nominati revocamus et conventibus ad quorum predicationem pertinent assignamus, sive per acta sive per litteras extiterint assignati.

Ad majorem promotionem (2) naturalium et arcium studiorum, et ad discursus fratrum inutiles evitandos, et ut conventus in quibus studia fuerint in questis et in aliis melius valeant se juvare, de priorum presencium in capitulo et aliorum plurium fratrum discretorum consilio et assensu taliter duximus ordinandum, videlicet ut per duos annos continuos de ipsis studiis lectoribus et auditoribus in conventibus in quibus ipsa studia fuerint assignata permaneant nec alibi assignentur; et si aliquem de lectoribus vel auditoribus quacumque ex causa contigerit amoveri, prior provincialis vel ejus vicarius per se vel cum diffinitoribus capituli provincialis alium seu alios substituat loco ejus; et volumus et ordinamus quod prior provincialis conventus in quibus fuerint studia ab oneribus incarceratorum et aliis sublevet et subportet.

VII. Studia naturalium (3).

Assignamus studia naturalium.

1. Primum (4) studium naturalium ponimus in Caturco, lectorem fratrem Petrum Bruni, auditores vero fratres Geraldum Delereon, B^m Delchier, Jacobum de Fargis, P. de Castro, Peregrinum de Mercatorio, G^m de Morosio, Petrum de Verduno,

---

(1) *Prussello*, ms. 488, f⁰ 64 d.
(2) *Nova ordinatio studiorum*, à la marge.
(3) A la marge.
(4) *Primum*, à la marge.

Petrum de Gardera, Vizianum (1) Figiacensem, B^m de Monte alto, Aymelium, Aycardum.

2. Secundum (2) ponimus in Albia, lectorem fratrem Petrum de Goderiis*, auditores vero fratres Guidonem Rotberti (3), Berengarium Massabovis, G^m Drulha, G^m Galaubi, Arnaldum Aurifila, Petrum Laurencii, Poncium Garini, Amaneum Ferrolli, B^m de Insula, Bonetum Bertrandi.

3. Tercium (4) ponimus in Castris, lectorem G^m Riparie* Carcassonensem, auditores vero fratres Johannem de Ponte Brageriacensem, Vitalem de Galasiano (5), Bernardum de Peragario (6), Raymundum de Peyrola, G^m de Cortallo, Ar^m de Camba cava, Benedictum de Volcasio, Arnaldum Caprerie, B^m Bola, P. de Mo[n]telayco, G^m Boerii, P. Geraldi de Capra.

4. Quartum (7) ponimus in Appamia, lectorem fratrem Arnaldum de Sancto Micaele (8), auditores [f° 412 A] vero fratres Arnaldum de Pontosio, Johannem Ciceronis, Arnaldum G^i de Murello, Aycredum de Crosaco, Raymundum Arnaldi de Lauro, Arnaldum de Bastanes, Petrum Johannis de Bello loco, Raymundum de Rivo, B^m de Podio, G^m Garsie, Bertrandum Galberti.

5. Quintum (9) ponimus in Condomio, lectorem fratrem Arnaldum de Fabricis*, auditores vero fratres Arnaldum de Clauseto, Petrum de Saunaco, B^m Tanayrot, Garsiam Arnaldi de Lana, Petrum de Monte, B^m de Citeraco, Bertrandum de Castagno, Reginaldum Seguini, Raymundum de Frontinhaco, Bartholomeum de Badolio, P. de Exalduno.

VIII. Studia arcium (10).

Assignamus studia arcium :

1. Pro conventibus Baionensi, Orthesiensi, Morlanensi et Sancti

---

(1) *Vivianum*, ms. 488.
(2) *Secundum*, à la marge.
(3) Manque dans le ms. 488.
(4) *Tercium*, à la marge.
(5) *Galasciano*, ms. 488.
(6) *Peyregaris*, ms. 488.
(7) *Quartum*, à la marge.
(8) *Michahele*, ms. 488.
(9) *Quintum*, à la marge.
(10) A la marge.

Severi ponimus studium in Baiona, lectorem fratrem B^m de Vallibus*.

2. Pro conventibus Agenensi, Condomiensi, Lactorensi, Altivillaris ponimus studium in Altovillari, lectorem fratrem Hugonem Jordani (1).

3. Pro conventibus Burdegalensi, Sancti Emiliani, Brageriacensi, Petragoricensi ponimus studium in Brageriaco, lectorem fratrem Guidonem Boniqoti.

4. Pro conventibus Lemovicensi, Sancti Juniani, Brivensi, Caturcensi ponimus studium in Briva, lectorem fratrem Petrum de Pireto*.

5. Pro conventibus Figiacensi, Rutenensi, Albiensi, Montis Albani, ponimus studium in Monte Albano, lectorem fratrem Poncium Aymerici (2).

6. Pro conventibus Tholosano, Castrensi, Carcassonensi, ponimus studium in Carcassona, lectorem fratrem Berengarium Raymundi.

7. Pro conventibus Appamiensi, Rivensi, Sancti Geruncii, Sancti Gaudencii, ponimus studium in Rivis, lectorem fratrem Guillermum Stephani*.

IX. Et ordinamus quod quilibet prior vel ejus vicarius, de consilio lectoris, si presens fuerit, et trium vel quatuor discretorum fratrum, possit mittere duos fratres ad conventum sue combinationis; et sic missi ad conventus ad quos mittuntur pertineant cum ad ipsos conventus pervenerint et non ante. Et inponimus conscienciis priorum et vicariorum et aliorum qui super hoc fuerint requisiti quod mittant fratres in moribus et sciencia magis aptos. Et ne studia naturalium et arcium confundantur, volumus et ordinamus quod nullus prior vel ejus vicarius possit mittere vel recipere aliquem de assignatis studio naturalium vel arcium alibi quam ubi fuerint assignati, nec auditores extra sue combinationis studium possit mittere vel recipere sine prioris provincialis vel ejus vicarii licencia speciali; et ordinamus quod

---

(1) Fr. Hugo Jordani (Jordanis), sous-lecteur au couvent d'Auvillar en 1316 (*Act. cap. prov.*, f° 422 A).

(2) Sous-lecteur à Saint-Emilion en 1317 (*Act. cap. prov.*, f° 425 B).

conventus quibus priorum electio imminebit isto anno, non teneantur studentes in quacumque facultate fuerint in suis electionibus expectare.

De lectoribus (1) etiam naturalium et arcium idem volumus observari.

[F° 412 B] X. Visitatores (2).

Isti visitabunt hoc anno :

1. Conventus Baionensem, Orthesiensem, Morlanensem et Sancti Severi, frater Guillermus Barrati*;

2. Conventus Agenensem, Condomiensem, Lactorensem, Altivillaris, locum Pontis Viridis extra, frater Yterius David;

3. Conventus Burdegalensem, Sancti Emiliani, Brageriacensem, Petragoricensem et locum Sancti Pardulphi extra, frater Raymundus Bernardi de Roseto;

4. Conventus Lemovicensem, Brivensem et Sancti Juniani, Figiacensem, Ruthenensem, frater Guillermus Arnaldi de Tartasio*;

5. Conventus Caturcensem, Montis Albani, Albiensem, Castrensem, frater Bertrandus Fulcodii*;

6. Conventus Tholosanum, Carcassonensem, Appamiensem, Rivensem et Sancti Gaudencii et Sancti Geruncii, Prulianum extra, frater B^{us} de Massaut*.

XI. Ordinationes et admonitiones (3).

Iste sunt ordinationes et admonitiones.

1. Cum frequens confessio sacramentalis multiplicem utilitatem (4) afferat confitenti, volumus et ordinamus quod fratres non sacerdotes bis ad minus confiteantur in qualibet septimana; et super hoc frequenter in capitulo requirantur; et illis qui in conventu inventi fuerint non fecisse, pro qualibet vice obmissa, prima die ad hoc congrua in pane et aqua a tenentibus capitulum imponatur.

2. Item, volumus et ordinamus quod fratres sacerdotes raro celebrantes et raro confitentes teneantur communicare cum fra-

---

(1) *Lectoribus* manque dans le ms. 488, f° 65 b.
(2) A la marge.
(3) A la marge.
(4) *Fructum*, ms. 488, f° 65 c.

tribus juvenibus et conversis, nisi celebraverint illa die; quod si neutrum fecerint, in pane et aqua abstineant in eadem, et super hiis per priores vel eorum loca tenentes cum diligencia observentur.

3. Item, prior provincialis, de consilio diffinitorum, in virtute sancte obedientie precipit omnibus fratribus habentibus libros nigromanticos, experimenta, conjurationes et quecumque scripta supersticiosa, quod infra VIII. dies ab audientia vel notitia hujus precepti, prioribus suis vel eorum loca tenentibus ea tradant, et ipsi priores vel eorum loca tenentes priori provinciali ea tradant quam cito eis fuerit oportunum.

4. Item, cum observancie silencii multum decorent nostri ordinis honestatem, injungimus prioribus universis quod in conventibus suis dent operam efficacem quod silencium in choro, in claustro, in dormitorio maxime de nocte melius solito teneatur. Et ad observandum et ad accusandum in capitulo transgressores, custodes deputent speciales quibus a[c]cusantibus credatur in capitulis; et frangentes dictum silencium ponantur ad terram in refectorio et in capitulo recipiant disciplinam.

5. Item, volumus et districte injungimus quod ordinatio de sequela scolarum facta in capitulo provinciali in Rivis celebrato secundum formam positam ultimo in capitulo Petragoricensi diligencius [f° 413 A] observetur; et fratres qui circa sequelam scolarum, circa studium in cellis et circa collationes faciendas in sextis feriis quas semper temporibus consuetis fieri imponimus, necnon circa omnes quoscumque actus scolasticos per priores vel visitatores suos inventi fuerint necligentes, non fiant predicatores nec confessores; et nichilominus, si fuerint studentes, per visitatores (1) priori provinciali et diffinitoribus sequentis provincialis capituli deferantur et priventur studencium libertate (2).

6. Volumus autem quod studentes nostre provincie Theulogie

---

(1). *Per visitatores* manque dans le ms. 488, f° 65 d.

(2) Ordonnance du chapitre provincial de Rieux de 1308 : « Cum ordo noster ex lumine siencie olim claruit toti modo, et ex hoc prefulserit dono gracie specialis, et nunc, ex incuria fratrum et negligentia prelatorum, studium plurimum sit collapsum, volentes huic pesti efficaci remedio obviare, volumus et ordinamus et districte injungimus quod quilibet prior in conventu suo, de

studio deputati teneantur sequi chorum tempore vacationum; et in questibus et aliis officiis sicut ceteri fratres valeant occupari.

7. Item, inhibemus fratribus universis quod in locis ubi conventum habemus in villa non jaceant, set quacumque hora venerint declinent ad conventum, nec in villa comedant nisi de licencia prelati sui cum illis personis et illis locis de quibus constitutio concedit.

8. Cum ex incauta fratrum juvenum combinatione sepe dehedificatio exteriorum et interdum aliqua scandala et incommoda sint sequta, injungimus prioribus et eorum loca tenentibus quod fratres non sacerdotes notabiliter juvenes et precipue illos qui non bene maturi nec religiosi reputantur simul extra conventum alicubi non combinent.

9. Item, injungit prior provincialis fratribus universis quod exsequtiones testamentorum non recipiant absque prelati sui licencia speciali, quam non concedant absque trium vel quatuor discretorum fratrum consilio et assensu; et si eisdem exsequtio ardua videretur et scandalum seu litigium inde sequi probabiliter timeretur, in eo casu ad priorem provincialem vel ejus vicarium recurratur pro dicta licencia (1) obtinenda.

10. Item, injungimus prioribus et eorum loca tenentibus quod defectus in choro et altari acriter puniant, vigilias in hospicio et in infirmitorio compescant, et fratres infirmos frequenter visitent ac eis de servitoribus et aliis necessariis secundum formam in precedentibus capitulis traditam ac sub eisdem penis ibidem positis provideant diligenter.

11. Item, inhibemus prioribus et eorum loca tenentibus quod fratres ad balnea et de consilio medicine et absque magna necessitate non licencient; et licentiatis assignent socios maturos et securos, quos habeant presentes dum fuerint in balneis et in cibo et [in] aliis servent debitam ordinis honestatem.

consilio supprioris et lectoris, instituat et deputet duos fratres studii zelatores, qui teneantur fratres omnes qui ad scolas non venerint, et ibidem non audierint lectiones, notare, et in proximo capitulo de culpis accusare; et ille qui preest penitentiam imponat cuicumque, qui circa hoc defecerit » (Biblioth. publique de Toulouse, ms. 490 (1, 273), (f° 402 A).

(1) *Licencia*, à la marge.

12. Item, injungimus prioribus et eorum loca tenentibus quod acta precedentis generalis et presentis capituli provincialis semel in quolibet mense (1) legi faciant in conventu; et imponimus eis quod dent operam ad scribendum et ad habendum in conventibus suis librum de actis generalium et provincialium capitulorum, qui noviter est confectus.

[F° 413 B] 13. Item, inhybemus districte ne aliquis prior vel conventus renunciet privilegiis ordinis in aliqua obligatione quam faciat in quacumque curia ecclesiastica vel seculari.

14. Item, imponimus visitatoribus et vicariis pro priore provinciali quod diligenter inquirant in conventibus utrum priores vel loca tenentes predictas ordinationes, monitiones cum exacta diligencia fecerint observari; et quos super hoc invenerint negligentes referant sequenti capitulo generali.

15. Injungimus prioribus et eorum loca tenentibus quod priores provinciales, diffinitores et electores Magistri ordinis et alios fratres aliorum provinciarum venientes ad sequens generale capitulum reverenter, caritative recipiant et pertractent.

XII. Suffragia (2).

Ista sunt suffragia.

1. Pro vivis, pro sanctissimo patre nostro domino Papa ac bono statu ecclesie, quilibet sacerdos III. missas, etc.

2. Ista sunt suffragia pro deffunctis, pro domino Eduardo condam rege Anglie et consorte sua deffunctis, quilibet sacerdos I. missam dicat, etc.

Summa missarum pro vivis XXII. Summa missarum pro deffunctis VII (3).

Item pro qualibet missa superius posita quilibet frater clericus non sacerdos VII. psalmos cum letania, et quilibet conversus C. *Pater noster* cum totidem *Ave, Maria* dicat.

XIII. Iste sunt penitentie.

Fratri Bernardo de Bono fonte (4), quare non visitavit hoc anno, nec priori provinciali in hoc ut debuit acquievit, imponimus ei

---

(1) *Semel in anno*, ms. 488, f° 66 a.
(2) A la marge.
(3) A la marge.
(4) Prieur de Lectoure en 1308. Sa notice plus bas, *Couvent de Lectoure*.

VII. dies in pane et aqua, VII. missas, VII. disciplinas; nec possit esse visitator de duobus annis.

XIV. Concedimus reverendo patri fratri Berengario de Landorra* quod ubicumque et in quocumque statu discedat, fiat pro eo per totam nostram provinciam sicut pro fratre conventuali.

XV. Assignamus studentes in Montepessulano fratres P. Bernardi de Baiona, Heliam de Ferreriis*, Bertrandum Freselli*, Guillermum Vitalem*.

XVI. Electores Magistri ordinis (1).

Electores Magistri ordinis frater Guillermus de Anhanis*, prior Tholosanus, frater B^{us} Guidonis, Inquisitor Tholosanus*.

XVII. Diffinitor capituli generalis (2).

Diffinitor capituli generalis frater Lupus*, prior Baionensis, cui in socium assignamus fratrem B^m de Massant*.

XVIII. Et interdicimus quod fratres ad locum capituli non accedant, nec ad locum Pruliani aut ibi maneant sine provincialis licencia speciali, nec conventus suos exire presumant cum proposito ad capitulum veniendi. Quicumque autem contrarium fecerint ipso facto ad duos annos voce penitus sint privati.

XIX. Assignamus fratres conventui Sancti Juniani fratrem Bartholomeum Lemovicensem et fratrem Johannem de Molendinis* de conventu Brivensi; conventui Sancti Geruncii, fratres Guillermum Ayroerii et Arnaldum de Caslario Appamienses; conventui Sancti Emiliani, fratres Johannem de Riparia* de Sancto Severo, et B^m de Campo Bernardi.

XX. Sentencias judicum approbamus.

(1) A la marge.
(2) A la marge.

X.

22 JUILLET 1314.

CHAPITRE PROVINCIAL D'AUVILLAR.

Biblioth. publique de la ville de Toulouse, ms. 490 (I. 273) — ms. 488 (II, 91) f° 60 b, c, d, f° 71 a, b, c, d, f° 72 a, b.

I. Vicaire de la province et définiteurs. — II. Prieurs relevés de leur charge. — III. Lecteurs de la Bible. — IV. Lecteurs des Sentences. — V. Lecteurs de la Bible et sous-lecteurs. — VI. Etudiants en théologie. — VII. Lecteurs et étudiants de philosophie naturelle. — VIII. Lecteurs des arts. — IX. Lecteurs et étudiants : discipline. — X. Visiteurs. — XI. Admonitions et ordonnances. — XII. Délégués pour fixer les limites des *prédications* de Brives, de Cahors et de Bergerac. — XIII. Suffrages. — XIV. Pénitences. — XV. Etudiants envoyés à Paris et à Montpellier. — XVI. Définiteur au chapitre général. — XVII. Sentences des juges approuvées. — XVIII. Fixation du lieu et de la date du chapitre suivant. Défense à ceux qui n'en sont pas membres de s'y rendre.

[F° 419 A] In nomine Patris, et Filii, et Spiritus Sancti. Amen.

Acta capituli provincialis apud Altumvillare celebrati in festo beate Marie Magdalene (1), anno Domini M° CCC° XIIII°.

I. In isto capitulo fuerunt vicarius provincie fr. Ber. Guidonis*, Inquisitor Tholosanus;

Diffinitores vero :

Frat. Johannes de Faubeto*, prior Castrensis, qui ibidem fuit electus in priorem provincialem;

Frat. Guillermus de Anhanis*;

Frat. Guillermus de Sebelhano*, prior Burdegalensis;

Frat. Hugo de Noalhiis*, lector Lemovicensis (2).

II. Absolutiones (3).

Absolvimus priores Petragoricensem (4), Figiacensem (5), Baio-

---

(1) 22 juillet.
(2) La désignation du vicaire de la province et des définiteurs est à la marge du ms. 490 et manque dans le ms. 488.
(3) A la marge.
(4) Fr. Bertrandus Fulcodii (B. Gui, f° 153 B).
(5) Fr. Bernardus Marchi Figiacensis (B. Gui, f° 175 A).

nensem (1), Appamiensem (2), Sancti Severi (3); et ordinamus quod priores absoluti non resumantur ad idem officium in eisdem conventibus isto anno ac eosdem conventibus ad quorum predicationem pertinent assignamus.

III. Lectores Biblie (4).

Assignamus lectores Biblie :

Carcassone, fratrem B. Bricci*;

Figiaci, fratrem Ar^m de Fabricis*;

In Appamiis, fratrem Guillermum Ripparie*;

Petragoris, fratrem [f° 419 B] Petrum de Oratorio*;

Burdegalis, fratrem Hugonem de Marciaco*.

Et ordinamus quod omnes lectores Biblie semel ad minus disputent in quindena.

IV. Assignamus lectores Sententiarum in studiis Biblie :

Burdegalis, fratrem Aymericum de Morlhone*;

Carcassone, fratrem Paulum de Alanhano*;

Figiaci, fratrem Guillermum de Garrico* (5);

Petragoris, fratrem Adzemarium Arnaldi (6);

In Appamiis, fratrem Raymundum Barta* (7).

V. Lectores Theologie (8).

Assignamus lectores Theologie [et sublectores] :

1. Condomii, fratrem Hugonem de Monte Esquivo*;

Conventui Orthesiensi, fratrem Durandum Honorati*;

Conventui Castrensi, fratrem Fortanerium de Petra longa*;

Conventui Albiensi, fratrem Hugonem de Sancto Marciale*;

Conventui Brivensi, fratrem Petrum Bruni*;

Conventui Brageriacensi, fratrem Vitalem de Fontibus orbis*;

Conventui Sancti Emiliani, fratrem Rotbertum de Solminhaco* (9);

---

(1) Fr. Johannes de Garrossio (B. Gui, f° 139 B).
(2) Er. Raymundus Sancii (B. Gui, f° 205 B).
(3) Fr. Johannes Riparie (B. Gui, f° 223 A).
(4) A la marge.
(5) Appelé ailleurs *Guillermus Garrici*.
(6) Sous-lecteur à Bergerac en 1309 (*Act. cap. prov.*, f° 404 B).
(7) La désignation des lecteurs des Sentences manque dans le ms. 488.
(8) A la marge.
(9) *Solmiaco*, ms. 488, f° 70 b.

Conventui Sancti Severi, fratrem Ar^m G^l de Bedere[t]o*;
Conventui Morlanensi, fratrem Guillermum de Castro*;
Conventui Montis Albani, fratrem Helyam de Ferrariis*;
Conventui Rivensi, fratrem Durandum de Portello*;
Conventui Sancti Gaudencii, fratrem Jordanum de Miro monte*.

2. Sublectores (1).

Assignamus ad secundam lectionem :
Baione, fratrem Jacobum de Monte acuto*;
In Orthesio, fratrem Petrum de Rama*;
In Morlanis, fratrem B^m de Cerone;
In Sancto Severo, fratrem Aymericum de Rovinhano*;
In Rivis, fratrem P. Rigaudi (2);
In Condomio, fratrem Petrum de Tholosa*;
In Altovillari, fratrem Guillermum Maurelli* (3);
In Agenno, fratrem Raymundum Adzemarii (4);
Albie, fratrem Maurandum* (5);
In Sancto Emiliano, fratrem Ar^m de Ordelhano*;
In Lectora, fratrem Guillermum de Bareto (6);
In Briva, fratrem B^m de Auriaco;
Brageriaci, fratrem Ar^m Vigerii*;
Lemovicis, fratrem G^m de Podanhs*;
In Ruthena, fratrem Vitalem de Reganhaco (7).

(1) A la marge.
(2) Il ne faut pas confondre ce religieux avec trois autres du même nom : *Johannes Rigordi*, mort à Montpellier en 1275 (*Act. cap. prov.*, f° 321 B); *Johannes Rigaudi*, visiteur des couvents de Périgueux, Bordeaux et Cahors en 1253 (*Ib.*, f° 289 A); *Johannes Rigaldi*, prieur du couvent de Brives de 1289 à 1290 (B. Gui, *Prior in conv. Brivensi*, f° 195 A).

(3) Les actes des chapitres provinciaux signalent trois autres religieux du nom de Maurel, B[ernard] Maurel de Castres, Gérauld et Raymond. — Voyez leurs notices.

(4) Sous-lecteur au couvent de Montauban en 1315 (ms. 488, f° 72 c).

(5) Les actes des chapitres provinciaux signalent trois autres religieux du nom de Maurand : 1° *Andricus Maurandi*, sous-lecteur au couvent de Narbonne en 1297 (f° 371 A), et lecteur de théologie au couvent d'Albi en 1302 (f° 383 A); — 2° Fr. *Bertrandus Maurandi*, sous-lecteur au couvent de Marciac en 1329 (f° 456 B), étudiant à Montpellier en 1331 (f° 464 A); — 3° *R. Maurandi*, lecteur de logique au couvent d'Agen en 1288 (f° 347 B).

(6) Lecteur des Sentences au couvent de Périgueux en 1315 (ms. 488, f° 72 c).

(7) Prieur du couvent de Cahors de 1323 à 1325 (B. Gui, *Prior. in conv. Caturc.*, f° 144 A.)

VI. Studentes Theologie (1).

Assignamus studentes in Theologia :

1. Tholose, fratres Sycardum de Albina, Guillermum Stephani, Stephanum Barravi, R^m Grima, Arnaldum Petri, Poncium Aymerici, B^m Capreoli, B^m Radulphi, Garsiam Ar. de Salinis, B^m Mercurii, Amelium Hugonis, P. de Saunaco, Guillermum Vitalem, P. de Casellis, Guillermum de Cortallo, Hugonem Jordanis, Fortanerium de Salis, Amanevum Ferreoli, B^m de Monte alto, Guidonem de Ventodoro, Johannem de Rivis, B^m de Gaurano Lectorensem, Johannem de Domo, Guidonem Rotberti, P. de Pireto, B^m de Bisocio, Bartholomeum de Baro;

2. Burdegalis, fratres Bartholomeum de Orto, Jordanum Reginaldi, Guidonem Bosquoti, Stephanum Rochonis, W. Galaubi, Hugonem Massa bovis, B^m de Susone, Petrum de Monte, Martinum, G^m Boerii, P. de Verduno, Amalvinum de Sancto Genesio, B. Bola, B. de Canayrol, Petrum Regis, Bartholomeum Gavaldani (2), B. Delchier, Bertrandum de Castanno [f° 420 A], B. de Seseraco, Augerium de Ferris;

3. Carcassone, fratres G^m Radulphi, R^m Andree, R^m de Lussano, Raymundum de Periola (3), B^m de Insula, Jo. de Ponte, Augerium de Salsinhano, P. de Trulacio (4);

4. Lemovicis, fratres Johannem Lachiesa, B. de Mortua Gutta, Helyam de Ronchonio, P. de Exalduno, P. Molina, Bartholomeum Lemovicensem, Benedictum Ruthenensem, Hugonem Peregrini;

5. Caturci, fratres Vivianum Figiacensem, Raterium de Scayraco, Bertrandum Galiberti, Johannem Fabri Figiacensem, Jacobum de Fargia, R^m de Frontinhaco;

6. Agenni, fratres Vitalem de Galaciano, G^m de Morosio, Nicholaum de Furno, Navarrum, P. de Castro, R^m Arnaldi de Larro, Aycredum Appamiensem;

7. Albie, fratres P. Revelhini, B. de Ramada;

8. Petragoris, fratres R^m Rotberti, Rotbertum Manhani, R^m de

---

(1) A la marge.
(2) *Gavaudani*, ms. 488.
(3) *Peyrola* dans le ms. 488.
(4) *Trulhassio* dans le ms. 488.

Martino, Helyam Talhaferri, Jacobum Blanchi, P. de Gardia, G^m Jaurelli;

9. Condomii, fratres Dominicum de Valetica, Johannem Assini, Johannem de Lassus;

10. In Appamiis, fratres B^m Martini, Ar^m Jolevi, G^m Garsie, Poncium de Bovilars;

11. Figiaci, fratres Aycardum, Johannem Ciceronis, Johannem Tamanh, P. Ar^{dl} de Lana, G^m Amorosii;

12. Brageriaci, fratres G^m de Pupe, Ar^m Olerii;

13. Baione, fratres P. Guirandi, Ar^m G^l de Murello, P. Carrerie, Johannem de Guerra Baionensem, P. de Medos;

14. In Castris, fratres B. de Viridario, Sycardum Papalis, B. de Vallibus;

15. In Rivis, fratres P. de Monte Layco, Gr. Lucii;

16. In Monte Albano, fratres Johannnem de Lescoth, R. Pelaterii, Raymundum de Bessa Brivensem.

VII. Studia naturalium (1).

1. Assignamus studio naturarium Carcassonensium lectorem fratrem Deodatum Engisberti* (2), auditores fratres P. Assalhiti, Johannem Manenti, Poncium Ar^{dl}, Aymericum de Magriano, B. de Nava, R. Grassi, P. Dominici, Ar^m Babonis (3), Jo. Begonis, B. Sabaterii, P. Aycredi, Guillermum de Bordis, Guillermum de Castellione, P. Sartoris, Johannem Arezati.

2. Assignamus studio naturarum Altivillaris auditores fratres Guillermum de Podio, Poncium Fabri, Bertrandum de Garrigis, B. de Biraco, P. Laurencii, Guillermum Adalberti, Bartholomeum Adalberti, Brunum, Guillermum de Podio Sabone, P. Benedicti et Petrum Medici, Petrum Johannis Rivensem, R. Ferrerii, Guillermum Borrelli, Bertrandum de Sancto Michaele, Guillermum Baconis, Johannem de Samadello.

3. Assignamus studio naturarum Agennensium lectorem fratrem P. de Podio*, auditores fratres Reginaldum Seguini, Johannem de Fargili, Vitalem de Favariis, B. de Monte Aynerio, Dominicum

---

(1) A la marge.
(2) *Enjalberti*, ms. 488.
(3) *Babonis*, ms. 488.

de Viridario, B. Aybrandi, G^m de Pomayreto, Jordanem de Castello, Raymundum de Vineis, R. G^i de Campo, Guillermum Aurivelerii, Durandum [f° 420 B] Vaysserie, Bartholomeum de Rusano, Germanum Fabri.

4. Assignamus studio naturarum Condomiensium auditores fratres Dominicum Bessa, P. de Loberciaco, W. de Masuncle, Reginaldum Boneti, Bertrandum Moreti, Raymundum Ayrini, Stephanum Joculatoris, Germanum Cardona, W. Boafalli et Johannem Salomonis, Sancium de Rivo, B. Capas, Michaelem Labelha (1).

5. Assignamus studio naturarum in Petragora lectorem fratrem Galhardum de Poieto* (2), auditores fratres Petrum de Grandi monte, P. de Dispensatorio, Gr. de Mosyaco, Gr. Berionis, Bertrandum de Poymaco, Gr. Daumar, Ar^m de Fossa bona, Rotbertum de Monte Magdalo, Johannem de Yrissano, Gaubertum de Rossilione, Guillormonem Caturcensem, P. Bachalarii, Yterium Guarrelli.

6. Assignamus studio naturarum in Baiona (3) auditores fratres B^m de Biaudos, B^m de Bisone, Garsiam de Barta, Ar^m de Lana, P. de Garlino, Ar^m de Orto, Ar^m Caprarie, P. de Sequares, Guillermum de Gardague, Vitalem de Lemio, P. de Rupe forti.

VIII. Studia arcium (4).

Assiguamus studio arcium:

1. In Orthesio, lectorem fratrem Peregrinum* Baionensem;

2. Item, studio arcium in Lactora, lectorem fratrem Bertrandum Boerii*;

3. Item, studio arcium Sancti Emiliani, fratrem Bartholomeum de Badolio*;

4. Item, studio arcium in Caturco, lectorem fratrem B^m de Podio*;

---

(1) *Labieia*, ms. 488.
(2) Autre que fr. P. de Poieto.
(3) Quand le lecteur n'était pas désigné comme ici pour Bayonne, Condom et Auvillar, c'est que le lecteur désigné l'année précédente était maintenu : Bayonne lecteur fr. Bertrand Frezelli, Condom fr. Audibert, Auvillar fr. P. Gascon (*Act. cap. prov.*, f° 418 A).
(4) A la marge.

5. Item, studio arcium in Albia, lectorem fratrem Petrum Guidonis*;

6. Item, studio arcium in Sancto Gaudencio, lectorem fratrem Petrum de Valenchinis*;

7. Item, studio arcium in Appamia, lectorem fratrem P. Furnerii*.

IX. 1. Et volumus et ordinamus, quod forma et modus mittendi et recipiendi studentes ad studia arcium secundum combinationem conventuum in actis anni preteriti positis, in omnibus observe[n]tur.

2. Volumus et ordinamus, quod conventus in quibus electio priorum hoc anno fuerit facienda non teneantur in suis electionibus vocare nec expectare studente[s] in quacumque fuerint facultate isto anno assignati.

3. De lectoribus etiam naturarum et arcium idem volumus observari.

4. Item, volumus et ordinamus, quod si in studiis naturarum vel arcium aliqui inventi fuerint turbatores pacis seu delatores verborum vel alias insolentes, per priorem, in cujus conventu studium fuerit, de consilio [sub]prioris, lectoris et duorum fratrum discretorum, ad conventus de quorum predicatione fuerint, remittantur.

5. Omnes autem fratres quibuscumque studiis seu lectionibus deputatos, si[ve] per acta sive per litteras fuerint assignati, qui in hiis actis non assignantur, conventibus ad quorum predicationis terminos pertinent assignamus.

X. Visitatores (1).

Isti visitabunt hoc anno:

1. Conventus Baionensem, Orthesiensem Morlanensem, Sancti Severi, frater Jordanus de Castro novo*;

2. Conventus Agennensem, Condomiensem, Lectorensem, Altivillaris, locum Pontis Viridis [f° 421 A] extra, frater Aymericus de Villameria Castrensis;

3. Conventus Burdegalensem, Sancti Emiliani, Brageriacensem, Petragoricensem, locum Sancti Pardulphi extra, frater R. Sancii*;

(1) A la marge.

4. Conventus Lemovicensem, Sancti Juniani, Brivensem, Figiacensem, Ruthenensem, frater Johannes Ripparie*;

5. Conventus Caturcensem, Montis Albani, Albiensem, Catrensem, frater Guillermus Boeti (1);

6. Conventus Tholosanum, Carcassonensem, Appamiensem, Rivensem, Sancti Gaudencii, Sancti Geruncii et Prulianum extra, frater B. Ripparie* Brivensis.

Et volumus et ordinamus quod predicti visitatores infra festum Penthecostes visitationes suas compleant isto anno.

XI. Ordinationes et admonitiones (2).

Iste sunt ordinationes et admonitiones.

1. Volumus et ordinamus quod quicumque inventi fuerint delatores verborum aut pacis turbatores aut seminatores discordie vel etiam diffamati de predictis a pluribus fide dignis, quod per priorem provincialem vel ejus vicarium voce et omnibus graciis ac officiis ordinis priventur et de conventu suo amoveantur in penam, et alibi assignentur.

2. Idem volumus fieri de hiis qui ad parietem seu ad aurem obloquntur seu detrahunt vel diffamant vel inproperia seu opprobria dicunt, si per tres fratres fide dignos, quamvis sint singulares, probatum fuerit contra tales.

3. Item, volumus et ordinamus ac districte injungimus quod conventus qui non habent carceres infra quadragesimam eosdem bonos et securos facere teneantur; qui vero non fecerint, priores absolvantur in penam in provinciali capitulo subsequenti.

4. Item, quod visitatores deducantur de conventu ad conventum, et pecuniam non petant nec recipiant a conventibus quos visitabunt nec equitent sine causa rationabili et urgenti.

5. Item, inhybemus ne in dormitorio, nec in infirmitorio, nec in domo hospitum linteamina aliquatenus teneantur.

6. Item, quod dies tractatus non anticipent notabiliter ante tempus capituli sine causa rationabili et evidenti.

7. Item, in receptione noviciorum, priores vel eorum vicarii

---

(1) En 1319, visiteur des couvents de Toulouse, Carcassonne, Pamiers, et du monastère de Prouilles, *extra* (*Act. cap. prov.*, f° 432 B).

(2) A la marge.

antequam proponant in communi conferant cum senioribus de eisdem.

8. Item, cum ex nimia priorum ac fratrum absentatione seu subtractione a communibus locis extra refectorium laxata frequencia, necnon et negligencia circa ordinationes capitulorum ac regularia instituta, in animarum suarum prejudicium et scandalum plurimorum ordo noster nimium relaxetur, ordinamus quod priores qui circa hec inventi fuerint notabiliter excessisse absolvantur in penam ab officio prioratus; et fratres alii circa hec delinquentes ab ipsis conventibus per priorem provincialem mutentur et alibi assignentur.

9. Item, inhybemus et districte injungimus ne festa fiant a fratribus quibuscumque studiis deputatis, ne a prioribus fieri permittantur in principiis aut terminatione lectionum seu in responsionibus vel terminationibus [f° 421 B] questionum vel in sermonibus qui sunt ad clerum, cum ista dissolutionem inducant et sint contraria statui paupertatis et ordinis honestati.

10. Item, hospicium et infirmitorium amplius solito restringantur.

11. Et de premissis per priorem provincialem et visitatores cum exacta diligencia inquiratur et transgressores severius puniantur.

XII. Limitatores (1).

Damus et facimus limitatores inter conventum Brivensem ex una parte et conventum Caturcensem ex altera, item inter conventum Caturcensem ex una parte et conventum Brageriacensem ex altera, fratres Bertrandum Fulcodii* at Petrum Calverie, quibus damus plenariam potestatem limitandi; et districte injungimus eis quod citra festam Omnium Sanctorum accedant ad limitandum inter predictos conventus; et volumus quod predicti conventus provideant dictis limitatoribus de expensis.

XIII. Suffragia (2).

Ista sunt suffragia.

1. Pro vivis, pro creatione Summi Pontificis ac bono statu universalis ecclesie quilibet sacerdos I. missam. Item, pro venerabilibus patribus domino Nicholao Hostiensi ac Velletrensi episcopo et

---

(1) A la marge.
(2) A la marge.

domino Nicholao tituli Sancti Eusebii presbitero cardinali et venerabili collegio dominorum Cardinalium quilibet sacerdos I. missam. Item, pro domino Guillermo Petri tituli Sancte Cecilie presbitero Cardinali quilibet sacerdos I. missam (1) etc.

2. Ista sunt suffragia pro defunctis, pro sanctissimo Patre Domino Clemente Papa V defuncto quilibet sacerdos I. missam. Item, pro domino Arnaldo de Cantalupo, quondam presbitero cardinali, quilibet sacerdos I. missam, etc. (2).

Pro qualibet missa superius posita quilibet frater clericus non sacerdos VII. psalmos cum letania et quilibet convertus c. *Pater noster*, cum totidem *Ave, Maria* dicant.

XIV. Denunciamus usque ad biennium voce privatos illos qui venerunt ad capitulum provinciale sine licentia vel appropinquaverunt loco capituli; nec credatur alicui de restitutione vocis, nisi per litteras prioris provincialis facerent plenam fidem.

XV. Studentes Parisius (3).

Assignamus studentes Parisius fratrem Geraldum de Ponte* Brageriacensem et fratrem Guillermum Dulsini*.

Item, assignamus studentes in Montepessulano fratres R. Ar^i de Villario, Poncium Garini (4), Petrum de Martello*.

XVI. Diffinitor. (5).

Diffinitor capituli generalis frater Guillermus de Anhanis* cui socium assignamus fratrem P. Raymundi Assalhiti*.

XVII. Sentencias judicum approbamus.

XVIII. Assignatio capituli (6).

1. Sequens provinciale capitulum assignamus in conventu Sancti Emiliani in octabis apostolorum Petri et Pauli; fratres autem non

---

(1) *Summa missarum pro vivis XV*, à la marge.
(2) *Summa missarum pro defunctis VI*, à la marge.
(3) A la marge.
(4) Je trouve quatre autres frères prêcheurs de ce nom : 1. Fr. *Garinus gallicus*, présent à un acte de donation de Raoul, évêque de Carcassonne, au couvent de cette ville (B. Gui, f° 155 B), meurt à Carcassonne en 1268 (*Act. cap.* f° 306 A). — 2. Fr. *Garinus prov., gallicus*, dix-huitième général de l'Ordre, 1346-1347 (Cont. de B. Gui, f° 62 A. — 3. Fr. *Ber. Garini.* — 4. Fr. *Guillermus Garini.* Voyez la notice de ces deux derniers.
(5) A la marge.
(6) A la marge.

intrent locum capituli usque ad diem immediate precedentem diem. [f° 422 A] octabarum dicti festi.

2. Inhybemus autem districte ne aliquis frater ad capitulum provinciale non pertinens ad ipsum capitulum veniat sine licencia speciali, nec loco capituli appropinquet, nec cum proposito veniendi ad capitulum de conventu suo recedat; quicumque vero contrarium fecerint, ipso facto usque ad duos annos voce penitus sint privati.

XI.

6 juillet 1315.

CHAPITRE PROVINCIAL DE SAINT-ÉMILION.

Biblioth. publique de la ville de Toulouse, ms. 488 (II, 91).

I. Prieurs relevés de leur charge. — II. Lecteurs de la Bible. — III. Lecteurs de théologie. — IV. Lecteurs des Sentences. — V. Sous-lecteurs. — VI. Étudiants en théologie. — VII. Lecteurs de philosophie naturelle. — VIII. Lecteurs des arts. — IX. Étudiants et études : dispositions diverses. — X. Visiteurs. — XI. Monitions et ordonnances. — XII. Pénitences. — XIII. Suffrages. — XIV. Prédicateurs généraux. — XV. Pénitences. — XVI. Étudiants envoyés à Montpellier et à Oxford. — XVII. *Socius* du provincial au chapitre général. — XVIII. Sentences des juges approuvées. — XIX. Fixation du lieu et de la date du chapitre suivant : défense de s'y rendre à ceux qui n'en sont point membres.

[F° 72 b] In nomine Patris, et Filii, et Spiritus Sancti. Amen.

Acta capituli provincialis apud Sanctum Emilianum celebrati in octabis apostolorum Petri et Pauli (1), anno Domini M° CCC° XV° (2).

I. Absolvimus priores Sancti Severi (3), Sancti Emiliani (4), Montis Albani (5), Caturcensem (6), Carcassonensem (7), Baio-

---

(1) 29 juin.
(2) Les actes de ce chapitre manquent dans le ms. 490.
(3) Fr. Odo de Ossuno (B. Gui, f° 223 A).
(4) Fr. Guillermus Barrati (B. Gui, f° 202 B).
(5) Fr. Raymundus Maurelli (B. Gui, f° 171 B).
(6) Fr. Bernardus de Massaut (B. Gui, f° 144 A).
(7) Fr. Guillermus Seguerii (B. Gui, f° 159 A).

nensem (1), Brageriacensem (2), Condomiensem (3), Agennensem (4), Burdegalensem (5), Appamiensem (6), Tholosanum (7); et ordinamus quod priores absoluti non resumantur ad idem officium in eisdem conventibus isto anno.

II. Assignamus lectores ad legendam Bibliam biblice :

Burdegalis, fratrem Hugonem de Marciaco*;

Carcassone, fratrem Jacobum de Concossio*;

Figiaci, fratrem B. de Maloduno*;

Petragoris, [fratrem] Hugonem de Sancto Marciali*.

Et ordinamus quod isti lectores bis disputent quolibet anno de quolibet, et semel ad minus in quindena aliquam questionem.

III. Assignamus lectores Teologie :

Conventui Ruthenensi, fratrem Arnaldum de Sancto Michaele*;

Conventui Albiensi, fratrem W^{um} de Belafar*;

Conventui Caturcensi, fratrem W^{um} Durandi*;

Conventui Agennii, fratrem W^{um} de Peralto*;

Conventui Baionensi, fratrem Bertrandum Pellicerii*;

Conventui Brivensi, fratrem Audebertum*;

Conventui Condomiensi, fratrem Poncium de Bresis*;

In Monte Albano, fratrem W^{um} Alsevi*;

In Sancto Gaudencio, fratrem Ademarium Arnaldi*;

[F° 72 c] In Sancto Severo, lectorem fratrem B. de Condomio*;

In Sancto Emiliano, fratrem Poncium de Foysaco*.

IV. Assignamus ad legendum Sentencias :

Burdegalis, fratrem Paulum de Alanhano*;

Carcassone, fratrem Sicardum de Albinus (*Albmus*) (8);

Figiaci, fratrem Deodatum Mogerii*;

Petragoris, fratrem G. de Bareto*.

---

(1) Fr. Johannes de Teyssoneriis (B. Gui, f° 139 B).
(2) Fr. Aymericus de Miramonte (B. Gui, f° 199 B).
(3) Fr. Bernardus de Biausano (B. Gui, f° 191 A).
(4) Fr. Guillermus Aurelie (B. Gui, f° 163 A).
(5) Fr. Guillermus de Sebelhano (B. Gui, f° 148 B).
(6) Fr. Dominicus de Monte Totino (B. Gui, f° 205 B).
(7) Fr. Raymundus Bequini (B. Gui, f° 122 A).
(8) Lecteur de théologie au couvent de Lectoure en 1318 (f° 429 A).

V. Assignamus ad secundam lectionem :

Caturci, fratrem G. de Podans* ;

Condomii, fratrem Johannem de Domo (1);

Baione, fratrem Guarsiam Arnaldi de Salinis ;

Agenni, fratrem P. de Rama* ;

In Monte Albano, fratrem R^{um} Ademarii* ;

Albie, fratrem P. de Frontinhaco* ;

Lemovicis, fratrem B. Capreoli (2) ;

In Orthesio, fratrem B. de Bisossio (3) ;

In Appamia, fratrem Sicardum Gosini ;

In Castris, fratrem W. Stephani (4);

Brageriaci, fratrem Stephanum Barravi (5) ;

In Ruthena, fratrem G. Maurelli*.

(1) En 1325, visiteur des couvents de Pamiers, Rieux, Saint-Gaudens et Saint-Girons (f° 447 A).

(2) Lecteur des Sentences au couvent de Limoges en 1316 (f° 422 A), de Théologie à celui de Bergerac en 1326 (f° 449 A).

(3) Je trouve un autre frère prêcheur, Jean *de Bizossio*, prédicateur général en 1326 (*Act. cap. prov.*, f° 450 A).

(4) Voyez dans les *Notices*, la notice de deux frères prêcheurs de ce nom, Guillaume Etienne, et Pierre Etienne de Limoges. Je signale ici quelques autres frères de ce nom : 1. *Fr. Stephanus Bisuntinus*, Maître général de l'ordre, accepte la maison de Saint-Pardoux, *dominica in Ramis*, à Paris, 1293 (B. Gui, f° 246 B). — 2. *Fr. Bernardus Stephani Caturcensis ;* visiteur en 1262 (*Act. cap. prov.*, f° 297 B), en 1269, en 1270 (*ibid.*, f° 307 B, f° 310 A), en 1275 (*ibid.*, f° 320 A), en 1286 (*ibid.*, f° 343 A) ; prieur de Montauban, 1278-1283 (B. Gui, f° 170 A), de Cahors, de 1268 à 1270, puis de 1275 à 1278, et de 1282 à 1285 (B. Gui, f° 142 B, f° 143 A) ; meurt à Cahors en 1298 (B. Gui, f° 170 A). — 3. *Fr. Bernardus Stephani de Montepessulano*; visiteur en 1275 (*Act. cap. prov.*, f° 320 A), prieur de Castres, 1270-1272 (B. Gui, f° 184 A) ; meurt à Montpellier en 1289, (*ibid.*) — 4. *Fr. Jo[hannes] Stephani,* visiteur en 1329 (*Act. cap. prov.*, f° 458 B). — 5. *Fr. Raymundus Stephani*, lecteur de philosophie naturelle à Pamiers en 1340 (*Act. cap. prov.*, f° 491 A), de théologie à Limoux en 1341 (*ibid.*, f° 494 B). — 6. *Fr. Stephanus, dictus Alvernhatus*, provincial de la première province de Provence, meurt à Béziers en 1250 (B. Gui, f° 67 A).

(5) Je trouve plusieurs frères prêcheurs de ce nom ; je les signale : 1. *Fr. Ar[naldus] Barravi*, lecteur des arts à Alais, en 1273 (*Act. cap. prov.*, f° 315 B). — 2. *Fr. R[aymundus] Barravi*, prédicateur général en 1277 (*ibid.*, f° 324 A), visiteur en 1280 (*ibid.*, f° 330 B). — 3. *Fr. Bernardus Barravi Carcassonensis*, prieur du couvent de Milhau en 1286 ; meurt avant d'y aller (B. Gui, f° 260 B). — 4. *Fr. R. Barravi*, sous-lecteur au couvent de Saint-Emilion en 1330 (*Act. cap. prov.*, f° 459 A), lecteur de philosophie naturelle à Bergerac en 1335 (*ibid.*, f° 474 B). — 5. *Fr. Helyas Barravi Petragoricensis*, sous-lecteur au couvent de Rodez en 1325 (*Act. cap. prov.*, ms. 488, f° 87 c).

VI. Assignamus studentes in Theologia :

1. Tolhose, fratres P. de Tolosa, Johannem Fabri Caturcensem, Arnaldum de Rivis, Jacobum de Monte acuto, P. Vasconis, Bertrandum Freselli, Poncium Aymerici, B. Redulfi, B. Mercerii, Aymelium Hugonis, P. de Saunaco, W^{um} de Cortallo, Hugonem Jordanis, Fortanerium de Sal[t], Amanevum Ferreoli, B. de Monte alto, Johannem de Rivis, Guidonem Rotberti, P. de Pireto, Bartholomeum de Baro, Bertrandum de Castanno, B. de Vallibus, P. de Troghacio ;

2. Burdegalis, fratres Jordanum Reginaldi, Guidonem Boscoti, W^{um} Gualauberii, G. Adlana (?), P. de Monte, W. Boerii, P. de Berduno, B^m Bola, B. de Tanayrort, P. Regis, Bartolomeum de Valdari, B. de la Chia, B. de Cesseraco, Vitalem de Fabbariis, G. Barionis, Johannem de Ponte, Martinum, Bibianum Figiacensem, P. de Guarderia, B. Guarrige, P. de Leberciaco, Sicardum Caturcensem, Reginaldum Seguini ;

3. Lemovicis, fratres Heliam de Ranconio, Johannem Chesa, P. Molma, Johannem Cepie, Bartholomeum, P. de Monte acuto ;

4. Carcassone, fratres B. de Podio, P. Jo. de Belloloco, P. Aysaliti, P. Ar. de Lanta [f° 72 d], Sicardum Papalem, Durandum Bayserie, Laurencium de Engressa, P. de Castro, Benedictum Ruthene[nsem], B. de Pontosio, B. de Vidario ;

5. Caturci, fratres Raterium de Scayraco, B. Guiliberti, Johannem Fabri Figiacensem, Jacobum de Fargia, Johannem Ciceronis, B. de Susone, R^m W^i de Larro, B. Ramada, Bertrandum de Bonofossio, Heliam de Calasels, B. de Biodos ;

6. Agenni, fratres Nicholaum de Furno, Jo. de Lassus, B. de Biraco, Jo. Aysivi, Ar. de Foysabon Navarrum ;

7. Condomii, fratres Augerium de Ferris, G. de Mosuncles, P. de Bec, P. de Sancto Stephano ;

8. Albie, fratres Philippum Tireni, P. Fabri Castrensem ;

9. Castris, fratres R. Ferrerii, R. W^i de Fagia ;

10. Petragoris, fratres R. Rotberti, Rotbertum de Comuhani, R. Martini, Heliam Talhafer, B. de Guardia, W. P. de Dispensatorio, Petrum Garrelli ;

11. In Monte Albano, fratres Johannem de Lesceth, R. Pelhacerii, B. de Podio, P. Carrerie ;

12. Figiaci, fratrem Laurencium Fabri;

13. Baione, fratres B. W[1] de Campo, Johannem de Fierra;

14. In Appamia, fratrem B. Ebrandi, W. Adauberti, P. de Exoduno, P. Dominici Carcassonensem;

15. Ruthene, W. G., W. Adaberti.

VII. Assignamus studia naturarum :

1. Primum ponimus in Castris, lectorem fratrem R. de Duro forti*; auditores, fratres Johannem Begonis, W. Vaconis, Michaelem de Labegha, W[m] Aurivillerii, Bertrandum de Sancto Michaele, Poncium Fabri, W. de Podio Sabone, P. Benedicti, P. Medici;

2. Secundum ponimus in Albia, lectorem fratrem Deodatum Ageberti*; auditores, fratres P. Sartoris, Bertrandum de Albigesio, Favarium, W. de Bello podio, Johannem Arraisati, Hugonem Cadelli, Bertrandum Moreti, Ademarium W[i], W. de Castilione;

3. Tercium ponimus in Sancto Guaudencio, lectorem fratrem Yordanum de Miromonte*; auditores, fratres S. de Rivo, Bartholomeum de Anissano, Johannem de Goghane, Germanum Fabri, Poncium Arnaldi, Ar[dum] Caparie, Bartolomeum Adauberti, B. de Scalio, Jordanum de Castello;

4. Quartum ponimus in Carcassona, lectorem fratrem Gualhardum de Pogeto* [f° 73 a]; auditores, fratres R. Grassi, Johannem Manenti, B. Sabaterii, Aymericum de Magriano, Ar. Baboni, W. Bordis, Roggerium Carrerie, W. Vital, W. Borrelli, G. Guayraldi, Dominicum Besa;

5. Quintum ponimus Caturci, lectorem fratrem Maurandum*; auditores, fratres W. de Lacu, Guaubertum de Rochillone, Johannem Jordanis, P. Bertrandi, Hectorem de Leverone, Matheum Costa, Rigualdum Boneti, Radulphum Capre, Ar. Auterii;

6. Sextum ponimus in Condomio, lectorem fratrem P. de Podio*; auditores, fratres Bertrandum Dansost, G. de Fageto longuo, Martinum de Monte tasserio, B. de Solariis, Stephanum de Monte Laudino, Johannem de Consilio, W. de Plantagiis, B. de Sensaco, R. de Feno, Vitalem de Lemio, R. Ayrini;

7. Septimum ponimus in Sancto Emiliano, lectorem fratrem Ar. de Orthelhano*; auditores, fratres Brunum Johannem Salomonis, Guarnerium, R. de Gumhano, Ar. Sancii, Johannem de Arissano, P. de Senseres;

8. Octavum ponimus in Monte Albano, lectorem fratrem Rotbertum de Saluinhaco; auditores, fratrem Germanum Cardonis, Stephanum Joculatoris, Johannem de Solano, B. Capas, Heliam Ar[naldi], W. de Pomareto, P. de Rupe forti, Bertrandum Molas, Ar. de Orto;

9. Nonum ponimus Petragoris, lectorem fratrem W. Guarrici*; auditores, fratres G. de Moysiaco, Heliam de Quinsiaco, P. de Buxo, P. de Poymac[o], G. de Dormar, P. de Brelhaco, B. de Sancto Paulo, W. de Nouiliato, G. de Layron, P. Aycredi, W. B.

VIII. Assignamus studia arcium :

1. Pro conventibus Baionensi, Orthosiensi, ponimus studium in Baiona; lectorem, fratrem G. de Barta*;

2. Pro conventibus Morlanensi, Sancti Severi, ponimus studium in Morlanis; lectorem, fratrem W. de Guardagua*;

3. Pro conventibus Burdegalensi [f° 73 b], Agennensi, Condomiensi, ponimus studium in Agenno; lectorem, fratrem Johannem de Farguili*;

4. Pro conventibus Altivillaris et Lectorensi, ponimus studium in Altovillari; lectorem, fratrem B. de Monte Anerio*;

5. Pro conventibus Tolhose, Appamiensi, Rivensi, ponimus studium in Appamia; lectorem, fratrem P. Guidonis*;

6. Pro conventibus Carcassonensi, Sancti Gaudencii et Sancti Geruncii, ponimus studium in Sancto Geruncio; lectorem, fratrem B. Navas;

7. Pro conventibus Castrensi, Albiensi, Ruthenensi, ponimus studium in Ruthena; lectorem, fratrem W. de Podio;

8. Pro conventibus Caturcensi, Montis Albani, Figiacensi, ponimus studium in Figiaco; lectorem, fratrem P. de Valentinis*;

9. Pro conventibus Petragoricensi, Brageriacensi, Sancti Emiliani, ponimus studium in Brageriaco; lectorem, fratrem Bartholomeum de Bodolio;

10. Pro conventibus Lemovicensi, Brivensi, Sancti Giniani, ponimus studium in Lemovica; lectorem, fratrem P. de Grandimonte.

IX. 1. Et ordinamus quod quilibet prior vel vicarius, de consilio lectoris, si presens fuerit, et trium vel quatuor discretorum fratrum, possint mittere tres fratres ad conventum sue combinationis, conventus vero Tholosanus quatuor; et sic missi ad conventus ad quos mittuntur pertineant cum ad ipsos pervenerint et non ante; et imponimus conscienciis mittencium et consiliariis eorum quod nullum mittant nisi in vita et moribus bene aptum.

2. Et ne studia philosofica confundantur, volumus et ordinamus quod nullus prior vel ejus vicarius possit mittere vel recipere aliquem de assignatis prefatis studiis alibi quam ubi fuerint assignati, nec auditores extra sue combinationis studium possint mittere vel recipere sine prioris provincialis vel ejus vicarii licencia speciali.

3. Item, ordinamus quod conventus quibus priorum electio imminebit hoc anno non teneantur studentes in [f° 73 c] quacumque facultate fuerint in suis electionibus expectare. De lectionibus autem naturarum et arcium idem volumus observari.

4. Omnes autem fratres studiis infra provinciam deputatos qui in istis actis non nominantur conventibus ad quorum predicationem pertinent revocamus.

X. Isti visitabunt hoc anno :

1. Conventus Baionensem, Orthesiensem, Sancti Severi, Morlanensem, frater Dominicus de Monte Totino*;

2. Conventus Agennensem, Condomiensem, Lectorensem, Altivillaris, locum Pontis Viridis extra, frater W^{us} Barrati*;

3. Conventus Burdegalensem, Sancti Emiliani, Brageriacensem, Petragoricensem, locum Sancti Pardulphi extra, frater W^{us} Seguerii*;

4. Conventus Lemovicensem, Sancti Juniani, Brivensem, Figiacensem, Ruthenensem, frater Johannes de Taysaedes*;

5. Conventus Caturcensem, Montis Albani, Albiensem, Castrensem, frater B. de Biansano*;

6. Conventus Tolhosanum, Carcassonensem, Appamiensem, Rivensem, Sancti Guaudencii, Sancti Geruncii, Prulianum extra, frater Aymericus de Miro monte*.

XI. Iste sunt admonitiones et ordinationes.

1. Cum ordo noster plurimum relaxetur propter priorum et fratrum absentationem a conventibus, et eorumdem priorum negligenciam in punicionibus insolencium, et ex nimia relaxatione peniten-

tiarum impositarum delinquentibus propter culpas, et defectum observancie regularium institutionum utpote constitutionum et actorum capitulorum generalium et provincialium ac ordinationum provincialium visitatorum in conventibus, volumus et ordinamus quod priores, suppriores et eorum loca tenentes ad sequendum communia in se et in aliis, et ad restringendum hospicium infirmitorium debilibus sine causa evidenti et legitima, et ad cavendum quod loca ad comedendum fratribus in conventibus non exponantur, nisi quatenus in constitutionibus est expressum, dent operam efficacem; et quod de hoc per priorem provincialem [f° 73 d] et visitatores per eum missos in conventibus cum exacta diligencia inquira[tur] (1); et ubi legitime constiterit priores et suppriores in premissis notabiliter deliquisse, suppriores et priores in visitationibus per priorem provincialem vel capitulum provinciale in penam a suis officiis absolvantur, nec ibi, nec alibi, ad idem officium resumantur illo anno. Vicarii autem eorumdem de premissis similiter delinquentes locum prioris vel supprioris non teneant illo anno, et penis aliis nichilominus secundum quod plus et minus excesserint puniantur. Et ut ista melius observentur, volumus et ordinamus quod conventus per priorem provincialem vel ejus vicarium et per visitatores capituli melius solito et pro tempore visitentur, observantes quod alter eorum ante Pascha et alius ante festum Pentecostes sint de suis visitationibus expediti.

2. Idem observari volumus et ordinamus circa illos qui in punitionibus insolencium inventi fuerint necligentes, et ad complendum penitencias impositas subditos non compellent, et regulares observancias et ordinationes sibi per superiores impositas executioni debite non mandabunt.

3. Item, cum ex incauta frequenti visitacione mulierum religiosarum, et Beguinarum, et aliarum levium et suspectarum dominarum, interdum sint ordinis et fratrum infamie subsequte, inhibet districte, districtione qua potest, reverendus pater prior provincialis, de diffinitorum et multorum priorum consilio et assensu, quod nullus frater ex quacumque causa ingredi valeat monasteria quarumcumque religiosarum mulierum, ac etiam Begui-

---

(1) *Inquirant* dans le ms.

narum, morancium in villa ubi conventus fratrum fuerit vel de prope ad mediam leucam, nisi de speciali obtenta licencia prioris vel ejus vicarii, quam non possint sibi dare nisi loco et socio expressatis, quam licenciam priores vel eorum vicarii non concedant nisi raro, et tunc maturis fratribus et discretis pro alica causa necessaria, utili vel urgenti.

4. Item, cum ex incompassione ad infirmos et [f° 74 a] mala provisione ad indigentes occasio murmuris merito subsequatur, nos volentes cum affectu et effectu defectibus hujusmodi obviare, volumus et ordinamus quod in colibet conventu prior, de consilio omnium sacerdotum vel majoris partis eorum, quolibet anno instituat duos fratres qui cum subpriore sextam partem omnium que advenient vel dabuntur conventui, nisi darentur pro libris vel ecclesiasticis ornamentis, vel refectionibus aut pitanciis, vel nisi essent per dantem operi deputata, accepto pane et vino et aliis victualibus, necnon et omnes vestes fratrum decedencium et peccuniam ipsorum usque ad c. solidos Turonens. parvorum inclusive recipiant et conservent, dicti tres fratres vel duo ex eis secundum eorum conscienciam teneantur infirmis et indigentibus de dicta sexta providere de consilio medicorum. Item, predicti tres fratres vel duo ex eis de predictis receptis provideant in vestibus et calciamentis illis fratribus qui manifestam indigenciam pacientur, nec habent unde sibi providere valeant aliunde; et, si predicta non sufficerent, de communi quod deesset suppleatur. Ubi vero sexte partis quantitas tanta foret quod notabiliter superhabundaret, in hoc casu prior, si pro aliis indigeret, de superhabundanti duntaxat possit accipere pro aliis necessitatibus sublevandis; predicti vero fratres quater in anno priori de receptis et expensis teneantur reddere rationem. Ipsis fratribus sic deputatis concedimus quod, si sexta non sufficiat, postquam semel priorem, si ipse eisdem de sufficienti pecunia pro tempore non providerit unumcumque, quod ipsi vel duo ex eis pro predictis necessitatibus recipere valeant, de communi etiam usque ad calices inclusive quod possint pignori tradere, distrahere, vendere vel alienare secundum quod eis videbitur pro necessitatibus supradictis. Si autem fratres inventi fuerint qui notabiliter equitent, symbolysent vel expensas superfluas faciant in vestibus vel victualibus, vel in aliis quibus-

cumque, vel qui necligentes sint in petendo a parentibus vel amicis, dicti receptores [f° 74 b] providere talibus minime teneantur, nisi evidens et urgens necessitas appareret.

5. Item, quare studentes qui mittuntur Parisius aptiores inter ceteros ad profectum sciencie communiter eliguntur, ne propter nimiam librorum inopiam fructus qui ex eorum studio congruo tempore expectatur notabiliter deperdatur, volumus et ordinamus quod cuilibet fratri per provinciam assignato, antequam vadat Parisius ad studendum, conventus ad cujus instanciam et petitionem assignatus fuerit teneatur sibi de competenti Biblia, summis et historiis providere; et prior provincialis ad primam requisitionem talium conventus predictos ad tradendum dictos libros compellere teneatur.

6. Item, volumus et ordinamus quod ordinationes facte in precedenti capitulo provinciali de delatoribus verborum et seminatoribus discordiarum et qui ad parietem seu ad aurem locuntur, detrahunt aut diffamant, et de carceribus secretis et humanis faciendis, sub penis in eisdem positis teneantur.

XII. Iste sunt penitencie :

1. Cum suppriores Agennensis et Rivensis isto anno diem ad tractandum notabiliter anticipaverint, non deferendo ordinationi capituli provincialis in Altovillari celebrati, ex quo inordinationes multiplices sunt sequte, imponimus cuilibet eorum x. dies in pane et aqua, x. missas et totidem letanias.

2. Item, cum supprior Brageriacensis fratribus venientibus ad provinciale capitulum male providerit et diem ad tractandum de capitulo notabiliter anticipaverit, inponimus eidem xvi. dies in pane et aqua, xvi. missas. Volumus et ordinamus quod predicta ordinatio de non anticipando diem tractatus diligencius teneatur et transgressores acrius puniantur.

3. Cum frater W^{us} Barrati*, prior tunc Sancti Emiliani, et frater Robertus de Saluinhaco*, lector ejusdem loci, quibusdam modis insolitis et indebitis suppriorem predicti conventus a suppprioratus officio absolverint cum admiratione et turbatione plurimorum, imponimus cuilibet eorum xx. dies in pane et aqua, xx. missas, xx. letanias.

[F° 74 c] 4. Item, cum per conventum Sancti Severi quedam

accusationes, irreverenciam ad reverendum patrem priorem provincialem continentes sicut per nos diffinitores evidenter est compertum, misse fuerint hoc anno ad capitulum provinciale, quas fratres Ademarius Ar^dt *, socius dicti conventus, et frater Guarcias de Bacarissa, supprior, principaliter ordinaverunt et dictitaverunt, imponimus cuilibet eorum xxx. dies in pane et aqua, xxx. missas, xxx. letanias, omnibus autem aliis fratribus prefati conventus qui de dictis accusationibus concesserunt x. dies in pane et aqua et totidem letanias.

XIII. Ista sunt suffragia pro vivis :

1. Pro creatione Summi Pontificis (1) et bono statu universalis ecclesie, quilibet sacerdos unam missam;

2. Item, pro venerabilibus dominis, domino Nicholao Hostiensi ac Velletrensi (2) episcopo, domino Nicholao (3), tituli Sancti [Eusebii] presbitero cardinali, et venerabili collegio dominorum cardinalium, quilibet sacerdos unam missam;

3. Item, pro domino W° P., tituli Sancte Cecilie presbitero cardinali (4), quilibet sacerdos unam missam.

4. Item, pro domino cardinali de Pelagrua (5), tituli Sancte Marie in Portu diachono cardinali, et domino [de] Percuensi (?), et domino Fargis et domino de Guarn, quilibet sacerdos unam missam;

5. Item, pro domino archiepiscopo Burdegalensi, quilibet sacerdos unam missam;

6. Item, pro domino episcopo Tolhosano (6), quilibet sacerdos unam missam;

---

(1) Le pape Clément V était mort, le 20 avril 1314, à Roquemaure (Gard). Le Saint-Siège vaqua deux ans trois mois et dix-sept jours. Jacques Duese (*Histoire de la Chartreuse de Caors*, par le P. Dom Bruno Malvezin, liv. XII, chap. I, *Véritable nom de la maison de laquelle le pape Jean XXII est issu*. Bibl. publ. de Toulouse, ms. 722 (I, 23), f° 259), cardinal-évêque de Porto, fut élu le 7 août 1316, dans le conclave réuni à Lyon, et prit le nom de Jean XXII.

(2) Nicolas Alberti de Prato. Le siège épiscopal de Velletri était uni à celui d'Ostie depuis 1150.

(3) Nicolas, dominicain du couvent de Rouen, confesseur de Philippe-le-Bel, cardinal en 1305, mort à Lyon en 1324.

(4) Guillaume-Pierre de Godin.

(5) Arnaud de Pellegrue de Bordeaux, cardinal en 1305, mort à Avignon en 1331.

(6) Gaillard de Preyssac, 1305-1317, *Gall. christ.*, XIII, 36, 37.

7. Item, pro dominis archiepiscopo Narbonensi (1), Auxensi (2), et dominis episcopis Agennensi (3), Albiensi (4), Coseranensi (5), Petragoricensi (6), Carcassonensi (7), Lemovicensi (8), et dominis electis Baionensi (9), Appamiensi (10), et pro dominis abbatibus Sancti Fermevi (11), de Blasimonte (12), de Faczia (13), de Aquistris (14), et Sancti Romani (15), et Sancti Salvatoris (16) de Blavia, quilibet sacerdos unam missam;

8. Item, pro venerabili patre Magistro ordinis (17), quilibet sacerdos unam missam;

9. Item, pro domino rege Francie Ludovico (18) et fratribus et avunculis suis (19), quilibet sacerdos unam missam:

10. Item, pro domino Rege Anglie (20), uxore (21) et plebe sua, quilibet sacerdos unam missam;

(1) Bernard de Fargis, 1311-1341. *Gall. christ.*, VI, 87-90.
(2) Amanieu d'Armagnac, 1262-1324. *Gall. christ.*, I, 993, 994.
(3) Amanieu de Fargis, 1313-1357. *Gall. christ.*, II, 924.
(4) Berauld (*Beraldus*) de Fargis, 1314-1334. *Gall. christ.*, I, 24, 25.
(5) Arnaldus Fradeti, 1309-1329. *Gall. christ.*, I, 1134, 1135. B. Gui, ms. 490, f° 24 B. Il appartenait à l'ordre des Frères prêcheurs. — Voyez sa notice.
(6) Raymond 1314-1331. *Gall. christ.*, II, 1477.
(7) Pierre de Rochefort, 1300-1322. *Gall. christ.*, VI, 893-895.
(8) Raynaud de la Porte, 1294-1316, plus tard archevêque de Bourges, cardinal, évêque d'Ostie et Velletri, meurt à Avignon 13 septembre 1325. Sa bibliographie dans Ul. Chevalier, *Répertoire*, 1866.
(9) Pierre de Maslac. *Gall. christ.*, I, 1315, 1316,
(10) Pilusfortis de Rabastens. *Gall. christ.*, XIII, 159, 160.
(11) Pierre de Sourville probablement encore abbé de l'abbaye de Saint-Ferme, diocèse de Bazas. *Gall. christ.*, I, 1218.
(12) Martin, abbé de Saint-Maurice de Blasimont, abbaye de Bénédictins, diocèse de Bazas. *Gall. christ.*, I, 1217.
(13) Raymond, abbé de Sainte-Marie de la Faise, abbaye Cistercienne, diocèse de Bordeaux. *Gall. christ.*, II, 889
(14) Sainte-Marie de Guîtres, abbaye de Bénédictins, diocèse de Bordeaux. *Gall. christ.*, II, 878.
(15) Pierre, abbé de Saint-Romain de Blaye, abbaye de l'ordre de Saint-Augustin, diocèse de Bordeaux. *Gall. christ.*, II, 884.
(16) Saint-Sauveur de Blaye, diocèse de Bordeaux. Guillaume de Tilheda en était l'abbé en 1318, et probablement avant. *Gall. christ.*, II, 880.
(17) Berenger de Landorre, 13° Maître de l'ordre, (1312-1317). B. Gui, *Cathalog. magist. ord. pred.*, f° 61 B.
(18) Louis X le Hutin.
(19) Plus tard Philippe V, et Charles IV.
(20) Edouard II, qui régna de 1307 à 1327.
(21) Isabelle de France.

11. Item, pro domino Senescallo Vasconensi (1), uxore et liberis suis, quilibet sacerdos unam missam;

12. Item, pro dominis comitibus Arman[iaci], Fuxensi, et dominis vicecomite de Benaughes et uxore sua, domino de Brageriaco et consorte sua, domino Amanevo de Labreto et domino W° R. de Gensaco, domino de Monte ferrandi, domino de Pomeriis, domino B. Fabri, domino Ar^{do} Femer et domino Vitale et G. filio suo, domino vicecomite Altivillaris et [f° 74 d] consorte sua, pro domina Miramunda vice comitissa, domino Ar^{do} de Landarre, uxore et fratribus suis, domino Amanevo Columbi, Johanne Columbi, W° R. Columbi fratribus ejus, uxoribus et liberis eorum; domino Johanne Rocelli, uxore et liberis ejus; domina Beatrice de Amalunio et Petro filio ejus, et Anpasia sorore dicti P[etri]; pro domino Ar^{do} de Marmanda et domina Barrava uxore sua, Sicardo filio suo et domino Bertrando de Cardaliaco (2), et ceteris liberis eorum, quilibet sacerdos unam missam;

13. Item, pro domina Talesia, domina de Acu, et liberis suis, quilibet sacerdos unam missam; domina de Monte Esquivo et liberis ejus, domina de Monte forti et liberis ejus;

14. Item, pro domino Guabaudo de Fonte Guavano, quilibet sacerdos unam missam;

---

(1) Jean de Ferrières, sénéchal de Gascogne en 1311 (Lettre de Clément V ad *Amanevum de Lebreto*, Baluze, *Vit. pap. Aven.*, II, 175); il l'était probablement encore en 1315.

(2) La famille des Cardailhac, issue du Quercy, était ancienne. Elle se montra l'amie des Frères prêcheurs. Ainsi Géraud de Cardaillac, abbé d'Obazine, avait beaucoup donné pour la construction d'un couvent dominicain à Brives, en 1269. B. Gui, *Fundatio conventus Brivensis*, Biblioth. publ. de Toulouse, ms. 490 (I, 273), f° 194 B. Elle compta huit évêques au treizième et au quatorzième siècle: Guillaume (1208-1234), Bertrand (1325-1336), François (1389-1403), évêques de Cahors, *Gall. christ.*, I, 131, 141, 142; Guillaume (1318-1355) et Bertrand (1360-1361), évêques de Montauban, *Gall. christ.*, XIII, 233, 236; Guillaume, évêque de Saint-Papoul (1329-1347), *Gall. christ.*, XIII, 303; Bertrand, évêque de Rodez (1368), *Gall. christ.*, et Jean, archevêque de Toulouse (1379-1390).

Celui-ci surtout, qui croyait avoir été délivré de la prison, dans laquelle Pierre-le-Cruel l'avait jeté, par l'intercession de saint Thomas d'Aquin, ne cessa de donner à l'ordre des témoignages de confiance et d'admiration. — Voyez mon *Essai sur l'organisation des études dans l'ordre des Frères prêcheurs*, p. 90, 101, 102, 119, 120.

15. Item, pro domino G. Lamberti, canonico Sancti Severini Burdegalensis, quilibet sacerdos unam missam;

16. Item, pro domino Gualhardo de Monte lauro, domina Elianor uxore sua et liberis eorum, quilibet sacerdos unam missam;

17. Item, pro bono statu ville Sancti Emiliani (1), majore et juratis, et pro Amalirino Torasii, quilibet sacerdos duas missas;

18. Item, pro bono statu castri Genciaci, quilibet sacerdos unam missam;

19. Item, pro bono statu monasterii de Pruliano (2) et bono statu de Liburnia (3), de Monte securo, de burgo de Blavia (4), et pro hiis qui receperunt fratres venientes ad capitulum et recipient redeuntes, pro fratribus nostris et Minoribus, pro monasterio Pontis Viridis (5) et Sancti Pardulphi (6);

20. Et pro hiis qui habent litteras de suffragiis ordinis, quilibet sacerdos unam missam.

Ista sunt suffragia pro defunctis:

1. Pro sanctissimo patre domino Clemente Papa quinto, domino Ar^{do} de Cantalupo condam cardinali (7), et domino Bertrando condam Agennensi episcopo (8), domino Bosone episcopo Convenarum (9), quilibet sacerdos unam missam;

2. Item, pro domino Philippo (10) condam Rege Francie, quilibet sacerdos unam missam;

---

(1) Saint-Émilion (Gironde).
(2) Prouilles (Aude).
(3) Libourne (Gironde).
(4) Blaye (Gironde).
(5) Pont-Vert. Voyez plus bas l'histoire de sa fondation.
(6) Saint-Pardoux (Dordogne), où un monastère des religieuses de Prouilles avait été fondé en 1291. B. Gui, *Fundacio monasterii sororum Sancti Pardulphi*, ms. 490, f° 246 A.
(7) Arnaud de Canteloup, archevêque de Bordeaux en 1305, cardinal-prêtre du titre de Saint-Marcel, mort à Avignon le 15 décembre 1310. Baluz., *Vit. pap. Avenio.*, I, 635, 636.
(8) Probablement Bertrand de Got, oncle de Clément V, mort en 1312. Bernard de Fargis, neveu de Clément V, qui lui succéda, successivement archevêque de Rouen et de Narbonne, ne mourut qu'en 1341. *Gall. christ.*, II, 924.
(9) Boso de Salignac, évêque de Cominges, en 1300, mort dans les premiers mois de l'année 1315.
(10) Philippe-le-Bel.

3. Item, pro domina Ma[r]tha uxore condam domini B. de Trencaleone, quilibet sacerdos unam missam;

4. Item, pro domino Amaluno Tharisis, quilibet sacerdos unam missam;

5. Item, pro domino Ar^{do} Guarsie, condam vicecomite Altivillaris et filia domine de Cauda Rasa, domina Couhta, pro domino Poncio de Varesio, Johanne Croseti, P. Reginaldi, Aymerico Sicardi et domina Eliana Coguda, et fratribus et sororibus nostris defunctis, et pro sepultis in cemeteriis nostris et recommendatis in capitulo, et pro illis qui habent litteras de suffragiis ordinis, quilibet sacerdos unam missam;

Et pro qualibet missa superius posita quilibet frater clericus non sacerdos VII. psalmos cum letania, et quilibet conversus c. *Pater noster*, cum totidem *Ave, Maria* dicant.

Denunciamus quod, fratre W. de Anhanis* diffinitore mortuo in via capituli, quilibet frater est ei ad suffragia obligatus.

[F° 75 a] XIV. Facimus predicatores generales fratres Jacobum de Concosio*, R. Beguini*, B. Bricii*, W. Durandi*, R. Sixtum*, Matheum de Francia*, Heliam de Planis*, P. de Castro*, Thomam Marmandi*, B. de Melhano, B. de Bonofonte*, P. de Oratorio*, P. B. Carrerie*, Fort[anerium] de Petralongua*, W. de Balafar*, W. Barrati*, R. Roca, Vitalem de Fontibus orbis*, W. Seguerii*, Jordanum de Castro novo*, P. Calverie.

XV. Denunciamus voce privatos ad duos annos illos qui venerunt sine licencia ad capitulum provinciale vel appropinquaverunt loco capituli; nec credatur alicui de restitutione vocis, nisi per litteras prioris provincialis faceret plenam fidem.

XVI. Assignamus studentes in Montepessulano fratres R. Ar. de Villario, P. de Marcello, Ar. Vigerii, Stephanum Rochonis (1).

Assignamus Oxonie in provincia Anglie fratrem Guidonem de Ventadorio.

XVII. Assignamus socium prioris provincialis ad sequens capitulum generale fratrem Hugonem de Marsaco*.

---

(1) Sous-lecteur au couvent de Brives en 1316 (*Act. cap. prov.*, f° 422 A) et en 1317 (*ibid.* f° 425 B), lecteur de théologie au couvent de Saint-Émilion en 1322 (*ibid.* f° 439 A).

XVIII. Sentencias judicum approbamus.

XIX. Sequens capitulum assignamus in conventu Orthesiensi in festo Beati Johannis Baptiste. Fratres autem non intrent locum capituli usque ad ante vigiliam dicti festi sine prioris provincialis licencia speciali. — Inhibemus autem ne aliquis frater ad capitulum non pertinens ad ipsum capitulum veniat, sine licencia speciali, nec loco capituli appropinquet, nec cum proposito veniendi ad capitulum de conventu suo recedat. — Quicumque vero contrarium fecerint, ipso facto ad duos annos voce penitus sint privati.

XII.

24 juin 1316.

CHAPITRE PROVINCIAL D'ORTHEZ.

(Biblioth. publique de la ville de Toulouse, ms. 490 (I, 273) — ms. 488 (II, 91), f° 75, a, b, c, d, f° 76, a, b. c, d, f° 77. a.

I. Définiteurs. — II. Prieurs relevés de leur charge. — III. Lecteurs de la Bible. — IV. Lecteurs de théologie. — V. Lecteurs des Sentences. — VI. Sous-lecteurs. — VII. Etudiants en théologie. — VIII. Lecteurs et étudiants : philosophie naturelle. — IX. Lecteurs des arts. — X. Etudiants et études : dispositions diverses. — XI. Visiteurs. — XII. Admonitions et ordonnances. — XIII. Suffrages pour les vivants. — XIV. Suffrages pour les morts. — XV. Pénitences. — XVI. Etudiants envoyés à Paris et à Montpellier. — XVII. Définiteur au chapitre général. — XVIII. Sentences des juges approuvées. — XIX. Fixation du lieu et de la date du chapitre suivant. Défense de s'y rendre à ceux qui n'en font point partie.

[F° 422 A] In nomine Patris, et Filii, et Spiritus Sancti. Amen.

Acta capituli provincialis celebrati Orthesii, anno Domini m° ccc° xvi° (1).

I. Difinitores hujus capituli fuerunt :

Frater Petrus de Maslaco*,

---

(1) Ce chapitre avait été fixé au 24 juin, *in festo Beati Johannis Baptiste*, par le chapitre de l'année précédente. B. Gui dit qu'il fut tenu « in octabis apostolorum Petri et Pauli » (*Prior. in conventu Privensi*, f° 196 B).

Fr. Bernardus de Malo duno*,
Fr. Guillermus Durandi*,
Fr. Raymundi Assalhiti* (1).

II. Absolutiones (2).

Asolvimus priores Brivensem (3), Sancti Juniani (4), Petragoricensem (5), Lectorensem (6), Montis Albani (7), Sancti Gaudencii (8), Brageriacensem (9), Rivensem (10) ; et ordinamus quod priores absoluti non resumantur ad idem officium in eisdem conventibus isto anno.

III. Lectores Biblie (11).

Assignamus lectores ad legendum Bibliam biblice :

Burdegalis, fratrem Jacobum de Concosio*;

Lemovicis, fratrem B. de Malo duno*;

Figiaci, fratrem Poncium de Foychaco*;

Appamiis, fratrem Guillermum Riparie*.

Et ordinamus quod isti lectores bis disputent de quolibet anno et semel ad minus in quindena aliquam questionem.

IV. Lectores Theologie (12).

Assignamus lectores Theologie :

Albie, fratrem Berengarium Goti*;

Ruthene, fratrem Aymericum de Miromonte*;

Agenni, fratrem Durandum Honorati*;

Carcassone, fratrem R. de Rupe*;

Brageriaci, fratrem Ademarum Arnaldi*;

Morlanis, fratrem Bertrandum Freselli*;

(1) A la marge.
(2) A la marge.
(3) Fr. Bernardus Riparie (B. Gui, *ibid.*).
(4) Fr. Aymericus de Miromonte (B. Gui. *Prior. in conv. S. Jun.*, f° 237 B).
(5) Je ne puis donner son nom : l'histoire des prieurs du couvent de Périgueux par B. Gui s'arrête à l'année 1313.
(6) L'histoire du couvent de Lectoure s'arrête de même à l'année 1313.
(7) Fr. Johannes Fabri (B. Gui. *Prior. in conv. Montis Alb.*, f° 171 B).
(8) Je ne puis donner son nom : l'histoire des prieurs du couvent de Saint-Gaudens s'arrête à l'année 1314.
(9) De même, l'histoire des prieurs du couvent de Bergerac s'arrête à l'année 1311.
(10) L'histoire des prieurs du couvent de Rieux s'arrête à l'année 1314.
(11) A la marge.
(12) A la marge.

Lectore, fratrem Petrum de Tholosa*;
In Sancto Emiliano, fratrem G. Durandi*;
Petragoris, fratrem P. de Oratorio*;
In Monte Albano, fratrem Paulum de Alanhano*;
In Sancto Severo, fratrem P. de Podio*;
In Sancto Juniano, fratrem Johannem Fabri*;
In Castris, fratrem W. Gilaberti*;
Brivis, fratrem Vitalem de Fontibus orbis*;
In Altovillari, fratrem Deodatum Gilaberti*.
IV. Assignamus ad legendum Sentencias:
Burdegalis, fratrem Gualhardum de Pogeto*;
Appamiis, fratrem Johannem de Rivis*;
Lemovicis, fratrem [B.] Capreoli;
Figiaci, fratrem Arnaldum de Rivis*.
VI. Sublectores (1).
Assignamus ad secundam lectionem:
Agenni, fratrem P. de Saunaco*;
Condomii, fratrem W. de Cortallo;
Albie, fratrem Guidonem Roberti*;
In Rivis, fratrem Arnaldum Petri*;
Brive, fratrem Stephanum Rochonis*;
In Sancto Severo, fratrem B. de Vallibus*;
In Monte Albano, fratrem B. Mercerii*;
In Altovillari, fratrem Hugonem Jordanis;
In Sancto Emiliano, fratrem Bartholomeum de Baro;
Brageriaci, fratrem P. de Frontinhano*;
Ruthene, fratrem P. de [f° 422 B] Trolhas;
Petragoris, fratrem W. Stephani*;
In Castris, fratrem B. Radulphi.
VII. Studentes in Theologia (2).
Assignamus studentes in Theologia:
1. Tholose, fratrem R. Ademarii, P. de Frontinhano, B. de Trone, P. Rigaudi, Vitalem de Raganhaco, B. de Auriaco, G. de Bareto, Pontium Aymerici, Fortanerium de Salis, Amaneum

---

(1) A la marge.
(2) A la marge.

Ferrolli, B. de Castelo, B. Boerii, Vitalem de Galeciano, P. de Gardera, Guillelmum Radulphi, B. de Podio, P. Johannis, B. de Taneyrort, Augerium de Ferris, B. del Chiers, B. Garrige, Sycardum Papalli, P. de Monte, Johannem de Ponte;

2. Burdegalis, fratres Garciam Arnaldi, P. de Verduno, B. Lole, R. Ramada, Petrum Regis, Durandum Vaychieira, R. de Ceseraco, Vitalem de Fabariis, G. Barionis, P. de Valenchinis, P. Furnerii, Vivianum Figiacensem, Aycardum Caturcensem, Reginaldum Seguini, Garciam de Barta, G. de Mosencs, Laurentium de Augressa, G. de Podio, B. de Biraco, B. de Dispensatorio, B. de Insula, B. Galterii, Bartholomeum de Badolio, G. de Leront, Johannem de Lassis;

3. Lemovicis, fratres Johannem Sepie, P. de Exauduno, W. de Nobleriaco, Durandum, Bartholomeum, P. Geraldi de Sancto Severo, Johannem Regis;

4. Appamiis, fratres B. de Rivo, Arnaldum Poncii, Guillelmum Garcie;

5. Ruthene, fratres P. Ucheti, Arnaldum de Fossa bona;

6. In Monte Albano, fratres Johannem de Boscot, B. de Podio, R. Fereterii;

7. Carcassone, fratres B. Nave, Poncium Garini, P. Guidonis, Johannem de Sancto Paulo, Aycredum, Johannem Mareti, R. de Pontosio, P. Aycredi, P. Dominici, Johannem Begonis, Arnaldum Caprarie;

8. Caturci, fratres Johannem Ciceronis, R. Gilaberti, Heliam de Casalencs, Hugonem Peregrini, Raterium Amalvini, B. Bonafos, P. de Soberna, Guilhomonem de Lacu, Gaubertum de Rossilhone, R. de Curnis, Arnaldum de Orto;

9. Agenni, fratres P. de Rupe forti, Navarrum, Arnaldum de Bagoto, Bonum Hominem, R. Capas, Brunum Burdegalensem;

10. Condomii, fratres P. de Sancto Stephano, P. de Bec, Johannem de Consilio, P. de Castello, P. Arnaldi, Vitalem de Lenuo;

11. Albie, fratres R. Grassi, P. Sartoris, W. de Castellione;

12. Petragoris, fratres R. Roberti, Iterium Garrelli, Jacobum Blanchi, P. de Garda, R. de Castaneto;

12. Brageriaci, fratres Deodatum de Plantanis, G. de Rupe, Arnaldum Olerii;

13. Figiaci, fratres [F° 423 A] Jordanum de Castello, G. de Poymaco, Johannem Fabri Figiacensem;

14. Baione, fratres R. B. de Campo, Johannem de Gerre, Bonum hominem de Barreria, R. de Susone, B. de Bindos.

VIII. Studia naturalium (1).

Assignamus studia naturalium.

1. Primum ponimus in Albia, lectorem fratrem Hugonem de Massa bone*; auditores fratres Savarium, G. de Bello Podio, Bertrandum de Albigesio, R. Ortholani, Benedictum de Siraco, Arnaldum Sancii, Petrum, R. Gilaberti, Mychaelem de la Begua, G. Amolerii, Johannem Arressati, R. de Puiolis.

2. Secundum ponimus in Appamiis, lectorem fratrem R. de Duro forti*; auditores, fratres B. Baione, Stephanum Jaculatoris, G. Borrelli, Germanum de Cardone, G. Guayraudi, G. de Podio Sabone, G. Baconis, Aymericum de Magriano, Arnaldum Outerii, Rodgerium Carrerie.

3. Tertium ponimus in Monte Albano, lectorem fratrem G. Garrici*; auditores fratrem Heliam Arnaldi, Bartholomeum de la Serra, B. de Sancto Michaele, P. Bertrandi, G. Bordas, Arnaldum Baionis, Rotgerium Carrerie, Johannem de Solano, Petrum Fradelerii, Johannem de Alta rippa.

4. Quartum ponimus in Rivis, lectorem fratrem J. de Miromonte*; auditores fratres B. Adalberti, Germanum Fabri, R. de Scarelio juniorem B. Osseti, Johan[nem] de Scarraco, Johannem de Clarentio, Jacobum Porta, Aymericum Dolze, P. de Manso, Sancium de Rivo.

5. Quintum ponimus in Caturco, lectorem fratrem Maurandum*; auditores fratres Hugonem Donodoa, Bertrandum Molas, G. Barte, P. Vitalis, P. Fabri, Bertrandum Moreti, Hugonem Catelli, Ademarum G., G. de Plantadis, Matheum Costa, Philippum de Combelas, G. Vitalis.

6. Sextum ponimus in Petragora, lectorem fratrem P. de Pireto*; auditores fratres Heliam de Quinciaco, G. de Moysiaco, P. de Buxo, Heliam de Pausedio, G. de Rauseto, B. de Sancto

---

(1) A la marge.

Paulo, Johannem Tesselli, Hectorem de Levero, P. Baquellarii, Hugonem de Polenx, P. de Grandi monte.

7. Septimum ponimus in Brageriaco, lectorem fratrem Rotbertum de Solminhaco*; auditores fratres Johannem de Yrisano, G. Bernardi, G. de Rupe dura, Martinum de Labeyleto, Guyraudum Bafi, Radulphum Capre [f° 423 B], Arnaldum Tholosanum, P. Fabri Castrensem, Garnerium Burdegalensem, Stephanum de Monte Landerio.

8. Octavum ponimus in Condomio*, lectorem fratrem Peregrinum* Baionensem; auditores fratres Bertrandum Dansost, G. de Fagetolongo, Raymundum de Monte Aynerio, Johannem de Fargiis, Petrum de Alberca, R. de Guinhario, Johannem de Gaiano, Ber. de Sansaco, Bartholomeum de Ansana, G. de Gardaga, B. de Solariis.

9. Nonum ponimus in Sancto Severo, lectorem fratrem Arnaldum de Ordelhano*; auditores fratres Paulum Caparati, Johannem Salomonis, Petrum Arnaldi, Petrum Arnaldi de Peyreto, Petrum de Birone, Arnaldum de Lorda, Olivarium de Francia, Petrum de Alhano, Dominicum de Momino, Poncium Furnerii.

IX. Assignamus studia arcium.

1. Pro conventibus Baionensi, Orthosiensi, Morlanensi, Sancti Severi, ponimus studium in Baiona, lectorem fratrem P. de Senseriis.

2. Pro conventibus Burdegalensi, Agennensi, Condomensi, ponimus studium in Agenno, lectorem fratrem P. Fabri*.

3. Pro conventibus Altivillaris, Lectorensi, ponimus studium in Lectora, lectorem fratrem Poncium Arnaldi.

4. Pro conventibus Tholosano, Appamiensi et Carcassonensi, ponimus studium in Carcassona, lectorem fratrem B. Sabaterii*.

5. Pro conventibus Rivensi, Sancti Gaudencii, Sancti Geroncii, ponimus studium in Sancto Geroncio, lectorem fratrem Petrum Benedicti*.

6. Pro conventibus Castrensi, Albiensi, Ruthenensi et Figiacensi, ponimus studium in Figiaco, lectorem fratrem Dominicum de Labessa*.

7. Pro conventibus Montis Albani, Caturcensi et Brivensi, ponimus studium in Briva, lectorem fratrem Bertrandum de Poymaco*.

8. Pro conventibus Petragoricensi, Bragariacensi et Sancti Emiliani, ponimus studium in Sancto Emiliano, lectorem fratrem R. Ayrini.

9. Pro conventibus Lemovicensi, Sancti Juniani, ponimus studium in Lemovica, lectorem fratrem G. de Daumario.

X. 1. Et ordinamus quod quilibet prior vel vicarius, de consilio lectoris, si presens fuerit, et trium vel quatuor discretorum fratrum, possint mittere tres fratres ad conventum sue combinacionis, conventus autem Tholosanus quatuor; et sic missi ad conventus ad quos mittuntur pertineant cum ad ipsos pervenerint et non ante. Et imponimus conscienciis mittencium et consiliariorum quod nullum mittant nisi in sciencia et moribus bene aptum.

2. Et ne studia philosophica confundantur, volumus et ordinamus quod nullus prior [f° 424 A] vel ejus vicarius possit mittere vel recipere de assignatis prefatis studiis alibi quam ubi fuerint assignati. Nec auditores extra sue combinationis studium possint mittere vel recipere aliquem sine prioris provincialis vel ejus vicarii licencia speciali. Et ordinamus quod conventus quibus priorum electio imminebit hoc anno, non teneantur studentes in quacumque facultate fuerint in suis electionibus expectare. De lectoribus autem arcium et naturarum idem volumus observari.

3. Item, volumus et ordinamus quod si in studiis naturarum vel etiam arcium aliqui fuerint turbatores pacis seu delatores verborum vel aliter insolentes, per priorem in cujus conventu studium fuerit, de consilio subprioris, lectoris et duorum fratrum discretorum, ad conventus de quorum predicatione fuerint remittantur. Omnes autem fratres quibuscumque studiis vel lectionibus infra provinciam deputatos, sive per acta sive per litteras fuerint assignati, qui in hiis actis non nominantur, conventibus ad quorum predicationis terminos pertinent assignamus.

XI. Visitatores (1).

Isti visitabunt hoc anno :

1. Conventus Baionensem, Orthesii, Morlanensem, Sancti Severi, frater Arnaldus de Bosco*;

---

(1) A la marge.

2. Conventus Condomiensem, Lectorensem, Altivillaris, locum Pontis Viridis extra, frater G. Allegerii;

3. Conventus Burdegalensem, Sancti Emiliani, Brageriacensem, Petragoricensem, locum Sancti Pardulphi extra, frater G. de Lapree;

4. Conventus Lemovicensem, Sancti Juniani, Brivensem, Figiacensem, Rutinensem, fr. B. de Rameto*;

5. Conventus Caturcensem, Montis Albani, Albiensem, Castrensem, fr. B. Riparie Brivensis*;

6. Conventus Tholosanum, Carcassonensem, Appamiensem, Rivensem, Sancti Gaudencii, Sancti Geruncii, Prulianum extra, fr. Bertrandus Fulcodii*.

XII. Iste sunt ordinationes et monitiones.

1. Cum quidam tractatus, scripta seu reportationes Theologie a fratribus nostri ordinis compilati nondum examinati, fratres a communi et salubri doctrina retrahant, et possint dare saltem simplicibus occasionem errandi, juxta id quod circa hujusmodi est nobis impositum per capitulum generale, inibemus districte lectoribus et sublectoribus universis, quod nullus conclusionem aliquam doctrine communi oppositam in scolis audeat asserere vel docere: Et ut istud melius observetur, volumus et imponimus quod cum dictis, scriptis et quolibet doctorum venerabilium fratrum Thome et Alberti et domini P. de Tarantasia suas legant et continuent lectiones. [f° 424 B] Qui autem contrarium fecisse fuerint deprehensi, statim cum provinciale capitulum constiterit, per ipsum a suis officiis absolvantur, et nichilominus penis aliis arcius puniantur.

2. Item, volumus et districte imponimus tam studentibus quam fratribus aliis, quod lectiones lectorum omnium integre audiant nec priores aut eorum vicarii, absque evidenti et urgenti necessitate, dent alicui licentiam remanendi. Quicumque vero frater, extra modum permissum, absque speciali licentia, de prefatis lectionibus presumpserit remanere, si studens fuerit pro qualibet vice studentis privilegio careat una die et nichilominus die eadem a vino teneatur indispensaliter abstinere; quod si in remanendo aut hujusmodi penitentiam omnino complendo quemquam legitime constiterit fore notabiliter viciosum, omnino privetur studentium liber-

tate et ad suum conventum proprium tanquam inutilem pro studio remittatur. Si vero non studens fuerit, in pane et aqua abstineat una die et extra conventum infra triduum licentiari nequeat per quemcumque. Ad hoc autem efficaciter observandum priores deputent unum fratrem qui cum magistro studencium, diligenter observet hujusmodi transgressores eosque acuset in primo capitulo de culpis; et priores imponant penitencias supra dictas; quod si priores negligentes fuerint in premissis, per priorem provincialem in suis visitationibus a suis officiis absolvantur.

3. Item, cum dissoluciones et exessus notabiles, tam in conviviis quam etiam in aliis minus licitis, in quibusdam conventibus facti fuerint, in determinationibus, aut terminationibus lectionum naturalium et logicalium anno isto, prohibemus districte, prout etiam alias fuit impositum in actis capituli generalis, ne priores aut eorum vicarii concedant hujusmodi licentiam lectoribus talibus seu auditoribus quoquo modo. Et quicumque ad hoc licenciam dedit aut, ea non data, premissa ausus fuerit atemptare, actorum participes et consortes in conventus presentia, teneantur in pane et aqua per triduum indispensabiliter abstinere. Priores autem vel eorum vicarii auditores philosophie vel arcium nullo modo licencient ad cenandum, set mane sumant prandiolum si indigeant, et post in prima mensa comedant vel secunda, prout est hactenus in provincia ordinatum.

4. Item, cum portare capellos de filtro et cirotecas de corio paupertatem non sapiant nec deceat nostri ordinis honestatem, inhibemus districte ne frater aliquis predicans ista portet; nec modo aliquo cirotecas, culcitras insuper et linteamina [f° 425 A] vannasque in nostris teneri dormitoriis a quocumque, quantum possumus, districte inhibemus, tanquam nostris expresse contraria institutis.

XIII. Suffragia (1).

Ista sunt suffragia pro vivis :

1. Pro creatione Summi Pontificis et bono statu universalis ecclesie, quilibet sacerdos unam missam; et volumus quod collecta pro hujus electione dicatur omni die in missis pro vivis, exceptis

---

(1) A la marge.

festis duplicibus et supra, in missis tam conventualibus quam privatis;

2. Item, pro venerabilibus patribus d. Nicholao Hostiensi ac Velletrensi episcopo, d. Nicholao tituli Sancti Eusebii presbitero cardinali, et venerabili collegio dominorum cardinalium, quilibet sacerdos I. missam;

3. Item, pro domino Guillermo tituli Sancte Cecilie presbitero cardinali, quilibet sacerdos I. missam;

4. Item, pro domino Arnaldo de Pelagrua, tituli Sancte Marie in Porticu dyacono cardinali, et d. Pertuensi, et d. de Fargiis, et d. de Garu, quilibet sacerdos I. missam;

5. Item, pro domino episcopo Tholosano, quilibet sacerdos I. missam;

6. Item, pro domino episcopo Lascurrensi, quilibet sacerdos I. missam;

7. Item, pro domino Archiepiscopo Auxensi, et d. Episcopis Albiensi, Agennensi, Carcassonensi, Lemovicensi, et electis Appamiensi et Baionensi, et pro d. Abbatibus Simorre, Condomiensi, et Episcopo Pampilonensi, quilibet sacerdos I. missam;

8. Item, pro reverendo patre Magistro ordinis, quilibet sacerdos I. missam;

9. Item, pro d. Clementia regina Francie, quilibet sacerdos I. missam;

10. Item, pro d. Rege Aragonie et bono statu regni sui, quilibet sacerdos I. missam;

11. Item, pro Philippo et Karolo germanis d. Ludovici condam Regis Francie et avunculis eorum, uxoribus et liberis eorum, quilibet saserdos I. missam;

12. Item, pro d. Rege Anglie et plebe sua, quilibet sacerdos I. missan;

13. Item, pro nobili d. comtissa Fuxensi et d. Bearnii et Marsani, et d. Gastone comite Fuxensi, fratribus et sororibus ejus, quilibet sacerdos III. missas;

14. Item, pro d. de Araus et liberis ejus, quilibet sacerdos I. missam;

15. Item, pro d. de Cauda rasa et liberis ejus, quilibet sacerdos I. missam;

16. Item, pro communitate et juratis ville Orthesiensis, quilibet sacerdos i. missam;

17. Item, pro Ar. de Monasse burgensi Orthesiensi, quilibet sacerdos i. missam;

18. Item, pro d. Ar. Guilhermi de Bearnio, d. de Lescuno, quilibet sacerdos i. missam;

19. Item, pro magistro Menardo et quibusdam aliis burgensibus ville Orthesiensis, qui procuraverunt capitulum, quilibet sacerdos i. missam;

20. Item, pro fratre P. de Maslaco et comite de Lerballo, quilibet sacerdos i. missam;

21. Item, pro d. de Larreto et d. uxore et liberis eorum, d. de Mirapisce et d. comitissa Armaniaci, quilibet sacerdos i. missam;

22. Item, pro d. Miramunda de Maloleone, uxorem condam vicecomitis Leomanie, d. comite Convenarum, et d. de Canapenna, et gubernatore Navarre, de Maloleone, de Yspano, de Garro, et Comitatibus Olorensi, Montis Marciani et Salvaterra, et d. R° Ar¹ Deucos, quilibet sacerdos i. missam;

23. Item, pro sororibus nostris de Pruliano et aliis qui benefecerunt capitulo et receperunt fratres venientes ad capitulum, et recipient redeuntes, quilibet sacerdos i. missam;

24. Item, pro fratribus nostris, et Minoribus, et monasteriis Pontisviridis et Sancti Pardulphi, et hiis qui habent litteras de suffragiis ordinis, quilibet sacerdos i. missam.

XIV. Ista sunt suffragia pro defunctis :

1. Pro sanctissimo patre domino Clemente papa quinto, et dominis cardinalibus R. de Goto, Ar. de Cantolupo, quilibet sacerdos i. missam ;

2. Item, pro domino Ludovico quondam rege Francie, quilibet sacerdos ii. missas ;

3. Item, pro d. Gastone condam d. Bearnii, quilibet sacerdos ii. missas;

4. Item, pro domino Gastone condam comite Fuxensi, quilibet sacerdos i. missam;

5. Item, pro d. de Caudarasa, et de Araus, et d. Comte (?), et d. Ar. condam comite Altivillaris, quilibet sacerdos unam missam;

6. Item, pro fratribus et sororibus nostris defunctis et sepultis

in cemeteriis nostris recommendatis in capitulo, et pro illis qui habent litteras de beneficiis ordinis, quilibet sacerdos I. missam.

Pro qualibet missa superius posita quilibet frater clericus non sacerdos VII. psalmos cum letania, et quilibet conversus c. *Pater noster* cum totidem *Ave, Maria* dicant.

XV. Denunciamus voce privatos omnes illos qui ad presens provinciale capitulum absque speciali licentia venerunt vel appropinquaverunt loco capituli; nec credatur alicui de restitutione vocis nisi per litteras prioris provincialis faceret plenam fidem.

XVI. Studentes Parisius (1).

Assignamus studentes Parisius fratres Hugonem de Sancto Marciale* et Fortanerium de Petralonga*.

Assignamus studentes in Montepessulano fratres R. Arnaldi Carcassonensem, Raymundum Arnaldi de Larro, Petrum de Rama, Aymericum de Revinhano.

Et volumus et ordinamus quod quilibet conventus studentibus sue predicationis missis ad studium generale extra provinciam de una veste et duobus florenis anno quolibet providere teneatur.

XVII. Diffinitor capituli generalis, fr. P. R^{di} Assalliti*, prior Tholosanus, cui socium assignamus fratrem G^m de Sebelhano*.

XVIII. Sentencias judicum approbamus.

XIX. Assignatio capituli (2).

Sequens provinciale capitulum assignamus in conventu Brageriacensi in festo apostolorum Petri et Pauli. Fratres autem non intrent locum capituli usque ad diem immediate precedentem vigiliam dicti festi.

Inhibemus autem ne frater aliquis ad capitulum non pertinens ad ipsum capitulum veniat sine licentia, nec loco capituli appropinquet, nec cum proposito veniendi ad capitulum de conventu suo recedat. Quicumque vero contrarium fecerint, ipso facto usque ad duos annos voce penitus sint privati.

---

(1) A la marge.
(2) A la marge.

XIII.

8 septembre 1321.

CHAPITRE PROVINCIAL DE SAINT-GIRONS.

(Biblioth. publique de la ville de Toulouse, ms. 490 (I, 273), ms. 488 (II, 91), f° 84 d, f° 85 a, b, c, d, f° 86 a, b, c, d, f° 87 a, b, c, d, f° 88 a.

I. Prieurs relevés de leur charge. — II. Lecteurs de la Bible : le couvent de Bordeaux est érigé en *Studium provinciale*. — III. Lecteurs de théologie. — IV. Lecteurs des Sentences. — V. Sous-lecteurs. — VI. Étudiants en théologie. — VII. Lecteurs de philosophie naturelle. — VIII. Livres *lus* dans les *studia artium*. — IX. Lecteurs des arts. — X. Ecoles : discipline. — XI. Monitions et ordonnances. — XII. Visiteurs. — XIII. Fondation du couvent de Belvès (Dordogne) et du couvent de Marciac (Gers). — XIV. Suffrages pour les vivants. — XV. Suffrages pour les morts. — XVI. Socius du provincial. — XVII. Sentences des juges approuvées. — XVIII. Pénitences. — XIX. Lieu et date du chapitre suivant.

[F° 436 A] In nomine Patris, et Filii, et Spiritus Sancti. Amen.

Hec sunt acta capituli provincialis in conventu Sancti Gerontii celebrati, anno Domini M° CCC° XXI°, [in festo nativitatis Beate Virginis] (1).

I. Absolvimus priores Albiensem (2), Altivillaris (3) et Sancti Severi (4). Et volumus et ordinamus quod in eisdem conventibus hoc anno ad idem officium nullatenus assumantur, ac eisdem conventibus ad quorum predicationem pertinent assignamus.

II. Assignamus lectores ad legendum Bibliam biblice.

Conventum Burdegalensem erigimus in studium provinciale nostre provincie, dotantes ipsum lectoribus et studentibus eminentis conditionis et status. Et ordinamus quod in predicto studio

---

(1) F° 435 B.
(2) L'histoire du couvent d'Albi s'arrête à l'année 1313 dans le ms. 490 ; je ne puis donc donner le nom du prieur en 1321.
(3) Voyez plus bas le *Couvent d'Auvillar*.
(4) L'histoire du couvent de Saint-Sever s'arrête à l'année 1315 dans le ms. 490. Voyez plus bas le *Couvent de Saint-Sever*. Le nom du prieur en 1321 m'est inconnu.

non ponantur nisi qui logicam novam legerint vel presentati et sufficientes fuerint ad eadem. Volumus item quod de studio illo possint assumi ad lectionem naturalium et secundam lectionem Theologie juxta merita eorumdem. Et assignamus ibidem ad legendum Bibliam biblice, fratrem P. Vasconis*, statuentes quod omnes studentes et alii fratres teneantur predictam lectionem audire, addiscentes penam transgressoribus quam generale capitulum male sequentibus principalem et secundam lectionem taxavit, addentes quod si qui culpabiles fuerint inventi, per provincialem, cum legitime constiterit, de predicto studio expellantur.

Figiaci, ad eamdem lectionem assignamus fratrem Bertrandum Frezelli*; et ordinamus quod semel ad minus disputet in quindena.

III. Assignamus lectores Theologie :
Petragoris, fr. G. Ripp[ar]ie*;
Albie, f. Poncium de Foyshaco*;
Castris, f. Paulum de Lanhano*;
In Monte Albano, f. G. Garrici*;
Appamiis, f. P. de Castro*;
Brageriaci, f. Ademarum Arnaldi;
Condomio, f. P. de Podio*;
Lactore, f. Reginaldum Seguini*;
In Sancto Geroncio, f. P. Assalhiti*.

IV. Assignamus ad legendum Sententias:
Burdegalis, f. Maurandum*;
Figiaci, f. Bartholomeum de Anizano*.

Et volumus quod quilibet eorum Sententias integraliter legere teneatur.

V. Assignamus ad secundam lectionem :
Carcassone, f. A. Babonis*;
Albie, f. Bertrandum de Albegesio*;
Caturci, f. G. de Rupe dura*;
Appamiis, f. Jo. de Solario*;
In Monte Albano, f. P. Benedicti*;
Agenni, f. P. de Valenchinis*;
Castris, f. Jo. Begonis*;

Orthesii, f. P. de Alhano*;
Petragoris, f. Germanum Cardone*;
Condomii, f. P. de Anilongo*;
Brive, f. R. Grasci;
Ruthene, f. Jo. Manentis*;
Brageriaci, f. G. de Batbuo*;
Lactore, f. P. Furnerii*;
In Sancto Emiliano, f. G. de Bordis*;
In Sancto Severo, f. P. Bertrandi*.

VI. Assignamus studentes in Theologia:

Tholose, fratres Sicredum [f⁰ 436 B] Gozini, B. de Podio, R. Ferrarii, Aymericum de Magriano, Petrum Johannis, Poncium Fabri, Bernardum de Montanerio, Garssiam Barthe, G^{dum} Bioni (?), P. de Luperciaco, Guilhermum de Pomereto Lectorensem, Ber^{dum} de Soleriis, Guilhermun B^{di}, Garinum, Dominicum de Momino, Guilhermum Cathalani, B^{dum} de Sensaco, Johannem de Coiono, Bertrandum Moreti, G^{dum} de Moysiaco, Ar^{dum} Amelii, Johannem de Yrissano, Durandum Baffi, Poncium Garcie, Guilhermum de Plantadiis, Poncium Guarssie, Johannem de Clarencio, Guausbertum de Orgolio, P. Ar^{dl} de Peireto, Rogerium Carrerie.

Assignamus studentes in Burdegalis, fratres Bernardum de Villa nova, Gastonem de Borbotano, R^{dum} de Guinhano, B^{dum} Ortolani, Stephanum Joculatoris, R^{dum} Anglada, B^{dum} de Medulco, Bertrandum Mole, P. Medici, P. de Sancto Medardo, R^{dum} de Molis, P. de Amore, Ber. Osseti, P. de Marchoreto, R^{dum} de Feno, Poncium Furnerii, Pet^m Vitalis, Philippum de Combellis, Dominicum de Bertholeto, R^{dum} de Parisius, Duzannum, Delphinum, Ar^{dum} R^{dl} de Carressa, Pet^m Mutonis, Geraldum de Mauriaco, Guarsiam Ar^{dl} de Punctato, Ber^{dum} Rothlandi, Jo. de Garrigia Caturcensem.

Assignamus studentes in Montespessulano, fratres Durandum Baiherie, Petrum de Salgis, Hel. Ar^{dl}, Johannem de Scarraco.

Assignamus studentes Figiaci, fratres Jo. Tesselli, R^{dum} Maynardi, Benedictum Ferrerii, Johannem Furgonis, Stephanum Moscalonis, Johannem Raulini, Johannem Garrigie, Jacobum Aybrandi, Johannem Fabri, Radulphum Capre, Guilhermum Garnerii, Johannem de Larnhaco, Raymundum de Puteolis.

Caturci, fratres Ber^dum de Cabasato, P. Ucheti, Ar^dum de Medulco, Ar^dum Auterii, Ber^dum de Calmo, Bertrandum Gariberti, Olivarium de Porastone, Bellum hominem, Jo. de Casis, Geraldum de Ruppe, Ar^dum Bartholomei.

Carcassone, fratres Pet^m Servati, Guilhermum Philippi, Guilhermum de Prato, R^dum Fabri, Pet^m Bartholomei, Pet^m Taparacii, Stephanum de Masuncles, Antonium, G^dum Guayraudi, Michaelem de Villari, Guilhermum Sicardi, Johannem de Benevento, Johannem de Sormhano, Bernardum de Bosco, Guilhermum de Nobiliaco.

Castris, studentes fratres Hugonem de Albiaco, Ber^dum de Scalerio, P. Borda, G. Pet^i de Pradalibus.

Condomii, fratres P. de Burna, R^dum de Manso, Pet^m de Albertino, Galhardum de Baiolio, Bonum hominem, P. de Birone, Bernardum Fabri.

Agenni, fratres Ar^dum de Garduno, R^dum de Ponte, Pet^m de Fitano, Poncium Boerii, P. de Aspello, G. Helie, Ar^dum de Villafrancha, P. de Cavapenna, G. de Burgo.

Petragoris, fratres R^dum de Gelato, R^dum de Camino, Yterium Garrelli, Geraldum Bruma.

Lemovicis, fratres Audebertum La Mota, Martinum de Lebereto, Ber^dum de Mortua gutta, Cathardum.

Baione, fratres P. de Castro, Johannem de Domo nova, R^dum Fabri, Johannem de Larro, Bartholomeum de Albano.

Albie, fratres Favarium, Jo. Roionis.

Brageriaci, fratres Ar^dum de Fossabonio, G. Lhautardi.

Appamiis, fratres Ber^dum Cappas, Pet^m Regis de Rivis, Ber^dum Boni hominis, Ber^dum de Montelauderio, Michaelem de Campellis.

In Monte Albano, fratres Jo. de Sancto Larcio (?), Poncium de Malausa.

Ortesii, fratres Bartholomeum de Albano, Dominicum de Burgo, R^dum de Ponte, Thomam de Mersserio (1).

VII. Assignamus studia naturalium :

1. Primum ponimus in Appamia, lectorem fratrem Jo. de Consilio; auditores fratres Arnaldum de Manso, Bertrandum de

---

(1) La liste des étudiants est donnée d'après le ms. 488, f° 85 a, b, c, d.

Maris, Petrum Melonerii, Gualhardum de Racils, Pet^m Flequerii, R^dum de Sepeda.

2. Secundum ponimus in Rivis, lectorem fratrem Ar^dum Guilhermi de Murello*; auditores fratres Amigonum, Wm de Serenhano, R^dum Regularii, Hugonem de Lebenx, Bertrandum Landonis de Vio.

3. Tercium ponimus in Sancto Gaudencio, lectorem fratrem Bertrandum de Sancto Michahele; auditores fratres Guilhermum Borrelli, Arnaldum de Setes, Jacobum Magistri, Johannem Peleti, Ar^dum de Perigerio.

4. Quartum ponimus Carcassone, lectorem fratrem P. Guidonis*; auditores fratres Ar^dum Caballi, Geraldum Fontis Grine, Poncium de Arris, Guillermum Possola, Laurencium de Solario, Johannem de Peragretum.

5. Quintum ponimus in Altovillari, lectorem fratrem Johannem de Farguili*; auditores fratres Ber. Mathie, Guillermum Marioti, Johannem de Perulhario, Ge^dum Borrelli, Guilhermum Vallate, R^dum de Mercurio, Geraldum Lupati, Pet^m Bosonis.

6. Sextum ponimus Baione, lectorem fratrem Guillermum de Gardaga*; auditores fratres Peregrinum de Sancto Severo, Vitalem de Saboleriis, Pet^m de Sererio, Armandum Burdegalensem, Ber^dum de Sperone.

7. Septimum ponimus in Briva, lectorem fratrem Bertrandum de Poymaco*; auditores fratres Ar^dum Fabri Albiensem, Pet^m de Boria, Johannem Mangonelli, Stephanum de Villa, Tomam Bavili, Durandum Durandi.

8. Octavum ponimus in Sancto Emiliano, lectorem fratrem Johannem Salo[mo]nis; auditores fratres Jo. de Crota, Ar^dum Tarrida, Helyam Galterii, Pet^m Burgensis, Hugonem de Mayrona.

9. Nonum ponimus in Condomio, lectorem fratrem Dominicum Bessa*; auditores fratres Barthol. Dacum, Ar^dum Bega, Vitalem de Molimento, Assinum de Viridi folio, Ar^dum de Matheis, Guidonem de Bello forti.

10. Decimum ponimus in Albia, lectorem fratrem Bartholomeum de Badolio*; auditores fratres Guilhermum de Gilio, Pet^m Froterii, Pet^m Lachapelia, Bertrandum de Tineria, Aymericum de Lamota, Bernardum de Ramundis.

11. Undecimum ponimus Castris, lectorem fratrem Michaelem

de Begia*; auditores fratres Bernardum Affizaci, Joh. Andree, Jacobum Rotgerii, Pet^m R^dl Armandi, R. de Colreto, Geraldum Garrigie, Gaubertum de Podio Laurencio.

12. Duodecimum ponimus Caturci, lectorem fratrem Joh. Arrasati*; auditores fratres Pet^m Armarii, Begonem del Tolh, Guillermum Berengarii, Gaubertum Lageti, Ar^dnm de Caslario, Guilhermum Ber^dl de Guiscardo.

13. Tercium decimum ponimus in Petragora, lectorem fratrem Geraldum de Daumaro*; auditores fratres Guidonem de Mortuo mari, Joh. de Serero, Helyam Barraldi, Johannem Helye, Guilhermum de Sancto Claro, Guilhermum Vigerii, Gaufridum Ricos (1).

VIII. Assignamus studia arcium ad quorum relevationem duximus ordinandum quod fratres in hujusmodi studiis ordinati vel in posterum ordinandi duobus annis continuis et in eisdem conventibus legant et, ut sequitur, suas conbinent lectiones, videlicet quod isto anno primo pro principali lectione legant librum Posteriorum, pro secunda vero de tractatibus usque ad falacias; secundo pro principali lectione Predicamenta et sex principia, pro secunda vero librum Priorum; anno vero sequenti pro principali lectione librum Elenchorum et pro secunda capitulum de fallaciis tractatuum, secundo pro principali lectione librum Porphirii et Proherminias, pro secunda vero librum Thopicorum, [f° 437 A] et sic deinceps alternatim, quod omnes magistri in lectionibus suis concorditer procedant sicut fit in lectionibus naturarum, sicque suas procurent lectiones [ita]quod usque ad festum sancti Johannis Baptiste easdem continuent. Quod si aliqui ante dictum festum vel tempus terminaverint aliquem vel aliquos libros de eisdem, juxta petitionem audiencium resumere teneantur; et per magistros naturarum idem volumus observari (2).

IX. 1. Primum autem studium arcium ponimus Lemovicis, lectorem f. P. de Palheriis*;

2. Secundum in Sancto Juniano, lectorem fr. P. de Puneto*;

---

(1) Je donne les lecteurs et les étudiants de philosophie naturelle d'après le ms. 488, f° 85 d, f° 86 a.

(2) Cette disposition fut renouvelée au chapitre provincial de Limoges de 1327 (ms. 490, f° 453 A·B).

3. Tertium ponimus in Brageriaco, lectorem f. G. de Novavilla*;
4. Quartum in Figiaco, lectorem f. Ber^dum Bruni*;
5. Quintum in Monte Albano, lectorem f. Vitalem Ademarii*;
6. Sextum Ruthenis, lectorem f. P. de Podio sabone*;
7. Septimum in Lactora, lectorem f. Jo. Andree*, Appamiensem;
8. Octavum Agenni, lectorem f. Johannem Durandi*;
9. Nonum in Sancto Geroncio, lectorem f. Jacobum Bartholomei*;
10. Decimum in Sancto Severo, lectorem f. Guilhermum Maurini*;
11. Undecimum in Orthesio, lectorem f. Ar^m de Sancto Ylario*;
12. Duodecimum in Morlanis, lectorem f. Ar^m G^i de Carreria*.

X. Et volumus et ordinamus quod si in studiis naturarum vel arcium aliqui inventi fuerint turbatores pacis seu verborum delatores aut etiam insolentes, per priorem in cujus conventu studium fuerit, de consilio subprioris, lectoris et trium discretorum fratrum aut majoris partis eorumdem, ad conventus ad quorum predicationem pertinent cum prioris litteris remittantur; ceteros autem lectores et sublectores anni preteriti vice quorum alii subrogantur et studentes in quacumque facultate fuerint sive per acta sive per literas assignati, qui in istis actis non nominantur, conventibus ad quorum predicationis terminos pertinent assignamus. Et volumus quod conventus qui habent priores eligere teneantur studentes quoscumque in suis electionibus expectare.

XI. Iste sunt ordinationes et admonitiones.

1. Ordinamus et volumus quod nullus assumatur ad lectionem naturarum nisi in conventu aliquo legerit Theologiam, qua etiam lectione terminata, reponatur in studio generali, sicut de secundis lectoribus fieri consuevit.

2. Item, cum nullus excedere debeat limites sibi tradite potestatis, sed ea uti modeste observando tempus congruum et modum diucius approbatum, idcirco volumus et districte injungimus omnibus visitatoribus per acta provincialis capituli deputatis et in posterum deputandis, quod nullo modo a visitatione desistant, set eam incipiant tempore oportuno, sicque infra mensem post Pasca eam potuerint perfecisse, ne cum priore provinciali aut suo vicario concurrant in suis visitationibus, advertentes sollicite

et summopere precaventes [f° 437 B]. Utrisque autem visitatoribus sive per priorem provincialem sive per capitulum deputatis inhibemus districte ne ullo modo intromittant se de tractatu, nec de subprioribus faciendis, nec etiam dierum spacium sibi computent et observent momentanee ac punctatim, quod de lapsu sibi temporis possit quamvis dubitatio ymo nec admiratio exoriri quin pocius ante finem temporis sibi dati visitationem suam studeant terminare, in qua prohibemus omnino vicarios super priorem institui nec quemcumque sibi de sua subtrahi potestate, nisi in sua ommissione de hoc expresse ac specialiter caveretur; si que vero contra priores invenerint propter que potestatem eorum expediat limitari, illa continuo priori provinciali denuntient, ut ipse apponat remedium rationabile et salubre.

3. Item, districte injungimus prioribus universis ac eorum vicariis quod licentiam eundi ad balnea alicui non concedant nisi de fratrum discretorum consilio et de necessitate, prehabito judicio medicorum, propter quam quidem necessitatem si adeo urgens et evidens fuerit quod patienti sit merito esus carnium concedendus, illas tamen in presentia quarumcumque exteriorum personarum non concedant nisi forte sui famuli servitoris. Advertant autem priores et eorum vicarii quod tot et tales socios deputent fratri ad balnea accedenti quot et quales honestati et securitati ordinis noverint expedire, qui nullo modo solum ratione societatis hujus se balneare presumant, alioquin pro qualibet vice eos volumus subjacere penitentiam gravis culpe, ad quam integre faciendam quam cito ad conventum redierint, per priorem vel ejus vicarium, cum ei constiterit, compellatur.

4. Item, cum de nostris bonis laboribus speremus in vita alia fructum percipere gloriosum, districte interdicimus prioribus, subprioribus et aliis fratribus universis quod de questis, mendicationibus et procurationibus communibus quibuscumque pactum non faciant de parte seu quota aliqua sibi danda; set fratres omnes, quum scient et poterunt, bona communitati procurent, diligenter et fideliter utilitatem communem proprie preferentes, prout ordo exigit caritatis. Priores autem fratribus juxta suum laborem et fructum necnon et decentiam ac indigentiam curent de recreacionibus et aliis necessariis providere.

5. Item, cum curiositatem et pretiositatem in nostris vestibus demus et homines non immerito detestentur propter notabilem excessum qui in ista provincia, pro pudor, inveniatur, non solum in materia vestium set et in forma, districte imponimus prioribus universis ac eorum vicariis quod infra quindenam postquam presentia [f⁰ 438 A] acta in conventu suo perlecta fuerint, excessus caputiorum, caparum in magnitudine, stricture manicarum in tunicis, coloris notabilis caparum, efficaciter studeant emendare, statuentes et per penas debitas cohercentes, ne in posterum fiant similia in premissis, advertentes insuper cum magna sollicitudine et cum virtute debita prohibentes, ne fratres clerici vel conversi portent cultellos longos notabiliter et acutos, cum quibus, et si cuiquam injuria nulla fiat, incurri tamen potest faciliter nota et infamia propter eos.

6. Modum etiam ac formam rasure que manifeste apparet in pluribus non regularis set pocius secularis, juxta nostrarum constitucionum tenorem striccius faciant observari.

7. Item, cum in examinacione culparum cautela sit maxima adhibenda ne occultum indebite publicetur, infametur reus et ruine occasio sibi detur, idcirco districte imponimus omnibus fratribus ad quos examinacio seu inquisicio talium pertinet aut pro tempore pertinebit, quod in inquesta facienda de crimine admittant fratres paucos, providos et maturos, eosque arceant, ut si quid audierint ad crimen pertinens illud teneant sub secreto, ipseque examinator et judex hoc idem faciat, nisi qum ordo justicie exiget et expediet discucioni et diffinicioni objecti criminis vel reperti : ubi enim propter maliciam vel imprudenciam judicis publicatur culpa que, servatis omnibus circumstanciis debitis, secrete fuerat punienda, publicacio talis non deberet reo in penam cedere, set pocius publicanti.

8. Item, cum juxta formam evangelicam sermo noster debeat simplici assertacione firmari, inhibemus districte ne fratres juramentis cum quibusdam imprecationibus secularibus aliquatenus assuescant, nec unus loquatur alteri tuizando, nec vocando eum ipsum fratris nomine non expresso.

9. Item, cum in diversis nostre provincie terris equitandi notabilis ac multum confusibilis sit excessus, districte imponimus

prioribus et eorum vicariis universis quod hujusmodi licenciam absque urgenti et rationabili causa alicui non concedant. Et si quem sine causa vel licencia prehabita invenerint equitasse, illum compellant ad faciendam penitenciam pro hujusmodi culpa in nostris constitutionibus pretaxatam, de qua culpa semel in quolibet mense in capitulo de culpis fratres requirere teneantur.

10. Inhibemus fratribus universis ne, cum eos opertuerit, habitum nostrum dissimilent portando capucium [f. 438 B] secularium personarum aut etiam aliorum regularium quorumcumque, nec unquam nisi de nocte profunda infra conventum ascendant animalia vel descendant; nec ullo modo ea, nisi ad communitatem pertineant, teneant in conventu.

XII. Isti visitabunt hoc anno:

1. Conventus Baionensem, Orthesiensem, Morlanensem, Sancti Severi, frater Bertrandus de Castagno;

2. Conventus Agennensem, Condomiensem, Altivillaris, Lectorensem, locum Pontis viridis extra, fr. Guilhermus de Castro*;

3. Conventus Tholosanum, Rivensem, Sancti Gaudencii, Sancti Gerontii, locum Pruliani extra, fr. Berengarius Goti*;

4. Conventus Carcassonensem, Appamiensem, Castrensem, Albiensem, fr. Guilhermus de Boria;

5. Conventus Caturcensem, Montis Albani, Figiacensem, Ruthenensem, fr. Ato de Castro Verduno*;

6. Conventus Burdegalensem, Petragoricensem, Brageriacensem, Sancti Emiliani et locum Sancti Pardulphi extra, fr. Durandus Honorati*;

7. Conventus Lemovicensem, Brivensem, Sancti Juniani, Bellividere, fr. Marchus Caturcensis*.

XIII. Cum per acta capituli generalis nostre provincie sit concessum quod unum conventum possimus recipere in loco de Bello videre (1), juxta nostras constituciones illuc conventum mittimus ac etiam deputamus fratres infra scriptos eidem loco, pro

---

(1) « Item concedimus provincie Francie unam domum ponendam in Argentelio. Item provincie Tholosane, duas, unam ponendam in loco de Bello videre, et aliam in loco de Marsiaco ». Chapitre général tenu à Florence en 1321. Biblioth. de Toulouse, ms. 489, f° 152 b. Belvez, ch.-l. de canton, arrond. de Sarlat, Dordogne. Vicomte de Gourgues, *Diction topogr. du départ. de la Dordogne*.

conventu et collegio assignatis, fratres videlicet, Aymericum de Miromonte* constituentes priorem et eidem tam in temporalibus quam in spiritualibus auctoritatem et potestatem plenariam committentes. Et assignamus eidem conventui lectorem fratrem Guidonem Boscoti* ac fratres conventuales fratres P. Fabri pro officio subprioris, Geraldum de Miromonte, Ramundum de Castaneto Petragoricensem, Bernardum de Mortua gutta Lemovicensem, Johannem Parelli Brivensem, Raymundum de Vineis, Helyam de Casalhens, Guilhermum Vigerii, Joh. Carrini, Deodatum de Plantadis, P. Vinharerii, Laurentium conversum.

Item deputamus ad promovendum locum de Marciaco fratrem Ramundum de Baulenx* et Bernardum de Bransano*; et ordinamus quod ad locum complendum et perficiendum ceteri dent operam efficacem (1).

XIV. Ista sunt suffragia pro vivis:

1. Pro sanctissimo Patre ac domino Johanne summo Pontifice Sacrosancte Romane ecclesie, quilibet sacerdos II. missas, et

---

(1) Les deux chapitres précédents s'étaient déjà occupés de la fondation d'un couvent à Marciac (Gers).
1. Chapitre provincial de Cahors, « post generale », 1319.
« Cum de conventu ponendo in Marciaco, per diversos bonos fratres et seculares facte fuerint multe instancie, et etiam pro conventu ponendo in Bellovidere, committimus priori Morlanensi et fratri Raymundo de Baulenxs, quod ad dictum locum de Marciaco accedant, et de conditionibus et commoditatibus illius loci pro conventu ponendo diligenter inquirant, et quod invenerint sequenti provinciali capitulo refferre juxta eorum consciencias teneantur. Idem committimus quantum ad locum de Bellovidere fratri Helye, priori Sancti Pardulphi, et fratri Bertrando Fulcodii. » Ms. 490, f° 433 A, et ms. 488, f° 81 d.
2. Chapitre provincial de Castres, 29 juin 1320. — « Ad instanciam comitatum de Bellovidere, dyocesis Sarlatensis, ac de Marciaco, dyocesis Auxitane, necnon et multarum et nobilium personarum, communicato nobis plurium discretorum fratrum consilio et assensu, quum nostra interest et rite possimus, in villis predictis locum recipimus pro conventu. Et ponimus et etiam deputamus in loco de Bellovidere fratrem P. Fabri, subpriorem Brageriacensem, et fratrem P. de Podio Maurini; in villa autem de Marciaco, fratrem R. de Baulenxs et fratrem B. de Biansano, imponentes et committentes eisdem, ut auctoritate ordinis, utrique in villis predictis locum oblatum recipiant, ea que pro conventu ponendo ibidem oblato collata fuerint ac promissa, omniaque utilia et necessaria fuerint pro conventu, procurantes et promoventes sollicite, ac provide disponentes. Volumus autem quod predicti duo fratres, videlicet Raymundus de Baulenxs et Bernardus de Biansano, in predictis procedant de consilio et consensu fratrum Jo. de Falbeto et Hugonis de Monte esquivo, sine quibus nolumus quod in prefata villa valeant recipere dictum locum. » Ms. 490, f° 435 A-B, ms. 488, f° 83 d, f° 84 a.

quilibet conventus III. missas, unam de Spiritu Sancto, aliam de Beato Virgine et aliam de Beato Dominico;

2. Pro venerabili patre domino Guill° Petri, Episcopo Sabinensi, legato ecclesie Romane quilibet sacerdos I. missam, et quilibet conventus III. missas de Beata Virgine;

3. Pro venerabilibus patribus domino Bertrando de Pogeto, presbitero cardinali legato Romane ecclesie, et domino Gaucelmo Johannis presbitero cardinali, quilibet sacerdos I. missam;

4. Pro venerabilibus patribus Domino Nicholao, domino Ar^{do} de Pelagrua, domino R^{do} de Fabricis, domino Galhardo de Lamota, domino Ber^{do} de Garno, et domino Bertrando de Monte favesio, quilibet sacerdos I. missam;

5. Pro venerabili collegio dominorum cardinalium, quilibet sacerdos I. missam;

6. Pro venerabili patre domino archiepiscopo Compostellano, quilibet sacerdos I. missam;

7. Pro venerabili patre domino episcopo Cosseranensi, quilibet sacerdos I. missam;

8. Pro venerabilibus patribus dominis episcopis Caturcensi, Lodovensi, quilibet sacerdos I. missam;

9. Pro venerabilibus patribus dominis archiepiscopis Tholosano, Narbonensi, dominis episcopis Lombariensi, Vaurensi, Rivensi, Convenarum, Albiensi, Agennensi, Sancti Papuli, Appamiensi, Castrensi, Sancti Poncii, et pro dominis abbatibus Gracensi, Sancti Ylarii, Grandis Silve, de Bonofonte, domina Agnete Dorcau, Esclarmonda de Durbanno, domino Eustochio, domino de Saxiaco, quilibet sacerdos I. missam;

10. Pro domino abbate Mansiasilis, et domino Pet° Ar^{dl} de Castro Verduno, quilibet sacerdos I. missam;

11. Pro illustri principe domino Philippo rege Francie, consorte et liberis eorum, et tota domo Francie, quilibet sacerdos I. missam;

12. Pro dominis comitibus Fuxensi, Armaniacensi, Astariacensi, Montis Lesa, domina Helyonors de Monteforti et liberis ejus, domino vicecomite Leomannie [et] uxore ejus, et domino Ar^{do} de Yspania, domina Esclarmonda de Yspania, domina Agnete de Yspania, sorore Philippa de Yspania, quilibet sacerdos I. missam;

13. Pro domino Rogerio de Convenis, vicecomite Cosseranensi,

et domina Cecilia consorte sua et liberis eorum, quilibet sacerdos II. missas;

14. Pro domino comite Edvenarum, quilibet sacerdos I. missam;

15. Pro domino R^{do} Athonis de Espello archidiacono Valencie, quilibet sacerdos I. missam;

16. Pro capitulo dominorum canonicorum Sancti Licerii, quilibet sacerdos missam;

17. Pro domino Ber° Garsie, canonico Sancti Licerii, et Bernardo Garsie nepote ejus, quilibet sacerdos I. missam;

18. Pro villa Sancti Geroncii, comitatibus terre domini Rogerii vicecomitis Cosseranensis, quilibet sacerdos I. missam;

19. Pro priorissa et sororibus monasterii Pruliani, et pro hiis qui benefecerunt capitulo et receperunt fratres ad capitulum venientes et recipient redeuntes, et pro hiis qui habent litteras de beneficiis ordinis, et pro hiis qui pecierunt recomendari capitulo, quilibet sacerdos I. missam.

XV. Ista sunt suffragia pro deffunctis :

1. Pro domino Ludovico Rege Francie, quilibet sacerdos I. missam;

2. Pro domino Ar° de Yspania vicecomite condam Cosseranensi, et domina Philippa, uxore sua, quilibet sacerdos I. missam;

Et denunciamus fratribus universis quod, ex concessione prefato domino Ar° de Yspania olim sibi facta, fratres omnes de provincia tenentur eidem ad suffragia, sicut pro fratribus nostris deffunctis est in nostris constitucionibus ordinatum.

3. Pro domina Margareta, condam comitissa Fuxensi, et pro domino Gastone filio suo, et domina Margareta filia prefati domini Gastonis, quilibet sacerdos I. missam;

4. Pro domino Ber° condam comite Armaniaci et domina matre ejus et domino Gastone fratre suo, et domina de Cauda rasa, quilibet sacerdos unam missam;

5. Pro R° Attone de Espello, quilibet sacerdos I. missam;

6. Pro domino Rogerio Ysarni, domino P. de Podio rectore Sancti Johannis de Podio, uxore condam domini Petri Duesci fratris Summi Pontificis, Ar° Garsie, R° Garsie, Bernarda de Castanea, Agnete de Galaart, domina Aypays uxore condam Raymundi Columbi, quilibet sacerdos I. missam;

7. Pro Guilhermo Bruneti patrono conventus Brageriacensis, quilibet sacerdos i. missam;

8. Pro fratribus et sororibus nostris deffunctis, familiaribus, benefactoribus et recomendatis, et hiis qui habent litteras de beneficiis ordinis, quilibet sacerdos i. missam (1).

Pro qualibet missa superius posita quilibet frater clericus vii. psalmos cum letania, et quilibet frater conversus c. *Pater noster* cum totidem *Ave, Maria* dicant.

XVI. Assignamus socium prioris provincialis ad sequens generale capitulum fratrem Helyam de Ferreriis*.

XVII. Sententias judicum approbamus.

XVIII. Denunciamus voce privatos omnes qui sine licentia ad presens capitulum [f° 439 A] provinciale accesserunt; nec de restitutione vocis credatur alicui, nisi per litteras vel per testes legitimos faceret plenam fidem.

XIX. Sequens provinciale capitulum assignamus et ponimus in conventu Agenni[i], in festo beati Augustini episcopi et confessoris. Fratres autem non intrent locum capituli usque ad diem immediate precedentem vigiliam dicti festi. Et inhibemus ne frater aliquis, ad capitulum non pertinens, ad ipsum capitulum veniat sine licentia speciali, nec loco capituli appropinquet sine licencia speciali.

---

(1) Je donne les suffrages pour les vivants et pour les morts d'après le ms. 488.

XIV.

28 AOUT 1322.

CHAPITRE PROVINCIAL D'AGEN.

Biblioth. publique de la ville de Toulouse, ms. 490 (I, 273) — ms. 488 (II, 91), f° 88 a, b, c, d, f° 89 a, b, c, d, f° 90 a, b, c, d, f° 91 a, b.

I. Prieurs relevés de leur charge. — II. Lecteurs de la Bible. — III. Lecteurs de théologie. — IV. Lecteurs des Sentences. — V. Sous-lecteurs. — VI. Étudiants en théologie. — VII. Lecteurs de philosophie naturelle. — VIII. Lecteurs des arts. — IX. Admonitions et ordonnances. — X. Suffrages. — XI. Visiteurs. — XII. Prédicateurs généraux. — XIII. Pénitences. — XIV. Étudiants envoyés à Paris, à Montpellier, à Bologne, à Barcelone. — XV. Définiteur au chapitre général. — XVI. Réception du couvent de Marciac. — XVII. Lieu et date du chapitre suivant. — XVIII. Sentences des juges approuvées.
Supplément : Visiteurs et lecteurs du couvent de Marciac.

[F° 439 A] In nomine Patris, et Filii, et Spiritus Sancti. Amen.

Hec sunt acta capituli provincialis apud Agennum celebrati in festo beati Augustini episcopi, anno Domini M° CCC° XXII°.

I. Absolvimus priores Sancti Geroncii, Orthesiensem, Rivensem, Sancti Gaudencii, Ruthenensem, Sancti Juniani, Petragoricensem et Agennensem (1); et volumus et ordinamus quod in eisdem conventibus hoc anno ad idem officium nullatenus assumantur; ac ipsos conventibus ad quorum predicationem pertinent revocamus.

II. Assignamus lectores ad legendum Bibliam biblice :

Burdegalis, fratrem Poncium de Foyshaco*;

Carcassone, f. G^m Ripparie*;

Castris, f. Paulum de Alanhano*;

Agenni, f. Petrum de Castro*;

Baione, f. Pontium de Brezis*.

Et ordinamus quod predicti lectores semel ad minus disputent in quindena.

---

(1) Fr. Johannes de Falbeto, f° 163 B.

III. Assignamus lectores in Theologia :
In Monte Albano, f. B^m de Podio* ;
Ruthenis, f. R^m Ferrerii* ;
In Sancto Juniano, f. Petrum de Luperciaco* ;
Appamiis, f. Rotbertum de Solminhaco* ;
Condomii, f. Fortanerium de Petra longa* ;
Brageriaci, f. Guidonem Boscoti* ;
Albie, f. Bertrandum Frezelli* ;
Petragoris, f. Petrum de Pireto* ;
Figiaci, f. Geraldum Durandi* ;
In Sancto Emiliano, f. Stephanum Rochonis* ;
In Rivis, f. Petrum Assalhiti* ;
Apud Bellum videre, f. R^m de Frontinhaco* ;
In Sancto Gaudencio, f. Bertrandum Boerii* ;
Orthesii, f. Guidonem Roberti*.

IV. Assignamus ad legendum Sententias :
Burdegalis, f. Jordanem de Castro* ; magistrum studentium f. Bertrandum Moreti* ;
Carcassone, f. Petrum Guidonis* ;
Castris, f. Pontium Fabri* ;
Baione, f. Garsiam Barthe* ;
Agenni, f. Petrum Johannis Rivensem*.

Et volumus quod predicta lectio Sententiarum sequenti anno in bonis conventibus lectiones habeat principales.

V. Assignamus ad secundam lectionem fratres :
Albie, f. G^m Bordas ;
Caturci, f. Petrum de Valenchinis* ;
Appamiis, f. Guilhermum Borrelli* ;
In Monte Albano, f. Johannem de Coiono* ;
Orthesii, f. Petrum Bertrandi* ;
Condomii, f. Guilhermum de Plantadiis* ;
Brive, f. Hugonem Cadelli* ;
In Sancto Emiliano [f° 439 B], f. Rogerium Carrerie ;
In Sancto Severo, f. Guilhermum Vitalem* ;
Morlanis, f. Dominicum de Momino ;
Lemovicis, f. Joh. Archambaudi* ;
Petragoris, f. Geraldum de Moysiaco ;

In Sancto Gaudentio, f. Sancium de Borderas*;
In Alto villari, f. A. Amelii;
Figiaci, f. Guilhermum Catalani;
In Sancto Gerontio, f. Guilhermum de Castelione*;
Rivis, f. Germanum Fabri*.

VI. Assignamus studentes in Theologia :

Tholose, fratres Bartholomeum de Serra, Hectorem, Durandum Bafi, Petrum Chabberti, Raymundum Baione, B^m de Sensaco, G^m de Roseto, Oliverium de Francia, Garnerium, Johannem de Erissano, Petrum Raymundi Guilaberti, Poncium Garssie, B^m de Villanova, Raymundum de Parisius, Johannem de Clarencio, Bartholomeum Ortholani, G. de Orgolio, Petrum Ar^i de Peyreto, R^m de Feno, G. de Prato, Dalphinum, Philippum de Cumbellis, G. de Podio, Petrum de Sencerio, Johannem de Lassus, B^m de Biraco, Johannem Salomonis, Johannem de Farguili, Bertrandum de Poymaco, Dominicum Bessa, Pet^m Capelle, Dusandum, Pet^m de Martoreto, Petrum de Salgis, Heliam Barrandi, Heliam Arnaldi, Guilhermum de Bello podio, Johannem de Scarrato;

Burdegalis, fratres R^m de Guihano, R^m Anglada, Ar^m de Medulco, Pet^m de Sancto Medardo, R^m de Molis, Pet^m de Amore, B^m Osseti, Poncium Furnerii, Petrum Vitalis, Dominicum de Bertholoto, Ar^m R^i de Carressa, Pet^m Mutonis, Geraldum de Mauriaco, B^m Rotlandi, Garssiam Ar^i de Pontaco, Vitalem de Molineto, Guilhermum Maurini, Johannem de Perulhario, G. Cicardi, Vitalem de Saboleriis, Bellum hominem de Sinhaco, Johannem Mangonelli, Stephanum de Masunculis, Armandum Biganh, Geraldum de Garrigia, Poncium Boerii, Pet^m de Fitano, Ar^m Bartholomei, Pet^m Bartholomei, B^m de Bosco, B^m de Calmo, Guilhermum Sabbaterii, Pet^m de Caupenna;

Carcassone, fratres G. Philippi, Olivarium de Proastrone, Paulum Taparacii, G. Petri de Pradalibus, Michaelem de Villario, Gaubertum de Podio Laurentii, R^m de Cosreto, Pet^m Froterii, Heliam Galteri de Villa Petragore, Ar^m de Rivis, Michaelem de Campellis, Aymericum de Alsen, Johannem de Sornhano, Hugonem de Polodiis, Ar^m Auterii, Ar^m de Manso, Pet^m Servati, Poncium de Arris;

Figiaci, fratres Johannem Tesselli, R^m Maynardi, Benedictum

Ferrerii, Johannem Fabri, Radulphum Capre, Guilhermum Garnerii, R^m de Puteolis, Heliam Galteri de Brantolurio, Jacobum Lacáminada;

Caturci, fratres B^m de Cabesaco, Ar^m de Medulco, Johannem de Casis, Heraldum de Rupe, Hugonem de Mayrona, Pet^m Ucheti, Petrum Melonerii;

Castris, fratres Hugonem de Albiaco, Pet^m Lorda, G. Ayrivelerii, Pet^m Fabri;

Appamiis, fratres Pet^m Medici, Pet^m Regis, B^m Boni hominis, Jacobum Aybrandi;

Baione, fratres Thomam de Mercerio, Bartholomeum de Albano, Johannem de Domo nova;

Condomii, fratres R^m de Ponte, Pet^m de Cererio, Bernardum Fabri;

Brageriaci, fratres R^m Lautardi, Stephanum de Bono villari, Geraldum Helie;

Petragoris, fratres Pet^m Lachapelia, G. Begonis, Raymundum de Gelato, Yterium Garrelli;

Albie, fratres G. de Gilio, Johannem Furgonis, Stephanum Maschalonis;

Orthesii, Johannem de Larro (1).

Ceteros autem fratres qui in hiis actis non nominantur, sive per acta sive per litteras fuerint assignati, conventibus ad quorum predicationem pertinent assignamus.

VII. Assignamus studia naturarum.

1. Primum ponimus in Appamia, lectorem fratrem Johannem de Solano*; auditores fratres Bertrandum de Solano, Bertrandum de Molis, B^m Brossa, B^m de Ramundinis, Cycardum de Medullo, B^m de Arcizio, Johannem Peleti.

2. Secundum ponimus in Sancto Gaudencio, lectorem fratrem Bartholomeum de Badolio*; auditores fratres Laurencium de Solerio, Ar^m de Sancto Germerio, Petrum Bosonis, R^m de Cepeda, G. de Sancto Claro.

3. Tercium ponimus Carcassone, lectorem fratrem Ar^m Babonis*; auditores fratres Ar^m Caballi, Geraldum Fontis Grive, G. Barbe rubee, G^m de Amalveriis, Johannem Andree Castrensem, B^m de Maris, G. de Serinhaco, Hugonem de Lobenxs.

4. Quartum ponimus in Alto villari, lectorem fratrem Bartholomeum de Anisano*; auditores, fratres Ar^m de Costa, G. de Valensano, Ar^m de Pereguerio, R^m de Mercurio, Jordanum de Mascalaco.

5. Quintum ponimus in Baiona, lectorem fratrem Pet^m de Alhano*; auditores, fratres G. Ar^i de Chiberto, R^m Barravi, R^m de Nozereto, Ar^m de Austor, Bertrandum Maurandi de Bastita, B^m de Parentinis.

6. Sextum ponimus in Briva, lectorem fratrem Bertrandum de Albigesio*; auditores fratres Gaufridum Ricos, Stephanum de Villa, Thomam Bavili, Pet^m de Boria, Ar^m Fabri, G. Balada, Stephanum de Bono villari.

7. Septimum ponimus in Petragora, lectorem fratrem Geraldum de Daumar*; auditores, fratres Thalayrandum, Guidonem de Mortuo Mari, G. Vigerii, Durandum Durandi, Pet^m Robberti, Stephanum de Malesset, Bosonem de Rupe.

8. Octavum ponimus in Sancto Emiliano, lectorem fratrem G. de Rupe dura*; auditores, fratres Pet^m Burgensis, Johannem de Cererio, Pet^m Gaufridi, Ar^m de Tarrida, Heliam Juliani, Yterium Martini, Begonem de Tolio.

9. Nonum ponimus in Albia, lectorem, fratrem Bertrandum de Sancto Michaele*; auditores, fratres R^m Tegularii, Geraldum Borrelli, G. Berengarii, B^m Mathie, G. Marioti, Guidonem de Bello forti, Aymericum de Lamota.

10. Decimum ponimus in Condomio, lectorem fratrem Johannem de Consilio*; auditores, fratres Ademarium de Matheis, Ar^m de Porta, G. Rogerii, B^m de Molandino, Michaelem de Bisano, Hugonem del Telh.

11. Undecimum ponimus in Castris, lectorem fratrem Michaelem Labega*; auditores, fratres Geraldum Lupati, Ar^m de Caslario, Pet^m Arimarii, G. de Paulhaco, Amigonum, Pet^m B$_i$ Armandi, Jacobum Rogerii, Gaubertum Lageti.

12. Duodecimum ponimus in Caturco, lectorem, fratrem Johannem Arrezati*; auditores, fratres Galhardum de Rassils, Martinum

---

(1) Cette liste des étudiants est donnée d'après le ms. 488.

Reginaldi, Bertrandum de Queria, Geraldum de Gelato, B^m Guilhermi de Monte Jove, Guilhermum de Galliaco (1).

VIII. Assignamus studia arcium, ad quorum conservationem volumus ordinationem precedentis anni quoad lectiones et modum legendi inviolabiliter observari.

1. Primum ponimus in Lemovica, lectorem f. P. de Palheriis*;
2. Secundum ponimus in Sancto Juniano, lectorem f. P. de Prunh*;
3. Tercium ponimus in Brageriaco, lectorem fr. G. de Nova villa*;
4. Quartum ponimus in Figiaco, lectorem f. B. Bruni*;
5. Quintum ponimus in Monte Albano, lectorem f. Vitalem Ademarii*;
6. Sextum ponimus in Ruthena, lectorem f. P. de Podio sabone*;
7. Septimum ponimus in Lactora, lectorem f. Jo. Andree [f° 440 A] Appamiensem*;
8. Octavum ponimus in Agenno, lectorem f. Johannem Durandi*;
9. Nonum ponimus in Sancto Geroncio, lectorem f. Jacobum Magistri;
10. Decimum ponimus in Sancto Severo, lectorem f. Jo. Laclota;
11. Undecimum ponimus in Orthesio, lectorem f. Jacobum Bartholomei*;
12. Duodecimum ponimus in Morlanis, lectorem G^m Ar^i de Carreria*;
13. Tertium decimum ponimus in Rivis, lectorem f. Ar^m de Sancto Ylario*.

IX. Iste sunt ordinationes et admonitiones.

1. Cum deceat viros religiosos loqui de hiis que ad pacem sunt et que edificant ad salutem, admonemus ut fratres super litigiis, discencionibus, invasionibus seu bellis principum vel baronum, non sint veloces ad audiendum, nec prompti, set tardi potius ad loquendum; et sint summopere circumspecti ne super predictis que, proh dolor, nunc invalescunt in quibusdam partibus Vasconie, partem aliquam videantur fovere.

---

(1) Je donne les lecteurs et les étudiants de philosophie naturelle d'après le ms. 488, f° 88 d, f° 89 a. Le ms. 490 contient seulement avec le nom du lecteur le nom du premier des étudiants.

2. Item, cum non solum sit a malo, set a mali specie abstinendum, districte inhibemus ne fratres portent diploidem seu juppam. Et quicumque habens seu portans eam infra quindenam non vendiderit vel distraxerit, vestiarie conventus ipsam seu ejus precium applicamus; et nichilominus prioribus seu eorum vicariis imponimus ut infra dictum terminum hanc ordinationem curent effectui mancipare.

3. Item, cum in nostris constitucionibus sit statutum quod in nostris infirmariis linteamina nullatenus habeantur, et a paucis temporibus sanis hospitibus indifferenter in multis conventibus lecti cum linteaminibus preparentur, inhibemus districte ne hoc fiat pro aliquo fratre ordinis cujuscumque conditionis existat, nisi forte quum est pressura fratrum venientium ad capitula, ubi de lectis pluribus habendis non potest comode aliter provideri.

4. Item, cum in quibusdam conventibus aliquando minus bene dissimulatum extiterit quod aliqui fratres in refectorio quantum ad vinum bibendum et emendum ceteris fratribus sint difformes, volumus et ordinamus quod quoad omnes in cibo et potu uniformitas observetur.

5. Item, volumus et ordinamus quod nullus frater, nisi esset actu decumbens, carnes in villa faciat preparari; et quod pulmentum coctum cum carnibus non comedatur in domo hospitum, et precipue in conventibus ubi est domus que vocatur recreatorium, in qua domo nullus tucentum seu pulmentum cum tritura carnium comedat; et qui contrarium fecerit pena debita comedenti carnes sine licencia puniatur.

6. Item, volumus et ordinamus quod visitatores quorum potestas durat per triduum non possint facere ordinaciones, vel dare precepta vel sententias excommunicationis in futurum seu posterum duraturas.

7. Item, cum ad compescendum fratrum discursus inutiles in multis capitulis fuerit ordinatum quod fratres eundo de conventu ad conventum portare [f° 440 B] deberent litteras testimoniales, volumus et ordinamus quod quicumque non portaverint, per priores ad quos declinaverint acrius puniantur; et nichilominus de conventu, sumpta una reffectione, expellantur, nisi ex causa rationabili priori videretur super hoc dispensandum.

8. Item, cum ex sacro corpore sancti Vincentii quod requiescit in conventu Castrensi sit nostra provincia quam plurimum insignita, de consilio et assensu omnium qui spectant ad capitulum, volumus et ordinamus quod in omni conventu nostre provincie de dicto sancto fiat festum totum duplex, et, infra mensem, in kalendariis festum totum duplex ubi dicitur semiduplex annotetur.

9. Item, ordinaciones precedentis capituli provincialis in Sancto Gerontio celebrati de potestate visitatoribus tradita nullatenus excedenda et visitandi formam servanda, ac modo eundi et se habendi ad balnea, et curiositate vestium corrigenda, et de cultellis acutis non portandis, volumus inviolabiliter observari.

X. Ista sunt suffragia pro vivis :

1. Pro sanctissimo patre domino Johanne sacrosancte Romane Ecclesie Summo Pontifice, quilibet sacerdos III. missas, et quilibet conventus III. missas, unam *de Spiritu Sancto*, aliam *de Beata Virgine*, aliam *de Beato Dominico*;

2. Pro venerabili patre domino G. Petri, episcopo Sabinensi, legato Romane Ecclesie, quilibet sacerdos III. missas, et quilibet conventus III. *de Beata Virgine;*

3. Pro venerabilibus patribus domino Gaucelmo presbitero cardinali, domino Bertrando de Pogeto presbitero cardinali ac legato Romane Ecclesie, quilibet sacerdos I. missam;

4. Pro venerabilibus patribus domino A. de Pelagrua, Ramundo de Fargiis, domino Gualhardo de Mota, domino Ber. de Mota, domino Ber. de Garno, cardinalibus, quilibet sacerdos I. missam;

5. Pro domino N. presbitero cardinali, ac venerabili collegio dominorum cardinalium, quilibet sacerdos unam missam;

6. Pro venerabili patre domino Archiepiscopo Compostellano, quilibet sacerdos I. missam;

7. Pro venerabili patre domino Amaneo, episcopo Agennensi, quilibet sacerdos I. missam;

8. Pro venerabili patre domino Albiensi episcopo, quilibet sacerdos I. missam;

9. Pro venerabilibus patribus domino Archiepiscopo Aquensi, et dominis episcopis Caturcensi, Coseranensi, Baionensi, quilibet sacerdos I. missam;

10. Pro venerabilibus patribus dominis Archiepiscopis Tholo-

sano, Narbonensi, et dominis episcopis Vaurensi, Castrensi, Ruthenensi, Lomberiensi, Convenarum, Lascurrensi, Appamiensi, Condomiensi, Lactorensi, et dominis abbatibus de Argesio, et de Berdosio, et Belle percite, et Grandis silve, et monasteriis eorum, domino R. Seguini, et domino priore de Marmanda, ac capitulo dominorum capitulorum Sancti Stephani, Sancti Caprasii, et de Manso, quilibet sacerdos unam missam;

11. Pro illustri viro domino Karolo, et tota domo Francie, quilibet sacerdos 1. missam;

12. Pro illustri viro domino Eduardo Rege Anglie, consorte sua, et liberis ejus, quilibet sacerdos 1. missam;

13. Pro domina comitissa Fuxensi et liberis ejus, quilibet sacerdos 1. missam;

14. Pro domina Helionors comitissa de Monte forti et Vindocinensi, et domino Bochardo comite Vindocinensi, consorte sua et fratribus ejus, quilibet sacerdos 1. missam;

15. Pro domino Bertrando vicecomite Altivillaris et Leomannie, et domina vicecomitissa consorte sua et filia ejus, quilibet sacerdos 1. missam;

16. Pro dominis comitibus Convenarum, Armaniaci, domino Rogerio de Yspania, et consorte ejus et liberis ejus, domino Amaneo de Lebreto, domino A. de Landorra, domino R. de Duro forti et Bertrando de Lamota, domino de Pinibus et domina Mascarosa, et Raymundo Hugonis de Telis (?), quilibet sacerdos 1. missam;

17. Pro domino Amanevo de Nohalhaco, uxore et liberis ejus, quilibet sacerdos 1. missam;

18. Pro domina Titbors de Insula, et domino de Bruchio et Titbors nepte sua, quilibet sacerdos 1. missam;

19. Pro domina Cebelia et liberis ejus, quilibet sacerdos 1. missam;

20. Pro domino Guarssia Ar[di] de Hugueto, rectore ecclesie Sancti Martini, quilibet sacerdos 1. missam;

21. Pro domino Herveo Lormerii, et Marquesia uxore ejus, quilibet sacerdos 1. missam;

22. Pro dominis consulibus et bono statu communitatis Agennensis, quilibet sacerdos 1. missam;

23. Pro priorissa et sororibus monasterii Pruliani, et pro hiis qui habent litteras de beneficiis ordinis, et pro hiis qui petiverunt recomendari, et receperunt fratres ad capitulum venientes, et recipient redeuntes, quilibet sacerdos I. missam.

Ista sunt suffragia pro deffunctis :

1. Pro dominis cardinalibus domino Beraldo et domino de Cantalupo, et dominis episcopis domino A., domino Ber., Domino G. Seguini, et domino A. Guarssie condam vicecomite Leomannie, quilibet sacerdos I. missam ;

2. Pro domino Philippo condam rege Francie, quilibet sacerdos I. missam ;

3. Pro domina Agnete de Fossorto (?), domino de Claromonte, quilibet sacerdos I. missam ;

4. Pro domino Ber. de Rovinhano, domino de Monte cavo, quilibet sacerdos I. missam ;

5. Pro domino Ber. condam comite Armaniaci, et domino Gastone fratre suo, et domina Margareta filia comitisse Fuxensis, et domina Ysens vicecomitissa Lautricensi, et domino Galtero de Fossato, P. Pellicerii, R^{ndo} Castelli, et Ar^{do} Martini, et pro hiis qui habent litteras de beneficiis ordinis, quilibet sacerdos I. missam (1).

Pro qualibet missa superius posita, quilibet clericus non sacerdos VII. psalmos cum letania, et quilibet conversus c. *Pater noster*, cum totidem *Ave, Maria* dicant.

XI. Isti visitabunt hoc anno :

1. Conventus Baionensem, Orthesiensem, Morlanensem, Sancti Severi, f. B^{us} de Carabordas* ;

2. Conventus Agennensem, Condomiensem, Altivillaris, Lactorensem, locum Pontisviridis extra, f. Johannes Chyesa ;

3. Conventus Tholosanum, Rivensem, Sancti Gaudencii, Sancti Geroncii, monasterium Pruliani extra, f. Aymericus Martini* ;

4. Conventus Carcassonensem, Appamiensem, Castrensem, Albiensem, f. Petrus Borias ;

5. Conventus Caturcensem, Montis Albani, Figiacensem, Ruthenensem, f. Petrus de Insula* ;

---

(1) Les suffrages sont donnés d'après le ms. 488.

6. Conventus Burdegalensem, Brageriacensem, Petragoricensem, Sancti Emiliani, locum Sancti Pardulphi extra, fr. Petrus Bertucii;

7. Conventus Lemovicensem, Brivensem, Sancti Juniani, de Bello videre, fr. Ramundus de Canbonio.

XII. Facimus predicatores generales juxta dispensationem reverendi patris Magistri ordinis, de qua per ejusdem patentem litteram nobis extitit facta fides, fratres Gualhardum de Puieto*, Dominicum de Monte Totino*, Ar^m de Sancto Michaele*, Hugonem de Sancto Marciale*, Helyam de Ferrariis*, Petrum Bruni*.

XIII. Iste sunt penitentie.

1. Fratres Hugonem Campanesii, Armandum de Betalha, qui ad locum capituli venerunt sine licencia, sicut precedente diligenti examine per nos extitit [f° 441 A] judicatum, privamus voce ad duos annos, nichilominus xx. dies in pane et aqua cuilibet injungendo, quos teneantur facere quam cito ad conventus venerint, ad quos presenti capitulo terminato pertinebit.

2. Idem dicimus et per omnia de fratribus Aymerico Rovinhano, Ramundo de Palo, Guillermo Bernardi, Arnaldo de Fossabonio; nec de restitucione vocis credatur eisdem, nisi per patentem litteram reverendi patris prioris provincialis facerent certam fidem.

3. Subpriorem Orthesii qui isto anno diem assignatam ad tractandum indiscrete et cum exacta astucia prolongavit in offensam plurium et prejudicium assignacionis prius facte, privamus quod non possit locum tenere prioris vel subprioris infra sequens provinciale capitulum proximo celebrandum, et nichilominus sibi et aliis qui diem prius assignatam prolongaverunt, imponimus x. dies in pane et aqua, infra sequens festum Nativitatis Domini indispensabiliter jejunandos.

4. Fratribus vero de Sancto Geruncio qui, facto socio in capitulo, in die tractatus sui, ad claustrum se traxerunt per se singulare et inusitatum scrutinium facientes, et alium socium eligentes temere et incaute, tam eligentibus quam electo, totidem dies imponimus in pane et aqua, nichilominus eosdem per biennium omni voce, preterquam in acusatione sui, virtute penitentie hujusmodi privantes.

5. Item, cum ex multiplici occupacione non potuerimus [vacare] diligenti examinationi illorum qui ad capitulum venerunt vel

accesserunt sine licentia, nec priores, prout eis imposueramus, in tradendo ipsorum nomina fuerint diligentes, denunciamus voce privatos omnes qui non sunt de corpore capituli, exceptis visitatoribus et eorum sociis, ac hiis qui, infra octo dies postquam ad conventus suos redierint, priori et tribus de senioribus de conventu de licentia seu vocis restitucione per litteras provincialis vel alicujus quatuor diffinitorum possint facere plenam fidem.

XIV. Assignamus studentes :

Parisius fratres Petrum Vasconis*, et Deodatum Engilberti*;

In Montepessulano, fratres Guilhermum Barte*, Matheum Coste, Gastonem de Borbotano, Geraldum Berionis;

Bononie, f. Guilhermum de Pomareto;

Barchinone, fr. B. de Soleriis*, Johannem Begonis.

XV. Diffinitor sequentis capituli generalis fr. Gualhardus de Pogeto*, lector Tholosanus, cui in socium assignamus fratrem Guilhermum de Sebelhano*, priorem Pontisviridis.

XVI. Ponimus conventum in Marciaco (1); et ponimus ibidem priorem fratrem Petrum de Rama*, lectorem fratrem Ber. de Montanerio*; et assignamus ibidem fratres Ber. de Condomio*, Raymundum de Baulenxs*, B. de Biansano*, Guilhermum de Lanafranco, Guilhermum Fabri, Guilhermum Odonis, Dominicum de Valletica, Petrum [f° 441 B] de Bierna, Jo. de Gerto, Aymericum de Rovinhano, Vitalem de Bedato; volentes et eisdem inhibentes, ne dictus prior et lector ad dictum locum accedant pro suis officiis exercendis, nec fratres in istis actis assignati pro residencia facienda, donec reverendus pater prior provincialis ad dictum locum accesserit, vel miserit suum vicarium specialem, cujus judicio conventus utrum venire debeat, aut non, et quando, fuerit diffinitum (2).

XVII. Sequens provinciale capitulum assignamus in Morlanis, in festo sancti Johannis Baptiste; fratres autem non intrent locum capituli usque ad diem immediate precedentem vigiliam dicti

---

(1) D. Brugelle (*Chron. du dioc. d'Auch*, p. 436) qui a ignoré la date de la fondation du couvent des Frères prêcheurs à Marciac, attribue aux Monlezuns l'honneur de cette fondation; mais les Frères prêcheurs n'ont point nommé cette famille.

(2) Voyez le *Supplément aux actes de ce chapitre*.

festi. Et inhibemus ne frater aliquis ad capitulum non pertinens ad ipsum capitulum veniat, nec loco capituli appropinquet, sine licencia speciali. Quicumque vero contrarium fecerint, sint per biennium omni voce privati; item, si de conventibus suis recesserint cum intencione ad capitulum veniendi.

XVIII. Sententias judicum approbamus.

SUPPLÉMENT
AUX ACTES DU CHAPITRE PROVINCIAL DE 1322.

Les continuateurs de B. Gui n'ayant pas donné une histoire de la fondation et des prieurs du couvent de Marciac, je place ici la liste des visiteurs et des lecteurs de ce couvent jusqu'en 1342.

I. — Visiteurs du couvent de Marciac.

1325. — Fr. R. del Cros (f° 446 B).
1327. — Fr. P. de Tholosa (f° 453 A).
1328. — Fr. Odo (f° 455 B).
1329. — Fr. Jo. Stephani (f° 458 B).
1330. — Fr. P. Furnerii (f° 461 A).
1331. — Fr. P. de Fontinhano (f° 463 A).
1332. — Fr. Johannes Salomonis (f° 467 A).
1333. — Fr. G. de Bareto (f° 470 B).
1334. — Fr. Ar^{dus} de Ordelhaco (?) (f° 473 A).
1335. — Fr. Ger^{dus} de Mauriaco (f° 475 B).
1336. — Fr. Bosco de Ruppe (f° 480 A).
1337. — Fr. G. de Bareto (f° 483 A).
1338. — Fr. B. de Rama (f° 486 B).
1339. — Fr. P. de Sua (?) (f° 489 B).
1340. — Fr. A. Amelii (f° 493 B).
1341. — Fr. Raynaldus Seguini (f° 498 A).
1342. — Fr. Ramundus de Senaco (f° 499 B).

II. — Lecteurs.

I. — Lecteurs des arts :
1325. — Lector fr. A. de Matheis (f° 446 B).
1326. — Lector fr. G. Raulini (f° 450 A).
1327. — Lector fr. B. Ysarni (f° 452 B).

1328. — Lector fr. B. Ysarni (f° 455 A).
1329. — Lector fr. R. Nizeti (f° 457 A).
1330. — Lector fr. R. Nizeti (f° 459 B).
1331. — Lector fr. Jo. de Mars[i]aco (f° 462 B).
1332. — Lector fr. Hugo de Campellis (f° 467 A).
1333. — Lector fr. Johannes de Selonhaco (f° 470 A).
1334. — Lector fr. P. de Senaco (f° 472 B).
1335. — Lector fr. Fortanerius de Salis (f° 474 B).
1340. — Lector fr. R. Pulchri occuli (f° 491 A).
1341. — Lector fr. Sancius de Ficola (f° 495 A).

II. — Lecteur des Sentences :
1328. — Lector Sententiarum fr. G. Sicardi (f° 454 B).

III. — Lecteurs et sous-lecteurs de théologie :
1322. — Lector Theologie fr. B. de Montanerio (f° 441 A).
1326. — Lector Theologie, fr. Germanus Fabri (f° 449 A).
— — Sublector, fr. G. Vigerii (f° 449 A).
1328. — Lector Theologie, fr. Jo. Durandi (f° 454 B).
1329. — Lector Theologie, fr. Thomas Bavili (f° 456).
— — Sublector, fr. Bertrandus Maurandi (f° 456 B).
1330. — Sublector, fr. Jo. de Cultura (f° 459 B).
1331. — Lector Theologie, fr. Jo. de Scarraco (f° 462 A).
1332. — Lector Theologie, fr. B. de Pausaderio (f° 466 A).
— — Sublector, fr. P. Pererii (f° 466 A).
1334. — Lector Theologie, fr. Petrus de Monte Astruco (f° 472 A).
1335. — Lector Theologie, fr. Bernardus de Casa majori (f° 474 A).
— — Sublector, fr. P. Dionisii (f° 474 A).
1337. — Lector Theologie fr. W. P^{trl} Tron (f° 481 A).
— — Sublector, fr. G. de Longariis (f° 481 A).
1340. — Lector Theologie, fr. B. Rotlandi (f° 490 B.
1341. — Lector Theologie, fr. B. de Petra (f° 494 B).
— — Sublector, fr. Dominicus de Laverone (f° 494 B).

XV.

24 juin 1323.

CHAPITRE PROVINCIAL DE MORLAAS.

(Biblioth. publique de la ville de Toulouse, ms. 490 (I, 273). — Ms. 488 (II, 91), f° 91 b, c, d, f° 92 a, b, c, d, f° 93 a, b, c. d, f° 94 a, b, c, d.

I. Prieurs relevés de leur charge. — II. Lecteurs de la Bible. — III. Lecteurs de théologie. — IV. Lecteurs des Sentences. — V. Sous-lecteurs. — VI. Etudiants en théologie. — VII. Lecteurs de philosophie naturelle. — VIII. Lecteurs des arts. — IX. Visiteurs. — X. Admonitions et ordonnances. — XI. Suffrages pour les vivants. — XII. Suffrages pour les morts. — XIII. Etudiants envoyés à Montpellier, à Bologne, à Barcelone. — XIV. Définiteur au chapitre général. — XV. Sentences des juges approuvées.

[F° 441 B] In nomine Patris, et Filii, et Spiritus Sancti. Amen.

Hec sunt acta capituli provincialis Morlanis celebrati in festo Nativitatis beati Johannis Baptiste, anno Domini m° ccc° xxiii°.

I. Absolvimus priores Brageriacensem, Baionensem, Burdegalensem, Sancti Gaudencii, de Bellovidere, et facimus ibi vicarium fratrem Guidonem Boscoti Rivensem, Altivillaris (1), de Marciaco, Morlanensem (2); et volumus et ordinamus quod in eisdem conventibus hoc anno ad idem officium nullatenus assumantur, ac ipsos conventibus ad quorum predicationem pertinent revocamus.

II. Assignamus lectores ad legendam Bibliam biblice :

Castris, fratrem Paulum de Alanhano*;

Carcassone, f. Raymundum de Rupe*;

Appamiis, f. G. Ripparie*;

Lemovicis, f. Hugonem de Sancto Martiale*.

Et ordinamus quod predicti lectores semel ad minus disputent in quindena.

III. Assignamus lectores in Theologia :

Burdegalis, f. P. de Pireto*;

Orthesii, f. G. de Gardaga*;

---

(1) Fr. P. Vasconis, f° 214 B.
(2) Fr. Odo de Ossuno, f° 208 B.

Brageriaci, f. B. Sabbaterii*;
Brive, f. Geraldum de Podanhs*;
Albie, f. Bertrandum Frezelli*;
In Sancto Juniano, f. Bertrandnm de Poymaco*;
Petragoris, f. Robbertum de Solminhaco*;
Agenni, f. Hugonem Massabonis*;
In Sancto Emiliano, f. P. Guidonis*;
In Lactora, f. D. Bessa*.
IV. Assignamus ad legendum Sententias:
Burdegalis, f. A[y]mericum de Mag[r]iano*;
Carcassone, f. P. de Valenchinis*;
Appamiis, f. G. Borrelli*;
Lemovicis, f. Jo. Archambaldi*;
Castris, f. Geraldum Berionis.
V. Assignamus ad secundam lectionem:
Orthesii, f. P. Ar^l de Peyreto;
Figiaci, f. Durandum Basfi;
Brageriaci, f. [f° 442 A] Matheum Costa;
Albie, f. G. de Bello podio;
Ruthenis, f. Petrum de Salgis;
In Sancto Gaudencio, f. P. R^i Guillaberti;
Caturci, f. R. Baione;
In Monte Albano, f. Helyam Ar^i;
Brive, f. Gaubertum [de] Orgolio;
In Altovillari, f. Garnerium Burdegalensem;
In Sancto Geroncio, f. Ar^m Amelii.
VI. Assignamus studentes in Theologia:
Tholose, fratres Bernardum Rotlandi, Johannem Andree Appamiensem, Poncium Garssie, Guillermum de Prato, Johannem de Casis, Pet^m Mutonis, Pet^m de Podio sabone, Bernardum Ortholani, Philippum de Cumbellis, Heliam Barravi, Raymundum de Parisius, Raymundum de Gelato, Raymundum de Guinhano, Raymundum de Feno, Pet^m de Senceris, Bernardum de Villa nova, Petrum de Amore, Pet^m de Marcoreto, Johannem Durandi, Pet^m Cappelle, Geraldum de Mauriaco, Johannem de Clarencio, Pet^m Furnerii Agennensem, Ar^{dum} R^i de Carressa, Johannem Arreati, Bertrandum de Sancto Michaele, Poncium Fabri, Geraldum de Daumar,

Bartholomeum de Badolio, Johannem Salomonis, Ar^{dum} de Manso, Guilhermum de Castellione, Johannem de Scarraco;

Burdegalis, fratres Pet^m de Sancto Medardo, Garciam Ar^{dl} de Pontaco, Guilhermum Maurini, Johannem de Perulhario, Bellum hominem, Guilhermum Sicardi, Johannem Mangonelli, Armandum Bigaus, Geraldum de Garrigia, Bernardum de Calmo, Guilhermum Sabaterii, Pet^m Ucheti, Guilhermum Bernardi de Guiscardo, Pet^m Bosonis, Jacobum Bartholomei, B^m Bruni, Johannem Lacrota, Jacobum Magistri, Heliam Galteri, Pet^m Froterii, Johannem Andree Castrensem, Pet^m de Prunh, Guilhermum Ar^{dl} de Subversa;

Carcassone, fratres Johannem de Fornhano, Poncium de Arris, Ar^{dum} Bartholomei, Petrum Melonerii, Guilhermum Petri de Pradalibus, Bernardum Benedicti, Hugonem de Lobenchis, Guilhermum de Gilio, Geraldum Fontis grive, Guilhermum de Serinhano, Guilhermum Vigerii, Pet^m de Boria Brivensem, Olivarium de Penestrone, Petrum Lachapelia, Michaelem de Villario;

Castris, fratres Gaubertum de Podio laurencio, Ar^{dum} de Periguerio, Pet^m Lorda, G^{dum} Borrelli, Bernardum Boni hominis;

Condomii, fratres Assium, Petrum de Fitano, Ar^{dum} de Garduno, Gualhardum de Vigario, Bernardum Fabri de Marciaco, Johannem de Domo nova, Geraldum Bruma, Raymundum de Ponte, Durandum de Lios;

Lemovicis, fratres Ramnulphum, Guilhermum de Nobiliaco, Martinum de Lebrelheto, Johannem Leoneti, Chatardum, Geraldum Helie;

Caturci, fratres Pet^m Servati, Ar^{dum} de Rivis, Johannem de Garrigia, Hugonem de Mayrona, Bernardum de Cabasaco, Matheum de Roserio, Michaelem de Campellis;

Figiaci, fratres Johannem Tecelli, Aymericum de Lamota, Guilhermum Valada, Jacobum Armandi, Benedictum Ferrerii;

Appamiis, fratres Jacobum Aybrandi, Pet^m Flequerii, Paulum Taparacii;

Baione, fratres Johannem de Lesio, Johannem de Serefio;

Brageriaci, fratres Stephanum de Bonovillari, Guilhermum de Sancto Claro, Bertrandum Chaudo;

Petragoris, fratres Yterium Garrelli, Ar^{dum} de Medulco, Pet^m de Gardia;

Agenni, fratres Bernardum de Villis, Raymundum de Cami, Raymundum Sepeda, Vitalem de Moliunco, Ar^{dum} Liega;

Albie, fratres Guilhermum Begonis, Stephanum de Masoncles;

In Monte Albano, fratres Raymundum de Colrreto et Pet^m de Albertino;

In Orthesio, fratrem Armandum de Betalha (1).

VII. Assignamus studia naturarum.

1. Primum ponimus in Agenno, lectorem fratrem Bernardum Lasserra; auditores, fratres Talerandum de Petragoris, Durandum Fabri, Johannem Peleti, R^{ndum} de Sancta Cruce, Pet^m de Vineriis, Pet^m Pererii, Ar^{dum} de Estigarda.

2. Secundum ponimus in Carcassona, lectorem fratrem Ar^{dum} Babonis*; auditores, fratres Pet^m Amelii, B^m R^{ndi}, Guilhermum Farini, B. de [Portu Sancte] Marie, Guilhermum Boneti, Ar^{dum} R^i de Sancto Martino, B^m Maurandi de Bastita.

3. Tercium ponimus in Caturco, lectorem fratrem Guilhermum de Roseto; auditores, fratres B^m de Ramundinis, Ar^{dum} Coste, Guidonem de Bello forti, Guilhermum de Valenciano, Amigonum, Martinum Reginaldi, Pet^m de Soeriis, B^m Cotelerii.

4. Quartum ponimus Brive, lectorem fratrem G^m de Batbuou*; auditores, fratres Johannem de Malundino, Pet^m Rotberti, Geraldum Geraldonis, Thomam Bavili, Guilhermum de Villa nova, Gaufridum Ricos, Bertrandum Cynhiera, Ar^{dum} de Matheis.

5. Quintum ponimus in Sancto Gaudencio, lectorem fratrem B^m Moreti*; auditores, fratres Laurencium de Salerio, Pet^m Fabri, Bernardum Guilhermi, Ar^{dum} de Sancto Germerio, Pet^m de Monte astruco, Guilhermum de Poylaco, Bernardum Guilhermi Duyeu.

6. Sextum ponimus in Orthesio, lectorem fratrem Pet^m Bertrandi*; auditores, fratres Pet^m de Vinhali, Stephanum de Lapena, Jacobum de Cultura, Guilhermum de Benario, Bernardum de Penonis, Gualhardum Dareyta, Arnaldum Ascurey, Ar^{dum} Porta.

7. Septimum ponimus in Petragora, lectorem fratrem G. de

---

(1) La liste des étudiants en théologie est complète dans le ms. 488. Je la donne d'après ce ms. et non d'après le ms. 490.

Rupe dura*; auditores, fratres Heliam Juliani, Durandum de Valeta, R^{ndum} de Badolhio, Yterium Maravi, Guilhermum de Malveriis, B^m de Aguino, Heliam Guilhermi.

8. Octavum ponimus in Sancto Emiliano, lectorem fratrem Pet^m de Loberciaco*; auditores, fratres Jacobum Rotgerii, B^m de Arosio, Sycardum Medulli, Geraldum Gualhardi, Guilhermum de Sancto Aredio, Jacobum Lacaminada.

9. Nonum ponimus in Condomio, lectorem fratrem Pet^m de Alhano*; auditores, fratres R^{ndum} Barravi, Jordanum de Mascoleto, R^{ndum} de Nosereto, Ar^{dum} Guilhermi de Marmhano, Ar^{dum} de Albergo, Guilhermum Ar^{di} de Carreria, Pet^m de Clayraco.

10. Decimum ponimus in Albia, lectorem fratrem B^m de Albigesio*; auditores, fratres Ar^{dum} Fabri, Guilhermum de Molis, B^m Mathie, B^m de Petra, Pet^m Bernardi Castrensem, Pet^m de Maricalni, Guilhermum Rotgerii.

11. Undecimum ponimus in Appamia, lectorem, fratrem Johannem de Solano*; auditores, fratres Fabrum Sicredi, Bertrandum de Solano, Johannem Melomerii, Michaelem de Bisa, B^m de Molis, Geraldum Lupati.

12. Duodecimum ponimus in Altovillari; lectorem, fratrem Bartholomeum de Anisano*; auditores, fratres B^m Brossa, R^{ndum} de Mercurio, Guilhermum Barbe rubee, Guilhermum de Figarolio, Guillermum Raulini, Guilhermum Rogerii, Poncium de Sancta Eulalia (1).

VIII. Assignamus studia arcium, ad quorum conservationem volumus ordinationem factam in capitulo Sancti Gerontii quoad lectiones et modum legendi inviolabiliter observari.

1. Primum ponimus in Lemovicis, lectorem f. B. Burgensem.

2. Secundum ponimus in Sancto Juniano, lectorem f. Durandum Durandi.

3. Tertium ponimus in Brageriaco, lectorem, f. Stephanum de Villa.

4. Quartum ponimus in Figiaco, lectorem f. G. Marioti.

5. Quintum ponimus in Monte Albano lectorem f. [f° 442 B] Galhardum de Reyssilhs.

(1) Je donne les lecteurs et les étudiants de philosophie naturelle d'après le ms. 488.

6. Sextum ponimus in Rutheno, lectorem f. G. Berengarii.

7. Septimum ponimus in Lactora, lectorem f. P. Arimarii.

8. Octavum ponimus in Sancto Gerontio, lectorem f. A. de Calsario.

9. Nonum ponimus in Baiona, lectorem f. Bosonem de Rupe.

10. Decimum ponimus in Morlanis, lectorem f. Begonem.

11. Undecimum ponimus in Sancto Severo, lectorem f. A. Cabali.

12. Duodecimum ponimus in Castris, lectorem f. Guidonem de Mortuo mari.

13. Tertium decimum ponimus in Rivis, lectorem f. R. Teglenarii.

Ceteros autem fratres qui in hiis actis non nominantur, sive per acta sive per litteras fuerint [assignati], ad conventus ad quorum predicationem pertinent revocamus.

IX. Isti visitabunt hoc anno:

1. Conventus Baionensem, Orthesiensem, Morlanensem, Sancti Severi, Marciaci, fr. Poncius Gaufridi;

2. Conventus Agennensem, Condomiensem, Altivillaris, Lactorensem, locum Pontis Viridis extra, fr. Geraldus Pellicerii*;

3. Conventus Tholosanum, Carcassonensem, Appamiensem, monasterium Pruliani extra, fr. P. de Castro*;

4. Conventus Rivensem, Sancti Gaudentii, fr. B. Garrige;

5. Conventus Burdegalensem, Sancti Emiliani, Brageriacensem, de Bellovidere, Petragoricensem, et locum Sancti Pardulphi extra, f. P. de Monte;

6. Conventus Lemovicensem, Sancti Juniani, Brivensem, Figiacensem, f. Jo. de Ponte;

7. Conventus Caturcensem, Montis Albani, Castrensem, Albiensem, Ruthenensem, fr. P. de Podio.

X. Iste sunt ordinationes et admonitiones.

1. Cum sit periculosum religiosis viris, qui, terrenis possessionibus abdicatis, se Christi servicio mancipaverunt, possessiones temporales quascumque tenere, et se mercationibus et negociationibus occupare, districte inhibemus ut nullus frater possessiones quascumque tenere presumat, et, si quas habet, infra mensem eas vendat seu distrahat, nec aliis mercationibus seu negociationibus

secularibus se immisceat; nec pecunias seu alia bona temporalia extra manum ordinis teneat; et si qui contrarium fecerint vel infra instans [festum] Omnium Sanctorum non se correxerint, dictarum possessionum precium et bona que extra manum ordinis reperta fuerint, conventui adjudicamus; et nisi conventus infra sequens capitulum se expediverit, communitati provincie applicamus.

2. Item, cum ex deffectu notabili clausure necessarie in aliquibus conventibus tam ab intrinseco quam ab extrinseco possit scandalum et infamia suboriri, districte imponimus prioribus dictorum conventuum et sub pena absolutionis ab officio, ut ad clausuram necessariam faciendam dent operam efficacem.

3. Item, cum ludi qui fiunt cupiditate lucri seu commodi temporalis a canonibus sint dampnati, districte inhibemus ne aliquis, etiam minutionis [f° 443 A] sue die, alicui ludo se immisceat, et precipue pro lucro pecunie, vel cibi, aut potus. Et si convicti fuerint ludo quocumque lusisse, per annum omni voce priventur. Ludentes vero ad taxillos (1) propter penam predictam sic acriter puniantur quod si[n]t ceteris in exemplum.

4. Item, cum ex deportatione capitegiorum (2) in collo sine infirmitate seu evidenti necessitate fratres ali[q]ui judicentur a secularibus merito delicati, curiosi seu pocius fastuosi, districte injungimus prioribus universis, ut, si quos tales invenerint, eos acrius puniant, et dicta capitegia applicent vestiarie, si, postquam semel correcti fuerint, iterum relabantur.

5. Item, cum ex insufficientia juvenum missorum ad studia Theologie, naturarum et arcium, sequantur multa incommoda, et

---

(1) Le jeu de dés était fort répandu au xive siècle; il donna lieu à des abus que le chapitre général de Paris de 1326 exhorta les Frères à corriger. *Cum in ludo taxillorum et alearum nomen Christi et beate Virginis matris sue prophanis christianorum, pro dolor, jugiter blasphemetur, de voluntate ac mandato sanctissimi Patris et Domini nostri domini Johannis divina Providencia Summi Pontificis, ordinamus et omnibus fratribus verbum Dei tam clero quam populo nuntiantibus districte mandamus, quod in suis predicationibus per sanctas exortationes et fervidas a ludo taxillorum predicto et alearum eos quibus predicabunt conentur retraere, ipsasque graves Dei offensas exprimere que ludum hunc comitantur, ac exponere qualiter secundum jura ea que in tali ludo lucrantur restituere teneantur, et qualiter qui de sic lucrato que jura diffiniunt non adimplent, periculo sue anime se exponunt.*

(2) Couvre-chef. Du Cange.

prior provincialis ac diffinitores, qui non possunt scire fratrum mittendorum conditiones seu merita, sepe decipiantur ex falsa informatione promotorum ipsorum, volumus et ordinamus quod si qui, judicio prioris, subprioris, lectoris, sublectoris et trium seniorum aut majoris partis ipsorum inventi fuerint notabiliter deffectuosi in sciencia seu moribus, per priorem ad conventus suos remittantur.

6. Item, volumus et ordinamus quod conventus qui habent priores eligere studentes pro quacumque facultate non teneantur in suis electionibus expectare.

7. Item, cum ex petitione remansionis seu remotionis lectorum turbatio oriatur, volumus et ordinamus quod super hoc in tractatu petitio nulla fiat, prout alias per generale capitulum extitit ordinatum.

8. [Item], cum ex anticipatione seu retardatione excessiva tractatus illorum que mittantur ad capitulum olim sepe turbatio non modica in multis conventibus sit exorta, districte imponimus subprioribus seu eorum vicariis, et sub pena absolutionis ab officiis, quod tractatum notabiliter non anticipent, nec retardent. Quicumque autem in tractando in anno presenti pasca sequens pervenerint sint voce privati, et subpriores ab officio absoluti.

9. Item, volumus et ordinamus quod nullus frater, nisi sit prior, vel visitator, vel predicator generalis, qui fuerit prior vel qui legerit decennio Theologiam, ducat famulum ad sequens generale capitulum. Et si quis contrarium fecerit, si sit de corpore capituli, tribus diebus in pane et aqua abstineat, et famulo non provideat conventus; si autem non fuerit de corpore capituli, ipso facto a capitulo sit exclusus.

10. Item, volumus et ordinamus quod omnes studentes et magistri naturarum et arcium et hii qui fuerunt lectores, dum tamen de aliis [f° 443 B] questoribus deffectus fuerit, ad questus faciendos sicut et ceteri compellantur.

11. Item, cum in pluribus capitulis tam generalibus quam provincialibus fuerit ordinatum, quod priores, subpriores vel eorum vicarii pecunias non recipiant seu pertractent, districte injungimus ut hoc a predictis arcius observetur et quolibet mense a receptore pecuniarum computum recipere teneantur.

12. Item, ordinationes capituli provincialis in Sancto Gerontio celebrati de potestate visitatoribus tradita nullatenus excedenda et visitandi forma observanda, ac modo eundi ac se habendi ad balnea, et curiositate vestium corrigenda, et de cultellis acutis non portandis, volumus inviolabiliter observari.

13. Item, volumus et ordinamus quod magistri naturarum et arcium in diebus dominicis et festis simplicibus et supra chorum sequi teneantur in vesperis, completorio, matutinis et missa.

14. Item, precipimus in virtute sancte obedientie et sub pena privationis vocis que ipso facto incurratur, quod nullus frater exeat conventum cum intentione appropinquandi ad capitulum, nisi ante exitum conventus licentiam habeat veniendi.

15. Item, cum de libris communibus nullatenus obligandis, multe ordinationes capitulorum generalium et provincialium precesserint, volumus et districte imponimus prioribus, subprioribus et eorum loca tenentibus ac visitatoribus universis, quod librum aliquem pertinentem ad communitatem conventus non impig[ne]rent vel obligent alicui ratione quacumque; quod si secus actum fuerit, ipso facto sit irritum et inane. Eis autem qui de licentia visitatorum vel cujuscumque alterius librum communem extraxerint hactenus de conventu, districte imponimus quod ad expensas proprias eum vel eos infra sequens festum Omnium Sanctorum ad longius remittere teneantur; alias libro et debito privamus simpliciter, librum vel libros in antea retinentes. Si autem alicui de provisione consueta fuerit minus plenarie satisfactum, priori provinciali notificent qui curet citra pasca de provisione eisdem satisfieri competenti.

XI. Ista sunt suffragia pro vivis :

1. Pro sanctissimo patre domino Johanne sacrosancte Romane Ecclesie Summo Pontifice, quilibet sacerdos III. missas et quilibet conventus III. missas, unam *de Spiritu Sancto*, aliam *de Beata Virgine*, et aliam *de Beato Dominico* (1);

2. Item, pro venerabili patre domino Guilhermo Petri, episcopo Sabinensi, legato Romane Ecclesie, quilibet sacerdos duas missas,

---

(1) Pour les suffrages, je reproduis le ms. 488, f° 94 b, c, bien plus complet.

et quilibet conventus tres missas, unam *de Beata Virgine*, aliam *de Spiritu Sancto*, et aliam *de Beato Dominico;*

3. Item, pro venerabilibus patribus domino G. Johannis et domino Bertrando de Pogeto (1), presbiteris cardinalibus, quilibet sacerdos unam missam;

4. Item, pro venerabilibus patribus domino A. de Pelagrua (2), domino R. de Fabricis (3), domino Galhardo de Lamota (4), domino Bernardo de Garno cardinalibus, et domino Testa (5), ac venerabili collegio dominorum cardinalium, quilibet sacerdos unam missam;

5. Item, pro venerabili patre domino archiepiscopo Compostellano (6), quilibet sacerdos unam missam;

6. Item, pro venerabili patre domino episcopo Lascurrensi (7), quilibet sacerdos unam missam;

7. Item, pro venerabilibus patribus domino archiepiscopo Aquense (8), et dominis episcopis Caturcensi (9), Coseranensi (10), Baionensi (11), quilibet sacerdos unam missam;

8. Item, pro dominis episcopis Albiensi (12), Vaurensi (13), Appamiensi (14), Mirapiscensi (15), Lombariensi (16), Agennensi (17), Condomiensi (18), Garbiensi et domino Menaldo sacrista Ossensi, quilibet sacerdos unam missam;

9. Item, pro illustrissimo principe domino Karolo rege Francie,

---

(1) Ciacconius, tom. II, 409 et 410.
(2) Ciacconius, tom. II, col. 377.
(3) *De Fargis*, sans doute. Ciacconius, tom. II, 381.
(4) Ciacconius, t. II, 412.
(5) Ciacconius, t. II, 387.
(6) Bérenger de Landorre, ancien provincial et maître de l'ordre. Gams, 26.
(7) *Gall. christ.*, I, col. 1295, 1296.
(8) Jacques *de Concosio*, auparavant Frère prêcheur. Gams, 482.
(9) Bertrand de Cardaillac. *Ibid.*, 525.
(10) Arnaud Fredet, auparavant Frère prêcheur. *Ibid.*, 541.
(11) Pierre de Saint-Jean, auparavant Frère prêcheur. *Ibid.*, 508.
(12) Berauld de Fargis. *Ibid.*, 484.
(13) Roger d'Armagnac, premier évêque de Lavaur. *Ibid.*, 560.
(14) Jacques Fournier, plus tard Benoît XII. *Ibid.*, 594.
(15) Raymond d'Atho, premier évêque de Mirepoix. *Ibid.*, 578.
(16) Arnold de Roger. *Ibid.*, f° 568.
(17) Amanieu de Fargis. *Ibid.*, 479.
(18) Raymond de Galard. *Ibid.*, 540.

et domina consorte ejus, et tota domo Francie, quilibet sacerdos unam missam;

10. Item, pro illustri viro domino Eduardo, rege Anglie, consorte sua, et liberis suis, quilibet sacerdos unam missam;

11. Item, pro illustri domina Johanna de Atrebate, comitissa Fuxensi et domina Bearnii, quilibet sacerdos III. missas, unam *de Spiritu Sancto*, aliam *de Beata Virgine*, et aliam *de Beato Dominico*, et quilibet conventu III. missas *de Beata Virgine;*

12. Item, pro illustri prole prefate domine, videlicet domino Gastone comite Fuxensi et domino Rogerio Bernardi, vice comite Castelli boni, et domino Robberto fratre eorum, et domina Johanna, et domina Blancha sororibus eorumdem, quilibet sacerdos unam missam, et quilibet conventus unam *de Beata Virgine;*

13. Item, pro domina Helionors, comitissa Umdocinensi, et liberis ejus, quilibet sacerdos unam missam;

14. Et pro dominis comitibus Armaniaci, Convenarum, et domina comitissa Convenarum, de Monte Lauduno, et domino vicecomite Leomannie et domina vicecomitissa consorte ejus, domino Rogerio de Convenis, et domina Cecilia uxore ejus et domino Arnaldo de Yspania, quilibet sacerdos unam missam;

15. Item, pro domino Raymundo de Cauda rasa et domino Aquino, archidiacono de Rostagno, fratre suo, quilibet sacerdos duas missas et quilibet conventus unam *de Beata Virgine;*

16. Item, pro domino Guilhermo de Odonis, domino de Andoniis, quilibet sacerdos unam missam;

17. Item, pro domino Odone, domino de Sadiraco, quilibet sacerdos unam missam;

18. Item, pro domino Garcia Ar^{dl} de Navalhas, et domino fratre Ar^{do}, sacrista Sancti Petri de Agennesio, fratre suo, quilibet sacerdos unam missam;

19. Item, pro dominis consulibus ville Morlanensis ac bono statu ejusdem ville, quilibet sacerdos unam missam;

20. Item, pro domina Cathalana de Castro Verduno, quilibet sacerdos unam missam;

21. Item, pro priorissa et sororibus monasterii Pruliani, et pro hiis qui habent litteras de beneficiis ordinis, et pecierunt recomen-

dari, et receperunt fratres venientes ad capitulum, et recipient redeuntes, quilibet sacerdos unam missam.

XII. Ista sunt suffragia pro deffunctis :

1. Pro domino Nicholao Hostiensi episcopo (1), et domino Nicholao presbitero cardinali, quilibet sacerdos unam missam;

2. Item, pro domino Gastone condam domino Bearnii et dominabus filiabus ejusdem, quilibet sacerdos unam missam;

3. Item, pro illustri viro domino Gastone, condam comite Fuxensi, et domina Johanna filia ejus, quilibet sacerdos III. missas, et quilibet conventus III. missas;

4. Item, pro domina Maria de Cauda rasa, quilibet sacerdos II. missas et quilibet conventus unam missam;

5. Item, pro domina Maria, filia domini de Gavascone, nepte prefate domine, quilibet sacerdos unam missam;

6. Item, pro domino Arnaldo de Yspania, domino Bertrando de Palacio, ac domino de Caucor, et domino Ysarno condam domino de Thauriaco, quilibet sacerdos unam missam.

Pro qualibet missa superius posita quilibet clericus non sacerdos VII. psalmos, cum letania, et quilibet conversus c. *Pater noster* cum totidem *Ave, Maria* dicant.

[F° 444 A] XIII. Assignamus studentes in Montepessulano fratres Gaubertum Lageti, Johannem Begonis, Dalphinum, et Ar^{dum} de Sancto Ylario;

Barchinone, fratres Stephanum Joculatoris, Johannem de Lassus, Duzandum;

Bononie, fratres Hugonem Catelli, Guilhermum Barte.

XIV. Diffinitor sequentis capituli generalis fr. Raymundus Bequini*, cui in socium assignamus fratrem Athonem de Castello Verduno*, priorem Appamiensem.

XV. Sententias judicum approbamus.

---

(1) Nicolas Albert *de Prato*, mort en 1321. Gams, VI.

XVI.

1324.

CHAPITRE PROVINCIAL DE BORDEAUX.

Biblioth. publique de la ville de Toulouse, ms. 490 (I, 273), ms. 488 (II, 91), f° 95 a, b, c, d, f° 96 a, b, c, d, f° 97 a, b.

I. Prieurs relevés de leur charge. — II. Lecteurs de la Bible. — III. Lecteurs de théologie. — IV. Lecteurs des Sentences. — V. Sous-lecteurs. — VI. Étudiants en théologie. — VII. Lecteurs de philosophie naturelle. — VIII. Lecteurs des arts. — IX. Admonitions et ordonnances.

[F° 444 A] In nomine Patri, et Filiis, et Spiritus Sancti. Amen.

Hec sunt acta capituli provincialis apud Burdegalam celebrati, anno Domini m° ccc° xxiiii°.

I. Absolvimus priorem Figiacensem (1) et assignamus eum pro lectore conventui Caturcensi.

II. Assignamus lectores Biblie, ex commissione reverendi Patris Magistri ordinis :

Tholose, fratrem R. de Duroforti*;

Burdegalis, ad dominos canonicos Sancti Andree, f. Rotbertum de Solminhaco*;

Carcassone, fr. R. de Rupe*;

In Monte Albano, fr. Geraldum Durandi*;

Lemovicis, fr. Hugonem de Sancto Marciali*;

Petragoris, fr. Bertrandum Pellicerii*.

Et ordinamus quod predicti lectores semel ad minus disputent in quindena : hoc autem intelligimus de illis qui cum Biblia lectionem obtinent principalem.

III. Assignamus lectores Theologie :

Burdegalis, fr. P. Bruni*;

Albie, fr. Poncium de Brezis*;

In Appamiis, fr. B. de Podio*;

---

(1) Fr. Bernardus Marchi Figiacensis, f° 175 A.

Brageriaci, fr. Geraldum de Podanhs*;
Figiaci, fr. Maurandum*;
Brive, fr. Bertrandum de Pothmaco*;
In Morlanis, fr. Jordanum de Castro*;
In Sancto Severo, fr. Germanum Cardone*;
In Altovillari, fr. Jo. Arresati*;
In Sancto Emiliano, fr. Jo. Salomonis*;
In Sancto Juniano, fr. Bartholomeum de Badolio*;
In Sancto Geroncio, fr. Bertrandum de Sancto Michaele*;
In Sancto Gaudencio, fr. Guilhermum Boerii*.
IV. Ad lectionem Sententiarum [assignamus] :
Burdegalis, fr. Geraldum de Lerons*;
Carcassonne, fr. Bernardum Rothlandi;
In Monte Albano, fr. Jo. de Scarraco*;
Lemovicis, fr. P. de Luperciaco*;
Petragoris, fr. G. de Nova villa*;
Brageriaci, fr. Pet^m de Martoreto*.
V. Assignamus ad secundam lectionem :
Baione, fr. Raymundum de Feno;
Agenni, fr. Pontium Garsie;
Albie, fr. B. Ortholani;
Condomii, fr. Johannem de Clarenchio;
Caturci, fr. Gaubertum de Orgolio;
Figiaci, fr. Philippum de Cumbellis (1)*;
Appamiis, fr. Johannem Andree;
Brive, fr. Delfinum;
In Altovillari, fr. Vitalem Ademarii;
In Sancto Emiliano, fr. Johannem de Casis;
Lectore, fr. Gastonem de Borbotano;
Morlanis, fr. Germanum Fabri;
In Sancto Gaudencio, fr. Pet^m R^i Guillaberti;
Ruthene, fr. Pet^m Vitalis;
In Bello videre [f° 444 B], fr. Hugonem Catelli;
In Sancto Geroncio, fr. Guilhermum de Prato.

(1) *Cambellis*, dans le ms 488.

VI. Assignamus studentes in Theologia (1) :

Tholose, fratres Johannem de Solano, Bartholomeum de Anissano, Pet^m de Alhano, Durandum Baffi, G^m de Bello podio, B^m de Bosco, Johannem Arcambaldi, Guilhermum Borrelli, Pet^m Mutonis, Pet^m de Podio Sabone, R^m de Guinhano, Pet^m de Amore, Johannem Durandi, Poncium Furnerii, Augerium Ar^{di}, Raymundum de Tarressa, Arnaldum de Manso, Jacobum Magistri, Geraldum Lupati, B^m Bruni, Armandum Bigau, Gausbertum Lageti, Bertrandum de Albigesio, Pet^m Ademarii, Pet^m de Pravo, G^m Vigerii, Johannem Mangonelli, G^m Sabaterii, G^m B^i de Guiscardo, Pet^m B^i Armandi, G^m Ar^{di} de Tepersa, Geraldum de Mauriaco, G^m Cicardi, G^m Maurini, Johannem Andree Castrensem, Heliam Barravi, G^m de Plantadiis, Dominicum de Momino;

Burdegalis, fratres Durandum Durandi, Guidonem de Mortuo mari, Ar^m de Matheis, Pet^m Boarias, R^m Tegularii, B^m de Cabassaco, G^m de Serinhaco, Johanem de Perulhario, Pet^m Ucheti, Pet^m Froterii, Hugonem de Mayrona, Ar^m de Medulco, B^m Benedicti, Olivarium de Penestrone, Poncium Boerii, Ar^m de Rivis, Thomam de Mercerio, B^m Ar^i de Carreria, Johannem de Domo nova, Thomam Baiuli, G^m de Galhaco, Johannem Furgonis;

Carcassone, fratres Johannem de Sornhano, Poncium de Arris, Hugonem de Lobenchis, G^m de Gilio, Pet^m Flequerii;

Figiaci, fratres Radulphum Capre, Joh. Tecelli, Jacobum Lacaminada, G^m Balada;

Castris, fratres G^m Auronelii, Pet^m de Vesa, Pet^m Lorda, Pet^m Fabri;

Albie, fratres G^m Daniel, Bertrandum Gendonis, Gaufridum Ricos, Ar^m de Bagaco;

Caturci, fratres Johannem de Garrigia, G^m Pet^i de Pradalibus, Matheum de Roseriis, Gausbertum de Podio laurencio;

Condomii, fratres B^m de Sellario, R^m de Ponte, G^m de Fageto longo, Pet^m de Sererio;

In Monte Albano, fratres R^m de Colrreto, Guilhermum Larigaudia, Geraldum Brume, Petrum Albertini;

---

(1) Je donne la liste des étudiants d'après le ms. 488; elle manque dans le ms. 490.

Agenni, fratres B^m de Villis, B^m de Cepeda, Johannem Peleti, Poncium Boerii, Vitalem de Moliveto, Michaelem de Campellis, Galhardum de Bigosio;

Baione, fratres Joh. de Comra, Assinum de Viridifolio, Ar^m Porta;

Lemovicis, fratres Stephanum de Maloesse, Martinum de Lebreto, Catradum Lamota, Durandum de Lios, Joh. Boneti, Ranulphum de Valetica, Vitalem de Favariis, Poncium Boerii;

Petragoris, fratres Ytherium Garrelli, Heliam Juliani;

Brageriaci, fratres Stephanum de Bono villari, G^m de Sancto Claro;

Ruthene, fratres Poncium de Mayrinhaco, P. de Texeriis, Benedictum Ferrerii.

VII. Assignamus studia naturarum :

1. Primum ponimus in Carcassona, lectorem fratrem R^m Baione; auditores, fratres B^m Raymundi, G^m de Malveriis, Pet^m Amelii, G^m Barbe rubee, Berengarium de Arcia, Michaelem de Bisa, Johannem Melonerii, G^m Seguerii, Fabrum Cicredi, B^m de Molendino.

2. Secundum ponimus in Castris, lectorem fratrem Bertrandum Moreti; auditores, fratres B^m de Arcisio, Cycardum Medulli, Ar^m de Villaciscle, P. de Maricalmo, B^m Dominici, R^m de Sonaco, G^m de Valenssano, G^m de Panhaco, Bertrandum de Petra.

3. Tercium ponimus in Albia, lectorem fratrem Pet^m de Salgis; auditores, fratres Jacobum Rogerii, Pet^m de Causaco, B^m de Virga, R^m Carrabassa, B^m Brossa, G^m Boneti de Montealbino, Sancxium Cortada, G^m Rogerii.

4. Quartum ponimus in Figiaco, lectorem fratrem Matheum Costa; auditores, fratres Pet^m de Veteri monte, Ar^m Asturionis, Bertrandum Marandi de Bastida, Bertrandum de Tyneria de Sancto Geruncio, G^m de Figarolio.

5. Quintum ponimus in Caturco, lectorem fratrem G. de Roseto; auditores, fratres Ar^m de Lacosta, R^m Barravi, Geraldum de Montenhagol, P^m Guilha, Thomam de Bosco, G^m Boneti Appamiensem, R^m Guilhermi Johannis de Conaco.

6. Sextum ponimus in Briva, lectorem fratrem Geraldum de Bachio; auditores, fratres Stephanum de Villa, G^m de Sancto Aredio, Aymericum Blancardi, Johannem de Molendinis, Donatum de Stubaco, Helyam de Grava.

7. Septimum ponimus in Petragora, lectorem fratrem R^m de Parisius;. auditores, fratres Layraudum de Petragora, Ytherium Mareti, Helyam Johannis, Geraldum Guiraudonis, R^m de Badolio, Pet^m de Sala, Pet^m Peyrerii, Martinum Raynaldi.

8. Octavum ponimus in Sancto Emiliano, lectorem fratrem Guarnerium Hervey; auditores, fratres R^m Barravi, Poncium de Sancta Eulalia, Jordanum de Mascaleto, R^m de Guimo, Geraldum Gualhardi, Jo. de Sereriis.

9. Nonum ponimus in Agenno, lectorem fratrem Bartholomeum La Serra; auditores, fratres Pet^m de Vineriis, B^m Rotlandi, Geraldum Barrati, R^m de Sancta Cruce, G^m de Villanova, G^m Laulini, R^m Ar^{dl} de Magistro Martino.

10. Decimum ponimus in Condomio, lectorem fratrem Johannem de Goiono; auditores, fratres B^m de Pausaderio, Ar^m de Viridario, Pet^m de Soeriis, Ar^m de Tarrida, B^m Cultelli, Ar^m de Stigarda, Pet^m de Vinhali, Ar^m Guilhermi de Manhano.

11. Undecimum ponimus in Sancto Severo, lectorem fratrem B^m de Senssaco; auditores, fratres Ar^m Guilhermi de Manhano, Pet^m de Claraco, Ar^m de Reeda, Ar^m de Monosuto, Gualhardum de Boret, Donatum de Sevinhaco.

12. Duodecimum ponimus in Orthesio, lectorem fratrem B^m de Villanova; auditores, fratres R^m Ar^{dl} de Sancto Martino, B^m Guilhermi, B^m de Parentinis, Ar^m de Alberga, Pet^m de Monteastrugo, R^m de Nazareto, Stephanum de Latems (1).

VIII. Assignamus studia artium.

Primum ponimus in Baiona, lectorem fratrem Bozonem de Rupe; auditores, fratres Sanxcium Dalicicle, P. Datitz, Johannem de Soit, R^m de Baiolio, Pet^m de Fivo, Johannem de Lescura, Garciam Ar^{dl} de Tylio, Johannem de Marrenhs, Johannem de Fabrica.

Secundum ponimus in Morlanis, lectorem fratrem Begonem*; auditores, fratres G^m Tornerii, B^m de Casa majori, R^m de Troiolio, B^m de Lana, Ar^m de Parheriis, G^m de Molis, P. de Pausa, R^m de Miranda, Sanxium de Vitrea, P. Ar^{dl} de Barravo.

Tercium ponimus in Sancto Gaudencio, lectorem fratrem Ber-

---

(1) J'ai donné les lecteurs et les étudiants de philosophie naturelle d'après le ms. 488, f° 95 d, f° 96 a, b.

trandum de Solano; auditores, fratres R^m de Podio, Ar^m Guilhermi de Tornacio, P. Claveti, R^m Foreti, Odonem Tholosanum, P. Poncii, Dominicum de Tossio, R^m de Lest.

Quartum ponimus in Sancto Geroncio, lectorem fratrem Ar^m Fabri; auditores, fratres B^m de Petra, P. de Sancto Licerio, Michaelem de Camarada, P. de Turre, G^m Cicredi, R^m Niseti, Johannem Chabberti.

Quintum ponimus in Rivis, lectorem fratrem Amigonem Asalberti; auditores, fratres Rogerium de Pitivilla, Ar^m de Mola, P. de Prato veteri, Stephanum Chabberti, Aymericum Vassalli, P. Jordanis, G^m Garcie, G^m de Rivomolli, R^m Regis, P. R^i de Pratis, G^m Darrivallis.

Sextum ponimus in Appamia, lectorem fratrem B^m de Maris; auditores, fratres Ar^m Massati, Ar^m de Gosenchis, Jacobum Serra, Ar^m Cavalli, Poncium de Garvasio, G^m del Tron, Bertrandum de Salis, G. Bernerie.

Septimum ponimus in Ruthena, lectorem fratrem G^m Berengarii seniorem; auditores, fratres Johannem Valada, P. de Posolis, Hugo de Scoralha, Johannem de Maseto, P. Juliani, Gualhardum de Aquabona, P. Fabri, Guilhermum Berengarii, G^m Boerii.

Octavum ponimus in Monte Albano, lectorem fratrem Bernardum de Ramundinis; auditores, fratres P. de Praveto, Johannem Camonis, Bartholomeum de Boria, G^m de Albaraco, Johannem Amelii, G^m Grossi, G^m de Florano, P. R^i Salati, Johannem Raynonis, Guilhermum Masselarii.

Nonum ponimus in Altovillari, lectorem fratrem R^m de Mercurio; auditores, fratres Vitalem de Colomina, Ar^m de Bonaffosio, Johannem de Coiata, R^m de Fermhaco, B^m Boneti, Johannem de Ratis, Rogerium Jaule, Sicardum de Magrinh, Justum Raulini.

Decimum ponimus in Lactora, lectorem fratrem Guidonem Figiacensem; auditores, fratres Johannem de Solmiaco, Guilhermum Johannis, Johannem Hugonis, Ar^m de Prato, G^m de Longariis, Ar^m de Mulexiis, Sanxium de Arriaup, Ar^m de Faeto.

Undecimum ponimus in Brageriaco, lectorem fratrem Ar^m Caballi; auditores, fratres P. de Bosco, Gausbertum de Juncali, R^m Ar^{dt} de Sobranserio, Ar^m Cicardi, Pilum fortem Accurati, Durandum Rotundi, Durandum Garini, G^m Picati.

Duodecimum ponimus in Bellovidere, lectorem fratrem Guilhermum Marioti; auditores, fratres Radulphum de Podio auderii, B^m de Sarlato, Durandum Rubei, Poncium de Ripparia.

Tercium decimum ponimus in Lemovica, lectorem fratrem Pet^m Robberti; auditores, fratres R^m de Monte Assino, Guibertum Casinelli, P. Boerii, Guidonem Vaisserie, R^m de Castaneto, R^m Talhaferiis, Johannem Barresii, P. de Maloduno, R^m de Fragaco.

Quartum decimum ponimus in Sancto Juniano, lectorem fratrem Laurencium de Solerio; auditores, fratres Ar^m Comitis, P. Echivi, P. Rodolc, Ar^m de Mota, Heliam Darpentarii (1).

[F° 445 A] Et volumus et ordinamus quod omnes fratres, quibuscumque studiis assignati sive per acta sive per litteras provincialis prioris, qui in istis actis non nominantur, ad conventus pertineant de quorum terminis sunt assumpti. Et ex vi presentis ordinationis ipsos predictis conventibus assignamus; priores etiam hoc anno absolutos in actis capituli generalis (2), conventibus ad quorum predicationes pertinent assignamus.

IX. Iste sunt monitiones et ordinationes.

1. Cum viros religiosos deceat omnem dissolutionem et materiam scandali evitare, quorum vita et actus debent esse ceteris in exemplum, et in veniendo frequenter ad capitula et redeundo de ipsis per fratres aliquos fiant multa contra decenciam nostri status, volentes super hoc de salubri remedio providere, ordinamus et imponimus omnibus et singulis qui de cetero ad capitulum turmatim venient vel redibunt, quod antiquiori priori, vel, si prior non esset, antiquiori fratri qui fuerit inter eos, sicut priori suo in omnibus obediant humiliter et intendant; et injungimus illi priori vel antiquiori quod non permittat aliquid eos facere contra nostri ordinis honestatem; quod si facerent, significare priori provinciali et diffinitoribus capituli teneantur, ut tales puniant, et provideant de remedio oportuno.

2. Item, cum nos loqui non conveniat nisi que ad pacem sunt pro qua etiam tenemus, quum possumus, laborare et assidue

---

(1) Étudiants des arts d'après le ms. 488.
(2) Voyez plus haut le chap. gén. de Bordeaux, p. 48, 49.

exorare, districte injungimus fratribus universis, quod de guerris regum, seu quorumcumque principum, maxime presentibus secularibus, tacere teneantur; nec alicujus partis verbo, vel facto, vel scripto, aut modo alio, ostendant seu exibeant se esse fautores. Et si per exteriores interrogentur super hiis, seu ponantur in verbis, tali modo et discrete respondeant, quod ipsos non appareat partem aliquam sustinere, aut quod velint uni plus quam alteri adherere. Quicumque vero contrarium fecerint, per superiores suos severius puniantur.

3. Item, cum ordo karitatis a viris religiosis non debeat pretermitti, set plenius observari, volumus et ordinamus quod defectum vel crimen fratris non scribant superiori in una litera multi fratres, cum etiam talis modus scribendi congregationem sapere videatur: set priori provinciali vel visitatori intiment, cum ad conventum venerint visitandum, nisi periculum ymmineret; et tunc scribant et significent sigillatim.

4. Et inhibemus districte quod in tractatu non fiat de cetero petitio pro conventu, quod frater quicumque de conventu aliquo expellatur; set causa priori provinciali vel ejus vicario, aut visitatori dicatur, ut pro loco et tempore [f° 445 B] salubre remedium apponatur.

5. Item, cum superiores mores et vitam subditorum non debeant ignorare, volumus et ordinamus quod, cum frater aliquis suspectus de crimine vel notatus de conventu ad conventum assignabitur, prior provincialis vel ejus vicarius, priori conventus cui assignatus fuerit, mores et vitam suam significare, prout alias ordinatum extitit, teneatur, ut sic sciat prelatus qualiter juxta merita vel demerita ad unumquemque se debeat habere; et si in conventu aliquo inveniantur juvenes dissoluti, aut pacis turbatores vel delatores verborum, aut alias insolentes, de hiis qui ad studia naturarum vel arcium missi sunt, prior de consilio lectoris, et subprioris, et trium vel quatuor seniorum, vel majoris partis eorum, ad conventus proprios cum causa scripta tales remittere teneantur.

6. Ordinationem vero factam in capitulo provinciali Altivillaris (1) de delatoribus verborum et seminatoribus discordiarum,

---

(1) Plus haut, p. 132.

quantum ad omnia in illa ordinatione contenta volumus inviolabiliter observari.

7. Volumus etiam et ordinamus quod si qui fratres, propria temeritate vel aliorum suggestione, reperti fuerint impositores criminum, penam subeant talionis, nisi probare sufficienter potuerint judicialiter que imponunt, cum evidenter nequius sit imponere quam refferre; et relatores ubi non prodest, nec sequitur correctio, secundum ordinationes multorum capitulorum generalium, puniri debeant pena debita criminosa.

XVII.

23 juin 1331.

CHAPITRE PROVINCIAL DE LECTOURE.

Bibl. publique de la ville de Toulouse, ms. 490 (I, 273).

I. Prieurs relevés de leur charge. — II. Lecteurs de théologie. — III. Sous-lecteurs. — IV. Étudiants en théologie. — V. Lecteurs de philosophie naturelle. — VI. Lecteurs des arts. — VII. Visiteurs. — VIII. Admonitions et ordonnances. — IX. Pénitences. — X. Suffrages. — XI. Étudiants envoyés à Montpellier. — XII. Vicaires désignés pour les couvents de Périgueux et d'Albi. — XIII. Lieu et date du chapitre suivant. — XIV. Définiteur pour le chapitre général. — XV. Sentences des juges approuvées. — XVI. Concession à fr. Jean *de Falbeto*.
Lettre du couvent de Paris au provincial de la province de Toulouse annonçant la mort du général de l'Ordre, fr. Barnabé.
Lettre du provincial de la province de Toulouse sur le même sujet.

[F° 462 A] In nomine Patris, et Filii, et Spiritus sancti. Amen.

Hec sunt acta capituli provincialis apud Lectoram celebrati, anno Domini M° CCC° XXXI°, [dominica ante festum beati Johannis Baptiste] (1).

1. Absolutiones (2).

Iste sunt absolutiones.

---

(1) F° 461 B.
(2) A la marge.

Absolvimus priores Sancti Emiliani, Baionensem, Appamiensem, Brivensem, Albiensem, Rutenensem, Lemovicensem, Sancti Juniani, Bellividere et Petragoricensem; et eos conventibus de quorum predicatione sunt assignamus; et volumus et ordinamus quod priores absoluti hoc anno per acta vel qui per litteras absolverentur ad eadem officia in eisdem conventibus minime assumantur.

II. Lectores Theologie (1).
Assignamus lectores in Theologia :
Lemovicis, f. Geraldum de Deumario*;
Baione, f. Philippum de Cumbellis*;
Ruthene, f. Bernardum de Villa nova;
Castris, f. Petrum de Rameto;
Altovillari, f. Begonem*;
Limosi, f. Petrum de Luperciaco*;
Marciaci, f. Jo. de Scarraco*;
In Sancto Juniano, f. Thomam Baiuli;
In Sancto Geruncio, f. Ar^m de Sancto Ylario*;
In Morlanis, f. Jo. Durandi*;
In Bellovidere, f. Guidonem de Mortuo amari;
Condomii, f. B. de Podio;
Appamiis, f. Aymericum de Magriano*.

III. Sublectores (2).
Assignamus ad secundam lectionem :
Burdegalis, f. R^m Teglanrii;
In Sancto Severo, fr. Ar^m de Stiguarda;
In Condomio, f. Ar^m de Matheis;
In Monte Albano, f. Talayrandum;
Petragoris, f. Ar^m de Villa siscle;
Lemovicis, f. G^m de Sancto Aredio;
Brageriaci, f. R^m de Badolio;
Castris, f. B^m de Artisio;
In Albia, f. G^m de Vernerie;
Baione, f. B^m de Perentenis;

(1) A la marge.
(2) A la marge.

In Ruthena, f. Bartholomeum Virgilii;
Caturci, f. Bertrandum Vassalli;
Carcassone, f. P^m Guilha*;
Brive, f. G^m Macellarii;
In Sancto Gaudencio, f. Ar^m G^i de Bornay;
In Bellovidere, f. Fabrum Cicredi;
In Rivis, f. B^m Rotlandi;
In Altovillari, f. G^m Raulini;
In Sancto Geruntio, f. R^m G^i de Petrono;
In Agenno, f. Berengarium de Arcia;
In Lectora, f. B^m de Virga;
In Morlanis, f. R^m Carabassa;
In Sancto Juniano, f. R^m de Senaco.
IV. Studentes Theologie (1).
Assignamus studentes in Theologia:
Tholose, fratres G^m de Malveriis, et ceteros;
Burdegalis, fr. G^m Bayardi, et ceteros;
Caturci, f. G^m Pastoris, et ceteros;
Petragoris, f. Heliam de Via, et ceteros;
Carcassone, f. Heliam Jo., et ceteros;
In Agenno, f. Poncium de Casalibus, [et ceteros];
In Apamia, f. Ar^m Cavalli, et ceteros.
V. Studia naturalium (2).
Assignamus studia naturalium :

1. Primum ponimus in Baiona, lectorem fr. B^m de Ramundis; auditores, f. Sancium de Rauta, et ceteros.

2. Secundum ponimus in Carcassona, lectorem, f. Ar^m de Monassuco; auditores, f. B. de Salis, et ceteros.

3. Tertium ponimus in Albia; lectorem, f. G. de Villanova; auditores, fr. P. de Cascellario, et ceteros.

4. Quartum ponimus in Apamia; lectorem, f. G. Boneti; auditores, f. Jo. Carbonelli, et ceteros.

5. Quintum ponimus in Altovillari, lectorem, f. Jacobum Bartholomei; auditores, f. Jo. de Papera, et ceteros.

---

(1) A la marge.
(2) A la marge.

6. Sextum ponimus in Condomio; lectorem, fr. R^m de Nosareto, auditores fr. P. de Senaco, et ceteros.

7. Septimum ponimus in Sancto Gaudentio; lectorem, fr. G^m Sequerii; auditores, P. de Cabanaco, et ceteros.

8. Octavum ponimus in Monte Albano; lectorem, fr. R^m Ebrardi; auditores, f. Stephanum Gaberti, et ceteros.

9. Nonum ponimus in Caturco; lectorem, f. P. de Maricalmo; auditores, f. Pilum fortem de Monte Pesato, et ceteros.

10. Decimum ponimus in Petragora; lectorem, fr. Yterium Mathei; auditores, fratres Jo. Amancii, et ceteros.

11. Undecimum ponimus in Brageriaco; lectorem, fr. G^m Marioti; auditores fr. Jacobum Benedicti, et ceteros.

12. Duodecimum ponimus in Briva; lectorem, fr. Jo. de Molino; auditores, fr. P^m Cambardi, et ceteros.

VI. Studia arcium (1).

Assignamus studia arcium.

1. Primum ponimus in Sancto Geruncio, lectorem fr. Jo. Amelii.

2. Secundum ponimus in Rivis, lectorem fr. Ar^m Gayraudi.

3. Tertium ponimus in Marciaco, lectorem fr. Jo. de Marsaco.

4. Quartum ponimus in Morlanis, lectorem fr. P. de Taxoneriis.

5. Quintum ponimus in Sancto Severo, lectorem fr. Jo. de Verneto.

6. Sextum ponimus in Lactora, lectorem fr. Ar^m Fabri.

7. Septimum ponimus in Agenno, lectorem fr. B^m de Castro novo.

8. Octavum ponimus in Sancto Emiliano, lectorem fr. Jo. Maseti.

9. Nonum ponimus in Lemovica, lectorem fr. Bartholomeum de Anssiaco.

10. Decimum ponimus in Ruthena, [lectorem] fr. Jo. Genebraldi.

11. Undecimum ponimus in Figiaco, lectorem fr. Gaubertum Clavelli.

12. Duodecimum ponimus in Limoso, lectorem fr. Maurellum.

Ceteros autem fratres in quacumque facultate sive per acta sive

(1) A la marge.

per litteras assignatos qui in istis actis non nominantur, ad conventus de quorum sunt terminis revocamus; et volumus et ordinamus quod omnes lectores in quacumque facultate fuerint assignati in festo beati Luce ad tardius in suis conventibus sint presentes; alias ipsos lectionibus suis privamus.

VII. Visitatores (1).

Isti visitabunt hoc anno:

1. Conventus Tholosanum, Appamiensem, Rivensem, Sancti Gaudencii, Sancti Geruncii, fr. P. de Senseriis.

2. Conventus Carcassonensem [f° 463 A], Castrensem, Limosi, Albiensem, Ruthenensem et Prulianum extra, fr. B. de Monte Anerio;

3. Conventus Caturcensem, Brivensem, Lemovicensem, Figiacensem, Sancti Juniani et locum Sancti Pardulphi extra, fr. P. de Podio Maur[ini];

4. Conventus Agennensem, Condomiensem, Lactorensem, Altivillaris et Montis Albani et locum Pontis viridis extra, fr. Guido Boscoti;

5. Conventus Baionensem, Orthesiensem, Morlanensem, Sancti Severi et Marciaci, fr. P. de Frontinhano*;

6. Conventus Petragoricensem, Burdegalensem, Brageriacensem, Sancti Emiliani et Belli videre, fr. Bartholomeus de Serra.

Et ordinamus quod conventus, in quibus electiones erunt faciende hoc anno, fratres superius assignatos, aut qui in posterum per litteras assignabuntur pro facultate quacumque, non teneantur ipsos in suis electionibus expectare.

VIII. Ordinationes (2).

Iste sunt ordinationes et admonitiones.

1. Cum multi apostate nostri ordinis sue salutis immemores per istam provinciam in scandalum ordinis non modicum confusibiliter evagentur, volumus et districte imponimus prioribus, supprioribus universis ac eorum loca tenentibus, [quod], ante festum instans Pasc[h]e, ad capiendum hujusmodi apostatas singuli infra suos terminos dent operam efficacem. Quicumque autem circa hoc

---

(1) A la marge.
(2) A la marge.

necligentes inventi fuerint aut remissi, per priorem provincialem in penam a suis officiis absolvantur, immediate elapso termino antedicto, provinciali capitulo minime expectato; et imponimus omnibus fratribus quod suorum presidentium negligentiam in hac parte priori provinciali curent quam tocius intimare.

2. Item, cum regularis disciplina exigat pariter et requirat, ut prelati suorum sciant merita et demerita subditorum, volumus et ordinamus quod priores de quorum conventibus juvenes assumuntur ad audiendam quamlibet facultatem, priores illos ad quos mittuntur de ipsorum juvenum religione et moribus studeant per suas litteras informare; et illi, vice verssa, postquam cursum suum compleverint in eorum conventu, priores illorum conventuum ad quorum terminos pertinent et unde missi fuerant, per suas litteras de eorum profectu in moribus et sciencia fideliter et diligenter informent, eorum consciencias super hiis districtius honerantes; alias eorum assignationes et revocationes nullum sorciantur effectum.

3. Item, quia effrenis est utplurimum congregata in unum pestilencium multitudo nec [novit] suas passiones pestiferas moderare, ymo tumultus et discordie fomitem administrat: quapropter strictissime in nostro ordine congregationes fieri prohibentur; inhibemus districte ne frater aliquis, cujuscumque condicionis aut gradus existat, fratres audeat congregare sine sui prioris aut ejus locum tenentis licentia speciali, nec rotulos acusatorios componere seu conscribere, qui nomine plurium per subscriptionem seu per quemlibet alium modum censeantur. Quicumque vero contrarium fecerit, III. graves culpas facere teneatur; et nichilominus per priorem provincialem vel ejus vicarium per unum annum omni voce privetur.

4. Cum secundum ordinationem capituli generalis sit nobis impositum quod difformitatem et excessum cellarum in nostris dormitoriis ad uniformitatem et medium reducamus, et talia non bene possint fieri, nisi presentialiter occulis subponantur, volumus et ordinamus quod priores singuli statim cum ad suos conventus redierint, deliberatione matura super hiis habita, cum operariis et antiquis predicta executioni celeri studeant demandare; et nichilominus prior provincialis et visitatores in suis visitationibus

de talibus diligenter considerent et advertant; addentes nichilominus, juxta ordinationem predicti capituli generalis, quod nullus nulla camera utatur, nisi lector fuerit actu legens, vel fuerit prior provincialis, aut magister, vel bacallarius in Theologia, aut lector principalis fuerit in Theologia, vel diffinitor generalis capituli, aut etiam inquisitor. Si quis autem cellam costruxit de licentia cujuscumque, cum fuerit alteri conventui assignatus, volumus et ordinamus quod in ejus absencia prior vel ejus locum tenens possit illam alteri assignare; cum autem ad conventum redierit, dictam cellam recuperet absque mora, inhibentes quod amodo co[n]struendi cameras aut cellam aliquam deformitatem habentem in dormitorium nulli fratri licencia concedatur.

5. Item, cum juxta nostre paupertatis conditionem omnis superfluitas a nostris vestibus sit penitus resecanda, quam notabiliter protendit oculis illorum qui foris sunt caputiorum potissime magnitudo, ordinamus quod capucia scapulariorum et caparum fratrum qui corpore sunt majores, longitudinem quatuor palmorum cum dimidio non exedant, nec quatuor palmorum illorum qui corpore sunt minores.

6. Item, cum emptio redituum nostre quam vovimus obviet paupertati, volentes tanto religionis excidio obviare, imponimus prioribus universis, quod cum diligentia inquirant si frater aliquis intra sui conventus terminos ad vitam emerit redditus pro se vel alio, vel emi fecerit per quemcumque, et de hoc, quam citius potuerint, priorem provincialem verbo vel littera studeant informare.

7. Item, ordinationem anni preteriti de non tractando citra festum Pentecostes [f° 464 A] cum penis appositis volumus suo robore permanere.

8. Item ordinationem anni preteriti de provisione magistrorum et bacallariorum Parisius et studencium, volumus in suo robore permanere (1).

IX. Iste sunt penitencie :

1. Fratribus de Sancto Geruncio qui contra constitutiones

---

(1) Le chapitre de l'année précédente ne porte aucune ordonnance à ce sujet. Aux actes du chapitre provincial de 1329, tenu à Rieux, on lit l'ordonnance suivante : « Item, cum diversorum conventuum habuerimus querelam valde

nostras directe socium elegerunt ad conventum minime pertinentem nec voluerunt in alium consentire, imponimus cuilibet XII. dies in pane et aqua; et imponimus priori quod ipsos istam penitenciam compellat facere, cum redierit ad conventum. Si qui autem predictam penitenciam facere neclexerint vel contempserint, volumus et ordinamus quod per priorem provincialem vel ejus vicarium, cum de hoc legittime constiterit, omni voce priventur. Si quis autem, occasione societatis hujusmodi, ad capitulum venerit, denunciamus ipsum penam incurrisse quam incurrunt sine licencia ad capitulum venientes.

2. Item, fratribus de Sancto Emiliano qui suppriorem suum in socium prioris elegerunt contra ordinationem capituli generalis Tholosani, imponimus cuilibet xv. dies in pane et aqua, cum alias fuerint inventi circa hoc deliquisse; et volumus et ordinamus quod dicti fratres ad predictam penitentiam faciendam per priorem, cum ibi presens fuerit, cum exagta diligencia compellantur; et si in hoc negligens fuerit aut remissus, eum ad penam consimilem obligamus; dictamque ordinationem sub penis appositis in generali capitulo Tholosano volumus inviolabiliter observari.

X. Summa missarum pro vivis XIX, pro defunctis IX.

XI. Assignamus studentes in Montepessulano fratres Bertrandum Maurandi, et ceteros.

XII. Ponimus vicarium in conventu Petragoricensi fratrem R^m de Chambonio, quousque ibi prior electus fuerit et confirmatus et presens extiterit in conventu; in Albia fr. B. de Albigesio*, quousque ibidem prior electus fuerit et confirmatus et presens extiterit in conventu.

---

gravem quod per enormem abusum studentes in studiis generalibus indifferenter recipi procurant novicios conventibus ad quorum terminos pertinent minime requesitis in eorumdem conventuum prejudicium et contemptum, ex quo contingit interdum recipi minus aptos, volumus et ordinamus et districtius inhibemus ne priores aut eorum vicarii in conventibus quibuscumque, pretextu studii generalis aut aliquo quovis colore quesito, pro conventu alieno quemcumque ad ordinem recipiant ad alterius conventus terminos pertinentem sine voluntate conventus illius aut majoris partis ejusdem de cujus terminis assumetur, de qua voluntate nulli credatur nisi per litteras prioris vel conventus illius fuerit facta fides; quod si secus actum fuerit, sit irritum et inane ». (f° 457 B, f° 458 A).

XIII. Sequens capitulum provinciale assignamus in conventu Petragoricensi, dominica infra octabas apostolorum Petri et Pauli; et volumus et ordinamus, quod fratres locum capituli non intrent ante sextam feriam predictam dominicam immediate precedentem; si qui autem contrarium fecerint aut ad capitulum sine licencia venerint, volumus eos penas incurrere in capitulo Montis Albani de accedentibus ad capitulum sine licencia pretaxatas.

XIV. Diffinitor generalis capituli fr. G^{us} de Belafar*, prior Tholosanus (1), cui in socium assignamus fr. P. Assalhiti*, priorem Burdegalensem.

[F° 464 B] XV. Sentencias judicum aprobamus.

XVI. Significamus fratribus universis quod fratri Jo. de Falbeto* est concessum quod post obitum ejus fiant pro eo suffragia que pro provinciali in officio decedente sunt fieri consueta.

Hec est litera quam conventus Parisiensis misit provinciali provincie Tholosane (2) super denunciacionem obitus fratris Barnabe, Magistri ordinis, qui obiit Parisius in festo beati Pauli eremite (3), anno Domini m° ccc° tricesimo primo.

Reverendo in Christo patri priori provinciali fratrum ordinis predicarorum in provincia Tholosana supprior et conventus Parisiensis ejusdem ordinis salutem in eo qui est mencium consolator. — Diri vulneris novitate percussi et ineffabili modo letifero telo mortis in intimis sauciati, dolorosos rumores vobis compellimur nunciare. Ecce, prothdolor, lucerna splendens super candelabrum sanctum sancti predicatorum ordinis, radians splendoribus honestatis, refulgens et illuminans splendoribus puritatis, nunc, emungente dira et iniqua morte, latet sub modio occultata. Nam felicis memorie pius pastor noster Reverendus Magister luminare prefulgidum, frater Barnabas, Magister ordinis, in die beati Pauli heremite recessit a nobis et nos orphanos dereliquit. Transiit ex hoc mundo ad patrem et de presenti seculo nequam ereptus in Domini sui potencias, feliciter pro se, sed heu! pro

---

(1) Ms. 490, f° 122 B.
(2) Fr. Helias de Ferreriis de Salhanaco, f° 73 A.
(3) 10 janvier.

nobis infeliciter introivit. Gemendum est igitur de tanti tamque necessarii prioris et pastoris recessu; sed procul dubio gaudendum est filiis, quia, ut vera fateamur, mortuus est et non est mortuus, quia vita ejus abscondita est cum Christo in Deo. Receptis siquidem devotissime omnibus ecclesiæ sacramentis, leta facie, jocundo corde, tanquam vocatus ad nupcias de nostris manibus evolavit. O conventum Parisiensem ex infelicitate felicem! Felix siquidem cujus custodie tantum thesaurum contulit Rex eternus. Habemus siquidem in jugi prospectu sancti patris nostri perpetuum monimentum, in insigni loco repositum chori nostri, ut memores beneficiorum ejus, assidue pro eo Dominum exoremus. Vos igitur secundum constitutionum nostrarum tenorem fratribus et filiis tanti patris tam lamentabilem obitum nuncietis, ut condolentes devotas apud magni patris clemenciam preces fundant, suffragia debita simul ac devota persolvant; et ut sciant omnes quod hoc anno supercedendum est a capitulo generali. Rogamus autem vos atque requirimus qualiter, quanto cicius poteritis, de receptione presencium curetis nos reddere per vestras litteras certiores. Datum Parisius sub sigillo conventus nostri, anno Domini M° CCC° XXXXI°, in die beati Felicis, confessoris (1).

[F° 465 A] Hec est litera quam reverendus pater prior provincialis misit per totam provinciam super denunciacione obitus Magistri ordinis, et super cessione a capitulo generali illo anno, et [super] indictione capituli provincialis quoad tempus, prout in ea plenius continetur.

In Jesu Christo sibi karissimis prioribus, supprioribus et eorum loca tenentibus, ac fratribus universis ordinis fratrum predicatorum in provincia Tholosana ad quos presentes litere pervenerint frater H[elias de Ferreriis], fratrum ejusdem ordinis in provincia Tholosana servus indignus, salutem et sinceram in Domino caritatem. — Audivi, et conturbatus est venter meus, a voce contremuerunt labia oris mei. Discessit namque pastor animarum nostrarum, magister et rector, ductor et doctor ordinis sancti hujus; cujus obitum flere decreveram; set recessit, non discessit; abiit, non

---

(1) Cette lettre est rédigée d'après le rythme prosaïque du XIII° siècle.

obiit; sed introivit pocius in delicias paradisi, in potencias
Domini, in abissum claritatis eterne; peregre profectus est in
regionem longincam accipere sibi regnum in plenilunio reversurus.
Tanquam namque diligens cultor et strenuus in vinea Domini
Sabaoth infatigabiliter elaborans, debitum humane conditionis exsolvit. Et in consummationem justorum. vite transitorie cursum
clausit, omnesque nos orphanos dereliquit; et licet de ipsius salute
spem certissimam habeamus, quia tamen nemo scit an dignus
sit odio vel amore, volo et inpono quod suffragia sibi debita cicius
persolvatis. Et rogo quod super hiis aliquid de speciali gracia
erogetis, quum vere dignus est ut hoc illi prestetis; sane cum
ex tanti patris absencia facti sumus absque patre pupilli, apud
Dominum preces effundere non cessetis, ut virum sibi provideat
qui sit super hanc multitudinem numerosam, suscitet in eo
spiritum Moysi, ut regere, gubernare ac protegere valeat hujus
Religionis sacratissime professores. Cujus rei gracia singulis
vestrum diebus singulis specialem oracionem injungo. Ceterum
cum rerum mutatio eventuumque varietas hoc exposcat, ut illa
que interdum fuerant deliberatione provida ordinata ex causis
subsequentibus de quibus non fuerat antea cogitatum oporteat
[f° 465 B] aliquando aliter immutari, hinc est quod cum hoc anno
in provinciali capitulo Lectore celebrato, inspecta distancia loci
capituli generalis, et considerato diligencius tempore quo diffiniter
et socius de dicto capitulo potuissent reverti, sequens provinciale
capitulum dominica infra octabas Apostolorum Petri et Pauli
Petragoris fuerit assignatum, et propter casum lugubrem, flebilem
et dolorosum qui nobis accidit de morte Magistri, set cum tenore
constitutionum nostrarum supersedatur a generali capitulo isto
anno, cessetque per consequens omnis causa provinciale capitulum
prolongandi, cum multis discretis fratribus deliberatione habita
diligenti, ex hiis et multis aliis rationabilibus causis, de ipsorum
consilio et assensu, tempus abrevians in eodem conventu Petragoricensi in festo translationis beati Dominici Patris nostri ipsum
provinciale capitulum assignavi, districte inhibens quod nullus
frater, cujuscumque auctoritatis existat, etiam si licencia habeat ad
capitulum veniendi nisi de expressa mea licencia de qua possit
per literas facere plenam fidem, locum intret capituli ante sextam

feriam immediate precedentem vigiliam dicti festi; sub penis appositis in actis utriusque capituli, generalis videlicet et provincialis, precedentis. Ordinaciones autem de non anticipando tractatum propter causam predictam suspendo penitus ista vice. Bene valete et orate pro me. Datum Tholose, feria vᵃ post festum beati Valentini, anno Domini M° CCC° XXXI°.

XVIII.

15 AOUT 1335.

CHAPITRE PROVINCIAL D'AUVILLAR.

Bibl. publ. de la ville de Toulouse, ms. 490 (I, 273).

I. Prieurs relevés de leur charge. — II. Lecteurs de théologie. — III. Lecteurs de la Bible. — IV. Lecteurs des Sentences. — V. Maîtres des étudiants. — VI. Sous-lecteurs. — VII. Étudiants en théologie. — VIII. Lecteurs de philosophie naturelle : livres à lire. — IX. Lecteurs des arts. — X. Lecteurs et étudiants : règlement. — XI. Élection des prieurs conventuels. — XII. Admonitions et ordonnances. *Libellum de doctrina fratrum.* — XIII. Prédicateurs généraux. — XIV. Visiteurs. — XV. Étudiants envoyés à Montpellier. — XVI. Pénitences. — XVII. Vicaires assignés à divers couvents. — XVIII. Réception du couvent de Port-Sainte-Marie. — XIX. Le couvent de Prouilles, à la suite d'une aumône de fr. Arnaud Fredet, évêque de Conserans (1313-1329), s'oblige à payer à la province cent livres de monnaie courante. — XX. Pénitence infligée aux frères venus au chapitre sans autorisation. — XXI. Sentences des juges approuvées. — XXII. Lieu et date du chapitre suivant. — XXIII. Définiteur au chapitre général. — XXIV. Suffrages.
Suppléments : I. Visiteurs et lecteurs du couvent du Port-Sainte-Marie. — II. Accord entre les religieuses de Prouilles et la province de Toulouse.

[F° 473 B] In nomine Patris, et Filii, et Spiritus sancti. Amen.
Hec sunt acta capituli provincialis apud Altumvillare celebrati, in festo Assumpcionis Beate Virginis, anno Domini M° CCC° XXXV°.

I. Iste sunt absoluciones.

Absolvimus priores Sancti Gaudencii, Sancti Juniani, Lemovicensem, Orthesiensem, Morlanensem, Marciaci, Rivensem, Ruthenensem, Brivensem, Montis Albani, Belli videre et Sancti

Emiliani. Et volumus et ordinamus quod priores noviter absoluti, sive qui per literas in posterum absolventur, in eisdem conventibus isto anno ad eadem officia nullatenus assumantur; eosque nunc pro tunc conventibus ad quorum predicationis terminos pertinent assignamus.

II. Assignamus lectores Theologie :

In Agenno, fratrem Bertrandum de Sancto Michaele*;
In Condomio, fratrem Begonem Detolli;
In Petragoris, fratrem Geraldum Geraldonis;
In Castris, fratrem Jacobum Bartholomei*;
In Carcassona, fratrem Aymericum de Magriano;
In Ruthena, fratrem Guillermum Marioti;
In Briva, fratrem Thalairandum;
In Albia, fratrem Petrum de Maricalmo;
In Brageriaco, fratrem [f° 474 A] B^{dum} de Ramundis;
In Limoso, fratrem Guillermum Boneti;
In Orthesio, fratrem Johannem de Scarraco;
In Sancto Emiliano, fratrem P. Roberti;
In Altovillari, fratrem Aymericum Vassalli;
In Lactora, fratrem P. Vitalis;
In Morlanis, fratrem Johannem de Pardinis;
In Marciaco, fratrem B^{dum} de Casamajori;
In Sancto Gaudencio, fratrem B^{dum} Dinaris;
In Bello videre, fratrem Galhardum de Montanhagol;
In Sancto Juniano, fratrem Guillermum de Sancto Aredio.

III. Assignamus [ad legendam] Bibliam biblice:

Tholose, fratrem B^{dum} de Villanova.

IV. Assignamus ad legendum Sententias :

Tholose, fratrem Galhardum de Racils;
Burdegalis, fratrem G. de Valensano;
Caturci, fratrem Bertrandum de Solano;
Carcassone, fratrem B^{dum} de Petra.

V. Assignamus magistrum studencium :

In Caturco, fratrem G. de Generesio;
In Carcassona, fratrem Arnaldum Massati.

VI. Assignamus ad legendam secundam lectionem :

Ruthene, fratrem Johannem Camonis;

In Castris, fratrem Maurellum;
In Albia, fratrem P. de Castellario;
In Agenno, fratrem B^{dum} de Castronovo Caturcensem;
In Condomio, fratrem P. de de Sancto Licerio;
In Sancto Gaudencio, fratrem R^{dum} Regis;
In Morlanis, fratrem Arnaldum Fabri;
In Baiona, fratrem P. de Rivo;
In Appamia, fratrem P. R^i Celati;
In Sancto Emiliano, fratrem Poncium de Gramasia;
In Lemovicis, fratrem G. Sudre;
In Rivis, fratrem Arnaldum Garaudi;
In Sancto Severo, fratrem [...]
In Lactora, fratrem Gaubertum Clavelli;
In Marciaco, fratrem P. Dionisii;
In Bello videre, fratrem [...]
In Limoso, fratrem Hugonem de Campellis;
In Sancto Geroncio, fr. Ar. Goseti;
In Orthesio, fratrem Ar. Torinerii.

VII. Assignamus studentes in Theologia :

1. Tholose, fratres Ar. de Matheis, Ar. de Villaciscle, Hel. de Grava, Ar. de Massabove, Pilumfortem, Poncium de Quercio, Hel. de Bainaco, Bertrandum de Podio, Bertrandum Petri Carcassonensem, Johannem de Berneto, Raymundum Stephani, B^d Salumonis, P. Issarti, Johannem de Luperia, Gerardum de Bosco, P. Barrerie, Ar. de Mola, Antonium Furnerii, P. de Lana, Ger. Boerii, Johannem Calveti de Sancto Gaudencio, Durandum Rubei, Petrum Bertrandi Lemovicensem, Arn. Aligueti, Hugonem Servientis Ruthenensem, R^m Niseti;

2. Burdegalis, fratres Poncium Godalli, Johannem de Solmiaco, P. de Clusello Brageriacensem, Johannem de Borbotano, P. de Biterris, R. de Rupe, Johannem Amancii, Johannem Boneti, R. Disseps, G. de Bellovidere, B. de Casellis, R. de Orto, Aymericum de Cude, Amalinum Berengarii, G. de Podio, B. de la Peireta, Dominicum Deia, P. Dines;

3. Caturci, fratres Johannem de Olmia, Petrum de Bezano, G. de Calveiraco, P. de Senaco, B. Cathalani, Stephanum de Borzesas;

4. Carcassone, fratres B. Rogerta, P. de Fabrica, Johannem

Durandi, G. de Meulhaco, G. Ari Gilaberti, Johannem de Cruce, Vasconem, Johannem Olivarii, Petrum Petri Albiensem, Johannem Calveti;

5. Condomii, fratres Vitalem de Idracho, et ceteros.

VIII. Assignamus studia naturalium.

1. Primum ponimus in Albia, lectorem fratrem G. Vernerie; auditores fratres R. Botas, et ceteros.

2. Secundum ponimus in Monte Albano, lectorem fratrem Johannem de Genebralli; auditores fratres Heliam de Sancto Vincencio, et ceteros.

3. Tercium ponimus in Caturco, lectorem fratrem Roserium de Bordis; auditores fratres [...], et ceteros.

[F° 474 B] 4. Quartum ponimus in Figiaco, lectorem fratrem Petrum de Pessolis; auditores fratres...

5. Quintum ponimus in Lemovica, lectorem fratrem Petrum Nigri; auditores fratres...

6. Sextum ponimus in Brageriaco, lectorem fratrem R. de Barrano; auditores fratres...

7. Septimum ponimus in Condomio, lectorem fratrem G. Raulini; auditores fratres...

8. Octavum ponimus in Altovillari, lectorem fratrem Ar. Sicardi; auditores fratres...

9. Nonum ponimus in Carcassona, lectorem fratrem Petrum Guilha; auditores fratres...

10. Decimum ponimus in Rivis, lectorem fratrem Johannem de Sonaco; auditores fratres...

11. Undecimum ponimus in Sancto Severo, lectorem fratrem Odonem de Cassanna; auditores fratres...

12. Duodecimum ponimus in Limoso, lectorem fratrem Gm Petri Tron; auditores fratres...

Et quia moralis philosophia admodum est utilis et necessaria et divine sciencie multum acomoda et propinqua, volumus et ordinamus quod liber Ethicorum in qualibet combinatione, hoc est anno quolibet, habeatur pro secunda lectione; et, si necesse fuerit, libri consueti consequenter legantur. Qui vero hujus ordinationis fuerint transgressores, ipso facto suis lectionibus sint privati.

IX. Assignamus studia arcium.

1. Primum ponimus in Appamia, lectorem fratrem Hugonem de Sonaco; auditores...

2. Secundum ponimus in Castris, lectorem fratrem G. de Causaco; auditores fratres...

3. Tercium ponimus in Ruthena, lectorem fratrem Ar. Egidii; auditores fratres....

4. Quartum ponimus in Briva, lectorem fratrem G. Roderii; auditores fratres...

5. Quintum ponimus in Petragoris, lectorem fratrem Ar. de Guillermo; auditores fratres...

6. Sextum ponimus in Bellovidere, lectorem fratrem Bertrandum Villarii; auditores fratres...

7. Septimum ponimus in Sancto Emiliano, lectorem fratrem G. de Calomonte; auditores fratres...

8. Octavum ponimus in Baiona, lectorem fratrem P. Patualis; auditores fratres...

9. Nonum ponimus in Orthesio, lectorem fratrem P. Goti; auditores fratres...

10. Decimum ponimus in Marciaco, lectorem fratrem Fortanerium de Salis; auditores fratres...

11. Undecimum ponimus in Morlanis, lectorem fratrem P. Deodati; auditores fratres...

12. Duodecimum ponimus in Agenno, lectorem fratrem Henricum Carcassonensem; auditores fratres...

13. Tercium decimum ponimus in Sancto Gaudencio, lectorem G. de Prada; auditores fratres...

14. Quartum decimum ponimus in Sancto Geroncio, lectorem fratrem P. de Ancras; auditores fratres...

15. Quintum decimum ponimus in Lactora, lectorem fratrem Johannem de Rupe; auditores fratres...

Et volumus et ordinamus quod in singulis conventibus, in quibus est studium isto anno, unus de aptioribus juvenibus statuatur per priorem in lectorem, sublectorem et magistrum, qui aliis habeat legere veterem logicam (1) et tractatus.

(1) Le mot *vetus logica* comprenait en 1254 « veterem logicam Porphyrii, Prædicamentorum, Perierminias, Divisionum et Topicorum Boetii » — Ap. Thurot, *De l'organis. de l'enseig.* p. 71, n. 5.

X. 1. Item, volumus et ordinamus, quod omnes lectores in quacumque facultate noviter assignati, sive quos contigerit per litteras in posterum assignari, in festo Omnium Sanctorum ad tardius in suis conventibus sint presentes, et suos inchoent lectiones, et usque ad festum Penthecostes ipsas continuent inchoatas; alias suis lectionibus sint privati.

2. Fratres autem omnes, quibuscumque studiis sive per acta sive per litteras ad legendum vel audiendum fuerint assignati, qui in istis actis non nominantur, ad conventus ad quorum predicationes pertinent revocamus; et volumus et ordinamus quod conventus [f° 475 A] in quibus hoc anno electiones fuerint faciende, lectores sive studentes in quacumque facultate eisdem conventibus assignatos non teneantur in suis electionibus expectare.

XI. Notificat autem reverendus pater prior provincialis (1) fratribus universis quod si in conventibus in quibus fient electiones hoc anno, fratres aliquos per eundem contigerit assignari, assignationes hujusmodi intelligit, constitutione domini Pape in omnibus semper salva.

XII. Iste sunt ordinationes et admonitiones.

1. Cum reverendus pater prior provincialis quemdam libellum de doctrina fratrum multa proprie et proximorum saluti utilia continentem per provinciam miserit, et in vanum, nisi fratres proficerent in eodem; volumus et ordinamus et districte imponimus prioribus, supprioribus et eorum vicariis, quod omnes fratres, nisi XL. annos in ordine habeant vel in sollempnibus conventibus priores fuerint aut lectores, ad predictum libellum habendum et in eodem proficiendum arceant et compellant, tempus statuentes eisdem trium vel quatuor mensium aut plurium juxta capacitatem ipsorum, infra quod in eodem libello contenta communiter mente sciant. Qui vero in hoc rebelles inventi fuerint studio et aliis graciis ordinis per priores priventur juxta qualitatem delicti. Inhibemus districte ne, de cetero fiat aliquis predicator, nec confessiones extraneorum audiat, nisi in predicto libello instructus fuerit competenter, et judicio presi-

---

(1) Fr. Helyas de Ferreriis de Salhanaco, f° 73 A. Voyez sa notice.

dentis in ipso contenta communiter mente sciat; aliter tales instituendi reverendus pater prior provincialis prioribus omnibus omnem subtrahit potestatem, de diffinitorum consilio et assensu (1).

2. Item, ordinationem factam in capitulo Lactorensi quod juvenes non sacerdotes suorum priorum testimoniales litteras secum portent, vel per aliquos priores prioribus mittant infra Adventum vel festum Nativitatis Domini ad tardius (2), volumus inviolabiliter observari; quod si priores in hoc negligentes fuerint aut remissi, in pane et aqua bis in qualibet septimana teneantur indispensabiliter abstinere. Si autem alios insufficientes vel discolas ad se missos priores reperierint, suo et lectoris ac trium aliorum qui ad consilia consueverint vocari [consilio], volumus et eis committimus quod tales ad suos conventus remittere valeant, si eis visum fuerit expedire.

3. Item, committit reverendus pater prior provincialis tenore presentium prioribus omnibus, et singulis, ac eorum vicariis, necnon et illis fratribus quibus dicti priores vel eorum loca tenentes duxerint committendum, quatinus, juxta statuta canonum auctoritate sua quam eis in hac parte committit, fratres suo commissos regimini, quos ydoneos et sufficientes pro predicationis officio et confessionum audiencia duxerit eligendos, dyocesibus ac eorum vicariis cum omni humilitate et reverencia vice sua valeant presentare, ut de ipsorum bene placito in eorum dyocesi infra terminos duntaxat illius conventus ad quem pro illo tempore

---

(1) Le chapitre de l'année 1337 revint sur ce point. « Item, quare a capitulo Altivillaris nullus fieri debuit predicator nec confessiones extraneorum audire, nisi in libello communicato fratribus istius provincie per reverendum patrem priorem Pruliani, dum provincialatus officio fungebatur, fuerit sufficienter instructus et contenta in eo mente sciret, idcirco quia gravem de hoc laxationem [et] excessivam audivimus, non sine gravi contemptu ordinis et suorum atque populi periculo animarum, denunciamus et declaramus omnes illos qui facti sunt predicatores a memorato capitulo [et] ultra, absque hoc quod fuerint examinati de predicto libello et nisi ipsum tunc communiter mente scirent, predicatores non esse, nec extraneorum possint audire confessiones, adjiciens reverendus pater prior provincialis quod hanc regulam et formam juxta ordinationem capituli Brageriaci pro toto tempore sui provincialatus in predicatoribus instituendis vult inviolabiliter observari » (f° 482 A).

(2) Plus haut, p. 215.

pertinebunt, predicare et confessiones eisdem confiteri valentium audire valeant, et penitencias imponere salutares.

4. Item, cum Christi servos, maxime vite apostolice professores, deceat omnem notam cupiditatis vitare, ea districtione qua possumus inhibemus, ne frater aliquis de cetero extra conventum missam novam celebrare presumat, sine prioris provincialis. expressa licencia petita et obtenta; qui vero contrarium fecerit omnibus graciis ordinis sit privatus. Precipit insuper prior provincialis in virtute sancte obediencie, de diffinitorum consilio et assensu, ne aliquis deinceps promoveatur ad sacros ordines, nisi de maturo consilio discretorum et assensu prioris illius conventus ad cujus terminos noscitur pertinere, et nisi in officio ecclesiastico fuerit sufficienter instructus.

5. Item, imponimus singulis prioribus, supprioribus et vicariis eorum quod studentes in quacumque [f° 475 B] facultate ad profectum sciencie per studium, recollectionem et disputationis exercitium, per penas seu modos alios, de lectoribus et aliorum fratrum consilio, juxta ordinationem generalis capituli, arceant et compellant, modum, locum et tempus citra festum Nativitatis Domini de predictorum consilio assignantes eisdem; eos autem qui propter juventutem vel aliam causam ad studia non mittuntur, tam in sciencia quam in divino officio instrui faciant et doceri; quod si in hac parte inventi fuerint negligentes, per priorem provincialem in penam a suis officiis absolvantur.

Quicumque vero in observandis predictis ordinationibus, sive earum qualibet, negligentes inventi fuerint seu remissi, si priores fuerint, per priorem provincialem in suis visitationibus vel ad tardius in sequenti capitulo in penam a suis officiis absolvantur; si vero subpriores vel vicarii fuerint, per eumdem provincialem vel ejus vicarios in penam a suis officiis similiter absolvantur; super quibus omnibus et singulis, visitatoribus imponimus quod diligenter inquirant et juxta formam predictam culpabiles puniant, eorum super hoc consciencias honerantes.

6. Item, cum per statutum provincie dudum rationabiliter fuerit ordinatum, ne conventus in quibus debent provincialia capitula celebrari, occasione hujusmodi sue predicationis terminos pro quibuscumque elemosinis non exirent, et istud minus bene

invenimus observatum, precipit prior provincialis, de diffinitorum consilio et assensu, prioribus, subprioribus, et eorum vicariis, ac ceteris fratribus talium conventuum, ne pretextu capitulorum hujusmodi extra sui conventus terminos vel personas questum presumant facere, sine prioris provincialis expressa licencia petita et obtenta.

7. Item, cum ex anticipatione tractatuum in conventibus multe turbationes et deordinationes sequantur, inhibemus districte subprioribus et eorum vicariis, ne ante festum Ascencionis in suis conventibus tractare presumant; qui vero contrarium fecisse fuerint deprehensi in penam a suis officiis absolvantur.

8. Item, cum frustra sit leges et statuta condere, nisi sint qui ipsas faciant et velint cum diligentia observare, volumus et ordinamus et districte imponimus prioribus, subprioribus et vicariis eorumdem, quod singuli in suis conventibus ordinationes utriusque, generalis videlicet et provincialis capituli, hujus anni, semel in anno quolibet legi faciant in omnibus locis in quibus fratres comedent vel convenient, preterquam debiles vel infirmi, vel nisi inter eos essent vel comederent forsitan seculares, vel saltem in capitulo fratribus congregatis.

9. Idem de constitutionibus fieri volumus in locis et temporibus memoratis in quatuor vel quinque vicibus juxta arbitrium presidentis.

XIII. Facimus predicatores generales fratres G. de Roseto*, G. Garrici*, Guasbertum de Orgolio*, Johannem Arrefati*, Bertrandum de Sancto Michaele*, Johannem de Farguili*, B. de Vallibus*, B. de Poimaco*, R. de Feno*, R. Grima.

XIV. Isti visitabunt hoc anno :

1. Conventus Tholosanum, Rivensem, Sancti Gaudencii, Sancti Geruncii et Appamiensem, frater B^m Ortholani*;

2. Conventus Carcassonensem, Limosi, Castrensem, Albiensem et Ruthenensem, frater G^{us} de Galhaco;

3. Conventus Caturcensem, Figiacensem, Brivensem, Lemovicensem et Sancti Juniani, frater P. de Sala;

4. Conventus Montis Albani, Agennensem, Altivillaris, Lactorensem et Condomiensem, frater Ar^{us} Bartholomei;

5. Conventus Burdegalensem, Sancti Emiliani, Brageria-

censem, Petragoricensem et Bellividere, frater P. de Boria Brivensis;

6. Conventus Baionensem, Orthesiensem, Morlanensem, Sancti Severi et Marciaci, frater Ger^{dus} de Mauriaco.

XV. Assignamus studentes in Montepessulano fratres Dominicum de Burgo, Ar. de Corrigia, Aycardum de Cozenchis, R. de Corello.

XVI. Iste sunt penitencie :

Absolvimus subpriores Morlanensem, Marciaci et Bellividere in penam, quia isto anno non sine magna eorum culpa in suis conventibus socio caruerunt; item, fratribus predictorum conventuum, scilicet Morlanensis, Marciaci et Bellividere, imponimus omnes sextas ferias in pane et aqua usque ad festum Pasche, in qua penitencia presidens dispensare non valeat, nisi de consilio majoris partis conventus.

[F° 476 A] XVII. Assignamus vicarios, in conventu Morlanensi fratrem Johannem de Perdinis, lectorem ejusdem conventus; in conventu Bellividere, fratrem Guidonem Boscoti; in conventu Marciaci, fratrem Bertrandum de Casamajori, lectorem ejusdem conventus; in Sancto Emiliano, fratrem P. Roberti, lectorem ejusdem conventus; in Sancto Gaudencio, fratrem Bertrandum de Maris, lectorem ejusdem conventus. Et volumus et ordinamus quod predicti vicarii in predictis conventibus vices priorum obtineant donec priores electi et confirmati fuerint, et presentes extiterint in eisdem.

XVIII. Item, cum per acta generalis capituli (1) nostre provincie sit concessum quod unum conventum possimus recipere in Portu Sancte Marie, diocesis Agennii, juxta constitutionum nostrarum tenorem illic conventum mittimus et infra scriptos fratres in eodem loco pro conventu, auctorite presencium, deputamus, videlicet fratrem P. Capelle, quem ibidem priorem constituimus, auctoritatem, potestatem plenariam tam in temporalibus quam in spiritualibus committentes eidem. Et assignamus eidem

---

(1) Chapitre général de Londres, 1335: « Concedimus provincie Tholosane unam domum ponendam in Portu Sancte Marie, dyocesis Agennensis » (ms. 489, f° 167 b).

conventui lectorem fratrem Johannem Durandi, ac fratres conventuales Ar. Gualhardi, et ceteros; et ordinamus quod ad locum complendum et perficiendum cicius dent operam efficacem (1).

XIX. Item, committimus fratribus Bertrando Frezelli, G° Garrici et Poncio de Bono villari vel duobus ex eis, si tercius non posset comode interesse, de communi tocius provincie consilio et assensu, cum priore, priorissa et monasterio Pruliani super helemosina domini Coseranensis vices et nomine provincie componere valeant, sicque dictum monasterium dicte provincie pro provinciali capitulo de certa summa bladi vel peccunie, prout melius inter se convenerint, habeat annis singulis respondere, ratum, gratum et firmum habituri perpetuo quidquid in hac parte per eos extiterit ordinatum (2).

XX. Item, denunciamus omni voce privatos omnes fratres qui ad provinciale capitulum venerint sine licencia isto anno, intimantes eisdem quod ad vocem hujusmodi non valeant restitui nisi per magistrum ordinis vel capitulum generale, cui penitencie subjacere volumus eos qui ad sequens provinciale capitulum ante diem assignatam venerint sine prioris provincialis licencia speciali, de qua per suas litteras possint facere plenam fidem.

XXI. Sententias judicum approbamus.

XXII. Sequens provinciale capitulum assignamus in conventu Brageriaci, dominica infra octabas apostolorum Petri et Pauli, inhibentes districte quod ullus frater, cujuscumque conditionis existat, etsi alias licenciam habeat ad capitulum veniendi, locum intret capituli ante sextam feriam dictam diem dominicam immediate precedentem.

XXIII. Diffinitor sequentis capituli generalis fr. G. de Roseto*, cui in socium assignamus fratrem Geraldum de Lezton*, priorem Caturcensem.

---

(1) Voyez Supplément I aux actes de ce chapitre. D'après l'abbé Barrère, *Histoire religieuse et monumentale du diocèse d'Agen*, II, 100 et 101, le couvent aurait été fondé entre 1324 et 1328 par les soins d'un bourgeois de la ville, Jean de Saillac, qui aurait voulu y relever la foi affaiblie.

(2) Le chapitre provincial de Toulouse de 1327 s'était déjà occupé de cette affaire. Elle donna lieu à un arrangement entre les Frères prêcheurs et les religieuses de Prouilles, en 1336. Nous publions ici ces documents, Supplément II.

XXIV. Suffragia pro vivis predicti capituli xviii., pro defunctis xiii.; cum illis vii. domini Coseranens[is] (1).

SUPPLÉMENTS

AUX ACTES DU CHAPITRE PROVINCIAL DE 1335.

I.

Les continuateurs de B. Gui n'ayant pas écrit l'histoire de la fondation du couvent de Port-Sainte-Marie, je place ici la liste des visiteurs et des lecteurs de ce couvent jusqu'en 1342.

I. — VISITEURS.

1336. — Fr. B^{us} de Arcia, f° 480 A.
1337. — Fr. Jacobus de Fargia, f° 483 A.
1338. — Fr. Boarias Brivensis, f° 486 B.
1339. — Fr. Poncius de Manhiraco, f° 489 B.
1340. — Fr. G^{us} Vitalis, f° 493 A.
1341. — Fr. Ar^{dus} de Manso, f° 498 A.
1342. — Fr. Ramundus de Gelaco, f° 499 B.

II. — LECTEURS DE THÉOLOGIE.

1335. — Lector Theologie fr. Johannes Durandi, f° 476 A.
1337. — Lector Theologie, fr. Rotgerius de Bordis, f° 481 A.
1340. — Lector Theologie fr. Arnaldus Massaci, f° 490 B.
1341. — Sublector, fr. Aymericus de Cude, f° 495 A.

II.

Accord entre la province de Toulouse et le monastère de Prouilles.

I. — INSTRUMENT DE L'ACCORD.

[F° 500 A] Copia ad perpetuam rei memoriam instrumenti in quo monasterium Pruliani ordinis Predicatorum obligatum est annuatim provinciali capitulo provincie Tholosane in centum libris monete tunc currentis solvendi in festo Omnium Sanctorum ; et erat fortis moneta.

(1) Arnaud Fredet, évêque de Conserans. Voyez sa notice.

In Dei nomine, Amen. Anno Incarnationis ejusdem, M° CCC° XXXVI°, domino Philippo rege Francie regnante, quinto ydus aprilis, noverint universi qui sunt pariter et futuri, quod nos soror Helizabet de Peyra, priorissa monasterii beate Marie de Pruliano, et nos sorores moniales ejusdem monasterii, videlicet soror Rixendis Sicresa, S. Aladaycis Martina, S. Ray^da Raynauda, S. Mª de Manheriis, S. Fays de Barbayrano, S. Emeniardis Loba, S. Johanna de Mineis, S. Johanna de Fargas, S. Emengardis de Bresilhaco, S. Arpays de Duroforti, S. Fays Bruneta, S. Arsens de Vilando, S. Veziada de Duroforti, S. Peyronela de la Grania, S. Rixens Roia, S. Veziada de Lobant, S. Jordana de Trulhariis, S. Cusaga, S. Johanna de Averi, S. Johanna de Musi, S. Lobanda Daygnasunias, S. Ricardis Trenqueria, S. Navarra de Belaffar, S. Mascarosa Boyera, [f° 500 B] S. W^a de Scossa, S. Rixens Cathalana, S. Tibors de Duroforti, S. Fabressa Faydida, S. Esclarmonda de Romegosio, S. Philippa de Yspania, S. Peyronela de Furno, S. Beatrix de Sancto Michaele, S. Huga de Branda, S. Ger^da Roqua, S. Flors de Brenaco, S. Barbayrana, S. Arpays de Belaffar, S. Margarita de Montebruno, S. Veziada de Vilatrober, S. Flors de Sancto Martino, S. W^a de Suana, S. Petrona Vidala, S. Bruna, S. Miracla Sansa, S. Serena Ganisa, S. Irlanda de Villela, S. Alacaysis Belnelha, S. Genses Garina, S. Helis Catrela, S. Garcendis de Gornilha, S. Emengardis, Guirauda, S. Paula Giracossa, S. Esclarmonda Martina, S. Agnes de Molteo, S. Johanna de Duroforti, S. Johanna Rogiera, S. Marquesa de Lordato, S. Helitz de Monevila, S. Cecilia de Fenis, S. Raymunda Johanna, S. Anelina, S. Raymunda de Turre, S. Fabresa de Castilho, S. Ana, S. Bertranda Bela, S. Emengardis de Silhaco, S. Alegra, S. Contors Faniana, S. Ermensendis Bega, S. Saura Caleta, S. Alamanda de Roario, S. Ysarna, S. Saurimonda de Sancto Saturnino, S. Guirauda de Roqovilla, S. W^a Rorienta, S. Brayda de Manso, S. Englesa de Marqafava, S. Elizabet de Laporta, S. Saura de Sancto Paulo, S. Veziada de Campolongo, S. Gaviosa de Castronovo, S. Philippa de Layga, S. Contors de Manso, S. Contors de Roqevila, S. Lumbarda Martina, S. Blanca de Lissaco, S. Maransia, S. Elena de Peyrussa, S. Rixendis de Montelauro, S. Cecilia de Scorsenchis, S. Katerina de Bosco, S. Ayguina Berengaria, S. W^a de Cruci, S. Johanna Dansas, S. Bertranda de Manso, S. Anda Pigassa, S. Clara de Pauliers, S. Elena de Bruniquello, S. Galharda de Casnac, S. W^a Bonafos, S. W^a de Layssac, S. Berenguiera Berta, S. Bermonda Subiera, S. Alesta de Lator, S. Cecilia de Belhaus, S. Blanca de Turre, S. Alaydis de Fenolheto, S. Galiena de Bartholeno, S. Longa Bruna de Sigur, S. Mabelia de Turre, S. Saurimonda Berengaria, S. Fina de Sanchet, S. Martina Pradiera, S. Blanca de Tholosa, S. Saurimonda de Marsac, et soror Aycart de Falgueriis, sub cura et regimine fratrum ordinis Predicatorum viventes, simul in ecclesia beate Marie Monasteri Pruliani, pulsata campana, ad capitulum convocate, ut moris est, congregate, atendentes reverendum in Christo patrem dominum Arnaldum [f° 501 A] bone memorie Episcopum Coseranensem condam pro salute anime sue legasse, donasse, causa helemosine et intuitu pietatis, dicto ordini fratrum Predicatorum, videlicet conventibus ejusdem ordinis provincie Tholosane, tria milia et quingentos florenos auri ex quibus emerentur aliqui redditus pro elemosina. perpetua, qui anno quolibet expenderentur, et converterentur in expensis et necessitatibus capituli provincialis dictorum fratrum Predicatorum in dicta provincia Tholosana; atendentes insuper etiam qosdam redditus in dicta pecunie summa fore emptos et solutos et dicto monasterio nostro fore efectualiter acquisitos, mediantibus publicis instrumentis, idcirco, habito sollempni consilio et tractatu, prout in talibus fieri debet, ac etiam convenit, presentibus gubernatoribus nostris, videlicet religiosis viris fratre Helia de Ferreriis, priore provinciali dicti ordinis fratrum Predicatorum in dicta provincia Tholosana, et fratre Aymerico de Villaneria gerente vices religiosi viri fratris Raymundi Maurelli, prioris dicti monasterii, ac fratribus Andrea de Bravo, P. Tornerii, Arnaldo Garcie, et dicto fratre Aymerico de Vilaneria, confessoribus nostris, et in hiis expresse consentientibus; certificate de jure nostro, ex certa sciencia, loco dictorum reddituum de predicta pecunia per dictum Episcopum data seu donata predicto ordini emptori et dicto monasterio efectualiter acquisitori, ut est dictum; et in recompensationem ipsorum reddituum asignamus nominibus quibus supra dicto ordini dicte provincie Tholosane licet absenti et vobis fratribus Poncio de Bonovillario et W° Garrici dicti ordinis fratrum Predicatorum procuratorum dicte provincie Tholosane dicti ordinis Predicatorum ad hoc per dictam provinciam specialiter in capitulo provinciali dicti ordinis in Altovillari proxime celebrato constitutis et creatis, presentibus, et tibi B. Tornerii notario infrascripto ut persone publice pro dicta provincia et dicto ordine ejusdem provincie et omnibus et singulis fratribus ejusdem provincie, stipulantibus et recipientibus, centum libras turon. parvorum monete nunc currentis computando, unum turon. album pro XII. turon. parvis, et XII. turon. parvos pro uno turon. albo argenti, in et super bonis monasterii predicti, per in perpetuum, anno qolibet, habendas et levandas in festo Omnium Sanctorum per dictum ordinem dicte provincie Tholosane, scilicet per conventus dicti ordinis ejusdem provincie Tholosane conjunctim, vel suos gubernatores [f° 501 B], de bonis monasterii predicti expendendas et convertendas in expensis et necessitatibus dicti capituli provincialis, juxta ordinationem domini Episcopi supradicti; et ad hoc dicto ordini dicte provincie Tholosane et vobis prefatis fratribus Poncio de Bonovillario et Guillermo Garrici procuratoribus dicte provincie et ordinis ejusdem et notario predicto stipulantibus et recipientibus, ut supra, et etiam pro illis qui in dicto capitulo fuerunt et in antea fuerint in capitulo dicte provincie et omnibus illis quorum interest vel interesse potest aut poterit, et quod presens negocium tangit et tangere potest et poterit in futurum, sollempniter stipulantibus et recipientibus, bona dicti monasterii presentia et futura obligamus expresse sub omni renuntiatione juris et facti pariter et cautela; et ut predicta omnia et singula rata et stabilia perpetuis temporibus perseverent, huic publico istrumento sigillum nostri conventus predicti monasterii Pruliani aponi fecimus et appendi.

Et ibidem, nos frater Helias, prior provincialis dicte provincie Tholosane, et frater Aymericus de Villaneria, gerens vices dicti prioris Pruliani, et nos fratres prenominati Andreas de Bruno, P. Tornerii, Arn^dus Garcie et frater Aymericus de Villaneria, confessores dictarum sororum, qui in premissis omnibus et singulis presentes fuimus, atendentes utilitatem dicti monasterii evidentem circa premissa versari de quibus plenarie sumus informati, omnia et singula supra dicta tanquam ea que facta sunt de nostra voluntate pariter et consensu, quantum nostra interest, approbamus, ratificamus et confirmamus. Et ad majorem horum omnium predictorum firmitatem, nos prior provincialis memoratus sigillum nostri officii huic presenti publico istrumento perpetuo valituro apponi fecimus et appendi. Et insuper nos frater Poncius de Bonovillario et Guillermus Garrici procuratores dicte provincie Tholosane et conventuum ordinis Predicatorum ejusdem provincie quantum nos nomine quo supra et dictos conventus ordinis Predicatorum dicte provincie Tholosane in solidum et in eo modo predicta omnia [f° 502 A] tangunt et tangere possunt, ea omnia approbantes et confirmantes, promittimus nominibus quibus supra ex certa sciencia vobis priorisse et sororibus memoratis pro vobis et toto conventu predicti monasterii recipientibus et stipulantibus quod dictus ordo seu conventus dicte provincie Tholosane dicti ordinis Predicatorum in dictis redditibus de predicta pecunia emptis per dictum dominum Episcopum data seu donata emptis, ut superius dictum est, nichil de cetero petent conjunctim vel divisim; ymo si quod jus aliqua racione dicto ordini in et super dictis redditibus competebat, competit aut posset competere in futurum, illud tamen jus dicto monasterio Pruliani et vobis Priorisse et sororibus predictis pro vobis et toto conventu dicti monasterii stipulantibus et recipientibus ex causis predictis, remittimus, quitamus et absolvimus nunc, et super retentis dictis conventibus conjunctim dicte provincie centum libras turon. anno qolibet in perpetuum in et super bonis dicti monasterii, prout superius continetur.

Acta fuerunt hec sollempniter in dicta ecclesia B. Marie de Pruliano, anno et die prescriptis in presentia et testimonio fratrum Johannis Perelli, Ber^dl Berengarii, B. Lerati dicti monasterii, Ray^dl Clerici Textoris, P. Belli oculi, Ray^dl Rosaldi clerici Fani[jovis], Symonis Simardi de Fontazellis, Ar^dl Holiba, Jo. Holiba ejus filii de Villario Savarico; postque, eadem die, religiosus vir dominus fr. Raymundus Maurelli, prior dicti monasterii memoratus, omnia supradicta universa et singula per dictas dominam priorissam et sorores moniales superius facta, dicta, confessa et promissa, quantum sua intererat et interesse poterat, quoquomodo aprobavit, laudavit, corroboravit et confirmavit, tanquam ea que facta sunt, dicta, promissa et concessa, de ejus voluntate, ut dixit, et consensu; et ad majorem omnium premissorum firmitatem in perpetuum habendam, sigillum sui officii voluit et jussit huic presenti publico instrumento apponi et appendi; et hec omnia predicta idem dictus prior Pruliani fecit et conc[essit], presente religioso viro domino fratre Helia de Ferreriis priore provinciali predicto et ea aprobante, corroborante et confirmante nomine quo supra.

Acta fuerunt hec in dicto monasterio Beate Marie de Pruliano in presentia et testimonio fratrum Dominici de Montetotino, B. Berengarii, B. Lerati dicti monasterii Pruliani, P. Belli oculi, Ray^{di} Rosaldi clerici, B. Vasconis barbitonsoris dicti loci Fanijovis.

II. — Chapitre provincial de Toulouse. — 1337.

[F° 482 A] Item, quia compositio facta cum monasterio Pruliani de eleemosina domini Coseranensis apparet aliquibus minus rationabiliter esse facta, et instrumentum inde confectum asseritur aliqua dubia continere, idcirco de communi tocius provincie consilio et assensu commitimus fratribus Guillermo de Belafar, Bertrando Frezelli, Raymundo Baione, vel duobus ex ipsis si contigerit unum eorum impediri, quatinus predictam compositionem, si apparuerit eis errorem aliquem continere, cassare valeant et penitus anullare, ac de novo una cum priore et priorissa et monasterio Pruliani, vice et nomine tocius provincie, componere et certa summa bladi vel peccunie, secundum quod utile pro provincia et monasterio judicabunt, ratum et gratum ac firmum habituri perpetuo quidquid in hac parte per eos extiterit ordinatum. Et quia propter culpam et negligenciam fratris Dominici de Montetotino, [f° 482 B] non sine periculo ac detrimento continuo provincie et monasterii adhuc restant de predicta elemosina aliqua ad emendum et empta ad recuperandum, et negocium et factum totum adhuc in dubio et periculo existat, idcirco reverendus pater prior provincialis (1), de difinitorum rogatu, consilio et assensu, in virtute sancte obediencie precipit eidem fratri Dominico ut, omnibus aliis negociis postpositis et omissis, sic diligenter et assidue pro suo posse intendat emptioni et acquisitioni reddituum qui de pecunia que restat emi poterunt et haberi, ac recuperationi emptorum et declarationi et certitudini tocius negocii, quod infra festum Natalis Domini nichil omnino restet ad emendum seu agendum de superius expressatis, et imponimus priori Limosi vel ejus locum tenenti quatinus hanc capituli ordinationem eidem fratri Dominico habeat quam cicius intimare.

(1) Pierre Gui, neveu de B. Gui, f° 73 A.

XIX.

11 juin 1338.

CHAPITRE PROVINCIAL DE SAINT-GIRONS.

Biblioth. publique de la ville de Toulouse, ms. 490 (I, 273)

I. Prieurs relevés de leur charge. — II. Lecteurs : règlement. — III. Élections. — IV. Vicaires nommés pour les couvents d'Agen et d'Auvillar. — V. Admonitions et ordonnances. — VI. Visiteurs. — VII. Étudiants envoyés à Paris et à Montpellier. — VIII. Suffrages. — IX. Sentences des juges approuvées. — X. *Socius* du provincial. — XI. Date et lieu du chapitre suivant. — XII. Impôt sur les couvents de la province pour la construction du couvent d'Avignon. — XIII. Révocation des *grâces* accordées par les sous-prieurs.

[F° 484 A] In nomine Patris, et Filii, et Spiritus Sancti. Amen.

Hec sunt acta capituli provincialis apud Sanctum Geroncium celebrati, in festo Corporis Christi, anno Domini M° CCC° XXXVIII°.

I. Iste sunt absolutiones.

Absolvimus priores Ruthenensem, Castrensem, Altivillaris, Agennensem, Tholosanum, Burdegalensem, Baionensem, Morlanensem et Sancti Juniani. Et volumus et ordinamus quod priores absoluti in actis in isto anno sive illi qui per litteras absolventur, in eisdem conventibus isto anno nullatenus assumantur; eosque ex nunc conventibus ad quorum predicationis terminos pertinent assignamus.

II. Assignamus lectores in Theologia...

Assignamus ad secundam lectionem lectores...

Assignamus magistros studencium in Burdegalis et in Carcassona...

Assignamus studentes Tholose in Theologia...

Et volumus et ordinamus quod tam lectores naturarum quam arcium legant juxta ordinationem patris reverendi Magistri ordinis, que singulis conventibus hujus provincie missa fuit;

fratres autem quibuscumque studiis sive per acta sive per litteras ad legendum sive ad audiendum assignatos qui in istis actis non nominantur, studentes etiam in studiis generalibus extra provinciam assignatos sive per litteram assignandos, conventibus ad quorum predicationis terminos pertinent assignamus; et volumus et ordinamus quod conventus in quibus electiones fuerint faciende, lectores sive studentes in quacumque facultate eisdem conventibus assignatos non teneantur in suis electionibus expectare.

III. Notificat autem reverendus pater prior provincialis (1) fratribus universis quod si in conventibus in quibus fient electiones hoc anno aliquos per eumdem contigerit [f° 484 B] assignari, assignationem hujusmodi intelligit, constitutione domini Pape in omnibus semper salva.

IV. Item, quia dubium erat an frater Petrus Borias potuerat absolvi ab officio subprioratus per priorem Ruthenensem et frater Johannes Amancii institui ab eodem, propter quemdam quem ibi vicarius provincialis ordinaverat, idcirco volentes securitati ordinis et conscienciarum providere, ambo absolvimus ab officio subprioratus memorato, instituentes in eodem conventu vicarium prefatum fratrem Johannem Amancii, quousque habeat priorem confirmatum et in conventu presentem.

Item, ponimus vicarium in conventu Altivillaris, quousque habeat priorem confirmatum et in conventu presentem, fratrem G. Raulini.

V. Iste sunt ordinationes et admonitiones :

1. Cum per multa capitula tam generalia quam provincialia hactenus salubriter extiterit ordinatum ne frater aliquis, cujuscumque gradus aut conditionis existat, de g[u]erris aut g[u]errarum negociis, directe vel indirecte, verbo vel scripto, se aliquatenus intromittat, nec sit nuncius talium nec ambaxiatam recipiat aut exequat receptam, cum ex talibus non possit evenire comuniter nisi turbatio et scandalum generari, precipit reverendus pater prior provincialis, de diffinitorum consilio et assensu, quod nullus frater predicta aut predictorum aliquid audeat atemptare, et

(1) Fr. Helyas de Ferreriis.

hoc sub pena carceris, ad quem ex vi presentis statuti ipsum sentencialiter condempnamus (1).

2. Item, precipit prior provincialis, de diffinitorum consilio et assensu, ne fratres aliqui de dominio ad dominium dominorum Regum, Francie videlicet et Anglie, licenciari valeant extra terminos sue predicationis pro quocumque, nisi pro necessitate maxima et inevitabili scandalo, et tunc de consilio et assensu omnium fratrum sacerdotum vel duarum partium tunc presentium in conventu, quodque prior vel locum tenens alterius dominii ad quem declinabunt sive ad conventum sive ad terminos veniant, de ipsorum adventu et causa, postquam eis constiterit, diligenter inquirere et de fratrum discretorum consilio habeant ordinare quod expediens ordini judicabunt; et ipsi eidem priori vel ejus locum tenenti sicut suo proprio in hac parte habeant obedire sub eodem precepto, inhibens fratribus quibuscumque sic se transferentibus ne [f° 485 A] literas cujusvis secularis persone seu status alterius vel alias quoquomodo suspectas recipiant aut etiam secum portent, nec cum personis extra obedienciam ordinis constitutis de g[u]erris aut discentionibus predictis verba scienter et ex proposito habeant que affectionem inordinatam aliquam sapere videantur. Ne vero aliquis frater per negligenciam vel ignorantiam in et super premissis se valeat excusare, volumus et ordinamus quod predicta ordinatio legatur semel vel pluries qualibet septimana in capitulo fratribus congregatis vel alibi, prout presidenti in quolibet conventu videbitur expedire; volens insuper dictus prior provincialis, de predictorum diffinitorum consilio et assensu, hanc et precedentem ordinationem immediate cum preceptis et penis adjectis et nichilominus sub pena excommunicationis in suo robore permanere, quousque inter prefatos dominos reges pax fuerit plenius reformata seu treuga alia ordinata. Item, subtrahit prior provincialis potestatem licenciandi a quocumque se inferiori de eundo ad locum obsidionis seu exer-

---

(1) Cette disposition se retrouve souvent dans les actes des chapitres généraux: celui de Toulouse, de 1328, ms. 489, f° 162 a; celui de Dijon, de 1333, *ibid.*, f° 164 d; celui de Limoges, de 1334, *ibid.*, f° 165 c; celui de Valence, de 1337, *ibid.*, f° 171 a.

citus, et revocat graciam vel licenciam cuicumque super hoc concessam, nisi de novo ab eodem provinciali habe[a]t licentiam specialem de qua per suas litteras possit facere plenam fidem, nisi esset tale negocium et tam subita necessitas quod sine magno dampno ordinis vel fratris non posset licentiam comode expectare, et tunc et non aliter de consilio et assensu omnium fratrum sacerdotum, vel duarum partium presentium in conventu.

3. Item, significamus fratribus universis quod frater Guillelmus de Orgolio de terminis conventus Tholosani et Bertrandus de Petralevata de terminis conventus Bellividere, tanquam violatores ordinationis predicte multorum generalium et provincialium, ut premititur, capitulorum, sunt carceri sententialiter judicati, imponentes prioribus et eorum loca tenentibus sub eodem precepto quod ad capiendum eos dent operam efficacem, invocato, si opus fuerit, auxilio brachii secularis, et eos captos taliter vinciant quod non possint subterfugere ordinis disciplinam, alio super hoc novo precepto minime expectato.

4. Item, querimonie quorumdam conventuum dum dicunt se gravari, quia juvenes eorum alibi pro audiendo assignati revertuntur ad eos antequam assignati eis extranei revocentur, providere volentes, pro communi utilitate ordinamus quatinus priores [f° 485 B] vel eorum loca tenentes juvenes ad studia philosophie vel arcium suis conventibus assignatos vel in posterum assignandos post festum Penthecostes et non ante ad conventus de quorum terminis existunt seu pro quibus fuerint recepti possint, si velint, remitterre, dum tamen in conventu in quo audiverint tractatus fuerit finitus et magistri ipsorum suas terminaverint lectiones.

5. Item, quia ista provincia de fratrum multitudine notabiliter est gravata et in tantum vix sit conventus qui non habeat de terminis plures fratres quos valeat sustinere, et istud provenerit ex laxatione receptionum inutilium quos fratres et conventus faciunt et procurant fieri in exessu, idcirco intimat et significat universis conventibus hujus provincie reverendus pater prior provincialis quod, sicut est de ratione et habet ex diffinitorum presentis capituli impositione, de cetero nulli parcet conventui quantum tot fratres cuilibet conventui deputet et assignet quot habuerit de suis terminis oriundos.

6. Item, cum viros veritatis superiores suos de hiis potissime que concurrunt ad judicium conveniat informare, volumus et ordinamus quod in prioris scrutinio quod ad provinciale capitulum mittitur pro conventu, uno fratre absolvente vel retinente priore, si ille qui scribitur consequenter idem faciat, votum ejus non exprimitur per pronomen idem, set clare et expresse dicatur de quolibet verbum retinet vel absolvit, premisso si absolvens vel retinens sacerdos et predicator existit.

7. Item, quia multi fratres conversi hujus nostre provincie tam in magnitudine scapulariorum superiorum quam in albedine inferiorum etiam, que de hoc scripta sunt in contemptum sui ordinis non observant, idcirco volumus et ordinamus ac districte imponimus prioribus universis vel eorum loca tenentibus sub pena, quod in sequenti capitulo absolvantur in penam quicumque hanc ordinationem non fecerint observari ut infra xv. dies postquam presens ordinatio lecta fuerit in conventu excessus hujusmodi faciant corrigi et constitutionem super hoc cum omni diligentia observari, griseum colorem declarantes non illum qui paucis filis brunis seu nigris mixtis vel interpositis differt ab albo, set solum illum de quo pro habitu superiori comuniter fratres minores utuntur, sub eadem pena prioribus imponentes ut exessum hujus provincie, que super hoc in toto ordine [f° 486 A] diffamatur, circa stricturam tunicarum et magnitudinem capuciorum tam in clericis quam in laycis corrigant et emendant, sartores fratres ne de cetero talia faciant, ad hoc per preceptum sancte obedientie, si eis visum fuerit, obligando, visitatoribus auctoritate capituli imponentes ut priores quod circa hujusmodi repererint negligentes ad sequens capitulum provinciale deferant, ut fiat executio de eisdem.

8. Item, cum de provisione lectorum gravem querelam habuerimus quod multi priores secundum ordinationem provincie eis provisionem suam solvere neclexerunt, volumus et ordinamus ac prioribus universis sub pena absolutionis imponimus quod in futurum eis secundum statutum provincie provisionem suam solvant integraliter et complete; et sub eadem pena eisdem imponimus quod citra festum beate Marie Magdalene satisfaciant plenarie qui hoc anno solvere neclexerunt.

9. Item, volumus et ordinamus quod fratres in penam extra conventus de cujus terminis sunt aliis conventibus assignati intrare terminos conventuum de quibus sunt non valeant, sine prioris provincialis licencia speciali; quod si oppositum fecerint, ad penam gravioris culpe se noverint obligatos, ad quam prior ille cujus terminos sine licencia intraverint faciendam immediate eos compellere teneatur.

10. Item, ordinationes capituli Brageriaci de sequela scolarum, addentes quod ultra penam ibidem appositam studentes ad audiendum Theologiam assignati, si de scolis remanserint tota die naturali sequenti studentis privilegio sint privati; et quod juvenes non sacerdotes cuicumque studio assignati literas testimoniales secum portent; et quod nullus frater extra conventum missam novam celebrare presumat; et quod nullus frater de cetero promoveatur ad sacros ordines, nisi de maturo consilio discretorum et assensu illius prioris conventus ad cujus terminos noscitur pertinere et nisi in officio ecclesiastico sit sufficienter instructus; et quod nullus deinceps recipiatur ad professionem, nisi divinum officium communiter sciat; et quod constitutiones de secretis non revelandis personis extra obedientiam ordinis constitutis, legantur in omnibus communionibus; necnon et ordinationes precedentes capituli Tholose celebrati de lectoribus in quacumque facultate, quod in festo sancti Luce ad tardius in suis conventibus sint presentes, et ut cicius [f° 486 B] potuerint suas inchoent lectiones, et usque ad festum Penthecostes ipsas continuent inchoatas; et de non eundo ad balnea sine prioris provincialis vel ejus vicarii licencia speciali, cum clausulis et modo et forma et penis ibidem appositis, volumus et ordinamus in suo robore permanere.

VI. Isti visitabunt hoc anno:

1. Conventus Tholosanum, Montis Albani, Appamiensem, Rivensem, Sancti Gaudencii et Sancti Geroncii frater Guarcias Barthe;

2. Conventus Carcassonensem, Limosi, Castrensem, Albiensem et Ruthenensem frater Johannes de Solano;

3. Conventus Burdegalensem, Sancti Emiliani, Brageriacensem, Petragoricensem et Bellividere frater Johannes de Consilio;

4. Conventus Caturcensem, Figiacensem, Brivensem, Lemovi-

censem, et Sancti Juniani frater Arnaldus Ramundi de Carressa;

5. Conventus Baionensem, Orthesiensem, Morlanensem, Sancti Severi et Marciaci frater B. de Rama;

6. Conventus Agennensem, Portus, Condomii, Lectorensem et Altivillaris frater P. Boarias Brivensis.

VII. Assignamus studentes Parisius fratres Bertrandum de Ramundis et Bertrandus de Selano.

Item, in Montepessulano, fratres Gaubertum Clavelli, Bertrandum Egidii, Guillelmum de Insula, Petrum de Licerio, Ay^{tum} de Cude.

VIII. Ista sunt suffragia pro vivis : summa missarum XVII.

Ista sunt suffragia pro deffunctis, summa missarum XI.

IX. Sentencias judicum approbamus.

X. Assignamus in socium prioris provincialis ad generale capitulum fratrem Aymericum de Magriano*, lectorem Agennensem.

XI. Sequens capitulum provinciale assignamus in conventu Castrensi in festo apostolorum Petri et Pauli, inhibentes districte quod ullus frater cujuscumque conditionis existat, etiam si habeat licenciam ad capitulum veniendi, locum intret capituli ante diem vigiliam predicti festi immediate precedentem.

XII. Item, divisionem factam de L. florenis per priores Caturcensem, Albiensem et fratrem B. Pelicerii, in quibus reverendus pater Magister ordinis taxavit [f° 487 A] provinciam nostram pro supportatione expensarum conventus Avinionensis, videlicet quod quilibet conventus hujus provincie solvat unum florenum, at monasterium Prualiani x., monasterium Pontis viridis v. et monasterium Sancti Pardulphi v., cum adjutorio et supportatione prioris provincialis, approbantes, mandamus universis prioribus ac sociis quorum priores sunt absentes; et nichilominus precipit in virtute sancte obediencie prior provincialis de diffinitorum consilio et assensu, ut quilibet de cota sua satisfaciat antequam huic recedat si habet paratum, vel si non habet paratum, quod eam miserit Tholose infra instans festum Nativitatis beate Marie Virginis, fratri P. Sicardi.

XIII. Item, quia magnam querimoniam habuimus quod gracie per superiores concesse in magnum redundant communitatis prejudicium, pro eo quod multi fratres aliter eisdem utuntur quam deberent, idcirco reverendus pater prior provincialis omnes gracias a se factas que sequele, communitati vel labori obviant, de diffinitorum consilio revocat et anullat.

XX.
22 juillet 1340.

CHAPITRE PROVINCIAL DE CONDOM.
Bibl. publ. de la ville de Toulouse, ms. 490 (I, 273)

I. Prieurs relevés de leur charge. — II. Lecteurs de théologie. — III. Lecteurs des Sentences. — IV. Maîtres des étudiants. — V. Sous-lecteurs. — VI. *Studia naturalium.* — VII. *Studia artium.* — VIII. Admonitions et ordonnances. — IX. Visiteurs. — X. Sentences des juges approuvées. — XI. Assignation des étudiants confiée au provincial à cause du péril de guerre que la ville de Condom court. — XII. Suffrages. — XIII. Étudiants envoyés à Paris et à Montpellier. — XIV. Vicaires nommés pour les couvents de Bordeaux et de Lectoure. — XV. Définiteur au chapitre général. — XVI. Avis du provincial.

[F° 490 A] [In nomine Patris, et Filii, et Spiritus Sancti. Amen.]

Hec sunt acta capituli provincialis apud Condomium celebrati, in festo beate Marie Magdalene, anno Domini m° ccc° quadragesimo.

I. Iste sunt absolutiones.

Absolvimus priores Agennensem, Lemovicensem, Lactorensem, Altivillaris [f° 490 B], Orthesiensem, Burdegalensem et Castrensem; et ordinamus quod priores absoluti in eisdem conventibus isto anno ad eadem officia nullatenus assumantur, ipsosque ad conventus de quorum sunt terminis assignamus.

II. Assignamus lectores in Theologia :

Caturci, fratrem Guillermum de Rozeto;

Carcassone, fratrem P. de Salgis;

Agenni, fratrem Begonem del Tolh;
Castris, fratrem Ar^m Babonis;
Appamiis, fratrem Aymericum de Magriano;
Lemovicis, fratrem Johannem de Scarinco;
In Monte Albano, fratrem Raymundum de Parisius;
Brive, fratrem Heliam Borrelli;
In Sancto Gaudencio, fratrem B^m Petri;
Brageriaci, fratrem Ayterium Martini;
In Marciaco, fratrem B^m Rotlandi;
In Altovillari, fratrem B. de Castro novo;
In Sancto Severo, fratrem B. de Peyrera;
In Portu, fratrem Arnaldum Massaci.
III. Assignamus ad legendum Sententias:
Caturci, fratrem Petrum de Castellario;
Carcassone, fratrem G^m de Monte in Deo;
Castris, fratrem Petrum Alberti;
Appamiis, fratrem Antoninum;
Burdegalis, fratrem G^m Roderii;
Agenni, fratrem Arnaldum Aligueti;
Petragoris, fratrem Geraldum de Bosco.
IV. Facimus magistros studencium:
Carcassone, fratrem B. Roquete;
Appamiis, fratrem Jo. de Luparia;
In Castris, fratrem Arnaldum de Mola;
Agenni, fratrem Petrum de Lana;
Petragoris, fratrem Johannem de Longariis.
V. Assignamus ad legendum secundam lectionem:
Lemovicis, fratrem P. de Transbosco;
Brageriaci, fratrem Helyam Raymundi;
Brive, fratrem P. Goti;
Ruthene, fratrem R^m de Orto;
Albie, fratrem G^m de Insula;
Figiaci, fratrem G^m de Calvomonte;
In Monte Albano, fratrem B. de Villario;
In Rivis, fratrem Raymundum de Ruppe;
Orthesii, fratrem Fortanerium de Salis;
In Altovillari, fratrem Geraldum de Codico;

Limosi, fratrem Petrum Arnaldi;

In Bellovidere, fratrem Arnaldum de Guillelmo;

Baione, fratrem Petrum de Patualis;

In Sancto Severo, fratrem Arnaldum de Corrigia.

VI. Assignamus studia naturarum :

Primum ponimus in Carcassona, lectorem frat. Henrricum, etc.

Secundum ponimus in Limoso, lectorem frat. Hugonem de Sonaco, auditores...

Tercium ponimus in Albia, lectorem frat. Petrum de Biterris; auditores...

Quartum ponimus in Castris, lectorem fratrem Maurellum; auditores...

[F° 491 A] Quintum ponimus in Ruthena, lectorem fratrem Durandum Rubey; auditores...

Sextum ponimus in Agenno, lectorem fratrem P. Aynardi; auditores...

Septimum ponimus in Portu, lectorem fratrem Gerardum Boerii; auditores...

Octavum ponimus in Condomio, lectorem fratrem G^m Guidonis; auditores...

Nonum ponimus in Morlanis, lectorem fratrem Raymundum Athi; auditores...

Decimum ponimus in Sancto Severo, lectorem fratrem Johannem Verneda; auditores...

Undecimum ponimus in Appamiis, lectorem fratrem Ray. Stephani; auditores...

VII. Assignamus studia arcium.

Primum ponimus in Monte Albano, lectorem fratrem B. Guiraudi; auditores...

Secundum ponimus in Lectora, lectorem fratrem Odonem de Aguino; auditores...

Tertium ponimus in Brageriaco, lectorem fratrem Raym. Porte; auditores...

Quartum ponimus in Rivis, lectorem fratrem B. Senherii; auditores...

Quintum ponimus in Sancto Geroncio, lectorem fratrem B. de Franco casali; auditores...

Sextum ponimus in Orthesio, lectorem fratrem B. Barthe; auditores...

Septimum ponimus in Lemovicis, lectorem fratrem Petrum de Prato; auditores...

Octavum ponimus in Sancto Gaudencio, lectorem fratrem R^m de Orrida; auditores...

Nonum ponimus in Altovillari, lectorem fratrem Johannem de Casalibus; auditores...

Decimum ponimus in Petragoris, lectorem fratrem Jo. de Rore; auditores...

Undecimum ponimus in Baiona, lectorem fratrem Dominicum de Podio; auditores...

Duodecimum ponimus in Burdegalis, lectorem fratrem Lupum Baionensem; auditores...

Tertium decimum ponimus in Bellovidere, lectorem fratrem Guillelmum de Forcia; auditores...

Quartum decimum ponimus in Sancto Juniano, lectorem fratrem Bonetum de Bello loco;

Quintum decimum ponimus in Marciaco, lectorem fratrem R^m Pulcri occuli; auditores...

Sextum decimum ponimus in Sancto Emiliano, lectorem fratrem Jordanem Ferrati; auditores...

Fratres autem quibuscumque studiis sive per acta sive per literas ad audiendum assignatos, necnon etiam lectores in quacumque facultate ac magistros studentium loco quorum sunt alii deputati, qui in istis actis non nominantur, studentes etiam extra provinciam assignatos sive per litteram assignandos, conventibus ad quorum predicationis [f° 491 B] terminos pertinent assignamus.

VIII. Iste sunt ordinationes et admonitiones:

1. Cum privilegium mereatur amittere qui concessa abutitur libertate, districtione qua possumus inhibemus ne frater aliquis quacumque ex causa cuicumque curie se subdere audeat, privilegiis ordinis resignando; quicumque vero contrarium fecerint, si prior vel subprior fuerit per priorem provincialem in suis visitationibus aut alias quomodolibet, postquam sibi legitime constiterit, aut per eundem cum diffinitoribus in provinciali capitulo, in penam

a suis officiis absolvantur; et nichilominus volumus et decernimus eos nunc pro tunc quod sint inhabiles ad tres annos ad tenendum officia supradicta. Si vero alius quilibet circa hoc inventus fuerit deliquisse, voce et omnibus graciis ordinis, postquam, ut premittitur, legitime constiterit, ad tres annos sit ipso facto privatus.

2. Item, cum propter absentacionem seu resignationem fratrum, imminente tractatu fraude et interveniente maxime ipso tractatu jam inchoato, multe inordinationes sequantur, volumus et ordinamus quod quicumque frater, inchoato tractatu eorum que ad capitulum sunt mittenda, voci sue resignaverit aut se absentaverit, exinde nullatenus admittatur nec in socium eligi valeat illo anno.

3. Item, cum presidentis diutina absentia conventibus plurimum sit nociva, volumus et ordinamus quod suppriores vel eorum vicarii, audita suorum priorum absolutione, infra tres dies ad tardius ad eligendum alium diem habeant assignare, postquam eisdem legitime constiterit per superioris literam vel per acta; qui vero circa hoc negligens fuerit, aut sufficienter et legitime requisitus diem assignare noluerit, priore electo et confirmato, voce ad annum sit privatus penitus.

4. Item, cum in multis conventibus hujus provincie studium notabiliter sit colapsum et a saquela scolarum fratres se retrahant effrenate, volumus et ordinamus et districte injungimus fratribus universis quod omni die legibili ad scolas veniant et ibi omnes lectiones [audiant]. Qui vero contrarium fecerint sine licentia presidentis quam de facili et absque causa rationabili non concedat, si studens fuerit, tribus diebus privilegio studentis careat; si vero alius quilibet, extra conventum per [f° 492 A] triduum licenciari non valeat; et tam isti quam illi in pane et aqua nichilominus indispensabiliter abstineant una die, nisi triginta annos ad minus in ordine habuerint, et tunc a pitancia et a vino, vel nisi justam causam habuerint judicio presidentis, super quo ipsius conscientiam honeramus.

5. Item, cum preciositas in vestibus et omnis exterior curiositas in manicis, zonis, gampelis, bursis, sotularibus et hujusmodi nostram defformet plurimum paupertatem nostrique derogent ordinis honestati, volumus et ordinamus quod quilibet prior,

postquam in conventu suo presens extiterit, infra mensem ad tardius de discretorum consilio duos fratres constituat ordinis zelatores qui de predictis advertant continue et examinent diligenter; et secundum judicium eorum et conscienciam presidens omnem excessum et curiositatem in predictis corrigat et emendet; et sine ipsorum sciencia nullus frater pannum scindi faciat vel vestes prius factas portare audeat quoquomodo, ita tamen quod in eorum absentia presidens alium habeat subrogare vel alios ad examinandum predicta, ut superius est premissum. Quicumque vero contra dictorum fratrum examinationem contrarium ausus fuerit attemptare rebus ipsis curiosis et vestibus ipsis privetur per presidentem, vel si sibi videatur de discretorum consilio fratres suos ad predicta servanda astringat arccius per preceptum.

6. Item, [cum] effrenata juvenum sacerdotum et non sacerdotum rebellio et irreverencia ac protervia in nonnullis conventibus hujus provincie plurimum invalescat, volumus et ordinamus quod quicumque circa [hoc] inventus fuerit deliquisse, pro prima vice unam gravem culpam, pro secunda duas, et pro tertia tres indispensabiliter facere compellatur; si vero ad predicta redierit, tamquam incorrigibilis, de discretorum fratrum consilio, voce privetur; et nichilominus priori provinciali quam cicius intimetur ut per privationem studii et conventus provideat ordinis honestati, vel aliter, ut sibi visum fuerit, provideat de remedio oportuno.

7. Item, precipit reverendus pater prior provincialis (1) universis prioribus hujus provincie, de diffinitorum consilio et assensu, quod infra festum Natalis Domini [f° 492 B] statutum provincie quoad carceres compleverint omni excusacione cessante; quodque compedes et cathenas et manicas ferreas infra idem tempus habeant juxta taxacionem et numerum carcerum sufficienter et complete pro custodiendis criminosis suis carceribus deputatis, vel in posterum deputandis.

8. Item, cum ea que pacis sunt rogare et querere et loqui que ediffcent tanquam viri paciffici et evangelici debeamus, et odiosa pro viribus evitare, omni districtione qua possumus inhibemus, ne

---

(1) Pierre Gui, neveu de B. Gui.

frater aliquis de guerris aut guerrarum negociis directe vel indirecte, verbo vel scripto se aliquatenus intromittat; et nichilominus precipit reverendus pater prior provincialis, de diffinitorum consilio et assensu, sub pena carceris, ad quam trangressores hujus ipso facto se noverint obligatos, ne frater aliquis aut negociis guerrarum tractator sit aut mediator, nec ambaxiatam recipiat, aut prossequatur receptam, aut literas cujusvis persone secularis aut status alterius suspectas recipiat aut secum portet, vel aliter nuncius existat talium quoquomodo, cum ex talibus communiter non possit nisi turbatio et scandalum generari. Precipit etiam idem provincialis, sub pena gravioris culpe ad quam ipso facto obligat tangressores, quod nullus frater transferat se seu vadat de dominio, ad dominium dominorum regum, Francie videlicet et Anglie, extra terminos sue predicationis, aut ad loca obsidionis, etiam infra terminos sue predicationis, accedat, sine ejusdem prioris provincialis licentia speciali, nisi in casu in quo esset tam urgens necessitas quod sine magno dampno vel detrimento fratris vel ordinis non posset comode ejusdem licentia expectari; et in illo casu committit quod prior vel ejus vices gerens licentiam dare possit de consilio omnium sacerdotum aut saltem duarum partium presentium in conventu, nec vult quod tradatur alicui de licentia sua aut sui presidentis, ut premissum est, nisi per litteram ipsius aut sui presidentis, in qua de licentia et de negotio quod gerit mentio fieret specialis, faceret plenam fidem; imponitque sub eadem pena tali licenciato, quod alia negocia preter [f° 493 A] illa pro quibus licentiatus est non assumat nec tractet, set illa quam citius poterit comode expediat et redeat ad conventum; et omnibus prioribus et vicariis quibuscumque quod contra premissa aliquem licentiare non valeant omnem subtrahit potestatem, et omnem licentiam, si quam jam dedisset, ad operam revocat et anullat, imponitque districte singulis prioribus et loca eorum tenentibus ad quorum conventus seu terminos fratres hujusmodi declinabunt, quod statim cum ipsos sciverint advenisse de causa adventus eorum diligenter 'inquirant, et de consilio fratrum discretorum indicare habeant de eorum negociis, secundum quod expedit ordinis honestati. Et si eorum negocia necessaria aut aliter urgentia non essent, vel in ipsis expediendis negligentes existerent, aut alia assumerent, eisdem lectos, cibaria, aut quecumque alia necessaria non ministrent, set ipsos statim compellant ad recessum, etiam si necesse fuerit, per preceptum, volens fratres hujusmodi ipsis prioribus et eorum vicariis sicut suis propriis dum erunt infra eorum terminos esse subditos et in omnibus obedire. Et hanc ordinationem, cujus etiam similis in effectu facta fuerat in capitulo Sancti Geroncii (1), vult reverendus pater prior provincialis, de discretorum diffinitorum consilio et assensu, cum ipsis preceptis et aliis omnibus clausulis, donec inter preffatos dominos reges pax et concordia refformata fuerit, aut treuga alia ordinata, in suo robore continue permanere; et [ne] per ignorantiam in et super premissis aliquis se valeat excusare, imponit prior provincialis prioribus et aliis presidentibus quod predictam ordinationem legi faciant in presencia conventus in capitulo vel in mensa vel alibi, secundum quod eorum discretioni visum fuerit, set ad minus singulis septimanis.

IX. Isti visitabunt hoc anno :

1. Conventus Tholosanum, Montis Albani, Appamiensem, Rivensem, Sancti Gaudencii, Sancti Geroncii frater Guido de Mortuo mari;

2. Conventus Caturcensem, Figiacensem, Brivensem, Lemovicensem, et Sancti Juniani frater Jo. de Solano;

3. Conventus Petragoricensem, Brageriacensem et Bellividere frater Petrus de Luberciaco;

[F° 493 B] 4. Conventus Orthesiensem, Morlanensem, [Baionensem] et Marciaci frater A. Amelii;

5. Conventus Agennensem, Condomensem, Portus Beate Marie, Lactorensem et Altivillaris frater G^{us} Vitalis;

6. Conventus Burdegalensem, Sancti Emiliani, Sancti Severi, frater Johannes de Praderis;

7. Conventus Ruthenensem, Albiensem, Castrensem, Carcassonensem et Limosi frater Philippus de Cumbellis.

X. Sententias judicum approbamus.

XI. Ordinationem suffragiorum et assignationem studentium in Theologia tam Tholose quam in Montepessulano ac in aliis studiis

---

(1) Plus haut, p. 238, 239.

istius provincie, necnon etiam assignationem juvenum ad naturalia et logicalia, propter imminentem turbationem guerre et imminentis invasionis civitatis Condomensis, committimus reverendo patri priori provinciali, ut de ipsis ordinet et disponat sicut judicaverit expedire; quam quidem ordinationem et assignationem de studentibus tam in Theologia quam in aliis facultatibus, ego predictus provincialis in conventu Rivensi feci juxta predictam commissionem michi factam et in locis suis in actis posui secundum ordinationem in aliis temporibus consuetam; ita tamen quod assignationes hujusmodi in conventibus in quibus faciende sunt electiones suum non sorciantur effectum, antequam conventus illi priores habeant confirmatos; notifficans insuper fratribus universis quod si in conventibus fient electiones hoc anno fratres aliquos per me contingeret assignari, assignationes hujusmodi intelligo, constitutione domini Jo[hannis] Pape in omnibus semper salva.

XII. Ista sunt suffragia pro vivis : summa missarum... Ista sunt suffragia pro deffunctis : summa missarum...

XIII. Assignamus studentes Parisius fratres Ar^m Sicardi, priorem Condomensem, et fratrem Guillelmum Sudre Brivensem.

Assignamus studentes in Montepessulano fratres Amalvinum Berengarii, Petrum Barrerie, Ar^m de Sancto Urso, Ar^m Jordanis Appamiensem.

XIV. Ponimus vicarium in Burdegala fratrem Guillelmum de Valensano, in Lactora fratrem B^m de Gaurano.

XV. Deffinitor sequentis generalis capituli frater Petrus Bruni inquisitor Tholosanus, cui in socium assignamus fratrem Johannem de Farguili.

[F° 494 A] XVI. 1. Interdicit autem prior provincialis ac inhibet districte fratribus universis quod locum sequentis capituli, etsi licentiam habeant veniendi, ante feriam sextam festum Penthecostes immediate precedentem, sine ejusdem prioris provincialis licentia speciali nullatenus intrare presumant; contrarium autem facientes, necnon et fratres quoscumque non habentes legitimam licentiam de eundo ad capitulum, qui venerint ad capitulum, aut cum proposito veniendi de suo conventu recesserint, vel apud Prulianum vel grangias Pruliani, vel apud Limosum sub spe optinendi licenciam intrandi capitulum currente capitulo, vel per octo dies ante accesserint, denunciat prior provincialis ad duos annos nunc pro tunc ipso facto fore omni voce privatos.

2. Hortatur autem idem prior provincialis omnes et singulos presidentes quod fratres hospites et maxime exteriorum provinciarum ad sequens generale capitulum venientes caritative recipiant et pertractent; et ut reddantur super hoc cautiores, denunciat prior provincialis fratribus universis fratrem Johannem de Solempnico suppriorem Albiensem fuisse absolutum in penam pro eo quod priorem Engolismensem ad dictum conventum declinantem minus caritative recepit, nec, ut decens fuit, curialiter pertractavit, sicut in provinciali capitulo propositum extitit et deductum.

3. Item, precipit prior provincialis in virtute sancte obedientie universis prioribus tam conventuum quam monasteriorum sororum ac eorum vicariis quod pro expensis factis in Curia pro facto refformacionis, quas propter litteram preceptoriam reverendi patris Magistri ordinis, medius annus est, oportuit mutuo recipere et mittere apud Avinionem, quilibet prior conventualis infra sequens festum Omnium Sanctorum proximo venturum eidem priori provinciali vel fratri P. Sicardi apud Tholosam miserit unum florenum, priores vero monasteriorum quotam eis taxatam in capitulo Sancti Geroncii (1), juxta id quod in actis ejusdem capituli extitit ordinatum.

(1) Plus haut, p. 243.

FIN DE LA PREMIÈRE PARTIE.

CORRIGENDA.

Malgré tous les soins de l'imprimeur et malgré toute mon attention, toute faute n'a pas été évitée. Je prie le lecteur de tenir compte des corrections suivantes :

Page 30, ligne 2 : au lieu de *quare* lisez *quia*.
— 31, — 16 : au lieu de *post* lisez *postea*.
— 41, — 15 : au lieu de [*seu*] lisez *sue*.
— — — 16 : au lieu de *per... monialis* lisez *per mercimonialis*.
— 47, — 5 : au lieu de *quam* lisez *quantum*.
— — — 30 : au lieu de *quam* lisez *quantum*.
— 50, — 15 : au lieu de *eam* lisez *enim*.
— 51, — 16 : au lieu de *ut* lisez [*non*].
— 58, — 41 : au lieu de *abste* lisez *abs te*.
— 60, — 6 : au lieu de *districte* lisez *discrete*.
— 72, — 27 : au lieu de *moris* lisez *more*.
— 113, — 23 : au lieu de *capitulis* lisez *capituli*.
— — — 25 : au lieu de *previncialis* lisez *provincialis*.
— 144, — 4 : au lieu de *quare* lisez *quia*.
— 198, — 18 : au lieu de *impign[e]rent* lisez *impign[o]rent*.
— 208, — 34 : au lieu de *quum* lisez *quantum*.

LES
FRÈRES PRÊCHEURS
EN GASCOGNE
AU XIIIme ET AU XIVme SIÈCLE

CHAPITRES, COUVENTS ET NOTICES

DOCUMENTS INÉDITS
PUBLIÉS POUR LA SOCIÉTÉ HISTORIQUE DE GASCOGNE

PAR

C. DOUAIS
CHANOINE HONORAIRE DE MONTPELLIER
PROFESSEUR A L'INSTITUT CATHOLIQUE DE TOULOUSE

« Tanta est ordinis Prædicatorum præstantia,
« tanta sunt ejus in Ecclesiam bene merita, ut
« quæcumque ipsum tangunt, vel minima anti-
« quitatis monumenta præterire sit nobis religio. »
(D. MARTÈNE, *Ampliss. Collect.*, t. VI, c. 331.)

IIe ET IIIe PARTIES : COUVENTS ET NOTICES

PARIS	AUCH
HONORÉ CHAMPION	COCHARAUX FRÈRES
ÉDITEUR	IMPRIMEURS
15, quai Malaquais, 15	11, rue de Lorraine, 11

M DCCC LXXXV

ARCHIVES HISTORIQUES
DE LA GASCOGNE

FASCICULE HUITIÈME

LES

FRÈRES PRÊCHEURS EN GASCOGNE
AU XIIIe ET AU XIVe SIÈCLE

PAR C. DOUAIS

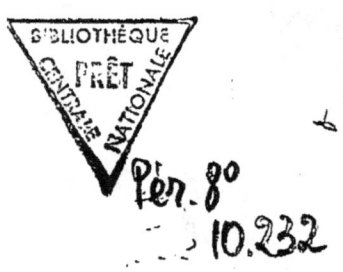

DEUXIÈME PARTIE.

COUVENTS [1]

I.

1221-1315.

FONDATION ET PRIEURS DU COUVENT DE BAYONNE.

Bibliothèque publique de la ville de Toulouse, ms. 490 (1, 273). —
Cf. Martène, *Ampl. collectio*, VI, 469-470.

I. — FUNDACIO CONVENTUS BAIONENSIS (2).

[F° 138 A] Anno Domini M° CC° XXI° vel XXII° (3), incepit fundari conventus (4) Fratrum Predicatorum in Baiona.

Conventum Baionensem recepit frater Poncius de Samatano,

---

(1) Dans la *Préface*, p. 19, j'ai annoncé que l'histoire de chaque couvent serait suivie de deux suppléments : 1° la liste des visiteurs, 2° la liste des lecteurs. Pour ne pas trop étendre ce volume, il a été décidé postérieurement de les supprimer, d'autant que j'ai déjà publié la liste des lecteurs dans mon *Essai sur l'organisation des Études dans l'Ordre des Frères Prêcheurs au XIIIe et au XIVe siècle*.

(2) Le premier couvent des Frères Prêcheurs occupa l'emplacement du Réduit au Bourg-neuf. Le couvent de Bayonne fut compris dans la province de Provence jusqu'en 1303, date de la division de cette vaste province dominicaine en deux, la province de Toulouse et la seconde province de Provence; depuis, il fit partie de la province de Toulouse, qui, au chapitre général, eut rang avant la province de Provence. Au chapitre provincial, le prieur du couvent de Bayonne prenait place après celui du couvent de Toulouse, *in dextro choro* (ms. 490, f° 76 A).

(3) Les Frères Prêcheurs se seraient établis à Bayonne en 1215 selon M. Balasque, en 1225 selon M. Bailac (*Récits et légendes relatifs à l'histoire de Bayonne*, par M. Henry Poydenot, 2e fascicule, p. 98, 99. — Bayonne, 1876).

(4) *Conventus*, à la marge.

qui fuit de primitivis fratribus et sociis beati Dominici (1), ut audivi seriose referri a quodam seniore fratre illarum partium, scilicet fratre Petro de Fabrica* (2). Hunc estimo fuisse primum priorem ibidem; set aliter non inveni.

II. — Priores in conventu Baionensi (3).

De primis prioribus conventus Baionensis (4), qui et quot et quibus temporibus fuerint, non potui plenam certitudinem invenire; illos autem infra posui quos inveni, relatu seniorum, et de quibus ego scivi, tempore meo, plenius veritatem.

Frater Galhardus de Ursissaltu*, qui fuit postmodum episcopus Betlermitanus.

Frater Columbus* de provincia Provincie, vir devotus et bonus, de quo require in *Vitis fratrum*, libro v°, cap. ix° : *Columbine simplicitatis*, et cetera (5).

Frater Julianus Burdegalensis (6), vir sanctus, qui obiit existens prior Burdegalensis (7), anno Domini m° cc° l°. De quo require in *Vitis fratrum*, libro v°, cap. iii° : *Dulcis memorie*, et cetera.

Frater Guillermus Bernardi* Aquensis (8) erat prior in capitulo provinciali Montispessulani, in quo fuit reelectus in

---

(1) B. Gui veut dire sans doute que fr. Pons de Samatan (Gers) fut un des premiers religieux de l'Ordre. Il ne le compte pas cependant parmi les seize premiers compagnons de saint Dominique (ms. 490, f° 39 A-41 B).

(2) *Scilicet fratre Petro de Fabrica*, à la marge.

(3) Titre courant dans le ms.

(4) Tout ce qui suit jusqu'à *Frater Geraldus Bermundi* n'a pas été donné par Martène.

(5) L'auteur des *Vies des Frères* est le célèbre frère prêcheur Géraud de Frachet. Il les écrivit à l'ordre du B. Humbert de Romans, cinquième Maître de l'Ordre. Cet ouvrage a eu deux éditions, Douai, 1619, et Valence, en Espagne, 1657 (Fabricius, *Biblioth. med. et inf. latin.*, Hambourg, 1734, ii, 549). Le R. P. Cormier, alors provincial de la province de Toulouse, aujourd'hui prieur du couvent de cette ville, en a donné une troisième édition, lithographiée seulement, d'après une copie fournie par le R. P. Ligiez, Marseille, 1875, cahier in-4°, 256 pages.

(6) C'est-à-dire qui entra dans l'Ordre au couvent de Bordeaux.

(7) Voyez plus bas le *Couvent de Bordeaux*.

(8) Originaire de Dax (Landes), *de Aquis*.

priorem provincialem : frater Poncius de Sparra*, anno Domini M° CC° XLII° (1), ut audivi dici a prefato fratri Petro de Fabrica*.

Frater Guillermus Bernardi* Aquensis, prefatus, altera vice, erat prior, anno Domini M° CC° LVII°, mense mayo; et tunc factus fuit inquisitor heretice pravitatis, et absolutus consequenter ab officio prioratus.

[F° 138 B] Frater (*manque*) successit fratri (*manque*); fuitque absolutus in capitulo generali Montispessulani, anno Domini M° CC° LXV° (2).

Frater *(manque)* successit fratri (*manque*); fuitque absolutus in capitulo provinciali Lemovicensi, anno Domini M° CC° LXVI°.(3).

Frater Valens Tholosanus (4) successit fratri (*manque*); prior erat, anno Domini M° CC° LXVII°; fuit autem absolutus (*manque*). Hic frater Valens obiit, anno Domini M° CC° LXXV°.

Frater (*manque*) successit fratri (*manque*), fuitque absolutus in capitulo generali Montispessulani, anno Domini M° CC° LXXI° (5).

Frater P. de Listraco * Burdegalensis, successit fratri (*manque*). Tempore sui prioratus, mutaverunt se fratres de primo loco ad secundum (6), in quo nunc habitant, in festo beati Dominici (7), processionaliter procedentes, anno Domini M° CC° LXXIII°; fuit autem absolutus in capitulo provinciali Tholosano, anno Domini M° CC° LXXIIII° (8).

Frater Johannes de Pelagrua*, bis; prima vice successit fratri Petro de Listraco; prior fuit annis quatuor, fuitque absolutus in capitulo provinciali Montispessulani, anno Domini M° CC° LXXVIII° (9).

---

(1) Ms. 490, f° 283 B, f° 284 A.
(2) Ap. Martène, *Thesaurus*, t. IV, col. 1742.
(3) Ms. 490, f° 301 A.
(4) *Tholosanus*, à la marge.
(5) Martène, *Thesaurus*, t. IV, cc. 1759-1761, a donné le texte de ce chapitre; mais rien de semblable n'y est mentionné. Cf., ms. 489.
(6) Le couvent se trouva alors en amont du Réduit sur la rive gauche de l'Adour. M. Henry Poydenot, ouv. cit., p. 99.
(7) 4 août.
(8) Ms. 490, f° 317 A.
(9) Ms. 490, f° 324 B.

Frater Garssias Arnaldi Baionensis (1) successit fratri Johanni de Pelagrua; priorque existens obiit infra annum, vir senex et devotus, anno Domini M° CC° LXXVIII°.

Frater Arnaldus de Vascallis, qui fuerat socius fratris Petri de Valetica*, prioris provincialis, successit fratri Garssie Arnaldi; priorque existens, obiit dum reverteretur de capitulo provinciali Castrensi, anno Domini M° CC° LXXIX° (2); fuitque apud Baionam mortuus deportatus et sepultus ibi.

Frater P. de Listraco* predictus, secunda vice, successit fratri Arnaldo de Vascallis, translatus de prioratu Orthesiensi; fuitque absolutus in capitulo provinciali Carcassonnensi, M° CC° LXXXI° (3). Hic prior Burdegalensis obiit in capitulo provinciali Condomiensi, IIII° non. octobris, anno Domini M° CC° LXXXV°.

Frater Nycholaus de Soste, bis; prima vice, successit fratri Petro de Listraco predicto; fuitque absolutus in capitulo provinciali Condomiensi, anno Domini M° CC° LXXXV° (4).

Frater Guillermus Fabri* Baionensis successit fratri Nycholao predicto; fuitque absolutus in capitulo generali Burdegalensi, anno Domini M° CC° LXXXVII° (5). Hic frater Guillermus obiit in conventu Morlanensi, veniendo ad capitulum provinciale Narbonense, anno Domini M° CC° LXXXIX° (6).

Frater Johannes de Pelagrua* predictus, ultima vice, successit fratri Guillermo Fabri; fuitque absolutus in capitulo provinciali Avinionensi, anno Domini M° CC° LXXXVIII° (7). Hic obiit in conventu Baionensi.

[F° 139 A] Frater Geraldus Bermundi*, Petragoricensis dyocesis, successit fratri Johanni de Pelagrua. Tempore sui prioratus, contigit illud magnum incendium in Baiona, quo totus

---

(1) Il ne faut pas le confondre avec un autre frère prêcheur du même nom, prieur du couvent d'Orthez de 1287 à 1298. Voyez plus bas, *Couvent d'Orthez*.
(2) Il avait été nommé prédicateur général en 1274 (ms. 490, f° 318 A).
(3) Il y a erreur. Le chapitre provincial ici mentionné est de 1282.
(4) Ire partie, p. 79, note 10, mettez *fr. Nycholaus de Soste*, au lieu de *fr. P. de Listraco*.
(5) Ire partie, p. 37, VII. Les actes du chapitre général de 1287 portent *Absolvimus priores Bononiensem...* Il faudrait donc lire *Baionensem*.
(6) Ms. 490, f° 350 A. Ce passage est placé à la marge.
(7) Ms. 490, f° 347 A.

fere conventus noster igne devorante consumptus est, anno Domini M° CC° nonag°.

Hic autem ad consolationem et edificacionem legentium, notandum est et scribendum miraculum quod ibidem apparuit, nulla oblivione delendum. Siquidem Corpus Christi in hostia consecrata, que in quadam parva capsula lignea de hebeno et infra capsulam in vase argenteo servabatur, fuit tunc in quodam armario lapideo infra sacristiam transpositum et repositum cum calicibus et aliis vasis argenteis preciosis et reliquiis sacrosanctis, ubi credebatur posse ab ignis incendio preservari. Set, circumflagrantibus flammis et igne invalescente, nedum ecclesia, set tota etiam sacristia lapidea et testudinata consumpta est; et quecumque erant in illo armario, aut redacta fuerunt in favillam et cinerem, aut liquefacta penitus que erant in materia metallorum; et ipsa etiam capsula memorata, preter Corpus Christi quod remansit sua sola veritate et virtute penitus inconbustum, quod postera die inter cineres ipsius incendii inventum est integraliter conservatum tam mirabiliter quam potenter. Panni vero qui intra vasculum argenteum erant ex more, redacti fuerant in cinerem circumquaque, preter illas partes que consecrate hostie subtus et supra immediacius adherebant, que conservate fuerunt quantum rotunditas hostie capiebat, ut sic veritas sacramenti et divinitatis virtus ibi manifestius monstraretur. Solus autem color hostie exterius fuit in rufum paulum immutatus, ut esset indicium manifestum, quod ignis affuerat, set non potuerat amplius agere, prohibente creatore Domino Jhesu Christo, qui in sacramento Heucharistie realiter et veraciter continetur; aliter enim, inspecta fideliter veritate, fuit impossibile illam sacram hostiam in tali articulo sic conservari illesam. Qui vidit oculis et manibus contrectavit singula michi seriosius enarravit, et perhibuit testimonium veritati, frater Guillermus Petrus*, testis fidelis et verax, postmodum cardinalis factus episcopus Sabinensis (1).

(1) Il s'agit ici de Guillaume-Pierre Godin (de Godino), mentionné par Bernard Gui parmi les cardinaux sortis de l'ordre (Biblioth. de Toulouse, ms. 490, f° 22 B). Créé cardinal-prêtre du titre de Sainte-Cécile par Clément V, le 23 décembre 1312, il fut nommé évêque de Sabine, par Jean XXII, le 12 septembre 1317; il mourut à Avignon le 4 juin 1336. Fabricius (*Biblioth. med. et infim.*

Prior fuit annis tribus; fuitque absolutus in capitulo provinciali Brivensi anno Domini m° cc° nonag° ii° (1). Hic frater Geraldus obiit in conventu Petragoricensi, anno Domini m° ccc° ix°, circa festum sancti Martini.

Frater Geraldus de Malartico* (2) Baionensis successit fratri Geraldo Bermundi; prior fuit annis quatuor, fuitque absolutus in capitulo provinciali Castrensi, anno Domini m° cc° nonag° v° (3).

Frater Lupus*, nacione Vasculus, fuit electus, non tamen fuit confirmatus propter discrimina et pericula guerrarum, que inter Gallicos et Anglicos in partibus Vasconie et Baione tunc fervebant (4); fuitque lector Bitterensis (5) assignatus per fratrem R. Hunaudi*, priorem provincialem, post festum beati Martini, anno Domini m° cc° nonag° v°.

Frater Nycholaus de Soste predictus, ultima vice, successit fratri Geraldo de Malartico, paulo post Natale Domini confirmatus; fuitque absolutus in sequenti provinciali capitulo Narbonensi, anno Domini m° cc° nonag° vi° (6); ipso vero absoluto, factis multis electionibus et cassatis, seviente adhuc guerra, tempore labente, inter moras, vacavit prioratus Baionensis annis quasi duobus. Hic frater Nycholaus fuerat prius canonicus et archidyaconus in ecclesia Aquensi. Hic obiit Baione, anno Domini (*manque*).

Frater P. de Maslaco* Orthesiensis tandem successit fratri Nicholao de Soste, translatus de prioratu Narbonensi ad prioratum Baionensem, in provinciali capitulo Caturcensi post diffinicionem, anno Domini m° cc° nonag° viii° (7). Prior fuit annis duobus, fuit-

---

latin., t. iii, p. 436) mentionne plusieurs ouvrages de lui, après Echard : 1° *De principe et Prælatorum ecclesiæ potestate;* 2° *Sermones;* 3° *De nuptiis Christi Domini et ecclesiæ.* Cf. Baluze, *Vit. Pap. Aven.*, t. i, col. 671-675. Quetif et Echard, *Script. Prædic.*, t. 1, col. 591-593.

Le récit du miracle est placé à la marge, dans le ms.

(1) Biblioth. de Toulouse, ms. 490, f° 359 A.
(2) Tout ce qui suit manque dans Martène.
(3) Bibliothèque de Toulouse, ms. 490, f° 367 B.
(4) C'est la guerre survenue entre Philippe-le-Bel et Edouard.
(5) C'est le chapitre provincial qui nommait les lecteurs. Mais cette année ce fut le prieur provincial; les actes du chapitre de Castres qui ne portent pas le nom des lecteurs n'en donnent pas la raison.
(6) Ms. 490, f° 368 B.
(7) Ms. 490, f° 377 A.

que absolutus in capitulo generali Massilie, anno Domini M° CCC° (1).

Frater Lupus* predictus successit fratri Petro de Maslaco; prior fuit anno quasi uno; fuitque inde de prioratu Baionensi [f° 139 B] translatus ad prioratum Tholosanum, post provinciale capitulum Agennense, circa festum sancti Luche confirmatus, anno Domini M° CCCI°.

Frater P. de Berzala Burdegalensis successit fratri Lupo, de lectore ibidem prior effectus, post festum Purificacionis Beate Marie, anno Domini M° CCCI°. Intravit ordinem M° CC° LXXVI°, IIII^a die post festum Angelorum (2). Prior fuit annis quasi duobus; fuit autem absolutus et lector ibidem repositus in capitulo provinciali Montis Albani, in festo sancti Michalis celebrato, data diffinicione, in festo sancti Francisci, anno Domini M° CCC° III° (3). Hic obiit anno Domini M° CCC° XV°, in mense januarii, in conventu Burdegalensi.

Frater Geraldus de Malartico* predictus fuit electus et confirmatus secunda vice, et sibi confirmacio presentata in lecto ultime egritudinis existenti in conventu Condomiensi, ubi, paucis interjectis diebus, obiit, anno Domini M° CCC° III°, in festo beati Andree sepultus; ideo, quare morte preventus, non prefuit ista vice.

Frater P. de Fabrica* Orthesiensis successit duobus immediate premissis, scilicet fratri Petro absoluto et fratri Geraldo defuncto; confirmatus circa Natale Domini in priorem, anno Domini M° CCC° III°, prior fuit annis quasi quinque; fuit autem absolutus in capitulo provinciali Rivensi, in festo beate Marie Magdalene celebrato, anno Domini M° CCC° VIII° (4).

---

(1) Ms. 489, au chap. de 1300.

(2) A la marge. Cette remarque doit être appliquée à ce religieux, puisque le précédent était entré dans l'ordre en 1267.

(3) Biblioth. de Toulouse, ms. 490, f° 387 A. Auparavant il avait été lecteur de philosophie naturelle au couvent d'Aubenas en 1284 (f° 338 A) et au couvent de Bayonne en 1285 (f° 342 B).

(4) Biblioth. de Toulouse, ms. 490, f° 400 A. Le chapitre de cette année, tenu à Rieux, fit l'ordonnance suivante relative à des faits qui s'étaient produits dans le couvent de Bayonne :

« Item, cum judicialiter fuerit propositum coram nobis aliquos fratres in con-

Frater Lupus* predictus, tertia vice, successit fratri Petro de Fabrica, confirmatus in priorem in festo Exaltacionis Sancte Crucis, in Pruliano, anno Domini M° CCC° VIII°. Prior fuit annis tribus et dimidio; priorque existens obiit in monasterio Pruliani, pridie kls. maii, anno Domini M° CCC° XII°, ab ingressu vero ordinis anno XLV°, eratque in illo anno generalis capituli diffinitor (1).

Frater Johannes de Garrossio* Orthesiensis successit fratri Lupo, confirmatus in priorem circa finem mensis junii, anno Domini M° CCC° XII°; prior fuit annis duobus, fuitque absolutus in capitulo provinciali Altivillaris, anno Domini M° CCC° XIIII° (2).

Frater Bonus Mancipius* Tholosanus fuit electus et confirmatus in priorem Baionensem; set noluit acceptare; fuit absolutus mense septembri.

Frater Johannes de Teyssoneriis (3) successit prefatis duobus, ex suppriore confirmatus in priorem mense novembri, anno Domini M° CCC° XIIII°; fuitque absolutus in sequenti capitulo provinciali Sancti Emiliani, anno Domini M° CCC° XV° (4).

[F° 140 A] Frater P. Arnaudi de Torronda* successit fratri Johanni predicto, translatus de prioratu Orthesiensi ad prioratum Baionensem, mense augusti, anno Domini M° CCC° XV°.

ventu Baione incuriose et irreverenter contra priorem suum existentem surrexisse, in magnam religionis irreverentiam et contemptum, committit vicarius fratri Petro priori Altivillaris et fratri Guillermo Ar¹ de Tartasio, quod ipsi ad conventum predictum Baione citra festum Nativitatis beate Marie Virginis accedentes, vocatis omnibus quos in predictis superius invenerunt deliquisse et aliis sicut eis videbitur expedire, de predictis excessibus diligenter inquirant et pugniant taliter quos invenerint deliquisse » (*Ibid.*, f° 403 B).

(1) Sa mort fut mentionnée au chapitre général de Carcassonne de 1312, et le défunt recommandé aux suffrages de tout l'Ordre (Ap. Martène, *Thesaurus*, t. IV, col. 1938).
(2) Voyez plus haut les actes de ce chapitre, p. 125-126.
(3) *Teyssoneriis*, à la marge.
(4) Voyez Iʳᵉ partie les actes du chapitre de Saint-Emilion, p. 135-136.

II.

1230-1315.

FONDATION ET PRIEURS DU COUVENT DE BORDEAUX.

Biblioth. publique de la ville de Toulouse, ms. 490 (I. 173). — Cf. D. Martène, *Amp. collect.*, t. VI, cc. 472-474.

I. Fundacio conventus Burdegalensis (1).

[F° 145 A] Anno Domini m° cc° xxx° (2) paulo ante, archipresule Burdegalensi existente viro venerabili in Christo patre domino Geraldo de Malamorte Lemovicensis dyocesis, magno

---

(1) Le couvent de Bordeaux fut, pendant le xiii° siècle, compris dans la première province de Provence. Après la division de cette province en 1303, il entra dans la province de Toulouse. Au chapitre provincial, le prieur occupait le troisième rang *in sinistro choro*. (B. Gui, Biblioth. publ. de la ville de Toulouse, ms. 490, f° 76 A). Le couvent de Bordeaux eut le second *studium solemne* de la province de Toulouse, en 1321; celui de Toulouse eut le premier. Au xvii° siècle, un frère prêcheur composa une histoire du couvent sous le titre : *Prædicatorium Burdegalense seu Annales conventus Burdegalensis ordinis FF. Prædicatorum.* L'original de cette histoire encore manuscrite est aux archives de l'ordre, codex EE. 12. Les Frères Prêcheurs du couvent actuel en ont fait faire une copie, 2 vol. in 4°, comprenant 627 folios. Les ouvrages que l'on peut consulter avec utilité après le *Prædicatorium*, qui est capital, sont : *Vie des saints du diocèse de Bordeaux;* Élie Vinet, *l'Antiquité de Bourdeaux;* Dom Devienne, *Histoire de Bordeaux*, ii, 40-45; Henry Ribadieu, *La Guyenne d'autrefois*, 149, 150; Baurein, *Recherches sur la ville de Bordeaux*.

(2) L'auteur du *Prædicatorium*, revendique pour le couvent une origine plus ancienne. « *Quo anno fratres Burdegalam intraverunt*, dit-il, *prorsus ignoro, et quanto plus laboravi ad quærendum, tanto minus inveni. Bernardus Guidonis, etsi dixerit conventum Burdigalensem anno 1230 vel paulo ante fundatum esse, non potuit tamen reperire annum fundationis ejus. Nescio qua conjectura hic author ducatur, neque qui pluris facit testem oculatum, quam auritos decem, animo percipiet (quod inferius referam dictum esse ab Henrico tertio) domum Burdigalensem ab antiquis fuisse fundatam. Quæ verba, anno 1233 prolata, convenire utique non possunt domui a tribus aut quatuor annis ædificatæ.*

« *Non video quoque quid Guidonis in medium proferret, si legisset bullam quam legimus omnes, ubi pontifex meminit Romanum S*^{ti} *Angeli Cardinalem, dum esset legatus a latere, confirmasse prædicatorio Burdigalensi cœmeterium, illudque a Sede Apostolica fuisse antea concessum. Nemo est autem qui ignoret Romanum Legatum teste monacho Dacherio Romam repetisse anno 1228, unde anno 1222 advenerat in Gallias, ut refert Ciaconius* ». Ms. du couvent de Bordeaux, f° 6, f° 7.

fratrum et ordinis amatore et promotore (1), dominus Amanevus Columbi Burdegalensis, civis insignis et famosus, studiose et affectuose cum multo desiderio optabat et laborabat, quod Fratres Predicatores apud Burdegalam advenirent et conventum ibidem acciperent et haberent. Verum, paulo antequam completum esset desiderium boni viri, morte media subtractus est ab hac luce, ideoque sepeliri elegit apud Sanctum Andream, conventu Predicatorum nondum posito in Burdegala civitate, renuncians prius omnibus que habebat in manibus prefati archiepiscopi, in quibus posuit se et sua, ut pro ipso salubriter ordinaret, tam de anima sicut pater spiritualis, quam de rebus tanquam dispensator fidelis et prudens; bonus quippe vir erat. Qui de bonis ipsius domini Amanevi magna ex parte, ut creditur, aut suis propriis, fecit Fratrum ecclesiam fabricari; et fecisset cum testudine lapidea, si fratres illius temporis voluissent. Fecit etiam refectorium infirmitorii cum camera sibi adherente. Memoratus vero dominus archiepiscopus obiit anno Domini M° CC° LXI° vel II°; sepultus est in monasterio de Corona Engolismensis dyocesis, cujus anniversaria dies (2) a fratribus Burdegalensibus recolitur, VIII° ydus febroarii, annuatim. Cui successit per provisionem domini Pape vir venerabilis dominus P., Vasculus nacione, domino rege Navarre cujus erat clericus, id fieri procurante. Dominus vero Galhardus (3) Columbi, filius et heres prefati domini Amanevi, loco patris, ipsius sequens vestigia in amore Fratribus se exibuit in patronum, qui loco et Fratribus plurima bona fecit et facit ejus posteritas consequenter. Hic vero obiit, V° ydus januarii, anno Domini M° CC° LXXVIII°; sepultus est in ecclesia Fratrum, in loco ubi ministri altaris resident ad dexteram; et juxta ipsum, condita jacet fidelis et devota conjux sua, nobilis domina Trencaleon, magna Fratrum domina et amica, que obiit, pridie kls. septembris, anno Domini M° CC° LXXVIII°.

[F° 145 B] Anno Domini M° CC° LXXX°, dominus Gregorius Papa IX precipiendo mandavit archiepiscopo Burdegalensi, ut

---

(1) Archevêque de 1227 à 1262.
(2) *Dies*, à la marge.
(3) *Gahaldus* dans Martène, col. 472.

benediceret cimiterium Fratribus Predicatoribus, in parrochia Sancti Severini Burdegalensis (1), quod nisi faceret, mandabat episcopo Convenarum (2), quod ipse benediceret; extat inde littera bullata in deposito, pontificatus ipsius anno IIII°.

Anno Domini M° CC° LXIII° vel IIII°, fuit consecrata ecclesia Fratrum Predicatorum Burdegalensium per venerabilem virum P. (3), archiepiscopum Burdegalensem, nacione Vasculum, memoratum; qui fuit bonus amicus et beneficus Fratrum; sepultus jacet (4) in eadem ecclesia, in medio chori Fratrum. Hic obiit, anno Domini M° CC LXX°.

Nobilis vir dominus Symon de Monteforti fecit fieri propriis sumptibus dormitorium infirmitorii valde pulchrum, cujus una filia parvula condita jacet in capella Sancti Petri apostoli (5), ad sinistram.

Dominus Guillermus Raymundi Columbi, miles magnificus, fecit fieri refectorium Fratrum et capellam infirmitorii suis sumptibus. Hic jacet in ecclesia prope introitum sacristie (6).

II. — PRIORES IN CONVENTU BURDEGALENSI (7).

De primo priore quis fuerit et de aliis immediate post ipsum nondum plenam certitudinem invenire [potui] (8).

Primus prior in conventu Fratrum Predicatorum Burdegalensium fuit frater (*manque*).

---

(1) La rue où le couvent se trouvait, a été plus tard appelée rue du *Chapelet*, rue des *Jacobins*, rue du *Burga davant les Prédicateurs*, rue *deus Predicadors* (Boreins, *Rech. sur la ville de Bordeaux*, IV, 84, 85).

(2) Grimoald, évêque de Saint-Bertrand de Comminges, de 1215 à 1240 (Gams, *Series episcoporum*, p. 539).

(3) Pierre de Ronceval.

(4) *Jacet*, à la marge.

(5) *Apóstoli*, à la marge.

(6) « Constat ex litteris Henrici tertii quosdam Burdigalensium priori et conventui domus Prædicatorum Burdigalæ fundatæ concessisse possessiones, hæreditates ac reditus ad annuum usque prætium 30 librarum sterlingorum monetæ Angliæ ». *Memoriale Burdigalense*, f° 7. C'est le titre courant du *Prædicatorium Burdigalense*.

(7) Titre courant dans le ms.

(8) A la marge.

Frater P. Garnerii fuit prior Burdegalensis; set quo tempore non inveni. Hic jacet in conventu Burdegalensi (1).

Frater Julianus fuit prior Burdegalensis, vir sanctus et bonus, de quo legitur in *Vitis fratrum*, quod cum iturus esset ad capitulum generale in Angliam apud Londonias, pro provincia diffinitor, multis honestis personis obitum suum predixit, salutans eas quasi amplius non visurus. Cum igitur in conventu Balvacensi, provincie Francie, infirmus, ad mortem venisset, visum est eadem die cuidam religiose personne oranti in ecclesia Fratrum Predicatorum Burdegalensium, que distat per duodecim dietas a Belvaco, quod appareret ei in nube lucida elevari [f° 146 A] a terra solus. Cumque quereret ab eo quo iret, et quare solus erat, respondit : Ego vado ad Dominum; non timeas autem quia solus sum, quia in brevi integrum conventum adducam mecum. Persona autem que hoc viderat, subpriori domus, viro valde religioso, cum multo fletu dictam retulit visionem et obitum prioris predixit. Qui diem et horam notans, invenit eadem die et hora dictum priorem migrasse, videlicet v° non. maii, anno Domini M° CC° L°. Visionem autem rei postmodum comprobavit eventus, nam infra illam estatem, lector et XI. fratres obierunt in conventu Burdegalensi (2).

Frater Johannes de Sancto Petro (3) de Burdegala, successit (*manque*). Hic fuit inquisitor hereticorum Tholosanus, anno Domini M° CC° LV° (4). Hic obiit Burdegalis.

Frater Guillermus Raymundi de Petracooperta Burdegalensis successit fratri (*manque*); fuitque absolutus in capitulo provinciali

(1) Ce passage manque dans Martène, col. 473.

(2) B. Gui a reproduit presque mot pour mot le récit de Géraud de Frachet, *Vitæ fratrum*, Pars v, cap. III, n° XVIII (Éd. citée, p. 196). — Le chapitre général de Londres de 1250 recommanda Julien aux suffrages des Frères; chacun fut invité à célébrer trois messes pour le repos de son âme. *Pro diffinitore provincie fratre Juliano, priore Burdegalensi, in via defuncto, quilibet sacerdos III. missas.* Ms. 489, f° 52 b, et ap. Martène, *Thesaurus*, IV, 1687.

(3) Ce passage jusqu'à *Frater Hugo de Malamorte* n'a pas été donné par D. Martène, *Amp. collect.*, t. VI, 473.

(4) Jean de Saint-Pierre fut inquisiteur en même temps que Bernard de Caux. Il entra en charge bien avant la date donnée ici par Bernard Gui, puisque les sentences de Bernard de Caux et de Jean de Saint-Pierre (Biblioth. nation., ms. latin 9992), comprennent les années 1246, 1247 et 1248, et que même les enquêtes de ces deux inquisiteurs (Biblioth. de Toulouse, ms. 609, I, 155) s'étendent aux années 1245 et 1246. Mahul (*Cartulaire de Carcassonne*, v,

Tholosano, anno Domini M° CC^e LIIII° (1). Hic fuit inquisitor hereticorum Tholosanus (2). Hic, prior Narbonensis existens (3), obiit in conventu Burdegalensi, anno Domini M° CC° LXI° vel LXII°.

Frater Ademarus de Securo successit fratri Guillermo Raymundi; fuitque absolutus in capitulo provinciali Tholosano post generale ibidem, anno Domini M° CC° LVIII° (4). Hic obiit Burdegalis.

Frater Guillermus de Blavia* successit fratri Ademaro, ut audivi dici; set certitudinem non inveni.

Frater Romeus*, Cathalanus nacione, celestis conversacione, successit fratri *(manque)*; erat autem tunc de conventu Lemovicensi, anno Domini M° CC° LVIII°; fuit autem absolutus, anno Domini M° CC° LX° vel LXI°, et Carcassonensi conventui assignatus, ubi in Domino obdormivit, anno Domini M° CC° LXI°, XI° kls. decembris (5). Hic fuit hujus provincie prior provincialis quintus, de quo plura notata sunt supra in cathalogo priorum provincialium loco suo (6).

[F° 146 B] Frater Hugo de Malamorte* (7), Lemovicensis dyocesis, successit fratri Romeo; fuitque absolutus in capitulo provinciali Tholosano, anno Domini M° CC° LXIII° (8). Hic, eo tempore quo erat prior, Burdegalis fuit electus in archiepiscopum ab una et majori parte capituli; non tamen acceptavit, set nec

---

p. 693) l'a fait inquisiteur en l'année 1241. Il fut visiteur en 1253, ms. 490, f° 289 A.

(1) Biblioth. de Toulouse, ms. 490, f° 289 A.

(2) D'après Mahul (*Cartulaire*, v, p. 693), il aurait exercé les fonctions d'inquisiteur à Carcassonne en 1247. Il apparaît dans un registre de greffier de tribunal de l'inquisition de Carcassonne, qui s'étend de l'année 1250 à l'année 1258 (Biblioth. de Clermont, n° 136 a). Cf. Ch. Molinier, *L'Inquisition dans le midi de la France*, p. 274.

(3) Il fut deux frois prieur de Narbonne, en 1256 et en 1261 (Biblioth. de Toulouse, ms. 490, f° 255 A, B).

(4) Biblioth. de Toulouse, ms. 490, f° 292 B.

(5) *In Glanderio inveni intitulatum ejus anniversarium*, x° *kls. novembris*. A la marge.

(6) Biblioth. de Toulouse, ms. 490, f° 75 B, f° 66 A-B. — Martène, *Amplis. collect.*, t. VI, col. 420-422.

(7) Ce passage est dans Martène, *Amp. collect.*, t. VI, col. 473.

(8) C'est au chapitre provincial de Narbonne qu'il fut relevé de sa charge. Biblioth. de Toulouse, ms. 490, f° 297 A. Ce point est noté à la marge par ces mots : « In actis M° CC° LXII°, Narbone ».

intromittere se voluit. Hic fuit vir nobilis genere et animi virtute; fuerat autem prior Lemovicensis tercius (1), ubi postmodum obiit IIII° kls. januarii, anno Domini M° CC° LXIII° (2); translatus inde, quiescit in conventu Brivensi (3).

Frater Guillermus de Podio* (4) Burdegalensis, bis; prima vice successit fratri Hugoni de Malamorte; fuit autem absolutus hac vice in capitulo *(manque)* (5).

Frater P. de Listraco* Burdegalensis bis; prima vice successit fratri Guillermo de Podio; fuit autem absolutus in capitulo provinciali Carcassonensi, anno Domini M° CC° LXVII° (6).

Frater Guillermus Bernardi* de Aquis Baionensis successit fratri Petro de Listraco; priorque Burdegalensis existens, obiit paulo post capitulum provinciale Petragoricense (7), anno Domini M° CC° LXVIII°; sepultus est Burdegalis.

Frater Guillermus Coralli*, Lemovicensis dyocesis, successit fratri Guillermo Bernardi; prior fuit annis quinque, fuitque absolutus in capitulo provinciali Caturcensi (8), anno Domini M° CC° LXXIII°. Hic fuit vir religiosus, et devotus, et multum orans, cotidie psalterium unum legens; senexque ac plenus dierum et operibus bonis, in sancta confessione discessit, in conventu Petragoricensi, ubi fuerat diu prior; obiit ante capitulum provinciale Brageriaci, anno Domini M° CC° LXXXVI°.

(1) Biblioth. de Toulouse, ms. 490, f° 129 B.
(2) Le copiste avait transcrit cette date : le dernier trait ayant été effacé, peut-être faut-il lire « M° CC° LXII° ».
(3) *Ad instanciam venerabilis viri domini Helye de Malamorte, decani Lemovicensis, et aliorum parentum suorum nobilium, translatum est corpus ejus ad fratres Brivenses ubi avunculus et nepos in Domino requiescunt.* B. Gui, Biblioth. de Toulouse, ms. 490, f° 129 B.
Item, eodem anno (M° CC° LXXIX°), *fuit incoata ecclesia et fundata, et in capite ipsius ecclesie positus primus lapis per dominum Petrum de Malamorte cum domina Bertranda sua nobili genitrice, jure et devocione patronatus.* B. Gui. *Fundacio conventus Brivensis.* Biblioth. de Toulouse, ms. 490, f° 194 B.
(4) Tout ce qui suit n'a pas été donné par Martène.
(5) Manque également dans les actes des chapitres provinciaux.
(6) Biblioth. de Toulouse, ms. 490, f° 303 A.
(7) Cette année le chapitre provincial se tint *Dominica ante festum B. Augustini*. (B. Gui, Bibl. publique de la ville de Toulouse, ms. 490, f° 305 A). La fête de S. Augustin est le 28 août. Le dimanche précédent tomba cette année le 26.
(8) Ms. 490, f° 315 A.

Frater Guillermus de Tonencs*, dyocesis Agennensis, successit fratri Guillermo Coralli, ex priore Agennensi factus prior Burdegalensis, ut audivi dici; fuit autem absolutus per litteram prioris provincialis fratris Bernardi Geraldi, paulo ante capitulum provinciale Montispessulani, in tempore paschali, lecta littera coram fratribus in capitulo convocatis per ipsum fratrem Guillermum de Tonencs qui presens erat (1), anno Domini M° CC° LXXVIII°. Vir fuit multum in sermone facetus et in multis dotatus; senex et decrepitus, obiit in conventu Massiliensi, anno Domini M° CC° nonag° IX°, ubi prior et lector pariter fuerat diu ante.

Frater Guillermus de Podio* predictus, secunda vice, successit fratri Guillermo de Tonencs, paulo ante capitulum provinciale Montispessulani, anno Domini M° CC° LXXVIII°; erat autem prior in capitulo provinciali [f° 147 A] Massilie, anno Domini M° CC° LXXXI° (2), ubi fuit factus diffinitor sequentis capituli generalis; prefuit hac vice annis quasi quinque; fuitque absolutus a priore provinciali, fratre Berengario Notarii* visitante, in conventu Burdegalensi, anno Domini M° CC° LXXXII°, in quadragesima. Hic, prior Castrensis existens, obiit in conventu Condomiensi, paulo post capitulum provinciale ibidem, XVI° vel XIIII° kls. novembris, anno Domini M° CC° LXXXV°.

Frater P. de Listraco* predictus, secunda vice, successit fratri Guillermo de Podio; prior fuit annis duobus et dimidio; priorque Burdegalensis existens, obiit in capitulo provinciali Condomiensi, in festo Beati Dyonisii celebrato, scilicet III° non. octobris, anno Domini M° CC° LXXXV°, post festum sancte Katerine.

Frater Bernardus de Mota (3) Petragoricensis successit fratri Petro de Listraco, de lectore Lemovicensi factus prior Burdegalensis, anno Domini M° CC° LXXXV°, post Natale. Hic fuit lector solidus et bonus; et predicator et orator fervidus et devotus, religiosus et constans valde; priorque Burdegalensis existens, obiit Burdegalis, anno Domini M° CC° LXXXVI°, mense novembri.

Frater Bernardus de Juzico* de Landarro, dyocesis Vasatensis, de predicacione Burdegalensi, bis; prima vice successit fratri

---

(1) A la marge depuis *lecta littera*.
(2) A la marge, depuis *paulo ante*.
(3) Ailleurs *B. Lamota*.

Bernardo de Mota, de lectore ibidem prior effectus; prefuit annis tribus, fuitque absolutus in capitulo provinciali Appamiensi (1) et lector ibidem repositus, anno Domini M^e CC° nonagesimo.

Frater Guillermus de Sancto Genesio*, dyocesis Caturcensis, successit fratri Bernardo de Juzico, anno Domini pretaxato, M° CC° nonag°, circa Natale Domini factus prior; modico tempore prefuit, anno scilicet quasi uno; fuit namque absolutus a priore provinciali, fratre Bernardo de Trilia*, pro lectoria Tholosana, anno Domini M° CC° nonag°. I°, circa principium studii Tholosani, ubi et obiit infra annum, scilicet, v° kls. junii, anno Domini M° CC° nonag° II°. Hic fuit vir bonus, clari ingenii, optime litteratus, lector sollempnis et famosus.

Frater Bernardus de Juzico* predictus, secunda vice, successit fratri Guillermo de Sancto Genesio; prefuit annis tribus fuitque [f° 147 B] absolutus in capitulo generali Montispessulani, anno Domini M° CC° nonag° IIII°. Hic fuit factus paulo post prior Tholosanus, postmodum prior provincialis XVI^us, et inde assumptus est ad magisterium ordinis in capitulo generali Coloniensi, anno Domini M° CCCI°; Magisterque ordinis existens, obiit in conventu Treverensi, in provincia Theutonie, xv° kls. octobris, anno Domini M° CCC° III°.

Frater Raymundus Hunaudi* Tholosanus successit fratri Bernardo de Juzico; prefuit anno uno et amplius; fuitque inde assumptus ad provincialatum in festo beati Martini electus Narbone, et ibidem a tribus antiquioribus electoribus confirmatus, anno Domini M° CC° nonag° v° (2). Hic prior provincialis existens et vicarius ordinis generalis obiit Tholose, III° ydus maii, anno Domini M° CC° nonag° IX°. Hic fuit vir constans, rectus et bonus, amoris optimi, nobilis et humilis.

Frater Yterius de Compuhaco*, Lemovicensis dyocesis, successit fratri Raymundo Hunaudi, de lectore Lemovicensi prior Burdega-

---

(1) Ms. 490, f° 352 A. Voyez les Actes de ce chapitre dans ma publication parue depuis peu : *Les Frères Prêcheurs à Pamiers aux XIIIe et XIVe siècles*, p. 57.

(2). M° CC° *nonag°* VI°, dans les actes des chapitres, f° 378 B. Les trois frères anciens furent fr. Helie de Brives, fr. Jean de Neyri *(de Neyrerii)* et fr. Ber. Gautier. *Ibid.*, à la marge.

lensis effectus, anno Domini M° CC° nonag° V°, post Natale; prior fuit annis fere duobus; fuit absolutus in capitulo provinciali Tharasconensi, anno Domini M° CC° nonag° VII°. (1). Hic prior Lemovicensis existens obiit XIII° kls. septembris, anno Domini M° CCCIIII°, anno vero ab ingressu ordinis XLII°, quem ingressus est Lemovicis, anno Domini M° CC° LXIII°, in festo beati Petri martiris, sub etate puerili, XIII. aut XIIII annorum; electus et dilectus a Deo cum puritate et innocencia vite, quam cum claritate fame illibate in ordine conservavit; vir nobilis, humilis et devotus; sepultus est Lemovicis in capitulo Fratrum.

Frater Bertrandus de Cabanaco* Burdegalensis, bis; prima vice successit fratri Yterio de Compuhaco, de subpriore ibidem prior effectus; prefuit annis duobus; fuitque absolutus in capitulo provinciali Pirpiniani, anno Domini M° CC° nonag° IX°. (2).

Frater P. de Salvaterra* Orthesiensis successit fratri Bertrando de Cabanaco, de prioratu Orthesiensi translatus ad prioratum Burdegalensem, ubi prefuit anno uno; priorque existens, obiit anno Domini M° CCC°.

Frater Bertrandus de Cabanaco* predictus, secunda vice, successit [f° 148 A] fratri Petro de Salvaterra; prefuit annis duobus, fuitque absolutus in capitulo provinciali Carcassonensi, anno Domini M° CCC° VI°, paulo post Pascha.

Frater Arnaldus Fradeti* successit fratri Bertrando de Cabanaco, de lectore ibidem prior effectus, confirmatus circa festum sancti Andree, anno Domini M° CCC° II°; prior fuit annis fere tribus. Quem dominus Clemens papa V absolvit Burdegalis ab officio prioratus in octabis beati Augustini, quia ipsum inde secum duxit, et primarium suum fecit, anno Domini M° CCC° V°; et tandem fecit episcopum Coseranensem, anno Domini M° CCC° IX° (3).

Frater Guillermus de Anhanis* Tholosanus successit fratri Arnaldo Fradeti in Nativitate beate Marie Virginis (4) electus et in vigilia (5) sanctorum Cosme et Damiani, Tholose, ubi presens

---

(1) Ms. 490, f° 371 A.
(2) Ms. 490, f° 377 A.
(3) *Intravit ordinem* M° CC° LXXXII°, *in aprili.* A la marge.
(4) 8 septembre.
(5) 26 septembre.

erat, confirmatus, anno Domini M° CCC° V°; prior fuit anno fere uno; fuitque absolutus in sequenti capitulo provinciali, in festo Magdalene Figiaci celebrato, anno Domini M° CCC° VI° (1).

Frater Bertrandus de Claromonte*, Petragoricensis dyocesis, successit fratri Guillermo de Anhanis, in festo sancti Dyonisii (2) in Petragora confirmatus, anno Domini M° CCC° VI°, prefuit usque ad sequens provinciale capitulum, in Condomio, in festo beate Magdalene celebrato, in quo, lectis actis, fuit absolutus, anno Domini M° CCC° VII° (3).

Frater Guillermus de Sebelhano* Burdegalensis successit fratri Bertrando de Claromonte, electus die tercia octobris, confirmatus vero ydibus octobris, in Pruliano, anno Domini M° CCC° VII°; prior fuit annis quasi duobus; fuitque absolutus in capitulo provinciali Petragoris, in festo beati Barnabe, celebrato, anno Domini M° CCC° IX° (4).

Frater Johannes de Faubeto Condomiensis, ex prioratu Condomiensi translatus, successit fratri Guillermo de Sebelhano, paulo ante festum Magdalene confirmatus in priorem, anno Domini M° CCC° IX°; prior fuit annis duobus et dimidio fere; fuit autem per litteram prioris provincialis absolutus (5), anno Domini M° CC° XI°, in festo sancti Nycholay (6).

[F° 148 B] Frater Guillermus de Sebelhano* predictus, secunda

---

(1) Ms. 490, f° 392 A.
(2) 9 octobre.
(3) Comme prieur du couvent de Carcassonne, il avait succédé à B. Gui. « Sextus decimus prior successit michi qui me precedebat etate, gracia et sapientia, fr. Bertrandus de Claromonte, Petragoricensis dyocesis, de predicatione Brageriaci, qui, cum quietem quereret et optaret, positus est ad laborem prioratus in Carcassona, anno Domini M° CCCI°, circa festum sancti Michaelis confirmatus, ubi prefuit annis quasi tribus; priorque Carcassonensis existens, fuit electus in priorem provincialem provincie Tholosane in capitulo provinciali Tholosano, post generale immediate et ibidem a Magistro ordinis confirmatus, VII. kls. junii, anno Domini M° CCCIIII°. Hic fuerat lector in multis conventibus multis annis, et prior Brageriacensis annis multis et Narbonensis diebus paucis, quia, inde assumptus, factus fuit inquisitor Tholosannus annis octo. » (Biblioth. de Toulouse, ms. 490, f° 158 A. Cf., f° 71 B, f° 72 A., f° 199 A., f° 256 A). C'est pendant son priorat à Carcassonne qu'avait éclaté le soulèvement contre l'Inquisition. (Ibid., f° 158 A, B).
(4) Ms. 490, f° 404 A.
(5) Guillaume d'Aignan, ms. 490, f° 72 A.
(6) 6 décembre.

vice; successit fratri Johanni de Faubeto, assumptus de prioratu Agennensi, anno Domini M° CCC° XI°, post Natale; prior fuit annis tribus cum dimidio, fuitque absolutus in capitulo provinciali Sancti Emiliani, anno Domini M° CCC° XV° (1).

Frater Guillermus Durandi* successit fratri Guillermo de Sebelhano, anno Domini M° CCC° XV°, mense octobri.

III. — Epitome Prædicatorii Burdigalensis ad annales Ordinis Fratrum Prædicatorum (2).

Eo magis deploranda videtur sors auctoris, quo in scribendo memoriali factus sit velut homo sine adjutorio inter mortuos. Promittit se eas partes impleturum quas indicat epistola reverendissimi Peculiaris; tamen bullas omittet, sed de re admonuit R. ad. P. Provincialem, idque a mense januario monet quo tempore initia cujuslibet anni signari solita sint in Aquitania.

Ante an. 1220. — Incunabula conventus dubia antiquitate inquirimus. Res sub capitulis generalibus aut provincialibus illius temporis pendet, sin minus, ex authenticis quæ ad Pentecosten desiderantur, forte non erit difficile probare conventum Burdigalensem ante an. 1220 fuisse erectum.

1221 (3). — Papa dat licentiam ordini celebrandi super altare portatile.

1224. — Henricus Angliæ Rex venit Burdig[alis]. Guill. de Sissac n[ostri] con[ventus] filius tunc Provincialis provinciæ n[ostræ].

1227. — Verisimile est Guill. de Sissac Romam cum Archiepiscopo Burdig[alensi] profectum fuisse sedis Apost[olicæ] legatum ad Fredericum Imp[eratorem].

1228. — Papa mandat archiepiscopis ut fratres nostros benigne recipiant (4).

---

(1) Voir Ire partie, p. 136, les actes de ce chapitre.
(2) D'après le ms. du couvent de Bordeaux. L'*Epitome* se trouve à la fin du t. II.
(3) Bulla plumbata in archivis conventus, sicut et aliæ omnes infra citandæ, nisi contrarium fuerit expressum.
(4) Bulla reperitur in vetustissimo cartulario conventus.

1231. — Papa mandat 1° capitulo Sancti Severini ut cimeterium a sede Apost. (an. 1220) et a Romano card. (1222) nobis concessum concedant; 2° archiepiscopo Burdig[alensi] ut cimeterium nostrum benedicat; 3° episcopo Convenarum idem præcipit (1).

1233. — Papa concedit ut nostri qui proficiscuntur ad Saracenos, ipsos ecclesiæ aggregent (2). Angliæ Rex concedit quod domus nostra quam dicit antiquitus fundatam et applicatam pro statu Regis et Magnatum possit acquirere et tenere possessiones ad annuum valorem 100 l[ibrarum] sterlingorum (3).

1234. — Papa bullam dirigit ad FF. quibus negotium fidei contra hæreticos commiserat in Bituric[ensi], Burdig[alensi], Viennen[si] archiep[iscopatibus] (4).

1235. — Bulla de Terra sancta. Crucem prædicamus. Archiepiscopus Burdig[alensis] et fratres nostri de gubernatoribus expotulant cum Rege. Qua de re syn[odus] Burdig[alensis].

1236. — Papa inhibet ne quis ordinis nostri in Cisterciensem recipiatur, et econtra jubet Cistercienses remittant quos admiserunt. Pontius de Sparra de Prædicatione nostra eligitur in Provincialem; mittit Romam qui adversus comitem Tholosanum dicat (5).

1240. — Papa indulget ut FF. nostri ad officium visitationis omnes teneantur (6).

1242. — Raymundus, comes Tholosanus, protestatur se alios quam Fratres nostros admissurum ad officium Inquisitionis. Papa mandat Episcopo Carcassonnensi quatenus Provinciali et Fratribus provinciæ n[ostræ] efficaciter assistat. Quidam a nostris trucidantur Avenioneti, quorum gloriam Deus testatam reliquit Fratribus Burdigalensibus et Alphonso Aragonum Regi, qui eam ob causam domum quam Perpiniani emerat, Provinciali Sparra

---

(1) 1ᵃ bulla est in dicto cartulario, duæ aliæ in arch. ant. plumbatæ, ut dixi.
(2) Bulla in cartulario.
(3) Litteræ patentes in archiv.
(4) Bul. in cartul.
(5) 2 Bul. in cartulario.
(6) Bul. in cartulario.

concedit. Interim Sparra comitem Raymundum lite persequitur; accipit litteras cardinalium, at Romam mittit (1).

1243. — Papa inhibet ne recipiamus Fratres Minores, neve ipsi professionem emittant ante annum probationis; dein mandat archiepiscopis FF. nostros benigne recipi procurent. Dat privilegium quod dicitur *Mare magnum*. Henricus, Angliæ Rex, Burdigala discedit. Papa jubet ut archiepiscopi eos qui ab ordine sine licentia discedunt, vitent; et concedit ut Provinciales subditos suos ab irregularitate et excommunicatione absolvant, ac FF. impendant absolutionis beneficium iis quos cum voluerint ordinem intrare in canonem latæ sententiæ incidisse contigerit (2).

1244. — Papa vetat ne ullus qui non sit ex ordine n[ostro] deferat habitum ordinis, neve Minores recipiant Fratres nostros. Declarat sepulturam ecclesiarum nostrarum esse liberam et Magistrum ordinis ab ipsa electione sua esse confirmatum. Indulget ut Provinciales de prædicatoribus crucis et Inquisitoribus possint ordinare (3).

1245. — Papa jubet ut archiepiscop[us] Viennensis et alii subditos suos a gravaminibus FF. nostrorum compescant. Deinde in concil[io] Lugdunense peccatorum remissionem concedit iis qui manus adjutrices porrexerint conventui Burdigalensi (4).

1246. — Papa indulget 1° ut ad correctionis officium omnes teneamur; 2° in terris excommunicatorum commoremur; 3° apostatas insolentes ordinis n[ostri] excommunicemus; 4° ab excommunicatione et irregularitate absolvamus archiep. et episcop.; 5° nullus ex nobis cogi possit ad colligendam pecuniam, etc.; 6° impartiamur beneficium absolutionis ab interdicto his qui volunt nostro aggregari collegio; 7° dat nobis decimas hortorum et virgultorum nostrorum; 8° declarat posse cuncta sacramenta ministrare iis qui nostris immorantur obsequiis; 9° vetat ne quis ab ordine sine licentia disce[d]at; 10° concedit FF., ubicumque conventus fuerit, posse celebrare super altare portatili; 11° posse celebrare in loco interdicto, etiamsi (12°) generale sit interdictum;

(1) Bul. in cartulario.
(2) 2 Bul. plumbatæ ut d. e.; 3ª legitur in cartul.; 4ª transumpta fuit.
(3) 3 Bul. plumbat. 2 sequent. in cartulario.
(4) 2 Bul. plumbat in archiv.

13° declarat nos omnes pœnitentiæ cogi ad recipiendas commissiones causarum; 14° nec conveniri per litteras apostolicas; 15° aut diocesanis exhibere reverentiam in grave ordinis detrimentum; 16° statuit ecclesias nostras conventuales vocari.

Simon, magni Simonis Monfortis filius, Aquitaniæ Prorex, præstat sumptus ad construendum infirmitorii nostri dormitorium. Apud nos sepelit unam ex filiabus suis.

1247. — Noster Sparra Provincialis erectionem conventuum Petracorrensis et Carcassonnensis a sancto Ludovico confirmari curat. Joan. a S. Petro Inquisitor.

1249. — Conventus Aginnensis ædificatur in loco quem acceperat Sparra Provincialis.

1250. — Frater Julianus prior conventus moritur. Rex expensas capituli generalis ministrat. Papa jubet ut omnes orent pro s. Ludovico capto a Saracenis. Ejus successor dat indulgentias iis qui pro Ludovico orant. FF. Burdig[alenses] quotidie orant prostrati pro ejus liberatione.

1251. — Archiep[iscopus] Burdig[alensis] offert conventui archipresbiteratum de Campo Lauro. Capitul[um] provinci[ale] illum recusat.

1252. — Papa mandat episcopo Tolosano, ut molestatores FF. provinciæ nostræ per censuras compescat, et declarat bullam, nescio quam, non obitare privilegiis nostris (1).

1254. — Papa revocat bullam a suo decessore contra ordinem datam. Rex Burdigalæ (2).

1255. — Papa omnem vult ordinem nostrum ad præstationem exactionum teneri, et mandat 1° ut Cistercienses solemniter celebrent festa sanctorum ordinis n[ostri]; 2° ut archiepiscopi nostros benigne recipiant. Jubet celebrari festum sancti Petri martyris, et concedit indulgentias ecclesiæ conv[entus] Burdig[alensis], tum in festis s. Dominici P[atris] n[ostri] et s. Petri mart[yris], tum in dedicatione ecclesiæ nostræ et ejusdem anniversario (3).

---

(1) 2 bul. in cartulario.
(2) Bul. plum. in archiv.
(3) 3 bul. in cartular. 3 sequentes plumb. in archiv.

1256. — Papa promulgat bullam quæ incipit: *Romanus Pontifex*, et refertur a Bzovio hoc anno.

1257. — Papa vetat ne portionem de bonis legatis aut donatis demus per Auxitanum et Burdig. provincias. Jubet moniales reformari. Declarat nos posse absque licentia legere in domibus nostris (1).

1260. — Papa concedit indulgentias visitantibus ecclesiam conv[entus] Burdig[alensis] et concedit ut possint in ordine permanere qui Cisterciensium, Minorum ordinem professi [sunt]. Joan. Vigouroux, Monachus Cisterciensis, qui habitum ordinis Burdigalæ susceperat, moritur. Indulgentia visitantibus ecclesiam, in quibus[dam] festivitatibus (2).

1261. — Guill. de Blavia, Inquisitor Carcassonnensis. Papa concedit indulgentias visitantibus ecclesiam Burdig[alensis] conv[entus]. Prior conventus eligitur in Archiepis[copum] Burdigal[ensem]. Mare magnum (3).

1262. — Guil. Raymundi Inquisitor Carcassonnensis et Tolosanus. Papa concedit ut prælati nostri possint commutare vota subditorum (4).

1263. — Ecclesia conv[entus] Burdegal[ensis] consecratur.

1265. — Papa mandat ne prætextu canonicæ portionis aliquid exigatur a F[bus] per Burdig. vel Auxitanam provincias constitutis et concedit ut FF. ordinandi non examinentur. Bullam successor concedit ut possimus uti licentiis antea concessis, donec ecclesiis viduatis provideatur, et decernit ut singuli nostrum possint absolvere subjectos ab irregularitate, et excommunicationi majori subjicit eos qui loca nostra ausu temerario infringerint. Vetat ne legati FF. nostros excommunicent; declarat nos, obtenta legatorum et ordinariorum licentia, posse libere prædicare, confessiones audire. Declarat FF. succedere posse (5).

1267. — Simon de Bria legatus a latere, dein Martin[us] Papa dictus, respondet fratri vices gerenti Prioris n[ostri] Burdiga-

---

(1) Bul. plumb. in archiv. Sequentes in cartular.
(2) Bul. plumb. in archiv.
(3) Bul. plumb. in archiv. Bul. transumpta in archiv.
(4) 7 bul. in cartulario.
(5) 7 bul. in cartulario. Bul. transumpta in archiv.

[lensis], et explicat quomodo crucem debeat dare. Hoc anno, vel sequenti, obiit promotor ac fundator conv[entus] Aginnensis qui a canonico Sancti Andreæ Burdigal[ensis] fuerat de prædicatione Burdigal[ensi]. Hic vir hic est de quo mag[ister] Jordanis : Ille furatur nobis ordinem.

1271. — Legitur contractus quo videtur FF. de pœnitentia fuisse Burdigalæ institutos.

1272. — Domna de Talamon fundat capellaniam in nostro conventu. Plures ejus exemplum secuti, sed ex septemdecim capellaniis, quibus florebat ecclesia nostra, omnes aut traslatæ aut extinctæ.

1273. — Capitulum generale Burdigalæ indicitur, Lugduni transfertur. Papa jubet ut Prior Parisi[ensis] eligat inquisitores (1).

1274. — Papa in concilio statuit liberam in ecclesia n[ostra] Burdigal[ensi] esse et fore sepulturam. Jubet inquiri de quodam curato Burdigal[ensi] qui corpus cujusdam defuncti rapuerat (2).

1277. — Capitulum generale celebratur Burdigalæ. Prior Burdig[alensis] dissidentes clerum et gubernatorem componit.

1278. — Capitulum generale præcipit duobus Fratribus de prædicatione nostra ut citius proficiscantur in Angliam. Robertus Kilwarbius ex ordine n[ostro], ad sedem Canturiacensem evectus, formarum multiplicitatem contra opinionem sancti Thomæ admiserat.

1284. — Tres archiep[iscopi] et duo episcopi (qui omnes dicuntur FF.) certas quasdam indulgentias dant visitantibus ecclesiam n[ostram] Burdigal[ensem].

1285. — Bulla quæ dicitur Mare magnum. Capitulum provinciale curat avertere rumorem de duello Burdigalæ dato inter Carolum Siciliæ et Petrum Aragoniæ reges (3).

1286. — Papa vetat ne absque consensu Magistri vel capit[uli] gener[alis] derogemus privilegiis ordinis (4). Credibile est Eduar-

---

(1) Bul. plumb. in archiv.
(2) 2 bul. plumb. in archiv.
(3) Les actes du chapitre provincial de 1285 (voyez Ire partie, p. 78 et suiv.) ne disent rien de ce duel.
(4) Bul. plumb. in archiv.

dum regem qui Parisiis immoratus erat ut adesset capitulo n[ostro] generali, petiisse, ut sequenti anno cap[itulum] gener[ale] coram se Burdigalæ haberetur.

1287. — Capitul[um] generale Burdigalæ habitum. Eduardus accipit crucem a FF. Burdigal[ensibus]. Eximit FF. ducatus Aquitaniæ ab omni pedagio et tributo ordinario (1).

1288. — Papa declarat nos et omnia loca n[ostra] sedi Apost[olicæ] absque ullo medio esse et fore subjecta (2).

1291. — Prior Burdegal[ensis] absolvitur, ut aperiat et instauret studium Tholosanum. Bernard[us] de Vizico ei sufficitur. Papa indulgentias concedit visitantibus ecclesiam n[ostram] Burdigal[ensem]. Synodus Londinensis.

1294. — Occitania, Aquitania, Burdigala maxime bello vastata. Intermittimus studia. Oramus pro pace. Genus orationis nostræ, quod insolens nunc (3) videretur, approbatum fuit deinde. Unus e nostris more solito datur canonicis Sancti Andreæ in lectorem.

1298-99. — Bernard[us] de Vizico legit litteras quibus absolvitur a prioratu T[h]olosano et anno sequenti eligitur in Provincialem.

1301. — Bernard[us] de Vizico eligitur in magistrum. Curat corpus fratris Roberti de Usecia transferri. Provincia nostra dividitur (4). Plures divisionis causæ : 1ª Magistro Pontificis munus; 2ª numerus conventuum in diversorum principum terris existentium; 3ª discordia inter Fratres ex lectoribus et prædicatoribus generalibus orta.

1302. Suburbia Burdigalæ muro circumdantur. In cujus rei memoriam, qui adsunt solemni supplicationi quæ fit in die Palmarum concionem audiunt in nostra ecclesia.

1303. — Papa dat indulgentias visitantibus nostram ecclesiam (5). Moritur Bernard[us] de Vizico, Magister ordinis. Excommunicato Philippo Galliæ Rege, fit oratio specialis in conv[entu] Burdig[alensi].

1306. — Papa dormitorium conventus Burdig[alensis] ædificat

---

(1) Litteræ patentes in archiv.
(2) Bul. plumb. in archiv.
(3) Au XVIIᵉ siècle.
(4) La province ne fut divisée que l'année suivante.
(5) Bul. plumb. in archiv.

et apostolicam cancellariæ curiam in conv[entu] constituit. Audit fratrem de Athera disputantem cum Arnaldo de Villa nova. Concedit indulgentias tum visitantibus ecclesiam n[ostram] Burdigal[ensem], tum audientibus unum e nostris proponentem verbum Dei in ecclesia n[ostra]. Priori Burdig[alensi] dat facultatem reconciliandi ecclesiam et cemeterium nostrum. Vult ut prior et lector conventus possint canonicos S. Andreæ absolvere ab omni censura et irregularitate. Jubet nostrum Priorem sibi adesse a confessionibus (1).

1307. — Papa jubet Priori Burdig[alensi] ut quædam cujuspiam homicidæ vasa, apud se auctoritate apostolica deposita, restituat. Distribuuntur bona Templariorum (2).

1309. — Papa virum de prædicatione Burdig[alensi] quem elegerat sibi in pœnitentiarium, evehit ad episcopatum (3).

1310. — Papa cardinalem creat nepotem suum fratrem Raymundum de Fargis de prædicatione Burdigalensi.

1311. — Berengarius de Landora qui fuit Magister ordinis Burdigalæ eligitur in Provincialem. Certi quidam conventus deputati ad speciale studium Bibliæ.

1312. — Papa repetit a conventu Burdig[alensi] nongentas marchas sterlingorum quas apud illum deposuerat (4).

1313-1315. — Mala orta ex divisione provinciæ nostræ.

1316. — Frater Bernard[us] de Milhano fit episcopus Convenarum.

1324. — Cap[itulum] gener[ale] Burdigal[ense] in quo Barnabas Vercellensis eligitur in Magistrum ordinis.

1327. — Papa in consistorio annullat sententiam officialis Burdigal[ensis] qui inhihuerat FF[bus] nostris ne confessiones audirent, aut sepelirent absque licentia parochorum (5).

1338. — P. de Durfort ex ordine et conventu Burdigal[ensi] assumitur ad infulas Petragoricenses.

---

(1) Tres bul. plumb. in archiv., ultimam ex archiv. ecclesiæ metropolitanæ S. Andreæ vidit qui scribit.
(2) Bul. plumb. in archiv.
(3) Bul. plumb. in archiv.
(4) Bul. plumb. in archiv.
(5) Bul. plumb. in deposito.

1348. — Fervor Fratrum in dies deficit. Magna si unquam pestis incipit grassari. D. de Plassan benefactor conv[entus], Bernard. de Cassis archiep[iscopus] Burd[egalensis] quem dicunt fuisse ex ordine.

1350. — Philippus Rex mandat Fratri n[ostro] ut juxta pacem inter Borbonium et Lancastrium initam quasdam subvintiones exigat.

1364. — Eduardus Walliæ Princeps scribit Papæ Burdig[alam] esse sub manu et protectione sua.

1366. — Dubium est an frater Guil. Sudic cardinalis fuerit ex conv[entu] Burdig[alensi].

1371. — Archiepis[copus] Burdig[alensis] defensor privilegiorum nostrorum constituitur a Papa.

1375. — Papa transcribit bullam qua possumus succedere hœreditati paternæ; cujus bulla collatio facta est in parlamento Burdigalensi, consentiente procuratore regio, an. 1509 (1).

1378. — Ricardus Burdigala 2. Angliæ Rex Fratres mendicantes liberat a præstatione. Schisma. Fratres Aquitaniæ deficiunt ab obedientia Magistri Eliæ.

1380. — Fratres Aquitaniæ obediunt Beato Raymundo Capuano. Unus frater, Guil. Brixton, initio adhæret Clementi in Anglia. Burdigalæ agnitus est archiepiscopus ille quem dabat Urbanus, eo quem miserat Antipapa excluso.

1384. — Patriarcha Hierosolymitanus Bardigalæ existens indulgentiam dat visitantibus ecclesiam n[ostram] Burdig[alensem].

1389. — Fratres Aquitaniæ eo facilius manent sub obedientia Bonifacii quo fuerat is canonicus ecclesiæ Burdig[alensis]. Hugolinus archiep[iscopus] Burdig[alensis] legatus *a latere*. Utitur Fratribus n[ostris] Innocentius 7, quondam canon[icus] S. Severini Burdig[alensis].

1399. — Lancastrius prævidens cædem Ricardi Regis vetat ullum FF. Burdig[alensem] ac horum bonis fieri gravamen. Infertur errasse Bzovium ubi loquitur de morte Lancastrii (2).

---

(1) Bul. in archiv., sed non plumbata.
(2) Litteræ patent in archiv.

1401. — Papa concedit quasdam indulgentias tempore capitulorum nostrorum provincialium (1).

1407. — Papa declarat nos posse perpetuas eleemosinas recipere, et loca ex eis emere (2).

1409. — Papa solemniter agnoscitur Burdegalis.

1414. — Raymundus Raynard, fil[ius] hujus conv[entus], Prior commendatarius Sancti Martini prope Burdig[alam] (3).

1417. — Schisma finitur.

III.

1249-1335.

FONDATION ET PRIEURS DU COUVENT D'AGEN.

(Biblioth. publique de la ville de Toulouse, ms. 490 (I, 273). — Cf. D. Martène, *Amp. coll.*, t. VI, CC. 481-483.

I. — FUNDACIO CONVENTUS AGENNENSIS (4).

[F° 160 A] Anno Domini M° CC° XLIX°, circa festum sancte Katerine (5), venerunt primitus fratres apud Agennum, ut ibidem acciperent sibi locum, sicut ibidem didici et audivi a fratre Guillermo Fabri Agennensi (6), qui illo anno Tholose intraverat ordinem, in principio quadragesime precedentis.

Anno Domini M° CC° LII°, in actis capituli provincialis Montispessulani, fuit in civitate Agenni conventus Fratrum ordinis Predicatorum ex more regulariter positus et receptus (7). Et

---

(1) Bul. plumb. in archiv.
(2) Bul. plumb. in archiv.
(3) Provisio in archiv.
(4) Le couvent d'Agen fut d'abord compris dans la première province de Provence, *provincia Provincie antiqua*, et, après 1303, dans la province de Toulouse. Au chapitre provincial, il occupait le quatrième rang, *in sinistro choro*. (Biblioth. de Toulouse, ms. 490, f° 76 B).
(5) Dans le courant de novembre, puisque la fête de sainte Catherine d'Alexandrie se célèbre le 25 de ce mois.
(6) Voir plus bas sa notice comme prieur.
(7) Item concedimus locum Agenni. Constituimus ibi priorem fratrem Guillermum de Blavia, et assignamus ibi lectorem fratrem Gallardum Dursaut, et ceteros (Biblioth. de Toulouse, ms. 490, f° 286 B). D'après l'abbé Barrère

primus prior institutus frater Guillermus de Blavia* et primus lector assignatus frater Galhardus Dorsant vel de Ursisaltu, et fuerunt assignati fratres... *(manque)*.

Frater Bernardus de Caucio, inquisitor ac persequtor ac malleus hereticorum (1), vir sanctus et Deo plenus (2), fuit fundator precipuus et promotor conventus Agennensis, dum vivebat; ipsumque locum suo corpore dedicavit, quod post XXVII annos et amplius elevatum a terra et in ecclesiam ubi nunc jacet translatum, totum integrum est inventum, divino munere specialis gracie, tanto tempore conservatum, cujus translacionis series et ordo et tempus in tenore sequentis littere plenius continetur, quam scripsit ille qui presens fuit et vidit singulis seriatim. Cujus tenor talis est.

In Christo sibi karissimo Patri et Fratri N. frater N. (3) sincere karitatis plenitudinem cum salute. Pius zelus quem habetis pro ordine et ea dilectio, quam ad conventum Agennensem hactenus habuistis, et antiqua nec interrupta amicicia que adhuc inter nos inviolabilis perseverat, me instigant translacionem venerabilium patrum, fratris Bernardi de Caucio et fratris Bertrandi de Bello Castello* et domini Arnaldi Belengarii, vobis sub brevis stili officio intimare. Igitur, anno Domini M° CC° LXXXI°, in crastino beati Marchi evangeliste (4), frater Raymundus Christiani (5) et frater Nycholaus de Feodis*, qui huic venerande

(*Hist. relig. du diocèse d'Agen*, t. II, p. 14), l'emplacement occupé par les Dominicains s'étendait « du côté de l'Orient, depuis la rue de Montarunt (de Monte-Arunto) jusqu'à la Garonne, du côté du sud, depuis les murs de la ville jusqu'à la rue de Tombe-Boé ».

(1) Ses enquêtes comme inquisiteur nous sont parvenues (Biblioth. de Toulouse, ms. 609 (I. 155). Biblioth. nation., ms. lat. 9992. — Cf. Ch. Molinier, *l'Inquisition dans le midi de la France au XIIIe et au XIVe siècle*, chap. IV, IIe partie, chap. I. — Voyez notre *les Sources de l'histoire de l'Inquisition dans le midi de la France, aux XIIIe et XIVe siècles*.

(2) Gérard de Frachet, *Vitæ fratrum*, Pars V, cap. IX, n° VII. Éd. citée, p. 218-219.

(3) Frater Bernardus Guidonis, dans Martène, *Amp. collect.*, t. VI, col. 481.

(4) 26 avril.

(5) On trouve un frère prêcheur du nom de Jacques Chrétien, lecteur de philosophie naturelle au couvent de Narbonne en 1276 (ms. 490, f° 322 B), au couvent de Carcassonne en 1279 (*Ibid*, f° 327 A), au couvent de Narbonne en 1280 (*Ibid.*, f° 330 B), au couvent de Tarascon en 1281 (*Ibid.*, f° 332 B.).

translacioni jamdudum desideraverant interesse, speciali devocione, sanctorum virorum exhumacioni et translacioni dabant operam efficacem. Cumque, discooperto fratris Bertrandi de Bello Castello corpore, invenissent, exceptis solum ossibus, totum corpus consumptum, et corpus domini Arnaldi Belengarii modo simili reperissent, et corpus reverendi ac sanctissimi patris fratris Bernardi de Caucio quod exhumaverunt ultimo, absque tocius exalacione fecoris integrum repererunt. Et hoc quidem stupendum factum, hoc insigne miraculum, divine non immerito providencie ascribimus et virtuti. Qui per xxviii annos et, ut dicunt, amplius, voluit sic servare integrum corpusculum sancti viri, maxime cum predictorum duorum virorum corpora, nulla ea preservante virtute [f° 160 B], brevi in tempore corruptioni solite sint subjecta. Set mirum in modum mox ut exhumatum est corpus et in loco collocatum decenti, factus est repente concursus adeo vehemens et intolerabilis populorum, quod fratres aliqui custodientes corpus vix poterant confluentem populi multitudinem sustinere; unde tandem gravati pre lassitudine, pressuram irruentium abrumpentes sine conventu et absque sollempnitate devita, corpus ad ecclesiam transtulerunt, ubi etiam ferre pondus se ingerencium non valentes, corpus in sacristiam transtulerunt. Ideoque populus ex substracto sibi corpore concitatus, in verba inordinata offensam animorum ostendencia prorumpebant. Sicque corpus est in crastinum, cum veneracione debita, conservatum. Nos vero interim, ne vanitatis aut cupiditatis possemus notam incurrere, deliberacione provida decrevimus consulere sapientes, utrum ostendendum corpus populo, an substrahendum eorum aspectibus foret. Quocirca, facto mane, venerabilis prior Sancti Caprasii (1) et officialis locum tenens domini episcopi Agennensis (2) et dominus R. de Granhol, magister in decretis, plerique alii sapientes de utroque capitulo Agennensi, necnon et quidam proceres de consulibus ville, in nostro capitulo pariter convenerunt; ibique, recitatis quibusdam miraculis que gessit dum adhuc viveret et vita

---

(1) Collégiale de Saint-Caprais. L'église de Saint-Caprais est aujourd'hui l'église cathédrale d'Agen.
(2) Arnaud de God.

ejus multipliciter commendata, diversas sentencias proferebant. Quidam namque dicebant satisfaciendum populo, qui multus aderat et quasi continue veniebat; alii autem dicebant ipsum pocius ocultandum. Ceterum, cum in hiis immoraremur diucius, et hinc et inde in sentencia vacillarent, voluntas finalis et stabilis fuit fratrum ut, in missa que debebat a venerabili domino priore Sancti Caprasii sollempniter cele. celebrari, palam ostenderetur populo, qui multus utriusque sexus in claustro et in ecclesia expectabat. Sane tandem deputati sunt fratres et custodes nichilominus adhibiti seculares, qui dati, ut videtur mihi, erant nobis a bavilo et consulibus, qui et corpori in missa assisterent et cum virgis et baculis interdum populum abigerent confluentem; veniebant quippe homines, hoc stupendum miraculum cernere cupientes; veniebant etiam mulieres, ad hoc biennes et triennes parvulos adducentes; stupor enim immensus circumdederat omnes, quia sanctum corpus tam diu integrum [f° 161 A] fuerat sic compertum; facies quoque integra erat, excepto quod in naso in principio erat valde modicum diminutus; frons autem et mentum et os cum dentibus in sua integritate manebant. Caput vero per collum medium sine interrupcione ipsi corpori inherebat; collum quidem ita grossum erat et guttur sub mento sic etiam prominebat, quod non videbatur a die qua sepultus fuerat diminucionem aliquam recepisse; pectus, brachia, manus, ventrem et latera mirabilis integritas conservabat; pellis enim integra per totum mirabiliter, scilicet suarum situm parcium, contegebat omnia superius dicta; unde ungues et ruge ita distincte in pelle manuum apparebant, sicut apparebant in eo ipsa die qua fuerat ecclesiastice traditus sepulture. Set non minus mirabile est, quia virilia omnino integra erant, sicut dicebant, qui hec curiosius inspexerunt; unus tamen solutus inventus fuit à tibia; et hoc, ut videbatur, contigit propter tumuli brevitatem. Sic quoque omnipotens Deus, cujus judicia incomprehensibilia, cujus investigabiles vie, cujus consilia non mutantur, non solum antiquis temporibus ad errores a cordibus fidelium extirpandos et fidem in mentibus fidelium radicandam, voluit in sanctis suis se mirabilem exhibere; set et nostris quidem temporibus, ad spem proficiencium, sublevandam, ad fidem catholicam roborandam, ad doctrinam evangelicam et apostolicam aprobandam, in sancto isto qui et mirabilis in vita, mirabilis in doctrina, mirabilis in pravitate heretica extirpanda, disposuit, post ipsius felicem obitum mirabilis, apparere, eo quod a ceterorum communi corporum incineracione corpus ejus tam mirabiliter quam potenter integrum preservavit; unde attollendus preconiis, et laudibus venerandus, et gratiarum actione multiplici jugiter recolendus. Denique autem, divino officio expleto, circa reliquias sacrosanctas fratrem Bertrandum de Bello Castello et dominum Arnaldum Belengarii in preparatis sibi infra ecclesiam tumulis posuerunt. Set fratrem Bernardum de Caucio non valuerunt in loco suo reponere, populo irruente, donec populus de ecclesia penitus discessisset. Et tunc post recessum populi fuit traditus sepulture. Fuit autem frater Bertrandus de Bello Castello positus in tumulo superiori, ad orientem, versus caput ecclesie; dominus vero Arnaldus Belengarii fuit positus in tumulo inferiori, ad occidentem, versus Garonam. Set sancte memorie reverendus pater frater Bernardus de Caucio fuit in medio predictorum duorum venerabiliter collocatus, qui obiit in crastino sancte Katerine, vi° kls. decembris, anno Domini m° cc° lii°.

Memoratus dominus Arnaldus Belengarii edificavit ecclesiam fratribus in Agenno et plura alia bona fecit fratribus, dum vivebat.

II. — Priores in conventu Agennensis (1).

[F° 161 B] Primus prior (2) in conventu Fratrum Predicatorum Agennensium fuit frater Guillermus de Blavia*, supradictus, institutus, ut dictum est supra, in capitulo provinciali in Montepessulano celebrato, anno Domini m° cc° lii°. Hic postmodum fuit prior Orthesiensis, et inde factus fuit inquisitor Carcassonensis, ubi et obiit, anno Domini (*manque*).

Frater Bertrandus de Rupe Amatoris*, dyocesis Caturcensis,

---

(1) Titre courant dans le ms.
(2) Martène n'a point publié les notices suivantes des prieurs du couvent d'Agen. L'abbé Barrère (*Histoire relig. et monum. du diocèse d'Agen*, ii, 11-15) a résumé l'histoire du couvent de cette ville.

erat prior Agennensis anno Domini M° CC° LVII°, sicut audivi a fratre Arnaldo de Prato*, qui dicebat se fuisse professum ibidem sub ipso priore, anno predicto.

Frater Bertrandus de Bello Castello*, dyocesis Caturcensis, bis; prima vice successit fratri Bertrando de Rupe Amatoris predicto; fuitque absolutus hac vice in capitulo provinciali Narbonnensi, anno Domini M° CC° LXII° (1).

Frater Guido Navarra*, Lemovicensis dyocesis, successit fratri Bertrando de Bello Castello; prior fuit anno quasi uno et [fecit] se absolvi. Hic in senectute bona et sanctitate vite obiit Caturci, anno Domini (*manque*). Vivebat anno Domini M° CC° LXXVIII° (2).

Frater Bertrandus de Bello Castello predictus, secunda vice, successit fratri Guidoni Navarre predicto; priorque existens obiit in navi, inter Altum villare et Agennum, coram ecclesia beate Katerine, cui multum erat devotus, v° kls. junii (3), anno Domini M° CC° LXVII°, vel LXVIII°. Hic erat prior et diffinitor in capitulo provinciali Montispessulani M° CC° LXV° (4).

Hic fuerat canonicus Sancti Andree Burdegalensis. Hunc, sicut audivi a quodam seniore fratre qui secum multum fuerat conversatus, recepit ad ordinem Parisius sancte memorie Magister Jordanis, dicens de ipso : Unus est hic qui furatur nobis ordinem, quia inter alios qui ad ordinem ibi tunc recipiebantur, iste ex insperato subito tactus a Deo, quasi latenter se immiscuit, uti indueretur cum eis. Hic fuit genere nobilis, moribus nobilior et virtute, predicator gratiosus et fructuosus et admodum famosus, excellenter personatus. Hic fuit promotor et fundator conventus Agennensis, ubi quiescit, sicut dictum est supra.

Frater Hugo Amelii* Tholosanus successit Bertrando de Bello Castello; fuitque absolutus in capitulo provinciali Cistaricensi, anno Domini M° CC° LXX°. Hic inquisitor Tholosanus existens obiit in conventu Niciensi, in provincia Provincie, anno Domini M° CC° LXXXI°; translata sunt postmodum ossa ejus apud Tholosam.

---

(1) Ms. 490, f° 297 A.
(2) En marge.
(3) 28 mai.
(4) En marge.

[F° 162 A] Frater Guillermus Fabri* Agennensis, bis; prima vice successit fratri Hugoni Amelii; fuitque absolutus in capitulo provinciali Caturcensi, anno Domini M° CC° LXXIII°. Hic multum senex obiit in Agenno, in festo Purificacionis (1), ubi interfuerat, in matutinis in choro, anno Domini M° CCC° VI°, ab ingressu vero ordinis LVII°.

Frater Guillermus de Tonencs*, Agennensis dyocesis, bis; prima vice successit fratri Guillermo Fabri predicto; modico tempore fuit prior, quia post paucos menses inde translatus, factus fuit prior Burdegalensis (2), anno Domini M° CC° LXXIII°.

Frater Arnaldus Desiderati*, de predicatione Agennensi, successit, ut puto ex auditu (3), fratri Guillermo de Tonencs; fuitque absolutus in capitulo provinciali Pirpiniani, anno Domini M° CC° LXXV° (4).

Frater Arnaldus de Silva* Burdegalensis successit fratri (*manque*); fuitque absolutus in capitulo provinciali Montispessulani, anno Domini M° CC° LXXVIII° (5).

Frater (*manque*) successit fratri (*manque*); fuitque absolutus in capitulo provinciali Carcassonnensi, anno Domini M° CC° LXXXII° (6).

Frater P. de Tapia, Agennensis dyocesis, sucessit fratri (*manque*); fuitque absolutus in capitulo provinciali Condomiensi, anno Domini M° CC° LXXXV° (7).

Frater (*manque*) successit fratri (*manque*); fuitque absolutus in capitulo provinciali Avinionensi, anno Domini M° CC° LXXX° VIII° (8).

Frater Stephanus Vital[is]*, ut puto (9), successit fratri

---

(1) 2 février.
(2) Plus haut, p. 269.
(3) A la marge.
(4) Biblioth. de Toulouse, ms. 490, f° 318 B.
(5) *Ibid.*, f° 324 B.
(6) *Ibid.*, f° 334 B. C'est au couvent des Frères Prêcheurs d'Agen que, le 8 août 1279, le notaire Étienne Vigier (*Vigerii*) rédigea l'acte public par lequel e roi de France cédait l'Agenais au roi d'Angleterre (*Archives municipales d'Agen, chartes*, p. 89).
(7) Plus haut, chapitre provincial de Condom, p. 79.
(8) Biblioth. de Toulouse, ms. 490, f° 347 A.
(9) En marge.

(manque); fuitque absolutus in capitulo provinciali Narbonnensi, anno Domini M° CC° LXXXIX° (1).

Frater Guillermus de Tonencs*, predictus, ultima vice, successit fratri *(manque);* fuitque absolutus in sequenti (2) capitulo provinciali Appamiensi, anno Domini M° CC° nonagesimo (3). Hic senex obiit in conventu Massiliensi, anno Domini M° CC° nonag° IX°, ubi olim fuit prior et lector. Hic fuit in multis bene dotatus.

[F° 162 B] Frater Stephanus Vitalis* Agennensis predictus, ultima vice, successit fratri Guillermo de Tonencs, die martis (4) ante festum beati Andree confirmatus; prior fuit annis duobus; fuitque absolutus in capitulo provinciali Brivensi, anno Domini M° CC° nonag° II° (5). Hic obiit Agenni, anno Domini *(manque)*.

Frater Arnaldus Cosini* Agennensis successit fratri Stephano Vitalis; fuitque absolutus in capitulo provinciali Carcassonnensi, anno Domini M° CC° nonag° IIII° (6).

Frater P. de Maslaco* Orthesiensis successit fratri Arnaldo Cosini; fuitque absolutus in capitulo provinciali Narbonnensi, anno Domini M° CC° nonag° VI° (7).

Frater Arnaldus Vitalis* Agennensis bis; prima vice successit fratri Petro de Maslaco; fuitque, prior existens, translatus ad prioratum sororum Pontis viridis in Condomio, paulo post provinciale capitulum Tharasconense, anno Domini M° CC° nonag° VII° (8).

Frater P. Geraldi* Agennensis, bis; prima vice (9) successit fratri Arnaldo Vitalis; fuit autem absolutus et lector ibidem positus, paulo post provinciale capitulum Agennense, anno Domini M° CCCI°.

Frater P. de Labatut* Burdegalensis successit fratri Petro

---

(1) Biblioth. de Toulouse, ms. 490, f° 350 A.
(2) *Sequenti*, à la marge.
(3) *Ibid.*, f° 352 A.
(4) Le 28 novembre, Pâques tombant cette année (1290) le 2 avril.
(5) Biblioth. de Toulouse, ms. 490, f° 359 A.
(6) Il y a ici une erreur. Le chapitre provincial de l'année 1294 se tint à Montpellier (f° 364 B). C'est au chapitre de 1293 tenu à Carcassonne qu'Armand Cosini fut relevé de sa charge de prieur (f° 362 B).
(7) Le 24 juillet (Biblioth. de Toulouse, ms. 490, f° 368 B).
(8) Plus bas, monastère de Pont-Vert.
(9) *Bis; prima vice*, à la marge.

Geraldi, de lectore ibidem prior effectus; prior fuit duobus annis (1); fuit autem absolutus in capitulo provinciali Montis Albani, in festo sancti Michaelis celebrato, anno Domini M° CCC° III° (2). Hic obiit Burdegalis, anno Domini M° CCC° VI°, in septembri.

Frater Arnaldus Vitalis predictus, secunda vice, successit fratri Petro de Labatut, reductus a prioratu sororum Pontis viridis memorato ad prioratum fratrum Agennensium, circa festum Omnium Sanctorum, anno Domini M° CCC° III°. Prior fuit hac vice annis quasi tribus; fuit autem absolutus in capitulo provinciali Figiaci, in festo sancte Marie Magdalene celebrato, anno Domini M° CCC° VI°. Hic postmodum prior sororum Pontis viridis obiit in Condomio, XIIII° kls. aprilis, anno Domini M° CCC° XIII°.

Frater P. Geraldi* predictus, secunda vice, successit fratri Arnaldo Vitalis, paulo ante festum sancti Dyonisii confirmatus, anno Domini M° CCC° VI°; prior fuit anno quasi uno, priorque existens obiit ibidem, IIII° non. septembris, in sabbato, anno Domini M° CCC° VII°.

Frater Hugo Pellicerii* Tholosanus successit fratri Petro Geraldi, confirmatus in priorem per fratrem Ber. Guidonis, inquisitorem Tholosanum, ex commissione prioris provincialis, XVI° kls. januarii (3), anno Domini M° CCC° VII°, Tholose, ubi tunc erat uterque; prior fuit anno uno et dimidio; fuitque absolutus in capitulo provinciali Petragoris celebrato in festo beati Barnabe (4), anno Domini M° CCC° IX°.

[F° 163 A] Frater Bernardus Riparie* Rivensis successit fratri Hugoni Pellicerii, confirmatus in priorem circa finem (5) mensis julii, qui paulo (6) post, antequam ad conventum venisset, fuit absolutus ad suam instanciam, in crastino sancti Ludovici, anno Domini M° CCC° IX°.

---

(1) *Prior fuit duobus annis*, à la marge.
(2) Biblioth. de Toulouse, ms. 490, f° 387 A. Il fut définiteur pour la province à ce chapitre (*Ibid.*, f° 387 A).
(3) 27 décembre.
(4) 11 juin (Ms. 490, f° 404 A).
(5) *Finem*, à la marge.
(6) *Paulo*, à la marge.

Frater Guillermus de Sebelhano* Burdegalensis successit predictis duobus immediate prefatis, confirmatus in priorem in festo sancti Mathei apostoli et evangeliste (1), anno Domini M° CCC° IX°. Prior fuit annis duobus et dimidio; fuitque inde translatus et factus prior Burdegalensis, anno Domini M° CCC° XI°, in mense januarii (2).

Frater Bernardus Riparie* Rivensis, tandem post aliquas electiones cassatas, successit fratri Guillermo de Sebelhano predicto, confirmatus in priorem in monasterio Pruliani, ultima die maii, anno Domini M° CCC° XII°; fuitque paulo post absolutus per Magistrum ordinis (3), circa festum sancti Johannis Baptiste, necdum iverat in conventum, et missus ad curiam unius domini cardinalis.

Frater Bernardus Ademari* Tholosanus successit fratri Bernardo Riparie, translatus de prioratu Rivensi ad prioratum Agennensem, confirmatus in priorem in festo sancte Margarete, anno Domini M° CCC° XII°. Prior fuit anno uno, mensibus quasi tribus; priorque existens, obiit ibidem X° kls. novembris (4), anno Domini M° CCC° XIII°.

Frater Bartholomeus Glandyera* Caturcensis successit fratri Bernardo Ademari, confirmatus in priorem in sequenti adventu Domini, anno Domini M° CCC° XIII°; prior fuit dimidio fere anno; fuitque absolutus in festo Trinitatis, secunda die junii, anno Domini M° CCC° XIIII°.

Frater Guillermus Aurelie* successit fratri Bartholomeo predicto, factus prior in festo sanctorum Gervasi et Prothasi, anno Domini M° CCC° XIIII°; fuitque absolutus in capitulo provinciali Sancti Emiliani, anno Domini M° CCC° XV° (5).

Frater Guillermus de Proaudo Rivensis successit fratri Guillermo Aurelie, circa finem mensis (*manque*), anno Domini M° CCC° XV°; prior fuit annis circiter tribus, absolutus ante

---

(1) 21 septembre.
(2) Plus haut, p. 272.
(3) Fr. Bérenger de Landorre.
(4) A la marge.
(5) Voir les actes de ce chapitre, plus haut, p. 136.

capitulum Brivense, quia vocatus fuit ad societatem domini episcopi Caturcensis, domini G. de Labroa, fratris nostri (1).

[F° 163 B] Frater Johannes de Falbeto* Condomiensis successit prefato fratri Guillermo, electus et confirmatus ante capitulum Brivense, anno Domini M° CCC° XVIII° (2); prior fuit annis quatuor, absolutus in capitulo Agennensi, anno Domini M° CCC° XXII° (3).

Frater Arnaldus de Fabricis*, conventus Montis Albani, successit prefato fratri Johanni, electus et confirmatus post capitulum Agennense, circa festum Nativitatis gloriose, anno Domini M° CCC° XXII°; fuitque prior annis duobus, absolutus, quia vocatus per dominum Ramundum Bequini, fratrem nostrum, patriarcham Ierosolimitanum, anno Domini M° CCC° XXIIII°. Hic fuit postmodum episcopus Signensis in provincia romana (4).

Frater Johannes de Consilio*, de conventu Agennensi, successit prefato fratri Arnaldo electus et confirmatus post capitulum Burdegalense, anno Domini M° CCC° XXIIII°; fuitque prior annis duobus, absolutus in capitulo Appamiensi, anno Domini M° CCC° XXVI° (5).

Frater Reginaldus Seguini*, de conventu Agennensi, successit fratri Johanni predicto, electus et confirmatus post capitulum Appamiense, anno Domini M° CCC° XXVI°; prior fuit annis duobus, absolutus in capitulo generali Tholose, anno Domini M° CCC° XXVIII° (6).

---

(1) Guillaume de La Broue, évêque de Cahors de 1316 jusqu'en juillet 1323, année de sa mort (*Gall. christ.*, I).

(2) Le chapitre provincial de Brives eut lieu *in festo B. Dominici*, le 4 août (ms. 490, f° 428 B).

(3) Voyez plus haut les actes de ce chapitre, p. 176.

(4) Fr. Arnaud *de Fabricis* avait rempli les fonctions de lecteur en plusieurs couvents, par exemple au couvent de Condom, où il avait, en 1311, enseigné la philosophie naturelle (ms. 470, f° 412 A). Évêque de Segni en 1333, il fut transféré à Aleria en 1345, d'après le P. Gams (*Series Episcop.*, p. 725 et 765).

Voyez pour fr. Raymond Bequini *Tolosanus*, Echard, *Script. o. p.*, t. I, 561.

(5) Le chapitre de Pamiers en 1326 se tint *Dominica ante festum B. Johannis Baptiste* (ms. 490, f° 448 B), 22 juin, cette année.

(6) Absolvimus priores Sancti Emiliani, Sancti Gaudencii, Morlanensem, Orthesiensem, Agennensem, Condomiensem, Ruthenensem, Marciaci, Bellividere et Burdegalensem (ms. 489, f° 162 B).

Frater Petrus de Saunaco*, de conventu eodem Agennensi, successit memorato fratri Reginaldo, electus et confirmatus post generale capitulum Tholosanum, anno Domini M° CCC° XXVIII°; prior fuit annis duobus, absolutus in capitulo Montis Albani, anno Domini M° CCC° XXX° (1).

Frater Johannes de Farguili*, ejusdem conventus Agennensis, successit memorato fratri P. de Saunaco, electus et confirmatus post capitulum Montis Albani, anno Domini M° CCC° XXX°; prior fuit annis quinque, mensibus quatuor, absolutus per litteram prioris provincialis (2), circa principium adventus Domini M° CCC° XXXV°.

Frater Poncius Furnerii*, de eodem conventu Agennensi, successit prefato fratri Johanni, electus et confirmatus circa festum Nativitatis Domini, post capitulum Altivillaris, anno Domini M° CCC° XXXV°; prior fuit annis...

IV.

1250-1315.

FONDATION ET PRIEURS DU COUVENT D'ORTHEZ.

(Biblioth. publique de la ville de Toulouse, ms. 490 (I. 273). —
Cf. D. Martène, *Amp. collect.*, t. VI, c. 484.

I. — FUNDACIO CONVENTUS ORTHESIENSIS (3).

[F° 165 A] Anno Domini M° CC° L°, in actis capituli provincialis Narbone celebrati, fuit receptus locus Fratrum Predicatorum apud Orthesium (4), dyocesis (*manque*) (5).

Anno Domini M° CC° LIII°, in actis capituli provincialis Lemovicis in Nativitate beate Marie semper Virginis celebrati, fuit in villa

---

(1) *In festo B. Dominici* (ms. 490, f° 459 A).
(2) Fr. Hélie de Ferrières de Salanhac, élu en 1324.
(3) Ce couvent fut compris d'abord dans la première province de Provence, puis, après 1303, dans celle de Toulouse. Au chapitre provincial, il occupait le cinquième rang *in dextro choro* (Biblioth. de Toulouse, ms. 490, f° 76 A).
(4) Recepimus locum apud Orthesium (*Ibid.*, f° 285 B).
(5) Orthez était dans le diocèse d'Oloron.

Orthesiensi conventus Fratrum Predicatorum regulariter positus et receptus (1); et primus prior institutus fratrum [frater] Raymundus Desparros, vasco, Bigorritanus, et primus lector assignatus frater *(manque)*.

II. — Priores in conventu Orthesiensi (2).

Primus prior (3) in conventu Fratrum Predicatorum Orthesiensium fuit frater Raymundus Desparros Bigorritanus, institutus, ut premissum est, in capitulo provinciali Lemovicis in Nativitate beate Marie Virginis celebrato, anno Domini M° CC° LIIII°; priorque existens, obiit ibidem, anno Domini *(manque)*.

Secundus prior frater Raymundus Convenarum*, alius a Tholosano*, bis; prima vice successit fratri Raymundo Desparros, fuitque absolutus in capitulo provinciali Avinionensi, anno Domini M° CC° LVI° (4).

Tercius prior frater Guillermus de Tonencs*, Agennensis dyocesis, successit fratri Raymundo Convenarum; prior fuit anno; fuitque absolutus in capitulo provinciali Burdegalensi, anno Domini M° CC° LVII°. Hic obiit Massilie, senex valde, anno Domini M° CC° nonag° nono.

Quartus prior frater Johannes Generensis successit fratri Guillermo de Tonencs; prior fuit annis duobus; fuitque absolutus in capitulo provinciali Montispessulani, anno Domini M° CC° LIX° (5). Hic obiit in Orthesio, anno Domini *(manque)*.

Quintus prior frater Guillermus de Blavia* Burdegalensis successit fratri Johanni Generensi; prior fuit annis duobus; fuit autem pro officio inquisitionis absolutus et inquisitor Carcassonnensis factus, anno Domini M° CC° LXI°. Hic, inquisitor Carcassonnensis existens, obiit in Carcassona, anno Domini *(manque)*.

---

(1) Les actes de ce chapitre n'en font aucune mention (Biblioth. de Toulouse, ms. 490, f°s 288 A, B, 289 A).

(2) Titre courant dans le ms.

(3) Les notices suivantes des prieurs n'ont pas été publiées par Martène (*Amplissima collect.*, t. VI, col. 484).

(4) 22 juillet (Biblioth. de Toulouse, ms. 490, f° 291 A). *In festo B. Marie Magdalene.*

(5) Biblioth. de Toulouse, ms. 490, f° 293 A. *In festo B. Dominici.*

Sextus prior frater Guillermus Arnaldi Bearnensis de Salva terra successit fratri Guillermo de Blavia; prior fuit anno uno; [f° 165 B] fuit autem absolutus ibidem in conventu a priore provinciali, fratri Poncio de Sancto Egidio* visitante, post provinciale capitulum Narbonense (1), anno Domini M° CC° LXII°: Hic fuerat canonicus et archidyaconus Olorensis, vir bonus.

Septimus prior frater Peregrinus* Tholosanus de Sancto Gaudencio (2), successit fratri Guillermo Arnaldi predicto; prior fuit annis duobus; fuit autem absolutus in capitulo provinciali Avinionensi, anno Domini M° CC° LXIIII° (3). Hic obiit Tholose, v° ydus augusti, anno Domini M° CC° LXXXVI°.

Octavus prior frater Odo Tholosanus* successit Peregrino; prior fuit annis duobus; fuit autem absolutus in capitulo provinciali Lemovicensi, anno Domini M°· CC° LXVI° (4).

Frater Raymundus* Convenarum predictus, secunda vice, successit fratri Odoni predicto; priorque existens, obiit post Pascha (5), anno Domini M° CC° LXVIII°; cujus obitus fuit recitatus in capitulo provinciali Petragoricensi, dominica ante festum sancti Augustini celebrato, anno Domini M° CC° LXVIII° (6).

Nonus prior frater Guillermus Arnaldi Bruni*, alius a predicto Guillermo Arnaldi, bis; prima vice successit fratri Raymundo Convenarum predicto; prior fuit anno quasi uno; fuitque abso-

---

(1) Date de ce chapitre, 22 juillet, *In festo B. Marie Magdalene* (*Ibid.*, f° 293 A).

(2) Saint-Gaudens (Haute-Garonne).

(3) Date de ce chapitre : *In festo B. Marie Magdalene*, 22 juillet (Biblioth. de Toulouse, ms. 490, f° 298 B).

(4) Date de ce chapitre : *In festo Nativitatis B. Marie Virginis*, 8 septembre (*Ibid.*, f° 301 A).
On trouve trois autres frères du même nom, l'un *Odo Martyni*, lecteur de philosophie naturelle au couvent de Bordeaux en 1272 (ms. 490, f° 313 A); l'autre *Odo Mathie*, lecteur de logique nouvelle au couvent de Béziers en 1262 (ms. 470, f° 297 A), de théologie aux couvents de Narbonne en 1279 (*Ibid.*, f° 326 B) et d'Avignon en 1281 (*Ibid.*, f° 322 B); le troisième *Odo de Causencs* (Caussens, Gers), lecteur de théologie au couvent d'Auvillar, en 1283 (*Ibid.*, f° 336 A), définiteur aux chapitres provinciaux de 1294 tenu à Montpellier, de 1296 tenu à Carcassonne et de 1298 tenu à Cahors (*Ibid.*, f° 364 B, f° 368 B, f° 372 B).

(5) Cette année la fête de Pâques tomba le 8 avril.

(6) 26 août. *Nomina fratrum defunctorum sunt hec : Orthesii, fr. R. Convenarum prior, fr. Bertrandus de Sancto Savino* (Biblioth. de Toulouse, ms. 490, f° 306 B).

lutus in sequenti provinciali capitulo Bitterrensi, anno Domini M° CC° LXIX° (1).

Decimus prior frater P. de Fabrica* Orthesiensis, bis; prima vice successit fratri Guillermo Arnaldi Bruni; prior fuit annis tribus; fuitque absolutus in capitulo provinciali Narbonensi, anno Domini M° CC° LXXII° (2). Intravit ordinem, anno Domini M° CC° LXIII°, in Invencione sancti Stephani (3).

Undecimus prior frater Arnaldus de Morlanis* (4), ter; prima vice successit fratri Petro de Fabrica; prior fuit annis duobus, fuitque absolutus in capitulo generali Lugdunensi, anno Domini M° CC° LXXIIII° (5).

Frater Guillermus Arnaldi Bruni* predictus, secunda vice, successit fratri Arnaldo de Morlanis; fuitque absolutus in capitulo provinciali Montispessulani, anno Domini M° CC° LXXVIII°, ut estimo (6).

Duodecimus prior frater P. de Listraco* Burdegalensis successit fratri *(manque)*; prior fuit anno quasi uno, fuitque inde translatus ad prioratum Baionensem, anno Domini *(manque)* (7).

[F° 166 A] Frater Arnaldus* de Morlanis predictus, secunda vice successit fratri *(manque)*; fuitque absolutus in capitulo provinciali Montispessulani, post generale ibidem, anno Domini M° CC° LXXXIII°; quod magis puto in capitulo Massiliensi, anno Domini M° CC° LXXXI° (8).

Tercius decimus prior frater P. de Maslaco* (9) Orthesiensis,

---

(1) Date de ce chapitre : *Dominica post octabas apostolorum Petri et Pauli* (Biblioth. de Toulouse, ms. 490, f° 306 A).
(2) Date de ce chapitre : *In festo beati Dominici* (*Ibid.*, f° 312 A).
(3) 3 août. En marge.
(4) Morlaas (Basses-Pyrénées).
(5) Date de ce chapitre, 1er juin (Martène, *Amp. coll.*, t. VI, col. 1776). Les actes de ce chapitre général (*Ibid.*, cc. 1771-1774) ne mentionnent point le fait.
(6) Date de ce chapitre : *In festo beate Marie Magdalene* (Biblioth. de Toulouse, ms. 490, f° 324 B).
(7) D'après sa notice placée à l'histoire du couvent de Bayonne (plus haut, p. 258), c'est en 1279 qu'il aurait quitté Orthez.
(8) Date du chapitre de Marseille : *Dominica infra octabas Petri et Pauli* (6 juillet) (Biblioth. de Toulouse, ms. 490, f° 332 A). Date du chapitre de Montpellier : *Post generale ibidem* (*Ibid.*, f° 336 A).
(9) Maslacq (Basses-Pyrénées).

ter; prima vice successit fratri Arnaldo de Morlanis; prior fuit anno uno vel annis tribus (1), fuitque absolutus et lector ibi repositus (2), in capitulo provinciali Pirpiniani, anno Domini M° CC° LXXXIIII° (3).

Quartus decimus prior frater P. de Salvaterra*, ter; prima vice successit fratri Petro de Maslaco; prior fuit anno uno, fuitque absolutus in capitulo provinciali Condomiensi, anno Domini M° CC° LXXXV° (4).

Frater Arnaldus* de Morlanis predictus, tercia vice, successit fratri Petro de Salvaterra; fuitque inde paulo post translatus ad prioratum Morlanensem, anno Domini M° CC° LXXXV° (5). Hic, plus quam quinquagenarius in ordine (6), obiit in Monte Martiani (7) die lune, circa principium quadragesime, anno Domini M° CCC° III° (8); portatus fuit inde in Morlanis, ubi jacet.

Quintus decimus prior frater Arnaldus de Podio Burdegalensis successit fratri Arnaldo de Morlanis, fuitque absolutus per litteram prioris provincialis, post provinciale capitulum Burdegalense, anno Domini M° CC° LXXXVII° (9).

Sextus decimus prior frater Arnaldus Garssie* successit fratri Arnaldo de Podio memorato; prior fuit annis tribus, fuitque absolutus in capitulo provinciali Appamiensi, anno Domini M° CC° nonag° (10). Tempore prioratus sui, obiit nobilis vir dominus Gasto de Bearnio (11), qui fuit sepultus in conventu Fratrum

---

(1) *Vel annis tribus*, à la marge.
(2) Biblioth. de Toulouse, ms. 490, f° 337 B.
(3) Date de ce chapitre : *In festo beate Marie Magdalene* (*Ibid.*, f° 337 B).
(4) Voir plus haut les actes de ce chapitre, p. 79.
(5) Voyez plus bas le couvent de Morlaas.
(6) *Plus quam quinquagenerarius in ordine*, à la marge.
(7) Mont-de-Marsan (Landes).
(8) Le 11 ou le 18 février : le mercredi des Cendres fut le 20 février.
(9) Date de ce chapitre, *Post generale ibidem*, c'est-à-dire après la Pentecôte. Le prieur provincial était alors fr. Bernard Gérauld. Fr. Arnaud du Puy fut lecteur de philosophie naturelle à Bordeaux, en 1266.
(10) Date de ce chapitre : *In Exaltatione sancte crucis*, 14 septembre (Biblioth. de Toulouse, ms. 490, f° 352 A).
(11) Gaston VII, né vers 1225, vicomté de Béarn en 1229, mort en 1290, le 24 ou le 25 avril, et enseveli le 26.

Predicatorum de Orthesio, in crastino sancti Marchi evangeliste (1), anno Domini Mº CCº nonagº.

Versus epitaphii in tumulo domini Gastonis (2) :

Continet hec fossa Gastonis principis ossa (3) ;
Largus, magnificus fuit hic (4) ac fidus amicus;
Nobilis ac humilis aliis, pulvis sibi vilis,
Subjectis parcens, hostes pro viribus arcens.
Da veniam, Christe : flos milicie fuit iste;
Et virtúte precum confer sibi gaudia tecum.
Gastonis nomen, gratum fer auribus omen;
Mulcet prolatum, dulcescit sepe relatum.

[Fº 166 B] Frater P. de Salvaterra* predictus, secunda vice, successit fratri Arnaldo Garssie; prior fuit annis tribus, fuitque absolutus in capitulo provinciali Carcassonnensi, anno Domini Mº CCº nonagº IIIº (5).

Decimus septimus prior frater Guido Helye*, Lemovicensis dyocesis, successit fratri Petro de Salvaterra, de lectore canonicorum sedis Burdegalensis factus prior Orthesiensis, circa festum sancti Michaelis, anno Domini Mº CCº nonagº IIIº; prior fuit annis tribus; fuitque absolutus in capitulo provinciali Narbonensi, anno Domini Mº CCº nonagº VIº (6).

Frater P. de Fabrica* predictus, secunda vice, successit fratri Guidoni Helye; prior fuit annis duobus; fuitque absolutus in capitulo provinciali Caturcensi, anno Domini Mº CCº nonagº VIIIº (7). Hic, prior Morlanensis existens, obiit in Morlanis,

---

(1) 26 avril.
(2) En marge.
(3) En marge : *vel scilicet:*
Continet hec fossa tanti domini cor et ossa.
(4) *Hic* à la marge.
(5) Date de ce chapitre : *In festo sancte Marie Magdalene*, 22 juillet (Biblioth. de Toulouse, ms. 490, fº 362 B).
(6) Date de ce chapitre : *In festo beate Marie Magdalene*, 22 juillet (*Ibid.*, fº 368 B).
(7) Date de ce chapitre : *In octabis apostolorum Petri et Pauli*, 6 juillet (*Ibid.*, fº 372 A).

dominica in quadragesima, III° kls. februarii (1), anno Domini M° CCC° XI°, ab ingressu vero ordinis anno XLIX°.

Frater P. de Salvaterra* predictus, tercia vice, successit fratri Petro de Fabrica; prior fuit anno quasi uno; fuitque inde, prior existens, translatus ad prioratum Burdegalensem, post provinciale capitulum Pirpiniani, anno Domini M° CC° nonag° IX° (2); priorque Burdegalensis existens, obiit anno Domini M° CCC°, ante Natale Domini.

Decimus octavus prior frater P. de Cultura (3) successit fratri Petro de Salvaterra, de subpriore ibidem prior effectus; prior fuit quasi dimidio anno; priorque existens, obiit ibidem, anno Domini M° CCC°, paulo post Pascha (4).

Frater P. de Maslaco* predictus, secunda vice, successit fratri Petro de Cultura, confirmatus Massilie, post capitulum generale celebratum ibidem immediate, anno Domini M° CCC° (5); prior fuit annis duobus, fuitque absolutus in capitulo provinciali Carcassonensi, anno Domini M° CCC° II° (6).

Decimus nonus prior frater Geraldus Bermundi*, Petragoricensis dyocesis, successit fratri Petro de Maslaco, confirmatus circa festum sancti Michaelis; prior fuit anno quasi uno, priorque inde existens, factus fuit prior provincialis Terre Sancte (7), confirmatus a Magistro ordinis, fratre Bernardo de Juzico*, in vigilia Ascensionis Domini (8), anno Domini M° CCC° III°. Hic

---

(1) 30 janvier.

(2) Date de ce chapitre : *Dominica post octabas apostolorum Petri et Pauli*, 12 juillet (Biblioth. de Toulouse, ms. 490, f° 377. A).

(3) Visiteur, en 1294, des couvents de Montauban, de Cahors, de Figeac, de Rodez et de Milhau (f° 366 A).

(4) Date de la fête de Pâques, cette année, 10 avril.

(5) A la fête de la Pentecôte, 29 mai.

(6) Date de ce chapitre : *In festo beati Dominici*, 4 août (Biblioth. de Toulouse, ms. 490, f° 383). P. de Maslac fut définiteur pour la province à ce chapitre (*Ibid.*, f° 383 A).

(7) L'ordre comptait alors trois couvents au moins en Terre-Sainte : « Con-« ventus Nichossiensis, qui est et fuit primus conventus Terre Sancte; Famau-« gustanus, ubi fuit conventus positus cum priore, anno Domino CCC I°, in estivo; « erant autem fratres ibidem prius per annos aliquot ad promovendum locum « ex more; Nimossiensis, ubi fuit conventus positus cum priore, anno Domini « M° CCCI°, in estivo; erant autem fratres ibi prius per annos aliquot ad promo-« vendum locum ex more » (Biblioth. de Toulouse, ms. 490, f° 82 B).

(8) 15 mai.

obiit Petragoris, anno Domini m° ccc° ix°, circa festum sancti Martini.

Vicesimus prior frater Arnaldus Johannis* Tholosanus successit fratri Geraldo Bermundi, confirmatus in priorem, paulo ante festum sancti Michaelis, anno Domini m° ccc° iii°; prior fuit anno quasi uno, fuitque absolutus in capitulo generali Tholosano, anno Domini m° ccc° iiii° (1).

[F° 167 A] Vicesimus prior frater P. de Bobeas* Condomiensis successit fratri Arnaldo Johannis predicto, sequenti mense augusti factus prior, confirmatus Tholose ubi erat, anno Domini m° ccc° iiii°; prior fuit annis tribus; fuitque absolutus in capitulo provinciali Condomiensi, anno Domini m° ccc° vii° (2).

Frater P. de Maslaco*, tercia vice, successit fratri Petro de Bobeas, confirmatus per priorem Sancti Severi (3) ex commissione prioris provincialis, mense septembri, anno Domini m° ccc° vii°; prior fuit annis fere duobus; fuitque absolutus in capitulo provinciali Petragoris celebrato in festo beati Barnabe (4), anno Domini m° ccc° ix°.

Vicesimus secundus prior frater Johannes de Garrossio* (5) successit fratri Petro de Maslaco, confirmatus in priorem paulo post festum Magdalene, anno Domini m° ccc° ix°; prior fuit annis fere tribus, fuitque absolutus in generali capitulo Carcassone, anno Domini m° ccc° xii° (6).

Frater Petrus de Maslaco* sepe dictus, quarta vice, successit fratri Johanni de Garrossio, confirmatus in priorem pridie ante vigiliam sancti Johannis Baptiste, anno Domini m° ccc° xii°; prior fuit anno uno et amplius; fuitque absolutus in capitulo provinciali

---

(1) « Absolvimus priores provinciales... et provinciæ Tholosanæ, quia mitti-
« mus ipsum Parisius pro magisterio præsentandum. Item, conventuales Lemo-
« vicensem, Petragoricensem, Orthesiensem, Montis Albani et Sancti Severi.»
(Ap. Martène, *Amp. collect.*, t. vi, col. 1895).

(2) Voir plus haut le texte de ce chapitre, p. 104.

(3) Fr. Guillermus Arnaldi de Fonte Tartasio (Biblioth. de Toulouse, ms. 490, f° 223 A).

(4) 11 juin.

(5) Garosse (Landes), canton d'Arjuzanx.

(6) « Item, absolvimus priores conventuales Tholosanæ provinciæ, Caturcen-
« sem, Castrensem, Sancti Juniani, Albiensem, Ruthenensem, Figiacensem,
« Orthesiensem » (Ap. Martène, *Amp. collect.*, t. vi, col. 1938).

Albiensi, in festo sancte Magdalene celebrato, anno Domini M° CCC° XIII° (1).

Vicesimus tercius prior frater P. de Berzala Basatensis successit fratri Petro de Maslaco, confirmatus in priorem paulo post festum sancti Luche (2), anno Domini M° CCC° XIII°. Non tamen venit ad conventum; set fuit absolutus in sequenti vigilia sancti Saturnini (3), Tholose.

Vicesimus quartus prior frater P. Arnaldi de Torronda* Baionnensis successit in prioratu, confirmatus in priorem, in Adventu Domini, anno Domini M° CCC° XIII°; prior fuit annis quasi duobus; fuit autem inde translatus et factus prior Baionnensis, anno Domini M° CCC° XV°, mense augusti (4).

Frater Johannes de Garrossio* predictus, secunda vice, successit fratri Petro Arnaldi, translatus de prioratu Morlanensi (5), et confirmatus in priorem mense septembris, anno Domini M° CCC° XV°.

V.

1261-1323.

FONDATION ET PRIEURS DU COUVENT DE CONDOM.

Biblioth. publique de la ville de Toulouse, ms. 490 (I, 273). — Cf. D. Martène, *Amp. collect.*, t. VI, c. 501.

I. — FUNDACIO CONVENTUS CONDOMIENSIS (6).

[F° 189 A] Anno Domini M° CC° LXI°, venerunt primitus Fratres Predicatores apud Condomium accipere sibi locum et domum ad habitandum; quo invento et accepto, fuit prima missa ibidem

---

(1) Ms. 490, f° 417 A.
(2) 18 octobre.
(3) 28 novembre.
(4) Voyez le couvent de Bayonne, p. 262.
(5) *Translatus de prioratu Morlanensi et*, à la marge.
(6) Le couvent de Condom, d'abord de la province de Provence, et, après 1303, de la province de Toulouse, occupait le septième rang, *in dextro choro*, au chapitre provincial (Biblioth. de Toulouse, ms. 490, f° 76 A).

sollempniter celebrata, dominica in sexagesima subsequenti (1), per venerabilem patrem dominum Guillermum, episcopum Agennensem, qui fuit post modicum patriarcha Jerosolimitanus (2), qui erat Sanctonensis nacione. Hic fuit vir misericordie, magnus elemosinarius, pater pauperum, amicus Dei et fratrum.

Primus vicarius loci et fratrum fuit frater Raymundus Guillermi de Altovillari. Manserunt autem ibidem cum vicario, ut est moris (3), per annum et dimidium, locum et edificia preparantes.

Bona patrona et matrona fratrum et loci extitit domina Viana, que, ut sibi soli vendicaret nomen et jus patronatus, totum locum ipsa sola pro fratribus emit et dedit. Hec quoque edificavit fratribus ecclesiam valde pulchram, sacristiam et capitulum, et domum super utrumque, item claustrum decorum et quedam alia edificia bene utilia in conventu. Hec obiit in conventu, in domo quam sibi ibidem edificaverat ad manendum, ix° kls. marcii, anno Domini m° cc° lxxx°. Hec condita jacet in capite ecclesie interius, in decenti tumulo, una cum patre suo.

Anno Domini m° cc° lxiii°, in capitulo provinciali Tholose in festo beati Dominici celebrato, fuit conventus Fratrum Predicatorum in Condomio regulariter positus et receptus. Et primus prior institutus frater Raymundus Guillermi prefatus, et lector et fratres alii assignati.

II. — Priores in conventu Condomiensi (4).

Primus prior (5) in conventu Fratrum Predicatorum Condomiensium fuit, sicut dictum est, Raymundus Guillermi de Altovillari, institutus in capitulo provinciali Tholosano, anno Domini m° cc° lxiii°, in festo beati Dominici celebrato; prior fuit bis; prima vice prefuit annis circiter sex; fuit autem absolutus in

---

(1) 12 février.
(2) Le P. Gams (*Series Episcoporum*, p. 479) n'a pas mentionné ce transfert de siège.
(3) Toute fondation commençait avec un simple vicaire.
(4) Titre courant dans le ms.
(5) Ce qui suit manque dans Martène.

capitulo provinciali Bitterrensi, anno Domini M° CC° LXIX° (1). Hic multa et magna bona procuravit et fecit ibidem.

[F° 189 B] Secundus prior frater P. de Listraco* Burdegalensis successit fratri Raymundo Guillermi predicto; prior fuit annis duobus; fuit autem absolutus in capitulo generali Montispessulani, anno Domini M° CC° LXXI° (2). Hic postmodum, prior Burdegalensis existens, obiit in capitulo provinciali Condomiensi, in festo beati Dyonisii celebrato (3), IIII° non. octobris, anno Domini M° CC° LXXXV°.

Frater Raymundus Guillermi predictus, secunda vice, successit eidem fratri Petro de Listraco; prior fuit annis quatuor ista vice; priorque Condomiensis existens, obiit ibidem paulo post, cum redisset de capitulo provinciali Pirpiniani, pridie non. octobris (4), anno Domini M° CC° LXXV°.

Tercius prior frater P. de Fabrica* Orthesiensis successit fratri Raymundo Guillermi; prior fuit annis quasi duobus; fuit autem absolutus in capitulo generali Burdegalensi, anno Domini M° CC° LXXVII° (5). Intravit ordinem, anno Domini M° CC° LIII°, in Invencione sancti Stephani (6).

Quartus prior frater P. Bertrandi Castrensis successit fratri Pet. de Fabrica, translatus de prioratu Figiacensi (7) ad prioratum Condomiensem, paulo post capitulum generale Burdegalense, anno Domini M° CC° LXXVII°; prior fuit annis quatuor; fuit autem absolutus in capitulo provinciali Massilie, anno Domini

---

(1) *Dominica post octabas apostolorum Petri et Pauli* (ms. 490, f° 306 A). Fr. Raymond Guillaume, premier prieur de Condom, est différent d'un autre religieux du même nom, lecteur de *logique nouvelle* au couvent de Narbonne, en 1265 (ms. 490, f° 300 A).

(2) Biblioth. de Toulouse, ms. 489. Martène (*Thesaurus*, IV, 1759, 1760) n'a pas publié ce passage.

(3) 9 octobre. Voyez plus haut, p. 74, les actes de ce chapitre.

(4) 4 octobre.

(5) « Absolvimus priores conventuales, Niciensem, Castricensem, Valentinum, « Aurasiensem, Tharasconensem, Arelatensem, Nemausensem, Albenatii, Pirpi- « niani, Rivensem, Condomiensem, S. Emiliani » (Ap. Martène, *Amp. collect.*, t. VI, c. 1771). Il fut aussi prieur du couvent d'Albi (f° 216 A). Voyez plus haut, p. 31.

(6) 3 août. A la marge.

(7) Biblioth. de Toulouse, ms. 490, f° 173 B.

M° CC° LXXXI° (1). Hic obiit in conventu Castrensi, XIIII° kls. augusti (2), anno Domini M° CC° nonag° VII°.

Quintus prior frater P. de Ligardis (3) Condomiensis successit fratri Petro Bertrandi; prior fuit annis tribus; fuit autem per litteram prioris provincialis, fratris Berengarii Notarii*, absolutus et prior Pontis Viridis factus, post capitulum provinciale Pirpiniani, circa Nativitatem beate Marie Virginis, anno Domini M° CC° LXXXIII°. Intravit ordinem anno Domini M° CC° LIII°, circa Pascha (4).

Sextus prior frater Nycholaus de Feodis*, dictus Mataporc ab eventu rei, successit fratri Petro de Ligardis; prior fuit annis duobus; fuit autem absolutus in capitulo provinciali Brageriaci, anno Domini M° CC° LXXXVI° (5). Hic prior sororum Pontis Viridis existens, obiit in Condomio, v° ydus marcii, anno Domini M° CC° nonag° V°.

Septimus prior frater Odo de Causencio* Condomiensis successit fratri Nycholao de Feodis; prior fuit annis quinque, fuitque inde, prior existens, translatus ad prioratum Montispessulani, prima [f° 190 A] vice, anno Domini M° CC° nonag° I°, circa Natale Domini. Hic in flore valoris et virtutis sue obiit in conventu Montispessulani, prior ibidem secunda vice, in festo Translacionis sancti Dominici, anno Domini M° CC° nonag° IX° (6).

Octavus prior frater P. de Baulencs* Condomiensis successit fratri Odoni predicto; prior fuit annis quasi quatuor; fuitque absolutus in capitulo provinciali Castrensi (7), anno Domini M° CC° nonag° V°. Hic obiit in conventu Condomiensi, VII° kls. augusti (8), anno Domini M° CCC° V°.

---

(1) Date de ce chapitre : *Dominica infra octabas Petri et Pauli* (Biblioth. de Toulouse, ms. 490, f° 332 A).

(2) 19 juillet.

(3) Ligardes (Gers), canton de Lectoure. Prieur du monastère de Pont-Vert de 1283 à 1293 (f° 243 B, et plus bas).

(4) 20 avril.

(5) *Dominica post octabas Petri et Pauli* (ms. 490, f° 342 A).

(6) Biblioth. de Toulouse, ms. 490, f° 253 B. *Fr. Odo de Caussencs... sepultus est in ecclesia, vir devotus.*

(7) Date de ce chapitre : *In festo sancti Joannis Baptiste*, 24 juin (*Ibid.*, f° 367 B).

(8) 26 juillet.

Nonus prior frater Geraldus de Malartico* Baionensis, bis; prima vice successit fratri Petro de Baulencs; prior fuit annis quatuor; fuit autem absolutus in capitulo provinciali Pirpiniani, anno Domini M° CC° nonag° IX° (1).

...Decimus prior frater P. de Bobeas* ejusdem predicacionis successit fratri Geraldo de Malartico; prior fuit annis duobus; fuitque absolutus in capitulo provinciali Agennensi (2), anno Domini M° CCCI°.

Undecimus prior frater Arnaldus de Prato* Condomiensis, bis; prima vice fuit electus et confirmatus, absoluto fratre Petro de Bobeas. Noluit autem tunc acquiescere deprecanti, non compellenti; unde paulo post fuit absolutus, nec prefuit ista vice.

Frater Geraldus de Malartico* predictus, secunda vice, successit utrique amborum, paulo ante Purificacionem beate Marie semper Virginis (3) confirmatus; prior fuit hac vice anno uno et dimidio; fuit autem absolutus in capitulo provinciali Montis Albani (4), anno Domini M° CCC° III°. Hic obiit in Condomio ipso anno, in festo sancti Andree apostoli (5). Intravit ordinem anno Domini M° CC° LVI° (6).

Frater Arnaldus de Prato* prefatus, secunda vice, successit fratri Geraldo de Malartico, circa festum sancti Luche, ibidem confirmatus; modicum prefuit, quia noluit; fuit enim per litteram prioris provincialis fratris Guillermi Petri de Godino*, in octabis Epiphanie (7), lecta littera, absolutus, anno Domini pretaxato M° CCC° III°. Hic fuerat lector in conventu Tholosano annis XV., et tam ibi quam in Montepessulano, quam in multis conventibus aliis, fuit lector Theologie plus [quam] XXX. annis. Hic ordinavit et dictavit officium proprium, tam diurnum quam nocturnum beati

---

(1) Date de ce chapitre : *Dominica post octabas apostolorum Petri et Pauli* (Biblioth. de Toulouse, ms. 490, f° 377 A).

(2) Voir plus haut, p. 95, les actes de ce chapitre. Fr. P. *de Bobeas*, dans un autre passage *de Bobeys*, fut prédicateur général en 1300 (ms. 490, f° 380 A).

(3) 2 février.

(4) Date de ce chapitre : *In festo sancti Michaelis*, 29 septembre (Biblioth. de Toulouse, ms. 490, f° 387 A).

(5) 30 novembre.

(6) En marge.

(7) 13 janvier. Il fut aussi prieur du couvent de Toulouse.

Ludovici confessoris, pii regis Francorum, anno Domini M° cc° nonag° vii°. Hic fuit factus inquisitor Tholosanus, anno [f° 190 B] Domini M° ccc° iii°, circa principium mensis marcii. Inquisitorque existens, obiit apud Cadilhacum prope Burdegalam, ubi in curia racione et causa domini Clementis Pape v, cui notus erat plurimum et acceptus, tunc temporis morabatur, xvi° kls. octobris, feria sexta, anno Domini M° ccc° vi°; fuitque inde portatus apud Condomium et sepultus in ecclesia fratrum.

Versus super tumulum :

Conditur hic frater Arnaldus, cui pia mater
Subveniat Christi; Pratum nomen fuit isti.
Gratus, amans, placidus, fulgens velut ethere sydus.
Munda fuit vita, mens celica, linga polita;
Lumen Vasconie, decus ordinis, archa sophie.
Eterni regis reservavit dogmata legis.
Hic, ubi complevit annos ter in ordine denos,
Necnon vicenos, moriens in pace quievit.

Duodecimus prior frater P. Geraldi* Agennensis successit fratri Arnaldo de Prato, sequenti mense januarii factus prior; fuit annis duobus et dimidio; fuit autem absolutus in capitulo provinciali Figiacensi (1), anno Domini M° ccc° vi°. Hic prior Agennensis existens, obiit in Agenno, iiii° non. septembris (2), in sabbato, anno Domini M° ccc° vii°.

Tercius decimus prior frater Johannes de Faubeto*, ejusdem predicacionis, successit fratri Petro Geraldi, ante Nativitatem beate Marie confirmatus; prior fuit annis fere tribus, fuitque inde translatus et factus prior Burdegalensis ante festum sancte Marie Magdalene, anno Domini M° ccc° ix°.

Quartus decimus prior frater Hugo de Monte Esquivo* successit fratri Johanni de Faubeto, ex lectore ibidem prior effectus, circa principium augusti, anno Domini M° ccc° ix°; prior fuit annis duobus; fuit autem absolutus in capitulo provinciali Burdegalensi, et repositus ibidem in officium lectionis, anno Domini M° ccc° xi°.

---

(1) *In festo beate Marie Magdalene* (ms. 490, f° 395 A).
(2) 2 septembre.

Quintus decimus prior frater Raymundus de Baulencs*, assumptus de prioratu Sancti Emiliani (1), successit fratri Hugoni predicto, anno Domini M° CCC° XI°, mense octobri. Prior fuit annis quasi duobus; fuitque absolutus in capitulo provinciali Albiensi, anno Domini M° CCC° XIII°, in festo Magdalene (2).

[F° 191 A] Sextus decimus prior frater Bernardus de Biausano* successit fratri Raymundo de Baulencs, confirmatus in priorem ante Natale Domini, anno Domini M° CCC° XIII°; prior fuit anno uno et dimidio; fuitque absolutus in capitulo provinciali Sancti Emiliani, anno Domini M° CCC° XV° (3).

Frater Hugo de Monte Esquivo* (4) predictus, secunda vice, successit fratri Bernardo, fuitque confirmatus in priorem mense julii, anno Domini M° CCC° XV°. Prior fuit, ista vice, octo annis, fuitque absolutus per litteram post capitulum Morlanense, anno Domini M° CCC° XXIII° (5).

VI.

1262-1335.

FONDATION ET PRIEURS DU COUVENT DE SAINT-ÉMILION.

Biblioth. publique de la ville de Toulouse, ms. 490 (I, 273). — Cf. D. Martène, *Ampl. coll.*, t. VI, c. 506.

I. — FUNDACIO CONVENTUS SANCTI EMILIANI (6).

Anno Domini M° CC° LXII°, in actis capituli provincialis Narbone in festo beate Marie Magdalene assignati, fuit receptus

---

(1) Voir plus bas le couvent de Saint-Émilion.
(2) 22 juillet (Ms. 490, f° 417 A.)
(3) Voir plus haut, p. 136, les actes de ce chapitre.
(4) Montesquieu. Neuf communes situées dans l'Hérault, les Pyrénées-Orientales, le Lot-et-Garonne, le Tarn-et-Garonne, la Haute-Garonne, l'Ariège et le Gers, portent aujourd'hui ce nom : *Montesquiou*, dans le Gers, *Montesquieu-Avantès*, dans l'Ariège, *Montesquieu-de-l'Isle*, *Montesquieu-Lauraguais*, *Montesquieu-Volvestre*, dans la Haute-Garonne.
(5) Le prieur provincial était alors fr. Hélie de Ferrières de Salhanac (Ms. 490, f° 73 A).
(6) Le couvent de Saint-Emilion (Gironde), d'abord de la première province

locus apud Sanctum Emilianum (1), Burdegalensis dyocesis; vicarius assignatus frater (*manque*).

Anno Domini M° CC° LXV°, in actis capituli provincialis in Montepessulano post generale ibidem immediate celebrati, fuit in villa Sancti Emiliani conventus Fratrum Predicatorum regulariter positus et receptus (2), et primus prior institutus frater Geraldus Darsis (3), et lector assignatus frater Guillermus Austenc; et fuerunt assignati fratres clerici : P. Trosseti, Bartholomeus de Blavia, Arnaldus de Burgo, Guillermus de Burgo, P. Martini, P. Benedicti de Regula, Bernardus de Cavo, Vitalis de Regula, P. Vincencii, Bernardus Dartegiis, Poncius de Viridario, P. de Saraco; conversi vero : P. de Burgo, Guillermus Boyerii, Guillermus Doma.

II. — Priores in conventu Sancti Emiliani (4).

Primus prior in conventu Fratrum Predicatorum Sancti Emiliani fuit frater Geraldus Darsis, ut dictum est. Fuit autem prior ter; prima vice fuit institutus (5) in capitulo provinciali Montispessulani, anno Domini M° CC° LXV°, prefuitque annis duobus; fuit autem absolutus in capitulo provinciali Carcassonensi (6), anno Domini M° CC° LXVII°.

Frater (*manque*) successit fratri Geraldo Darsis; prior fuit annis duobus, fuitque absolutus in capitulo provinciali Bitterrensi (7), anno Domini M° CC° LXIX°.

---

de Provence, et, après 1303, de la province de Toulouse, occupait le huitième rang au chapitre provincial, *in sinistro choro* (Biblioth. de Toulouse, ms. 490, f° 76 B).

(1) *Recipimus duo loca, apud Brageriacum et Sanctum Emilianum* (Ibid., f° 247 B).

(2) *Ponimus conventum apud Sanctum Emilianum. Prior fr. G. Darsis, lector fr. G. Daustent* (Ibid., f° 300 A).

(3) Tout ce qui suit n'a pas été publié par D. Martène.

(4) Titre courant dans le ms.

(5) *Fuit autem prior ter; prima vice institutus*, à la marge.

(6) *In festo sancti Dominici*, 4 août (Biblioth. de Toulouse, ms. 490, f° 303 A).

(7) Date de ce chapitre : *Dominica post octabas apostolorum Petri et Pauli* (Ibid., f° 306 A).

Frater (*manque*) successit fratri (*manque*); prior fuit annis tribus, fuitque absolutus in capitulo provinciali Narbonensi (1), anno Domini m° cc° lxxii°.

Frater Geraldus Poiada Caturcensis successit fratri (*manque*); prior erat m° cc° lxxxiii° (2).

Frater Geraldus Darsis secunda vice (3) successit fratri (*manque*); prior fuit annis (*manque*); fuitque absolutus in capitulo generali Burdigalensi (4), anno Domini m° cc° lxxvii°.

Frater Johannes de Chastanc (5), Lemovicensis dyocesis, successit fratri (*manque*); [f° 201 B] prior fuit annis duobus; fuit autem absolutus in capitulo provinciali Castrensi (6), anno Domini m° cc° lxxix°. Hic postmodum subprior Lemovicensis existens, in senectute bona (7) obiit, iii° kls. aprilis (8), anno Domini m° cc° lxxxi°; sepultus est Lemovicis, in claustro fratrum ante hostium ecclesie. Hic fuerat prior Lemovicensis et Sancti Emiliani, et post inde Brivensis, et lector in multis conventibus, predicator copiosus, semper promptus et fructuosus, vir valde devotus et letus.

Frater (*manque*) successit fratri (*manque*); prefuit anno uno, fuitque absolutus in sequenti provinciali capitulo Narbonensi (9), anno Domini m° cc° lxxx°.

Frater Geraldus Darsis Burdegalensis, de Medulco, predictus, ultima vice successit fratri (*manque*); fuitque absolutus ibidem, ratione debilitatis et infirmitatis, per fratrem P. de Mulceone* visitantem ibidem auctoritate prioris provincialis, tempore paschali, anno Domini m° cc° lxxxii°.

Frater Guillermus Arnaldi Bruni* Orthesiensis successit fratri Geraldo de Arsis; prior fuit anno uno, fuitque absolutus in capi-

---

(1) Date de ce chapitre : *In festo beati Dominici* (Bibl. de Toul., ms. 490, f° 312 A).
(2) A la marge.
(3) A la marge.
(4) Voyez plus haut, p. 31, les actes de ce chapitre.
(5) Le Chastang (Corrèze).
(6) *Dominica infra octabas apostolorum Petri et Pauli* (Biblioth. de Toulouse, ms. 490, f° 326 B).
(7) *In senectute bona*, à la marge.
(8) 30 mars; ailleurs, *kls. aprilis*, 1ᵉʳ avril.
(9) *In festo Exaltationis sancte crucis* (f° 330 A).

tulo provinciali Montispessulani, anno Domini m° cc° lxxxiii° (1).

Frater Arnaldus de Silva* Burdegalensis successit fratri Guillermo Arnaldi Bruni; priorque existens, obiit ibidem, in festo Circumcisionis, anno Domini m° cc° lxxxiiii°.

Frater Guillermus Fabri* Baionensis successit fratri Arnaldo de Silva; fuitque inde factus prior Baionensis, post provinciale capitulum Condomiense, anno Domini m° cc° lxxxv°. Hic obiit in conventu Morlanensi, veniendo ad capitulum provinciale Narbonense, anno Domini m° cc° lxxxix°.

Frater Bernardus Andree de Sarlato*, Petragoricensis dyocesis, prima vice successit fratri Guillermo Fabri* annis quasi duobus; fuitque absolutus in capitulo generali Burdigalensi, anno Domini m° cc° l[x]xxvii°.

Frater P. de Lupiaco (2) Burdigalensis* successit fratri Bernardo Andree. Prior fuit anno uno, fuitque absolutus in capitulo provinciali Avinionensi (3), anno Domini m° cc° lxxxviii°. Hic obiit Burdegalis, anno Domini m° ccc° iii°.

[F° 202 A] Frater P. Raymundi Baranho* Tholosanus successit fratri Petro de Lupiaco; prior fuit anno uno, fuitque absolutus in capitulo provinciali Narbonensi (4), anno Domini m° cc° lxxxix°. Hic obiit sabbato sancto Pasche (5) extra in predicacione laborans; sepultus est in conventu Tholosano, anno Domini m° ccc° i°.

Frater P. de Fabrica* Orthesiensis successit fratri Petro Raymundi. Prior fuit annis quasi duobus; fuit autem absolutus in capitulo provinciali Bitterrensi (6), anno Domini m° cc° nonagesimo primo. Intravit ordinem m° cc° liii°, in Invencione sancti Stephani (7).

Frater Bernardus Andree* predictus, secunda vice, successit

---

(1) *Post generale* (f° 336 A).
(2) Lupiac, c. d'Aignan (Gers).
(3) Date de ce chapitre : *In festo B. Marie Magdalene* (Biblioth. de Toulouse, ms. 490, f° 347 A).
(4) *In festo Exaltationis sancte crucis*, 14 septembre (*Ibid.*, f° 350 A).
(5) 1er avril.
(6) *In festo Assumptionis B. Marie Virginis* (Biblioth. de Toulouse, ms. 490, f° 357 A).
(7) En marge.

fratri Petro de Fabrica. Prior fuit annis tribus; fuit autem absolutus in capitulo generali Montispessulani, anno Domini M° CC° nonagesimo IIII° (1); vacavitque prioratus Sancti Emiliani quasi per annum, quia guerra fuit in terra (2). Hic obiit, anno Domini M° CCC° V°, mense augusti, in Sarlato (3).

Frater Geraldus Trosseti de Sancto Emiliano successit tandem fratri Bernardo Andree; prior fuit anno amplius uno; fuitque absolutus in capitulo provinciali Narbonensi (4), anno Domini M° CC° nonagesimo VI°.

Frater Bernardus de Campo Bernardi Tholosanus successit fratri Geraldo Trosseti; prior fuit annis quatuor, fuitque absolutus in capitulo generali Massilie, anno Domini M° CCC° (5).

Frater Ysarnus Lauri de Castris*, dyocesis Albiensis, successit fratri Bernardo de Campo Bernardi; prior fuit annis duobus, fuitque absolutus in capitulo provinciali Carcassonensi (6), anno Domini M° CCC° II°.

Frater Gasto*, de predicacione Brageriacensi (7), successit fratri Ysarno Lauri; prior fuit annis quatuor, fuitque absolutus in capitulo provinciali Figiacensi (8), anno Domini M° CCC° VI°. Hic obiit post (9), anno eodem Domini M° CCC° VIII°.

Frater Raymundus de Baulencs* Condomiensis successit

---

(1) Manque dans Martène (*Thesaurus*, IV, 1856-1857. Cf. ms. 489).

(2) Mention de cette guerre fut faite au martyrologe des moines de Saint-Sever (*Historiæ monasterii S. Severi, auctore Daniele du Buisson*. Aire-sur-Adour, 1876, t. I, p. 267). Philippe le Bel fit le siège de Saint-Sever.

(3) Sarlat (Dordogne).

(4) *In festo B. Marie Magdalene*, 22 juillet (Biblioth. de Toulouse, ms. 490, f° 368 B).

(5) Manque dans Martène (*Thesaurus*, IV, 1866. Cf. ms. 489).

(6) *In festo B. Dominici*, 4 août (*Ibid.*, f° 383 A).

(7) Bergerac.

(8) Date de ce chapitre : *In festo B. Marie Magdalene* (*Ibid.*, f° 395 A). Ordonnance de ce chapitre relative au couvent de Saint-Emilion : « Committimus fratri Bermundi et sibi imponimus quod ipse infra mensem ad conventum Sancti Emiliani accedat et auctoritate nostra diligenter inquirat, si aliqui fratres dicti conventus lingas suas contra quascumque personas extra obedienciam nostram constitutas procaciter laxaverint, cui fratres de conventibus aliis advocandi, inquirendi, corrigendi et circa alia que ibi invenerit corrigenda committit vicarius de diffinitorum consilio plenarie vices suas » (Ms. 490, f° 397 A).

(9) *Post*, à la marge.

fratri Gastoni, ex lectore ibidem prior effectus; prior fuit duobus annis; fuit autem absolutus in capitulo provinciali Rivensi (1), anno Domini M° CCC° VIII°.

Frater Arnaldus de Bosco* Petragoricensis successit fratri Raymundo predicto, confirmatus in priorem in festo sancti Lamberti (2); prior fuit annis duobus, fuitque absolutus in capitulo provinciali Appamiensi (3), anno Domini M° CCC° X°.

[F° 202 B] Frater Raymundus de Baulencs* Condomiensis predictus, secunda vice successit fratri Arnaldo de Bosco. Prior fuit anno uno, fuitque inde translatus et factus prior Condomiensis, anno Domini M° CCC° XI°, in mense octobri (4).

Frater Guillermus Barrati* Brageriacensis successit fratri Raymundo predicto confirmatus in priorem, in festo sancte Agnetes (5), in Pruliano (6), anno Domini M° CCC° XI°; prior fuit annis tribus cum dimidio; fuitque absolutus in capitulo provinciali ibidem celebrato, anno Domini M° CCC° XV° (7).

Frater Guillermus Vaquerii* Appamiensis successit fratri Guillermo Barrati, confirmatus ibidem in priorem, paulo post provinciale capitulum ibidem celebratum, mense julii, anno Domini M° CCC° XV°. Hic obiit in conventu Appamiensi, in principio sequentis mensis octobris, in festo sancti Dyonisii (8), anno Domini pretaxato, antequam apud Sanctum Emilianum prior advenisset.

Frater Bartholomeus Glandieyra* Caturcensis successit fratri Guillermo Vaquerii, confirmatus in priorem sequenti mense decembri, anno Domini M° CCC° XV°; fuitque prior annis duobus; absolutus in capitulo Brageriacensi (9), anno Domini M° CCC° XVII°.

(1) *In festo beate Marie Magdalene* (Biblioth. de Toulouse, ms. 490, f° 400 A).
(2) 17 septembre.
(3) *In festo Beate Marie Magdalene* (Biblioth. de Toulouse, ms. 490, f° 407 A).
(4) Voyez plus haut, p. 307, le couvent de Condom.
(5) 21 janvier.
(6) A Prouille (Aude), où était le principal monastère des religieuses dominicaines.
(7) Voyez plus haut, p. 135, les actes de ce chapitre.
(8) 9 octobre. *In festo sancti Dyonisii*, en marge.
(9) *In festo apostolorum Petri et Pauli* (Biblioth. de Toulouse, ms. 490, f° 425 B).

Frater Bernardus de Bodis*. Brageriacensis successit prefato fratri Bartholomeo, electus et confirmatus post capitulum Brageriacense, anno Domini M° CCC° XVII°; fuitque prior duobus annis cum dimidio; absolutus, quia assumptus ad prioratum Sancti Pardulphi (1) post capitulum generale Caturcense, anno Domini M° CCC° XIX°.(2).

Frater Arnaldus de Rivis*, de Monte Albano, successit prefato fratri Bertrando, electus et confirmatus post capitulum Caturcense generale, anno Domini M° CCC° XIX°; fuitque prior uno anno cum dimidio, absolutus per litteram (3) ante capitulum Agennense, quia ivit Parisius propter negocia ville de Monte Albano, anno Domini M° CCC° XXII°.

Frater P. Assalhiti* de Limoso (4) successit prefato fratri Arnaldo, electus et confirmatus post capitulum Agennense, anno Domini M° CCC° XXII°; fuitque prior circiter V. annis, absolutus post capitulum Appamiense (5), anno Domini M° CCC° XXVI°.

Frater Johannes Salonnis* successit prefato fratri P. Assalhiti, electus et confirmatus post capitulum Appamiense, anno Domini M° CCC° XXVI°; fuitque prior duobus annis, absolutus in capitulo generali Tholose, anno Domini M° CCC° XX° VIII°.

Frater Arnaldus Vigerii* Brageriacensis successit prefato fratri Johanni Salonnis, electus et confirmatus post capitulum

---

(1) Saint-Pardoux (Dordogne), où les Dominicaines de Prouille avaient une maison. B. Gui a donné les notices des prieurs de Saint-Pardoux depuis la fondation, 1291, jusqu'en 1314 (Biblioth. de Toulouse, ms. 490, f° 244 A, B).

(2) Ms. 489.

(3) Le prieur provincial était alors fr. Hugues de Marciac, auquel le ms. 490 consacre la notice suivante : « Septimus prior provincialis (provincie Tholosane) « frater Hugo de Marciaco, dyocesis Albiensis, successit fratri Bernardo pre- « dicto, fuitque electus in capitulo provinciali Brive celebrato VIII° ydus julii, « anno Domini M° CCC° XVIII°. Erat autem tunc lector Tholosanus. Prior fuit « annis quasi tribus, fuitque absolutus in capitulo generali Florencie celebrato, « anno Domini M° CCC° XXI°, et ad legendum sententias Parisius assignatus. « Hic factus magister in Theologia et repositus ad honorandam lectionem « et cathedram Tholosanam, tandem migravit ad Dominum et sepultus est « in conventu suo Albiensi, tempore estatis, anno Domini M° CCC° XXVII°. Vir « fuit magne veritatis et laudabilis simplicitatis » (f° 73 A).

(4) Limoux (Aude).

(5) Date de ce chapitre : *Dominica ante festum B. Johannis Baptiste*, 22 juin (Biblioth. de Toulouse, ms. 490, f° 448 B).

generale Tholose; fuitque prior uno anno, absolutus in capitulo Rivensi (1), anno Domini M° CCC° XXIX°.

[F° 203 A] Frater Rotbertus de Solomniacho* (2) successit prefato fratri Arnaldo Vigerii, electus et confirmatus post capitulum Rivense; fuitque prior duobus annis; fuitque absolutus in capitulo Lactorensi (3), anno Domini M° CCC° XXXI°.

Fratri Rotberto* predicto successit frater G^{us} Maurini*, electus et confirmatus post capitulum Lactorense, fuitque prior duobus annis, absolutus in capitulo Figiacensi (4), anno Domini M° CCC° XXXIII°.

Fratri G° Maurini* successit frater Johannes Salomonis*, electus et confirmatus post capitulum Figiacense; fuitque prior uno anno, absolutus in capitulo Lemovicensi generali, anno Domini M° CCC° XXXIIII°.

Fratri Johanni Salomonis successit fr. Arnaldus Vigerii*, electus et confirmatus post capitulum generale Lemovicense, absolutus capitulo Altivillaris (5), anno Domini M° CCC° XXXV°, fuitque prior uno anno.

Fratri Arnaldo Vigerii* predicto successit frater Bonifacius Salomonis Burdegalensis, electus et confirmatus post capitulum Altivillaris, anno Domini M° CCC° XXXV°; fuitque prior quasi tribus mensibus, absolutus ante Natale Domini, per litteram (6), ad instanciam domini Oliverii de Ingam, senescalli Vasconie pro domino rege Anglie, quia confessor suus.

---

(1) *In festo B. Marie Magdalene* (Ms. 490, f° 456 B).
(2) Solomiac, c. de Mauvezin (Gers).
(3) Plus haut, p. 221, les actes de ce chapitre.
(4) *Dominica ante festum B. Johannis Baptiste*, 20 juin (Biblioth. de Toulouse, ms. 490, f° 469 B).
(5) Voir plus haut, p. 221, les actes de ce chapitre.
(6) Le prieur provincial était alors fr. Hélie de Ferrières de Salhanac (Ms. 490, f° 73 A).

VII.

1268-1325.

FONDATION ET PRIEURS DU COUVENT DE MORLAAS.

Biblioth. publique de la ville de Toulouse, ms. 490 (I. 273). —
Cf. D. Martène, *Amp. collect.*, t. VI, c. 507.

I. — FUNDACIO CONVENTUS MORLANENSIS (1).

[F° 207 A] Anno Domini M° CC° LXVIII°, in actis capituli generalis apud Viterbium celebrati, fuit concessa domus ponenda in Morlanis, si priori provinciali et diffinitoribus expediens videretur (2).

Anno Domini M° CC° LXIX°, in actis capituli provincialis Bitterris dominica ante festum beate Marie Magdalene celebrati, fuit in Morlanis locus positus et receptus (3), et vicarius institutus fuit *(manque).*

Anno Domini M° CC° LXXI°, in actis capituli provincialis Montepessulano celebrati immediate post generale ibidem, extitit ordinatum de fratribus ponendis in Morlanis, ita videlicet quod prior provincialis faceret observari, prout inter diffinitores cum ipso extiterat ordinatum (4).

Anno Domini M° CC° LXXII°, in actis capituli provincialis Narbonensis, in festo beati Dominici celebrati, fuit ordinatum, quod prior Orthesii teneret duos fratres continue in loco de Morlanis, et mutaret eos per vices de quindena in quindena, et illi

---

(1) Le couvent de Morlaas (Basses-Pyrénées), d'abord de la première province de Provence, et, après 1303, de la province de Toulouse, occupait le neuvième rang, *in sinistro choro*, au chapitre provincial (Biblioth. de Toulouse, ms. 490, f° 76 B).

(2) *Concedimus duas domos provinciæ Provinciæ, quarum una in Morlanis ponatur si priori provinciali et difinitoribus capituli videbitur expedire* (Ap. Martène, *Amp. collect.*, t. VI, col. 1751).

(3) *Recipimus locum apud Aurasicam et apud Morlanum* (Biblioth. de Toulouse, ms. 490, ms. 490, f° 307 B).

(4) *Recipimus locum Grase. De fratribus vero ponendis in Morlanis, secundum quod ordinatum est inter nos primo, provincialis faciat observari* (*Ibid.*, f° 312 A).

manerent sine briga cum monachis, set servarent possessionem loci donec prior provincialis aliter ordinaret (1); fratres vero de Morlanis fuerunt assignati conventui Orthesiensi, quibusdam exceptis qui fuerunt nominatim aliis conventibus assignati.

Anno Domini M° CC° LXXIII°, in actis capituli provincialis Caturci celebrati, fuit in villa de Morlanis conventus Fratrum Predicatorum regulariter positus et receptus; et primus prior institutus frater Bernardus de Villa (2), et lector assignatus frater Guillermus Arnaldi de Maloleone; et fuerunt assignati fratres P. Martini, Arnaldus Guillermi de Castellario, B. de Sazos, et ceteros (3).

II. — Priores in conventu Morlanensi (4).

Primus prior in conventu Fratrum Predicatorum Morlanensium frater Bernardus de Villa de Ursissaltu, de predicacione Morlanensi, bis; fuit prior prima vice institutus in capitulo provinciali Caturcensi, anno Domini M° CC° LXXIII°, sicut dictum est; prior fuit hac vice anno uno, fuitque absolutus [in] provinciali capitulo Tholosano, anno Domini M° CC° LXXIIII° (5).

Secundus prior frater Guillermus Fabri* Baionensis successit fratri Bernardo de Villa; prior fuit annis duobus, fuitque absolutus in capitulo provinciali Agennensi (6), anno Domini M° CC° LXXVI°.

Hic obiit in conventu Morlanensi veniendo ad capitulum Narbonense, anno Domini M° CC° LXXXIX°.

[F° 207 B] Tercius prior frater Arnaldus de Morlanis*, ter; prima vice successit fratri Guillermo Fabri Baionensi; prior fuit

---

(1) Ce sont les termes mêmes des actes du chapitre de Narbonne (Biblioth. de Toulouse, ms. 490, f° 314 A).

(2) Tout ce qui suit n'a pas été publié par D. Martène.

(3) « Ponimus conventum apud Morlanum et instituimus ibi priorem « fr. B. de Villa et assignamus ibi pro lectore fr. Ar. G. de Maloleone; « conventuales fratres P. Martyni, Ar. G. de Castellario, B. de Fossos, et « ceteri » (Biblioth. de Toulouse, ms. 490, f° 315 B).

(4) Titre courant dans le ms.

(5) Date de ce chapitre : *In festo beate Marie Magdalene*, 22 juillet (*Ibid.*, f° 317 A).

(6) Voir plus haut, p. 68, les actes de ce chapitre.

annis duobus; fuitque absolutus in capitulo provinciali Montispessulani (1), anno Domini M° CC° LXXVIII°.

Quartus prior frater Johannes Pelagrua* Baionensis successit fratri Arnaldo de Morlanis; prior fuit anno uno; fuitque absolutus in capitulo provinciali Castrensi (2), anno Domini M° CC° LXXIX°.

Quintus prior frater P. de Fabrica* Orthesiensis, ter; prima vice successit fratri Johanni Pelagrua*, annis duobus; fuitque absolutus in capitulo provinciali Massiliensi (3), anno Domini M° CC° LXXXI°. Intravit ordinem, M° CC° LIII°, in Inventione sancti Stephani (4).

Sextus prior frater Stephanus Vitalis* Agennensis successit fratri Petro de Fabrica*; prior fuit annis tribus; fuitque absolutus in capitulo provinciali Pirpiniani (5), anno Domini M° CC° LXXXIIII°. Hic obiit in Agenno.

Frater Bernardus de Villa predictus, secunda vice, successit fratri Stephano Vitalis anno uno; fuitque absolutus in capitulo provinciali Condomiensi, anno Domini M° CC° LXXXV° (6). Hic obiit in Morlanis anno Domini M° CC° LXXXVIII°.

Frater Arnaldus de Morlanis* predictus, secunda vice successit fratri Bernardo de Villa, assumptus de prioratu Orthesiensi ad prioratum Morlanensem; hac vice prior fuit annis quasi duobus; fuitque absolutus in capitulo generali Burdegalensi (7), anno Domini M° CC° LXXXVII°.

Septimus prior frater Guillermus de Podio Morlanensis, bis;

---

(1) Date de ce chapitre : *In festo B. Marie Magdalene* (ms. 490, f° 324 B).

(2) Date de ce chapitre : *Dominica infra octabas apostolorum Petri et Pauli* (Biblioth. de Toulouse, ms. 490, f° 326 A). Il avait été prieur de Bergerac. « Tertius prior [conventus Brageriacensis] frater Johannes de Pelagrua Baio- « nensis successit fratri Helye de Albussonio (1268). Prior fuit annis tribus ; « fuitque absolutus in capitulo generali Montispessulani, anno Domini « M° CC° LXXI°. Hic obiit in conventu... » *(manque)* (Ms. 490, f° 198 B).

(3) *Dominica infra octabas Petri et Pauli* (Biblioth. de Toulouse, ms. 490, f° 332 A).

(4) En marge. 3 août.

(5) Date de ce chapitre : *In festo beate Marie Magdalene* (Biblioth. de Toulouse, ms. 490, f° 337 A).

(6) Voir plus haut les actes de ce chapitre. A la marge, on lit : « Frater « Lupus fuit absolutus a lectoria ».

(7) Aucune mention de cela dans les actes de ce chapitre publiés par D. Martène, *Amp. collect.*, t. VI, cc. 1819-1822. Plus haut, p. 37, les actes de ce chapitre.

prima vice successit fratri Arnaldo de Morlanis; prior fuit annis tribus; fuitque absolutus et lector ibi repositus in capitulo provinciali Appamiensi (1), anno Domini m° cc° nonag°.

Frater Arnaldus de Morlanis * predictus, ultima vice, successit fratri Guillermo de Podio; prior fuit annis duobus; fuitque absolutus in capitulo provinciali Brivensi (2), anno Domini m° cc° nonag° ii°. Hic fuit prior aut lector vicissim in diversis conventibus plus quam xxx. annis, ut audivi ab eodem. Hic plus quam quinquagenarius in ordine obiit in Monte Marciani (3), in domo Minorissarum, circa principium quadragesime (4), in die lune, anno Domini m° ccciii°; portatusque fuit inde, et sepultus in Morlanis.

Frater Guillermus de Podio predictus, secunda vice, successit fratri Arnaldo de Morlanis; priorque existens, obiit ibidem in octabis beati Johannis Evangeliste (5), anno Domini m° cc° nonag° iii°. Hic fuit frater bonus, gratus et acceptus Deo et fratribus, in flore sui valoris recollectus a Deo.

[F° 208 A] Frater P. de Fabrica* predictus, secunda vice, successit fratri Guillermo de Podio predicto; prior fuit anno uno et dimidio; fuitque absolutus in capitulo provinciali Castrensi (6), anno Domini m° cc° nonag° v°.

Octavus prior frater Odo de Ossuno* (7), de predicacione Morlanensi, bis; prima vice successit fratri Petro de Fabrica; prior fuit annis quatuor; fuitque absolutus in capitulo provinciali Pirpiniani (8), anno Domini m° cc° nonag° ix°.

---

(1) Date de ce chapitre : *In exaltatione sancte crucis*, 14 septembre (Biblioth. de Toulouse, ms. 490, f° 352 A).

(2) *In festo Assumptionis B. Marie Virginis* (*Ibid.*, f° 359 A). Fr. Arnaud de Morlaas exerça longtemps la fonction de *lecteur* de théologie; sous-lecteur aux couvents de Bordeaux en 1267 (ms. 490, f° 303 A) et de Bayonne en 1268 (*Ibid.*, f° 305 A), lecteur aux couvents d'Orthez en 1271 (*Ibid.*, f° 311 A) et de Saint-Sever en 1284 (*Ibid.*, f° 337 B).

(3) Mont-de-Marsan (Landes).

(4) Le carême commença cette année le 20 février.

(5) 3 janvier.

(6) *In festo Sancti Johannis Baptiste* (Biblioth. de Toulouse, ms. 490, f° 367 B).

(7) Ossun (Hautes-Pyrénées), chef-lieu de canton, arrondissement de Tarbes.

(8) *Dominica post octabas apostolorum Petri et Pauli* (*Ibid.*, f° 377 A).

Nonus prior frater Gaucelminus* Burdegalensis successit fratri Odoni; priorque existens, obiit anno Domini M° CCC°. Hic frater bonus parve stature, societatis bone extitit.

Decimus prior frater Arnaldus de Torronda Baionensis successit fratri Gaucelmino; prior fuit annis quasi tribus; fuitque absolutus in capitulo provinciali Montis Albani, in festo sancti Michaelis celebrato, anno Domini M° CCC° III° (1). Hic in senectute bona obiit in conventu Baionensi, sequenti mense novembris, infra octabas Omnium Sanctorum, anno Domini pretaxato, M° CCC° III°.

Undecimus prior frater Helyas Arnaldi de Castello Lucii, Lemovicensis dyocesis, successit fratri Arnaldo de Torronda, confirmatus in sequenti Adventu Domini in priorem; prior fuit annis ferme duobus; priorque existens, obiit in conventu Lemovicensi, v° ydus julii (2) in sabbato, anno Domini M° CCC° V°.

Duodecimus prior frater Bernardus de Riparia* Rivensis successit fratri Helye Arnaldi, de lectore Baionensi factus prior circa festum Omnium Sanctorum; prior fuit annis quasi duobus; fuitque absolutus in capitulo provinciali Condomiensi (3), anno Domini M° CCC° VII°.

Frater Odo de Ossuno* predictus, secunda vice, successit fratri Bernardo de Riparia, translatus de prioratu sororum Pontis viridis, confirmatus Tholose secunda die septembris; prior fuit annis fere duobus; fuit autem absolutus in capitulo provinciali Petragoricensi in festo sancti Barnabe celebrato, anno Domini M° CCC° IX° (4).

Frater P. de Fabrica* predictus, tercia vice, successit fratri Odoni predicto, confirmatus mense septembri, anno Domini M° CCC° IX°; prior fuit annis duobus et dimidio; priorque existens, obiit in Morlanis, III° kls. februarii, dominica in sexasesima, anno Domini M° CCC° XI°, ab ingressu vero ordinis anno LIX°.

Frater Germanus de Mazeriis (5) Appamiensis successit fratri

---

(1) Ms. 490, f° 387 A.
(2) Le 11 juillet.
(3) Plus haut, aux actes de ce chapitre, p. 105.
(4) Ms. 490, f° 404 A.
(5) Mazères (Ariège), canton de Saverdun. Il y a une commune de ce nom dans les départements de la Haute-Garonne, de la Gironde, des Basses-Pyrénées et des Hautes-Pyrénées. Mais, le fr. Germain étant qualifié *Appamiensis*,

Petro de Fabrica; confirmatus in priorem circa principium mensis febroarii, in Pruliano, anno Domini m° ccc° xi°; prior fuit [f° 208 B] mensibus tribus et dimidio; fuitque absolutus in capitulo generali Carcassone, per magistrum ordinis (1), anno Domini m° ccc° xii°.

Quartus decimus prior frater Raymundus de Pardinis* successit fratri Germano, confirmatus in priorem circa principium mensis julii, anno Domini m° ccc° xii°; prior fuit anno uno; fuitque absolutus in capitulo provinciali Albiensi, in festo sancte Marie Magdalene celebrato, anno Domini m° ccc° xiii° (2).

Quintus decimus prior frater Petrus de Maslaco* successit fratri Raymundo de Pardinis, confirmatus in priorem in mense augusti, anno Domini m° ccc° xiii°; prior fuit anno uno et amplius; fuitque absolutus per litteram quam ipsemet procuravit, circa festum sancti Martini, anno Domini m° ccc° xiiii°.

Sextus decimus prior frater Johannes de Garrossio* successit fratri Petro de Maslaco, confirmatus in priorem, mense decembri, anno Domini m° ccc° xiiii°; prior fuit anno quasi uno; fuitque inde translatus et factus prior Orthesiensis (3) in principio mensis octobris, anno Domini m° ccc° xv°.

Frater Odo de Ossuno* predictus, tercia vice, successit fratri Johanni de Garrossio, confirmatus in priorem in principio mensis octobris, anno Domini m° ccc° xv°; prior fuit septem annis et ix. mensibus; fuitque absolutus in capitulo Morlanensi, anno Domini m° ccc° xxiii° (4).

Frater Johannes de Garrossio* predictus, secunda vice, successit predicto fratri Odoni; confirmatus in priorem per diffinitores in capitulo Morlanensi in principio julii, quia statim, lectis actis in quibus predecessor suus fuit absolutus, ipse fuit electus unanimiter in priorem; prior fuit, hac vice, duobus annis et tribus

---

de la prédication de Pamiers, il est permis de croire qu'il était originaire de Mazères (Ariège).

(1) Fr. Bérenger de Landorre (ms. 490, f° 61 B).
(2) Ms. 490, f° 417 A.
(3) Voyez plus haut le couvent d'Orthez.
(4) Plus haut, p. 190, les actes de ce chapitre.

mensibus; fuitque absolutus in capitulo Ruthenensi, in festo beati Michaelis, anno Domini M° CCC° XXV° (1).

VIII.

1275-1333.

FONDATION ET PRIEURS DU COUVENT D'AUVILLAR.

Biblioth. publique de la ville de Toulouse, ms. 490 (I, 273). —
Cf. D. Martène, *Amp. collect.*, t. VI, c. 508.

I. — Fundacio conventus Altivillaris (2).

[F° 213 A] Anno Domini M° CC° LXXV°, in actis capituli provincialis Pirpiniani in festo beati Dominici celebrati, fuit receptus primo locus in Altovillari, dyocesis Agennensis (3); fuit quoque

---

(1) Ms. 490, f° 445 B. Je joins ici avec le texte les motifs d'une pénitence imposée par le chapitre provincial de 1341 tenu à Brives. Les religieux n'avaient pu s'entendre dans le *tractatus* qui précédait et préparait l'élection des prieurs. « Iste sunt penitentie. Cuilibet fratrum de conventu Morlanensi
« qui isto anno ibidem pertinuerunt ad tractatum, cum de eligendo socio contra
« salubrem morem nostri ordinis noluerunt concordare, imponimus XII. dies
« in pane et aqua, presidenti eciam imponentes quod circa proximum festum
« Omnium Sanctorum omnes compleverint penitentiam supradictam; fratri autem
« Arnaldo de Casalibus, tum suppriori prefati conventus, damus et imponimus
« xx. dies in pane et aqua eodem modo et tempore per ipsum complendos, quem
« absolvissemus in penam, nisi absolutionem suam procurasset. Ordinationem
« autem istam apprehendere nolumus in aliquo fratrem B^m de Tarene, quem in
« predictis reperimus innocentem. Item, fratres G. de Rivotorto, R^m de Sancto
« Justo, Laurentium de Monte, G. Vituli, G. de Bosco, qui in tractatu
« Caturcensi tumultum et deordinationes graves ac insolitas ostenderunt, ad
« unum annum privamus studio Caturcensi et quocumque alio studio generali. »

(2) Le couvent d'Auvillar (Tarn-et-Garonne), d'abord de la première province de Provence, entra, en 1303, dans la province de Toulouse. Au chapitre provincial, il occupait le dixième rang, *in sinistro choro* (Biblioth. de Toulouse, ms. 490. f° 76 B). L'église actuelle de Saint-Pierre dépendit de lui (Lagrèze-Fossat, *La ville, les vicomtes et les coutumes d'Auvillar*, p.14).

(3) « Recipimus locum in Altovillari, assignamus ibi conventum et insti-
« tuimus ibi priorem Arnaldum de Ponciaco, lectorem fr. W^{um} de Villa Franca »
(*Ibid.*, f° 319 A). — Ce même chapitre reçut les couvents de Grasse, de Die et de Rieux. Il s'occupa aussi de la fondation du couvent d'Albi.

similiter conventus ibidem regulariter positus et receptus; et primus prior institutus frater Arnaldus de Ponciaco* Condomiensis, et lector assignatus, frater Raymundus Guillermi de Villafranca*, et fuerunt assignati fratres *(manque).*

II. — Priores in conventu Altivillaris (1).

Primus prior (2) in conventu Fratrum Predicatorum Altivillaris frater Arnaldus de Ponciaco* predictus, bis fuit prior; prima vice fuit institutus, ut premissum est, in capitulo provinciali Pirpiniani, anno Domini M° CC° LXXV°; prior fuit anno primo, fuitque absolutus in sequenti provinciali capitulo Agennensi (3), anno Domini M° CC° LXXVI°, in penam, quia locum Lectorensem acceperat inprovide et incaute.

Secundus prior frater Guillermus Fabri* Agennensis successit fratri Arnaldo de Ponciaco; prior fuit annis duobus, fuitque absolutus in capitulo provinciali Montispessulani (4), anno Domini M° CC° LXXVIII°. Hic obiit in Agenno, in festo Purificacionis (5) ubi interfuerat, in matutinis in choro, anno Domini M° CCC° VI°, ab ingressu vero ordinis anno LVII°.

Tercius prior frater Guillermus Fabri* Baionensis successit fratri Guillermo Fabri Agennensi. Hic mutavit locum primum et conventum, et transtulit ad secundum locum, anno Domini M° CC° octogesimo, in festo beati Laurencii (6). Prior fuit annis quatuor; fuitque absolutus in capitulo provinciali Carcassonensi (7), anno Domini M° CC° LXXXII°. Hic obiit in conventu

---

(1) Titre courant dans le ms.
(2) Tout ce qui suit manque dans Martène, qui a publié la simple mention de la fondation (*Amp. coll.*, t. VI, col. 508).
(3) Plus haut, p. 66, les actes de ce chapitre.
(4) *In festo B. Marie Magdalene* (Biblioth. de Toulouse, ms. 490, f° 324 B).
(5) 2 février.
(6) 10 août. Probablement les Frères Prêcheurs construisirent l'église actuelle de Saint-Pierre. Jusqu'en 1280, ils n'eurent qu'une installation provisoire. La première pierre de l'église fut posée en 1305, sous le priorat de fr. Hugues Pellicier.
(7) *In festo sancti Jacobi* (Biblioth. de Toulouse, ms. 490, f° 334 B).

Morlanensi, veniendo ad capitulum provinciale Narbonense (1), anno Domini M° CC° LXXXIX°.

Quartus prior frater Stephanus de Briis Agennensis successit fratri Guillermo Fabri Baionensi; prior fuit anno uno; priorque ibidem existens, obiit in Nativitate Beate Marie Virginis (2), anno Domini M°. CC° LXXXIII°.

Frater Arnaldus de Ponciaco* predictus, secunda vice, successit fratri Stephano predicto; prior fuit annis quasi duobus; fuitque absolutus in capitulo provinciali Condomiensi (3), anno Domini M° CC° LXXXV°. Hic fuit graciosus predicator; et obiit in Condomio, v° non. octobris (4), anno Domini M° CCC°.

Quintus prior frater P. Raymundi Baranho* Tholosanus successit fratri Arnaldo de Ponciaco; prior fuit annis duobus [f° 213 B]; fuitque absolutus in capitulo generali Burdegalensi, anno Domini M° CC° LXXXVII° (5). Hic obiit in sabbato sancto Pasche (6) extra in predicacione, anno Domini M° CCCI°; sepultus est Tholose.

Sextus prior frater P. de Baulencs* Condomiensis successit fratri Petro Raymundi Baranho; prior fuit annis tribus; fuitque absolutus in capitulo provinciali Appamiensi (7), anno Domini M° CC° nonag°. Hic obiit in Condomio, VII° kls. augusti (8), anno Domini M° CCC° V°.

Septimus prior frater Vitalis de Bosco (9)* Condomiensis successit fratri Petro de Baulencs*, ut puto (10); prior fuit annis duobus; fuitque absolutus in capitulo provinciali Brivensi (11), anno Domini M° CC° nonag° II°.

(1) Ce chapitre eut lieu le 14 septembre, *In festo Exaltationis sancte crucis* (Biblioth. de Toulouse, ms. 490, f° 350 A).
(2) 8 septembre.
(3) Voir plus haut, p. 79, les actes de ce chapitre.
(4) 3 octobre. Il avait été nommé prédicateur général par le chapitre de Perpignan en 1284 (ms. 490, f° 388 B).
(5) Plus haut, p. 38, les actes de ce chapitre.
(6) 1er avril.
(7) *In Exaltatione sancte crucis* (Biblioth. de Toulouse, ms. 490, f° 352 A).
(8) 27 juillet.
(9) Probablement le Bosc (Ariège), canton de Foix.
(10) *Ut puto*, à la marge.
(11) *In festo Assumpsionis B. Marie Virginis* (Biblioth. de Toulouse, ms. 490, f° 359 A).

Octavus prior frater P. Bernardi Brageriacensis successit fratri Vitali, in quadragesima confirmatus; modico tempore fuit prior, quia fecit se absolvi in sequenti capitulo provinciali Carcassonensi, anno Domini mº ccº nonagº iiiº (1). Hic lector Biblicus Tholosanus existens obiit in conventu Agennensi, xiiiiº kls. augusti (2) in dominica, anno Domini mº cccº iiiiº.

Nonus prior frater Bellus homo* Brageriacensis successit fratri Petro Bernardi; prior fuit annis tribus; fuitque absolutus in capitulo provinciali Narbonensi, anno Domini mº ccº nonagº viº (3). Hic obiit viiiº ydus aprilis (4), sabbato sancto Pasche, extra in predicacione, anno Domini mº cccº iiiº; sepultus est Brageriaci.

Decimus prior frater Gaucelminus* Burdegalensis successit fratri Bello homini; prior fuit annis tribus; fuitque absolutus in capitulo provinciali Pirpiniani (5), anno Domini mº ccº nongº ixº. Hic fuit parve stature, societatis bone; priorque Marlanensis existens, obiit, anno Domini mº cccº.

Undecimus prior frater Bernardus de Rameto Tholosanus successit fratri Gaucelmino; prior fuit annis duobus; fuitque absolutus in capitulo provinciali Agennensi (6), anno Domini mº cccº iº.

Duodecimus prior frater Odo de Ossuno* Morlanensis successit fratri Bernardo de Rameto; prior fuit annis duobus; priorque inde existens, translatus fuit ad prioratum monasterii sororum Pontis Viridis (7), quarta die mensis decembris, Tholose, anno Domini mº cccº iiiº :

Tercius decimus prior frater Hugo Pellicerii* Tholosanus

---

(1) *In festo sancte Marie Magdalene* (Biblioth. de Toulouse, ms. 490, fº 362 B).

(2) 19 juillet, qui, cette année, en effet, tomba un dimanche. Fr. P. Bernard avait été lecteur de logique au couvent de Limoges, en 1277 (ms. 490, fº 324 A), lecteur de théologie au couvent de Bergerac en 1286 (*Ibid.*, fº 342 A), lecteur de la Bible en Toulouse en 1303 (*Ibid.*, fº 373 A).

(3) *In festo B. Marie Magdalene* (Biblioth. de Toulouse, ms. 490, fº 368 B).

(4) 6 avril. Cette année, 1303, la fête de Pâques tomba en effet le 7 avril.

(5) *Dominica post octabas apostolorum Petri et Pauli* (Biblioth. de Toulouse, ms. 490, fº 577 A).

(6) Voir plus haut, p. 95, les actes de ce chapitre.

(7) Voir plus bas l'histoire du monastère de Pont-Vert, et plus haut l'histoire du couvent de Morlaas, p. 315.

[f° 214 A] successit fratri Odoni de Ossuno, sequenti mense januarii factus prior; prefuit anno uno et dimidio; fuitque absolutus in capitulo provinciali Lemovicensi in festo beate Marie Magdalene celebrato, primario lapide primitus posito in fundamento ecclesie paulo ante quam iter arriperet ad capitulum memoratum, anno Domini M° CCC° V°.

Quartus decimus prior frater Germanus de Mazeriis*. Appamiensis successit fratri Hugoni Pellicerii, ex lectore Appamiensi prior effectus, confirmatus secunda die septembris in Agenno; prior fuit annis duobus, fuitque absolutus in capitulo provinciali Condomiensi (1), anno Domini M° CCC° VII°.

Quintus decimus prior frater P. de Bobeas* Condomiensis successit fratri Germano de Maseriis, infra octabas sancti Dominici electus et etiam confirmatus in Monte Albano; prior fuit anno uno et amplius; fuitque absolutus ob gratiam domini Arnaldi de Pelagrua cardinalis, qui eum voluit et assumpsit in societate sua, anno Domini M° CCC° VIII°, in crastino Natalis Domini, Tholose.

Sextus decimus prior frater Raymundus de Capella (2) de conventu Tholosano successit fratri Petro de Bobeas*, confirmatus in priorem in crastino Conversionis sancti Pauli, dominica in septuagesima, VII° kls. februarii, anno Domini M° CCC° VIII° (3). Tempore prioratus sui, obiit et sepultus fuit in ecclesia fratrum dominus Arnaldus Gayssie (4), frater domini Clementis Pape quinti, vicecomes Leomannie (5), anno Domini M° CCC° XI°, in mense januarii. Item, anno Domini M° CCC° XII°, tercio kls. septembris, in crastino Decollacionis sancti Johannis Baptiste, fuit fundata ecclesia fratrum; et primarium lapidem posuit ibi dominus

---

(1) Voir plus haut, p. 104, les actes de ce chapitre.

(2) Prédicateur général en 1313, f° 419 A; prieur du couvent une seconde fois.

(3) Il doit y avoir une erreur ici, puisque la fête de la conversion de saint Paul est le 25 janvier, et que cette année 1308 le dimanche de la septuagésime tomba le 10 février.

(4) L'abbé Barrère (*Hist. relig. et monum. du diocèse d'Agen*, t. II, p. 37) a fait d'Arnaud Gayssie un prieur du couvent d'Auvillar. Mais c'est à tort.

(5) *Art de vérifier les dates*. Philippe-le-Bel lui avait donné cette vicomté en 1305.

Bertrandus del Got, filius et heres prefati domini Arnaldi, vice-comes ac marchio neposque domini Clementis Pape (1).

Prior fuit ista vice circiter x. annis; fuitque absolutus per litteram post capitulum Brivense (2), anno Domini M° CCC° XVIII°.

Decimus septimus prior frater Vitalis de Fontibus orbis (3), de conventu Altivillaris, successit prefato fratri Raymundo, anno Domini M° CCC° XVIII°; fuit electus et confirmatus post capitulum Brivense, fuitque prior circiter annis duobus et absolutus in quadragesima ante capitulum Castrense per litteram, quia vocatus ad servicium domini Raymundi de Fargis, cardinalis.

[F° 214 B] Decimus octavus prior frater Raymundus de Pradinis, de conventu Morlanensi, successit prefato fratri Vitali; fuit electus ante capitulum Castrense et confirmatus, anno Domini M° CCC° XX°; fuitque prior uno anno et fuit absolutus in capitulo Sancti Geruncii (4), anno Domini M° CCC° XXI°.

Decimus nonus prior frater Raymundus de Capella, secunda vice, successit prefato fratri Raymundo; fuit electus et confirmatus post capitulum Sancti Geruncii, anno Domini M° CCC° XXI°; fuit autem prior uno anno, et sequenti post capitulum Agennense migravit a seculo, in Tholosa, anno Domini M° CCC° XXII°.

Vicesimus prior frater P. Vaschonis*, de conventu Tholose, successit prefato fratri Raymundo; fuit electus et confirmatus circa adventum Domini; fuitque prior circiter VII. mensibus; fuitque absolutus in capitulo Morlanensi (5), quia missus Parisius ad studendum, anno Domini M° CCC° XXIII°.

Vicesimus primus prior frater [Arnaldus] R^i, de conventu Altivillaris, successit prefato fratri Petro, electus et confirmatus in festo Magdalene (6), post capitulum Morlanense, anno Domini M° CCC° XXIII°; fuitque prior duobus annis et quatuor mensibus, et

---

(1) Bertrand del Got et son père sont qualifiés vicomtes de Lomagne et d'Auvillar dans plusieurs documents. Cf. *Documents historiques sur le Tarn-et-Garonne*, par François Moulenq, t. I, p. 128, p. 129, t. II, p. 165.

(2) Date de ce chapitre : *In festo B. Dominici*, 4 août (Biblioth. de Toulouse, ms. 490, f° 428 B).

(3) Fonsorbes, canton de Saint-Lys (Haute-Garonne).

(4) Plus haut, p. 162, les actes de ce chapitre.

(5) Voir plus haut, p. 190, les actes de ce chapitre.

(6) 22 juillet.

fuit absolutus per litteram, post capitulum Ruthenense (1), anno Domini M° CCC° XXV°.

Vicesimus secundus prior frater Arnaldus G¹ de Bedreto*, de conventu Sancti Severi, successit prefato fratri Arnaldo Raymundi; electus et confirmatus circa adventum Domini, anno Domini M° CCC° XXV°; fuit prior anno uno, fuitque assumptus in priorem Orthesiensem, post capitulum Appamiense (2), anno Domini M° CCC° XXVI°.

Vicesimus tercius prior frater Durandus Basi, de conventu Figiacensi, successit prefato fratri Arnaldo, assumptus de officio lectorie; fuitque electus et confirmatus circa festum beati Michaelis (3), post capitulum Appamiense, anno Domini M° CCC° XXVI°; fuit autem prior anno uno et quatuor mensibus; fuitque absolutus post capitulum Lemovicense, per visitatorem (4), anno Domini M° CCC° XXVII°.

Vicesimus quartus prior frater Raymundus Baione*, de conventu Appamiensi, successit prefato fratri Durando, assumptus de officio lectorie, electus et confirmatus in quadragesima post capitulum Lemovicense, anno Domini M° CCC° XXVII°; fuit prior circiter annis tribus; et fuit absolutus per litteram, quia fuit Parisius ad studendum, post capitulum Montis Albani (5), anno Domini M° CCC° XXX°.

Vicesimus quintus prior frater Arnaldus de Manso*, de conventu Appamiensi, successit prefato fratri Raymundo, electus et confirmatus circa adventum, post capitulum Montis Albani, anno Domini M° CCC° XXX°; fuitque prior duobus annis cum dimidio, absolutus per litteram post capitulum Figiacense (6), anno Domini M° CCC° XXXIII°.

(1) Ce chapitre se réunit pour la fête de Saint-Michel, 29 septembre (Biblioth. de Toulouse, ms. 490, f° 445 B).

(2) Date de ce chapitre : *Dominica ante festum B. Johannis Baptiste* (*Ibid.*, f° 448 B). Voir le texte de ce chapitre dans les *Frères prêcheurs à Pamiers au XIII° et au XIV° siècles*, p. 87.

(3) 29 septembre.

(4) Le visiteur fut fr. Jo. Chiesa (f° 453 A).

(5) Date de ce chapitre : *In festo beati Dominici*, 4 août (Biblioth. de Toulouse, ms. 490, f° 459 A).

(6) Date de ce chapitre : *Dominica ante festum B. Johannis Baptiste* (*Ibid.*, f° 469 B).

[F° 215 A] Vicesimus sextus prior frater Petrus de Podio Sabone*, de conventu Tholose, successit prefato fratri Arnaldo; fuit electus et confirmatus circa festum apostolorum Petri et Pauli, post capitulum Figiacense, anno Domini M° CCC° XXXIII°.

IX.

1276-1313.

FONDATION ET PRIEURS DU COUVENT DE LECTOURE

Biblioth. publique de la ville de Toulouse, ms. 490 (I. 273). — Cf. D. Martène, *Amp. collect.*, t. VI, c. 517.

I. — FUNDACIO CONVENTUS LECTORENSIS (1).

[F° 228 A] Anno Domini M° CC° LXXVI°, frater Arnaldus de Ponciaco*, prior Altivillaris, accepit locum in Lectora; altare erexit, et tenuit ibi fratres; quia tamen sine actoritate capituli factum fuerat inconsulte, ideo in sequenti provinciali capitulo Agennensi, in festo beati Dominici celebrato (2), extitit revocatum; et ipse fuit punitus, et in penam, a prioratus officio absolutus; anno Domini pretaxato M° CC° LXXVI°.

Anno Domini M° CC° LXXXV°, in actis capituli provincialis Condomii in festo beati Dyonisii celebrati (3), fuerunt deputati frater Bertrandus de Castronovo* Caturcensis et frater Petrus Raymundi Baranho* Tholosanus, ut ad locum accederent Lectorensem, et inquirerent diligenter, si ingressus posset haberi pacificus, et locus pro fratribus et ordine oportunus, et si possent haberi beneficia, per que, secundum exigenciam status nostri, fratres possent ibi locum construere, vivere et manere; quod si ita invenirent, locum ibi reciperent; et ex tunc prior provincialis vel

---

(1) Le couvent de Lectoure (Gers), d'abord de la province de Provence, et, après 1303, de la province de Toulouse, occupait au chapitre provincial le douzième rang, *in sinistro choro* (Biblioth. de Toulouse, ms. 490, f° 76 B).

(2) Voir plus haut, p. 66, les actes de ce chapitre.

(3) Voir plus haut, p. 82, les actes de ce chapitre.

ejus vicarius de fratribus mittendis ydoneis providerent, ad loci promocionem, ut est moris; quod et factum extitit per omnia consequenter.

Anno Domini M° CC° LXXXVII°, in actis capituli provincialis Burdegalis celebrati post generale ibidem immediate celebratum, fuit in Lectora conventus Fratrum Predicatorum regulariter positus et receptus (1); et primus prior institutus frater Petrus de Tapia* Agennensis (2), et lector assignatus frater P. de Labatut* (3) Burdegalensis, et fuerunt assignati fratres Arnaldus de Ponciaco memoratus, P. de Comino, P. de Byarvio, Arnaldus de Valceron, Arnaldus Guillermi de Costerio, B. Berengarii de Calveto, Guillermus Viguerii, Geraldus de Vulpelione, P. de Piru; conversi vero : Vitalis de Portu, P. Barberii, Vesianus, Ber. Vesiani.

II. — Priores in conventu Lectorensi (4).

Primus prior in conventu Fratrum Predicatorum Lectorensium fuit frater P. de Tapia* Agennensis, institutus in capitulo provinciali Burdegalensi, anno Domini M° CC° LXXXVII°; prior fuit anno uno; fuit autem absolutus in sequenti provinciali capitulo Avinionensi (5), anno Domini M° CC° LXXXVIII°. Hic obiit (manque).

[F° 228 B] Secundus prior frater Arnaldus de Ponciaco* memoratus successit fratri Petro de Tapia*; prior fuit anno uno; fuitque absolutus in sequenti provinciali capitulo Narbonensi (6), anno Domini M° CC° LXXXIX°; huic fuit predicator graciosus; et obiit in Condomio, senex bonus, anno Domini M° CCC°, circa festum Omnium Sanctorum.

Tertius prior frater Arnaldus Cosini* Agennensis successit

---

(1) Voir plus haut, p. 87, les actes de ce chapitre.
(2) Ce qui suit jusqu'à *Quintus prior* manque dans Martène (*Amp. collect.*, t. VI, col. 517).
(3) Labatut, commune de Mérignac (Gironde).
(4) Titre courant dans le ms.
(5) *In festo B. Marie Magdalene*, 22 juillet (Biblioth. de Toulouse, ms. 490, f° 347 A).
(6) *In festo Exaltationis sancte crucis*, 14 septembre (*Ibid.*, f° 350 A).

fratri Arnaldo de Ponciaco; prior fuit annis duobus; fuitque absolutus in capitulo provinciali Bitterrensi (1), anno Domini M° CC° nonag° I°.

Quartus prior frater Nycholaus de Feodis*, dictus Mataporc ab eventu rei, Condomiensis, successit fratri Arnaldo Cosini; prior fuit anno uno; fuitque absolutus per litteram, post provinciale capitulum Brivense, anno Domini M° CC° nonag° II° (2). Hic prior sororum Pontis viridis existens, obiit in Condomio, v° ydus Martii, anno Domini M° CC° nonag° v° (3).

Quintus prior frater Arnaldus de Morlanis* successit fratri Nicholao predicto; prior fuit annis sex. Hic mutavit primum locum, et posuit conventum infra villam nimis in arto, anno Domini M° CC° nonag° VI°; fuit autem absolutus in capitulo provinciali Caturcensi (4), anno Domini M° CC° nonag° VIII°. Hic fuit tam lector quam prior vicissim in ordine plus quam quinquagenarius in ordine; obiit in Monte Marciano, in domo Minorissarum, circa principium quadragesime, anno Domini M° CCC III°; inde portatus fuit et sepultus in Morlanis.

Sextus prior (5) frater Bernardus Caprarie* Tholosanus successit faatri Arnaldo de Morlanis; prior fuit anno uno; fuitque absolutus in sequenti capitulo provinciali Pirpiniani (6), anno Domini M° CC° nonag° IX°. Hic obiit anno Domini M° CCC IX°, post festivitates Natalis, in Vauro (7).

Septimus prior frater Esius de Podio Gallini*, de predicacione Lectorensi, ter; prima vice successit fratri Bernardo Caprarie; prior fuit annis duobus; fuitque absolutus in capitulo provinciali Agennensi (8), anno Domini M° CCCI°.

[F° 229 A] Octavus prior frater Bernardus de Campo Bernardi*

---

(1) *In festo Assumptionis B. Marie Virginis* (Bibl. de Toul., ms. 490, f° 357 A).

(2) Date de ce chapitre : *In festo Assumptionis B. Marie Virginis* (*Ibid.*, f° 359 A).

(3) Voir plus bas le monastère de Pont-Vert.

(4) *In octabis apostolorum Petri et Pauli* (*Ibid.*, f° 372 A).

(5) Ce qui suit jusqu'à *nonus prior* n'est pas donné par Martène.

(6) *Dominica post octabas apostolorum Petri et Pauli* (Biblioth. de Toulouse, ms. 490, f° 377 A).

(7) Lavaur (Tarn).

(8) Voir plus haut, p. 95, les actes de ce chapitre.

Tholosanus successit fratri Esio; prior fuit anno uno, fuitque absolutus in sequenti capitulo provinciali Carcassone (1), anno Domini M° CCC II°.

Frater Esius* predictus, secunda vice, successit fratri Bernardo de Campo Bernardi, confirmatus in priorem paulo post, ante festum Omnium Sanctorum, anno Domini M° CCC II°; prior fuit hac vice annis tribus; fuitque absolutus in capitulo provinciali Lemovicensi (2), anno Domini M° CCC V°.

Nonus prior frater Raymundus Bernardi de Roseto Caturcensis successit fratri Esio, in festo beati Bartholomei (3) Burdegalis confirmatus. Tempore prioratus sui redierunt fratres cum conventu de secundo loco ad primum, dominica in Ramis Palmarum, que contigit VI° kal. aprilis (4), incoato jam anno Dominice Incarnationis M° CCC VI° : fuerant enim in isto secundo loco artati et infestati multipliciter annis decem (5); prior fuit tribus annis completis; fuit autem absolutus, concessa sue absolutionis littera, in crastino sancti Luche (6), Tholose, qua lecta in conventu Lectorensi, esset penitus absolutus, anno Domini M° CCC VIII°.

Decimus prior (7) frater Bernardus de Bono fonte* (8) successit fratri Raymundo Bernardi, confirmatus in priorem, V° ydus novembris (9); prior fuit anno paulo minus uno; fuitque absolutus in capitulo provinciali Petragoris celebrato, in festo sancti Barnabe (10), anno Domini M° CCC IX°.

Frater Esius* predictus, tercia vice, successit fratri Bernardo de Bono fonte*; confirmatus in priorem ante festum Magdalene, anno Domini M° CCC IX°; prior fuit hac vice annis fere duobus; fuitque absolutus ibidem per priorem provincialem (11) in quadragesima, anno Domini M° CCC X°.

(1) *In festo B. Dominici*, 4 août (Biblioth. de Toulouse, ms. 498, f° 383 A).
(2) Date de ce chapitre : *In festo beate Marie Magdalene*.
(3) 24 août.
(4) 27 mars. Pâques tomba cette année 1306 le 3 avril.
(5) *Decem*, à la marge.
(6) 19 octobre.
(7) Ce qui suit n'est pas donné par Martène.
(8) Bonnefont dans la Corrèze, le Tarn-et-Garonne et les Hautes-Pyrénées.
(9) 9 novembre.
(10) 11 juin.
(11) Fr. Guillaume d'Aignan (ms. 490, f° 72 A).

Undecimus prior frater Durandus Honorati*, de Castris, ex lectore Altivillaris successit fratri Esio, confirmatus ibidem in priorem, anno Domini M° CCCX°, in quadragesima; prior fuit anno uno, fuitque absolutus ibidem per visitatorem (1), anno Domini M° CCC XI°, in quadragesima,

[F° 229 B] Frater B. de Bono fonte*, secunda vice, successit fratri Durando Honorati, confirmatus in priorem in Pruliano, pridie non. aprilis (2) in festo beati Ambrosii, anno Domini M° CCC XII°; prior fuit anno uno, mensibus quatuor, fuitque absolutus in capitulo provinciali Albiensi, in festo beate Marie Magdalene celebrato, anno Domini M° CCC XIII° (3).

Duodecimus prior frater P. Raymundi de Orto Tholosanus successit fratri Bernardo de Bono fonte, confirmatus in priorem in medio augusti, anno Domini M° CCC XIII°.

X.

1280-1315.

FONDATION ET PRIEURS DU COUVENT DE SAINT-SEVER.

Biblioth. publique de la ville de Toulouse, ms. 490 (I; 273). — Cf. D. Martène, *Amp. collect.*, t. VI, c. 515.

I. — Fundacio conventus Sancti Severi (4).

[F° 222 A] Anno Domini M° CC° LXXX° (5), priore provinciali existente fratre Bernardo Geraldi*, fuerunt missi fratres ad inquirendum de loco Sancti Severi et de condicionibus ejus pro

---

(1) Fr. Ytier David (Biblioth. de Toulouse, ms. 490, f° 412 B).
(2) 4 avril.
(3) *In festo Magdalene* (ms. 490, f° 417 A).
(4) Le couvent de Saint-Sever (Landes), de la province de Provence, jusqu'en 1303, année où il passa à la province de Toulouse, occupait au chapitre provincial le onzième rang, *in sinistro choro* (Biblioth. de Toulouse, ms. 490, f° 76 B).
(5) M° CC° LXXVIII, dans Martène (*Amplis. collec.*, VI, 515).

ordine, scilicet, fratres Guillermus de Prato*, Stephanus Vitalis* Agennensis, Poncius de Moreriis* Tholosanus, et quidam alius qui fuit subprior Rivensis; ad quorum laudabile testimonium, facta relacione, consequenter missi sunt illuc fratres ad manendum; qui manserunt primitus in quadam domo, scilicet Bernardi de Paras.

Vicarius fratrum et loci fuit frater Arnaldus Navarri Orthesiensis, qui ibidem postea mortuus est et sepultus.

Abbas vero Sancti Severi, qui primo cum sua littera assensum prebuerat, postmodum cum suis monachis se opposuit fratribus multipliciter et in multis, et specialiter racione sepulturarum. Set, actore Domino, volentibus et instanter petentibus burgensibus et aliis probis viris ejusdem ville, favente domino Odoardo, rege Anglie, qui ex utraque parte fuit interpellatus, fratres inibi remanserunt. Quorum patronus fuit dominus Bidomius, qui dedit magnam partem loci fratrum et cc. libras Morlanensium pro ecclesia construenda. Processu vero temporis, fratres composuerunt cum monachis, domina regina devota fratrum et ordinis amica faciente (1), que sedule interposuit partes suas, sicut in littera inde confecta plenius continetur, anno Domini (*manque*).

(1) Voici comment D. Pierre Daniel du Buisson a raconté la fondation du couvent des Frères Prêcheurs et donné le détail des arrangements survenus. « Alienora Alphonsi sapientis Castiliæ regis soror et Eduardi primi Angliæ « regis sponsa, prima sancti Dominici religiosos fratres, prædicatores dictos, « ab Hispania huc advocasse creditur; et cum consensu abbatis (Garsias « Arnaldus) et monacorum (Ex pareagio, non potuit fieri nova ecclesia sine « consensu abbatis et conventus monasterii. *En note*). Hujusce monasterii « S. Severi, eos in hac urbe fondasse Arnaldum de Marciano dominum de « Calnario, circa annum 1285 (Fundatio FF. prædicatorum a D. Arnaldo de « Marciano, D. de Calnario et de Mugron, supra nominato, et infra lib. 9, c. 1. « — Supra fores ecclesiæ FF. Prædicatorum, id conspicitur in lapide Lozang. — « Cum his verbis in capite : Cauna Fondator. *En note*). Ita tamen consensit « abbatiæ capitulum, ut feudales census fundi eorum sibi reserváverit, et insuper « annuum homagium quoddam trium librarum, cujus summa successu temporis, « restricta est ad triginta denarios, quos unus e fratribus supradictis solet et « tenetur quotannis deferre super altare majus ad offertorium missæ solemnis, « in die festo Omnium Sanctorum. Quinque etiam solidos idem fratrum Prædi-« catorum conventus singulis annis solvere debet Morlanenses pro parte deci-« marum S. Germani, quam eis in feudum capitulum concessit monasterii sub « hoc annuo censu ; et quia jus sepulturæ monasterium S. Severi sibi integrum « ab initio reservaverat, ipsum subinde eisdem fratribus prædicatoribus commu-« nicavit, ut possent in ecclesia et claustro conventus sui mortuos sepelire, sub

Anno Domini. M° CC° LXXXII°, in actis capituli provincialis Carcassone, in festo sancti Jacobi, assignatus fuit in villa Sancti Severi conventus Fratrum Predicatorum regulariter positus et receptus; et primus prior institutus frater. P. de Salva terra Orthesiensis; et lector assignatus frater Odo de Martino (1) et fuerunt assignati (2) fratres R. de Spelunca, Sanctius, Egidius.

II. — PRIORES IN CONVENTU SANCTI SEVERI (3).

Primus prior in conventu Fratrum Predicatorum Sancti Severi fuit frater P. de Salvaterra (4) predictus, institutus in capitulo provinciali Carcassonnensi, anno Domini M° CC° LXXXII°; prior fuit annis duobus; fuitque absolutus in capitulo provinciali Pirpiniani (5), anno Domini M° CC° LXXXIIII°.

[F° 222 B] Quo absoluto, vacavit prioratus Sancti Severi inter moras electionis et cassacionis quasi per annum. Hic, prior Burdegalensis existens, obiit, anno Domini M° CCC°.

Secundus prior frater Stephanus Vitalis* Agennensis tandem, non parvo temporis spacio jam elapso, successit fratri Petro de

« hac tamen conditione quod tertia pars funebris dicta cereorum et oblationum
« ad monasterium pertineret, pro jure priorum seu curatorum primitivorum et
« parrochiæ rectorum (Ex contractu et transactione anni 1287, obligantur
« FF. Prædicatores dare annuatim, pro oblationibus in sepulturis, quindecim
« libras ceræ monasterio nostro seu sacristæ, feria 2 majoris hebdomadæ; et
« crux eorum non debet deferri ad sepulturas, sed crux monasterii. En note),
« quod nobis competit; quæ tertia ad quartam, successu temporis, redacta fuit.
« Anno 1287, eadem supradicta Alienora regina authoritatem suam et me-
« diationem interposuit, ut querelas inter conventum fratrum Prædicatorum
« et abbatiæ monachos exortas pacifice terminarentur, et, quæ ad sepulturas
« aliaque contentiosa spectabant amicabili compositione determinarentur.
« Hujusce compositionis chartam in calce, seu appendice referam ».
Historiæ monasterii Sancti Severi, t. I, p. 274, p. 275. Aire-sur-Adour, 1876. Les éditeurs n'ont pas retrouvé la charte ici mentionnée.

(1) In loco Sancti Severi ponimus conventum, et instituimus ibi priorem fr. Petrum de Salvaterra, lectorem fr. Odonem de Martino (Biblioth. de Toulouse, ms. 490, f° 325 B).

(2) Tout ce qui suit manque dans Martène (*Amp. collect.*, t. VI, col. 515).

(3) Titre courant dans le ms.

(4) *Terra*, à la marge.

(5) *In festo B. Marie Magdalene*, 22 juillet (Biblioth. de Toulouse, ms. 490, f° 337 A).

Salvaterra, annis quasi duobus; fuitque absolutus. Hic senex bonus obiit in conventu Agennensi, ut puto, anno Domini M° CC° LXXXVI° (1).

Tercius prior frater Nycholaus de Feodis*, alias dictus Mataporc, Condomiensis, successit fratri Stephano Vitalis; prior fuit annis quasi quinque; fuitque absolutus in capitulo provinciali Brivensi (2), anno Domini M° CC° nonag° II°. Hic, prior sororum Pontis viridis existens, obiit in Condomio, v° ydus marcii (3), anno Domini M° CC° nonag° v°.

Quartus prior frater Geraldus de Rama, de predicacione Sancti Severi, successit fratri Nycholao predicto; priorque existens, obiit ibidem, occasione cujusdam vulneris, anno Domini (*manque*) (4).

Quintus prior frater Johannes Darthes Orthesiensis successit fratri Geraldo de Rama; fuitque absolutus in capitulo provinciali Narbonensi (5), anno Domini M° CC° nonag° VI°.

Sextus prior frater P. de Baulencs* Condomiensis successit fratri Johanni Dartes; fuitque absolutus in capitulo provinciali Pirpiniani (6), anno Domini M° CC° nonag° IX°. Hic obiit in Condomio, VII° kls. augusti (7), anno Domini M° CCCV°.

Septimus prior frater Guillermus Arnaldi de Fonte de Tartasio, bis; prima vice successit fratri Petro de Baulencs; fuitque absolutus in capitulo provinciali Agennensi (8), anno Domini M° CCCI°.

Octavus prior frater P. de Bobeas* Condomiensis predicacionis successit fratri Guillermo Arnaldi de Tartasio; prior fuit annis quasi tribus, fuitque absolutus in capitulo generali Tholose (9), anno Domini M° CCCIIII°.

---

(1) *Ut puto, anno Domini* M° CC° LXXXVI°, à la marge.
(2) *In festo Assumptionis B. Marie Virginis*, 15 août (Biblioth. de Toulouse, ms. 490, f° 559 A).
(3) 11 mars. Cf. la notice des prieurs du monastère de Pont-Vert.
(4) Il avait été étudiant de théologie au couvent de Montpellier en 1282 (f° 334 B), et lecteur au couvent d'Orthez en 1290 (f° 352 A).
(5) *In festo B. Marie Magdalene*, 22 juillet (Biblioth. de Toulouse, ms. 490, f° 368 B).
(6) *Dominica post octabas apostolorum Petri et Pauli*, 12 juillet (*Ibid.*, f° 377 A).
(7) 26 juillet.
(8) Voir plus haut, p. 95, les actes de ce chapitre.
(9) Ap. Martène, *Thesaurus*, t. IV, col. 1895.

Nonus prior frater P. de Maslaco* Orthesiensis successit fratri Petro de Bobeas, confirmatus circa festum sancti Johannis Baptiste in priorem [f° 223 A], anno Domini m° ccciiii°; prior fuit anno uno, quia absolutus in capitulo provinciali Lemovicensi, anno Domini m° cccv°.

Decimus prior frater Bernardus de Rameto* Tholosanus successit fratri Petro de Maslaco*, infra octabas Nativitatis beate Marie confirmatus in Monte Albano; prior fuit annis quasi duobus, fuitque absolutus in capitulo provinciali Condomiensi (1), anno Domini m° cccvii°.

Frater Guillermus Arnaldi de Fonte de Tartasio predictus, secunda vice, successit fratri Bernardo de Rameto, electus iii° ydus augusti (2), confirmatus vero xiiii° kls. septembris (3), Tholose; prior fuit anno uno, fuitque absolutus in sequenti provinciali capitulo Rivensi (4), anno Domini m° cccviii°.

Undecimus prior frater Garssias de Baccarissa (5) ex subprioratu Condomiensi acceptus, successit fratri Guillermo Arnaldi predicto, confirmatus in priorem in festo vel in crastino sancti Luche (6), anno Domini m° cccviii°; prior fuit annis duobus et dimidio fere; fuitque absolutus in capitulo provinciali Burdegalensi (7), anno Domini m° ccc° xi°.

Duodecimus prior frater Odo de Ossuno* successit fratri Garssie, confirmatus in priorem circa principium mensis octobris, anno Domini m° ccc° xi°; prior fuit anno uno; fuitque absolutus ibidem per priorem provincialem (8) circa festum sancti Luche, anno Domini m° ccc° xii°.

Tercius decimus prior frater Johannes Riparie* successit fratri Odoni predicto, electus et confirmatus ibidem immediate altero absoluto, circa festum sancti Luche, anno Domini m° ccc° xii°;

---

(1) Voir plus haut, p. 105, les actes de ce chapitre.
(2) 11 août.
(3) 19 août.
(4) *In festo B. Marie Magdalene*, 22 juillet (Biblioth. de Toulouse, ms. 490, f° 400 A).
(5) Les Baccarets, comm. de Cintegabelle (Haute-Garonne).
(6) Fête de saint Luc, 18 octobre.
(7) Voir plus haut, p. 114, les actes de ce chapitre.
(8) Fr. Guillaume d'Aignan (ms. 490, f° 72 B).

prior fuit annis fere duobus; fuitque absolutus in capitulo provinciali Alti Villaris (1), anno Domini M° CCC° XIIII°.

Quartus decimus prior frater Odo de Ossuno* successit fratri Johanni Riparie, confirmatus in priorem circa finem mensis augusti, anno Domini M° CCC° XIIII°; prior fuit anno quasi uno; fuitque absolutus in sequenti provinciali capitulo Sancti Emiliani (2), anno Domini M° CCC° XV°.

[F° 223 B] Frater Garssias de Bacarissa predictus, secunda vice, successit fratri Odoni de Ossuno, confirmatus in priorem mense augusti, anno Domini M° CCC° XV°.

XI.

1280-1321.

FONDATION ET PRIEURS
DU MONASTÈRE DES SŒURS DE PONT-VERT, A CONDOM.

Bibl. publique de la ville de Toulouse, ms. 490 (I, 273). — Cf. D. Martène, *Amp. collect.*, t. VI, 526-527.

I. — FUNDACIO MONASTERII SORORUM PONTIS VIRIDIS.

[F° 243 A] Anno Domini M° CC° LXXX°, paulo ante, cepit locus seu monasterium sororum Pontis viridis juxta Condomium construi et fundari a nobili domina Viana, magna amica ordinis Fratrum Predicatorum, multumque benefica et devota; que inter cetera magna bona que fecit pro salute anime sue locum construxit pro sororibus ordinis memoratum, ubi semper Deum colerent et laudarent; fundavitque ac dotavit ipsum redditibus, et optulit et contulit ipsum ordini pro monasterio sororum sub cura et regimine ordinis, secundum morem et consuetudinem monasterii Pruliani (3); et hoc fecit, dum adhuc viveret; set antequam

---

(1) Voir plus haut, p. 126, les actes de ce chapitre.
(2) Voyez plus haut, p. 135, les actes de ce chapitre.
(3) Monastère de Prouille (Aude), fondé par saint Dominique lui-même, en 1206 (ms. 498, f° 94 A).

sorores fuissent ibi posite, ipsa substracta fuit morte media ab hac luce; obiit vero in conventu fratrum Condomiensium, ubi in domo quam edificaverat morabatur, IX° kls. marcii (1); anno Domini M° CC° LXXX°.

Anno Domini M° CC° LXXXIII°, circa festum sancti Michaelis, post mortem prefate domine Viane, fuerunt adducte sorores XIII. de monasterio Pruliani, pro instituendo in eodem, auctoritate et consensu Magistri ordinis, fratris Johannis de Verzellis, qui in provincia presens erat et obiit ipso anno; frater Berengarius Notarii*, magister in Theologia, erat prior provincialis, qui primitus instituerat ibi fratrem Petrum de Baulencs* Condomiensem, ut preesset loco et sororibus. Set antequam sorores essent adducte et introducte, laboravit et optinuit, quod absolveretur, prout ab ipso didici et audivi. Nomina autem sororum XIII. que fuerunt adducte de Pruliano sunt hec : soror Blancha de Burdegalis, que fuit prima ibidem priorissa, soror Peyrona Teulyera, soror Agnes Aymeriga, soror Stephana de Ulmo Viennensis, soror Valensa Beguieyra, soror Alembort de Labranda, soror Serena Descayrac Caturcensis, soror Johanna Trosseta, soror Rosa Trosseta, soror Arnalda Dorssaut, soror Guirauda de Sancto Severo, soror Flos filia ejusdem, soror Azemara Fromenta de Martello (2).

II. — Priores in monasterio sororum Pontis viridis (3).

[F° 243 B] Primus prior (4), postquam sorores fuerunt adducte et introducte, fuit institutus frater Raymundus Dorgo (5) Tharas-

---

(1) 21 février.
(2) On fonda de la même manière les trois autres monastères de religieuses dans la province, celui d'Aix en 1286 (ms. 490, f° 272 A), celui de Saint-Pardoux (Dordogne) en 1291 (ms. 490, f° 246 A), et celui de Montpellier en 1298 (ms. 490, f° 270 B). On demanda les premières religieuses au couvent de Prouille, quatre pour le couvent d'Aix, six pour celui de Saint-Pardoux, onze pour celui de Montpellier.
(3) Titre courant dans le ms.
(4) Ce qui suit manque dans Martène.
(5) Fr. Raymond Dorgo, lecteur de théologie aux couvents de Sisteron en 1252 (ms. 490, f° 285 B) et de Tarascon en 1262, avec la mention *Damus ei licentiam disputandi* (*Ibid.*, f° 277 A), visiteur en 1277, f° 324 A.

conensis, per priorem provincialem fratrem Berengarium Notarii*
memoratum, anno Domini pretaxato M° CC° LXXXIII°; qui tamen
frater Raymundus non venit ad locum, nec prefuit ibi presens, sicque quasi per annum stetit in pendulo; fuitque per eumdem
priorem provincialem finaliter absolutus. Ideo iste non ponitur in
numerum presidencium subsequentem.

Primus prior qui prefuit monasterio sororum Pontis viridis fuit
frater Petrus de Ligardis Condomiensis, institutus per fratrem
Berengarium Notarii, priorem provincialem prefatum, paulo post
provinciale capitulum Pirpiniani, anno Domini M° CC° LXXXIIII°,
circa festum sancti Michaelis; prefuit monasterio, annis octo,
fuitque absolutus a priore provinciali fratre Petro de Mulceone*,
circa Natale Domini, anno ejusdem Domini benedicti M° CC°
nonag° II°. Intravit ordinem anno Domini M° CC° LIII° (1).

Secundus prior frater Nicholaus de Feodis Condomiensis, dictus
Mataporc ab eventu rei, successit fratri Petro de Ligardis, institutus per fratrem Petrum de Mulceone*, priorem provincialem;
prefuit annis quasi quatuor; priorque existens, obiit in Condomio,
v° ydus marcii, anno Domini M° CC° nonag° v°. Hic fuerat prior
Condomiensis et Sancti Severi et Lectorensis, vir bonus.

Tercius prior frater Arnaldus de Bosco* de predicacione Condomiensi successit fratri Nicholao de Feodis, institutus per priorem
provincialem, fratrem Raymundum Hunaudi* priorem provincialem; prefuit anno quasi uno; priorque existens, obiit in
Condomio, anno Domini M° CC° nonag° VII°.

Quartus prior frater Arnaldus Vitalis* Agennensis, bis; prima
vice successit fratri Arnaldo de Bosco, translatus de prioratu
fratrum Agennensium ad monasterium sororum; institutus per
priorem provincialem fratrem Raymundum Hunaudi, paulo post
provinciale capitulum Tharasconense, anno Domini M° CC° nonag°
VII°, circa festum Omnium Sanctorum; prefuit annis VII., fuitque
inde prior existens electus et confirmatus et reductus ad prioratum
fratrum Agennensium per priorem provincialem fratrem Guiller-

---

(1) En marge. Prieur du couvent de Condom, de 1281 à 1283 (f° 189 B, et plus haut, p. 304).

mum Petri (1), anno Domini m° ccciii°, circa festum Omnium Sanctorum. Intravit ordinem anno m° cc° lxxvii° (2).

Quintus prior frater Odo de Ossuno*, de predicacione Morlanensi, successit fratri Arnaldo Vitalis, translatus de prioratu fratrum Altivillaris ad monasterium sororum, institutus per priorem provincialem fratrem Guillermum Petri, pridie non. novembris, Tholose, anno Domini m° ccciii°. [F° 244 A] Prior fuit annis fere quatuor; fuit autem inde translatus et factus prior Morlanensis per priorem provincialem, fratrem Berengarium de Landorra*, secunda die septembris, Tholose, anno Domini m° cccvii°.

Frater Arnaldus Vitalis* predictus, secunda vice, successit fratri Odoni predicto, institutus per priorem fratrem Berengarium de Landorra*, ante festum sancti Andree apostoli, in Ruthena, anno Domini m° cccvii°; prior fuit hac vice, annis sex et mensibus fere quatuor; priorque obiit, xiiii. kls. aprilis, anno Domini m° ccc° xiii°, in Condomio.

Sextus prior frater Petrus Arnaldi* Tholosanus successit fratri Arnaldo Vitalis, translatus de prioratu fratrum Rivensium, institutus per priorem provincialem fratrem Guillermum de Anhanis*, x^a die mensis aprilis, anno Domini m° ccc° xiiii°; prior fuit anno uno et amplius; fuitque absolutus per priorem provincialem, fratrem Johannem de Falbeto*, mense augusti, anno Domini m° ccc° xv°.

Septimus prior frater B. de Biansano* successit fratri Petro Arnaldi* institutus per priorem provincialem fratrem Johannem de Falbeto*, mense augusti, anno Domini m° ccc° xv°.

Octavus prior fuit frater Sixtus de Laysaco*, de predicacione Caturcensi; successit autem fratri Bernardo de Bianssano, institutus per fratrem Hugonem de Marcyaco*, priorem provincialem, anno Domini m° ccc° xix°, immediate post capitulum generale Caturci celebratum; fuitque absolutus per fratrem Guillermum Dulcini*, vicarium provincie, de speciali mandato fratris Hervei (3),

---

(1) Fr. Guillaume Pierre de Godin.
(2) En marge.
(3) Fr. Hervée, un des hommes les plus distingués de son siècle (ms. 490, f° 61 B, f° 62 A).

Magistri ordinis, anno Domini M° CCC° XXI°, in mense septembris.

Nonus prior frater Guillermus de Sebelhano*, de predicacione Burdegalensi, institutus per fratrem Guillermum Dulcini*, vicarium provincie, anno Domini M° CCC° XXI°, circa festum sancti Michaelis, successit autem predicto fratri Sixto*.

SUPPLÉMENT

A L'HISTOIRE DU MONASTÈRE DE PONT-VERT.

Visiteurs du monastère de Pont-Vert (1).

1292. — Fr. Helias Manahani, f° 360 B.
1302. — Fr. Aydemarus de Sancto Paulo, f° 384 B.
1303. — Fr. Arnaldus Guillermi de Lordato, f° 388 B.
1304. — Fr. Raym. Maurelli, f° 390 B.
1305. — Fr. Sixtus, f° 393 B.
1306. — Fr. Jo. Ademarii, f° 396 A.
1307. — Fr. Guillermus de Sebrelhano, f° 399 A.
1308. — Fr. Gasto, f° 402 A.
1309. — Fr. Thomas Narmandi, f° 406 B.
1310. — Fr. Arnaldus Guillermi de Lordato, f° 409 B.
1311. — Fr. Yterius David, f° 412 B.
1312. — Fr. Dominicus Albiensis, f° 415 B.
1313. — Fr. P. Calvarie, f° 418 B.
1314. — Fr. Aymericus de Villameria Castrensis, f° 421 A.
1315. — Fr. W^{us} Barrati, ms. 488, f° 73 C.
1316. — Fr. G. Allegerii, f° 424 A.
1317. — Fr. R. de Sancto Medardo, f° 427 B.
1319. — Fr. G. de Trapacio, f° 432 B.

(1) Pendant les premières années du monastère de Pont-Vert, les actes des chapitres présentent des lacunes en ce qui regarde les visiteurs. Après 1331, ils n'y sont plus désignés, pas plus que pour aucun des deux autres monastères de la province de Toulouse, celui de Prouille et celui de Saint-Pardoux.

1320. — Fr. Jo. de Serone, f° 435 A.
1321. — Fr. G^{us} de Castro, f° 438 B.
1322. — Fr. Jo. Chyeze, f° 440 B.
1323. — Fr. Geraldus Pellicerii, f° 442 B.
1325. — Fr. Aycardus Caturcensis, f° 447 A.
1326. — Fr. Dominicus de Bogis, f° 451 A.
1327. — Fr. Jo. Chiesa, f° 453 A.
1328. — Fr. G. de Volverio, f° 455 B.
1329. — Fr. Jo. Stephani, f° 458 B.
1330. — Fr. Vitalis de Galeciano, f° 461 A.
1331. — Fr. Guido Boscoti, f° 463 A.

XII.

1290-1314.

FONDATION ET PRIEURS DU COUVENT DE SAINT-GAUDENS.

Biblioth. publique de la ville de Toulouse, ms. 490 (I, 273). — Cf. D. Martène, *Amplis. collect.*, VI, 518.

I. — FUNDACIO CONVENTUS SANCTI GAUDENCII (1).

[F° 231 A] Anno Domini M° CC° nonag°, estatis tempore, venerunt primitus fratres apud Sanctum Gaudencium dyocesis Convenarum (2), ut acciperent ibi domum; ibique pervenientes, licencia et auctoritate capituli Consueranensis, erexerunt altare et celebraverunt sub rati (3) habitacione et confidencia bone mentis. Inter quos frater Ademarus de Sancto Paulo*, promotor fervencior videbatur, qui inde fuit, in sequenti provinciali capitulo

---

(1) Le couvent de Saint-Gaudens (Haute-Garonne), d'abord de la province de Provence, passa, après 1303, à la province de Toulouse. Au chapitre provincial, il occupait le treizième rang, *in dextro choro* (Biblioth. de Toulouse, ms. 490, f° 76 A).

(2) Comminges (Haute-Garonne).

(3) *Rati*, à la marge.

Appamiensi, a vicario provincie, fratre Bernardo de Trilia*, coram omnibus duriter redargutus. Remanserunt tamen fratres ibidem pro loci promocione, plurimum laborantes, a paucis adjuti et ab aliquibus, maxime a canonicis Sancti Gaudencii, inpediti; fuit tamen Deus cum eis.

Anno Domini M° CC° nonag° II°, in actis capituli provincialis Brive in festo Assumpsionis beate Marie semper Virginis celebrati, fuit receptus locus pro ordine (1) in villa Sancti Gaudencii (2); et vicarius assignatus frater Arnaldus de Morlanis*; et fuerunt assignati fratres Ademarus de Sancto Paulo memoratus, Bernardus Guillermi, Bonus homo, P. de Lercio, Johannes Deodati, Vitalis de Abbacia.

Anno Domini M° CC° nonag° III°, in actis provincialis capituli Carcassone in festo beate Marie Magdalene celebrati, fuit in villa Sancti Gaudencii conventus Fratrum Predicatorum regulariter positus et receptus, et primus prior institutus frater Bernardus de Campo Bernardi* Tholosanus (3), et lector assignatus (4) frater Ademarus de Sancto Paulo predictus, et fuerunt assignati fratres Bernardus Duous, Johannes Deodati, Guillermus de Cera, frater Bonus homo, Bernardus Guillermi, Vitalis de Anglada, P. de Mau, Arnaldus de Viridario; conversi vero : Vitalis de Malo leone, P. Johannis.

II. — PRIORES IN CONVENTU SANCTI GAUDENCII (5).

[F° 231 B] Primus prior in conventu Fratrum Predicatorum Sancti Gaudencii fuit frater Bernardus de Campo Bernardi* Tholosanus, institutus in capitulo provinciali Carcassonnensi,

---

(1) *Pro ordine*, à la marge.
(2) Recepimus locum in Sancto Gaudencio; ponimus ibi vicarium fr. Ar. de Morlanis, fratres Eydemarum de Sancto Paulo, R. G. Bonum hominem, P. de Lercio, Deodati, Vitalem de Abbacia (*Ibid.*, f° 359 B).
(3) Ponimus locum in Sancto Gaudencio et mittimus ibi priorem fratrem Bernardum de Campo Bernardi, lectorem fr. Ademarum de Sancto Paulo (Biblioth. de Toulouse, ms. 490, f° 362 B).
(4) Tout ce qui suit manque dans Martène (*Amp. collect.*, t. VI, col. 518).
(5) Titre courant dans le ms.

anno Domini M° CC° nonag° III°; prior fuit annis tribus; fuitque absolutus in capitulo provinciali Narbonensi (1), anno Domini M° CC° nonag° VI°.

Secundus prior frater Ademarus de Sancto Paulo successit fratri Bernardo predicto; prior fuit anno uno; fuitque absolutus in sequenti provinciali capitulo Tharasconensi, anno Domini M° CC° nonag° VII° (2). Hic fuit promotor et procurator bonus loci.

Tercius prior frater Guillermus de Cera (3) ejusdem predicacionis successit fratri Ademaro de Sancto Paulo; prior annis duobus, fuitque absolutus in capitulo provinciali Pirpiniani, anno Domini M° CC° nonag° IX° (4). Hic fuit de primis promotoribus loci unus et bonus.

Quartus prior frater Arnaldus de Morlanis* successit fratri Guillermo de Cera; prior fuit annis duobus; fuitque absolutus in capitulo provinciali Agennensi (5), anno Domini M° CCCI°. Hic fuit tam lector quam prior vicissim in ordine plus quam XXX. annis. Hic senex plus quam quinquagenarius in ordine obiit in Monte Marciano, in domo Minorissarum, circa principium quadragesime, anno Domini M° CCCIII°; aportatus fuit inde et sepultus in Morlanis.

Quintus prior frater Bernardus Andree* Brageriacensis successit fratri Arnaldo de Morlanis; prior fuit annis duobus, fuitque absolutus in capitulo provinciali Montis Albani, in festo sancti Michaelis celebrato, anno Domini M° CCCIII°. Hic obiit anno Domini M° CCC° V°, mense augusti, in Sarlato (6).

Sextus prior frater Johannes de Campas (7) Albiensis successit fratri Bernardo Andree, ex suppriore Montis Albani factus prior Sancti Gaudencii, circa Natale Domini confirmatus; prior fuit anno uno et dimidio; fuitque absolutus in capitulo provinciali

---

(1) *In festo B. Marie Magdalene*, 22 juillet (*Ibid.*, col. 368 B).
(2) *In festo B. Marie Magdalene* (*Ibid.*, f° 371 A).
(3) Cère, canton de Labrit (Landes).
(4) *Dominica post octabas apostolorum Petri et Pauli* (Biblioth. de Toulouse, ms. 490, f° 377 A).
(5) Voir plus haut, p. 95, les actes de ce chapitre.
(6) Sarlat (Dordogne).
(7) Campes, canton de Cordes (Tarn).

Lemovicensi, anno Domini M° CCCV°. Hic obiit Albie, anno Domini M° CCCIX°, IIII° kls. maii (1).

[F° 222 A] Septimus prior frater Bonus homo de Archiis (2) ejusdem predicacionis successit fratri Johanni de Campas, confirmatus in Monte Albano, IIII° ydus septembris (3); prior fuit annis tribus, fuitque absolutus in capitulo provinciali Rivensi, anno Domini M° CCCVIII° (4).

Octavus prior frater P. Arnaldi* Tholosanus successit fratri Bono homini memorato, confirmatus paulo ante festum sancti Michaelis; prior fuit anno paulo minus uno; fuitque absolutus in sequenti provinciali capitulo Petragoris (5) in festo beati Barnabe celebrato (6), anno Domini M° CCCIX°.

Nonus prior frater Galhardus de Pomeriis Appamiensis successit fratri Petro Arnaldi, ex subpriore Appamiensi (7) factus prior Sancti Gaudencii, anno Domini M° CCCIX°, in fine mensis julii; prior fuit annis duobus, fuitque absolutus in capitulo provinciali Burdegalensi, secunda die, lectis actis, anno Domini M° CCCXI°.

Decimus prior frater Guillermus Vaquerii* Appamiensis successit fratri Galhardo*, confirmatus in priorem, mense octobri, anno Domini M° CCCXI°; prior fuit annis tribus, fuitque absolutus a priore provinciali (8) in fine mensis septembris, anno Domini M° CCC° XIIII°.

Undecimus prior frater Petrus Rotgerii Tholosanus successit fratri Guillermo Vaquerii*, confirmatus in priorem mense octobri, anno Domini M° CCC° XIIII°.

---

(1) 28 avril.
(2) Il y a une commune du nom de Arques dans chacun des départements suivants : l'Aude, l'Aveyron, le Lot.
(3) 10 septembre.
(4) *In festo B. Marie Magdalene*, 22 juillet (Biblioth. de Toulouse, ms. 490· f° 400 A).
(5) Périgueux (Dordogne).
(6) 11 juin (*Ibid.*, f° 404 A).
(7) Pamiers (Ariège). Il fut plus tard, de 1320 à 1321, prieur du couvent de Pamiers (f° 206 A).
(8) *Fr. Jean de Falbeto* (ms. 490, f° 72 B).

XIII.

1306-1315.

FONDATION ET PRIEURS DU COUVENT DE SAINT-GIRONS.

Biblioth. publique de la ville de Toulouse, ms. 490 (I, 273). — Cf. D. Martène, *Amp. collect.*, VI, 525-526.

I. — FUNDACIO CONVENTUS SANCTI GERUNCII (1).

[F° 239 A] Anno Domini M° CCCVI°, in actis capituli provincialis Figiaci in festo beate Marie Magdalene celebrati, fuit per vicarium provincie, fratrem Guillermum Aurelie*, priorem Figiacensem, et per diffinitores, de loco recipiendo in villa Sancti Geruncii, Coseranensis dyocesis, ad instanciam nobilis viri domini Arnaldi de Hyspania (2), qui cum instancia et devocione conventum fratrum ibi habere petebat et volebat, prout sequitur ordinatum.

Committimus fratri Guillermo de Anhanis* et fratri Arnaldo Guillermi de Lordato, quod ipsi ad villam Sancti Geruncii accedant, inquirant, videant et inspiciant diligenter locum oblatum ordini et alia que dominus Arnaldus de Hyspania duxit et duxerit offerenda. Et ipsi, juxta tenorem litterarum reverendi Patris magistri ordinis, supposita licencia summi pontificis, recipiendi locum ibidem et fratres ad hoc utiles de aliis conventibus

---

(1) Le couvent de Saint-Girons (Ariège), fut dès sa fondation compris dans la province de Toulouse. Au chapitre provincial, il occupait le treizième rang, *in sinistro choro* (Biblioth. de Toulouse, ms. 490, f° 76 B).

(2) Arnaud de Comminges, vicomte de Conserans, surnommé *d'Espagne*, fils de Roger IV de Comminges, et de Grise ou Garcie, fille d'Armand d'Espagne, seigneur de Montespan.

Femme : *Philippe*, fille de Roger, comte de Foix.

Par un acte de novembre 1257, Roger, comte de Foix, « prend en commande du comte de Bigorre, la ville de Saint-Girons et ses dépendances, pendant le bas âge d'Arnaud d'Espagne ». En 1304, Arnaud, surnommé d'Espagne, légua à Philippe, son épouse, « cinq mille écus, et le choix d'habiter à Conserans ou à Saint-Girons ».

Anselme, *Hist. généal. et chronolog. de la maison royale de France*, t. II, 643, 3e édit., Paris, 1726.

advocandi et compellendi auctoritate nostra habeant potestatem (1).

Predicti fratres Guillermus de Anhanis (2) et Arnaldus Guillermi de Lordato* (3), post prefatum provinciale capitulum, juxta commissionem sibi factam, ad villam Sancti Geruncii accesserunt, locumque et alia viderunt, considerarunt et inspexerunt; ad recipiendum tamen locum ibidem tunc minime processerunt; nondum enim licencia sedis apostolice habita fuerat seu concessa (4), ad quam procurandam (5) et habendam prefatus dominus Arnaldus promisit se daturum opem et operam efficacem, sicut postmodum opere adimplevit; et ipse a domino Papa Clemente quinto petiit et optinuit licenciam ante dictam.

Anno Domini M° CCCIX°, in actis capituli provincialis Petragoris in festo beati Barnabe celebrati, circa receptionem predicti loci de Sancto Geruncio, fuit per priorem provincialem et diffinitores, prout sequitur, ordinatum : Volumus quod prior provincialis ad locum Sancti Geruncii accedat et diligenter inquirat, si summus pontifex dedit licenciam recipiendi locum ibidem; quod si de hoc facta fuerit plena fides et sibi visum fuerit ordini expedire, committimus eidem quod locum ibidem recipiat et fratres ydoneos ponat ad loci promocionem, cum ad hoc data fuerit per generale capitulum concessio specialis (6).

[F° 239 B] Post predictum vero provinciale capitulum Petragoricense, prior provincialis, frater Guillermus de Anhanis*, cum

---

(1) B. Gui a reproduit ici le texte même des actes du chapitre de Figeac (*Ibid.*, f° 397 A).

Le *Gallia christiana* (I, 1134), et Baluze (*Vit. Pap.*, I, 931), d'après Olhenartus (*Notitia Vasconiæ*, p. 552) mentionnent la fondation du couvent de Saint-Girons.

(2) Aignan (Gers).

(3) Lordat, canton des Cabannes (Ariège).

(4) A partir de 1298, les Frères Prêcheurs, ainsi que les autres mendiants, ne purent plus recevoir de couvent, sans une autorisation pontificale préalable. On lit dans les actes du chapitre général de cette année : « Item, cum dominus « Papa in sexto libro Decretalium decreverit, quod religiosi mendicantes nova « loca non recipiant, nec recepta mutent absque sedis apostolicæ licentia speciali, « inhibemus districtius, ne aliquis frater pro hujusmodi licentia ad dictam « sedem accedat, vel quomodolibet procuret Magistro ordinis inconsulto. » (Ap. Martène, Thesaurus, IV, 1861. — Cf. *Sexti decret. lib.* III, tit. XVII, cap. I).

(5) *Procurandam et*, à la marge.

(6) Bibl. publ. de la ville de Toulouse, ms. 490, f° 406 B.

fratre Arnaldo Johannis*, priore Pruliani, accessit ad villam Sancti Geruncii; et, comperto quod summus pontifex dominus Clemens papa quintus, cum sua littera bullata, licenciam cesserat specialem quod Fratres Predicatores possent ibi locum recipere et habere, acceptavit locum oblatum pro ordine in predicta villa Sancti Geruncii, Conseranensis dyocesis, cum sollempnitate qua decuit, in vigilia (1) sancti Mathei apostoli et evangeliste, que contigit in sabbato Quatuor Temporum in septembri, anno Domini pretaxato M° CCC° IX°. Prefatus vero prior Pruliani celebravit tunc in loco recepto primam missam de beata Maria Virgine; fueruntque presentes prefatus dominus Arnaldus cum sua nobili conjuge, domina Philippa, sorore comitis tunc Fuxensis, cum sua nobili comitiva, immo cum multitudine populi copiosa. Memoratus vero dominus Arnaldus emit totum locum pro conventu fratrum juxta aquam, quingentis libris Turonensibus, et dedit eisdem, sicut dominus et patronus. Elegitque ibidem suam, cum de ipso contingeret humanitas, sepulturam; et ad edificia facienda ac ad alias fratrum necessitates, inivit in posterum larga manu. Prior autem provincialis instituit ibidem vicarium fratrem Petrum Arnaldi* Tholosanum, qui presens ibidem aderat; assignavitque fratres Guillermum de Cera, Arnaldum Barravi ejusdem predicacionis, et Bernardum de Fagia, ad loci promocionem ibidem; ceperuntque ibi, ex tunc, fratres secundum morem ordinis habitare.

Anno Domini pretaxato M° CCCIX°, XI° kls. decembris, in vigilia sancte Cecilie (2), feria VI^a, reverendus pater dominus Boso (3), episcopus Convenarum, de consensu vicariorum episcopi Coseranensis (4), in prefato loco fratrum Sancti Geruncii cimiterium, cum sollempnitate qua decuit, benedixit.

Anno Domini M° CCCX°, in actis capituli provincialis Appamiensis, in festo beate Marie Magdalene celebrati, fuit in villa Sancti Geruncii, Coseranensis dyocesis, ad instanciam nobilis et potentis viri domini Arnaldi de Hyspania, vicecomitis [f° 240 A]

---

(1) 20 septembre.
(2) 21 novembre.
(3) Boso de Salignac.
(4) Bernard de Montaigu, évêque de Conserans.

Coseranensis, conventus Fratrum Predicatorum regulariter positus et receptus (1), et primus prior institutus, frater P. Arnaldi Tholosanus (2), et lector assignatus frater Guillermus de Pinherio (3); et fuerunt assignati fratres Guillermus de Cera, Bernardus de Fagia, Arnaldus Barravi, Bernardus de Scalerio, P. de Catavo, Raymundus Gayta de Castris, Johannes Deodati, Arnaldus de Caslario, Guillermus Ayroerii, Arnaldus Mancipii de burgo Sancti Bernardi, Bernardus Degani, R. de Fagia.

II. — Priores in conventu Sancti Geruncii (4).

Primus prior in conventu Fratrum Predicatorum Sancti Geruncii fuit frater Petrus Arnaldi* predictus, institutus in capitulo provinciali Appamiensi, in festo beate Marie Magdalene celebrato, anno Domini m° ccc x°. Tempore prioratus sui, fuit ecclesia incoata; prior fuit annis tribus, minus quatuor mensibus; fuitque inde translatus et factus prior Rivensis, circa quadragesimam, anno Domini m° ccc° xii° (5).

Secundus prior frater Bertrandus de Manso* Appamiensis successit fratri Petro Arnaldi, ante quadragesimam, anno Domini m° ccc° xii°; prior fuit annis duobus et dimidio; fuitque inde translatus et factus prior Appamiensis, mense julii, anno Domini m° ccc° xv° (6).

Tercius prior frater Raymundus Barte* Appamiensis successit fratri Bertrando, confirmatus in priorem in principio mensis octobris, anno Domini m° ccc° xv°.

---

(1) Ms. 490, f° 407 B.
(2) Ce qui suit manque dans Martène.
(3) Prieur du couvent de Rieux en 1312, pendant quatre mois seulement (f° 211 B).
(4) Biblioth. de Toulouse, ms. 490 (f° 407 A).
(5) *Ibid.*, f° 210 B.
(6) *Ibid.*, f° 205 B.

FIN DE LA DEUXIÈME PARTIE.

TROISIÈME PARTIE.

NOTICES.

Cinq cent douze frères prêcheurs sont nommés dans les Notices. *Pour quelques-uns, je n'ai pu recueillir que fort peu de renseignements; je fournis des renseignements nouveaux et assez étendus pour la plupart d'entre eux; d'autres, pas aussi nombreux que je l'eusse voulu, mais un bon nombre toutefois, ont une notice complète, sauf omissions bien entendu. Il est difficile, en effet, que rien n'échappe, même à l'attention la plus minutieuse et la plus sûre d'elle-même, dans le dépouillement des actes de cent trois chapitres provinciaux, de l'histoire des couvents du Midi de la France, de l'histoire des prieurs généraux de l'ordre et des prieurs provinciaux de la première province de Provence et de la province de Toulouse, par B. Gui, et des* Vies des Frères *par Gérauld de Frachet. Après moi, d'autres répareront mes oublis involontaires, de même que j'ai été assez heureux pour fournir des renseignements nouveaux sur des frères prêcheurs du XIIIe et du XIVe siècle, déjà connus.*

Je n'ai que rarement noté le folio des manuscrits 488 et 490 de la Bibliothèque publique de la ville de Toulouse, où j'ai puisé le renseignement relevé. L'indication de l'année du chapitre ou du priorat que je donne permettra de se reporter aisément à la source elle-même: l'indication du folio eût été une surcharge inutile. Pour connaître le jour et le lieu du chapitre, on n'aura qu'à consulter le tableau des chapitres provinciaux dressé par B. Gui dans sa majeure partie et que je place avant les Notices.

Primitivement, j'avais eu la pensée de mettre ces Notices *au bas des pages des actes des chapitres et de l'histoire des couvents, pour leur servir de commentaire. Elles en restent le commentaire, en effet, bien qu'elles aient été rejetées à la fin de la publication. Elles sont un peu improprement la troisième partie, c'est vrai. Mais elles contiennent des extraits de B. Gui en assez grand nombre ; et l'ordre alphabétique dans lequel elles ont été placées facilitera la consultation.*

CAPITULA PROVINCIALIA.

I.

Capitula provincialia in provincia Provincie antiqua.

Anno Domini m° cc° xix°, vel xx°, quod magis estimo ex hiis que circa hoc legi, ceperunt primo capitula provincialia in ordine celebrari.

Anno Domini m° cc° xx°.
Anno Domini m° cc° xxi°.
Anno Domini m° cc° xxii°.
Anno Domini m° cc° xxiii°.
Anno Domini m° cc° xxiiii°,
Anno Domini m° cc° xxv°.
Anno Domini m° cc° xxvi°.
Anno Domini m° cc° xxvii°.
Anno Domini m° cc° xxviii°.
Anno Domini m° cc° xxix°.
Anno Domini m° cc° xxx°.
Anno Domini m° cc° xxxi°.
Anno Domini m° cc° xxxii°.
Anno Domini m° cc° xxxiii°.
Anno Domini m° cc° xxxiiii°.
Anno Domini m° cc° xxxv°.
Anno Domini m° cc° xxxvi°.
Anno Domini m° cc° xxxvii°.

Anno Domini M° CC° XXXVIII°.

Anno Domini M° CC° XXXIX°, in conventu Tholosano.

Anno Domini M° CC° XL°, in conventu Montepessulano.

Anno Domini M° CC° XLI°, in conventu Lemovicensi, in Nativitate Beate Marie Virginis.

Anno Domini M° CC° XLII°, in Montepessulano.

Anno Domini M° CC° XLIII°, in Narbona.

Anno Domini M° CC° XLIIII°, in Caturco.

Anno Domini M° CC° XLV°, in Avinione.

Anno Domini M° CC° XLVI°, in Burdegalis.

Anno Domini M° CC° XLVII°, in Montepessulano.

Anno Domini M° CC° XLVIII°, in Massilia.

Anno Domini M° CC° XLIX°, Tholose.

Anno Domini M° CC° L°, in Narbona.

Anno Domini M° CC° LI°, apud Anicium vel Podium Beate Marie.

Anno Domini M° CC° LII°, in Montepessulano.

Anno Domini M° CC° LIII°, Lemovicis, in Nativitate Beate Marie Virginis.

Anno Domini M° CC° LIIII°, Tholose, in Nativitate Beate Marie Virginis.

Anno Domini M° CC° LV°, Caturci, dominica infra octabam apostolorum Petri et Pauli.

Anno Domini M° CC° LVI°, in Avinione, in festo Magdalene.

Anno Domini M° CC° LVII°, Burdegalis, in Nativitate Beate Marie Virginis.

Anno Domini M° CC° LVIII°, Tholose, post generale immediate ibidem.

Anno Domini M° CC° LIX°, in Montepessulano, in festo beati Dominici.

Anno Domini M° CC° LX°, Massilie, in festo Magdalene.

Anno Domini M° CC° LXI°, Bitterris, dominica infra octabam apostolorum Petri et Pauli.

Anno Domini M° CC° LXII°, Narbone, in festo Magdalene.

Anno Domini M° CC° LXIII°, Tholose, in festo beati Dominici.

Anno Domini M° CC° LXIIII°, in Avinione, in festo Magdalene.

Anno Domini M° CC° LXV°, in Montepessulano, post generale ibidem.

Anno Domini M° CC° LXVI°, Lemovicis, in Nativitate Beate Marie.

Anno Domini M° CC° LXVII°, Carcassone, in festo beati Dominici.

Anno Domini M° CC° LXVIII°, in Petragora, dominica ante festum sancti Augustini.

Anno Domini m° cc° lxix°, Bitterris, dominica post octabam apostolorum Petri et Pauli.

Anno Domini m° cc° lxx°, in Cistarico, in festo apostolorum Petri et Pauli.

Anno Domini m° cc° lxxi°, in Montepessulano, post generale ibidem.

Anno Domini m° cc° lxxii°, Narbone, in festo beati Dominici.

Anno Domini m° cc° lxxiii°, Caturci.

Anno Domini m° cc° lxxiiii°, Tholose, in festo Magdalene.

Anno Domini m° cc° lxxv°, in Pirpiniano, in festo beati Dominici.

Anno Domini m° cc° lxxvi°, in Agenno, in festo Assumpsionis Beate Marie.

Anno Domini m° cc° lxxvii°, Burdegalis, post generale ibidem.

Anno Domini m° cc° lxxviii°, in Montepessulano, in festo Magdalene.

Anno Domini m° cc° lxxix°, in Castris, dominica infra octabam apostolorum Petri et Pauli.

Anno Domini m° cc° lxxx°, Narbone, in Exaltacione Sancte Crucis.

Anno Domini m° cc° lxxxi°, Massilie, dominica infra octabam apostolorum Petri et Pauli.

Anno Domini m° cc° lxxxii°, Carcassone, in festo beati Dominici.

Anno Domini m° cc° lxxxiii°, in Montepessulano, post generale ibidem.

Anno Domini m° cc° lxxxiiii°, in Pirpiniano, [in festo beate Marie Magdalene].

Anno Domini m° cc° lxxxv°, in Condomio, in festo sancti Dyonisii.

Anno Domini m° cc° lxxxvi°, in Brageriaco, dominica post octabam apostolorum Petri et Pauli.

Anno Domini m° cc° lxxxvii°, Burdegalis, post generale ibidem.

Anno Domini m° cc° lxxxviii°, in Avinione, in festo Magdalene.

Anno Domini m° cc° lxxxix°, in Narbona, in Exaltacione Sancte Crucis.

Anno Domini m° cc° nonag°, in Appamia, in Exaltacione Sancte Crucis.

Anno Domini m° cc° nonag° i°, in Bitterri, in festo Assumpsionis Beate Marie.

Anno Domini m° cc° nonag° ii°, in Briva, in festo Assumpsionis Beate Marie.

Anno Domini m° cc° nonag° iii°, Carcassone, in festo Magdalene.

Anno Domini m° cc° nonag° iiii°, in Montepessulano, post generale ibidem.

Anno Domini m° cc° nonag° v°, in Castris, in festo sancti Johannis Baptiste.

Anno Domini M° CC° nonag° VI°, Narbone, in festo Magdalene.

Anno Domini M° CC° nonag° VII°, in Tharascone, dominica post festum Magdalene.

Anno Domini M° CC° nonag° VIII°, in Caturco, in octaba apostolorum Petri et Pauli.

Anno Domini M° CC° nonag° IX°, in Pirpiniano, dominica post octabam apostolorum Petri et Pauli.

Anno Domini M° CCC°, Massilie, post generale ibidem.

Anno Domini M° CCCI°, Agenni, in festo Magdalene.

Anno Domini M° CCCII°, Carcassone, in festo Beati Dominici.

II.

Capitula provincialia in provincia Tholosana

Anno Domini M° CCCIII°, divisa provincia Provincie in duas provincias, fuit celebratum primum provinciale capitulum provincie Tholosane in conventu Montis Albani, in festo sancti Michaelis.

Anno Domini M° CCCIIII°, Tholose, post generale ibidem.

Anno Domini M° CCCV°, Lemovicis, in festo Magdalene.

Anno Domini M° CCCVI°, in Figiaco, in festo Magdalene.

Anno Domini M° CCCVII°, in Condomio, in festo Magdalene.

Anno Domini M° CCCVIII°, in Rivis, in festo Magdalene.

Anno Domini M° CCCIX°, in Petragora, in festo Beati Barnabe.

Anno Domini M° CCCX°, in Appamiis, in festo Magdalene.

Anno Domini M° CCCXI°, Burdegalis, in festo Assumpcionis Beate Marie.

Anno Domini M° CCCXII°, in Carcassona, post generale quod fuit ibidem.

Anno Domini M° CCCXIII°, in conventu Albiensi, in festo sancte Magdalene.

Anno Domini M° CCCXIIII°, in Altovillari, in festo Beate Marie.

Anno Domini M° CCCXV°, in Sancto Emiliano, in octaba apostolorum Petri et Pauli.

Anno Domini M° CCCXVI°, [apud Orthesium, in festo beati Johannis Baptiste, *vel* in octabis apostolorum Petri et Pauli].

Anno Domini M° CCCXVII°, [apud Brageriacum, in festo apostolorum Petri et Pauli].

Anno Domini M° CCCXVIII°, [apud Brivam, in festo beati Dominici].

Anno Domini M° CCCXIX°, [Caturci, post generale ibidem].

Anno Domini M° CCCXX°, [in Castris sancti Vincentii, in festo apostolorum Petri et Pauli].

Anno Domini M° CCCXXI°, [in conventu Sancti Geroncii, in festo Nativitatis Beate Virginis].

Anno Domini M° CCCXXII°, [apud Agennum, in festo beati Augustini episcopi].

Anno Domini M° CCCXXIII°, [Morlanis, in festo Nativitatis beati Johannis Baptiste].

Anno Domini M° CCCXXIIII°, [apud Burdegalam].

Anno Domini M° CCCXXV°, [apud Ruthenam, in festo beati Michaelis].

Anno Domini M° CCCXXVI°, [in Appamia, dominica ante festum beati Johannis Baptiste].

Anno Domini M° CCCXXVII°, [apud Lemovicam, dominica infra octabam apostolorum Petri et Pauli].

Anno Domini M° CCCXXVIII°, [Tholose, post generale ibidem].

Anno Domini M° CCCXXIX°, [in Rivis, in festo beate Marie Magdalene].

Anno Domini M° CCCXXX°, [apud Montem Albanum, in festo Beati Dominici].

Anno Domini M° CCCXXXI°, [apud Lectoram, dominica ante festum beati Johannis Baptiste].

Anno Domini M° CCCXXXII°, [apud Petragoram, in festo Translationis beati Dominici].

Anno Domini M° CCCXXXIII°, [apud Figiacum, dominica ante festum beati Johannis Baptiste].

Anno Domini M° CCCXXXIIII°, [apud Lemovicam, post capitulum generale].

Anno Domini M° CCCXXXV°, [apud Altumvillare, in festo Assumptionis Beate Virginis].

Anno Domini M° CCCXXXVI°, [apud Brageriacum, dominica infra octabam apostolorum Petri et Pauli].

Anno Domini M° CCCXXXVII°, [apud Tholosam, in octaba apostolorum Petri et Pauli].

Anno Domini M° CCCXXXVIII°, [apud Sanctum Geroncium, in festo Corporis Christi].

Anno Domini M° CCCXXXIX°, [Castris, in festo apostolorum Petri et et Pauli].

Anno Domini M° CCCXL°, [apud Condomium, in festo beate Marie Magdalene].

Anno Domini m° cccxli°, [apud Brivam, in festo beati Mathei, apostoli et evangeliste].

Anno Domini m° cccxlii°, [Carcassone, in festo Penthecostes].

(Ms. 490, f° 276 A-B, f° 277 A-B.)

NOTICES.

Ademarius *(Adzemarius)* **Arnaldi**. — Étudiant des *Naturalia* au couvent d'Agen, en 1305 ; étudiant de théologie au couvent de Bordeaux, en 1306, au couvent de Périgueux, en 1307, et au couvent de Toulouse, en 1308 ; sous-lecteur au couvent de Bergerac, en 1309 ; lecteur de théologie au couvent de Saint-Gaudens, en 1315 ; lecteur de théologie au couvent de Bergerac, en 1316 et en 1321 ; lecteur de théologie au couvent de Limoux, en 1325.

Ademarus *(Aydemarus)* **de Sancto Paulo**. — Deux frères prêcheurs sont désignés sous ce nom : 1° *Aydemarus de Sancto Paulo*, lecteur de théologie au couvent de Brives, en 1242 ; 2° *Aydemarus de Sancto Paulo*, lecteur des arts au couvent d'Orthez, en 1274 ; étudiant des *Naturalia* au couvent de Narbonne, en 1276 ; étudiant de théologie au couvent de Toulouse, en 1279, en 1282 et en 1285 ; lecteur de théologie au couvent de Montauban, en 1288 ; en 1290, il commence la fondation du couvent de Saint-Gaudens ; fr. Bernard *de Trilia*, vicaire de la province de Toulouse, l'en reprend au chapitre provincial tenu à Pamiers, en 1290 ; premier lecteur du couvent de Saint-Gaudens, en 1298 ; prieur de ce couvent de 1296 à 1297, plus haut, p. 334 ; visiteur en 1297, des couvents de Montauban, Cahors, etc. ; visiteur, en 1302, des couvents de Condom, d'Agen, de Lectoure, d'Auvillar et du monastère de Pont-Vert ; prédicateur général, en 1304 ; il est, en 1312, établi arbitre entre les couvents d'Orthez et de Morlaas, pour fixer les limites de ces deux *prédications*.

Alexius Arelatensis. — Visiteur, en 1285, des couvents du Puy, d'Alais, d'Aubenas, de Marvejols et de Nîmes ; prédicateur général, en 1289 ; visiteur, en 1290, des couvents de Nice, de Grasse, de Sisteron, de Valence et de Die ; prédicateur général, en 1300.

Andricus Maurandi. — Voyez plus haut, p. 127, not. 5.

Armengaudus. — Visiteur, en 1269, des couvents de Montpellier, de Béziers, de Narbonne et de Perpignan ; visiteur, en 1274, des couvents de Limoges, de Brives, de Cahors et de Figeac; visiteur, en 1276, des couvents d'Agen, de Condom, d'Orthez, de Morlaas, d'Auvillar et de Bayonne; vicaire, en 1277, de la vicairie de Toulouse.

Arnaldus Amelii. — Étudiant des *Naturalia* au couvent de Saint-Sever, en 1317, au couvent d'Auvillar, en 1318, et au couvent de Saint-Girons, en 1319; étudiant de théologie au couvent de Toulouse, en 1320; sous-lecteur au couvent d'Auvillar, en 1322, et au couvent de Saint-Girons, en 1323; visiteur, en 1334, des couvents de Montauban, d'Auvillar, d'Agen, de Condom et de Lectoure; et en 1340, des couvents d'Orthez, de Morlaas, de Bayonne et de Marciac.

Arnaldus Babonis. — Étudiant des *Naturalia* au couvent de Carcassonne, en 1313; étudiant de théologie au couvent de Bordeaux, en 1319, et au couvent de Toulouse, en 1320; sous-lecteur au couvent de Carcassonne, en 1321; lecteur des *Naturalia* au couvent de Cahors, en 1322, et au couvent de Carcassonne, en 1323; lecteur de théologie au couvent de Rieux, en 1326, au couvent de Castres, en 1329, et au couvent de Pamiers, en 1336; visiteur, en 1339, des couvents de Montauban, de Pamiers, de Rieux, de Saint-Gaudens et de Saint-Girons; lecteur de théologie au couvent de Castres, en 1340; prédicateur général, en 1342.

Arnaldus Barravi. — Voyez plus haut, p. 137, not. 5.

Arnaldus de Barreria. — Étudiant de philosophie au couvent de Lectoure, en 1286, au couvent de Figeac, en 1287, et au couvent de Cahors, en 1288; étudiant de théologie au couvent de Toulouse, en 1292; étudiant au *Studium generale* de Paris, en 1298; sous-lecteur au couvent de Montpellier, en 1301; prédicateur général, en 1302; lecteur de théologie au couvent de Bordeaux, en 1303; lecteur de théologie au couvent de Toulouse, en 1308.

Arnaldus de Bernadino. — Voyez plus haut, p. 105, not. 6.

Arnaldus de Bosco Condomiensis. — Prieur du monastère de Pont-Vert en 1296 et 1297; meurt au couvent de Condom en 1297, plus haut, p. 339.

Arnaldus de Bosco Petragoricensis. — Entre dans l'ordre au couvent de Périgueux; prieur du couvent de Saint-Émilion, de 1308 à 1310, plus haut, p. 312; visiteur, en 1310, des couvents de Toulouse, de Carcassonne, de Pamiers et du monastère de Prouille; prieur du couvent de Rieux, en 1314; visiteur, en 1316, des couvents de Bayonne, d'Orthez, de Morlaas et de Saint-Sever.

Arnaldus de Burgada. — Lecteur des arts au couvent de Condom, en 1275; lecteur des arts au couvent de Bordeaux, en 1276; étudiant de théologie au couvent de Montpellier, en 1282; meurt en 1286.

Arnaldus Cosini Agennensis. — Entre dans l'ordre au couvent d'Agen; prieur du couvent de Lectoure de 1288 à 1291, plus haut, p. 329; prieur du couvent d'Agen de 1292 à 1294, plus haut, p. 289.

Arnaldus Desiderati de predicatione Agennensi. — Entre dans l'ordre au couvent d'Agen; visiteur, en 1271, des couvents de Bayonne, de Bordeaux, d'Orthez et de Condom; visiteur, en 1274, des couvents de Condom, de Morlaas, de Bayonne et d'Orthez; délimite, en 1274, les *prédications* de Morlaas et des couvents voisins; visiteur, en 1275, des couvents de Brives, de Cahors et de Figeac; prieur du couvent d'Agen de 1273 à 1275, plus haut, p. 288.

Arnaldus de Fabricis conventus Montis Albani. — Entre dans l'ordre au couvent de Montauban; étudiant de théologie au couvent de Bordeaux, en 1304, et au couvent de Toulouse, en 1306; sous-lecteur au couvent d'Albi, en 1307; lecteur des *Sentences* au couvent de Périgueux, en 1309; lecteur de théologie au couvent de Saint-Émilion, en 1310, et au couvent de Montauban, en 1313; lecteur de la Bible au couvent de Figeac, en 1314; lecteur de théologie au couvent de Rodez, en 1317; prieur du couvent d'Agen de 1322 à 1324, plus haut, p. 292; prédicateur général, en 1326; va auprès de fr. Raymond Bequini, patriarche de Jérusalem, évêque de Segni en 1333 (Gams, *Ser. episcop.*, 725).

Arnaldus Fradeti Burdegalensis. — Entre dans l'ordre au couvent de Bordeaux, au mois d'avril 1282; étudiant des *Naturalia* au couvent de Condom, en 1288; étudiant de théologie au couvent de Toulouse, en 1291; étudiant de théologie au couvent de Montpellier, en 1292; sous-lecteur au couvent de Bordeaux, en 1293; lecteur de théologie au couvent d'Agen, en 1296; lecteur de théologie au couvent de Bordeaux, en 1300, avec la mention *Et disputet;* prédicateur général, en 1302; prieur du couvent de Bordeaux, en 1302, plus haut, p. 271; créé grand pénitencier par Clément V, en 1305; évêque de Conserans, en 1309. « Frater Arnaldus Fradeti Burdegalensis fuit factus
« episcopus Coseranensis, cujus sedes Sancti Licerii appellatur, per
« dominum Clementem Papam V., cujus erat primarius et capellanus,
« anno Domini M° CCCIX°, circa festum sancti Johannis Baptiste.
« Hic est Coseranensis episcopatus, quem Beatus pater Dominicus
« oblatum sibi corde et animo recusavit, sicut infra notandum est loco
« 'suo » (B. Gui, ms. 490, f° 24 B). — « Hic sancte et devote obiit in
« vigilia Ascentionis Domini, quæ contigit, illo anno, ultima die maii,
« in festo Petronillæ, anno Domini M° CCC° XXIX°; et sepultus sequenti
« sabbato in ecclesia Fratrum Predicatorum quam ipse construxerat

« adhuc vivens » (*Gall. christ.* — Baluze, *Vit. Pap. Aven.*, I, 753. — Quétif et Echard, *Script. ord. præd.*, I, 565, 566). — Le chapitre provincial de 1328, tenu à Toulouse, lui accorda les suffrages de toute la province, en ces termes : « Notificamus fratribus universis quod
« quilibet sacerdos nostre provincie, quolibet anno, VII. missas, et
« quilibet frater clericus non sacerdos tociens VII. psalmos peniten-
« tiales, et quilibet frater conversus M. *Pater noster* et M. *Ave* pro
« venerabili patre in Christo domino fratre Arnaldo Fredeti, Dei gracia
« episcoso Coseranensi, tenentur perpetuo dicere; ac predictos volumus
« esse obligatos ad prefata suffragia pro memorato domino episcopo
« integraliter persolvenda, volentes et imponentes quod quilibet prior,
« postquam de provinciali capitulo redierit, de quindena in quindenam
« requirat fratres in judicio exeuntes, si dictas missas et orationes
« dixerint, et continuare teneantur dictam requisitionem, quousque
« dicta suffragia ab omnibus persoluta [sint]; attendentes insuper
« quod in Memento Canonis tam pro vivis quam pro mortuis cujus-
« libet missalis provincie nomen supradicti domini episcopi decenter
« in margine conscribatur, ut semper in memoria ipsum habeant,
« Domino salutarem hostiam immolantes » (Ms. 490, f° 455 B f° 456 A).

Arnaldus Garssie. — Quatre frères prêcheurs ont porté ce nom : 1° *Arnaldus Garssie*, étudiant des *Naturalia* au couvent d'Agen, en 1274; prieur du couvent d'Orthez de 1287 à 1290, plus haut, p. 297; pendant son priorat, Gaston de Béarn est enseveli au couvent d'Orthez; visiteur, en 1290, des couvents de Bordeaux, de Saint-Émilion, de Bergerac, de Périgueux, de Limoges et de Brives. — 2° *Arnaldus Garcie (Garssie)*, étudiant des *Naturalia* au couvent d'Auvillar, en 1305; étudiant de théologie au couvent de Bordeaux, en 1308. — 3° *Arnaldus Garssie*, étudiant des *Naturalia* au couvent de Pamiers, en 1312. — 4° *Arnaldus Garssie de Vastanesio*, étudiant des *Naturalia* au couvent de Condom, en 1312. — Voyez *Garcias Arnaldi*.

Arnaldus Guillermi de Bedereto de conventu Sancti Severi. — Entre dans l'ordre au couvent de Saint-Sever; étudiant de théologie au couvent de Bordeaux, en 1305; étudiant de théologie au couvent de Toulouse, en 1307 et en 1308; sous-lecteur au couvent d'Orthez, en 1309 et en 1310; lecteur de théologie au couvent de Saint-Sever, en 1314; visiteur, en 1319, des couvents de Limoges, de Saint-Junien, de Brives, de Figeac et de Rodez; prieur du couvent d'Auvillar de 1325 à 1326, plus haut, p. 327; prieur du couvent d'Orthez, en 1326.

Arnaldus Guillermi de Carreria. — Lecteur des arts au couvent d'Orthez, en 1321.

Arnaldus Guillermi de Lordato. — Entre dans l'ordre, en 1268; lecteur de logique au couvent d'Albi, en 1283; étudiant de théologie au couvent de Montpellier, en 1287 et en 1288; lecteur de théologie au couvent de Rieux, en 1290, au couvent de Collioure, en 1291, au couvent de Montauban, en 1293, et au couvent de Perpignan, en 1296; visiteur, en 1299, des couvents de Cahors, Montauban, etc; prédicateur général, en 1302; reçoit, en 1306, commission d'examiner s'il est possible de fonder un couvent à Saint-Girons, plus haut, p. 346; prieur du couvent de Pamiers deux fois, de 1297 à 1299, et de 1301 à 1303; visiteur, en 1303, des couvents de Condom, d'Agen, de Lectoure, d'Auvillar et du monastère de Pont-Vert; visiteur, en 1310, de ces mêmes couvents; meurt en 1316, *in principio mensis maii*.

Arnaldus Guillermi de Murello. — Étudiant des *Naturalia* au couvent de Condom, en 1309, et au couvent d'Auvillar, en 1310; étudiant de théologie au couvent de Toulouse, en 1319; lecteur des *Naturalia* au couvent de Rieux, en 1321.

Arnaldus Johannis Caturcensis. — Entre dans l'ordre au couvent de Cahors où il est reçu par fr. Pierre de Listrac (Gironde), prieur de ce couvent en 1263, détail qu'il communique à B. Gui; étudiant des *Naturalia* au couvent de Béziers, en 1271, et au couvent de Perpignan, en 1272; sous-prieur du couvent de Cahors, en 1285; prieur du couvent de Cahors trois fois, de 1285 à 1287, de 1289 à 1292, de 1293 à 1296; visiteur, en 1292, des couvents de Limoges, de Brives, de Périgueux, de Bergerac et de Saint-Émilion; visiteur, en 1293, de de ces mêmes couvents et de celui de Bordeaux; envoyé au couvent de Pamiers, en 1296, comme visiteur spécial; prieur du couvent de Montauban de 1296 à 1298; visiteur, en 1298, des couvents de Toulouse, de Carcassonne, de Pamiers, de Castres, d'Albi, de Rieux, de Saint-Gaudens et du monastère de Prouille; prédicateur général, en 1300; vicaire de la province, en 1301; prieur du monastère de Prouille, de 1299 à 1319; meurt à Prouille, en 1319; un des frères prêcheurs les plus considérables de son temps; auteur probable du *Libellus de doctrina fratrum*, plus haut, p. 226, XII, 1. — « Undecimus prior [Pruliani] « frater Arnaldus Johannis Caturcensis successit fratri Bernardo de « de Turnis, institutus per fratrem Bernardum de Juzico, priorem « provincialem, VII° ydus novembris, sabbato post festum Omnium « Sanctorum, quod festum contigit in dominica, evolutis quinque « septimanis a transitu predecessoris, fratribus clericis et conversis in

« capitulo congregatis, ubi prior provincialis et ipse frater Arnaldus
« presentes erant, anno Domini M° CC° nonag° IX°. Qui presens inter-
« fuit premissa scripsit. — Anno Domini M° CCCV°, dominus Clemens
« Papa V^{us}, prius dictus dominus Bertrandus del Got, de Burdegala,
« unde Archiepiscopus existens assumptus et creatus fuerat in
« Papam, in vigilia Penthecostes precedenti, scilicet nonis junii,
« versus Lugdunum dirigens gressus suos, transivit per monasterium
« Pruliani, ubi hospitatus est sumptibus monasterii cum comitiva
« sua et uno cardinali, scilicet domino Petro Hyspani episcopo
« Sabinensi, secunda die octobris, in sabbato. Sequenti vero die
« dominica mane intravit claustrum et capitulum sororum, susceptus
« processionaliter ab eisdem cum prefato cardinali et domino Ber-
« trando, episcopo Agennensi, avunculo ipsius Pape, et domino
« Raymundo del Got, nepote suo, et abbate Sancte Crucis Burdega-
« lensis, et domino Guillermo Arrufati, quos tres fecit in sequenti
« Adventu Domini cardinales, et cum priore provinciali, fratre Ber-
« trando, cum aliquibus fratribus; et, collatione verbi Dei premissa,
« petivit orationum munera ab eisdem humiliter et devote, quibus
« concessit et ipse, quod confessores ipsarum possent eas absolvere,
« auctoritate sua, ab omnibus quantum se extendit potestas Beati Petri,
« vicarii domini Jhesu Christi. — Tempore prioratus fratris Arnaldi
« predicti, consumpmata clausura monasterii lapidea, factum fuit
« magnum illud portale cum turri desuper camerata, anno Domini
« M° CCCI°; itemque facta fuit magna illa domus lapidea ex parte
« ecclesie sororum, in qua sunt superius dormitorium cum cellis pro
« fratribus hospitibus et conversis, inferius vero magnum cellarium
« cum testudine, et torcular cujus domus ex parte orientali fuit
« edificium incoatum, anno Domini M° CCCII°, in estate, et ad finem
« usque productum, anno Domini M° CCCVII°. Item, anno Domini
« M° CCCVIII°, IIII° kls. februarii, die mercurii, dominus Clemens
« Papa V^{us} vadens apud Avinionem, locum curie destinatum, secunda
« vice fuit in monasterio Pruliani, et sequenti die jovis intravit
« claustrum et capitulum sororum, cum quinque cardinalibus, inter
« quos erat dominus frater Nicholaus de Prato, episcopus Hostiensis,
« item archiepiscopus Rothomagensis, et episcopus Tholosanus, ambo
« nepotes Pape. Tempore prefati prioris fuit facta domus lapidea pro
« dormitorio et infirmitorio sororum valde pulchra, que consumpmata
« fuit, anno Domini M° CCC° XV°. Item, facta fuit domus furni lapidea
« cum ipso furno, sub anno Domini M° CCC° XV°. Prior fuit annis XX.
« et amplius, XI. diebus, in sabbato positus ad laborem monasterii et

« in sabbato a laboribus in Domino requievit, vir bonus, et senex et
« custos fidelis; fuitque sepultus in eodem tumulo cum fratre Ber-
« nardo de Turnis, predecessore suo, sabbato infra octabas beati
« Martini, videlicet xv. kls. decembris, anno Domini M° CCC° XIX°, ab
« ingressu vero ordinis anno LVII°, decurrente etatis vero sue anno
« circiter septuagesimo » (B. Gui, ms. 490, f° 108 A-B, f° 109 A).

Arnaldus Johannis Tholosanus. — Visiteur, en 1302, des couvents de Bordeaux, de Saint-Émilion, de Bergerac, de Périgueux et du monastère de Saint-Pardoux; prédicateur général, en 1304; *socius* du provincial au chapitre général de 1304; prieur du couvent d'Orthez de 1303 à 1304, plus haut, p. 300.

Arnaldus de Manso de conventu Appamiensi. — Entre dans l'ordre au couvent de Pamiers; étudiant des *Naturalia* au couvent de Cahors, en 1320, et au couvent de Pamiers, en 1321; étudiant de théologie au couvent de Toulouse, en 1324; sous-lecteur au couvent de Saint-Girons, en 1326; prieur du couvent d'Auvillar, de 1330 à 1333, plus haut, p. 327; visiteur, en 1341, des couvents d'Agen, de Port-Sainte-Marie, de Condom, de Lectoure et d'Auvillar.

Arnaldus de Monte deserti. — Étudiant de théologie au couvent de Toulouse, en 1307; sous-lecteur au couvent de Bayonne, en 1308; lecteur des Sentences au couvent de Bayonne, en 1309; étudiant de théologie au couvent de Toulouse, en 1310; lecteur de théologie au couvent de Saint-Gaudens, en 1311.

Arnaldus de Morlanis. — Entre dans l'ordre vers 1250; envoyé en 1264, à Paris, pour y étudier au *Studium generale* pendant trois ans; sous-lecteur au couvent de Bordeaux, en 1267; lecteur de théologie au couvent de Bayonne, en 1268, et au couvent d'Orthez, en 1271; visiteur, en 1281, des couvents de Périgueux, de Bergerac et de Saint-Émilion; prédicateur général, en 1281; lecteur de théologie au couvent de Saint-Sever, en 1284; prédicateur général de nouveau nommé, en 1286; visiteur, en 1287, des couvents de Bordeaux, de Saint-Émilion, de Bergerac, de Périgueux, de Limoges et de Brives; prieur du couvent d'Orthez trois fois, de 1272 à 1274, de 1279 à 1283, et en 1285, plus haut, p. 296 et 297; prieur du couvent de Morlaas trois fois, de 1276 à 1278, de 1285 à 1287, et de 1290 à 1292, plus haut, p. 316, 317 et 318; vicaire du couvent de Saint-Gaudens, en 1292; prieur du couvent de Lectoure de 1295 à 1298, plus haut, p. 330; prieur du couvent de Rieux deux fois, de 1286 à 1290, et de 1298 à 1299; prieur du couvent de Saint-Gaudens, de 1299 à 1301, plus haut, p. 344; meurt à Mont-de-Marsan, en 1303; enseveli à Morlaas. « Hic

« fuit lector aut prior vicissim in ordine plus quam XXX. annis, sicut ab
« ipso audivi. Hic quoque senex plus quam quinquagenarius in ordine
« obiit circa principium quadragesime in Monte Marciano in domo
« Minorissarum, anno Domini M° CCCIII°; portatus fuit inde et sepultus
« in Morlanis » (B. Gui, *Prior. in conv. Rivensi*, ms. 490, f° 211 A).

Arnaldus de Ordelhano. — Étudiant des *Naturalia* au couvent de Condom, en 1308, au couvent de Bordeaux, en 1310, et au couvent de Toulouse, en 1312 et en 1313; sous-lecteur au couvent de Saint-Émilion, en 1314; lecteur des *Naturalia* au couvent de Saint-Émilion, en 1315, et au couvent de Saint-Sever, en 1316; étudiant de théologie au couvent de Toulouse, en 1318. Probablement, il s'agit ici de deux frères prêcheurs de même nom; la carrière du second aurait commencé en 1315.

Arnaldus Petri. — Étudiant des *Naturalia* au couvent de Condom, en 1308, et au couvent de Pamiers, en 1309; étudiant de théologie au couvent de Carcassonne, en 1310 et en 1312; au couvent de Toulouse, en 1314; sous-lecteur au couvent de Rieux, en 1316.

Arnaldus de Podio Burdegalensis. — Entre dans l'ordre au couvent de Bordeaux; lecteur des *Naturalia* au couvent de Bordeaux, en 1266, et au couvent de Condom, en 1267; sous-lecteur au couvent de Montpellier, en 1271; lecteur de théologie au couvent d'Orthez, en en 1272, « et habet licentiam disputandi »; lecteur de théologie au couvent de Brives, en 1273; prédicateur général, en 1274; sous-lecteur au couvent de Montpellier, en 1277; lecteur de théologie au couvent de Béziers, en 1279, et au couvent d'Orthez, en 1280; prieur du couvent d'Orthez de 1285 à 1287, plus haut, p. 297.

Arnaldus de Ponciaco Condomiensis. — Entre dans l'ordre au couvent de Condom; visiteur, en 1272, des couvents de Toulouse, de Pamiers et de Carcassonne; premier prieur du couvent d'Auvillar de 1275 à 1276; prieur de nouveau de 1283 à 1285; il reçoit, de sa propre initiative, le couvent de Lectoure en 1276, et en est repris, plus haut, p. 328; prédicateur général, en 1282; visiteur, en 1283, des couvents de Limoges, de Brives, de Figeac et de Cahors; prédicateur général de nouveau désigné, en 1284; prieur du couvent de Rieux de 1280 à 1282; prieur du couvent de Lectoure de 1287 à 1289; visiteur, en 1288, des couvents de Montauban, de Cahors, de Figeac, de Rodez et de Milhau; meurt au couvent de Condom, en 1298 ou 1299, dit B. Gui en un endroit (ms. 490, f° 210 B), ou le 3 octobre 1300, dit ce même historien dans ses notices des prieurs du couvent d'Auvillar, plus haut, p. 323. « Hic fuit predicator graciosus » (B. Gui, ms. 490, f° 210 B, f° 213 A).

Arnaldus de Prato. — Né à Condom; fait sa profession au couvent d'Agen, en 1257, sous le fr. Bertrand de Rocamadour, prieur, plus haut, p. 287; lecteur de théologie au couvent de Condom, en 1265; prédicateur général, en 1274; lecteur de théologie au couvent de Bayonne, en 1275, au couvent d'Agen, en 1280, au couvent de Cahors, en 1282, au couvent de Bordeaux, en 1283, au couvent de Toulouse, en 1289; définiteur au chapitre provincial, en 1289; lecteur de théologie au couvent de Toulouse, en 1295; prédicateur général de nouveau désigné, en 1295; définiteur au chapitre provincial de 1299 et à celui de 1301; élu prieur du couvent de Condom, en 1301, et refuse cette charge; prieur en 1303, pendant six mois, plus haut, p. 305; prieur du couvent de Toulouse de 1298 à 1299; inquisiteur en 1304; auteur de l'office pour la fête de saint Louis, roi de France; meurt à Cadillac, le 16 septembre 1306; enseveli au couvent de Condom. « Tempore sui prio-
« ratus [in conventu Tholosano] facta fuit illa pars novi dormitorii que
« a meridie protenditur versus aquilonem, scilicet brachium unum crucis
« ex parte scolarum... Hic fuit lector Tholosanus annis XIIII., et in
« Tholosa quam in Montepessulano, quam etiam in multis aliis
« conventibus plus quam XXX. annis in Theologia exercuit officium
« lectionis. Dictator et inventor carminum valde bonus. Hic officium
« ecclesiasticum sancti Ludovici Regis nocturnum et diurnum dictavit
« et composuit eleganter, quod in curia Regis Philippi pre omnibus
« aliis preelectum extitit pariter et acceptum. Hic factus fuit inqui-
« sitor Tholosanus heretice pravitatis, anno Domini M° CCCIIII°, in
« principio mensis marcii. Hic inquisitor existens, prope Burdegalam
« ubi in curia, racione et causa summi Pontificis domini Clementis
« Pape V cui notus et acceptus erat plurimum, tunc temporis mora-
« batur, obiit apud Cadilacum, feria VI^a, in festo beate Eufemie
« virginis, XVI° kls. octobris, anno Domini M° CCCVI°, ab ingressu vero
« ordinis anno LI°; portatus fuit inde apud Condomium, et sepultus
« in ecclesia fratrum » (B. Gui, *Prior. in conv. Tholosano*, ms. 490, f° 121 A-B. — Cf. Quétif et Echard, *Script. ord. præd.*, I, 419. — *Hist. litt. de la France*, XXV, 240-244. — L. Couture, *Revue de Gacogne*; Ul. Chevalier, *Répertoire*).

Arnaldus Raterii. — Sa notice plus haut, p. 114, not. 12.

Arnaldus de Rivis de Monte Albano. — Originaire de Montauban; entre dans l'ordre au couvent de Rieux; étudiant des *Naturalia* au couvent de Pamiers, en 1306, et au couvent d'Albi, en 1307; étudiant de théologie au couvent Bordeaux, en 1309, et au couvent de Toulouse, en 1310 et en 1312; sous-lecteur au couvent de

Montauban, en 1313; lecteur des Sentences au couvent de Figeac, en 1316; prieur du couvent de Saint-Émilion de 1319 à 1322; plus haut, p. 313; va à Paris en 1322, pour traiter plusieurs affaires relatives au couvent de Montauban.

Je trouve un second frère prêcheur, Arnaud de Rieux, *Arnaldus de Rivis*, étudiant des *Naturalia* au couvent de Pamiers, en 1318; étudiant de théologie au couvent de Pamiers, en 1320.

Arnaldus de Roseriis. — Étudiant de théologie au couvent d'Agen, en 1305, au couvent de Toulouse, en 1306, en 1307 et en 1308; sous-lecteur au couvent de Condom, en 1309; étudiant de théologie au couvent de Toulouse, en 1310; lecteur de théologie au couvent de Saint-Sever, en 1311, au couvent de Lectoure, en 1312; visiteur, en 1325, des couvents de Bordeaux, de Saint-Émilion, de Bergerac et de Périgueux.

Arnaldus de Sancto Michaele. — Étudiant des *Naturalia* au couvent de Castres, en 1305, au couvent de Pamiers, en 1306; étudiant de théologie au couvent de Toulouse, en 1309; lecteur des *Naturalia* au couvent de Pamiers, en 1311; étudiant de théologie au couvent de Toulouse, en 1312; lecteur de théologie au couvent de Rodez, en 1315, et au couvent de Périgueux, en 1318; prédicateur général, en 1322; lecteur des Sentences à Paris, en 1329, « de voluntate domini Summi « Pontificis » (Ms. 489, f° 163 c).

Arnaldus de Sancto Ylario. — Étudiant des *Naturalia* au couvent de Rieux, en 1319 et en 1320; lecteur des arts au couvent d'Orthez, en 1321, et au couvent de Rieux, en 1322; sous-lecteur au couvent de Figeac, en 1325, et au couvent de Rieux, en 1326; lecteur de théologie au couvent de Saint-Girons, en 1331.

Arnaldus Seguerii Appamiensis. — Originaire de Pamiers; prieur du couvent de Narbonne de 1262 à 1267; prieur du monastère de Prouille de 1267 à 1296; prédicateur général, en 1268; député à Rieux, en 1273, pour s'informer s'il est possible d'y fonder un couvent; définiteur au chapitre provincial de 1284; vicaire de la province, en 1286; meurt à Prouille, le 17 avril 1296. « Nonus prior
« [Pruliani] frater Arnaldus Seguerii Appamiensis successit fratri
« Petro Regis, institutus per priorem provincialem fratrem Ber-
« nardum Geraldi paulo post provinciale capitulum Carcassonense, ubi
« fuerat a prioratu Narbonensi absolutus, anno Domini M° CC° LXVII°.
« Hic in diebus suis edificavit insignem ecclesiam sororum; anno
« siquidem Domini M° CC° LXVII°, in crastino Beati Francisci, III° non.
« octobris, fuit in monasterio Beate Marie de Pruliano incepta ecclesia

« et lapis primarius positus in eadem ad honorem Gloriose Virginis
« matris Dei, per ipsum fratrem Arnaldum Seguerii, priorem, et per
« nobilem virum dominum Guidonem de Levys, marescallum Mirapicis.
« Post hec, divina gracia assistente, meritis ejusdem Virginis gloriose
« et Beati Dominici, patris nostri, prosequtum est opus, et usque ad
« finem completum et peractum per eumdem priorem et fratres, anno
« Domini M° CC° octogesimo quinto, in festo Epiphanie; quo die festo,
« prenominatus prior in eadem ecclesia, in majori altari, primam
« missam sollempniter celebravit. Edificavit quoque capellam fratrum
« sancti Martini. Hic redditus monasterii adauxit plurimum. Clausu-
« ram etiam monasterii de muro lapideo incoaverat, quam successor
« ejus quasi complevit. In grangiis quoque edificia multa fecit. Prefuit
« monasterio annis XXIX.; priorque existens, senex et plenus dierum,
« obiit in Pruliano, XV° kls. maii, anno Domini M° CC° nonag° VI°.
« Sepultus est in ecclesia ante fenestram sororum in eodem tumulo
« cum fratre Raymundo Cathalani » (B. Gui, *Prior. in monast.
Pruliani*, ms. 490, f° 107 A).

Arnaldus de Silva, vasco natione, Burdegalensis. —
Entre dans l'ordre au couvent de Bordeaux; prieur du couvent du Puy
(Puy-de-Dôme) de 12.. à 1256; prieur du couvent de Carcassonne de
1259 à 1263; prédicateur général, en 1268; prieur du couvent d'Agen
de 1275 à 1278, plus haut, p. 288; prieur du couvent de Saint-Émilion
de 1283 à 1284; il y meurt « in festo Circumcisionis Domini », le
1er janvier 1284, plus haut, p. 310.

Arnaldus Vigerii Brageriacensis. — Entre dans l'ordre au
couvent de Bergerac; étudiant des *Naturalia* au couvent d'Agen, en
1305; lecteur des arts au couvent de Périgueux, en 1307; étudiant de
théologie au couvent de Bordeaux, en 1308 et en 1309, au couvent de
Toulouse, en 1310; sous-lecteur au couvent de Saint-Émilion, en 1313,
et au couvent de Bergerac, en 1314; étudiant au *Studium generale* de
Montpellier, en 1315; visiteur, en 1320, des couvents de Bayonne,
d'Orthez, de Morlaas et de Saint-Sever; prieur du couvent de Saint-
Émilion deux fois, de 1328 à 1329, de 1334 à 1336, plus haut, p. 313
et 314.

Arnaldus Vitalis Agennensis. — Entre dans l'ordre au
couvent d'Agen; lecteur de *logique* au couvent de Bordeaux, en 1279,
et au couvent d'Agen, en 1280; étudiant de théologie au couvent de
Bordeaux, en 1283, et au couvent d'Agen, en 1284; lecteur de théologie
au couvent de Bordeaux, en 1285; étudiant de théologie au couvent de
Toulouse, en 1287 et en 1288; lecteur de théologie au couvent de

Lectoure, en 1289, et au couvent d'Auvillar, en 1291; prieur du couvent d'Agen deux fois, de 1296 à 1297, et de 1303 à 1306, plus haut, p. 289 et 290; prédicateur général, en 1302; visiteur, en 1306, des couvents de Toulouse, de Carcassonne, de Pamiers, de Rieux, de Saint-Gaudens et du monastère de Prouille; prieur du monastère de Pont-Vert deux fois, de 1297 à 1303, et de 1307 à 1313, plus haut, p. 339 et 340; meurt au couvent de Condom, le 18 avril avril 1313.

Atho Arnaldi de Castro Verduno — Né à Château-Verdun (Ariège); étudiant de théologie au couvent de Toulouse, en 1306 et en 1308; sous-lecteur au couvent de Pamiers, en 1309; prédicateur général, en 1313; visiteur, en 1319, des couvents de Cahors, de Montauban, d'Albi et de Castres; en 1321, des couvents de Cahors, de Montauban, de Figeac et de Rodez; désigné pour être le *socius* de fr. Raymond *Bequini* au chapitre général de 1324; prieur du couvent de Pamiers de 1321 à 1323; meurt après le chapitre provincial de l'année 1323. — (Cf. Douais, *Les Frères Prêcheurs à Pamiers au XIIIe et au XIVe siècle*, p. 53.)

Atho de Moreriis *(de Morariis)*. — Quatre frères prêcheurs sont ainsi qualifiés *de Moreriis* :

1° ATHO DE MORERIIS THOLOSANUS, entre dans l'ordre au couvent de Toulouse; prieur du couvent de Rieux (Haute-Garonne), de 1308 à 1310; délimite, en 1310, les *prédications* de Pamiers, de Rieux, de Saint-Gaudens et de Saint-Girons; visiteur, en 1310, des couvents de Bordeaux, de Saint-Émilion, de Bergerac, de Périgueux et du monastère de Saint-Pardoux; sous-prieur du couvent de Toulouse, où il meurt le 30 avril 1312.

2° GUILLERMUS DE MORERIIS THOLOSANUS, entre dans l'ordre au couvent de Toulouse; étudiant de théologie au couvent de cette ville, en 1286 et en 1288; sous-prieur de ce couvent avant 1300; prédicateur général, en 1300; prieur du couvent d'Albi, de 1300 à 1302; inquisiteur, en 1302; meurt le 5 juillet 1304. « Undecimus prior [conventus
« Albiensis] frater Guillermus de Moreriis Tholosanus, de subprioratu
« Tholosano assumptus, successit fratri Falconi in prioratu Albiensi,
« paulo post Epiphaniam Domini factus prior, anno Domini M° CCC°.
« Prior fuit anno uno et dimidio; fuitque inde prior existens factus
« inquisitor Tholosanus Parisius ubi erat, anno Domini M° CCC° II°, in
« festo Beati Petri martiris, fratre Falcone ab inquisicionis officio
« absoluto; fuitque absolutus a prioratu Albiensi in sequenti provin-
« ciali capitulo Carcassonensi, anno Domini M° CCC° II°. Hic, inquisitor
« existens, obiit apud Perusium in Curia, ubi tunc agebat pro officio

« et negocio Inquisicionis contra vicedominum Ambianensem et alios
« qui se opponebant inquisitoribus, iiii° nonas julii, anno Domini
« m° ccc° iiii° » (B. Gui, *Prior. in conv. Albiensi*, ms. 490, f° 217 B).
C'est, en effet, au temps où Guillaume de Morières était prieur du
couvent d'Albi, que le soulèvement de cette ville contre l'Inquisition
éclata (B. Gui, *ibid.*, f° 217 B, f° 218 A).

3° Hugo de Morariis, vicaire de la vicairie d'Avignon, en 1277;
prédicateur général, en 1277.

4° Poncius de Morariis, visiteur, en 1281, des couvents d'Agen,
de Condom, d'Auvillar, de Morlaas, d'Orthez et de Bayonne; et en
1284, des couvents d'Agen, de Condom et d'Auvillar.

5° Raymundus de Morariis, prédicateur général, en 1269.

Audebertus Lemovicensis. — Entre dans l'ordre au couvent
de Limoges; étudiant des *Naturalia* au couvent de Castres, en 1305;
lecteur des arts au couvent de Brives, en 1307; étudiant des *Naturalia*
au couvent de Brives, en 1308; étudiant de théologie au couvent de
Toulouse, en 1309 et en 1310; lecteur de théologie au couvent de
Saint-Junien, en 1312, au couvent de Brives, en 1315, au couvent de
Saint-Junien, en 1317.

Aymericus de Magriano. — Étudiant des *Naturalia* au
couvent de Carcassonne, en 1313, en 1314 et en 1315; étudiant de
théologie au couvent de Bordeaux, en 1317, et à celui de Toulouse, en
1318; lecteur des Sentences au couvent de Bordeaux, en 1323; lecteur
de la Bible à ce même couvent, en 1327; lecteur de théologie au
couvent de Condom, en 1329, au couvent de Pamiers, en 1331, au
couvent de Carcassonne, en 1335; prédicateur général, en 1336; *socius*
du provincial au chapitre général de 1339; lecteur de théologie au
couvent de Pamiers, en 1340.

Aymericus Martini. — Deux frères prêcheurs portent ce nom :
l'un, *Aymericus Martini de Gora*, lecteur au couvent de Saint-Junien,
en 1310; l'autre, *Aymericus Martini Lemovicensis*, entre dans l'ordre
au couvent de Limoges; étudiant de théologie au couvent de Toulouse,
en 1302; sous-lecteur au couvent de Pamiers, en 1303, et au couvent de
Bergerac, en 1304; étudiant de théologie de nouveau au couvent de
Toulouse, en 1305; lecteur de théologie au couvent de Saint-Gaudens,
en 1308; visiteur, en 1322, des couvents de Toulouse, de Rieux, de
Saint-Gaudens, de Saint-Girons et du monastère de Prouille.

Aymericus de Miromonte Brageriacensis. — Originaire
de Miremont (Dordogne); entre dans l'ordre au couvent de Bergerac
(Dordogne), dans les dernières années du xiii° siècle; étudiant de

théologie au couvent de Toulouse, en 1300; sous-lecteur au couvent d'Albi, en 1301, et au couvent de Narbonne, en 1302; lecteur de théologie au couvent de Bergerac, en 1305, et au couvent de Périgueux, en 1306; lecteur de la Bible au couvent de Toulouse, en 1307; prédicateur général, en 1312; prieur du couvent de Saint-Junien, en 1315; visiteur, en 1315, des couvents de Carcassonne, de Toulouse, de Pamiers, de Rieux, de Saint-Gaudens, de Saint-Girons et du monastère de Prouille; lecteur de théologie au couvent de Rodez, en 1316; prieur du couvent de Belvez (Dordogne), en 1321.

Aymericus de Morlhone. — Né à Morlhon (Aveyron); étudiant des *Naturalia* au couvent d'Albi, en 1307, et au couvent de Brives, en 1308; étudiant de théologie au couvent de Bordeaux, en 1310, et au couvent de Toulouse, en 1312; lecteur des Sentences au couvent de Bordeaux, en 1314.

Aymericus de Rovinhano (*de Revelhano, de Rovilhaco, de Bovinhano*). — Lecteur des arts au couvent de Bayonne, en 1307; étudiant de théologie au couvent de Bordeaux, en 1308; étudiant de la Bible et des Sentences au couvent de Bayonne, en 1309 et en 1310; étudiant de théologie au couvent de Toulouse, en 1311, en 1312 et en 1313; sous-lecteur au couvent de Saint-Sever, en 1314.

Bartholomeus de Anisano. — Né à Ansan (Gers); étudiant de théologie au couvent de Bordeaux, en 1318, et au couvent de Toulouse, en 1319 et en 1320; lecteur des Sentences au couvent de Figeac, en 1321; lecteur des *Naturalia* au couvent d'Auvillar, en 1322 et en 1323; lecteur de théologie au couvent de Saint-Girons, en 1325.

Bartholomeus de Badolio. — Étudiant des *Naturalia* au couvent de Cahors, en 1312, et au couvent d'Auvillar, en 1313; lecteur des arts au couvent de Saint-Émilion, en 1314, et au couvent de Bergerac, en 1315; étudiant de théologie au couvent de Toulouse, en 1317, en 1318 et en 1320; lecteur de philosophie naturelle au couvent d'Albi, en 1321; et au couvent de Saint-Gaudens, en 1322; lecteur de théologie au couvent de Saint-Junien, en 1324, au couvent de Saint-Gaudens, en 1325, et au couvent de Bayonne, en 1328.

Bartholomeus Glandyera Caturcensis. — Entre dans l'ordre au couvent de Cahors; étudiant au *Studium generale* de Bologne, en 1300; sous-lecteur au couvent de Cahors, en 1301; étudiant de théologie au couvent de Toulouse, en 1302, en 1303 et en 1304; visiteur, en 1308, des couvents de Limoges, de Brives, de Figeac et de Rodez; prieur du couvent de Cahors deux fois, de 1311 à 1312, de 1317 à 1318; visiteur, en 1312, des couvents de Saint-Junien, de Limoges, de Brives, de Figeac et de Rodez; prieur du couvent d'Agen, de 1313 à 1314, plus haut, p. 291; prieur du couvent de Saint-Émilion de 1315 à 1317, plus haut, p. 312; prédicateur général, en 1326.

Bego Agennensis. — Entre dans l'ordre au couvent d'Agen; lecteur des arts au couvent de Morlaas, en 1323 et en 1324; étudiant de théologie au couvent de Toulouse, en 1325; sous-lecteur au couvent d'Agen, en 1326; lecteur de théologie au couvent d'Auvillar, en 1331.

— Un frère prêcheur appelé *Bego del Tolh* était lecteur de théologie au couvent d'Agen, en 1340.

Bellus homo. — Trois frères prêcheurs portent ce nom :

1° BELLUS HOMO BRAGERIACENSIS, entre dans l'ordre au couvent de Bergerac; étudiant de *logique nouvelle* au couvent de Figeac, en 1264; étudiant des *Naturalia* au couvent de Bordeaux, en 1266, et au couvent de Condom, en 1267; étudiant de théologie au couvent de Bordeaux, en 1270; lecteur de théologie au couvent de Saint-Émilion, en 1274; sous-lecteur au couvent de Limoges, en 1275; lecteur de théologie au couvent de Bergerac, en 1279; prédicateur général, en 1282 et en 1286; prieur du couvent d'Auvillar, de 1293 à 1296, plus haut, p. 324; visiteur, en 1299, des couvents de Toulouse, de Carcassonne, etc.; meurt « VIII° ydus aprilis (6 avril), sabbato sancto Pasche, « extra, in predicatione, anno Domini M° CCC° III°; sepultus in Brage-« riaco ».

2° BELLUS HOMO CONDOMIENSIS, entre dans l'ordre au couvent de Condom; lecteur de théologie au couvent de Saint-Sever, en 1291.

3° BELLUS HOMO, étudiant des *Naturalia* au couvent de Périgueux, en 1319, et au couvent de Limoges, en 1320; sous-lecteur au couvent de Belvez, en 1326; lecteur de théologie au couvent de Belvez, en 1329.

Berengarius Alphandi de Tarascone. — Né à Tarascon (Bouches-du-Rhône); entre dans l'ordre à Montpellier, en 1265; lecteur des arts au couvent de Montpellier, en 1271, et au couvent de Béziers, en 1272; étudiant des *Naturalia* au couvent de Valence, en 1273; lecteur de théologie au couvent de Nîmes, en 1281, et au couvent de Tarascon, en 1283; prédicateur général, en 1286; lecteur de théologie au couvent de Tarascon, en 1287, au couvent de Nîmes, en 1289; porté, par erreur peut-être, comme étudiant au *Studium generale* de Paris, et lecteur au couvent de Tarascon, en 1290 (ms. 490, f° 359 A, f° 352 A); lecteur de théologie au couvent de Tarascon, en 1291; définiteur au chapitre provincial de 1293; prédicateur général, en 1294; définiteur au chapitre provincial de 1295, à celui de 1297 et à celui de 1300; *socius*

de fr. Bertrand de Clermont au chapitre général de 1300; prieur du monastère des sœurs de Prouille à Aix-en-Provence, de 1293 à 1308; meurt à Aix, le 5 mai 1308. « Secundus prior [monasterii sororum de
« Aquis] frater Berengarius Alphandi de Tarascone successit fratri
« Poncio de Aqueria, institutus ibidem auctoritate Magistri ordinis
« fratris Stephani Bisuntini, procurante rege [Carolo], anno Domini
« M° CC° nonag° III°. Intravit ordinem [anno] M° CC° LXV°, in Monte-
« pessulano, tempore pascali (1). Tempore vero prioratus fratris Beren-
« garii, actore Deo, ac memorato domino Rege karolo faciente, per
« ipsius prioris sollicitudinem et industriam diligentem edificatum fuit
« monasterium, et prosperatum valde tam in edificiis insignibus et
« clausura quam in redditibus et proventibus adquirendis.

« Anno Domini M° CC° nonag° VII°, die septima *(sic)* septembris,
« scilicet in festo Nativitatis Beate Marie Virginis, memoratus rex
« Karolus, cum summa humilitate, devocione ac reverencia, pedicando
« de palacio suo Aquensi stipatus venerabilibus patribus Rostangno
« Aquensi et Jacobo Ydrontino Archiepiscopis, ac domino Massiliensi,
« Petro Venssiensi, Hugone Dignensi et Petro Regensi, episcopis, ac
« religioso viro fratre Guillermo de Villareto, magistro Hospitalis Sancti
« Johannis Jerosolimitani, ac processionibus clericorum sue capelle ac
« venerabilis capituli Sancti Salvatoris et omnium aliorum religiosorum
« in dicta civitate commorancium, et universitate militum ac civium
« Aquensium et plurium aliorum, sacrosanctas reliquias quas habebat
« ad predictum monasterium aportavit, et ipsas in loco ad hoc disposito
« fecit omnibus presentari, et tandem intra chorum sororum eas cum
« multa reverencia collocari; ob quarum devocionem optulit postmodum
« et dedit crucem auream et calicem aureum, pannos preciosos in
« magna copia tam de serico quam de auro; capellas etiam preciosas
« diversorum colorum donavit pro ministrantibus in altari.

« Anno Domini M° CC° nonag° VIII°, die decima novembris, venerabilis
« pater dominus Rostangnus, Dei gracia Aquensis Archiepiscopus,
« cimiterium predicti monasterii, presentibus venerabili patre domino
« fratre Petro Cistaricensi episcopo, fratre Berengario Alfanti priore
« predicti monasterii, cum suis fratribus et multitudine cleri, militum
« et civium dicte civitatis, benedixit ac etiam consecravit.

« Hic frater Berengarius Alphandi prior obiit in monasterio, III°
« non. maii, feria VIᵃ, anno Domini M° CCC° VIII°, prioratus sui anno
« XXVI°, ab ingressu vero ordinis anno LVI°; vir virtutis, nominis et

---

(1) A la marge.

« valoris, cujus tempore et industria prosperatum est monasterium »
(B. Gui, ms. 490, f° 272 B, f° 273 A).

Berengarius Fornerii. — Lecteur de théologie au couvent de
Carcassonne, en 1270; au couvent de Nîmes, en 1274; au couvent de
Carcassonne, en 1276.

Berengarius Gothi Carcassonnensis. — Entre dans l'ordre
au couvent de Carcassonne; étudiant de théologie au couvent de
Bordeaux, en 1307, et au couvent de Toulouse, en 1308; lecteur de
théologie au couvent d'Auvillar, en 1312, au couvent de Rodez, en
1313, au couvent d'Albi, en 1316, au couvent de Pamiers, en 1317;
visiteur, en 1321, des couvents de Toulouse, de Rieux, de Saint-
Gaudens, de Saint-Girons et du monastère de Prouille; prédicateur
général, en 1326; prieur du couvent de Pamiers de 1329 à 1331; prieur
du couvent de Carcassonne deux fois, de 1324 à 1325, et de 1333 à 1335.

**Berengarius de Landorra oriundus de dyocesi Ruthe-
nensi.** — Entre dans l'ordre au couvent de Toulouse, le 10 mai 1282;
étudiant des *Naturalia* au couvent de Condom, en 1287, et au couvent
de Cahors, en 1288; lecteur des *Naturalia* au couvent de Limoges,
en 1289, au couvent de Brives, en 1290, et au couvent de Bergerac,
en 1291; étudiant de théologie au couvent de Montpellier, en 1292;
lecteur de théologie au couvent de Rodez, en 1294; lecteur de théologie
au couvent d'Albi, en 1297, avec la mention *et disputet;* sous-lecteur au
couvent de Montpellier, en 1298, et au couvent de Toulouse, en 1299;
prédicateur général, en 1300; lecteur de théologie au couvent de
Limoges, en 1301; lecteur de théologie au couvent de Toulouse, en 1302;
cette année, définiteur au chapitre provincial; prieur provincial de la
province de Toulouse deux fois, de 1306 à 1308, et de 1310 à 1312;
docteur à Paris, en 1308; vicaire général de l'ordre; treizième Maître
de l'ordre, de 1312 à 1317; archevêque de Compostelle, de 1317 à 1331.
« Tercius prior provincialis [provincie Tholosane] frater Berengarius
« de Landorra, dy[o]cesis Ruthenensis, successit fratri Bertrando pre-
« fato, electus a capitulo provinciali in vigilia Beate Marie Magdalene
« in Figiaco congregato et in sequenti mense augusti a Magistro ordi-
« nis fratre Aymerico confirmatus. Erat autem bacallarius in Theologia
« in conventu Parisiensi tunc positus et existens, ubi recepit litteram
« sue confirmacionis sequenti mense septembris, anno Domini M° CCC° VI°.
« Prior provincialis fuit annis quasi duobus; fuitque absolutus propter
« magisterium Theologie in generali capitulo Paduano, in festo sanc-
« torum Primi et Feliciani, v° nonas junii, anno Domini M° CCC° VIII° »
(B. Gui, ms. 490, f° 72 A). « Frater Berengarius de Landorra prefatus

« secunda vice successit fratri Guillermo de Anhanis, electus in capi-
« tulo provinciali Appamiensi predicto, ultima die capituli, scilicet in
« octabis Beate Marie Magdalene, anno Domini M° CCCX°. Prior provin-
« cialis fuit hac vice annis fere duobus; fuit autem assumptus de
« provincialatu in Magistrum ordinis in vigilia Penthecostes, III° ydus
« maii, anno Domini M° CCC° XII° » (*Ibid.*, f° 72 B). « Tercius decimus
« Magister ordinis fuit frater Berengarius de Landorra, magister in
« Theologia, orindus de dyocesi Ruthenensi, de provincia Tholosana,
« qui successit memorato fratri Aymerico; fuitque electus in generali
« capitulo Carcassone, in vigilia Penthecostes, III° ydus maii, anno
« Domini M° CCC° XII°. Congregatis siquidem ex more electoribus et
« inclusis, inter quos erant XVII. priores provinciales, cum essent
« quadraginta quinque numero electores, in primo scrutinio XXXVI.
« ipsum in Magistrum ordinis nominarunt; ceterisque omnibus acce-
« dentibus et consentientibus in eumdem, electus est unanimiter et
« concorditer et in pace. Erat autem tunc prior provincialis provincie
« Tholosane et vicarius ordinis generalis; compleveratque XXX. annos
« in ordine; et precedenti tercia die electionis sue incoaverat tricesimum
« primum annum, quo Tholose in adholescencia est ingressus sub anno
« Domini M° CC° LXXXII°, mense maii, in festo Gordiani et Epimachi
« martirum. Hic prefuit in Magisterio ordinis annis quinque, mensibus
« tribus; fuitque factus archiepiscopus Compostellanus per provisionem
« domini Johannis Pape XXII.; cui provisioni consensum prebuit in
« conventu Parisiensi, XIIII° kls. octobris, anno Domini M° CCC° XVII°;
« et sic fuit a Magisterio absolutus » (B. Gui, *ibid.*, f° 61 B).

Berengarius Notarii Arelatensis, magister in Theologia.
— Entre dans l'ordre au couvent d'Arles; lecteur de théologie au
couvent d'Arles, en 1252; prédicateur général, en 1264; lecteur de
théologie au couvent de Carcassonne, en 1266; prieur du couvent
de Montpellier de 1269 à 1270; relevé de sa charge de prieur, « in
« penitentiam, qui ministrum Fratrum Minorum et ejus socios irre-
« verenter suscepit » (ms. 490, f° 309 A); *socius* du provincial au
chapitre général de 1271; lecteur de théologie au couvent de Toulouse,
en 1272; définiteur au chapitre provincial de 1280; élu provincial
de la première province de Provence au chapitre provincial de 1282;
en 1284, il adresse, comme provincial, la lettre suivante à tous les
couvents : « In Christo sibi karissimis prioribus et fratribus universis
« ordinis Fratrum Predicatorum in provincia Provincie constitutis,
« frater Berengarius eorum servus inutilis salutem et celestem gloriam
« promereri. — Frequens equitationis excessus de quo fere in omnibus

« suis partibus nostra provincia est notata, multitudine religiosorum
« fratrum ducta zelo justicie in nostris capitulis hactenus conclamante,
« dudum salubre remedium invocavit, et specialiter in isto anno in
« nostro capitulo generali a venerabilibus patribus felicis recordationis
« Magistro ordinis et diffinitoribus, extitit michi dictum ut tam effre-
« natus excessus qui non minuitur cotidie, set augetur, cautela remedii
« apponendi de nostra provincia tolleretur. Quo circa, habito super
« hoc multorum discretorum fratrum consilio diligenti, universitati
« vestre duxi tenore presencium, in virtute obediencie districte prohi-
« bendum ne quis prior infra terminos sue predicationis equitet, vel
« tribuat alicui licenciam equitandi, nisi forte alicujus necessitatis
« articulo requirente, de quinque fratrum qui prius habitum nostri
« ordinis susceperunt presencium in conventu consilio et assensu, quos
« astringo ad fideliter secundum Deum et conscienciam consulendum,
« pensata qualitate negocii et ordinis honestate. Extra vero predica-
« tionem suam non equitent, nec etiam licentiam conferant equitandi,
« nisi de mea licencia speciali. Et ut aliquorum temeritas equitationis
« indebite assueta totaliter arceatur, sub predicto precepto prohibeo
« ne quis aliorum fratrum infra terminos sue predicationis vel extra
« equitare presumat, nisi secundum modum qui superius est expressus,
« nisi frater in predicatione existens qui tali esset necessitate preventus
« quod non posset ad conventum proprium pervenire, equitando faceret
« se deferri. In casu quo conventus aliquis seu persona tale dispendium
« vel periculum pateretur vel in mora qua predictum periculum seu
« dispendium imminere probabiliter timeretur, volo ut de consensu
« conventus valeat dispensari, maxime si pro hujus licencia obtinenda
« accessus ad me non fuerit oportunus vel sine gravi periculo negocii
« iminentis dicta licencia non possit commode expectari. Nec supra
« positum necessitatis articulum aut periculum seu dispendium conse-
« quenter incertum sufficere censeo quod aliquis prior seu frater causa
« predicandi vel ad capitulum veniendi audeat equitare, quod expresse
« in virtute obediencie prohibeo quantum possum. Volo autem et
« in remissione peccatorum injungo quatinus presens littera, mox ut
« a priore, vel a suppriore, vel a loco eorum tenente recepta fuerit,
« legatur in capitulo coram omnibus fratribus cum campana capituli
« more solito vocatis; et statim cum lecta fuerit, reddatur illi vel illis
« per quem vel per quos fuerit presentata, quam conventus Massi-
« liensis conventui Grassensi, Grassensis vero Nisciensi, Nisciensis
« autem Cistaricensi, Cistaricensis Diensi, Diensis Valentino, Valen-
« tinus Avinionensi, Avinionensis Tharasconensi, Tharasconensis vero

« Arelatensi per specialem nuncium mittere teneantur. Et eadem
« littera per priorem Arelatensem vel ejus socium michi ad provinciale
« capitulum reportetur. Orate Dominum pro me. Datum in Pruliano,
« anno Domini M° CC° LXXXIII° » (ms. 490, f° 339 B, f° 340 A, ms. 488,
f° 45 d, f° 46 a, b). Relevé de la charge de prieur provincial en 1285,
et cette année définiteur au chapitre provincial; lecteur de théologie au
couvent de Marseille, en 1286; définiteur au chapitre provincial de
1291; reçoit le couvent de Saint-Junien; approuve, comme plus ancien,
l'élection de fr. Pierre *de Mulceone*, élu provincial, en 1294; meurt
à Montpellier, le 5 juillet 1296. « Duodecimus prior provincialis [pro-
« vincie Provincie] fuit frater Berengarius Notarii Arelatensis, magis-
« ter in Theologia Parisius; successit fratri Bernardo Geraldi, electus
« in capitulo provinciali Carcassonensi, anno Domini M° CC° LXXXII°.
« Prefuit annis tribus; fuitque absolutus in capitulo generali Bononie,
« anno Domini M° CC° LXXXV°. Hic fuit vir bone et magne apparencie,
« bene personnatus, predicator graciosus; diu servivit in officio
« lectionis: legit enim Theologiam annis XXXV.; multumque consenuit.
« Obiit vero in conventu Montispessulani, III° nonas julii; sepultus
« in ecclesia, ante altare Beati Dominici anno Domini M° CC° nonag° II°.
« In isto fuit gracia predicationis » (B. Gui, ms. 490, f° 69 A). « Vir
« venerabilis ac memorie recolende... magister in Theologia Parysius
« egregius et admodum predicator gratiosus ac apparentie valde
« pulchre » (B. Gui, *ibid.*, f° 334 B).

Bernardus Ademarii Tholosanus. — Entre dans l'ordre au
couvent de Toulouse; étudiant des *Naturalia* au couvent de Castres, en
1291; étudiant de théologie au couvent de Toulouse, en 1297 et en
1298; lecteur de théologie au couvent de Bergerac, en 1299, au couvent
de Montauban, en 1302, et au couvent de Rieux, en 1303; prieur du
couvent de Rieux de 1310 à 1312; prieur du couvent d'Agen de 1312 à
1313, où il meurt le 23 octobre 1313, plus haut, p. 291.

Bernardus Andree de Sarlato Brageriacensis. — Né à
Sarlat (Dordogne); entre dans l'ordre au couvent de Bergerac; étudiant
des *Naturalia* au couvent de Condom, en 1273, et au couvent d'Agen, en
1274; étudiant de théologie au couvent de Bordeaux, en 1283; lecteur
de théologie au couvent de Saint-Émilion, en 1287; visiteur, en
1290, des couvents d'Agen, d'Auvillar, de Lectoure, de Condom, de
de Morlaas, d'Orthez, de Bayonne et de Saint-Sever; prieur du couvent
de Bergerac de 1297 à 1301; visiteur, en 1303, des couvents de
Bergerac, de Bayonne, d'Orthez, de Morlaas et de Saint-Sever; prieur
du couvent de Saint-Émilion deux fois, de 1285 à 1287 et de 1291

à 1294, plus haut, p. 310; prieur du couvent de Saint-Gaudens de 1303 à 1305, plus haut, p. 344; meurt à Sarlat, en 1305, « in mense « augusti » (B. Gui, ms. 490, f° 199 A).

Bernardus Aycelini Aurasicensis. — Entre dans l'ordre au couvent d'Orange (Vaucluse); lecteur de *logique* au couvent d'Aubenas, en 1278; lecteur de philosophie naturelle au couvent d'Avignon, en 1283; sous-lecteur au couvent de Narbonne, en 1289; au couvent d'Avignon, en 1290; lecteur de théologie au couvent d'Aubenas, en 1291, et au couvent d'Orange, en 1292; cette année va, après la tenue du chapitre provincial, au *Studium generale* de Paris; lecteur de théologie au couvent d'Orange, en 1299; prédicateur général, en 1300; lecteur de théologie au couvent d'Orange, en 1301; vicaire du couvent de Draguignan, en fondation, en 1304; prieur de ce couvent, en 1305.

Bernardus Barravi Carcassonensis. — Sa notice plus haut, p. 137, not. 5.

Bernardus de Biausano (*de Biansano, de Biassano*). — Étudiant de théologie au couvent de Condom, en 1305, en 1306 et en 1307; étudiant de la Bible au couvent de Cahors, en 1308; délimite, en 1312, les *prédications* des couvents de Bergerac, d'Agen, de Montauban et d'Auvillar; prieur du couvent de Condom, de 1313 à 1315, plus haut, p. 307; visiteur, en 1315, des couvents de Cahors, de Montauban, d'Albi et de Castres; prieur du monastère de Pont-Vert de 1315 à 1319, plus haut, p. 340; envoyé par le chapitre provincial à Marciac (Gers), en 1320, pour en recevoir le couvent, et en 1321, pour la fondation du couvent; un des premiers religieux attachés au couvent de Marciac, en 1322.

Bernardus Blanchi. — Étudiant des *Naturalia* au couvent de Narbonne, en 1289; étudiant de théologie au couvent de Carcassonne, en 1290, au couvent de Limoges, en 1291, et au couvent de Toulouse, en 1293; sous-lecteur au couvent de Béziers, en 1296; lecteur de théologie au couvent de Nîmes, en 1299, et au couvent de Rieux, en 1301; étudiant au *Studium generale* de Paris, en 1302.

Bernardus de Bociacis. — Entre dans l'ordre en 1248; vicaire du couvent de Castres en fondation, en 1259; plus tard raconte à B. Gui l'histoire de cette fondation (B. Gui, ms. 490, f° 180 B); pendant son vicariat, invention des reliques de saint Vincent; il accompagne, en 1275, le corps de Philippe de Monfort au couvent de Castres, où celui-ci avait choisi sa sépulture; prieur du couvent de Castres deux fois, de 1268 à 1270, de 1272 à 1274; prédicateur général, en 1277; visiteur, en 1280, des couvents de Toulouse, de Pamiers, de Rieux, de Montauban, d'Albi, de Castres et du monastère de Prouille; élu prieur du couvent de Castres, en 1284; élection cassée; prieur du couvent de Figeac, de 1289 à 1291; visiteur, en 1286, des couvents de Montpellier, de Béziers, de Narbonne, de Carcassonne, de Perpignan et du monastère de Prouille; fait connaître à B. Gui fr. Gérauld de Frachet, qu'il a pratiqué (ms. 490, f° 43 B); meurt le 11 novembre 1297 (B. Gui, *ibid.*, f° 216 A). « Hic fuit parve stature, virtutis « magne, vir bonus, devotus et studiosus, ocium semper vitans, et « ad predicandum verbum Dei spontaneus. Vixit autem diu in senec- « tute bona et honorabili » (B. Gui, ms. 490, f° 216 A).

Bernardus de Bodis Brageriacensis. — Entre dans l'ordre au couvent de Bergerac; étudiant de théologie au couvent de cette ville, en 1302, au couvent de Cahors, en 1303, au couvent de Toulouse, en 1304, au couvent de Bergerac, en 1305, en 1306 et en 1307; prieur du couvent de Saint-Émilion, de 1317 à 1319, plus haut, p. 313; prieur du monastère de Saint-Pardoux (Dordogne), en 1319; prieur du couvent de Brives, en 1325.

Bernardus de Bonofonte. — Né à Bonnefont (Hautes-Pyrénées); lecteur de théologie au couvent de Lectoure, en 1298 et en 1305; prieur du couvent de Lectoure deux fois, de 1308 à 1309 et de 1312 à 1313, plus haut, p. 331, 332; visiteur, en 1310, des couvents de Limoges, de Brives, de Figeac, de Rhodez et de Saint-Junien; et, en 1313, des couvents de Montauban, de Cahors, d'Albi et de Castres; prédicateur général, en 1315.

Bernardus Briccii. — Visiteur, en 1294, des couvents de Nice, de Grasse, de Sisteron, de Valence et de Die, et, en 1300, des couvents de Montpellier, de Béziers, de Narbonne, de Perpignan, de Collioure et de Puycerda.

Bernardus Briccii de Monte regali Carcassonensis. — Né à Montréal (Aude); entre dans l'ordre au couvent de Carcassonne; étudiant de théologie au couvent de Montpellier, en 1302; sous-lecteur au couvent de Carcassonne, en 1304; lecteur de théologie au couvent d'Albi, en 1308, au couvent de Condom, en 1310, au couvent de Brives, en 1311; prieur du couvent d'Albi, de 1312 à 1313; lecteur de la Bible au couvent de Carcassonne, en 1314; prédicateur général, en 1315; visiteur, en 1319, des couvents de Bordeaux, de Saint-Émilion, de Bergerac, de Périgueux et du monastère de Saint-Pardoux (Dordogne); élu prieur du couvent de Carcassonne, en 1326, y meurt le 1er novembre 1326. « Tempore istius prioris [conventus Albiensis] fuit ibi « provinciale capitulum celebratum in festo Beate Marie Magdalene,

« anno Domini M° CCC° XIII°; in quo festo fuit prima missa sollempni-
« ter celebrata in capite ecclesie nove quod nondum erat coopertum;
« et in capellis que tunc testudinate erant fuerunt misse similiter
« celebrate; nondum tamen erat ecclesia cooperta » (B. Gui, ms. 490,
f° 220 A). — « Obiit in sequenti festo Omnium Sanctorum prior [Car-
« cassonensis] existens, anno Domini M° CCC° XXVI° » (B. Gui, *ibid.*,
f° 159 B).

Bernardus Bruni (appelé aussi *Bertrandus*). — Étudiant des *Naturalia* au couvent de Périgueux, en 1318 et en 1319, et au couvent d'Agen, en 1320; lecteur des arts au couvent de Figeac, en 1321 et en 1322; sous-lecteur au couvent de Limoges, en 1325; lecteur de théologie au couvent de Saint-Émilion, en 1329, au couvent de Montauban, en 1333.

Bernardus de Campo Bernardi Tholosanus. — Né à Cambernard (Haute-Garonne); entre dans l'ordre au couvent de Toulouse; étudiant des *Naturalia* au couvent de Perpignan, en 1281; étudiant de théologie au couvent de Bordeaux, en 1284, et au couvent de Toulouse, de 1286 à 1290; premier prieur du couvent de Saint-Gaudens, de 1293 à 1296, plus haut, p. 343; prieur du couvent de Saint-Émilion, de 1296 à 1300; plus haut, p. 311; prieur du couvent de Lectoure, de 1301 à 1302, plus haut, p. 330 et 331.

Bernardus Caprarie Tholosanus. — Né à Toulouse; entre dans l'ordre au couvent de cette ville; étudiant des *Naturalia* au couvent de Condom, en 1284; étudiant de théologie au couvent de Narbonne, en 1287, au couvent de Toulouse, en 1289 et en 1290; sous-lecteur au couvent d'Agen, en 1293; lecteur de théologie au couvent de Figeac, en 1298; visiteur, en 1299, des couvents de Bordeaux, de Saint-Émilion, de Bergerac, de Périgueux, de Limoges et de Brives; prieur du couvent de Lectoure, de 1298 à 1299; meurt à Lavaur, le jour de Noël, 1309. Plus haut, p. 330.

Bernardus de Carrabordas. — Étudiant de théologie au couvent de Bordeaux, en 1305, au couvent de Toulouse, en 1306 et en 1308; sous-lecteur au couvent de Cahors, en 1309; lecteur de théologie au couvent de Saint-Sever, en 1312; visiteur, en 1322, des couvents de Bayonne, d'Orthez, de Morlaas et de Saint-Sever.

Bernardus Carrerie. — Étudiant des *Naturalia* au couvent de Castres, en 1306; étudiant de théologie au couvent d'Albi, en 1307, et au couvent de Toulouse, en 1309; sous-lecteur au couvent de Condom, en 1310 et en 1311; élu prieur du couvent d'Albi, en 1313; n'y va pas; lecteur de théologie au couvent d'Auvillar, en 1313; prédicateur général, en 1315; visiteur, en 1317, des couvents de Bordeaux, de Saint-Émilion, de Bergerac, de Périgueux et du monastère de Saint-Pardoux (Dordogne).

Bernardus de Condomio. — Né à Condom; étudiant de théologie au couvent de Carcassonne, en 1299, au couvent de Montpellier, en 1302, au couvent de Toulouse, en 1303 et en 1304; lecteur de théologie au couvent de Morlaas, en 1307; au couvent de Saint-Sever, en 1309 et en 1315; un des premiers religieux envoyés au couvent de Marciac, en 1322.

B[ernardus] Dalmacii. — Sous-lecteur au couvent de Marseille, en 1276, en 1277 et en 1278; lecteur de théologie au couvent de Perpignan, en 1286, au couvent d'Albi, en 1288, au couvent de Tarascon, en 1289, au couvent d'Aix, en 1290, au couvent de Perpignan, en 1291; visiteur, en 1293, des couvents du Puy, d'Albi, de Marvejols, d'Alais et de Nîmes; lecteur de théologie au couvent de Tarascon, en 1296.

Ber[nardus] Dominici. — Étudiant des *Naturalia* au couvent de Carcassonne, en 1287, au couvent d'Avignon, en 1288, au couvent d'Arles, en 1289, au couvent de Tarascon, en 1291; (peut-être deux frères prêcheurs portaient-ils ce même nom: les frères prêcheurs ne passaient que deux ou trois ans au plus au *Studium naturalium*); étudiant de théologie au couvent de Montpellier, en 1297; lecteur de théologie au couvent de Nîmes, en 1301; et au couvent d'Alais, en 1302.

Ber[nardus] Dominici Albiensis. — Entre dans l'ordre au couvent d'Albi; étudiant de théologie au couvent d'Albi, en 1301, au couvent de Narbonne, en 1302, au couvent de Carcassonne, en 1303 et en 1304, et au couvent de Toulouse, en 1305.

Bernardus Garini Narbonensis. — Entre dans l'ordre au couvent de Narbonne; visiteur, en 1274, des couvents de Castres, de Pamiers, de Carcassonne et du monastère de Prouille; prédicateur général, en 1277; vicaire du couvent de Milhau (Aveyron) en fondation, en 1280; prieur de ce couvent de 1282 à 1285; prieur du couvent de Pamiers deux fois, de 1275 à 1279 et de 1289 à 1290; visiteur, en 1291, des couvents du Puy, de Nîmes, d'Aubenas et de Marvejols. Voyez plus haut, pag. 134, not. 4.

Bernardus Geraldi de Monte Albano. — Né à Montauban; lecteur pendant deux ans au couvent de Cahors, avant 1253 (B. Gui, ms. 490, f° 169 A); premier lecteur du couvent de Montauban, en 1253; prédicateur général, en 1262; définiteur au chapitre général de 1270;

prieur du couvent de Montpellier de 1272 à 1274; lecteur au couvent de Toulouse, en 1274; définiteur au chapitre général de 1276; définiteur au chapitre provincial de 1283 et de 1285; prieur du couvent de Toulouse de 1284 à 1285; prieur provincial de la première province de Provence trois fois, de 1266 à 1269, de 1276 à 1281 et de 1285 à 1291; meurt au couvent de Toulouse, le 25 mars 1291. « Hic fuit
« vir magni consilii, magne experiencie, experte prudencie, religionis
« probate. Non libenter movebat subditos facere quod ipse non faceret
« cum eisdem; plenusque dierum et operibus ac laboribus bonis, in
« senectute bona quievit in officio provincialatus, ingressus in habun-
« dancia sepulchrum, in conventu Tholosano, in festo Dominice An-
« nunciacionis, VIII° kls. aprilis, incoante anno Domini M° CC° nonag° I°;
« qua die ordinem intravit Predicatorum intrasse creditur chorum
« et ordinem Angelorum. Sepultus est in medio chori fratrum. —
« In isto prefulsit exemplar religionis et norma rectitudinis in judiciis »
(B. Gui, ms. 490, f° 69 A-B. — Cf. Echard, *Script. ord. Præd.*, I, 428, 429). Comme prieur provincial, il communiqua aux religieux de la province, en 1279 probablement, la lettre suivante de Jean de Verceil, Maître général de l'Ordre, que je donne ici à cause de son importance.

« *Littera Magistri ordinis quam misit fratri Ber. Geraldi provinciali*
« *ad cautelam et eruditionem fratrum, quam periculosum sit universis*
« *utri[usque] sexus obloqui de statu seu regula Fratrum Minorum, et*
« *qua pena feriantur qui contra statum predictum seu regulam occulte*
« *vel manifeste laxare presumpseri[n]t lingas suas.*

« In Christo sibi karissimis prioribus et fratribus universis ordinis
« Fratrum Predicatorum in provincia Provincie constitutis frater
« B., eorum servus inutilis, salutem et profectum continuum gratie
« salutaris. — Noveritis me recepisse litteras venerabilis patris Magistri
« ordinis ad eruditionem nostram et ad cautelam in posterum in hec
« verba. In Christo sibi carissimo fratri B., priori provinciali ordinis
« Fratrum Predicatorum provincie Provincie, frater Jo., fratrum
« ejusdem ordinis servus inutilis, salutem et augmentum continuum
« celestium gratiarum. — Cum ex debito impositi michi officii tenear
« fratrum profectibus providere ac eos a scandalis et periculis preservare,
« dilectioni [tue] curavi presentem paginam destinare. Noveritis itaque
« quod dominus Papa nuper quandam constitutionem edidit in qua
« regulam Fratrum Minorum vocat sanctam, perfectam et observabilem;
« nec ullum patens discrimen prenuncians, plura in ea statuendo,

« ordinando, concedendo, disponendo, decernendo, declarando, ac etiam
« supplendo, ipsam regulam de apostolice potestatis plenitudine appro-
« bavit, confirmavit et voluit existere perpetue firmitatis, in 'virtute
« obediencie districte precipiens, quod eadem constitutio, sicut et cetere
« constitutiones vel decretales epistole, legatur in scolis, certum legen-
« tibus modum docendi statuens, sub pena excommunicationis et pri-
« vationis beneficii districte precipiens, ut, cum eam legi contigerit
« sicut probata est, sic fideliter exponatur ad litteram, ita quod nulle
« glose super dictam constitutionem fiant, nec concordancie, vel con-
« trarietates, seu diverse vel adverse opiniones a lectoribus inducantur,
« nec intellectus ipsius per legentem depravetur vel distorqueatur ad
« aliquid quam littera ipsa sonat. Insuper universis et singulis cujus-
« cumque preminencie, conditionis aut status, districte precipit ne
« contra predictam regulam et statum predictorum fratrum, seu per
« eum statuta, vel ordinata, concessa, disposita, decreta, declarata,
« suppleta, approbata, confirmata, vel contra aliqu[id] predictorum
« dogmatizans, scribant, determinent, predicent, seu prave loquantur
« publice vel occulte, glosantes insuper constitutionem ipsam aliter
« quam concessum est. Doctores insuper sive lectores, dum docent in
« publico ex certa sciencia et deliberatione intellectum constitutionis
« depravantes, facientes quoque commentum, scripturas seu libellos,
« ac certa sciencia et deliberatione determinantes in scolis, seu pre-
« dicantes contra predicta vel aliquid predictorum, non obstantibus
« aliquibus privilegiis vel indulgenciis aut litteris apostolicis quibus-
« cumque dignitatibus, personis, ordinibus aut locis religiosis vel secu-
« laribus generaliter vel singulariter, sub quacumque forma vel expres-
« sione verborum concessis, qui nolu[er]i[n]t in premissis aliquibus
« quomodolibet suffragari, excommunicationis sentencia quam ex tunc
« in ipsos pertulit innodavit, a qua per nominem, nisi per romanum
« pontificem possi[n]t absolvi. Insuper tam istos contra quos excom-
« municationis sententia est prolata quam alios, si qui fuerint, contra
« premissa vel eorum aliquid venientes, ad sedis apostolice volumus
« deduci noticia, ut quos previsus modus equitatis non arcet, a vetitis
« compescat rigor apostolice ultionis. Cum igitur periculosum sit
« fratribus nostro regimini commissis, ut ex premissis apparet, con-
« tendere cum Minoribus de regula et statu ipsorum, seu dicere quod
« habere aliquid in speciali, usu dumtaxat excepto, aut dicere quod
« [nichil] habere non sit de statu perfectionis, aut peccuniam recipiant
« per se vel per interpositas personas, consulo et volo ut transcriptum
« presencium conventibus vestre provincie celerius transmittatis. Valete;

« et orate pro me. Datum Rome, dominica prima Adventus. Cum ergo
« per ea que in predicta littera continentur possit evidenter haberi
« quod intencio summi pontificis et voluntas Magistri ordinis [sit] quod
« de hiis que ad regulam et statum Fratrum Minorum pertinent caute
« loquamur, nec ad loquendum de istis lingas nostras improvide
« extendamus, rogo et in remissionem peccatorum vobis injungo,
« sollicite caveatis ne possitis reprehensibiles vel notabiles inveniri,
« cum de facili possetis excommunicationis sententia innodari, propter
« quod volo quod in singulis conventibus transcriptum hujus littere
« habeatur, ut melius fratres possint colligere circa que oporteat cautos
« esse. Valete; et orate pro me. Massilie, in vigilia Epiphanie, anno
« Domini *(manque)* ». Cette lettre est placée après les actes du chapitre
provincial de 1279, tenu à Castres (ms. 490, f° 329 A, B, et ms. 488,
f° 43 c, d, f° 44 a).

B[ernardus] Guidonis Bitterrensis. — Entre dans l'ordre
au couvent de Béziers (Hérault); sous-lecteur au couvent de Béziers,
en 1268; lecteur de théologie au couvent de cette ville, en 1269; meurt
à Béziers, en 1273 (ms. 490, f° 317 A).

Bernardus Guidonis Lemovicensis. — Né à Royères, près
de la Roche-l'Abeille (Haute-Vienne), vers 1261; entre dans l'ordre au
couvent de Limoges, en 1279; il y reçoit la tonsure des mains de
Pierre d'Astier, frère prêcheur, auparavant évêque de Périgueux;
étudiant des *Naturalia* au couvent de Limoges, en 1283 (1);
lecteur de logique au couvent de Brives, en 1284; étudiant de
théologie au couvent de Narbonne, en 1285, au couvent de Limoges,
en 1286 et en 1287, et au couvent de Montpellier, en 1289; sous-lecteur
au couvent de Limoges, en 1291; lecteur de théologie au couvent
d'Albi, de 1292 à 1294; lecteur de théologie au couvent de Castres,
en 1294; prieur du couvent d'Albi de 1294 à 1297 : « Hoc in
« tempore facta fuit magna campana ecclesie et murus lateritius
« horti ex parte fossati » (B. Gui, ms. 490, f° 217 A); prieur du
couvent de Carcassonne de 1297 à 1301. « Quintus decimus prior
« nomine, set precedentibus posterior meritis et virtute, successi fratri
« ac patri Odoni de Causencio memorato, ego frater Bernardus Gui-
« donis Lemovicensis dyocesis. Fui autem translatus de prioratu

(1) Le ms. porte *R. Guidonis;* mais je crois qu'il faut lire *B. Guidonis;*
car on ne trouve pas de frère prêcheur du nom de Raymond Gui; l'année 1283
est une de celles où B. Gui dut étudier en philosophie; il appartenait au couvent
de Limoges.

« Albiensi in quo quartum tunc agebam annum ad prioratum Carcas-
« sonensem, sabbato post festum Beati Dyonisii confirmatus in
« monasterio Pruliani, anno Domini M° CC° nonag° VII°. Servivi autem
« Carcassone annis quatuor, a cujus pena, utinam magis a culpa fui
« absolutus in capitulo provinciali Agennensi in festo Beate Marie
« Magdalene celebrato, data diffinicione in festo sanctorum Felicis et
« Adaucti martirum, anno Domini M° CCCI°, quo premissa collegi et
« conscripsi. Notandum hic posteris incidenter quod etiam tempore
« meo predicta rabies Carcassonensis adhuc graviter seviebat; mala
« vero que faciebant et inferebant inquisicioni, et fratribus, et amicis,
« melius puto hic reticere quam per singula scribere propter honorem
« multitudinis, que tamen omnino non poterat excusari, licet in ea
« fuerint aliqui qui non consenciebant actibus malignancium contra
« fratres; qui fratres verbis et signis deridebantur et dehonestabantur
« sepissime et verberibus interdum; et tanquam excommunicatos ipsos
« fratres a sua communione et participacione penitus effecerant alienos.
« Alia pudet dicere. Tandem, postquam in utraque Curia, scilicet
« Romana et Francie, decidissent, expensis prius non parvis peccuniis
« et thesauris, venerunt ad obedienciam inquisitoris fratris Nicholai
« de Abbatisvilla. Et congregata universitate Carcassonnensi voce pre-
« conia coram ipso inquisitore, die ad hoc assignata, in publico ser-
« mone, in claustro Fratrum Predicatorum Carcassone, presente senes-
« callo cum curia regali et terrariis, recognoverunt reatum suum et
« petierunt absolvi ab inquisitore et reconsiliari, et optinuerunt, ibidem
« publice jurantes, elevatis ad librum Evangeliorum manibus singu-
« lorum; fueruntque condempnati per inquisitorem ad faciendam capel-
« lam unam in honorem sancti Ludovici in conventu Fratrum Predica-
« torum Carcassone. Actum fuit hoc, anno Domini M° CC° nonag° IX°,
« mense octobri. Capella vero fuit constructa anno sequenti M° CCC°, pro
« qua facienda et ornanda solvit villa Carcassonensis DCCC. libr. Turon. »
(B. Gui, ms. 490, f° 157 B, f° 158 A). Lecteur de théologie au couvent
de Carcassonne, en 1301; prieur du couvent de Castres, du 16 août
1301 à 1305. « Decimus octavus nomine prior [Castrensis] successi
« ego frater Bernardus Guidonis Lemovicensis dyocesis fratri Poncio
« de Caercino predicto, confirmatus in priorem in crastino Assump-
« tionis Beate Marie semper virginis, anno Domini M° CCCI°, qui
« premissa conscripsi in conventu Castrensi. Tempore quoque isto
« facte fuerunt capelle due in ecclesia Beati Vincencii in latere dextro a
« parte meridiei, quarum primam in honore[m] Beati Dominici patris
« nostri Berengarius Amblardi de Castris, secundam vero in honorem

« Beati Petri martiris fratris nostri domina Fina soror sua devota, fra-
« trum amica, ex devotione construere ac perficere suis sumptibus elege-
« runt. Anno siquidem Domini M° CCC° III°, prima die julii mensis, feria
« II^a, apertum est fundamentum pro utraque, et sequenti feria VI^a, III°
« non. julii, duo filii Berengarii Amblardi, Amblardus scilicet et
« Petrus, pueri innocentes, posuerunt duos primarios lapides pro eisdem;
« finaliter in capella Beati Petri martiris fuit posita clavis testudinis
« in vigilia ejusdem martiris; et tam illius capelle quam alterius fuit
« testudinatio consumpta in crastino translationis Beati Dominici
« patris nostri, anno Domini M° CCCV°, quo hec scripsi. In conventu
« Castrensi servivi annis quasi quatuor; fui autem absolutus in
« capitulo provinciali Lemovicis, in festo Beate Marie Magdalene
« celebrato, anno Domini M° CCCV° » (ms. 490, f° 185 A-B). Lecteur de
théologie au couvent de Carcassonne, en 1305; prieur du couvent de
Limoges du 23 août 1305 au 16 janvier 1306. « Decimus nonus prior
« [Lemovicensis] omnium minimus successi ego frater Bernardus
« Guidonis fratri Stephano Laurelli, in vigilia Beati Bartholomei
« apostoli Burdegalis confirmatus, anno Domini M° CCCV°. In sequenti
« vero tempore paschali, anno Domini M° CCC° VI°, in festo Beati
« Georgii martiris quod fuit in sabbato, dominus Clemens Papa V^us
« cum octo cardinalibus venit Lemovicam et ad domum Fratrum
« Predicatorum declinavit sine diverticulo ad manendum, ubi concessit
« priori presenti, agenti gracias et petenti, quod confessor quem sibi
« eligeret, et ipse prior super fratres, et confessores quos ipse prior
« fratribus deputaret pro una vice eandem et tantam haberent in
« omnibus potestatem in foro penitentiali absolvendi et dispensandi ab
« omnibus culpis et penis citra purgatorium quantam ipse Papa super
« eos habebat. In crastino vero in quo fuit dies dominica (littera
« dominicali B.), idem Papa, visitato prius corpore sancti Marcialis et
« benedictione data populo congregato in platea Sancti Geraldi,
« recessit apud Sollempniacum, versus Burdegalam dirigens gressus
« suos. Hoc eodem anno Domini M° CCC° VI°, facta fuit libraria precio
« c. librarum et amplius. Prior fui anno uno et dimidio. Fui autem
« absolutus per litteram Magistri ordinis et factus inquisitor Tholo-
« sanus per litteram prioris provincialis Francie, receptis inde litteris
« utriusque Lemovicis in festo Beati Marcelli Pape et martiris, XVII°
« kls. februarii, anno Domini M° CCC° VI° » (1307, n. s) (ms. 490, f° 133
B, f° 134 A). *Socius* du provincial au chapitre général, en 1306 (*Ibid.*,
f° 397 B); reçoit du chapitre provincial, tenu à Rieux en 1308, commission de visiter la maison de Saint-Junien (Haute-Vienne), d'où les

Frères s'étaient retirés, pour voir si elle convient; mais ne peut y aller (*Ibid.*, f° 236 A, f° 403 B, f° 404 A); apprend de la bouche même du compagnon de fr. Robert d'Uzès les actes de grande sainteté de ce religieux (*Ibid.*, f° 364 B); définiteur au chapitre provincial tenu à Condom, en 1307; définiteur au chapitre général de 1308; définiteur au chapitre provincial tenu à Bordeaux, en 1311; électeur du Maître de l'ordre, en 1311; définiteur au chapitre provincial de 1313; vicaire de la province de Toulouse, préside le chapitre provincial de 1314, tenu à Auvillar; inquisiteur de Toulouse du 16 janvier 1307 jusqu'à la fin de l'année 1323; du 3 mars 1308 au 19 juin 1323, prononce, comme inquisiteur, neuf cent trente sentences, d'après le *Liber Sententiarum inquisitionis Tholosanæ*, publié par Limborch (1692); le nombre des personnes frappées est inférieur à sept cents environ, cent soixante-quinze environ étant nommées deux fois, et quarante-cinq au moins jusqu'à trois fois (1° *ad murum;* — 2° *educti de muro cum crucibus;* — 3° *ad gratiam de crucibus*); le nombre des hérétiques livrés au feu par B. Gui, est de cent quatorze et non de six cent trente-sept, comme Naudet et Daunou l'ont prétendu (*Hist. de France*, t. XIX, préf., p. XXIII), et non de « plus de six cent trente », comme M. Charles Molinier l'a écrit (*L'Inquisition dans le Midi de la France*, p. 207). Lecteur principal au chapitre de Saint-Étienne de Toulouse, en 1318; procureur de son ordre auprès de la Cour romaine pendant près de quatre ans; ambassadeur du Saint-Siège, nommé par une lettre du 12 mars 1317, de Jean XXII, pour rétablir la paix entre Robert, roi de Sicile, d'une part, et Amédée, comte de Savoie, Manfred, marquis de Saluces, Philippe de Savoie et Mathieu de Milan, d'autre part; ambassadeur également pour rétablir la paix entre le roi de France et les Flamands; ses services sont recherchés par Édouard II, roi d'Angleterre, pendant qu'il est à la Cour romaine. Évêque de Tuy en Espagne, en 1323, n'y va pas; évêque de Lodève (Hérault), le 20 juillet 1324; Hélie de Ferrières de Salanhac, provincial de 1324 à 1336, lui accorde, en 1327, les suffrages de toute la province après la mort. « Notificamus autem « fratribus universis quod Reverendo Patri domino Episcopo Lodo- « vensi fuit concessum per priorem provincialem et diffinitores capituli « provincialis quod post mortem ipsius fiat pro eo sicut de provinciali « in officio decedente » (Chap. prov. de 1327, f° 454); auteur de nombreux ouvrages énumérés par M. Léopold Delisle *(Notice sur les manuscrits de B. Gui);* meurt à Lauroux (Hérault), le 30 décembre 1331; demande par testament à être enseveli dans l'église des Frères Prêcheurs de Limoges; son corps y est porté, après de solennelles

funérailles célébrées à la cathédrale de Lodève, et enseveli dans le sanctuaire, à gauche de l'autel principal, « in decenti ac eminenti
« tumulo fabrefacto ex letone »; épitaphe de son tombeau : « Sub
« hoc humili loco jacet Frater Bernardus Guidonis ordinis Fratrum
« Prædicatorum, post non nullas per Italiam, Galliam et Flandriam
« legationes Apostolicas, primum Tudensis in Gallæcia, deinde Lodo-
« vensis Episcopus in Gallia Narbonensi, qui animam Cœlo reddidit an.
« salutis Domini MCCCXXXI, die tricesima Decembris. Requiescat in
« pace » (Plantavit de la Pause, *Chron. præs. Lodov.*, p. 298). — « Hic...
« tanquam *nardus* odorifera, vita pariter et doctrina, odorem suavis-
« simum Deo et hominibus emanavit. Fuit siquidem vir magni consilii,
« magne experiencie experteque prudencie ac religionis probate, vir
« modestus atque sensatus ac humilitate profundus, fama, gratia,
« sciencia ac eloquentia clarus, gesta quoque sanctorum et illustrium
« virorum ac antiquitates nobiles et memorabiles gerens in pectore
« et promens in tempore oportuno ac commendans per scripturam
« memorie cum diligencia ne perirent, assimulatus insuper in fidei
« fervore, in zelo ac sinceritate religionis, patribus primitivis » (Vie écrite par un contemporain, dans M. Léop. Delisle, op. cit, p. 427.
— Cf. *ibid.*, la lettre de Jean XXII et celle d'Édouard II à B. Gui, p. 398 et 400).

Bernardus de Juzico de Landarro dyocesis Vasatensis.
— Né à Jusix (Lot-et-Garonne); entre dans l'ordre au couvent de Bordeaux; lecteur des arts au couvent de Périgueux, en 1269; sous-lecteur au couvent de Bordeaux, en 1277, au couvent de Toulouse, en en 1278, et au couvent de Montpellier, en 1279; lecteur de théologie au couvent de Bergerac, en 1281 *(Et disputet)*, au couvent d'Agen, en 1282 *(Et disputet)*; étudiant au *Studium generale* de Paris, en 1283; prédicateur général, en 1282 et en 1284; lecteur de théologie au couvent d'Agen, en 1285, et au couvent de Bordeaux, en 1286; prieur du couvent de Bordeaux deux fois, de 1287 à 1290, de 1291 à 1294, plus haut, p. 269 et 270; lecteur de théologie au couvent de Bordeaux, en 1290; définiteur au chapitre provincial de 1291 tenu à Béziers ; reçoit à ce titre le couvent de Saint-Junien; définiteur au chapitre provincial de 1293; prieur du couvent de Toulouse, de 1294 à 1298. « Tempore sui
« prioratus fuit consumpmatum atque perfectum edificium illius magne
« domus episcopalis de qua facta est mencio cum annexis, pro cujus
« constructione dominus Hugo Mascharo, episcopus Tholosanus,
« contulit mille libras Turon. Item, fuit pinnaculum quantum est
« supra parietem ecclesie preminens elevatum et pariter consump-

« matum. Item, facta fuit illa magna campana pro universitate studii
« Tholosani. Item, una pars novi dormitorii facta fuit » (B. Gui,
Prior in conv. Tholos., ms. 490, f° 121 A). Définiteur au chapitre
général de 1295; désigné, en 1295, parmi les électeurs du Maître de
l'ordre; définiteur au chapitre provincial de 1295 et de 1297; définiteur
au chapitre général de 1298; provincial de la première province de
Provence de 1299 à 1301. « Sextus decimus prior provincialis fuit frater
« Bernardus de Juzico dyocesis Basatensis de predicacione conventus
« Burdegalensis, qui successit fratri Raymundo Hunaudi, electus in
« capitulo provinciali Pirpiniani, xv° kls. augusti, sabbato post octa-
« bam apostolorum Petri et Pauli, anno Domini M° CC° nonag° IX°;
« fuitque ibidem a tribus antiquioribus electoribus confirmatus, quia
« ordo Magistro carebat, qui fuerunt isti : frater Raymundus Severi
« habens in ordine LI. ann[os], frater Johannes de Genesteto quinqua-
« genarius in ordine, et frater Johannes Vigorosi, prior Sancti
« Maximini habens in ordine XLIX. annos. Hii tres pertinebant ad
« predicacionem conventus Montispessulani » (B. Gui, *De prior. prov.*,
ms. 490, f° 70 B, f° 71 A). Vote pour fr. Albert de Gênes, élu Maître
de l'ordre en 1300; onzième Maître de l'ordre, de 1301 à 1304; meurt
à Trèves, le 17 septembre 1304. « Undecimus Magister ordinis,
« successor fratris Alberti, fuit frater Bernardus de Juzico de villa
« que appellatur Landarro Vasatensis dyocesis oriundus, de predica-
« cione conventus Burdegalensis, vir litteratus et discretus. Hic fuit
« electus in Magistrum ordinis in capitulo generali Coloniensi, anno
« Domini M° CCCI°, sabbato sancto Penthecostes, scilicet XIII° kls.
« junii, per viam scrutinii, cum essent XXIX. numero electores a XVIII.
« electoribus nominatus, ceterisque omnibus consencientibus in eum-
« dem, factus est Magister concorditer et in pace. Erat autem tunc
« prior provincialis Provincie. Fuerat prius lector et prior Burdega-
« lensis jam semel et iterum, et prior Tholosanus. Hic prefuit Magis-
« terio annis duobus, mensibus quatuor; obiitque in conventu
« Treverensi provincie Theutonie, xv° kls. octobris, in festo sancti
« Lamberti, in die martis; fuitque sepultus in crastino, anno Domini
« M° CCC° III° » (B. Gui, *De prior. gen.*, ms. 490, f° 61 A).

Ber[nardus] de Malartico. — Étudiant des *Naturalia* au
couvent d'Orthez, en 1291, et au couvent d'Agen, en 1293; sous-
lecteur au couvent de Condom, en 1299; lecteur de théologie au
couvent de Saint-Émilion, en 1300, au couvent de Bergerac, en 1301,
au couvent d'Auvillar, en 1302, au couvent de Montauban, en 1303,
au couvent de Condom, en 1305; lecteur *ad legendum sententias* au

couvent de Toulouse, en 1308; lecteur de théologie au couvent de Carcassonne, en 1309; prédicateur général, en 1312.

Ber[nardus] de Maloduno de terminis conventus Brivensis. — Entre dans l'ordre au couvent de Brives; étudiant des *Naturalia* au couvent de Figeac, en 1293; étudiant de théologie au couvent de Toulouse, en 1302; sous-lecteur au couvent de Périgueux, en 1303; lecteur de théologie au couvent de Rodez, en 1304; prieur du couvent de Rodez de 1306 à 1307; lecteur de théologie au couvent de Brives, en 1307, et au couvent de Rodez, en 1308; lecteur de la Bible au couvent de Figeac, en 1309, et au couvent de Périgueux, en 1311; prieur du couvent de Brives de 1311 à 1313; lecteur de théologie au couvent de Cahors, en 1313; prédicateur général, en 1313; lecteur de la Bible au couvent de Figeac, en 1315, et au couvent de Limoges, en 1316; définiteur au chapitre provincial de 1316; prieur du couvent de Limoges, en 1317; lecteur du couvent de Limoges; peu après, prieur provincial de la province de Toulouse de 1317 à 1318; nommé primicier du pape Jean XXII, en 1318; meurt à Lyon, le 26 juin 1318. « Sextus
« prior provincialis [provincie Tholosane] frater Bernardus de Malo
« duno de terminis conventus Brivensis successit fratri Johanni de
« Falbeto, electus in capitulo provinciali Brageriaci celebrato, anno
« Domini M° CCC° XVII°. Erat autem tunc lector Lemovicensis; priorque
« provincialis existens, fuit vocatus ad Romanam Curiam et factus
« Primarius domini Pape. In provincialatu vero prefuit anno quasi uno,
« fuitque propter officium Primarie, absolutus ab officio provincialatus
« per Magistrum ordinis post generale capitulum Lugduni celebratum,
« anno Domini M° CCC° XVIII°; et ibidem paulo post infirmatus,
« migravit ad Dominum; fuitque sepultus in ecclesia fratrum exteriori,
« v° kls. julii » (ms. 490, f° 73 A).

B[ernardus] Martini Figiacensis. — Entre dans l'ordre au couvent de Figeac; lecteur de théologie au couvent de Perpignan, en 1301, et au couvent de Carcassonne, en 1303; prédicateur général, en 1304; délimite, en 1312, les *prédications* de Limoges et de Brives, de Périgueux et de Bergerac.

B[ernardus] de Massanti (*Massaudi?*). — Étudiant des *Naturalia* au couvent de Brives, en 1279; lecteur de *logique* au couvent d'Agen, en 1282; lecteur de philosophie naturelle au couvent de Limoges, en 1283, et au couvent de Périgueux, en 1284; étudiant de théologie au couvent de Toulouse, en 1286 et en 1288; sous-lecteur au couvent de Limoges, en 1289; lecteur de théologie au couvent de Bergerac, en 1293, et au couvent de Cahors, en 1303; prédicateur général, en 1304; lecteur de théologie au couvent de Cahors, en 1305; lecteur des *Sentences* au couvent de Toulouse, en 1306; lecteur de la Bible au couvent de Cahors, en 1308; visiteur, en 1311, des couvents de Toulouse, de Carcassonne, de Pamiers, de Rieux, de Saint-Gaudens, de Saint-Girons et du monastère de Prouille; *socius*, en 1311, du fr. Loup au chapitre général; prieur du couvent de Cahors deux fois, de 1306 à 1307, et de 1312 à 1315.

B[ernardus] Maurelli Ruthenensis. — Entre dans l'ordre au couvent de Rodez; délimite les *prédications* de Cahors et de Brives, en 1312; prieur du couvent de Rodez, avant 1319; prieur du monastère de Prouille, de 1319 à 1336.

Ber[nardus] Mercerii. — Étudiant des *Naturalia* au couvent de Castres, en 1306; étudiant de théologie au couvent d'Albi, en 1307, au couvent de Carcassonne, en 1310, au couvent de Bordeaux, en 1312, et au couvent de Toulouse, en 1313.

Bernardus de Monte Anerio. — Né à Montaner (Basses-Pyrénées); étudiant des *Naturalia* au couvent de Condom, en 1312, et au couvent d'Agen, en 1313; lecteur des arts au couvent d'Auvillar, en 1315; étudiant de théologie au couvent de Toulouse, en 1317; sous-lecteur au couvent de Condom, en 1318; lecteur du couvent de Marciac en fondation, en 1322; visiteur, en 1331, des couvents de Carcassonne, de Castres, de Limoux, d'Albi, de Rodez et du monastère de Prouille; visiteur, en 1342, des couvents de Toulouse, de Montauban, de Pamiers, de Rieux, de Saint-Gaudens et de Saint-Girons.

Bernardus de Mota (*de la Motha*) **Petragoricensis.** — Né à La Mothe (Dordogne); entre dans l'ordre au couvent de Périgueux; lecteur des *Naturalia* au couvent de Bordeaux, en 1265; lecteur de théologie au couvent de Toulouse, en 1269, au couvent de Figeac, en 1270, et au couvent de Périgueux, en 1271; sous-lecteur au couvent de Montpellier, en 1272; lecteur de théologie au couvent de Périgueux, en 1274; prédicateur général, en 1279; lecteur de théologie au couvent de Toulouse, en 1279, au couvent de Bordeaux, en 1280, au couvent de Limoges, en 1283; définiteur au chapitre provincial de 1286; prieur du couvent de Bordeaux, de 1285 à 1286; il y meurt en novembre 1286, plus haut, p. 269.

Bernardus Ortolani (*Ortalani*). — Étudiant des *Naturalia* au couvent d'Albi, en 1317 et en 1318; étudiant de théologie au couvent de Bordeaux, en 1320; sous-lecteur au couvent d'Albi, en 1324; lecteur de théologie au couvent de Saint-Gaudens, en 1330; visiteur, en 1335, des couvents de Toulouse, de Rieux, de Saint-Gaudens, de Saint-Girons et de Pamiers.

Ber[nardus] de Podio. — Étudiant des *Naturalia* au couvent de Carcassonne, en 1310, au couvent de Pamiers, en 1312, et au couvent de Périgueux, en 1313; lecteur des arts au couvent de Cahors, en 1314; étudiant de théologie au couvent de Carcassonne, en 1315, au couvent de Toulouse, en 1316, en 1317 et en 1318; lecteur de théologie au couvent de Montauban, en 1322, au couvent de Pamiers, en 1324, au couvent de Condom, en 1331.

Bernardus de Rameto Tholosanus. — Entre dans l'ordre au couvent de Toulouse; lecteur des arts au couvent de Narbonne, en en 1274; étudiant des *Naturalia* au couvent de Figeac, en 1275, et au couvent de Carcassonne, en 1277; lecteur de théologie au couvent d'Auvillar, en 1285; étudiant de théologie au couvent de Toulouse, en 1288; lecteur de théologie au couvent de Morlaas, en 1289, au couvent de Saint-Sever, en 1290 et en 1293, au couvent d'Auvillar, en 1297, au couvent d'Agen, en 1299; prieur du couvent d'Auvillar, de 1299 à 1301, plus haut, p. 324; visiteur, en 1301, des couvents de Cahors et de Montauban; visiteur, en 1304, des couvents de Bayonne, d'Orthez, de Saint-Sever et de Morlaas; prieur du couvent de Saint-Sever, de 1305 à 1307, plus haut, p. 336; visiteur, en 1307, des couvents de Cahors, de Montauban et de Castres; délimite, en 1312, les *prédications* de Pamiers, de Rieux, de Saint-Gaudens et de Saint-Girons; visiteur, en 1316, des couvents de Limoges, de Saint-Junien, de Brives, de Figeac et de Rodez.

Bernardus de Riparia. — Étudiant des *Naturalia* au couvent de Cahors, en 1288, au couvent de Limoges, en 1289.

Un autre frère prêcheur, *Johannes de Riparia Carcassonensis*, avait fait son entrée dans l'ordre au couvent de Carcassonne; étudia les *Naturalia* au couvent de Condom, en 1287, la théologie au couvent de Limoges, en 1291, et au couvent de Narbonne, en 1294. Sa trace se perd après cette date.

Bernardus de Riparia Rivensis. — Entre dans l'ordre au couvent de Rieux; étudiant des *Naturalia* au couvent de Castres, en 1288; étudiant de théologie au couvent de Bordeaux, en 1292, et au couvent de Toulouse, en 1293; lecteur de théologie au couvent de Bayonne, en 1305; prieur du couvent de Morlaas, de 1305 à 1307, plus haut, p. 319.

Bernardus Riparie Brivensis. — Entre dans l'ordre au couvent de Brives; sous-lecteur au couvent de Limoges, en 1298; lecteur de théologie au couvent de Bergerac, en 1300; prieur du couvent de Brives deux fois, de 1308 à 1309, et de 1314 à 1316; désigné comme lecteur de théologie au couvent de Figeac, en 1308; visiteur, en 1309, des couvents de Cahors, de Montauban, de Castres et d'Albi; délimite, en 1310, les *prédications* de Limoges, de Périgueux et de Saint-Junien; visiteur, en 1316, des couvents de Cahors, de Montauban, d'Albi et de Castres.

Bernardus Riparie Rivensis. — Entre dans l'ordre au couvent de Rieux; lecteur de *logique* au couvent d'Orthez, en 1287; lecteur de théologie au couvent de Rieux, en 1296, au couvent de Bergerac, en 1303, au couvent de Bayonne, en 1305, au couvent de Rodez, en 1307; prieur du couvent d'Agen, en 1309 et 1312, plus haut, p. 291.

Bernardus de Rocamauro Caturcensis. — Né à Rochemaure (Ardèche); entre dans l'ordre au couvent de Cahors; étudiant de théologie au couvent de Cahors, en 1284; prieur du couvent de Cahors, de 1296 à 1299; visiteur, en 1301, du couvent de Brives; élu prieur du couvent de Rodez, en 1303; n'accepte pas cette charge; délimite les *prédications* de Limoges, de Périgueux et de Saint-Junien (ms. 490, f° 410 A); délimite les *prédications* de Limoges, de Brives, de Périgueux et de Bergerac, en 1312; meurt au couvent de Cahors « *in crastino* « *sancte Lucie, anno Domini M° CCC° XII°* » (B. Gui, ms. 490, f° 143 B).

Bernardus Sabaterii Bitterrensis. — Entre dans l'ordre au couvent de Béziers; étudiant des *Naturalia* au couvent de Narbonne, en 1286, et au couvent de Carcassonne, en 1287; lecteur des *Naturalia* au couvent de Cahors, en 1288; étudiant de théologie au couvent de Toulouse, en 1290 et en 1291, et au couvent de Montpellier, en 1292 et en 1293; lecteur de théologie au couvent de Castres, en 1297. Après le démembrement de la première province de Provence, il reste probablement attaché à la seconde province de Provence.

Bernardus Sabaterii de Montepessulano. — Né à Montpellier; entre dans l'ordre au couvent de cette ville; étudiant des *Naturalia* au couvent de Béziers, en 1282; lecteur de *logique* au couvent de Narbonne, en 1283, au couvent de Carcassonne, en 1284; étudiant des *Naturalia* au couvent de Narbonne, en 1286; lecteur des *Naturalia* au couvent de Carcassonne, en 1287, et au couvent de Castres, en 1288; étudiant de théologie au couvent de Montpellier, en 1289 et en 1290, et au couvent de Toulouse, en 1291; lecteur de théologie au couvent de Montauban, en 1299, et au couvent de Sisteron, en 1301, avec pouvoir de disputer, *et disputet*. Après 1303, reste probablement attaché à la seconde province de Provence.

Bernardus de Soleriis (*de Solariis*). — Étudiant des *Naturalia* au couvent de Bayonne, en 1317; étudiant de théologie au couvent de Cahors, en 1318, au couvent de Toulouse, en 1319 et en 1320; étudiant au *Studium generale* de Barcelone, en 1322.

Bernardus Stephani Caturcensis. — Notice plus haut, p. 137, not. 4.

Bernardus Stephani de Montepessulano. — Notice plus haut, p. 137, not. 4.

Bernardus de Trilia Nemausensis. — Né à Nîmes; entre dans l'ordre au couvent de cette ville; sous-lecteur au couvent de Montpellier, en 1266; lecteur de théologie au couvent d'Avignon, en 1267; sous-lecteur au couvent de Montpellier, en 1268; lecteur de théologie au couvent de Bordeaux, en 1271, au couvent de Marseille, en 1272, au couvent d'Avignon, en 1273 et en 1274; prédicateur général, en 1273; lecteur de théologie au couvent de Toulouse, en 1276; définiteur au chapitre provincial de 1279, et au chapitre provincial de 1288; vicaire de la première province de Provence; en l'absence du provincial alors à Rome, il accède à la prière du roi de Majorque demandant deux couvents, l'un à Puycerda, l'autre à Collioure; treizième prieur provincial de la première province de Provence, de 1291 à 1292; il reçoit à Béziers la demande de fondation d'un couvent à Saint-Junien (Haute-Vienne); consent à cette fondation dont la date est différée (B. Gui, ms. 490, f° 234 A-B); meurt, le 3 août 1292, au couvent d'Avignon, où il est enseveli. Docteur et auteur distingué. « Tercius decimus
« prior [provincialis] fuit frater Bernardus de Trilia Nemausensis,
« qui successit fratri Bernardo Geraldi, electus in conventu Bitterrensi
« in die ad eligendum electoribus assignata, circa quindenam Pasche,
« anno Domini M° CC° nonag° II°; fuitque confirmatus a Magistro
« ordinis fratre Munione in sequenti capitulo generali Palencie termi-
« nata diffinicione immediate in conspectu omnium ibidem, ubi erat
« ipse pro provincia diffinitor. Prefuit autem uno anno integro; fuitque
« absolutus in sequenti capitulo generali romano, anno Domini M° CC°
« nonag° II°. Hic fuit magister in theologia solidus et famosus, vir
« sensatus, naturali prudencia preditus, ingenio prepollens, clarus
« intellectu ad intelligenciam sublimium et subtilium veritatum, clausus
« labiis, animo circumspectus, dogmatibus ac nectare fratris Thome
« excellenter inbutus, qui in sacris litteris preminens et precellens,
« predecessores suos singulos precessit in eisdem. Hic dogmata clara,
« studiosisque preciosa in scriptis successoribus posteris dereliquit;
« sciencia, fama ac persona insignis et celebris; in toto ordine ejus
« dulcis memoria cum laudibus vivit et preconiis gloriosis. Hic, cum

« rediret de prefato romano capitulo generali, in conventu Avinionensi
« decumbens, feliciter et inperceptibiliter in Domino obdormivit, in
« vigilia beati Dominici, anno Domini M° cc° nonag° II°; sepultus
« fuit ibidem; set postmodum apud Nemausum civitatem nativitatis
« sue translatum est corpus ejus. In isto claruit eminenter sciencia
« et intelligencia veritatis.

« Versus epitaphii :

« Frater Bernardus jacet hic, cui Trilia nomen;
« Nominis est homen, quod signat mistica nardus;
« Nitens candore, fragrans virtutis odore,
« Constans ac humilis, cum nemine nulla sibi lis.
« Iste pater patrie fuit hujus et archa sophie ;
« Munda fuit vita, mens celica, linga polita ;
« Doctor, lux veri, vox celi, regula cleri,
« Eterni regis reseravit dogmata legis. »

(B. Gui, ms. 490, f° 69 B. — Cf. Echard, *Script. ord. Præd.*, I, 432-434. — *Hist. litt. de la France*, XX, 129.)

Bernardus de Turnis de Amiliano. — Né à Milhau (Aveyron); entre dans l'ordre en 1263, le jour de la fête de saint Michel; lecteur de *logique nouvelle* au couvent de Carcassonne, en 1266; lecteur des arts au couvent de Béziers, en 1267; lecteur de philosophie naturelle au couvent de Béziers, en 1271, et au couvent de Perpignan, en 1272; lecteur de théologie au couvent d'Orange, en 1277, et au couvent de Figeac, en 1279; prédicateur général, en 1281; élu prieur du couvent de Castres, en 1284; l'élection est cassée; lecteur de théologie au couvent de Montauban, en 1285; prieur du couvent de Figeac deux fois, de 1280 à 1284 et de 1285 à 1289; prieur du couvent de Montpellier, en 1291; prieur du monastère de Prouille, de 1296 à 1299; définiteur aux chapitres provinciaux de 1296 et de 1298, au chapitre général de 1299; meurt à Prouille, en 1299, « in festo Beati Francisci, illuscescente
« aurora diei dominice ». — « Hic fuit vir magne devocionis et
« sanctitatis, ac fervoris in Deum, zelator magnus pro salute hominum,
« maxime grandium peccatorum, predicator admodum graciosus et
« famosus et multo amplius fructuosus, virtutibus et Deo plenus. Hic
« procuravit et optinuit, tempore sui prioratus, a domino rege Philippo
« universalem et plenariam amortizacionem omnium bonorum tempo-
« ralium adquisitorum usque tunc monasterii Pruliani, scilicet anno
« Domini M° cc° nonag° VIII°; consumpmavit que clausuram insignem
« de muro lapideo usque ad portam majorem exclusive. Hic Dei
« amicus, cum XXXVI. annis in ordine Domino deservisset in labo-

« ribus plurimis, in jejuniis multis, in vigiliis habundancius, in
« puritate mentis et corporis, in fervore dilectionis Dei et proximi,
« transivit ex hoc mundo ad Patrem cui servierat in spiritu et veritate,
« feliciter ac confidenter valde, sicut ipsemet nobis qui ibidem adera-
« mus patris exitum expectantes aperuit, in extremis pleno sensu suo
« et ratione utens, ita inquiens. Cum enim sacram Heucharistiam hora
« matutinali, prout ipsemet ordinaverat, coram positis fratribus et
« orantibus in sancta confessione devotissime suscepisset, interro-
« gatusque ex more de fide sacramenti Dominici Corporis, pectore pleno
« fide, clara voce professus est, quod nichil verius, nichil cercius in
« hac vita credebat. Et post pauca subjunxit : En, inquit, karissimi
« fratres, pulsatus sum ut aliqua vobis loquar et hec erunt novissima
« verba mea, quamvis, inquit, ad illorum celsitudinem et glorie
« sublimitatem de quibus scribitur, *Apo. VII.*, *ex tribu tali*
« *N. et tali N.* etc. *XII. milia signati,* mea parvitas et paupertas
« meritorum minime pertingere mereatur, securus tamen et confidenter
« expecto et de misericordia Domini mei Jhesu Christi cui servivi,
« non dubito quin istum pauperem christianum salvum faciat et
« suscipiat in collegio saltem illorum de quibus ibidem subditur : *Vidi*
« *turbam magnam quam dinumerare nemo poterat,* etc. Hec verba
« dulcissime et sapidissime ingeminans, modoque ineffabili nobis
« exprimens et inprimens piissimo vultu, voce lacrimosa, complosis et
« ad Deum utcumque poterat manibus elevatis, ex facundia oris sui et
« gracia in labiis ejus diffusa, de fonte fidei cordis sui, devocionis
« rivulos uberius emanantes effundebat, fontemque ipsum nobis amplius
« aperiens, ait voce sonora, humili et devota : Nec dubitetis, fratres
« mei karissimi, quin apud Deum vobis et loco huic teneam bonum
« locum, et deinceps pauca vobis loquar. Commendansque nos gracie
« Dei, tunc siluit. Prefuit ac profuit monasterio annis tribus et amplius.
« Dormivit autem in Domino illuscescente aurora diei Dominice, anno
« Domini M° CC° nonag° IX°. Cujus corpus sanctum ego frater Bernar-
« dus Guidonis, tunc prior Carcassone indignus, minister eodem die
« tradidi ecclesiastice sepulture, non sine fratrum et sororum gemitu
« et ploratu; sepultus que est in ecclesia sororum ante fenestram in
« proprio tumulo juxta predecessores suos. Super tumbam ejus lapi-
« deam sunt hii versus :

      « Frater Bernardus de Turnis mistica nardus
      « Arsit amore Dei vivens carnisque nitore
      « Canduit, et docuit sic vivere, sicque nitere.

« Ingressus est ordinem anno Domini M° CC° LXIII°, circa festum sancti
« Michaelis » (B. Gui, ms. 490, f° 107 A-B, f° 108 A).

Bernardus de Vallibus. — Né à Vals (Ariège); étudiant des *Naturalia* au couvent d'Orthez, en 1309, et au couvent de Bayonne, en 1310; lecteur des arts au couvent de Bayonne, en 1311; étudiant de théologie au couvent de Bordeaux, en 1313; sous-lecteur au couvent de Saint-Sever, en 1316; prédicateur général, en 1335.

Bertrandus de Albigesio. — Né à Albiès (?) (Ariège); étudiant des *Naturalia* au couvent de Cahors, en 1317, au couvent d'Albi, en 1318; étudiant de théologie au couvent de Bordeaux, en 1319, au couvent de Toulouse, en 1320; sous-lecteur au couvent d'Albi, en 1321; lecteur des *Naturalia* au couvent de Brives, en 1322, et au couvent d'Albi, en 1323; lecteur des Sentences au couvent de Bordeaux, en 1326; lecteur de théologie au couvent d'Albi, en 1327; vicaire du couvent d'Albi, en 1331; prédicateur général, en 1342.

Bertrandus de Bellocastello Cartusiensis. — Né à Cahors; chanoine de Bordeaux; fait sa profession à Paris, entre les mains du B. Jourdain de Saxe; prieur du couvent d'Agen deux fois, de 1257 à 1262 et de 1264 à 1267, plus haut, p. 287; définiteur au chapitre provincial de 1265, tenu à Montpellier; visiteur, en 1262, des couvents de Toulouse, de Montauban et de Cahors; meurt « in navi, inter Altum
« villare et Agennum, coram ecclesia beate Katerine, cui multum erat
« devotus », le 28 mai 1268; exhumation de son corps en 1281, plus haut, p. 283.

Bertrandus Boerii. — Étudiant des *Naturalia* au couvent de Castres, en 1312, et au couvent d'Auvillar, en 1313; lecteur des arts au couvent de Lectoure, en 1314; étudiant de théologie au couvent de Toulouse, en 1316 et en 1319; sous-lecteur au couvent de Bordeaux, en 1320; lecteur de théologie au couvent de Saint-Gaudens, en 1322, au couvent de Figeac, en 1328.

Les actes des chapitres provinciaux mentionnent cinq autres Frères du nom de Boyer :

1° FR. G. BOERII, sous-lecteur au couvent de Montauban, en 1318; et visiteur, en 1325, des couvents de Cahors, de Figeac, de Montauban et de Rodez.

2° FR. B. G. BOERII, lecteur de théologie au couvent de Saint-Gaudens, en 1324.

3° FR. GERALDUS BOERII, lecteur des *Naturalia* au couvent de Port-Sainte-Marie, en 1340.

4° FR. PONCIUS BOERII, étudiant à Cologne, en 1294.

5° Fr. W. Boërii, étudiant de théologie au couvent de Bordeaux, en 1315.

Bertrandus de Cabanaco Burdegalensis. — Né à Cabanac (Haute-Garonne); entre dans l'ordre au couvent de Bordeaux; étudiant des *Naturalia* au couvent de Périgueux, en 1275; prédicateur général, en 1300; prieur du couvent de Bordeaux deux fois, de 1297 à 1299 et de 1300 à 1302, plus haut, p. 271; meurt au couvent de Bordeaux, en 1306, « paulo post pascha ».

Bertrandus de Castronovo Caturcensis. — Né à Castelnau-de-Bretenoux (Lot); entre dans l'ordre au couvent de Cahors; lecteur de théologie au couvent de Bordeaux, en 1252; définiteur au chapitre provincial de 1259; à cette date, accepte avec le provincial les donations faites en vue de la fondation d'un couvent à Castres (B. Gui, ms. 490, f° 180 A); visiteur, en 1266, des couvents de Figeac, de Brives et de Limoges; en 1273, des couvents de Bordeaux, de Saint-Émilion, de Bergerac et de Périgueux; en 1284, des couvents de Toulouse, de Rieux, de Pamiers, de Castres et d'Albi; *socius* du provincial au chapitre général de 1287; visiteur, en 1285, des couvents de Bordeaux, de Saint-Émilion, de Bergerac, de Périgueux, de Limoges et de Brives.

Bertrandus de Claromonte Petragoricensis dyocesis de predicatione Brageriacensi. — Entre dans l'ordre au couvent de Bergerac, en 1256; sous-lecteur au couvent de Limoges, en 1267; lecteur de théologie au couvent de Bergerac, en 1268 et en 1271; prédicateur général, en 1274; lecteur de théologie au couvent de Bergerac, en 1275, au couvent de Condom, en 1279, au couvent de Périgueux, en 1280; prieur du couvent de Bergerac trois fois, de 1271 à 1272, de 1283 à 1284 et de 1285 à 1292; après son troisième priorat du couvent de Bergerac, « electus et confirmatus in priorem Podiensem, et inde electus et « confirmatus in priorem Narbonensem; et inde factus est Inquisitor « Tholosanus. Hec omnia infra dimidium annum evenerunt, scilicet a « festo Assumptionis Beate Marie usque ad sequentem quadragesimam « exclusive, anno Domini m° cc° nonag° ii° » (B. Gui, ms. 490, f° 199 A). Inquisiteur de Toulouse douze ans, de 1292 à à 1304; pendant ce temps, définiteur aux chapitres provinciaux de 1293, de 1295, de 1297 et et de 1299; électeur du Maître de l'ordre, en 1299; définiteur au chapitre général de 1300, au chapitre provincial de 1301, et à celui de 1303; prieur du couvent de Carcassonne de 1301 à 1304; alors éclatent les troubles fomentés par B. Délicieux à l'occasion de l'Inquisition (B. Gui, ms. 490, f° 158 A-B); définiteur au chapitre général de 1302; électeur du Maître de l'ordre, en 1304 (ms. 490, f° 72 A); second provincial de la province de Toulouse de 1304 à 1306; prieur du couvent de Bordeaux de 1306 à 1307, plus haut, p. 272; définiteur au chapitre provincial de 1311; meurt au couvent de Bergerac, le 5 novembre 1312 (B. Gui, Gui, ms. 490, f° 72 A).

Bertrandus Freselli de Vauro Tholosanus. — Né à Lavaur (Tarn); entre dans l'ordre au couvent de Toulouse; étudiant des *Naturalia* au couvent de Pamiers, en 1306, et au couvent de Montauban, en 1307; étudiant de la Bible et des Sentences au couvent d'Agen, en 1309; et au couvent de Périgueux, en 1310; étudiant au *Studium generale* de Montpellier, en 1311; lecteur de théologie au couvent de Morlaas, en 1316, au couvent de Bayonne, en 1318; lecteur de la Bible au couvent de Figeac, en 1312; lecteur de théologie au couvent d'Albi, en 1322 et en 1323; prieur du couvent de Toulouse, de 1324 à 1326; lecteur de théologie au couvent de Cahors, en 1326; prédicateur général, en 1326; prieur du couvent de Pamiers, de 1328 à 1329, et du couvent de Bordeaux, en 1329 (Cf. Douais, *Les Frères Prêcheurs à Pamiers*, p. 53).

Bertrandus Fulcodii de Monte agrerio Petragoricensis. — Né à Montagrier (Dordogne); entre dans l'ordre au couvent de Périgueux; étudiant des *Naturalia* au couvent de cette ville, en 1284; étudiant de théologie au couvent de Limoges, en 1287 et en 1289; lecteur de théologie au couvent d'Albi, en 1298; prédicateur général, en 1302; lecteur de théologie au couvent d'Agen, en 1304, au couvent de Limoges, en 1307, au couvent de Périgueux, en 1308; lecteur de la Bible au couvent de Périgueux, en 1309; prieur du couvent de Périgueux deux fois, de 1302 à 1304, et en 1315; visiteur, en 1311, des couvents de Cahors, de Montauban, d'Albi et de Castres; et en 1316, des couvents de Toulouse, de Carcassonne, de Pamiers, de Rieux, de Saint-Gaudens, de Saint-Girons et du monastère de Prouille; prieur du couvent de Brives, de 1316 à 1318; vicaire de la province de Toulouse, en 1318.

Bertrandus Juvenis. — Sous-lecteur au couvent de Bordeaux, en 1273; lecteur de théologie au couvent d'Orange, en 1275, au couvent d'Aix, en 1277, au couvent d'Orange, en 1283 (*Et disputet*); prédicateur général, en 1284; lecteur de théologie au couvent de Marseille, en 1285; sous-lecteur à ce même couvent, en 1286.

Bertrandus de Manso Appamiensis. — Né à Mas-d'Azil (Ariège); entre dans l'ordre au couvent de Pamiers; lecteur des arts au couvent de Carcassonne, en 1307; sous-lecteur au couvent de Pamiers, en 1311, au couvent de Montauban, en 1312; prieur du couvent de Saint-Girons de 1312 à 1315, plus haut, p. 349; prieur du couvent de Pamiers, de 1315 à 1318 (Cf. Douais, *Les Frères Prêcheurs à Pamiers au XIIIe et au XIVe siècle*, p. 52).

Bertrandus Maurandi. — Voyez plus haut, p. 127, not. 5.

Bertrandus Moreti. — Étudiant de théologie au couvent de Bordeaux, en 1318, et au couvent de Toulouse, en 1319, en 1320 et en 1325; maître des étudiants au couvent de Bordeaux, en 1322; lecteur des *Naturalia* au couvent de Saint-Gaudens, en 1323.

Bertrandus Pellicerii. — Étudiant des *Naturalia* au couvent de Pamiers, en 1305; étudiant de théologie au couvent de Toulouse, en 1307 et en 1308; lecteur de théologie au couvent de Bayonne, en 1315, et au couvent de Castres, en 1320; lecteur de la Bible au couvent de Périgueux, en 1324; prédicateur général, en 1326; prieur du couvent de Toulouse, en 1334.

Bertrandus de Poymaco (*de Pothmaco*). — Étudiant des *Naturalia* au couvent de Périgueux, en 1313; lecteur des arts au couvent de Brives, en 1316; étudiant de théologie au couvent de Bordeaux, en 1317 et en 1318, au couvent de Toulouse, en 1319; lecteur des *Naturalia* au couvent de Brives, en 1321; lecteur de théologie au couvent de Saint-Junien, en 1323, et au couvent de Brives, en 1324; prédicateur général, en 1335.

Bertrandus de Rupe Amatoris Caturcensis. — Né à Roc-Amadour; entre dans l'ordre au couvent de Cahors; définiteur aux chapitres provinciaux de 1276, de 1286 et de 1289; prieur du couvent d'Agen, de 1252 à 1258, plus haut, p. 276; chargé par le chapitre provincial de 1258 de faire, avec les prieurs des couvents de Montpellier et de Marseille, un règlement pour les études (ms. 490, f° 292 B); prieur du couvent de Narbonne, de 1261 à 1262; prieur du couvent de Cahors deux fois, de 1267 à 1268, et de 1287 à 1288; prieur du couvent de Figeac, de 1271 à 1273; vicaire de la vicairie de Bordeaux; prieur du couvent de Périgueux, de 1282 à 1283. « Vir fuit in provincia « magni nominis et virtutis. Hic obiit, anno Domini M° CC° nonag°, « post pascha » (B. Gui, ms. 490, f° 152 B).

Bertrandus Sabaterii predicationis Carcassonensis. — Entre dans l'ordre au couvent de Carcassonne; étudiant des *Naturalia* au couvent de cette ville, en 1313; lecteur des arts à ce même couvent, en 1316; étudiant de théologie au couvent de Bordeaux, en 1317, et au couvent de Toulouse, en 1318; sous-lecteur au couvent de Carcassonne, en 1320; lecteur de théologie au couvent de Bergerac, en 1323, au couvent de Périgueux, en 1326; prédicateur général, en

1326; prieur du couvent de Toulouse; de 1328 à 1329; lecteur de théologie au couvent de Bordeaux, en 1329.

Bertrandus de Sancto Michaele. — Étudiant de théologie au couvent de Bordeaux, en 1318, et au couvent de Toulouse, en 1319 et en 1320; lecteur des *Naturalia* au couvent de Saint-Gaudens, en 1321, et au couvent d'Albi, en 1322; lecteur de théologie au couvent de Saint-Girons, en 1324, au couvent d'Auvillar, en 1325, au couvent de Condom, en 1327, au couvent de Périgueux, en 1330, au couvent de Carcassonne, en 1332, au couvent d'Agen, en 1335; prédicateur général, en 1335.

Bonus Mancipius Tholosanus. — Entre dans l'ordre au couvent de Toulouse; étudiant de théologie au couvent de cette ville en 1285, en 1286, en 1287, en 1288 et en 1289; lecteur de théologie au couvent de Castres, en 1290, au couvent de Montauban, en 1292, au couvent de Figeac, en 1293, au couvent d'Albi, en 1294, au couvent de Bergerac, en 1296; lecteur de la Bible au couvent de Toulouse, en 1298; prieur du couvent d'Albi, de 1298 à 1299; prédicateur général, en 1304; visiteur, en 1308, des couvents de Bayonne, d'Orthez, de Saint-Sever et de Morlaas; prieur du couvent de Périgueux, de 1309 à 1312; prieur du couvent de Toulouse, de 1312 à 1313; élu prieur du couvent de Bayonne, en 1314; n'y va pas, plus haut, p. 262.

Columbus de Provincia. — Prieur du couvent de Bayonne peu après sa fondation, plus haut, p. 256; prieur du couvent de Montpellier, en 1237; prieur du couvent de Toulouse, l'année du massacre des Inquisiteurs à Avignonnet; religieux d'une grande sainteté: « Vir « simplicitatis et innocentie columbine, Deo et hominibus clare » (B. Gui, ms. 490, f° 119 A). — « Columbinæ simplicitatis et « serpentinæ prudentiæ vir venerabilis frater Columbus quondam « prior Montispessulani, consummatis diebus suis in bono, in atrio « Beatæ Mariæ Forijuliensis in Provincia sepultus est, ad cujus « tumulum duo paralitici erecti sunt, et multi infirmi plenarie sanati; « et est sepulchrum ejus clero et populo venerabile et devotum » (Geraldus de Fracheto, *De vitis fratrum*, p. 217, édit. du R. P. Cormier, Marseille, 1875).

Celebrunus Petragoricensis. — Entre dans l'ordre au couvent de Périgueux; étudiant des *Naturalia* au couvent de Castres, en 1291, et au couvent de Bordeaux, en 1294; sous-lecteur au couvent d'Albi, en 1302.

Dalmacius de Montiliis. — Lecteur de *logique* au couvent de Valence, en 1287; étudiant des *Naturalia* au couvent de Marseille, en 1289; étudiant de théologie au couvent de Montpellier, en 1292; étudiant au *Studium generale* de Paris, en 1298; lecteur de théologie au couvent de Tarascon, en 1301 *(Et disputet);* prédicateur général, en 1302.

Deodatus Engilberti *(Angilberti, Gilberti).* — Étudiant des *Naturalia* au couvent de Castres, en 1305, au couvent de Carcassonne, en 1308; étudiant de théologie au couvent de Bordeaux, en 1309, au couvent de Toulouse, en 1310 et en 1311; lecteur de théologie au couvent d'Auvillar, en 1316.

Deodatus Mogerii. — Étudiant de théologie au couvent de Bordeaux, en 1304 et en 1305, au couvent de Toulouse, en 1306; sous-lecteur au couvent de Castres, en 1307; étudiant de la Bible au couvent de Cahors, en 1308; sous-lecteur au couvent d'Albi, en 1311; lecteur des Sentences au couvent de Figeac, en 1315.

Dominicus Bessa *(de Labessa).* — Étudiant des *Naturalia* au couvent de Condom, en 1313; lecteur des arts au couvent de Figeac, en 1316; étudiant de théologie au couvent de Toulouse, en 1318 et en 1319; lecteur des *Naturalia* au couvent de Condom, en 1321; lecteur de théologie au couvent de Lectoure, en 1323.

Dominicus Fabri. — Lecteur de logique au couvent de Tarascon, en 1286, au couvent d'Arles, en 1287; étudiant de philosophie au couvent d'Avignon, en 1288, et au couvent de Marseille, en 1289.

Dominicus Grima. — Né à Toulouse; appelé Dominique Grenier (?); étudiant des *Naturalia* au couvent de Brives, en 1290; étudiant de théologie au couvent de Carcassonne, en 1291, au couvent de Toulouse, en 1292; sous-lecteur au couvent de Toulouse, en 1301; lecteur de théologie au couvent de Périgueux, en 1303, au couvent de Bordeaux, en 1308, et au couvent de Toulouse, en 1311; prédicateur général, en 1312; définiteur au chapitre provincial de 1313; docteur en théologie à l'Université d'Avignon; lecteur du sacré Palais : « Factus « magister in Avinione, mandante domino Johanne papa; et ibidem « factus lector sacri Palatii » (ms. 490, f° 37 A); maître du sacré Palais, en 1324; évêque de Pamiers, du 13 mars 1326 à 1348 (*Gall. christ.*, XIII, 161, 162); auteur d'un commentaire sur les livres de la loi et les livres historiques, encore inédit (Biblioth. publique de la ville de Toulouse, n° 28, n° 29, n° 30, n° 31. — Cf. Douais, *Essai sur l'organisation des études dans l'ordre des Frères Prêcheurs au XIIIe et au XIVe siècle*, p. 103, p. 119). En 1341, fit peindre dans le grand cloître du couvent

des Frères Prêcheurs. de Pamiers la vie de saint Antonin. « Anno
« Domini M° CC° XLI°, hoc opus extitit die VII. novembris consum-
« matum ».

> « Frater Dominicus Domini cultor benedictus,
> « Doctor mirificus, et Episcopus Appamiensis,
> « Sumptibus immensis opus hoc fabrefecit amicus,
> « Inde Deo gratus regnet sine fine beatus. »

(Frizon, *Gall. purp.*, p. 362). — Auteur du *Rituale ecclesie Appamiarum* que la Bibliothèque des mss. de la ville de Toulouse possède sous le n° 402.

Dominicus de Montetotino Tholosanus. — Entre dans l'ordre au couvent de Toulouse; étudiant de théologie au couvent de cette ville, en 1291 et en 1292; lecteur de théologie au couvent d'Orthez, en 1296, au couvent d'Auvillar, en 1300; prieur du couvent d'Albi, de 1303 à 1306; prieur du couvent de Pamiers, de 1314 à 1315; visiteur, en 1315, des couvents d'Orthez, de Saint-Sever et de Morlaas; prieur du couvent de Limoges, de 1318 à 1320; prieur du couvent de Toulouse, de 1320 à 1324; prédicateur général, en 1322; prieur du couvent de Carcassonne, de 1326 à 1329.

Durandus Honorati de Castris. — Né à Castres; étudiant de théologie au couvent de Toulouse, en 1303; sous-lecteur au couvent de Castres, en 1304; lecteur de théologie au couvent de Saint-Émilion, en 1308, au couvent d'Auvillar, en 1310; prieur du couvent de Lectoure, de 1310 à 1311, plus haut, p. 332; lecteur de théologie au couvent de Castres, en 1313, au couvent d'Orthez, en 1314, au couvent d'Agen, en 1316, au couvent de Rodez, en 1318; visiteur, en 1321, des couvents de Bordeaux, de Périgueux, de Bergerac, de Saint-Émilion et du monastère de Saint-Pardoux (Dordogne); prédicateur général, en 1326.

Durandus de Portello. — Né à Portel (Aude); étudiant de théologie au couvent de Pamiers, en 1303 et en 1304; sous-lecteur au couvent de Périgueux, en 1307, au couvent de Bergerac, en 1308; étudiant de théologie au couvent de Toulouse, en 1309 et en 1310; lecteur de théologie au couvent de Lectoure, en 1311, au couvent de Saint-Girons, en 1312, au couvent de Rieux, en 1314.

Esius de Podio gallini de predicatione Lectorensi. — Entre dans l'ordre au couvent de Lectoure; étudiant des *Naturalia* au couvent de Condom, en 1284; sous-lecteur au couvent de Condom, en 1291, au couvent de Périgueux, en 1292, au couvent de Condom, en

1293; lecteur de théologie au couvent de Saint-Émilion, en 1301; prédicateur général, en 1304; visiteur, en 1306, des couvents de Limoges, de Brives, de Figeac et de Rodez; visiteur, en 1309, des couvents de Bordeaux, de Saint-Émilion, de Bergerac, de Périgueux et du monastère de Saint-Pardoux (Dordogne); prieur du couvent de Lectoure trois fois, de 1299 à 1301, de 1302 à 1305 et de 1309 à 1310, plus haut, p. 330 et 331; visiteur, en 1317, des couvents de Bayonne, d'Orthez, de Saint-Sever et de Morlaas.

Ferrarius Grossi. — Lecteur de *logique* au couvent de Béziers, en 1287; étudiant des *Naturalia* au couvent d'Arles, en 1289; étudiant de théologie au couvent de Montpellier, en 1291 et en 1292; sous-lecteur au couvent de Sisteron, en 1293; lecteur de théologie au couvent d'Arles, en 1297, et au couvent d'Alais, en 1301; étudiant au *Studium generale* de Paris, en 1302.

Fortanerius de Petralonga. — Étudiant des *Naturalia* au couvent de Saint-Émilion, en 1306; étudiant de théologie au couvent de Bordeaux, en 1307, et au couvent de Toulouse, en 1308; lecteur de théologie au couvent de Castres, en 1314; prédicateur général, en 1315; étudiant au *Studium generale* de Paris, en 1316; lecteur de théologie au couvent de Condom, en 1322, au couvent de Carcassonne, en 1325, au couvent d'Agen, en 1327; visiteur, en 1330, des couvents de Toulouse, de Pamiers, de Saint-Girons, de Saint-Gaudens et de Rieux.

Franciscus. — Lecteur des *Naturalia* au couvent de Valence, en 1265, en 1266 et en 1267; lecteur de théologie au couvent de Valence, en 1271; sous-lecteur au couvent de Toulouse, en 1274; lecteur de théologie au couvent du Puy, en 1277; prédicateur général, en 1277; lecteur de théologie au couvent de Valence, en 1278, au couvent du Puy, en 1281; sous-lecteur au couvent de Montpellier, en 1282.

Franciscus Tholosanus. — Entre dans l'ordre au couvent de Toulouse; lecteur des *Naturalia* au couvent de Brives, en 1286, au couvent de Figeac, en 1287; lecteur de théologie au couvent de Rodez, en 1292; sous-lecteur au couvent de Toulouse, en 1294; lecteur de théologie au couvent de Carcassonne, en 1296.

Franciscus Valentinus. — Entre dans l'ordre au couvent de Valence; lecteur de théologie au couvent de Bergerac, en 1265; étudiant au *Studium generale* de Bologne, en 1273; prédicateur général, en 1277; lecteur de théologie au couvent du Puy, en 1285; sous-lecteur au couvent de Marseille, en 1286; lecteur de théologie à ce même couvent, en 1288; définiteur au chapitre provincial de 1289; lecteur de théologie au couvent d'Avignon, en 1300; lecteur de théologie au couvent de Valence, en 1301.

Galhardus de Cadrivo. — Né à Cadrieu (Lot); lecteur de *logique* au couvent de Périgueux, en 1286, et au couvent de Cahors, en 1287; étudiant des *Naturalia* au couvent de Limoges, en 1289; étudiant de théologie au couvent de Bordeaux, en 1291, au couvent de Béziers, en 1292; sous-lecteur au couvent du Puy, en 1296; lecteur de théologie au couvent d'Aubenas, en 1298, au couvent de Pamiers, en 1299, et au couvent de Saint-Gaudens, en 1302.

Galhardus de Ursi saltu vasco. — Né dans la vallée d'Ossau (Basses-Pyrénées); prieur du couvent de Bayonne peu après sa fondation, plus haut, p. 256; lecteur de théologie au couvent de Narbonne, en 1250; premier lecteur du couvent d'Agen, en 1252; évêque de Bethléem en 1267 (ms. 490, f° 33 A, f° 138 A. — Gams, *Series episcop.*, 516); meurt en 1279 (Gams, *ibid.* — Lequien, *Oriens christianus*, III, 1282).

Galhardus de Puyeto *(de Poieto, de Pogeto)*. — Né au Puget (Basses-Pyrénées); étudiant des *Naturalia* au couvent de Condom, en 1307, et au couvent de Cahors, en 1309; étudiant de théologie au couvent de Toulouse, en 1310; sous-lecteur au couvent de Périgueux, en 1313; étudiant des *Naturalia* à ce même couvent, en 1314, et au couvent de Carcassonne, en 1315; lecteur des Sentences au couvent de Bordeaux, en 1316; lecteur de théologie au couvent de Toulouse, avant 1322; définiteur au chapitre général de 1322.

Garinus gallicus. — Plus haut, p. 134, not. 4.

Garssias Arnaldi Baionensis. — Entre dans l'ordre au couvent de Bayonne; prieur du couvent de cette ville en 1268, année de sa mort, plus haut, p. 258.

Gasto de Sarlato Brageriacensis. — Né à Sarlat (Dordogne); entre dans l'ordre au couvent de Bergerac; visiteur, en 1306, des couvents de Bayonne, d'Orthez, de Saint-Sever et de Morlaas; visiteur, en 1308, des couvents de Condom, d'Agen, d'Auvillar, de Lectoure et du monastère de Pont-Vert; prieur du couvent de Saint-Émilion, de 1304 à 1306, plus haut, p. 311; prieur du couvent de Bergerac, de 1306 à 1308; meurt à Bergerac, en 1308 (ms. 490, f° 199 B).

Gaubertus *(Guasbertus)* **de Orgolio.** — Né à Orgueil (Tarn-et-Garonne); sous-lecteur au couvent de Brives, en 1323, et au couvent de Cahors, en 1324; délimite les *prédications* des couvents d'Agen et de Belvez, en 1332; lecteur de théologie au couvent de Cahors, en 1332; prédicateur général, en 1335; lecteur de théologie au couvent de Cahors, en 1339, et au couvent de Bordeaux, en 1341. Il ne faut pas le confondre avec Guillaume d'Orgueil « carceri sententialiter judi-« catus », en 1338 (ms. 490, f° 485 A).

Gaucelminus Burdegalensis. — Entre dans l'ordre au couvent de Bordeaux; sous-lecteur au couvent de Bordeaux, en 1283; lecteur de théologie au couvent de Saint-Émilion, en 1285; prieur du couvent d'Auvillar, de 1296 à 1299, plus haut, p. 324; visiteur, en 1299, des couvents de Bayonne et d'Orthez; prieur du couvent de Morlaas, de 1299 à 1300; meurt en 1300. « Hic fuit parve stature, societatis « bone », plus haut, p. 319.

Geraldus Bermundi Petragoricensis. — Entre dans l'ordre au couvent de Périgueux; lecteur de théologie au couvent d'Avignon, en 1268, au couvent d'Alais, en 1275; prieur du couvent de Bergerac, de 1278 à 1280; prédicateur général, en 1286; prieur du couvent de Brives, de 1285 à 1288; prieur du couvent de Bayonne, de 1289 à 1292; alors, incendie au couvent, plus haut, p. 259; visiteur, en 1291, des couvents de Toulouse, de Pamiers, de Rieux, de Castres et d'Albi, et du monastère de Prouille; prieur du couvent de Milhau, en 1292; est présent à Paris à l'acte d'acceptation du monastère de Saint-Pardoux (Dordogne) par le Maître de l'Ordre, en 1293; élu prieur du couvent de Pamiers, en 1295; mais n'y va pas; visiteur, en 1295, des couvents de Toulouse, de Carcassonne, de Pamiers, de Castres, d'Albi, de Rieux, de Saint-Gaudens et du monastère de Prouille; visiteur, en 1302, de ces mêmes couvents; prieur du couvent de Périgueux deux fois, de 1292 à 1295, et de 1300 à 1302; en 1300, est à la cour romaine; prieur du couvent d'Orthez, de 1302 à 1303, plus haut, p. 299; nommé provincial de Terre-Sainte, en 1303; meurt à Périgueux, en novembre 1309. « Erat autem tunc (1300) in Curia Romana cum priore provinciali, « fratre Bernardo de Juzico... Hic postmodum prior Orthesiensis « existens, factus fuit prior provincialis Terre Sancte per Magistrum « ordinis fratrem Bernardum de Juzico, in vigilia Ascensionis Domini, « anno ejusdem Domini M° CCCIII°; set non ivit ultra mare. Hic « obiit in conventu Petragoricensi circa festum sancti Martini, anno « Domini M° CCCIX° » (B. Gui, ms. 490, f° 153 A).

Geraldus de Daumaro Cardinalis. — Gérard de Domar de la Garde, limousin, fut un des frères prêcheurs les plus considérables au XIV° siècle. Étudiant des *Naturalia* au couvent de Périgueux, en 1315; lecteur des arts au couvent de Limoges, en 1316; étudiant de théologie au couvent de Toulouse, en 1318; lecteur des *Naturalia* au couvent de Périgueux, en 1321 et en 1322; prieur du couvent de Brives, en 1323; prieur trois mois seulement, et alors lecteur de théologie dans ce même couvent; lecteur de théologie au couvent de Limoges, en 1331; prédicateur général en 1336; Maître général de l'Ordre en 1342 (ms. 490, f° 62 A); cardinal-prêtre du titre de Sainte-Sabine; meurt à Avignon, le 28 septembre 1345; est enseveli au couvent de Toulouse (ms. 490, f° 196 B).

Geraldus Durandi. — Étudiant des *Naturalia* au couvent de Bergerac, en 1307, au couvent de Brives, en 1308; étudiant de théologie au couvent de Bordeaux, en 1310, au couvent de Toulouse, en 1312; lecteur de théologie au couvent de Figeac, en 1322; lecteur de la Bible au couvent de Montauban, en 1324; visiteur, en 1330, des couvents de Bordeaux, de Périgueux, de Bergerac, de Saint-Emilion et de Belvez.

Geraldus Helye. — Lecteur de théologie au couvent de Béziers, en 1256, au couvent de Figeac, en 1265 *(Et disputet)*, au couvent du Puy, en 1267, au couvent d'Agen, en 1269, au couvent de Figeac, en 1271, au couvent de Brives, en 1272, au couvent de Figeac, en 1273, et au couvent de Limoges, en 1276; prédicateur général, en 1278; lecteur de théologie au couvent de Castres, en 1280 et en 1282.

Geraldus de Leron. — Étudiant des *Naturalia* au couvent de Cahors, en 1312; étudiant de théologie au couvent de Bordeaux, en 1316, au couvent de Toulouse, en 1318; sous-lecteur au couvent de Limoges, en 1320; lecteur des Sentences au couvent de Bordeaux, en 1324; prieur du couvent de Brives, de 1330 à 1332; prieur du couvent de Cahors, en 1333; prédicateur général, en 1336; *socius* du fr. *G. de Roseto*, définiteur au chapitre général de 1336.

Geraldus de Malartico Baionensis. — Entre dans l'ordre au couvent de Bayonne; étudiant au *Studium generale* de Paris, en 1286; prieur du couvent de Bayonne, de 1292 à 1295, plus haut, p. 260; prieur du couvent de Condom deux fois, de 1295 à 1299, et de 1301 à 1303, plus haut, p. 305; et en 1303, il est, pendant quelques mois, prieur du couvent de Bayonne, où il meurt; plus haut, p. 261.

Geraldus de Miro Monte. — Né à Miremont (Haute-Garonne); sous-lecteur au couvent de Castres, en 1310, et au couvent de Brives, en 1311; visiteur, en 1329, des couvents de Cahors, de Brives, de Saint-Junien et de Limoges.

Geraldus Pellicerii. — Étudiant de théologie au couvent de Cahors, en 1307, au couvent de Bordeaux, en 1308, et au couvent de Cahors, en 1309; étudiant de la Bible et des Sentences au couvent de Périgueux, en 1310; lecteur de théologie au couvent de Cahors, en 1312; visiteur, en 1323, des couvents d'Agen, de Condom, d'Auvillar, de Lectoure et du monastère de Pont-Vert.

Geraldus de Podanhs dyocesis Caturcensis. — Étudiant des *Naturalia* au couvent de Saint-Émilion, en 1306, et au couvent de Bergerac, en 1307; étudiant de la Bible et des Sentences au couvent d'Agen, en 1309; étudiant de théologie au couvent de Toulouse, en 1310; sous-lecteur au couvent de Limoges, en 1314, et au couvent de Cahors, en 1315; lecteur de théologie au couvent de Saint-Émilion, en 1319, en 1323, en 1324; prédicateur général, en 1326; prieur du couvent de Cahors, de 1328 à 1329.

Geraldus de Poiada Caturcensis. — Entre dans l'ordre au couvent de Cahors; prieur du couvent de Saint-Émilion, de 12.. à 12.., plus haut, p. 309; visiteur, en 1277, des couvents de Toulouse, de Pamiers, de Rieux, de Castres, de Montauban, d'Albi et du monastère de Prouille.

Geraldus de Ponte Brageriacensis. — Entre dans l'ordre au couvent de Bergerac; étudiant de théologie au couvent de Toulouse, en 1307 et en 1308; sous-lecteur au couvent de Carcassonne, en 1309; lecteur de théologie au couvent de Saint-Émilion, en 1311; au couvent de Bergerac, en 1312; étudiant au *Studium generale* de Paris, en 1314; lecteur de théologie au couvent de Condom, en 1318; prieur du couvent de Figeac, de 1320 à 1323; prédicateur général, en 1326.

Geraldus de Sancto Valerico Lemovicensis. — D'abord moine du couvent de Saint-Martial de Limoges; entre dans l'ordre des Frères Prêcheurs au couvent de Limoges; prieur du couvent de Limoges, de 1260 à 1265; définiteur aux chapitres généraux de 1267 et de 1269; confirme, comme étant un des trois les plus anciens, l'élection du fr. B. Gerauld, élu provincial pour la seconde fois, en 1276; prédicateur général, en 1277; meurt le 25 décembre 1280 à Limoges. « Sextus prior (conventus Lemovicensis) frater Geraldus de Sancto « Valerico Lemovicensis dyocesis successit fratri Helye Navarra, anno « Domini M° CC° LX°. Prior fuit annis quinque; fuit autem absolutus « in capitulo generali Montispessulani, anno Domini M° CC° LXV°. Hic « de monacho Sancti Marcialis factus est predicator devotus et fruc- « tuosus, gratus, et letus, et largus, et persona venerabilis. Tandem « in senectute bona, in conventu Lemovicensi, in die Natalis qua « Christus natus est mundo, natus est ipse, ut pie creditur, in celo. « Illuscescente siquidem aurora illius diei sancti, voluit et petiit ut « fratres servitores qui ei infirmo assistebant, coram se sibi dicerent

« officium misse matutinalis que dicitur in aurora, scilicet *Lux fulgebit*
« *hodie super nos*. Quo devote ac attente audito ac expleto, gratias
« agens Deo, ait : Karissimi fratres, officium misse majoris, scilicet
« *Puer natus est nobis*, etc., audiam in celo cum angelis. Et post
« paululum in Domino obdormivit; et in missa conventuali, corpus
« ejus fuit in choro fratrum, anno ejusdem Domini benedicti M° CC° LXXX°.
« Sepultus est in claustro ante limen ecclesie, ubi epitaphium ejus
« sequentes continet versus.

<blockquote>
« Hic situs est frater G. de Sancto Valerico.
« Subveniat mater Christi pietatis amico.
« Gratus, amans, hylaris, Christo florem juvenilis
« Optulit etatis, susceptus in ordine gratis.
« In matutino medio placuit quoque trino
« Ac uni Domino tempore serotino :
« Sic ubi complevit annos ter in ordine quinos
« Et decies trinos, moriens in pace quievit ».
</blockquote>

(B. Gui, ms. 490, f° 130 A).

Germanus Cardonis (*de Cardone*). — Étudiant des *Naturalia* au couvent de Pamiers, en 1316; étudiant de théologie au couvent de Carcassonne, en 1318, et au couvent de Toulouse, en 1319; sous-lecteur au couvent de Périgueux, en 1321; lecteur de théologie au couvent de Saint-Sever, en 1324, et au couvent de Pamiers, en 1326; visiteur, en 1332, des couvents de Bordeaux, de Périgueux, de Bergerac et de Saint-Émilion.

Germanus Fabri. — Étudiant des *Naturalia* au couvent d'Auvillar, en 1313, et au couvent de Saint-Gaudens, en 1315; étudiant de théologie au couvent de Pamiers, en 1317; sous-lecteur au couvent de Rieux, en 1322, au couvent de Morlaas, en 1324; lecteur de théologie au couvent de Marciac, en 1326.

Germanus de Mazeriis Appamiensis. — Né à Mazères (Ariège); entre dans l'ordre au couvent de Pamiers; étudiant des *Naturalia* au couvent de Pamiers, en 1289, et au couvent de Narbonne, en 1291; étudiant de théologie au couvent de Toulouse, en 1294; lecteur de théologie au couvent d'Orthez, en 1300, au couvent de Pamiers, en 1303; prieur du couvent d'Auvillar, de 1305 à 1307, plus haut, p. 325; prieur du couvent de Pamiers, de 1307 à 1309; prieur du couvent de Morlaas, de 1311 à 1312, plus haut, p. 319.

Gr. Aymerici. — Plus haut, p. 106, not. 1.

Gausbertus de Roseto. — Étudiant des *Naturalia* au couvent de Figeac, en 1305, et au couvent de Pamiers, en 1306; étudiant de théologie au couvent de Périgueux, en 1308; étudiant de la Bible et des Sentences à ce même couvent, en 1309 et en 1310; étudiant de théologie au couvent de Bordeaux, en 1311, en 1312 et en 1313.

Guarsias de Barta. — Étudiant des *Naturalia* au couvent de Bayonne, en 1314; lecteur des arts au couvent de cette ville, en 1315; étudiant de théologie au couvent de Bordeaux, en 1316, et au couvent de Toulouse, en 1317 et en 1318; lecteur des Sentences au couvent de Bayonne, en 1322; prédicateur général, en 1326; visiteur, en 1327, des couvents de Toulouse, de Pamiers, de Rieux, de Saint-Girons, de Saint-Gaudens et de Limoux; visiteur, en 1332, des couvents d'Agen, de Condom, de Lectoure, d'Auvillar et de Montauban; et en 1338, des couvents de Toulouse, de Montauban, de Pamiers, de Rieux, de Saint-Gaudens et de Saint-Girons.

Guido Boniqoti (*Boscoti*). — Étudiant des *Naturalia* au couvent de Cahors, en 1309, et au couvent de Périgueux, en 1310; lecteur des arts au couvent de Bergerac, en 1311; étudiant des *Naturalia* au couvent de Condom, en 1313; étudiant de théologie au couvent de Bordeaux, en 1314 et en 1315, et au couvent de Toulouse, en 1317; sous-lecteur au couvent de Périgueux, en 1318; étudiant de théologie au couvent de Toulouse, en 1320; lecteur de théologie au couvent de Belvez, en fondation, en 1321, au couvent de Bergerac, en 1322, au couvent de Figeac, en 1327, au couvent de Bergerac, en 1328; visiteur, en 1331, des couvents d'Agen, de Condom, de Lectoure, d'Auvillar, de Montauban et du monastère de Pont-Vert; visiteur, en 1333, des couvents de Toulouse, de Pamiers, de Rieux, de Saint-Gaudens et de Saint-Girons; visiteur, en 1336, des couvents de Cahors, de Figeac, de Brives, de Limoges et de Saint-Junien.

Guido Helye de Avexovio Lemovicensis dyocesis. — Entre dans l'ordre au couvent de Limoges, en 1275, vers la fête de saint Luc (18 octobre); sous-lecteur au couvent de Limoges, en 1286; lecteur au chapitre de Saint-André de Bordeaux, avant 1293; prieur du couvent d'Orthez, de 1293 à 1296, plus haut, p. 298; lecteur de la Bible au couvent de Toulouse, en 1296; prieur du couvent de Brives, de 1296 à 1301 : « Tempore prioratus sui, prosperatum est opus ecclesie « evidenter » (B. Gui, ms. 490, f° 196 A); lecteur de théologie au couvent de Figeac, en 1301; prieur du couvent de Bergerac, de 1301 à 1304; prédicateur général, en 1304; lecteur de théologie au couvent de Limoges, en 1304 (ms. 490, f° 199 A); prieur du couvent de Brives, de 1305 à 1306 : « Fuit absolutus ob gratiam domini episcopi « Lemovicensis qui eum sibi peciit, ut esset Lemovicis » (B. Gui, ms.

490, f° 196 A); lecteur de théologie au couvent de Limoges, en 1307; prieur du couvent de Périgueux deux fois, en 1308 et en 1312; mais cette seconde fois, il n'accepte pas pour pouvoir aller auprès de l'évêque de Limoges, Reynaud de la Porte (ms. 490, f° 153); reçoit, en 1309, commission de s'informer de la fondation du couvent de Saint-Junien (*Ibid.*, f° 236 A); prieur du couvent de Limoges deux fois, de 1309 à 1311, et de 1313 à 1315.

Guido Navarra Lemovicensis dyocesis. — Trois frères prêcheurs portent ce nom patronynique :

1° GUIDO NAVARRA, prieur du couvent de Cahors, « sicut ego « audivi dici a fratre antiquo qui dicebat se hoc audivisse ab eodem; « set quo tempore et quanto fuit prior non potui invenire » (B. Gui ms. 490, f° 142 A); visiteur, en 1253, des couvents de Montauban, de Toulouse, de Carcassonne et du monastère de Prouille; prédicateur général; en 1257; prieur du couvent d'Agen, plus haut, p. 287; passe les dernières années de sa vie au couvent de Cahors : « in conventu « Caturcensi senuit » (B. Gui, ms. 490, f° 173 A); il vivait encore en 1278; meurt à Cahors, « obiit in senectute bona et sanctitate vite » (B. Gui, f° 161 B).

2° HELYAS NAVARRA, frère de Gui Navarra; sous-prieur du couvent Toulouse (B. Gui, ms. 490, f° 130 A); prieur du couvent de Narbonne; prieur du couvent de Carcassonne, de 1253 à 1254; prieur du couvent de Figeac, après 1254; prieur du couvent de Limoges, de 1259 à 1260; meurt au couvent de Brives, le 30 août 1270 « Predicator fervens et « devotus, zelator magnus salutis animarum » (B. Gui, ms. 490, f° 255 A). — « Hic fuit veneranda valde persona, graciosus et fervens « admodum predicator, in correctione rigidus, zelo salutis aliorum « tanquam alter Helyas succensus » (B. Gui, *ibid.*, f° 156 A). — Hic « fuit vir religiosus ac vera religionis ymago » (B. Gui, *ibid.*, f° 173 A). — « Hic fuit vir sanctus et devotus, vere religionis speculum et « ymago, veneranda valde persona, fervens et graciosus predicator, in « correctione rectus et constans, zelo salutis aliorum velut alter Helyas « succensus. Hic fuit subprior Tholosanus, et prior Narbonensis et « Carcassonensis et Figiacensis. Tandem in senectute bona obiit in « conventu Brivensi, III. kls. septembris, anno Domini M° CC° LXX°; « sepultus jacet in claustro prope ostium capituli ad levam intro- « euntibus » (B. Gui, *ibid.*, f° 130 A).

3° JOHANNES DE NAVARRA DE VILLA QUE DICITUR SANCTI JOHANNIS DE PEDE PORTUS, né à Saint-Jean-Pied-de-Port (Basses-Pyrénées); l'un des quinze premiers compagnons de saint Dominique, « quem beatus

« Dominicus misit Parisius de Tholosa cum fratre Matheo et fratre
« Bertrando, una cum fratre Laurencio ad ordinem publicandum et
dilatandum ibidem » (Steph. de Salanhaco, *De quat. in quibus Deus
Predic. ord. insignivit*, ms. 490, f° 41 A).

Guido Roberti Ruthenensis. — Entre dans l'ordre au couvent
de Rodez; étudiant des *Naturalia* au couvent de Cahors, en 1309 et
en 1310, et au couvent d'Albi, en 1311; étudiant de théologie au
couvent de Toulouse, en 1314 et en 1315; sous-lecteur au couvent
d'Albi, en 1316, et au couvent de Cahors, en 1317; étudiant de théologie au couvent de Toulouse, en 1318; lecteur de théologie au couvent
d'Orthez, en 1322, au couvent de Brives, en 1325, et au couvent de
Figeac, en 1326; prédicateur général, en 1326; visiteur, en 1327, des
couvents de Limoges, de Saint-Junien, de Brives, de Figeac et de
Cahors; prieur du couvent de Cahors, de 1329 à 1333; visiteur, en 1332,
des couvents de Toulouse, de Pamiers, de Rieux, de Saint-Gaudens et
de Saint-Girons.

Guillermus Alzeni. — Étudiant de théologie au couvent de
Toulouse, en 1302; sous-lecteur au couvent d'Orthez, en 1305, et au
couvent d'Albi, en 1306; étudiant de théologie au couvent de Toulouse,
en 1307 et en 1308; lecteur de théologie au couvent de Rieux, en
1311, et au couvent de Montauban, en 1315.

Guillermus Andree. — Étudiant de théologie au couvent de
Narbonne, en 1270; sous-lecteur au couvent de Marseille, en 1275;
étudiant au *Studium generale* de Paris, en 1280; lecteur de théologie
au couvent d'Albi, en 1283, *(Et disputet)*, au couvent d'Alais, en 1284,
et au couvent de Béziers, en 1285; prédicateur général, en 1286; meurt
en 1286 (ms. 490, f° 344 B).

Guillermus Andree de Marologio. — Né à Marvejols
(Lozère); premier lecteur du couvent d'Albi, en 1275; élu prieur du
couvent de Castres, en 1284; élection cassée; prieur du couvent de
Béziers, de 1288 à 1291; meurt au couvent de Béziers, en 1291,
pendant la tenue du chapitre provincial.

Guillermus de Anhanis Tholosanus. — Né à Aignan (Gers);
entre dans l'ordre au couvent de Toulouse; lecteur de théologie au
couvent de Rieux, en 1291, au couvent de Montauban, en 1296 et en
1298; étudiant au *Studium generale* de Paris, en 1299; prédicateur
général, en 1302; prieur du couvent de Cahors, de 1303 à 1305, et du
couvent de Bordeaux, de 1305 à 1306, plus haut, p. 271; reçoit, en
1306, commission de s'informer de l'état des lieux en vue de la fondation
d'un couvent à Saint-Girons (ms. 490, f° 397 A); élu et confirmé prieur

du couvent de Castres, en 1306; n'accepte pas cette charge; prieur du couvent de Toulouse deux fois, de 1306 à 1308 d'abord : « Hujus « tempore facta fuit pars claustri de marmore ex parte capituli ante « festum sancti Johannis Baptiste et magna domus scolarum in « solario, et desubtus facta et disposita libraria ante Nativitatem « Christi, anno ejusdem Christi M° CCCVII°; item, claustrum exterius, « pro secularibus consequenter » (B. Gui, ms. 490, f° 121 B, f° 122 A). Prieur du couvent de Toulouse pour la seconde fois, de 1310 à 1312; nommé, en 1311, électeur du Maître de l'Ordre; définiteur aux chapitres provinciaux de 1311 et de 1314; définiteur au chapitre général de 1315; vicaire de la province de Toulouse, avant 1308; provincial de la province de Toulouse deux fois, de 1308 à 1310, et de 1312 à 1314; meurt au monastère de Prouille, le 10 juin 1315, et y est enseveli (B. Gui, ms. 490, f° 72 B).

Guillermus Arnaldi Bruni. — Prieur du couvent d'Orthez deux fois, de 1268 à 1269, et de 1274 à 1278, plus haut, p. 295 et 296; lecteur de théologie au couvent de Marseille, en 1271; prieur du couvent de Saint-Émilion, de 1282 à 1283, plus haut, p. 309; visiteur, en 1283, des couvents de Toulouse, de Rieux, de Pamiers, de Montauban, d'Albi et de Castres.

Guillermus Arnaldi de Carreria. — Étudiant des *Naturalia* au couvent d'Orthez, en 1320; lecteur des arts au couvent de Morlaas, en 1321 et en 1322; étudiant de théologie au couvent de Toulouse, en 1325; sous-lecteur au couvent d'Orthez, en 1326; lecteur de théologie au couvent de Morlaas, en 1333, au couvent de Bayonne, en 1337 et en 1341.

Guillermus Aurelie de Brantolmio Petragoricensis dyocesis. — Né à Brantôme (Dordogne); étudiant de théologie au couvent de Limoges, en 1279, et au couvent de Toulouse, en 1283; sous-lecteur au couvent de Bordeaux, en 1287; lecteur de théologie au couvent de Figeac, en 1288, et au couvent de Périgueux, en 1290; accepte à Paris, en présence du Roi et de maître Gérauld *de Malo Monte de Castello Lucii*, le lieu de Saint-Pardoux, pour y établir les religieuses de Prouille, en 1291, « circa festum S. Agnetis » (ms. 490, f° 246 A); il est encore présent à l'acte d'acceptation par le Maître de l'Ordre, à Paris, en 1293 (*Ibid.*, f° 246 B); premier prieur du monastère de Saint-Pardoux, « tanquam procurator et promotor »; prieur de 1293 à 1296; prieur du couvent de Périgueux deux fois, de 1296 à 1301, et de 1308 à 1309; visiteur, en 1300, des couvents de Bayonne et d'Orthez; prédicateur général, en 1300; prieur du couvent de Figeac deux fois, de 1301 à 1306, et de 1310 à 1312; vicaire de la province de Toulouse, en 1306; visiteur, en 1308, des couvents de Toulouse, de Carcassonne, de Pamiers, de Rieux, de Saint-Gaudens et du monastère de Prouille; visiteur de ces mêmes couvents, en 1312; délimite les *prédications* de Cahors et de Brives, en 1312; définiteur au chapitre provincial de 1313; prieur du couvent d'Agen, de 1314 à 1315, plus haut, p. 291.

Guillermus de Ausanis. — Étudiant des *Naturalia* au couvent de Montauban, en 1293; étudiant de théologie au couvent de Toulouse, en 1299; sous-lecteur au couvent de Condom, en 1300, et au couvent de Périgueux, en 1301; lecteur de théologie au couvent de Montpellier, en 1302; lecteur de théologie au couvent de Brives, en 1305, au couvent d'Albi, en 1306, et au couvent de Figeac, en 1307; lecteur de la Bible au couvent de Figeac, en 1311.

Guillermus Aymerici de Mansso dyocesis Tholosane Tholosanus. — Entre dans l'ordre au couvent de Toulouse; lecteur des arts au couvent de Bergerac, en 1273; sous-lecteur au couvent de Toulouse, en 1281; premier lecteur du couvent de Rodez, de septembre à décembre 1284; va alors à Paris comme étudiant (ms. 490, f° 225 A); lecteur de théologie au couvent d'Agen, en 1287, et au couvent de Carcassonne, en 1289; prédicateur général, en 1289; lecteur de théologie au couvent d'Agen, en 1291; prieur du couvent de Brives, de 1290 à 1291; prieur du couvent de Carcassonne, de 1292 à 1293; meurt au couvent de Carcassonne, « in festo Damasi Pape », 1293. « Hic collectus in flore sue virtutis, fuit vir nominis et valoris » (B. Gui, ms. 490, f° 157 A, f° 195 B).

Guillermus Barrati Brageriacensis. — Entre dans l'ordre au couvent de Bergerac; sous-lecteur au couvent de Bergerac, en 1305; lecteur de théologie à ce même couvent, en 1308; prieur du couvent de Bergerac, de 1309 à 1311; visiteur, en 1311, des couvents de Bayonne, d'Orthez, de Morlaas et de Saint-Sever; prieur du couvent de Saint-Émilion, de 1311 à 1315, plus haut, p. 312; prédicateur général, en 1315; visiteur, en 1315, des couvents d'Agen, de Condom, de Lectoure, d'Auvillar et du monastère de Pont-Vert.

G[uillermus] de Batbuo. — Étudiant des *Naturalia* au couvent de Cahors, en 1317; étudiant de théologie à ce même couvent, en 1319; sous-lecteur au couvent de Bergerac, en 1321; lecteur des *Naturalia* au couvent de Brives, en 1323.

Guillermus de Bareto. — Plus haut, p. 127, not. 6.

Guillermus de Bel afar predicationis Castrensis. —

Entre dans l'ordre au couvent de Castres; étudiant de théologie au couvent de Toulouse, en 1302; sous-lecteur au couvent de cette ville, en 1308; lecteur de théologie à ce même couvent, en 1310; prédicateur général, en 1315; lecteur de théologie au couvent d'Albi, en 1315; prieur du couvent de Carcassonne, de 1316 à 1324. « Hujus tempore, « fuit factus conductus fontis cum magnis expensis; item, porticus « in ingressu dormitorii; item, insigne tabernaculum pariter et devo- « tum cum lo reyrtaule altaris majoris » (ms. 490, f° 159 A); définiteur au chapitre général de 1332; prieur du couvent de Toulouse, de 1329 à 1334.

Guillermus Bernardi. — On trouve de nombreux frères prêcheurs de ce nom au XIII° et au XIV° siècle.

1° GUILLERMUS BERNARDI, promoteur de la fondation du couvent d'Aix, en 1272 (ms. 490, f° 313 A).

2° GUILLERMUS BERNARDI, étudiant de théologie au couvent de Sisteron, en 1299.

3° GUILLERMUS BERNARDI, étudiant de théologie au couvent de Bordeaux, en 1318.

4° GUILLERMUS BERNARDI DE AQUIS BAIONENSIS, né à Dax (Landes); entre dans l'ordre au couvent de Bayonne; prieur du couvent de cette ville deux fois, en 1242 et en 1257, plus haut, p. 256 et 257; inquisiteur, en 1257; prieur du couvent de Toulouse, de 1263 à 1265; prieur du couvent de Bordeaux, de 1267 à 1268; meurt à Bordeaux, en 1268 : « Vir fuit sensatus et persona veneranda ». Plus haut, p. 268.

5° GUILLERMUS BERNARDI ARELATENSIS. — Prieur du couvent de Béziers, de 1313 à 1314.

7° GUILLERMUS BERNARDI DE GALHACO ALBIENSIS. — Né à Gaillac (Tarn); entre dans l'ordre au couvent d'Albi; étudiant des *Naturalia* au couvent de Carcassonne, en 1274; lecteur des *Naturalia* au couvent de cette ville, en 1277; lecteur de théologie au couvent de Perpignan, en 1284, *(Et disputet);* sous-lecteur au couvent de Toulouse, en 1285; lecteur de théologie au couvent de Montauban, en 1286, au couvent de Cahors, en 1288; prédicateur général, en 1289; prieur du couvent de Montauban, de 1290 à 1291; prieur du couvent d'Albi, de 1292 à 1294; étudiant au *Studium generale* de Paris, en 1294; prieur du couvent de Rodez, de 1294 à 1296; en 1298, part pour les missions d'Orient; à Constantinople, traduit en grec les œuvres de saint Thomas. « Hic « frater Guillermus, vir magne austeritatis et abstinentie in victu « extitit, zeloque predicationis evangelii Domini Jhesu Christi et « desiderio salutis gencium succensus, pertransivit in Greciam, per-

« venitque cum sociis Constantinopolim, ubi locum ad habitandum
« accepit; profecitque in linga greca [ita] quod cam plene scivit et
« libros latinos fratris Thome in grecam transtulit, sicut audivi a
« sociis suis, qui ibidem cum ipso fuerunt conversati, quos ego post-
« modum vidi, qui sibi perhibebant testimonium societatis. De Cons-
« tantinopoli vero transivit ultra in villam, que vocatur Pera, ubi
« similiter locum habuit ad habitandum cum fratribus XII. conven-
« tualiter, verbum Domini predicans et disputans contra errores
« Grecorum, et in aliis salutis operibus jugiter se exercens. Arripuit
« autem iter versus Romam de Tholosa, anno Domini M° CC° nonag° VIII°,
« paulo post festum sancti Michaelis. De Roma vero in Greciam anno
« sequenti profectus est. Hic fuit prior Montis Albani et Ruthenensis
« et lector in multis conventibus » (B. Gui, ms. 490, f° 217 A. —
Echard, I, 460).

7° GUILLERMUS BERNARDI DE BARBAYRANO. — Étudiant de théologie au couvent de Carcassonne, en 1284.

8° GUILLERMUS BERNARDI CATURCENSIS. — Entre dans l'ordre au couvent de Cahors; étudiant de théologie au couvent de Toulouse, en 1325 et en 1326.

9° GUILLERMUS BERNARDI FIGIACENSIS. — Entre dans l'ordre au couvent de Figeac; prieur du couvent de cette ville, de 1295 à 1296; visiteur, en 1306, des couvents de Figeac, de Bordeaux, de Saint-Émilion, de Bergerac, de Périgueux et du monastère de Saint-Pardoux; meurt au couvent de Figeac, en 1312 (B. Gui, ms. 490, f° 174 B).

Guillermus de Blavia. — Né à Blaye (Gironde); prieur du couvent de Bordeaux, plus haut, p. 267; premier prieur du couvent d'Agen, en 1252, plus haut, p. 286; prieur du couvent d'Orthez, de 1259 à 1261; inquisiteur, en 1261, plus haut, p. 294.

Guillermus Boeti. — Plus haut, p. 132, not. 1.

Guillermus de Bordis. — Né à Bordes (Haute-Garonne); étudiant des *Naturalia* au couvent de Carcassonne, en 1314; étudiant de théologie au couvent de Toulouse, en 1319 et en 1320; sous-lecteur au couvent de Saint-Émilion, en 1321.

Guillermus Borrelli. — Étudiant des *Naturalia* au couvent d'Auvillar, en 1314; étudiant de théologie au couvent de Pamiers, en 1317, et au couvent de Bordeaux, en 1318; sous-lecteur au couvent de Pamiers, en 1322; lecteur des Sentences à ce même couvent, en 1323.

Guillermus Burgensis. — Lecteur de philosophie naturelle au couvent de Périgueux, en 1275, au couvent d'Agen, en 1276, et au couvent de Bordeaux, en 1277; étudiant de théologie au couvent de

Montpellier, en 1279; lecteur de théologie au couvent de Figeac, en 1284.

Guillermus de Castilione. — Né à Castillon (Gers); étudiant des *Naturalia* au couvent d'Albi, en 1315; étudiant de théologie au couvent d'Albi, en 1316, au couvent de Toulouse, en 1317; sous-lecteur au couvent de Rieux, en 1319, au couvent de Saint-Girons, en 1320 et en 1322; visiteur, en 1330, des couvents de Cahors, de Figeac, de Brives, de Limoges, de Saint-Junien et du monastère de Saint-Pardoux.

Guillermus de Castro. — Étudiant des *Naturalia* au couvent de Pamiers, en 1306; étudiant de théologie au couvent de Bordeaux, en 1307, au couvent de Toulouse, en 1308 et en 1309; sous-lecteur au couvent de Bayonne, en 1311; étudiant de théologie au *Studium generale* de Toulouse, en 1313; lecteur de théologie au couvent de Morlaas, en 1314; visiteur, en 1321, des couvents d'Agen, de Condom, d'Auvillar, de Lectoure et du monastère de Pont-Vert.

Guillermus Coralli Lemovicensis dyocesis. — Lecteur de théologie au couvent de Périgueux, en 1252, au couvent de Bordeaux, en 1266, et au couvent de Périgueux, en 1267; prieur du couvent de Bordeaux, de 1268 à 1273, plus haut, p. 268; lecteur de théologie au couvent de Périgueux, en 1273; prieur du couvent de Périgueux deux fois, de 1273 à 1282, et de 1284 à 1285; meurt au couvent de Périgueux, en 1286. « Hic fuit vir sanctus, religiosus et devotus, cotidie
« unum psalterium Deo psallens annis plurimis; habuitque fratrem
« Bernardum Coralli germanum carne et religione in ordine Lemo-
« vicis; senexque, plenus dierum et bonorum operum, in conventu
« Petragoricensi in magna devocione et sancta confessione decessit
« ante provinciale capitulum Brageriaci, anno Domini M° CC° LXXXVI° »
(B. Gui, ms. 490, f° 152 B).

Guillermus Dulcini de villa Montis Albani. — Né à Montauban; étudiant de théologie au couvent de Bordeaux, en 1305; lecteur des *Naturalia* au couvent de Montauban, en 1307; étudiant de théologie au couvent de Toulouse, en 1309; lecteur de théologie au couvent de Pamiers, en 1310, au couvent de Montauban, en 1311, et au couvent d'Albi, en 1313; prédicateur général, en 1313; étudiant au *Studium generale* de Paris, en 1314; prieur du couvent de Bordeaux de 13.. à 1321; vicaire de la province de Toulouse, puis provincial et procureur général de l'ordre; légat pontifical en Toscane; évêque de Luques, de 1330 à 1339; meurt le 4 avril 1339 (Gams, *Series episcop.*, p. 740, appelé *Guilielmus de Monte Albano*, par le P. Gams). « Octavus
« prior provincialis (provincie Tholosane) fuit Guillermus Dulcini de

« villa et conventu Montis Albani; successit fratri Hugoni, electus
« in capitulo provinciali Sancti Geroncii, anno Domini M° CCC° XXI°.
« Erat autem tunc prior Burdegalensis et vicarius provincie per
« provisionem capituli generalis; fuitque confirmatus per Magistrum
« ordinis, fratrem Herveum; provincialis fuit cum vicariatu annis
« tribus; fuitque absolutus in capitulo generali Burdegalensi, anno
« Domini M° CCC° XXIIII°; et paulo post factus procurator tocius ordinis
« in Curia Romana; tandem legatus missus ad partes Tuscie per
« dominum Papam; per eumdem in Luchanum episcopum est assump-
« tus » (ms. 490, f° 73 A).

Guillermus Durandi. — Étudiant des *Naturalia* au couvent de Montauban, en 1293; lecteur de théologie au couvent de Pamiers, en 1311; sous-lecteur au couvent de Toulouse, en 1312; lecteur de théologie au couvent d'Agen, en 1313, au couvent de Cahors, en 1315; prédicateur général, en 1315; prieur du couvent de Bordeaux en 1315, plus haut, p. 273; définiteur au chapitre provincial de 1316; lecteur de théologie au couvent de Saint-Émilion, en 1316; au couvent de Saint-Junien, en 1319.

Guillermus Fabri Agennensis. — Entre dans l'ordre au couvent d'Agen, en 1249; prieur du couvent de cette ville de 1270 à 1273, plus haut, p. 288; prieur du couvent d'Auvillar, de 1276 à 1278, plus haut, p. 322; visiteur, en 1282, des couvents de Bergerac, de Périgueux, de Saint-Émilion et de Bordeaux; prieur du couvent de Brives, de 1288 à 1289; visiteur, en 1290, des couvents de Toulouse, de Pamiers, de Castres, d'Albi et de Rieux; et, en 1292, des couvents d'Agen, de Bordeaux, de Bayonne, d'Orthez, de Morlaas et de Saint-Sever. « Hic
« senex obiit in conventu Agennensi in festo Purificationis Beate Marie,
« anno Domini M° CCCVI°, ab ingressu vero ordinis anno LVII° »
(B. Gui, ms. 490, f° 195 A).

Guillermus Fabri Baionensis. — Entre dans l'ordre au couvent de Bayonne; prieur du couvent de Morlaas, de 1274 à 1276, plus haut, p. 316; prédicateur général, en 1277; prieur du couvent d'Auvillar, de 1278 à 1282, plus haut, p. 322; prieur du couvent de Saint-Émilion, de 1284 à 1285, plus haut, p. 310; visiteur, en 1289, des couvents de Bordeaux, de Saint-Émilion, de Périgueux, de Bergerac, de Limoges et de Brives; prieur du couvent de Bayonne, de 1287 à 1289, plus haut, p. 258; meurt, en 1289, « veniendo ad capitulum provinciale
« Narbonense ».

Guillermus de Guardagua. — Né à Gardague (Basses-Pyrénées); lecteur des arts au couvent de Morlaas, en 1315; étudiant de théologie au couvent de Toulouse, en 1318; lecteur des *Naturalia* au couvent de Bayonne, en 1321; lecteur de théologie au couvent d'Orthez, en 1323.

Guillermus *(Wuillermus)* **Guarrici**. — Étudiant des *Naturalia* au couvent de Bergerac, en 1307; étudiant de théologie au couvent de Bordeaux, en 1310, et au couvent de Toulouse, en 1312; sous-lecteur au couvent d'Agen, en 1313; lecteur des *Naturalia* au couvent de Périgueux, en 1315, et au couvent de Montauban, en 1316; sous-lecteur au couvent de Carcassonne, en 1317; lecteur de théologie au couvent de Pamiers, en 1318, et au couvent de Montauban, en 1321; prédicateur général, en 1335.

Guillermus Garini de Fano Jovis. — Né à Fanjeaux (Aude); prieur du couvent de Montauban, en 1259; prieur du couvent de Carcassonne, de 1264 à 1266; prieur du couvent de Castres, de 1266 à 1268; prieur du couvent de Pamiers deux fois, de 1270 à 1271, et de 1273 à 1275; meurt en 1275 (ms. 490, f° 321 B). Oncle de fr. Garin, mort en 1268 (*Ibid.*, f° 156 B. — Cf. Douais, *Les Frères Prêcheurs à Pamiers*, p. 47).

Guillermus Gilaberti. — Étudiant de théologie au couvent de Toulouse, en 1307; lecteur de théologie au couvent de Castres, en 1316, et au couvent de Rieux, en 1318; visiteur, en 1320, des couvents de Limoges, de Saint-Junien, de Brives, de Figeac et de Rodez.

Guillermus Helye. — Lecteur de théologie au couvent de Béziers, en 1256, au couvent de Figeac, en 1265, *(Et disputet)*, au couvent du Puy, en 1267, au couvent de Figeac, en 1271, au couvent de Brives, en 1272, au couvent de Figeac, en 1273, et au couvent de Limoges, en 1276; prédicateur général, en 1278; lecteur de théologie au couvent de Castres, en 1282.

Deux autres frères prêcheurs de ce nom étaient étudiants de théologie, l'un au couvent de Condom, en 1297, l'autre au couvent de Bergerac, en 1320.

Guillermus de Levibus Tholosanus. — Lecteur de théologie au couvent de Castres, en 1285, *(Et disputet)*; étudiant au *Studium generale* de Paris, en 1286; lecteur de théologie au couvent de Narbonne, en 1288, et au couvent de Carcassonne, en 1290, *(Et disputet)*; prédicateur général, en 1291; lecteur de théologie au couvent de Narbonne, en 1292; sous-lecteur au couvent de Montpellier, en 1293; lecteur de théologie au couvent de Narbonne, en 1296, au couvent de Carcassonne, en 1300; prédicateur général, en 1302; lecteur de théologie au couvent de Lectoure, en 1303.

Guillermus de Malartico. — Deux frères prêcheurs portent ce nom. Le premier, étudiant des arts au couvent de Narbonne, en 1266; lecteur des arts au couvent de Bayonne, en 1267 et en 1268, et au couvent d'Orthez, en 1269; étudiant des *Naturalia* au couvent de Bordeaux, en 1271, et au couvent de Bayonne, en 1272. — Le second, étudiant des arts au couvent de Figeac, en 1266; étudiant de théologie au couvent de Bayonne, en 1270; lecteur de théologie au couvent de Morlaas, en 1276 et en 1278, et au couvent de Bayonne, en 1283, *(Et disputet);* prédicateur général en 1284; lecteur de théologie au couvent de Narbonne, en 1289, au couvent de Béziers, en 1290, et au couvent de Condom, en 1291; prédicateur général, en 1291; lecteur de théologie au couvent de Bayonne, en 1299; prédicateur général, en 1300; visiteur, en 1303, des couvents de Toulouse, de Carcassonne, de Pamiers, de Rieux, de Saint-Gaudens et du monastère de Prouille.

Guillermus Maurelli. — Sous-lecteur au couvent d'Auvillar, en 1314, et au couvent de Rodez, en 1315.

Guillermus Maurini. — Étudiant des *Naturalia* au couvent de Condom, en 1319, et au couvent de Saint-Émilion, en 1320; lecteur des arts au couvent de Saint-Sever, en 1321; étudiant de théologie au couvent de Toulouse, en 1325; sous-lecteur au couvent de Limoux, en 1326; prieur du couvent de Saint-Émilion, de 1331 à 1333.

Guillermus de Melgorio de Montepessulano. — Né à Mauguio (Hérault); entre dans l'ordre au couvent de Montpellier; prédicateur général, en 1284; prieur du couvent de Béziers, de 1284 à 1286; visiteur, en 1292, des couvents du Puy, de Marvejols, d'Aubenas, d'Alais et de Nîmes; en 1294, des couvents de Marseille, d'Aix, d'Arles, de Tarascon, d'Avignon et d'Orange; en 1296 et en 1298, des couvents de Nice, de Grasse, de Sisteron, de Valence et de Die; en 1299, des couvents du Puy, de Marvejols, d'Aubenas, d'Alais et de Nîmes; prieur du couvent de Castres, de 1298 à 1299; prédicateur général, en 1300; visiteur, en 1301, des couvents d'Arles et de Tarascon.

Guillermus de Novavilla. — Étudiant des arts au couvent de Cahors, en 1320; lecteur des arts au couvent de Bergerac, en 1321 et en 1322; lecteur des Sentences au couvent de Périgueux, en 1324; visiteur, en 1339, des couvents de Carcassonne, de Limoux, de Castres, d'Albi et de Rodez.

Guillermus de Peralto Rivensis. — Entre dans l'ordre au couvent de Rieux; étudiant de théologie au couvent de Narbonne, en 1294, et à celui de Toulouse, en 1297; sous-lecteur au couvent de Carcassonne, en 1299; lecteur de théologie au couvent de Morlaas, en 1303, et au couvent de Rieux, en 1304; prieur du couvent de Rieux, de 1305 à 1308; *socius* du provincial, en 1308; lecteur de théologie au couvent de Pamiers, en 1309; prédicateur général, en 1313; lecteur de théologie au couvent d'Agen, en 1315.

Guillermus de Petralata Narbonensis. — Né à Narbonne; entre dans l'ordre au couvent de Montpellier, en 1248 (B. Gui, ms. 490, f° 256 A); lecteur de théologie au couvent de Béziers, en 1266, au couvent de Narbonne, en 1268 et en 1272, au couvent de Béziers, en 1275, et au couvent d'Avignon, en 1277; prieur du couvent de Perpignan, en 1279; prieur du couvent de Narbonne deux fois, de 1271 à 1272, et de 1289 à 1290; visiteur, en 1283, des couvents du Puy, d'Aubenas, d'Alais, de Nîmes et de Milhau; lecteur de théologie à Albi, « prope dominum Episcopum », en 1285; prieur du couvent de Milhau, de 1286 à 1287; visiteur, en 1289, des couvents de Marseille, d'Aix, d'Arles, de Tarascon, d'Avignon et d'Orange; meurt à Narbonne, en 1309. « Hic senex obiit Narbone, anno Domini M° CCCIX°. Hic frater « Guillermus intravit ordinem in Montepessulano, anno Domini « M° CC° XLVIII°, existente priore Petro de Marsillano, ut audivi ab « eodem » (B. Gui, ms. 490, f° 256 A).

Guillermus de Podio Burdegalensis. — Entre dans l'ordre au couvent de Bordeaux; prédicateur général, en 1262; visiteur, en 1262, des couvents de Bayonne, d'Orthez, de Condom et d'Agen, et en 1265, des couvents de Bergerac, de Périgueux, de Limoges, de Brives, de Figeac, de Cahors, de Montauban et de Toulouse; prieur du couvent de Béziers, vers 1268; prieur du couvent de Bordeaux deux fois, d'abord en 1263, puis de 1278 à 1282, plus haut, p. 268 et 269; prieur du couvent de Narbonne de 1272 à 1273; prieur du couvent de Toulouse, de 1273 à 1276; prieur du couvent de Castres, en 1285; vicaire de la vicairie de Bordeaux, en 1277; vicaire de la vicairie de Toulouse, en 1276; définiteur aux chapitres généraux de 1278 et de 1282; nommé *socius* du provincial, en 1285; définiteur au chapitre provincial de 1285; meurt à Condom, le 27 octobre 1285 (B. Gui, ms. 490, f° 255 B, f° 120 A, f° 184 B).

Guillermus de Prato vasco. — Lecteur de théologie au couvent de Bayonne, en 1266; au couvent de Marseille, en 1268 et en 1273; sous-lecteur au couvent de Bordeaux, en 1276; envoyé à Saint-Sever pour la fondation du couvent de cette ville, en 1280, plus haut, p. 333; prieur du couvent de Montpellier, de 1281 à 1283; définiteur aux chapitres provinciaux de 1279 et de 1283; meurt à Marseille, en 1284 (B. Gui, ms. 490, f° 253 A).

Guillermus (*Wuillermus*) **de Monte claro.** — Né à Montclar (Haute-Garonne); étudiant de *logique nouvelle* au couvent de Figeac, en 1264 et en 1265; étudiant au *Studium generale* de Paris, en 1270; sous-lecteur au couvent de Bordeaux, en 1272, et au couvent de Toulouse, en 1276; lecteur de théologie au couvent de Castres, en 1277; prédicateur général, en 1278; lecteur de théologie au couvent de Montauban, en 1280, au couvent de Condom, en 1283 *(Et disputet)*, et au couvent de Montauban, en 1284 et en 1290.

Guillermus Petri de Godino Baionensis. — Né à Bayonne; entre dans l'ordre au couvent de cette ville; étudiant des *Naturalia* au couvent de Brives, en 1279; lecteur des *Naturalia* au couvent d'Orthez, en 1281, au couvent de Bordeaux, en 1282, et au couvent de Condom, en 1283; étudiant de théologie au couvent de Montpellier, de 1284 à 1286; lecteur de théologie au couvent de Bayonne, en 1287; prédicateur général, en 1289; lecteur de théologie au couvent de Condom, en 1290; sous-lecteur au couvent de Montpellier, en 1291; étudiant au *Studium generale* de Paris, en 1292; lecteur « ad legendum Sententias sub magistro » au couvent de Toulouse, en 1296; définiteur au chapitre provincial de 1298; envoyé à Paris, en 1299, par fr. Nicolas de Trévise, Maître de l'ordre, pour lire les Sentences; prédicateur général, en 1300; bachelier en théologie avant 1301; provincial de la première province de Provence, de 1301 à 1303; premier provincial de la province de Toulouse, de 1301 à 1304; maître en théologie, à Paris, en 1304; lecteur du Sacré Palais, de 1306 à 1312; créé cardinal-prêtre du titre de Sainte-Cécile, le 23 décembre 1312; évêque de Sabine, le 12 septembre 1317; légat en Espagne, en 1320; meurt à Avignon, le 4 juin 1336; est enseveli dans l'église du couvent de Toulouse, qu'il avait achevée. « Decimus septimus prior
« (provincie Provincie) fuit frater Guillermus Petri de Godino
« Baionensis, qui successit fratri Bernardo de Juzico, electus in
« capitulo provinciali Agennensi in vigilia beate Marie Magdalene,
« anno Domini M° CCCI°; fuitque a Magistro ordinis, fratre Bernardo
« predecessore suo, in provincialatu confirmatus, paulo post festum
« sancti Michaelis. Fuit autem prior provincialis hac vice annis fere
« duobus; fuit absolutus in capitulo generali Bisuntino, anno Domini
« M° CCCIII°, divisa provincia tunc in duas provincias, et factus
« ibidem in actis ejusdem capituli vicarius in provincia Tholosana.
« Erat autem bacallarius in Theologia. Hic fuit ultimus prior provin-
« cialis in Provincia, provincia nondum divisa » (B. Gui, ms. 490, f° 71 A). — « Primus prior provincialis in provincia Tholosana fuit

« frater Guillermus Petri de Godino Baionensis, bacallarius Theologie.
« Hic fuit electus in capitulo provinciali in Monte Albano, in vigilia
« sancti Michaelis, anno Domini M° CCCIII°, et confirmatus ibidem
« a fratre Arnaldo Johannis Caturcensi, priore Pruliani, auctoritate
« confirmandi a Magistro ordinis commissa sibi per litteram in hac
« parte. Erat autem tunc vicarius provincie Tholosane, in actis
« precedentis generalis capituli institutus... Prefuit hac vice in
« provincia Tholosana a festo sancti Michaelis usque ad sequens
« festum Trinitatis; fuitque absolutus in sequenti generali capitulo
« Tholosano, in crastino Trinitatis, scilicet VIII° kls. junii, in festo
« sancti Urbani pape, anno Domini M° CCCIIII°; et missus fuit inde
« Parisius, paulo post capitulum generale, pro magisterio Theologie
« presentatus. Hic postmodum factus fuit tituli Sancte Cecilie pres-
« byter cardinalis, sabbato IIII^{or} temporum Adventus, anno Domini
« M° CCC° XII°; et ejus corpus requiescit in conventu Tholosano »
(B. Gui, *ibid.*, f° 71 B). — « Erat autem tunc lector Sacri Palacii, ubi
« legerat jam sex annis » (B. Gui, f° 22 B). — « Iste perfecit
« ecclesiam conventus Fratrum Predicatorum Tholose, ubi et sepultus
« est in sepulcro marmoreo, coram Eucharistie sacramento » (*Ibid.*,
f° 22 B. — Cf. Ul. Chevalier, *Répertoire*, au mot *Godin*).

Guillermus Piconis. — Plus haut, p. 96, not. 6.

Guillermus Riparie de Monteregali Carcassonensis. —
Né à Montréal (Aude); entre dans l'ordre au couvent de Carcassonne;
étudiant de théologie au couvent de Toulouse, en 1306; sous-lecteur
au couvent de Figeac, en 1307, et au couvent de Carcassonne, en 1308;
lecteur de théologie au couvent d'Auvillar, en 1309, et au couvent de
Rodez, en 1310; lecteur de philosophie naturelle au couvent de Castres,
en 1311, et au couvent d'Orthez, en 1313; lecteur de la Bible au couvent
de Pamiers, en 1314 et en 1316, au couvent de Périgueux, en 1321, au
couvent de Carcassonne, en 1322, et au couvent de Pamiers, en 1323;
prédicateur général, en 1326; prieur du couvent de Carcassonne de
1329 à 1330; en 1329, « factus fuit bachallarius Sacri Palacii » (ms.
490, f° 159 B).

Guillermus de Roseto. — Lecteur des *Naturalia* au couvent de
Cahors, en 1323 et en 1324; prédicateur général, en 1335; définiteur
au chapitre général de 1336; lecteur de théologie au couvent de Cahors,
en 1340.

Guillermus de Rupedura. — Étudiant des *Naturalia* au
couvent de Bergerac, en 1316, et au couvent de Montauban, en 1317;
étudiant de théologie au couvent de Toulouse, en 1320; sous-lecteur

au couvent de Cahors, en 1321; lecteur des *Naturalia* au couvent de Saint-Émilion, en 1322, et au couvent de Périgueux, en 1323; lecteur de théologie au couvent de Périgueux, en 1328.

Guillermus de Sancto Asterio. — Né à Saint-Astier (Dordogne); visiteur, en 1262, des couvents de Limoges, de Brives et de Figeac; prieur du couvent de Bergerac, de 1264 à 1266; prédicateur général, en 1269; visiteur, en 1273, des couvents de Cahors, de Limoges, de Brives et de Figeac; prieur du couvent de Périgueux, de 1269 à 1273; vicaire de la vicairie de Bordeaux, en 1275; visiteur, en 1276, des couvents de Toulouse, de Pamiers, de Rieux, de Montauban, de Castres et d'Albi; prieur du couvent de Figeac, de 1278 à 1280; meurt au couvent de Périgueux. « Hic fuit vir nobilis genere, persona « veneranda; senex bonus obiit in conventu Petragoricensi » (B. Gui, ms. 490, f° 198 A).

Guillermus de Sancto Genesio. — Sous-lecteur au couvent de Toulouse, en 1272; lecteur de théologie au couvent de Figeac, en 1274, au couvent de Cahors, en 1276; étudiant au *Studium generale* de Paris, en 1278; prédicateur général, en 1281; lecteur de théologie au couvent de Cahors, en 1281, au couvent de Limoges, en 1282, et au couvent de Cahors, en 1283; lecteur de théologie « in domo Grandis « Silve, monachis albis », en 1285; définiteur au chapitre provincial de 1288; lecteur du couvent de Cahors, en 1288 et en 1289; lecteur « ad « legendam Bibliam biblice », au couvent de Toulouse, en 1290, prieur du couvent de Bordeaux, en 1290, plus haut, p. 270; meurt en 1292.

Guillermus de Sebelhano Burdegalensis. — Entre dans l'ordre au couvent de Bordeaux; étudiant des *Naturalia* au couvent de cette ville, en 1292; étudiant de théologie à ce même couvent, en 1293; prédicateur général, en 1304; visiteur, en 1307, des couvents de Condom, d'Agen, d'Auvillar et du monastère de Pont-Vert; prieur du couvent de Bordeaux deux fois, de 1307 à 1309, et de 1311 à 1315, plus haut, p. 272; visiteur, en 1309, des couvents de Bayonne, d'Orthez, de Morlaas et de Saint-Sever; prieur du couvent d'Agen, de 1309 à 1311, plus haut, p. 291; définiteur au chapitre provincial de 1314; *socius* de fr. P. Raymond Assalhit au chapitre général de 1317; prieur du monastère de Pont-Vert, de 1321 à 13.., plus haut, p. 341; *socius* de fr. Galhard *de Puyeto*, au chapitre général de 1323.

Guillermus Seguerii Carcassonnensis. — Entre dans l'ordre au couvent de Carcassonne; étudiant des *Naturalia* au couvent d'Alais, en 1293; sous-lecteur au couvent de Carcassonne, en 1300, et au couvent de Narbonne, en 1301; lecteur de théologie au couvent de

Pamiers, en 1308; visiteur, en 1312, des couvents de Bayonne, d'Orthez, de Saint-Sever et de Morlaas; prieur du couvent de Castres, de 1308 à 1312; visiteur, en 1313, des couvents de Bordeaux, de Bergerac, de Saint-Émilion, de Périgueux et du monastère de Saint-Pardoux; prieur du couvent de Rodez, de 1312 à 1313; prieur du couvent de Carcassonne, de 1313 à 1315; prédicateur général, en 1315; visiteur, en 1315, des couvents de Bordeaux, de Saint-Émilion, de Bergerac, de Périgueux et du monastère de Saint-Pardoux; prieur du couvent de Cahors, de 1315 à 1317; prieur du couvent de Pamiers, de 1318 à 1320; confesseur au monastère de Prouille, en 1320.

Un autre frère prêcheur du même nom, *Guillermus Seguerii*, était sous-lecteur au couvent d'Albi, en 1329, et lecteur des *Naturalia* au couvent de Saint-Gaudens, en 1331.

Guillermus Stephani. — Étudiant des *Naturalia* au couvent de Pamiers, en 1308, et au couvent d'Auvillar, en 1310; lecteur des arts au couvent de Rieux, en 1311; étudiant de théologie au couvent de Pamiers, en 1312, et au couvent de Toulouse, en 1313; sous-lecteur au couvent de Castres, en 1315, et au couvent de Périgueux, en 1316; lecteur de théologie au couvent de Saint-Gaudens, en 1318.

Guillermus de Tonencs dyocesis Agennensis. — Né à Tonneins (Lot-et-Garonne); prieur du couvent d'Orthez, de 1256 à 1257, plus haut, p. 294; lecteur de théologie au couvent de Cahors, en 1265, (*Et disputet*); prédicateur général, en 1270; prieur du couvent de Bordeaux, de 1273 à 1278, plus haut, p. 269; reçoit, en 1276, avis du chapitre provincial d'absoudre ceux des frères de Bordeaux qu'il avait, comme prieur, trop sévèrement punis (ms. 490, f° 321 B); lecteur de théologie au couvent d'Avignon, en 1278; prieur du couvent d'Agen deux fois, en 1273, et de 1289 à 1290, plus haut, p. 288 et 289; définiteur au chapitre provincial de 1283; prieur du couvent de Marseille, il est désigné pour élire le Maître et pour être définiteur au chapitre général de 1285; prieur du couvent de Perpignan, de 1291 à 1292; premier prieur du couvent de Saint-Maximin, nommé par Boniface VIII, en 1295; mais il n'y va pas; meurt à Marseille, en 1299 (ms. 470, f° 165 A). — Charles d'Anjou l'avait, en 1267, envoyé auprès de Clément IV, pour négocier l'affaire de son second mariage. Clément IV lui confia plusieurs missions à Florence. Nous avons sept lettres de ce pape à fr. Guillaume de Tonneins (Marthène, *Thesaurus*, II, 547 et suiv. — Cf. pour la bibliographie de ce frère prêcheur les auteurs cités par M. Ul. Chevalier, *Répertoire*, 979, et M. Albanès, *Hist. du couv. royal de Saint-Maximin*, 50-55).

Guillermus Vaquerii Appamiensis. — Entre dans l'ordre au couvent de Pamiers; étudiant de théologie au couvent de Toulouse, en 1302; sous-lecteur au couvent de Figeac, en 1305; lecteur de théologie au couvent de Rieux, en 1309; prieur du couvent de Saint-Gaudens, de 1311 à 1314, plus haut, p. 345; prieur du couvent de Saint-Émilion, en 1315, année de sa mort, plus haut, p. 312.

Guillermus de Villa. — Étudiant des *Naturalia* au couvent de Brives, en 1279, et au couvent de Bordeaux, en 1280; lecteur des *Naturalia* au couvent de Perpignan, en 1281, et au couvent de Béziers, en 1282; étudiant de théologie au couvent de Toulouse, en 1286; lecteur de théologie au couvent de Brives, en 1287, au couvent d'Albi, en 1289, (*Et disputet*), et au couvent de Cahors, en 1291.

Guillermus Vitalis. — Les actes des chapitres provinciaux signalent trois frères prêcheurs de ce nom :

1° GUILLERMUS VITALIS, prieur du couvent d'Aubenas (Ardèche), en 1266, année de la fondation de ce couvent (ms. 490, f° 301 A); vicaire du couvent d'Albi, en 1275, année de la fondation de ce couvent dont il s'était activement occupé (*Ibid.*, f° 216 A); prédicateur général, en 1281.

2° GUILLERMUS VITALIS THOLOSANUS, entre dans l'ordre au couvent de Toulouse; étudiant des *Naturalia* au couvent de Figeac, en 1305; étudiant de théologie au couvent de Cahors, en 1306, au couvent d'Agen, en 1308, au couvent de Toulouse, en 1309, et au couvent de Montpellier, en 1311; sous-lecteur au couvent de Bergerac, en 1312.

3° GUILLERMUS VITALIS, étudiant des *Naturalia* au couvent de Cahors, en 1318; étudiant de théologie au couvent de Bordeaux, en 1320; sous-lecteur au couvent de Saint-Sever, en 1322; lecteur de théologie à ce couvent, en 1327; visiteur, en 1340, des couvents d'Agen, de Condom, de Port-Sainte-Marie, de Lectoure et d'Auvillar.

Guillermus de Volverio. — Étudiant des *Naturalia* au couvent de Saint-Émilion, en 1306; étudiant de théologie au couvent de Toulouse, en 1309 et en 1310; sous-lecteur au couvent de Bergerac, en 1311; visiteur, en 1328, des couvents d'Agen, de Condom, de Lectoure, d'Auvillar, de Montauban et du monastère de Pont-Vert.

Guiraldus de Esparros. — Né à Esparros (?) (Hautes-Pyrénées); un des premiers prieurs du monastère de Prouille. « Frater Guiraldus « de Esparros erat prior Pruliani anno Domini M° CC° XXI°, die XI° kls. « julii, sicut legi in quadam littera antiqua Rotgerii comitis Fuxi, « que ibidem habetur, in qua vocatur prior Pruliani » (B. Gui, *Prior. in conv. Pruliani*, ms. 490, f° 106 A).

Guirannus Avenionensis. — Entre dans l'ordre au couvent d'Avignon; vicaire du couvent de cette ville avant 1266; visiteur, en 1266, des couvents de Valence, d'Aubenas et du Puy; visiteur, en 1271, des couvents de Sisteron, de Valence, de Nice et de Marseille; visiteur, en 1274, des couvents de Sisteron, de Nice, de Marseille, d'Aix et de Grasse; délimite, en 1274, la *prédication* d'Aix; vicaire de la vicairie d'Avignon, en 1275; visiteur, en 1276, des couvents du Puy, d'Aubenas, d'Alais, de Nîmes et de Montpellier; prieur du couvent de Nîmes avant 1282; *socius* de fr. Guillaume du Puy au chapitre général de 1282; visiteur, en 1283, des couvents de Marseille, de Grasse, de Sisteron et de Valence; prieur du couvent d'Avignon, avant 1286; définiteur aux chapitres provinciaux de 1286 et de 1288; *socius* de fr. Pierre *de Mulceone* aux chapitres généraux de 1289 et de 1292; définiteur au chapitre provincial de 1292, et à celui de 1294.

Helyas Barravi Petragoricensis. — Plus haut, p. 137, not. 5.

Helyas de Briva, dictus de Lapestoria. — Né à Brives (Corrèze); entre dans l'ordre vers 1245; sous-prieur du couvent de Castres, en 1260; prieur du couvent de Brives, de 1269 à 1273; il le fait construire en grande partie; vicaire de la vicairie de Limoges, en 1277; prédicateur général, en 1278; prieur du couvent de Rieux, de 1278 à 1280; prieur du couvent de Montauban deux fois, de 1263 à 1268, et de 1295 à 1296; au chapitre provincial de 1294, il approuve, comme étant un des trois plus anciens, l'élection de fr. Pierre *de Mulceone*, provincial; résigne, en 1296; la charge de prieur du couvent de Montauban, où il reste et meurt au mois d'octobre de cette année; il est enseveli au couvent de Brives. « Tercius prior (conventus Bri-
« vensis) frater Helyas de Briva, dictus de Lapestoria, successit fratri
« Aymerico de Barrio. Prior fuit annis quatuor, fuitque absolutus
« in capitulo provinciali Caturci, anno Domini M° CC° LXXIII°. Tempore
« prioratus fratris Helye, fuit incoatum refectorium et dormitorium
« quod est supra ipsum et totum residuum, prout protenditur versus
« infirmitorium, ad orientem, antequam iter arriperet ad provinciale
« capitulum Cistaricense, anno Domini M° CC° LXX°. Et prosperatum
« est opus in manu fratris Arnaldi de Caneto, tunc lectoris, quem
« pro se vicarium dereliquit; qui, non segniter agens, opus prosequtus
« est diligenter, inplens illud *Proverb.* VI., *Discurre, festina, suscita
« amicum tuum.* Unde, actore Deo, cooperantibus amicis, dompno
« Geraldo de Cardalhaco, abbate Obazine, et domino Aymerico, capel-
« lano Donzeniaci, et quibusdam aliis devotis personis, infra breve

« tempus fuerunt tam magni parietes non mediocriter elevati. Mortuo
« vero domino Aymerico, Lemovicensi episcopo, anno Domini
« M° CC° LXXII°, qui legavit fratribus quatuor milia solidorum, fuit
« exinde quasi totum edificium, quod magnum est, coopertum. Hic
« frater Helyas, senex et plenus dierum et operibus bonis, plus quam
« quinquagenarius in ordine, obiit in conventu Montis Albani, circa
« festum apostolorum Symonis et Jude, anno Domini M° CC° nonag° VI°.
« Fuit inde translatum corpus ejus apud Brivam » (B. Gui, *Prior.
in conv. Brivensi*, ms. 490, f° 194 A-B).

Helyas de Ferreriis de Salhanaco conventus Caturcensis.
— Né à Salanhac (Haute-Vienne); entre dans l'ordre au couvent de
Cahors; étudiant de théologie au couvent de cette ville, en 1307, au
couvent de Toulouse, en 1308; étudiant au *Studium generale* de Montpellier, en 1311; sous-lecteur au couvent de Cahors, en 1312; lecteur
de théologie au couvent de Montauban, en 1314; lecteur de théologie
au couvent de Cahors, en 1318; prédicateur général, en 1322; *socius*
du provincial au chapitre général de 1322; provincial de la province
de Toulouse, de 1324 à 1337; prieur du monastère de Prouille, de 1336
à 1348; meurt à Prouille, en 1348. « Nonus prior provincialis (pro-
« vincie Tholosane) frater Helias de Ferreriis de Salhanaco conventus
« Caturcensis successit predicto fratri Guillermo [Dulcini], electus
« in capitulo provinciali Burdegalensi post capitulum generale ibidem,
« [anno Domini M° CCC° XXIIII°]; fuitque confirmatus ibidem per
« Magistrum ordinis fratrem Barnabam, qui in eodem capitulo generali
« electus fuerat in Magistrum. Erat autem tunc predictus frater Helyas
« lector Caturcensis. Prior fuit provincialis XV. annis continuis. Tandem
« absolutus per litteram, anno Domini M° CCC° XXXVI°, factus est prior
« Pruliani, ubi obiit in anno mortalitatis que fuit anno Domini
« M° CCC° XL° VIII°·» (ms. 490, f° 73 A).

Helyas Labessa Petragoricensis dyocesis. — Entre dans
l'ordre probablement au couvent de Périgueux; étudiant des *Naturalia*
au couvent de Condom, en 1273, au couvent de Figeac, en 1274; lecteur
de théologie au couvent de Rieux, en 1280, au couvent de Bergerac,
en 1282, au couvent de Figeac, en 1285, au couvent du Puy, en 1290,
et au couvent de Périgueux, en 1293; prieur du couvent de Périgueux,
de 1295 à 1296.

Helyas Manhani Lemovicensis. — Entre dans l'ordre au
couvent de Limoges; étudiant des arts au couvent de Figeac, en 1266;
lecteur de théologie au couvent de Périgueux, en 1284, au couvent
de Rodez, en 1285; visiteur, en 1289, des couvents de Montauban, de

Cahors, de Figeac, de Rodez et de Milhau; visiteur, en 1292, des couvents d'Agen, d'Auvillar, de Condom, de Lectoure et du monastère de Pont-Vert; lecteur de théologie au couvent du Puy, en 1293.

Helyas de Planis Brivensis. — Entre dans l'ordre au couvent de Brives; étudiant des *Naturalia* au couvent de Figeac, en 1287; étudiant de théologie au couvent de Limoges, en 1289, au couvent de Toulouse, en 1291 et en 1292; étudiant de théologie au couvent de Montpellier, en 1293; sous-lecteur au couvent de Limoges, en 1296; lecteur de théologie au couvent de Collioure, en 1298; prieur du couvent de Brives, de 1309 à 1311; prieur du monastère de Saint-Pardoux, de 1311 à 1312; prieur du couvent de Brives, de 1313 à 1314; visiteur, en 1313, des couvents de Toulouse, de Carcassonne, de Pamiers, de Rieux, de Saint-Gaudens, de Saint-Girons et du monastère de Prouille; prieur du couvent de Limoges, de 1312 à 1313; prédicateur général, en 1315; prieur du couvent de Brives, de 1320 à 1323.

Hugo Alamanni. — Plus haut, p. 95, not. 16.

Hugo Amelii de Castronovo arii Tholosanus. — Né à Castelnaudary (Aude); entre dans l'ordre au couvent de Toulouse; prieur du couvent de Montauban de 12.. à 1263; visiteur, en 1265 et en 1276, des couvents de Béziers, de Narbonne, de Perpignan, de Carcassonne, de Castres et du monastère de Prouille; prieur du couvent d'Agen, de 1268 à 1270, plus haut, p. 287; prieur du couvent de Carcassonne, de 1270 à 1272; visiteur, en 1270, des couvents de Brives, de Cahors, de Figeac et de Montauban; visiteur, en 1272, des couvents de Narbonne, de Perpignan, de Béziers et de Montpellier; délimite, en 1275, la prédication d'Auvillar; prieur du couvent de Toulouse, de 1276 à 1278; inquisiteur, en 1278; meurt au couvent de Nice, en 1281; son corps est transporté au couvent de Toulouse. « Hic fuit « vir justus et rectus, constans et famosus. Hic inquisitor existens « obiit in conventu Niciensi in itinere Romane Curie constitutus, anno « Domini M° CC° LXXXI°. Postmodum ossa ipsius translata sunt de con- « ventu Niciensi ad conventum Tholosanum » (B. Gui., *Prior in conv. Tholosano*, ms. 490, f° 120 A).

Hugo Bochardi. — Plus haut, p. 106, not. 2.

Hugo Catelli. — Étudiant des *Naturalia* au couvent d'Albi, en 1315, au couvent de Cahors, en 1316, et au couvent d'Auvillar, en 1317; lecteur des arts au couvent de Rodez, en 1318; étudiant de théologie au couvent de Bordeaux, en 1319; sous-lecteur au couvent de Brives, en 1322; étudiant au *Studium generale* de Bologne, en 1323; sous-lecteur au couvent de Belvez, en 1324, et au couvent de Brives, en 1326.

Hugo de Dei adjutorio. — Visiteur, en 1279, des couvents du Puy, d'Aubenas, d'Alais et de Nîmes; en 1281, des couvents du Puy, d'Aubenas, de Marvejols, d'Alais, de Nîmes et de Milhau; en 1285, des couvents de Marseille, d'Aix, d'Arles, de Tarascon et d'Avignon; prédicateur général, en 1289; visiteur, en 1290, des couvents de Marseille, d'Aix, d'Arles, de Tarascon et d'Avignon; en 1295, des couvents du Puy, de Marvejols, d'Aubenas, d'Alais et de Nîmes; prédicateur général, en 1300.

Hugo Jordani. — Plus haut, p. 119, not. 1.

Hugo de Malamorte. — Oncle de Gérauld de Malemort, frère prêcheur et archevêque de Bordeaux (1227-1262), et parent d'Hélie de Malemort, doyen de Limoges; prieur du couvent de Limoges, de 1245 à 1250; prédicateur général, en 1257; prieur du couvent de Bordeaux, de 1260 à 1263, plus haut, p. 267; refuse l'archevêché de cette ville; procure la fondation du couvent de Brives, en 1261, et y célèbre la première messe, en 1263; meurt au couvent de Limoges, le 29 décembre 1263. « Hic fuit nobilis genere et anime virtute, vir magni rigoris et
« bone discretionis. Fuit etiam prior Burdegalis, ubi fuit in archie-
« piscopum nominatus; opinionis et fame preclare. Hic obiit in
« conventu Lemovicensi, IIII° kls. januarii, anno Domini M° CC° LXIII°.
« Tandem post aliquot annos, ad instanciam venerabilis domini Helye
« de Malamorte, decani Lemovicensis, et aliorum parentum suorum
« nobilium, translatum est corpus ejus ad fratres Brivenses, ubi avun-
« culus et nepos in Domino requiescunt » (B. Gui, *Prior. in conv. Lemovicensi*, ms. 490, f° 129 B).

Hugo de Marciaco Albiensis. — Né à Marciac; entre dans l'ordre au couvent d'Albi; étudiant de théologie au couvent de Toulouse, en 1302 et en 1303; sous-lecteur au couvent de Limoges, en 1304; lecteur de théologie au couvent de Montauban, en 1305, et au couvent d'Albi, en 1307; sous-lecteur au couvent de Toulouse, en 1311; lecteur de théologie au couvent de Cahors, en 1312; prédicateur général, en 1313; définiteur au chapitre provincial de 1313; lecteur de la Bible au couvent de Bordeaux, en 1314 et en 1315; *socius* du provincial au chapitre général de 1316; provincial de la province de Toulouse, de 1318 à 1321; électeur du Maître, en 1324; lecteur des Sentences à Paris, après 1325; meurt, en 1327. « Septimus prior
« provincialis frater Hugo de Marciaco dyocesis Albiensis successit
« fratri Bernardo predicto, fuitque electus in capitulo provinciali
« Brive celebrato, VIII° ydus julii, anno Domini M° CCC° XVIII°. Erat
« autem tunc lector Tholosanus. Prior fuit annis quasi tribus, fuitque

« absolutus in capitulo generali Florencie celebrato, anno Domini
« M° CCC° XXI°, et ad legendum Sententias Parisius assignatus. Hic
« factus magister in Theologia et repositus ad honorandum lectionem
« et cathedram Tholosanam. Tandem migravit ad Dominum et sepul-
« tus est in conventu suo Albiensi, tempore estatis, anno Domini
« M° CCC° XXVII°. Vir fuit magne veritatis et laudabilis simplicitatis »
(ms. 490, f° 73 A).

Hugo Massabovis. — Étudiant des *Naturalia* au couvent d'Albi, en 1312, et au couvent d'Auvillar, en 1313; lecteur des *Naturalia* au couvent d'Albi, en 1316; lecteur de théologie au couvent de Montauban, en 1320, et au couvent d'Agen, en 1323.

Hugo de Monte esquivo. — Sous-lecteur au couvent de Condom, en 1301; étudiant au *Studium generale* de Paris, en 1302; lecteur de théologie au couvent de Condom, en 1306; prieur du couvent de Condom, deux fois, de 1309 à 1311, et de 1315 à 1323, plus haut, p. 306 et 307; lecteur de théologie au couvent de Condom, en 1311; prédicateur général, en 1312; lecteur de théologie au couvent de Condom, en 1314; reçoit, en 1320, mission de tout régler pour l'acceptation du couvent de Marciac.

Hugo de Noalhiis. — Lecteur des *Naturalia* au couvent de Périgueux, en 1301; étudiant de théologie au couvent de Toulouse, en 1303; lecteur de théologie au couvent de Brives, en 1304, au couvent de Périgueux, en 1305, et au couvent de Limoges, en 1310; prédicateur général, en 1312; définiteur au chapitre provincial de 1314.

Hugo Pellicerii Tholosanus. — Entre dans l'ordre au couvent de Toulouse; étudiant des *Naturalia* au couvent de Narbonne, en 1286; étudiant de théologie au couvent de Toulouse, en 1290, en 1291 et en 1292; sous-lecteur au couvent de Narbonne, en 1293; nommé lecteur de théologie au couvent de Puycerda, en 1297, « non ivit »; visiteur, en 1300, des couvents de Cahors et de Montauban; prieur du couvent d'Auvillar, de 1303 à 1305; pose la première pierre de l'église, plus haut, p. 324; visiteur, en 1305, des couvents de Limoges, de Brives, de Figeac et de Rodez; prieur du couvent d'Agen, de 1307 à 1309; plus haut, p. 290; visiteur, en 1309, des couvents de Limoges, de Brives, de Figeac et de Rodez.

Hugo de Sancto Martiale. — Étudiant de théologie au couvent de Bordeaux, en 1305, et au couvent de Toulouse, en 1309; lecteur des *Naturalia* au couvent de Condom, en 1307; lecteur des Sentences au couvent de Périgueux, en 1311; lecteur de théologie au couvent de Brives, en 1312, et au couvent d'Albi, en 1314; lecteur de la Bible au couvent de Périgueux, en 1315; étudiant au *Studium generale* de Paris, en 1316; lecteur de théologie au couvent d'Albi, en 1319; prédicateur général, en 1322; lecteur de la Bible au couvent de Limoges, en 1323 et en 1324; lecteur de théologie au couvent de Carcassonne, en 1327.

Hugo de Vausamanti. — « Sextus decimus Magister ordinis
« fuit frater Hugo de Vaissaman, nacione gallicus ac magister in
« Theologia, de provincia Francie (*Alias*, natione Campanus, magister
« in Theologia, vir magnæ prudentiæ et experientiæ, fama et opinione
« ubique præclarus, omnibus notus in optimis, instinctu quoque
« prudentiæ naturalis conditiones mirabiliter discernebat). Successit
« predicto fratri Barnabe; fuitque electus in capitulo generali apud
« Divionem celebrato, anno Domini M° CCC° XXXII°, in vigilia Pen-
« thecostes. Erat autem tunc prior provincialis Francie. Hic prefuit in
« officio Magisterii VIII. annis et ultra, quantum est a festo Pentecostes
« usque festum B. Dominici. Post multos autem labores, quos quatuor
« annis continuis in Avenione, ubi tunc erat Curia, sustinuerat,
« occasione immutationis multarum novitatum, quas Papa Benedic-
« tus XII. motu proprio contra voluntatem ordinis volebat in ordine
« introducere, secunda die augusti incepit graviter infirmari de
« febre acuta, et in crastinum B. Dominici, scilicet VIII. idus augusti,
« receptis prius devotissime ecclesiasticis sacramentis, debitum mor-
« talitatis exsolvens, impollutum spiritum tradidit creatori; VII.
« autem die augusti, scilicet in crastinum obitus sui, convenientibus
« omnibus cardinalibus de mane et aliis prælatis Curiæ, et populo
« mirabili confluente, cum magna cleri et religiosorum frequentia,
« sepultus fuit in ecclesia ante majus altare » (Contin. de B. Gui, *Catalog. Magistr. or. Pred.*, Biblioth. publ. de la ville de Toulouse, ms. 490 (I. 273), f° 62 A. — D. Martène, *Amplis. collect.*, t. VI, col. 414).

Jacobus Alamanni. — Lecteur de théologie au couvent de Castres, en 1272; étudiant au *Studium anglicanum*, en 1273; lecteur de théologie au couvent d'Aubenas, en 1276.

Jacobus de Arulis (*Avrilis, Aruilis*) **Cathalanus.** — Sous-lecteur au couvent de Béziers, en 1287; lecteur de théologie au couvent de Perpignan, en 1288; envoyé par le roi de Majorque auprès du chapitre provincial de 1290, tenu à Pamiers, pour demander la fondation du couvent de Collioure et du couvent de Puycerda (ms. 490, f° 262 A. — Cf. Douais, *Les Frères Prêcheurs à Pamiers*, p. 54).

Jacobus Bartholomei Appamiensis. — Entre dans l'ordre au couvent de Pamiers; étudiant des *Naturalia* au couvent de Pamiers, en 1318, et au couvent de Saint-Girons, en 1319; lecteur des arts au couvent de Saint-Girons, en 1321, et au couvent d'Orthez, en 1322; étudiant de théologie au couvent de Toulouse, en 1325; sous-lecteur au couvent de Cahors, en 1326; lecteur de théologie au couvent de Saint-Gaudens, en 1329; prieur du couvent de Pamiers, de 1331 à 1333; lecteur de théologie au couvent de Castres, en 1335; visiteur, en 1337, des couvents de Carcassonne, de Limoux, de Castres, d'Albi et de Rodez; prédicateur général, en 1342.

Jacobus de Conquosio. — Lecteur des arts au couvent de Figeac, en 1301; sous-lecteur au couvent de Périgueux, en 1305; étudiant au *Studium generale* de Montpellier, en 1307; sous-lecteur au couvent de Condom, en 1308; lecteur des Sentences au couvent d'Agen, en 1309; lecteur de théologie au couvent d'Agen, en 1312; lecteur de la Bible au couvent de Carcassonne, en 1315, et au couvent de Bordeaux, en 1316; prédicateur général, en 1315.

Jacobus *(alias Johannes)* **de Monte acuto.** — Étudiant de théologie au couvent de Carcassonne, en 1303 et en 1304; sous-lecteur au couvent de Rieux, en 1313, et au couvent de Bayonne, en 1314; lecteur de théologie au couvent de Rieux, en 1332.

Jacobus Olivarii. — Lecteur de théologie au couvent de Saint-Émilion, en 1284, au couvent de Marvejols, en 1285, et au couvent de Pamiers, en 1288.

Johannes Andree Appamiensis. — Entre dans l'ordre au couvent de Pamiers; étudiant des *Naturalia* au couvent de cette ville, en 1318, au couvent de Saint-Gaudens, en 1319, et au couvent de Carcassonne, en 1320; lecteur des arts au couvent de Lectoure, en 1321 et en 1322; sous-lecteur au couvent de Pamiers, en 1324; lecteur de théologie au couvent de Pamiers, en 1334 et en 1341; prédicateur général, en 1342.

Johannes Archambaldi. — Étudiant des *Naturalia* au couvent d'Albi, en 1317, et au couvent de Brives, en 1318; étudiant de théologie au couvent de Bordeaux, en 1319; sous-lecteur au couvent de Limoges, en 1322; lecteur des Sentences au couvent de Limoges, en 1323; étudiant de théologie au couvent de Toulouse, en 1325; lecteur de théologie au couvent de Brives, en 1328; visiteur, en 1329, des couvents de Montauban, de Toulouse et de Pamiers.

Johannes Arrasati *(Arrezati, Aresati)*. — Étudiant des *Naturalia* au couvent de Condom, en 1313, et au couvent de Carcassonne, en 1314; étudiant de théologie au couvent de Bordeaux, en 1317, et au couvent de Toulouse, en 1319; sous-lecteur au couvent de Cahors, en

1320; lecteur des *Naturalia* au couvent de cette ville, en 1321 et en 1322; lecteur de théologie au couvent d'Auvillar, en 1324, au couvent de Périgueux, en 1327, et au couvent de Rodez, en 1328; prédicateur général, en 1335.

Johannes de Asperiis. — Plus haut, p. 100, note 1.

Johannes de Balmellis. — Né aux Balmelles (Lozère); visiteur, en 1277, des couvents du Puy, d'Aubenas, d'Alais et de Nîmes; prieur du couvent de Marvejols (Ardèche), en 1281.

Johannes Begonis. — Étudiant des *Naturalia* au couvent d'Auvillar, en 1313, et au couvent de Carcassonne, en 1314; étudiant de théologie au couvent de Toulouse, en 1317, en 1318 et en 1319; sous-lecteur au couvent de Castres, en 1321.

Johannes Berengarii de Montepessulano. — Né à Montpellier; lecteur de *logique* au couvent de Sisteron, en 1284; lecteur de théologie au couvent de Milhau, en 1292, et au couvent d'Alais, en 1294; étudiant au *Studium generale* de Paris, en 1296; lecteur de théologie au couvent de Tarascon, en 1299, et au couvent de Béziers, en 1301 (*Et disputet*); prédicateur général, en 1302; prieur du couvent de Montpellier deux fois, de 1304 à 1307, et en 1312.

Johannes Campanus. — Étudiant des *Naturalia* au couvent de Bayonne, en 1272; lecteur de théologie au couvent de Rieux, en 1282, et au couvent de Saint-Sever, en 1285 et en 1287; sous-lecteur au couvent de Bordeaux, en 1288; visiteur, en 1300, des couvents de Limoges et de Brives; prédicateur général, en 1304.

Johannes de Caprilis. — Étudiant de théologie au couvent d'Avignon, en 1285, et au couvent de Montpellier, de 1286 à 1289 inclusivement; lecteur de théologie au couvent d'Aubenas, en 1292; étudiant au *Studium generale* de Paris, en 1296; lecteur de théologie au couvent d'Alais, en 1299, et au couvent de Béziers, en 1300; prédicateur général, en 1300; lecteur de théologie au couvent du Puy, en 1301.

Johannes de Chastanc Lemovicensis dyocesis. — Né au Chastang (Corrèze); lecteur de théologie au couvent de Figeac, en 1262; premier lecteur de théologie au couvent de Bergerac, en 1264; prieur du couvent de Limoges, de 1271 à 1274; visiteur en 1274, des couvents de Périgueux, Bergerac, Saint-Émilion et Bordeaux; prieur du couvent de Saint-Émilion, de 1277 à 1279, plus haut, p. 309; prieur du couvent de Brives, de 1279 à 1280; sous-prieur du couvent de Limoges, en 1281; meurt le 1er avril 1281. « Tempore prioratus sui (in conventu « Brivensi), fuit fundata magna illa domus infirmitorii quasi in prin-

« cipio sui regiminis, anno Domini M° CC° LXXIX°. Item, eodem anno,
« fuit incoata ecclesia et fundata, et in capite ipsius ecclesie positus
« primus lapis per dominum Petrum de Malamorte cum domina
« Bertranda, sua nobili genitrice, jure et devocione patronatus. Hic fuit
« vir devotus et letus, et promptus admodum predicator, senex gratus,
« vigilator, et orator indefessus. Subprior Lemovicensis existens obiit
« apud Haentum in predicationis officio in quadragesima, IIII° kls.
« aprilis, incoato anno Domini M° CC° LXXXI°. Sepultus est in claustro
« Lemovicensi inter patres » (B. Gui, *Prior. in conv. Briv.*, f° 194 B).
« Hic fecit fieri, tempore sui prioratus (in conventu Lemovicensi)
« campanile ecclesie, anno Domini M° CC° LXXIII°. Hic fuit vir mente
« devotus, facie et conversatione letus, predicator admodum promptus
« et copiosus, sedulus attractor magnorum peccatorum ad Deum »
(B. Gui, *Prior. in conv. Lemovic.*, ms. 490, f° 131 A).

Johannes Christiani. — Étudiant des *Naturalia* au couvent de Narbonne, en 1273, et au couvent de Carcassonne, en 1274; lecteur des arts au couvent de Narbonne, en 1276; étudiant de théologie au couvent de Montpellier, en 1279; lecteur de théologie au couvent d'Albi, en 1284, au couvent de Valence, en 1288, au couvent de Nice, en 1289, au couvent d'Alais, en 1290, et au couvent d'Arles, en 1294.

Johannes de Consilio. — Étudiant des *Naturalia* au couvent de Condom, en 1315; étudiant de théologie au couvent de Toulouse, en 1317 et en 1318; sous-lecteur au couvent de Pamiers, en 1319; lecteur des *Naturalia* au couvent de Pamiers, en 1321, et au couvent de Condom, en 1322; prieur du couvent d'Agen, de 1324 à 1326, plus haut, p. 292; visiteur, en 1338, des couvents de Bordeaux, de Saint-Émilion, de Bergerac, de Périgueux et de Belvez.

Johannes Descalars, de partibus Vasconie oriundus. — Religieux d'une grande piété, mort au couvent de Castres, le 3 novem-
« bre 1272. « Religiosi atque veracis viri fratris Bernardi de Bociacis
« relacione fideli atque devota didici que narro, alterius fratris, scilicet
« fratris Jacobi Burgensis, qui presens affuit et vidit et audivit et
« michi retulit testimonio confirmatum.

« Fuit siquidem in conventu Castrensi, dyocesis Albiensis, ubi
« corpus sancti Vincencii, martiris et levite, requiescit, frater quidam
« cui nomen erat Johannes Descalars, de partibus Vasconie oriundus,
« vir devotus et bonus, predicator fervens, religiosus valde et in cunctis
« obediencie prompte pariter et devote, de qua memoratus frater
« Bernardus, qui prior ejus fuerat, excellenter et singulariter eum
« extollebat, operosus et obsequiosus valde, puritatis consciencie tantus

« amator et conservator pervigil et sollicitus, ut omni die lavacrum
« confessionis sacramentalis, in qua omnia emundantur, habere
« desiderans et procurans, non observatis aut expectatis etiam horis
« communibus et alias consuetis, set post prandium sicut ante, et post
« completorium etiam sepe, et quibuscumque etiam horis aliis studiose
« perquirebat sibi copiam confessoris, seipsum purificans et acusans
« de minutissimis atque levissimis culpis, quia alias non habebat. Et
« tanquam bone ac pie mentis culpas ibi esse recognoscens, ubi culpa
« nulla a confessore perito discernebatur; unde prefatus frater Ber-
« nardus, prior ejus, sub cujus regimine obiit, sepius michi retulit
« quod, cum ejus confessionem cotidianam etiam pluries una eademque
« die audiret, provocabatur interdum et sepe ad risum devocionis de
« tanta puritate et innocentia justi viri, in tantum quod cumque sibi
« accidit, ut non posset pre risu verba absolucionis consuete libere
« profferre, ipso fratre Johanne dicente ei sepius et instante : Dicatis,
« prior, dicatis absolucionem et remissionem, etc., et aliquando ipsum
« priorem manu propria propulsante.

« Hic frater Johannes in infirmitate de qua obiit in prefato conventu
« Castrensi, III° nonas novembris, anno Domini M° CC° LXXII°, vocato
« priore prefato et confessione pura et sollicita prius facta, cum tamen
« infirmitas modica videretur, susceptis devotissime sacre Heucaristie
« et Extreme Unctionis sacramentis, sue mentis integre compos,
« plenoque sensu vigens, congregatis fratribus ante ipsum ad sonitum
« tabule ex more ordinis, cum recommendacionis officium, sicut moris
« est, perfecissent, nec adhuc crederetur ab eis migraturus, ad nutum
« prioris qui aderat paululum discesserunt, remanente priore cum
« aliquibus fratribus juxta ipsum. Cumque ibidem astarent orantes
« et infirmum Domino commendantes, conatus est ipse infirmus, prout
« potuit, in lecto suo residere, manibusque ac vultu alioque corporis
« gestu in cordis erumpens jubilum, cantare incepit et dicere clara voce
« et alta, psalmum et canticum pro eternis : *In manus tuas, Domine,*
« *commendo spiritum meum, Alleluia, Alleluia,* cum cantu paschali,
« sicut in toto duplici fieri consuevit. Tunc prior dixit fratribus, ut
« coresponderent eidem cantando et resumendo sicut in choro; et prior
« ipsemet fecit idem. Quibus respondentibus, in fine subjunxit infir-
« mus : *Redemisti me, Domine Deus, operantem;* et fratres, *Alleluia,*
« *Alleluia.* Sicque ibidem quasi in eodem momento fidelis operarius
« in vinea Domini, vocatus ad mercedem, transivit, eternum denarium
« a Domino percepturus, in crastino omnium fidelium defunctorum,
« in quo tempore *Alleluia* sic paschaliter cantari minime consuevit,

« in confessione laudis sue nutu, ut videtur, divino, mutans litteram
« consuetam, *Redemisti*, inquit, *me, Domine Deus, operantem*, in hoc
« apercius designans se merito suorum bonorum operum per fidem
« redempcionis sanguinis Domini Jhesu Christi participem jam effec-
« tum, ut operatorem assiduum ad eternam requiem pervenisse, dicente
« ei spiritu ut amodo a laboribus in quibus jugiter desudaverat, in
« Domino requiescat, fructu bonorum operum perhenniter fruiturus.
« Hic tante fuit scrupulositatis et consciencie bone, ut circa finem
« magnum remorsium consciencie habuerit, quia elemosinas a paupe-
« ribus recepisset, et pro hoc procuravit pro se orationem fieri in
« communi, priore injungente fratribus in capitulo convocatis ut orarent
« specialiter Dominum pro eodem, ne contra eum hostis callidus,
« qui etiam sanctorum et justorum insidiatur, calcaneo a meridiano
« demonio in aliquo prevaleret. Obitum ejus legitur in actis capituli
« provincialis Caturci celebrati, anno Domini M° CC° LXX° [III°] »
(B. Gui, f° 43 B, f° 44 A-B, f° 317 A).

Johannes Durandi. — Étudiant des *Naturalia* au couvent de Condom, en 1318, et au couvent d'Agen, en 1319; lecteur des arts au couvent d'Agen, en 1321 et en 1322; sous-lecteur au couvent de Condom, en 1325; lecteur de théologie au couvent de Marciac, en 1328, au couvent de Morlaas, en 1331, et au couvent de Rieux, en 1333; premier lecteur du couvent du Port-Sainte-Marie, en 1335.

Johannes Fabri. — Étudiant des *Naturalia* au couvent d'Albi, en 1293; étudiant de théologie au couvent de Limoges, en 1295 et en 1296.

Johannes Fabri Caturcensis. — Étudiant des *Naturalia* au couvent de Pamiers, en 1305, et au couvent de Saint-Émilion, en 1306; lecteur des arts au couvent de Cahors, en 1307, et au couvent de Condom, en 1308; étudiant de la Bible et des Sentences au couvent d'Agen, en 1309; étudiant de théologie au couvent de Toulouse, en 1312; sous-lecteur au couvent de Rodez, en 1313; prieur du couvent de Montauban, en 1315; lecteur de théologie au couvent de Saint-Junien, en 1316; prédicateur général, en 1326; visiteur, en 1327, des couvents de Bordeaux, de Saint-Émilion, de Bergerac, de Périgueux, de Belvez et du monastère de Saint-Pardoux.

Johannes Fabri Figiacensis. — Entre dans l'ordre au couvent de Figeac; étudiant des *Naturalia* au couvent de Castres, en 1312; étudiant de théologie au couvent de Figeac en 1316, en 1318 et en 1320.

Johannes Fabri de Monte Albano. — Né à Montauban; étudiant des *Naturalia* au couvent de Narbonne, en 1286, et au couvent de Cahors, en 1288; étudiant de théologie au couvent de Toulouse, en 1291 et en 1292.

Johannes de Farguili Agennensis. — Né à Fargues dans le Lot-et-Garonne probablement; entre dans l'ordre au couvent d'Agen; étudiant des *Naturalia* au couvent de Condom, en 1312, et au couvent d'Agen, en 1313 et en 1314; lecteur des arts au couvent d'Agen, en 1315; étudiant de théologie au couvent de Bordeaux, en 1317 et en 1318, et au couvent de Toulouse, en 1319 et en 1320 probablement; lecteur des *Naturalia* au couvent d'Auvillar, en 1321; lecteur de théologie au couvent de Bayonne, en 1327, au couvent d'Agen, en 1328; prieur du couvent d'Agen, de 1330 à 1335, plus haut, p. 293; prédicateur général, en 1335; *socius* du fr. Pierre Bruni au chapitre général de 1341.

Johannes de Falbeto *(Faubeto)* **Condomiensis.** — Entre dans l'ordre au couvent de Condom vers 1282. Étudiant des *Naturalia* non au couvent d'Agen, en 1286, comme le porte le ms. par erreur sans doute, mais au couvent de Bayonne, où le *Studium naturalium* fut cette année, et non à Agen; au couvent de Condom, en 1287, et au couvent de Condom encore, en 1288; étudiant de théologie au couvent de Bayonne, en 1289, et au couvent de Montpellier, en 1292; lecteur de théologie au couvent de Lectoure, en 1294, et au couvent de Condom, en 1296 et en 1301, avec tout pouvoir de *disputer (Et disputet)*; prédicateur général, en 1302; sous-lecteur au *Studium generale* de Toulouse, en 1303; lecteur de théologie au couvent de Cahors, en 1306; prieur du couvent de Condom, de 1306 à 1309, plus haut, p. 306; *socius* de fr. B. Gui au chapitre général de 1308; prieur du couvent de Bordeaux, de 1309 à 1311, plus haut, p. 272; prieur du couvent de Castres, de 1312 à 1314; définiteur au chapitre provincial de 1314, et alors élu provincial et confirmé provincial par une lettre du Maître de l'ordre du 11 août de la même année (ms. 490, f° 419 A, f° 185 B); provincial de la province de Toulouse, de 1314 à 1317. « Quintus « prior provincialis frater Johannes de Falbeto Condomiensis suc- « cessit fratri Guillermo de Anhanis, electus in capitulo provinciali « in Alto villari celebrato, in vigilia beate Marie Magdalene, in « dominica die; fuitque confirmatus a Magistro ordinis, fratre Beren- « gario, recepta confirmacionis littera Tholose, III° ydus augusti, in « dominica die, anno Domini M° CCC° XIIII°. Prior provincialis fuit « annis tribus; fuit autem absolutus in capitulo generali Pampilonie « celebrato, anno Domini M° CCC° XVII° » (f° 72 B). Il est chargé par le chapitre provincial de 1320 de tout régler pour l'acceptation d'un couvent à Marciac (f° 435 B); prieur du couvent d'Agen, de 1318 à 1322, plus haut, p. 292; le chapitre provincial de 1331 lui accorde les mêmes suffrages après sa mort qu'au provincial mourant en charge, (f° 464 B): d'où l'on peut conclure qu'il avait rendu de grands services.

Johannes Ferrarii. — Lecteur de théologie au couvent de Milhau, en 1301; prieur du couvent de Saint-Junien, de 1312 à 1313; visiteur, en 1320, des couvents de Toulouse, de Carcassonne, de Pamiers et du monastère de Prouille.

Johannes de Garrossio Orthesiensis. — Entre dans l'ordre au couvent d'Orthez; étudiant au *Studium generale* de Bologne, en 1299; lecteur de théologie au couvent d'Orthez, en 1303, au couvent de Montauban, en 1307, et au couvent de Bayonne, en 1308; lecteur de la Bible au couvent de Bayonne, en 1309; prieur du couvent d'Orthez deux fois, de 1309 à 1312 d'abord, et en 1315, plus haut, p. 300 et 301; visiteur, en 1312, des couvents de Bordeaux, de Saint-Émilion, de Bergerac, de Périgueux et du monastère de Saint-Pardoux; prédicateur général, en 1312; prieur du couvent de Bayonne, de 1312 à 1314, plus haut, p. 262; prieur du couvent de Morlaas deux fois, de 1314 à 1315, et de 1323 à 1325, plus haut, p. 320.

Johannes de Genesteto de Montepessulano. — Né à Montpellier; visiteur, en 1274, des couvents d'Alais, de Nîmes, de Tarascon et d'Arles; prédicateur général, en 1277; visiteur, en 1284, des couvents de Nice, de Grasse, de Sisteron, de Valence et de Die; en 1286, en 1287 et en 1292, des couvents de Marseille, de Tarascon, d'Arles, d'Orange et d'Avignon; en 1296, des couvents de Marseille, d'Aix, etc.; prieur du couvent de Montpellier deux fois, de 1276 à 1278, et de 1296 à 1297; prieur du couvent de Béziers, de 1275 à 1276, du couvent de Pamiers, de 1281 à 1283, du couvent de Castres, de 1286 à 1287, du couvent de Narbonne deux fois, de 1287 à 1288, et de 1290 à 1292; en 1294, il est envoyé au Buis (Drôme) pour la fondation du couvent; meurt à Montpellier, en 1302 « plus quam quinquagenarius « in ordine, post Natale Domini ».

Johannes Gobi Alestensis. — Entre dans l'ordre au couvent d'Alais; sous-lecteur au couvent de Sisteron, en 1273; lecteur de théologie au couvent de Marvejols, en 1281, et au couvent d'Alais, en 1285; étudiant au *Studium generale* de Paris, en 1291; lecteur de théologie au couvent de Béziers, en 1293 *(Et disputet);* prédicateur général, en 1300; prieur du couvent d'Avignon à une date non marquée; prieur du couvent de Montpellier, de 1302 à 1304; prieur du couvent de Saint-Maximin, de 1304 à 1312; prieur provincial de la seconde province de Provence, de 1312 à 1314; prieur de nouveau du couvent de Saint-Maximin (B. Gui, ms. 490, f° 266 A); prieur du couvent de Saint-Maximin jusqu'en 1328, année de sa mort; pendant son priorat, fait construire le couvent, la bibliothèque et la chapelle (M. Albanès, *Hist. du couvent royal de Saint-Maximin*, p. 60-82, Marseille, 1880).

Johannes de Goiono. — Étudiant des *Naturalia* au couvent de Saint-Girons, en 1317; étudiant de théologie au couvent de Bordeaux, en 1318, et au couvent de Toulouse, en 1319 et en 1320; sous-lecteur au couvent de Montauban, en 1322; lecteur des *Naturalia* au couvent de Condom, en 1324; lecteur de théologie au couvent de Rieux, en 1327.

Johannes Manentis. — Étudiant des *Naturalia* au couvent de Carcassonne en 1313, en 1314 et en 1315; étudiant de théologie au couvent de Carcassonne, en 1317; sous-lecteur au couvent de Rodez, en 1321.

Johannes de Molendinis de conventu Brivensi. — Entre dans l'ordre au couvent de Brives; étudiant des *Naturalia* au couvent de cette ville, en 1323 et en 1324, et au couvent de Limoges, en 1325; étudiant de théologie au couvent de Bordeaux, en 1326, et à celui de Toulouse, en 1327 et en 1328; sous-lecteur au couvent de Limoges, en 1329; lecteur de théologie au couvent d'Auvillar, en 1334, et au couvent de Montauban, en 1337; inquisiteur, en 1344; lecteur du Sacré Palais en 1347; Maître de l'ordre de 1348 à 1352. « Decimus nonus « [Magister ordinis] frater Jo. de Molendinis conventus Brivensis « provincie Tholosane, tunc existens Inquisitor Tholosanus, electus « in capitulo generali Barchinone, anno Domini M° CCC° XLVIII°. Hic « de Magisterio assumptus fuit in cardinalem per dominum Clemen- « tem VI, nacione Lemovicensem, circa annum Domini M° CCC° LII° » (ms. 490, f° 62 A); cardinal-prêtre du titre de Sainte-Sabine créé le 17 décembre 1350; meurt à Avignon le 28 février 1353 (Baluz., *Vit. pap. Av.*, I, 906).

Johannes de Navarra, de villa Sancti Johannis de Pedeportus. — Un des premiers compagnons de saint Dominique; né à Saint-Jean-Pied-de-Port (Basses-Pyrénées). « Frater Johannes « de Navarra qui fuit oriundus de villa que dicitur Sancti Johannis « de Pede Portus, dyocesis Baionensis, quem beatus Dominicus misit « Parisius de Tholosa cum fratre Matheo et fratre Bertrando prefatis, « una cum fratre Laurencio ad ordinem publicandum et dilatandum, « sicut pretactum est.

« De quo fratre Johanne subit animum incidenter, quod, ipso fratre

« Johanne narrante de seipso, audivi. Cum, sicut dictum est, mitteret
« ipsum cum fratre Laurencio predicto sanctus pater Dominicus
« Parisius, peciit Johannes expensas sive viaticum. Noluit sanctus
« dare, moriens quod irent sicut discipuli Jhesu Christi, non aurum,
« non argentum ferentes; set: Confidite, inquit, in Domino, quia timen-
« tibus Deum nichil deest. Noluit dictus Johannes acquiescere, set
« prorsus fuit inobediens verbo sancti; vidensque sanctus et pius pater
« inobedienciam miseri, procidit ad pedes ejus, flens et ejulans super
« miserum qui super seipsum non flebat, et XII. tantum denarios pro
« viatico usque Parisius dari precepit » (Étienne de Salanhac, *Fratres*
« *qui cum beato Dominico regulam elegerunt*, ms. 490, f° 41 A).

Johannes de Pelagrua Baionensis. — Né à Pellegrue
(Gironde); entre dans l'ordre au couvent de Bayonne; prédicateur
général, en 1270; visiteur, en 1271, des couvents d'Agen, de Toulouse,
de Castres, de Carcassonne et du monastère de Prouille; prieur du
couvent de Bergerac, de 1268 à 1271; prieur du couvent de Bayonne
deux fois, de 1274 à 1278, et de 1287 à 1289, plus haut, p. 257 et 258;
prieur du couvent de Morlaas, de 1278 à 1279, plus haut, p. 317.

Johannes de Podio Condomiensis. — Entre dans l'ordre au
couvent de Condom; étudiant des *Naturalia* au couvent de Carcassonne,
en 1279, au couvent d'Orthez, en 1281; étudiant de théologie au couvent
de Narbonne, en 1285, au couvent de Limoges, en 1286, au couvent
de Toulouse, en 1287 et en 1290; étudiant de théologie au *Studium
generale* de Montpellier, en 1302; sous-lecteur au couvent d'Agen,
en 1304, et au couvent de Condom, en 1305; lecteur de théologie au
couvent de Saint-Sever, en 1306, au couvent d'Orthez, en 1307; archevêque d'Embrun, en 1311. « Frater Johannes de Podio Condomiensis
« fuit factus archiepiscopus Ebredunensis per provisionem domini
« Clementis pape quinti in Avinione, anno Domini M° CCCXI°, kls. junii,
« in sabbato post Ascensionem Domini » (B. Gui, ms. 490, f° 25 B).
« Obiit in Avinione, sepultus in conventu fratrum, anno 1317, ante
« festum s. Michaelis » (*Gall. Christ.*, III, 1084. — Baluz., *Vitæ pap.
Avenion.*, I, 667).

Johannes de Podio Figiacensis. — Entre dans l'ordre au
couvent de Figeac; étudiant de théologie au couvent de Cahors, en 1284.

Johannes de Podio Lemovicensis. — Entre dans l'ordre au
couvent de Limoges; étudiant des *Naturalia* au couvent de cette ville,
en 1283; étudiant de théologie à ce même couvent, en 1284, au couvent
de Toulouse, en 1288 et en 1289.

Johannes Rigaldi. — Plus haut, p. 127, not. 2.

Johannes Rigaudi. — Plus haut, p. 127, not. 2.

Johannes Rigordi. — Plus haut, p. 127, not. 2.

Johannes Riparie. — Prieur du couvent de Saint-Sever, de 1312 à 1314, plus haut, p. 336; visiteur, en 1314, des couvents de Limoges, de Saint-Junien, de Brives, de Figeac et de Rodez.

Johannes Rotberti. — Lecteur de *logique* au couvent d'Avignon, en 1277, et au couvent de Marvejols, en 1288; lecteur de théologie au couvent d'Arles, en 1291; lecteur de la Bible au couvent de Montpellier, en 1301; prédicateur général, en 1302.

Johannes Salomonis. — Étudiant des *Naturalia* au couvent de Condom, en 1314, à celui de Saint-Émilion, en 1315, et à celui de Saint-Sever, en 1316; étudiant de théologie au couvent de Bordeaux, en 1318, et au couvent de Toulouse, en 1319; lecteur des *Naturalia* au couvent de Saint-Émilion, en 1321; lecteur de théologie à ce même couvent, en 1324; prieur de ce couvent deux fois, de 1326 à 1328, et de 1334 à 1335, plus haut, p. 313 et 314; visiteur, en 1332, des couvents de Bayonne, d'Orthez, de Morlaas, de Saint-Sever et de Marciac.

Johannes de Sancto Egidio. — Né à Saint-Gilles (Gard); lecteur des *Naturalia* au couvent d'Alais, en 1276, au couvent de Sisteron, en 1282, au couvent de Carcassonne, en 1283, et au couvent de Béziers, en 1284; sous-lecteur au couvent d'Avignon, en 1287; lecteur de théologie au couvent de Milhau, en 1289, au couvent de Valence, en 1290, au couvent de Figeac, en 1291, et au couvent de Tarascon, en 1294.

Johannes de Scarraco. — Étudiant des *Naturalia* au couvent de Rieux, en 1316; étudiant de théologie au couvent d'Auvillar, en 1317; lecteur des Sentences au couvent de Montauban, en 1324; lecteur de théologie au couvent de Marciac, en 1331, au couvent d'Orthez, en 1334, au couvent de Bayonne, en 1336, et au couvent de Bergerac, en 1337.

Johannes de Solano. — Étudiant des *Naturalia* au couvent de Montauban, en 1315 et en 1316, et au couvent de Condom, en 1317; étudiant de théologie au couvent de Bordeaux, en 1319, et au couvent de Toulouse, en 1320; lecteur des *Naturalia* au couvent de Pamiers, en 1322 et en 1323; lecteur de théologie au couvent de Pamiers, en 1327; visiteur, en 1338, des couvents de Carcassonne, de Limoux, de Castres, d'Albi et de Rodez; en 1340, des couvents de Cahors, de Figeac, de Brives, de Limoges et de Saint-Junien.

Johannes Stephani. — Plus haut, p. 137, not. 4.

Johannes Vigorosi de Montepessulano. — Né à Montpellier; entre dans l'ordre au couvent de cette ville, en 1249; lecteur de théologie au couvent de Marseille, en 1262; prédicateur général, en 1264; lecteur de théologie au couvent de Marseille, en 1266, et à celui de Montpellier, en 1268; prieur du couvent de Montpellier, de 1270 à 1272; lecteur de théologie au couvent d'Avignon, en 1272; élu prieur du couvent de Narbonne, en 1273; est délégué en Angleterre, en 1278, avec fr. Raymond de Mévouillon, à l'occasion de l'opposition anti-thomiste; prieur du couvent de Montpellier, de 1279 à 1281; définiteur au chapitre provincial de 1279 et à celui de 1280; inquisiteur de Toulouse, avant 1284; définiteur au chapitre provincial de 1284; électeur du Maître général de l'ordre, en 1284; définiteur au chapitre provincial de 1288; prieur du couvent de Montpellier, de 1289 à 1291; définiteur au chapitre provincial de 1292; prieur du couvent de Montpellier pour la quatrième fois, de 1293 à 1296; définiteur au chapitre provincial de 1294; confirme à titre d'ancien l'élection de B. de Juzic, nommé provincial, en 1299; définiteur au chapitre provincial de 1299; électeur du Maître général, en 1299; définiteur au chapitre provincial de 1302; prieur du couvent de Saint-Maximin, de 1296 à 1303; meurt à Montpellier, le 20 février 1304. « Sepultus est « in choro fratrum » (ms. 490, f° 253 B).

Johannes de Villa Lobencs. — Lecteur de théologie au couvent de Puycerda, en 1300; prieur du couvent de Collioure, de 1305 à 1308; prieur du couvent de Puycerda deux fois, de 1301 à 1305, et de 1309 à 1314.

Johannes de Villa magna Bitterrensis. — Né à Villemagne (Hérault); entre dans l'ordre au couvent de Béziers; prédicateur général, en 1274; prieur du couvent de Narbonne, de 1285 à 1287; prieur du couvent de Béziers deux fois, de 1269 à 1275, et de 1294 à 1295. « Hic senex valde obiit Bitterris confidenter et devote, anno Domini M° CCC° II° » (B. Gui, ms. 490, f° 256 A).

Johannes de Villa nova. — Étudiant de *logique nouvelle* au couvent de Figeac, en 1264; étudiant des *Naturalia* au couvent de Valence, en 1266; lecteur de *logique nouvelle* au couvent de Figéac, en 1264; sous-lecteur au couvent de Limoges, en 1272; lecteur de théologie au couvent de Saint-Émilion, en 1275; sous-lecteur au couvent de Toulouse, en 1277; lecteur de théologie au couvent du Puy, en 1278; prédicateur général, en 1281; visiteur, en 1285 et en 1287, des couvents de Montauban, de Cahors, de Figeac, de Rodez et de Milhau; visiteur, en 1294, des couvents de Montpellier, de Béziers, de Narbonne, de Perpignan, de Collioure et de Puycerda.

Johannes de Villa nova Lemovicensis. — Entre dans l'ordre au couvent de Limoges, en 1263; prieur et lecteur au couvent du Puy; prieur du couvent de Brives, de 1281 à 1284; prieur du couvent de Limoges deux fois, de 1294 à 1296, et de 1298 à 1301. « Hic obiit in senectute bona in conventu Lemovicensi, III° kls. junii « in sabbato, anno Domini M° CCCV°, ab ingressu vero ordinis anno « XLII° » (B. Gui, ms. 490, f° 132 B).

Johannes de Veridario Albiensis. — Né au Verdier (Tarn); entre dans l'ordre au couvent d'Albi; étudiant des *Naturalia* au couvent de Cahors, en 1288, au couvent de Pamiers, en 1289, et au couvent de Montauban, en 1290; sous-lecteur au couvent de Marseille, en 1297; lecteur de théologie au couvent de Collioure, en 1299, au couvent de Rodez, en 1302, au couvent d'Albi, en 1305, au couvent de Brives, en 1306, et au couvent de Lectoure, en 1307.

Jordanis de Castro (*de Castello*). — Étudiant des *Naturalia* au couvent d'Agen, en 1314, et au couvent de Saint-Gaudens, en 1315; étudiant de théologie au couvent de Figeac, en 1316, et au couvent de Toulouse, en 1318; lecteur des Sentences au couvent de Bordeaux, en 1322; lecteur de théologie au couvent de Morlaas, en 1324.

Jordanus de Castro novo. — Étudiant des *Naturalia* au couvent de Castres, en 1291; étudiant de théologie au couvent de Bordeaux, en 1293; lecteur des Sentences au couvent de Toulouse, en 1307; lecteur de théologie au couvent de Carcassonne, en 1308; lecteur de la Bible au couvent d'Agen, en 1309, au couvent de Bergerac, en 1311, et au couvent de Condom en 1313; visiteur, en 1314, des couvents de Bayonne, d'Orthez, de Morlaas et de Saint-Sever; prédicateur général, en 1315; visiteur, en 1317, des couvents de Limoges, de Saint-Junien, de Brives, de Figeac et de Rodez.

Jordanus de Miromonte. — Étudiant des *Naturalia* au couvent de Castres, en 1305 et en 1306; lecteur des arts au couvent de Saint-Gaudens, en 1307; étudiant de théologie au couvent de Toulouse, en 1309 et en 1310; lecteur de théologie au couvent de Castres, en 1311; étudiant de théologie au couvent de Toulouse, en 1313; lecteur de théologie au couvent de Saint-Gaudens, en 1314; lecteur de philosophie naturelle au couvent de Saint-Gaudens en 1315, et au couvent de Rieux, en 1316; lecteur de théologie au couvent de Saint-Émilion, en 1317.

Jordanus Tholosanus. — Entre dans l'ordre au couvent de Toulouse; sous-lecteur au couvent de cette ville, en 1267; lecteur de théologie au couvent de Castres, en 1268, au couvent de Carcassonne, en 1272 (*Et disputet*), et en 1277, et au couvent de Toulouse, en 1280; prédicateur général, en 1277.

Lambertus Niciensis. — Entre dans l'ordre au couvent de Nice; lecteur de théologie au couvent de cette ville, en 1271 et en 1275 (*Et disputet*); prédicateur général, en 1279; lecteur de théologie au couvent de Sisteron, en 1280 et en 1287; prédicateur général, en 1294.

Lupus Baionensis, Vasculus nacione. — Entre dans l'ordre au couvent de Bayonne, en 1267; étudiant de théologie au couvent de Montpellier, en 1279; sous-lecteur au couvent de Marseille, en 1280; lecteur de théologie au couvent de Morlaas, en 1281; étudiant de théologie au couvent de Montpellier de nouveau, en 1285; lecteur de théologie au couvent de Castres, en 1287, et au couvent de Pamiers, en 1291; définiteur au chapitre provincial de 1301; prieur du couvent de Toulouse, de 1301 à 1306. « Tempore prioratus sui factum fuit « refectorium magnum et pulchrum quod consumpmatum extitit ante « Natale Domini, anno ejusdem Domini M° CCCIII°. In sequenti vero « festo Penthecosten, fuit ibidem generale capitulum celebratum. Item, « facta fuit camera illa superior cum transitu inferiori desubtus cum « annexis, que fuit inter capitulum et ipsum refectorium, paulo ante « ipsum generale capitulum memoratum pro magna parte sumptibus « monasterii Pruliani » (B. Gui, ms. 490, f° 121 B). Définiteur au chapitre général et au chapitre provincial de 1303; prieur du couvent de Castres, de 1306 à 1308; définiteur au chapitre provincial de 1307, et au chapitre général de 1312; prieur du couvent de Bayonne trois fois, de 1295 à 1296, de 1300 à 1301, et de 1308 à 1312, plus haut, p. 260-262; meurt au monastère de Prouille, le 30 avril 1312, « ab « ingressu ordinis anno XLV° » (B. Gui, *ibid.*, f° 139 B). « Intravit « M° CC° LXVI° circa finem » (B. Gui, ms. 490, f° 121 B).

Matheus de Francia Caturcensis. — Les désignations *Matheus de Francia* et *Matheus Caturcensis* se rapportent probablement au même frère prêcheur. Entre dans l'ordre au couvent de Cahors; étudiant de théologie au couvent de Toulouse, en 1302, au couvent de Bayonne, en 1303, au couvent de Toulouse de nouveau, en 1304, et au couvent de Bordeaux, en 1305; prédicateur général, en 1315; visiteur, en 1321, des couvents de Limoges, de Brives, de Saint-Junien et de Belvez.

Maurandus. — Étudiant des *Naturalia* au couvent de Condom, en 1308, et au couvent de Pamiers, en 1309; étudiant de théologie au couvent de Toulouse, en 1312 et en 1313; sous-lecteur au couvent d'Albi, en 1314; lecteur des *Naturalia* au couvent de Cahors, en 1315 et en 1316; lecteur de théologie au couvent de Saint-Gaudens, en 1317, et au couvent de Brives, en 1320; lecteur des Sentences au couvent de Bordeaux, en 1321; lecteur de théologie au couvent de Figeac, en 1324; prédicateur général, en 1326.

Maurellus Castrensis. — Entre dans l'ordre au couvent de Castres; lecteur des arts au couvent de Limoux (Aude), en 1331; sous-lecteur au couvent de Castres, en 1335; lecteur des *Naturalia* au couvent de Castres, en 1340; prieur du couvent de Figeac.

Michael de Labeia *(Labega, de la Begua, de Labelha).* — Né à Labège (Haute-Garonne); étudiant des *Naturalia* au couvent de Condom, en 1314, au couvent de Castres, en 1315, et au couvent d'Albi, en 1316; étudiant de théologie au couvent de Bordeaux, en 1318, et au couvent de Toulouse, en 1319; lecteur de théologie au couvent d'Albi, en 1320; lecteur des *Naturalia* à ce même couvent, en 1321, et au couvent de Castres, en 1322; lecteur de théologie à ce même couvent, en 1325.

Munio. — « Septimus Magister ordinis, successor fratris Johannis
« Vercellensis, fuit frater Munio, hyspanus, electus in Magistrum
« ordinis in capitulo generali Bononie celebrato, anno Domini
« M° CC° LXXXV°. Erat autem tunc prior provincialis Hyspanie. Hic
« fuit persona venerabilis; nec frangebatur adversitate quacumque,
« cum tamen multas perpessus fuerit. Hic prefuit Magisterio annis VI,
« et septimus agebatur. Fuit autem a Magisterio absolutus per litteram
« Nicholay Pape IIII. sibi et ordini destinatam, paulo post generale
« capitulum Palencie, anno Domini M° CC° nonag° primo. Supervixit
« autem annis IX., postquam fuit a Magisterio absolutus; fuitque
« assumptus in episcopum Palentinum in Hyspania. Tandem ad
« Curiam evocatus, fuit ab onere episcopali absolutus per Bonifacium
« Papam VIII., anno Domini M° CC° nonag° V°. Mansit autem in Curia
« diu, ibique manens, in conventu fratrum diem clausit extremum,
« coram positis fratribus et orantibus, pridie ydus marcii, anno Domini
« M° CC° nonag° IX°; sepultusque fuit in habitu solo fratris et non
« in pontificalibus, sicut ipse vivens ita fieri peciit et ordinavit »
(B. Gui, ms. 490, f° 59 A-B).

Nycholaus de Feodis dictus Mataporc ab eventu rei.
— En 1281, présent à l'exhumation de B. de Caux et de Bertrand de Belcastel, au couvent d'Agen, plus haut, p. 283; prieur du couvent

de Condom, de 1283 à 1286, plus haut, p. 304; prieur du couvent, de Saint-Sever de 1287 à 1290, plus haut, p. 335; visiteur, en 1291, des couvents de Bordeaux, de Saint-Émilion, de Bergerac, de Périgueux, de Limoges et de Brives; prieur du couvent de Lectoure, de 1291 à 1292, plus haut, p. 330; prieur du monastère de Pont-Vert, de 1292 à 1295; meurt à Pont-Vert, en 1295, plus haut, p. 339.

Odo de Caussencio *(de Caussencs)*, **Condomiensis**. — Né à Caussens (Gers); entre dans l'ordre au couvent de Condom vers 1268; lecteur des arts au couvent d'Orthez, en 1270; lecteur de théologie au couvent d'Auvillar en 1283; prieur du couvent de Condom, de 1286 à 1291, plus haut, p. 304; prédicateur général, en 1289; définiteur au chapitre provincial de 1292, au chapitre provincial de 1294, au chapitre prodincial de 1296, et au chapitre provincial de 1298; *socius* désigné du fr. *B. de Turnis* au chapitre général de 1299; visiteur, en 1293, des couvents de Toulouse, de Pamiers, de Rieux, de Carcassonne, de Castres, d'Alby, de Saint-Gaudens et du monastère de Prouille; prédicateur général, en 1294; prieur du couvent de Montauban, en 1293; prieur du couvent de Carcassonne, de 1293 à 1297 : alors éclatent les troubles de l'inquisition : « Notandum hic posteris inci-
« denter quod tempore prioratus fratris Odonis, anno Domini
« M° CC° nonag° V°, Guillermus Garrici et Guillermus Bruneti legum
« professores de Carcassona, et quidam alii confessi prius de heresi
« et convicti cum suis complicibus, insurgentes contra officium inqui-
« sicionis et contra fratres contumaciter et procaciter rebellarunt et
« sedicionem magnam in populo concitarunt. Et multa mala officio
« inquisicionis et fratribus et amicis intulerunt, et multiplicata sunt
« mala in civitate ab eis; et plures additi sunt ad eos, quod non
« est facile nec fas scribere per singula; finis autem illorum confusio
« et ignominia et sentencia condempnacionis ad murum, justicia
« exigente » (B. Gui, *Prior. in conv. Carcass.*, f° 157 B). Prieur du couvent de Montpellier deux fois, de 1291 à 1293, et de 1297 à 1299. « Priorque Montispessulani existens, obiit ibidem circa Ascensionem
« Domini paulo ante, IX° kls. junii, in festo translacionis sancti
« Dominici, anno Domini M° CC° nonag° IX°. Sepultus est in ecclesia
« fratrum » (f° 157 B). « Hic fuit vir religiosus, boni nominis et virtutis
« in provincia, cellectus in flore sui valoris » (f° 178 B). « Vir devotus » (f° 253 B).

Odo de Ossuno Morlanensis. — Né à Ossun (Hautes-Pyrénées); entre dans l'ordre au couvent de Morlaas; sous-lecteur au couvent de

Carcassonne, en 1291; lecteur de théologie au couvent de Saint-Sever, en 1292, et au couvent de Morlaas, en 1293; visiteur, en 1301, des couvents de Condom et d'Agen; prédicateur général, en 1302; prieur du couvent d'Auvillar, de 1301 à 1303, plus haut, p. 324; prieur du monastère de Pont-Vert, de 1303 à 1307, plus haut, p. 340; prieur du couvent de Saint-Sever, deux fois, de 1311 à 1312 et de 1314 à 1315, plus haut, p. 336 et 337; prieur du couvent de Morlaas, trois fois, de 1295 à 1299, de 1307 à 1309 et de 1315 à 1323, plus haut, p. 318-320; en 1319, reçoit commission de préparer la fondation du couvent de Marciac (ms. 490, f° 433 A).

Odo Tholosanus. — Entre dans l'ordre au couvent de Toulouse; prieur du couvent de Narbonne, de 1260 à 1261; prédicateur général, en 1264; prieur du couvent d'Orthez, de 1264 à 1266, plus haut, p. 295.

Paulus de Alanhano. — Étudiant des *Naturalia* au couvent de Pamiers, en 1306, et au couvent de Montauban, en 1307; étudiant de la Bible et des Sentences au couvent d'Agen, en 1309; étudiant de théologie au couvent de Toulouse, en 1310; sous-lecteur au couvent de Montauban, en 1311; lecteur des Sentences au couvent de Carcassonne, en 1314, et au couvent de Bordeaux, en 1315; lecteur de théologie au couvent de Montauban, en 1316, au couvent de Brives, en 1317, et au couvent de Castres, en 1321 et en 1322; lecteur de la Bible au couvent de Castres, en 1323; prédicateur général, en 1326; étant au couvent de Limoux (Aude), nommé prieur du couvent de Cahors, en 1328.

Peregrinus Baionensis. — Entre dans l'ordre au couvent de Bayonne; étudiant des *Naturalia* au couvent de Cahors, en 1312; lecteur des arts au couvent d'Orthez, en 1314; lecteur des *Naturalia* au couvent de Condom, en 1316; lecteur de théologie au couvent de Périgueux, en 1325; prédicateur général, en 1326.

Peregrinus de Sancto Gaudencio Tholosanus. — Né à Saint-Gaudens (Haute-Garonne); entre dans l'ordre au couvent de Toulouse; vicaire du couvent de Toulouse, en 1266; visiteur, en 1266, des couvents de Montauban, d'Agen et de Bordeaux; envoyé, en 1269, à Pamiers, pour la fondation du couvent de cette ville; prieur du couvent d'Orthez, de 1262 à 1264, plus haut, p. 295; meurt au couvent de Toulouse, le 9 août 1286.

Petrus Arnaldi de Arrione. — Plus haut, p. 96, not. 2.

Petrus de Alhano. — Né à Alan (Haute-Garonne); étudiant des

Naturalia au couvent de Saint-Sever, en 1316 et en 1317, et au couvent de Condom, en 1318; étudiant de théologie au couvent de Bordeaux, en 1319; sous-lecteur au couvent d'Orthez, en 1321; lecteur des *Naturalia* au couvent de Bayonne, en 1322, et au couvent de Condom, en 1323; lecteur de théologie au couvent de Saint-Sever, en 1325, au couvent de Bayonne, en 1329, au couvent de Périgueux, en 1332, et au couvent d'Albi, en 1334; prédicateur général, en 1336.

Petrus Amati. — Étudiant des arts au couvent de Narbonne, en 1266; lecteur des arts au couvent de cette ville, en 1267 et en 1268; lecteur des *Naturalia* au couvent d'Orthez, en 1269; étudiant des *Naturalia* au couvent de Béziers, en 1271; sous-lecteur au couvent de Narbonne, en 1276.

Petrus de Anilongo. — Étudiant des *Naturalia* au couvent de Condom, en 1317; étudiant de théologie au couvent de Bordeaux, en 1318, et au couvent de Toulouse, en 1319 et en 1320; sous-lecteur au couvent de Condom, en 1321.

Petrus Arnaldi. — Lecteur de théologie au couvent de Bergerac, en 1266, et au couvent de Périgueux, en 1269 *(Et disputet).*

Petrus Arnaldi de Corberia. — Né à Corbières (?) (Aude); étudiant de théologie au couvent de Carcassonne, en 1302.

Petrus Arnaldi de Cassalibus. — Étudiant de théologie au couvent d'Orthez, en 1303.

Petrus Arnaldi de Labatut. — Étudiant de théologie au couvent de Bayonne, en 1304, au couvent d'Orthez, en 1305, et au couvent de Bayonne, en 1306.

Petrus Arnaldi de Lana. — Étudiant des *Naturalia* au couvent de Pamiers, en 1312, au couvent de Bayonne, en 1313, et au couvent de Bayonne encore, en 1317 et en 1318; étudiant de théologie au couvent de Bordeaux, en 1318 et en 1319.

Petrus Arnaldi de Pireto. — Étudiant des *Naturalia* au couvent de Saint-Sever, en 1316, au couvent de Bayonne, en 1317, et au couvent de Saint-Sever, en 1318; étudiant de théologie au couvent de Condom, en 1319, et au couvent de Bordeaux, en 1320; sous-lecteur au couvent d'Orthez, en 1323.

Petrus Arnaldi de Raione. — Étudiant de théologie au couvent de Bayonne, en 1289, et au couvent de Toulouse, en 1292.

Petrus Arnaldi Tholosanus. — Entre dans l'ordre au couvent de Toulouse; visiteur, en 1296, des couvents de Bordeaux et de Saint-Émilion, et, en 1298, du couvent de Montauban; prieur du couvent de Saint-Gaudens, de 1308 à 1309, plus haut, p. 345; vicaire du couvent de Saint-Girons, en 1309, et prieur de ce couvent, de 1310 à 1312, plus haut, p. 349; prieur du couvent de Rieux, trois fois, de 1296 à 1298, de 1301 à 1305 et de 1312 à 1314; prieur du monastère de Pont-Vert, de 1314 à 1315, plus haut, p. 340.

Petrus Arnaldi de Torronda. — Étudiant de théologie au couvent de Toulouse, en 1302 et en 1303; sous-lecteur au couvent de Cahors, en 1304; étudiant de théologie au couvent de Toulouse, en 1306; lecteur de théologie au couvent de Bergerac, en 1309, et au couvent d'Orthez, en 1310; prédicateur général, en 1313; prieur du couvent d'Orthez, de 1313 à 1315; prieur du couvent de Bayonne, en 1315, plus haut, p. 301.

Petrus Assaliti de Limoso. — Né à Limoux (Aude); étudiant des *Naturalia* au couvent de Pamiers, en 1312, et au couvent de Carcassonne, en 1313 et en 1314; étudiant de théologie à ce même couvent, en 1315, et au couvent de Toulouse, en 1317; sous-lecteur au couvent de Carcassonne, en 1318; étudiant de théologie au couvent de Toulouse, en 1320; lecteur de théologie au couvent de Saint-Girons, en 1321, et au couvent de Rieux, en 1322; prieur du couvent de Saint-Émilion, de 1322 à 1326, plus haut, p. 313; prédicateur général, en 1326; *socius* de fr. Guillaume de Belafar, définiteur au chapitre général de 1332.

Petrus Ati Tholosanus. — Entre dans l'ordre au couvent de Toulouse; étudiant des *Naturalia* au couvent de Carcassonne, en 1274; lecteur de théologie au couvent de Pamiers, en 1285 et en 1290, et au couvent d'Orthez, en 1292; étudiant au *Studium generale* de Paris, en 1294; lecteur de théologie au couvent de Périgueux, en 1297 *(Et disputet)*, au couvent de Béziers, en 1298, au couvent de Narbonne, en 1300, et au couvent de Cahors, en 1302; prédicateur général, en 1304; lecteur de théologie au couvent de Carcassonne, en 1304.

Petrus Ati de Vauro. — Né à Lavaur (Tarn); étudiant de théologie au couvent de Béziers, en 1288, et au couvent de Toulouse, en 1290; lecteur de la Bible au couvent de Toulouse, en 1294; prieur du couvent de Montauban, de 1303 à 1304; prieur du couvent de Figeac, de 1307 à 1309.

Petrus de Baulencs Condomiensis. — Prieur du couvent d'Auvillar, de 1287 à 1290, plus haut, p. 323; visiteur, en 1290, des couvents de Montauban, de Cahors, de Figeac, de Rodez et de Milhau; prieur du couvent de Condom, de 1291 à 1295, plus haut, p. 304; prieur du couvent de Saint-Sever, de 1296 à 1299; meurt au couvent de Condom, le 27 juillet 1305, plus haut, p. 335.

Petrus de Balneolis Avinionensis. — Né à Bagnols (?); entre dans l'ordre au couvent d'Avignon; étudiant des *Naturalia* au couvent de Valence, en 1273; prédicateur général, en 1277; étudiant de théologie au couvent de Montpellier, en 1279; sous-lecteur au couvent de Béziers, en 1280, et au couvent d'Avignon, en 1282; lecteur de théologie au couvent de cette ville, en 1283, au couvent de Tarascon, en 1285, au couvent d'Arles, en 1287, et au couvent de Béziers, en 1291; prédicateur général, en 1295; lecteur de théologie au couvent de Marseille, en 1297; définiteur au chapitre provincial de 1301; lecteur de théologie au couvent de Narbonne, en 1302; prieur du couvent de Montpellier, de 1299 à 1302; *socius* de fr. Loup au chapitre général de 1303; meurt à Montpellier, en 1304, « post festum beati Johannis « Baptiste ».

Petrus Benedicti. — Étudiant des *Naturalia* au couvent d'Auvillar, en 1314, et au couvent de Castres, en 1315; lecteur des arts au couvent de Saint-Girons, en 1316; étudiant de théologie au couvent de Carcassonne, en 1317, au couvent de Bordeaux, en 1318, au couvent de Toulouse, en 1319 et en 1320; sous-lecteur au couvent de Montauban, en 1321.

Petrus Bertrandi. — Étudiant de théologie au couvent de Bordeaux, en 1318, au couvent de Toulouse, en 1319 et en 1320; sous-lecteur au couvent de Saint-Sever, en 1321; lecteur des *Naturalia* au couvent d'Orthez, en 1323.

Petrus Bertrandi Castrensis. — Entre dans l'ordre au couvent de Castres; prieur du couvent de Condom, de 1277 à 1281; meurt au couvent de Castres, en 1297, plus haut, p. 303.

Petrus de Bisos. — Étudiant de théologie au couvent de Toulouse, en 1302 et en 1303; lecteur de théologie au couvent de Saint-Gaudens, en 1304; sous-lecteur au couvent d'Agen, en 1307; étudiant de la Bible au couvent de Cahors, en 1308.

Petrus Blanchi. — Sous-lecteur au couvent de Béziers, en 1296; étudiant de théologie au couvent de Montpellier, en 1300; sous-lecteur au couvent de Carcassonne, en 1301; lecteur de théologie au couvent de Toulouse, en 1303.

Petrus de Bobeis *(de Bobeas, de Boberiis)* **Condomiensis.** — Entre dans l'ordre au couvent de Condom; étudiant de théologie au couvent de Bordeaux, en 1287 et en 1288, et au couvent de Montpellier, en 1289 et en 1290; lecteur de théologie au couvent de Lectoure, en 1291, et au couvent de Saint-Émilion, en 1294; prieur du couvent de Condom, de 1299 à 1301, plus haut, p. 305; prédicateur général, en 1300; visiteur, en 1301, des couvents de Bordeaux et de Saint-Émilion; prieur du couvent de Saint-Sever, de 1301 à 1304, plus haut, p. 335; visiteur, en 1304, des couvents de Limoges, de Brives, de Figeac et de Rodez; prieur du couvent d'Orthez, de 1304 à 1307, plus haut, p. 300; visiteur, en 1307, des couvents de Limoges, de Brives et de Rodez; prieur du couvent d'Auvillar, de 1307 à 1308; « absolutus ob gratiam domini Arnaldi de Pelagrua cardinalis, qui « eum voluit et assumpsit in societate sua, anno Domini M° CCCVIII°, « in crastino Natalis Domini, Tholose », plus haut, p. 325.

Petrus Bruni. — Étudiant des *Naturalia* au couvent de Bergerac, en 1307, et au couvent de Condom, en 1308; étudiant de théologie au couvent de Toulouse, en 1309; lecteur des *Naturalia* au couvent de Cahors, en 1311; sous-lecteur au couvent de Limoges, en 1312; lecteur de théologie au couvent de Brives, en 1314; prédicateur général, en 1322; lecteur de théologie au couvent de Bordeaux, en 1324; inquisiteur de Toulouse; définiteur au chapitre général de 1341.

Petrus Carreria *(Carriera)*. — Étudiant des *Naturalia* au couvent de Périgueux, en 1284, au couvent d'Agen, en 1286, et au couvent de Condom, en 1287; étudiant de théologie au couvent de Bordeaux, en 1288, en 1289 et en 1290, et au couvent de Toulouse, en 1291 et en 1292.

Petrus de Castro. — Trois frères prêcheurs de ce nom :

1° PETRUS DE CASTRO. — Étudiant des *Naturalia* au couvent d'Aubenas, en 1284; étudiant de théologie au couvent de Bordeaux, en 1285, au couvent de Toulouse, en 1286, et au couvent de Montpellier, en 1287.

2° PETRUS DE CASTRO. — Étudiant de théologie au couvent de Bordeaux, en 1303, et au couvent de Toulouse, en 1304; sous-lecteur au couvent d'Orthez, en 1306; lecteur des *Naturalia* au couvent de Bayonne, en 1307; lecteur des Sentences au couvent de Figeac, en 1309; lecteur de théologie au couvent de Lectoure, en 1310; prédicateur général, en 1315; lecteur de théologie au couvent d'Orthez, en 1320, et au couvent de Pamiers, en 1321; lecteur de la Bible au couvent d'Agen, en 1322; visiteur, en 1323, des couvents de Toulouse, de Carcassonne, de Pamiers et du monastère de Prouille.

3° PETRUS DE CASTRO. — Étudiant des *Naturalia* au couvent de Bayonne, en 1310, au couvent de Cahors, en 1312, et au couvent de Bayonne, en 1313; étudiant de théologie au couvent d'Agen, en 1314, au couvent de Carcassonne, en 1315, au couvent de Bordeaux, en 1317 et en 1318, et au couvent de Bayonne, en 1320.

Petrus Copelli de Valeria Lemovicensis dyocesis. — Sous-lecteur au couvent de Limoges, en 1282; lecteur de théologie au couvent de Figeac, en 1283, au couvent de Cahors, en 1285, et au couvent de Limoges, en 1291; prédicateur général, en 1291; prieur du couvent de Brives, en 1296; visiteur, en 1297, des couvents de Toulouse et de Carcassonne; prieur du couvent de Limoges, deux fois, de 1286 à 1288 et de 1292 à 1294; meurt à Limoges, le 18 juillet 1298. « Hic fuit vir mitis, humilis, et devotus, bene religiosus, dilectus « Deo et fratribus, predicator bonus; in flore juventutis et valoris, « obiit Lemovicis, xv° kls. augusti, anno Domini M° CC° nonag° VIII°; « quiescit in claustro juxta hostium ecclesie immediate, ad levam « intrantibus, in tumulo fratrum XII^{cim} » (B. Gui, ms. 490, f° 132 B).

Petrus de Cumbis de Montepessulano. — Né à Montpellier; visiteur, en 1272, des couvents d'Avignon, d'Orange, de Tarascon et d'Arles; prieur du couvent de Narbonne, de 1273 à 1275; vicaire de la vicairie de Montpellier, en 1276 et en 1277; prédicateur général, en 1277.

Petrus de Fabrica Orthesiensis. — Entre dans l'ordre au couvent d'Orthez, en 1253, « in inventione sancti Stephani »; renseigne B. Gui sur les premiers prieurs du couvent de Bayonne (f° 138 A) et sur le fr. Arnauld d'Orgueil, deuxième prieur du couvent de Montauban (f° 169 A); prieur du couvent d'Orthez, deux fois, de 1269 à 1272 et de 1296 à 1298, plus haut, p. 296 et 298; visiteur, en 1273, des couvents de Toulouse, de Montauban et de Pamiers; prédicateur général, en 1274; prieur du couvent de Condom, de 1275 à 1277, plus haut, p. 303; prieur du couvent de Morlaas, trois fois, de 1279 à 1281, de 1293 à 1295 et de 1309 à 1311, plus haut, p. 317, 318 et 319; prieur du couvent d'Albi de 1281 à 1285. « Tempore sui prioratus, fuit « incoatum et magna ex parte perfectum refectorium pulchrum et « bonum; prior fuit annis quatuor; fuit autem absolutus in capitulo « generali Bononie ubi presens erat, anno Domini M° CC° LXXXV° » (B. Gui, *Prior. in conv. Albi.*, f° 216 A); définiteur au chapitre provincial de 1284; *socius* du fr. Guillaume de Tonneins, au chapitre général de 1285; prieur du couvent de Saint-Émilion, de 1288 à 1290, plus haut, p. 310; visiteur, en 1291, des couvents de Montauban, de Cahors, de Figeac, de Rodez et de Milhau; en 1296, des couvents de Montauban et de Cahors, et, en 1303, des couvents de Cahors, de Figeac, de Montauban et d'Albi; définiteur au chapitre provincial de 1307; prieur du couvent de Bayonne, de 1303 à 1308, plus haut, p. 261.

Petrus Fornerii. — Visiteur, en 1275, des couvents de Valence, du Puy, d'Aubenas, d'Alais, de Montpellier et de Nîmes; vicaire de la vicairie d'Avignon, en 1276.

Petrus de Frontinhano *(alias de Frontinhaco)*. — Né à Frontignan (Haute-Garonne); étudiant des *Naturalia* au couvent de Pamiers, en 1306, au couvent de Montauban, en 1307, et au couvent de Brives, en 1308; étudiant de théologie au couvent de Toulouse, en 1311, en 1312 et en 1313; sous-lecteur au couvent d'Albi, en 1315, et au couvent de Bergerac, en 1316; lecteur de théologie au couvent de Saint-Sever, en 1319; visiteur, en 1331, des couvents de Bayonne, d'Orthez, de Morlaas, de Saint-Sever et de Marciac.

Petrus Geraldi Agennensis. — Entre dans l'ordre au couvent d'Agen; lecteur des arts au couvent d'Agen, en 1273, et au couvent de Bordeaux, en 1274; étudiant des *Naturalia* au couvent de Bordeaux, en 1277; lecteur des *Naturalia* au couvent de Sisteron, en 1279, et au couvent de Marseille, en 1280; lecteur de théologie au couvent de Cahors, en 1290, et au couvent d'Agen, en 1301; prieur du couvent de Condom, de 1303 à 1306, plus haut, p. 306; prieur du couvent d'Agen deux fois, de 1297 à 1301 et de 1306 à 1307; meurt au couvent d'Agen, le samedi 2 septembre 1307, plus haut, p. 289 et 290.

Petrus de Goderiis. — Né à Gaudiès (Ariège); lecteur des arts au couvent de Carcassonne, en 1301; étudiant de théologie au couvent de Bordeaux, en 1304, en 1305 et en 1306; sous-lecteur au couvent de Périgueux, en 1308; étudiant de théologie au couvent de Toulouse, en 1309; lecteur de théologie au couvent de Brives, en 1310; lecteur des *Naturalia* au couvent d'Albi, en 1311.

Petrus Guidonis de Roberia Lemovicensis. — Neveu de B. Gui, l'historien; célèbre frère prêcheur de son temps; né à Royères, commune de la Roche-l'Abeille (Haute-Vienne); étudiant des *Naturalia* au couvent de Castres, en 1312, et au couvent de Carcassonne, en 1313; lecteur des arts au couvent d'Albi, en 1314, et au couvent de Pamiers, en 1315; lecteur des *Naturalia* au couvent de Cahors, en 1321; lecteur des Sentences à ce même couvent, en 1322; lecteur de théologie au couvent de Saint-Émilion, en 1323, et au couvent de Montauban, en 1325; prédicateur général, en 1326; prieur du couvent de Limoges, de 1327 à 1328; lecteur de théologie au couvent d'Albi, en 1332; prieur du couvent de Périgueux, en 1333; prieur du couvent de Carcassonne, en 1335; édite avec les biens du couvent le *Sanctoral* de B. Gui; obtient du roi Philippe VI, de passage à Carcassonne, le 2 février 1336, que le moulin royal de la ville soit consacré à l'usage exclusif des Frères Prêcheurs; prieur provincial, de 1337 à 1344; inqui-

siteur de Toulouse, en 1344; meurt à Géronce (Basses-Pyrénées), vers 1347. « Decimus prior provincialis frater Petrus Guidonis, conventus
« Lemovicensis, oriundus de loco qui dicitur Roberia, qui, cum esset
« prior Carcassonensis, electus est in conventu Montis Albani circa
« medium quadragesime, anno Domini M° CCC° XXXVII°; confirmatus
« fuit per Magistrum Hugonem de Baysamat; rexitque provin-
« ciam VII. annis; et tandem, absolutus per litteram, et factus
« inquisitor Tholosanus, migravit ad Dominum (ms. 490, f° 73 A).
Dans la notice qui lui a été consacrée dans l'histoire du couvent de Carcassonne, on lit : « Hic etiam fecit scribi de bonis con-
« ventus in duobus voluminibus vitas sanctorum a domino Lodo-
« vensi patruo suo compilatas. Hic etiam obtinuit a domino rege
« Philippo, sub anno eodem quo transivit per Carcassonam, in festo
« videlicet Purifficacionis, mediante et promovente fratre Henrico de
« Chamayo, inquisitore tunc Carcassonensi, quod in molendino regio
« quod est juxta civitatem in fluvio Atacis perpetuis temporibus
« molatur totum bladum pro fratribus et familia ipsorum necessarium
« libere et absque quacumque redibencia sive custu. Et de hoc extat
« littera regia cum sigillo viridi, que in majori deposito conservatur »
(ms. 490, f° 159 B). Il s'occupa lui-même des saints et des religieux les plus célèbres de l'ordre, comme on le voit d'après cette disposition du chapitre général de Bruges, de 1336 : « Item, significamus quod frater
« Petrus Guidonis, prior Carcassonensis in provincia Tholosana, ex
« devocione quam habet ad sanctos et illustres viros ordinis nostri,
« assumpsit sibi studium componendi libellum de miraculis et gestis
« insignib[u]s predicatorum. Quapropter rogamus fratres omnes et
« singulos quantum quicumque habent in noticia miracula vel facta
« memorabilia sanctorum et fratrum nostrorum qui ex hoc seculo
« transierunt, curent ea sollicite mittere quam cito poterunt dicto fratri
(ms. 489, f° 169 A).

Petrus Guilha. — Étudiant des *Naturalia* au couvent de Figeac, en 1325; sous-lecteur au couvent de Carcassonne, en 1331; lecteur des *Naturalia* à ce même couvent, en 1335; lecteur de théologie au couvent de Saint-Girons, en 1337, et au couvent d'Orthez, en 1341.

Petrus de Insula. — Étudiant de théologie au couvent de Montauban, en 1305, au couvent de Bordeaux, en 1306, et au couvent de Toulouse, en 1307 et en 1308; sous-lecteur au couvent d'Albi, en 1309; visiteur, en 1322, des couvents de Cahors, de Montauban, de de Figeac et de Rodez, et, en 1325, des couvents de Limoges, de

Brives, de Saint-Junien, de Belvez et du monastère de Saint-Pardoux; prédicateur général, en 1326.

Petrus Johannis de Rivis et Rivensis. — Né à Rieux (Haute-Garonne); entre dans l'ordre au couvent de cette ville; étudiant des *Naturalia* au couvent de Pamiers, en 1308 et en 1309; étudiant de théologie au couvent de Bordeaux, en 1311, en 1312 et en 1313, et au couvent de Toulouse, en 1314 et en 1315; lecteur des Sentences au couvent de Pamiers, en 1316, et au couvent d'Agen, en 1322.

Petrus de Labatut Burdegalensis. — Né à Labatut (Gironde) probablement; entre dans l'ordre au couvent de Bordeaux; étudiant des *Naturalia* au couvent de cette ville, en 1277; étudiant de théologie au couvent de Toulouse, en 1284; sous-lecteur au couvent de Limoges, en 1285; premier lecteur du couvent de Lectoure, en 1287; sous-lecteur au couvent de Bordeaux, en 1289; lecteur de théologie au couvent de Saint-Émilion, en 1290, au couvent de Périgueux, en 1291, au couvent de Carcassonne, en 1294, et au couvent d'Agen, en 1300; définiteur au chapitre provincial de 1303; visiteur, en 1303, des couvents de Limoges, de Brives, de Figeac et de Rodez; prieur du couvent d'Agen, de 1301 à 1303; meurt au couvent de Bordeaux, en septembre 1306, plus haut, p. 289 et 290.

Petrus de Listraco Burdegalensis. — Né à Listrac (Gironde); entre dans l'ordre au couvent de Bordeaux; prieur du couvent de Cahors, de 1258 à 1264; prieur du couvent de Bordeaux, de 1264 à 1267, plus haut, p. 268; visiteur, en 1269, des couvents de Bayonne, de Condom et d'Orthez; prieur du couvent de Condom, de 1269 à 1271, plus haut, p. 303; visiteur, en 1271, des couvents de Saint-Émilion, de Bergerac, de Périgueux et de Limoges; prieur du couvent de Bayonne, de 1271 à 1274, plus haut, p. 257; visiteur, en 1274, des couvents d'Agen, de Montauban, de Toulouse et de Rieux; vicaire de la vicairie de Limoges, en 1275; prieur du couvent d'Orthez, de 1278 à 1279, plus haut, p. 296; prieur du couvent de Bayonne, pour la seconde fois, de 1279 à 1281, plus haut, p. 258; prieur du couvent de Bordeaux, pour la seconde fois également, de 1283 à 1285; meurt le 4 octobre 1285, à Bordeaux, plus haut, p. 268 et 269.

Petrus de Lubersiaco *(Luperciaco, Lubersaco).* — Né à Lubersac (Corrèze); sous-lecteur au couvent de Bergerac, en 1320; lecteur de théologie au couvent de Saint-Junien, en 1322; lecteur des *Naturalia* au couvent de Périgueux, en 1323; lecteur des Sentences au couvent de Limoges, en 1324; lecteur de théologie au couvent de Limoux, en

en 1331; visiteur, en 1336, des couvents de Bordeaux, de Saint-Émilion, de Bergerac, de Périgueux et de Belvez.

Petrus de Lupiaco Burdegalensis. — Né à Loupiac (Gironde); entre dans l'ordre au couvent de Bordeaux; visiteur, en 1275, des couvents de Bergerac, de Périgueux, de Saint-Émilion et de Limoges; prieur du couvent de Saint-Émilion, de 1287 à 1288, plus haut, p. 310; prédicateur général, en 1289; meurt au couvent de Bordeaux, en 1303.

Petrus Malirati Avinionensis. — Entre dans l'ordre au couvent d'Avignon; lecteur des arts au couvent de Tarascon, en 1269; lecteur des *Naturalia* au couvent de Valence, en 1273, au couvent de Nice, en 1274, et au couvent d'Avignon, en 1275; sous-lecteur au couvent d'Avignon, en 1280; lecteur de théologie au couvent d'Avignon, en 1283 *(Et disputet)*; étudiant au *Studium generale* de Paris, en 1284; lecteur de théologie au couvent d'Avignon, en 1287, au couvent de Valence, en 1289, et au couvent d'Avignon, en 1290; prédicateur général, en 1291; évêque de Vence (Alpes-Maritimes), « rege Karolo « procurante, cujus tunc temporis curiam sequebatur » (B. Gui, ms. 490, f° 25 B); évêque de Vence, de 1298 à 1304.

Petrus de Martello *(de Marcello)*. — Étudiant des *Naturalia* au couvent de Bergerac, en 1307, au couvent de Brives, en 1308, et au couvent de Pamiers, en 1309; étudiant de théologie au couvent de Limoges, en 1310, en 1311, en 1312 et en 1313; étudiant au *Studium generale* de Montpellier, en 1314 et en 1315.

Petrus de Martoreto. — Étudiant des *Naturalia* au couvent de Condom, en 1318 et en 1320; étudiant de théologie au couvent de Bordeaux, en 1321, et au couvent de Toulouse, en 1322 et en 1323; lecteur des Sentences au couvent de Bergerac, en 1324; lecteur de théologie au couvent de Lectoure, en 1330, au couvent de Bergerac, en 1332, et au couvent de Condom, en 1334.

Petrus de Maslaco Orthesiensis. — Né à Maslacq (Basses-Pyrénées); entre dans l'ordre au couvent d'Orthez; étudiant de théologie au couvent d'Orthez, en 1270; lecteur de philosophie naturelle au couvent de Bordeaux, en 1271, et au couvent de Bayonne, en 1272; lecteur de théologie au couvent de Carcassonne, en 1280; prédicateur général, en 1282; lecteur de théologie au couvent de Béziers, en 1283, et à celui d'Orthez, en 1284; étudiant au *Studium generale* de Paris, en 1284; lecteur de théologie au couvent de Béziers, en 1287, au couvent de Bayonne, en 1290, au couvent de Bordeaux, en 1292 (ms. 490, f° 157 A), et au couvent de Bayonne, en 1294 et en 1302;

prieur de plusieurs couvents : 1° du couvent d'Orthez, quatre fois, de 1283 à 1284, de 1300 à 1302, de 1307 à 1309 et de 1312 à 1313, plus haut, p. 297, 299 et 300; 2° prieur du couvent de Carcassonne, de 1291 à 1292; 3° prieur du couvent de Narbonne, de 1296 à 1298; 4° prieur du couvent d'Agen, de 1294 à 1296, plus haut, p. 289; 5° prieur du couvent de Bayonne, de 1298 à 1300, plus haut, p. 260; 6° prieur du couvent de Saint-Sever, de 1304 à 1305, plus haut, p. 336; 7° prieur du couvent de Morlaas, de 1313 à 1314, plus haut, p. 320; définiteur aux chapitres provinciaux de 1296 (f° 368 B), de 1299, de 1302, de 1311 et de 1316. En 1305, visiteur des couvents de Toulouse, de Carcassonne, de Pamiers et de Rieux.

Petrus de Mulceone. — Lecteur de théologie au couvent de Figeac, en 1269 *(Et disputet)*, de Brives, en 1270, et de Condom, en 1273; prédicateur général, en 1274; lecteur de théologie au couvent de Limoges, en 1280; en 1284, visiteur des couvents de Montauban, de Cahors, de Figeac, de Rodez et de Milhau; prieur du couvent de Bergerac, de 1284 à 1285; prieur du couvent de Brives, en 1285; définiteur au chapitre provincial de 1285 et de 1286; *socius* de fr. B. de Trilia au chapitre général de 1288; prieur du couvent de Montpellier, de 1286 à 1289; définiteur au chapitre général, en 1289; définiteur au chapitre provincial de 1289 et de 1291, au chapitre général de 1292, et au chapitre provincial de 1292; provincial de la province de Provence, de 1292 à 1295; prieur du couvent de Limoges, trois fois, de 1274 à 1280, de 1281 à 1284, de 1286 à 1289; inquisiteur, en 1289; meurt à Montauban, en 1295, *in festo beate Marthe*. « Hic fuit vir gratus Deo
« et hominibus, famosus in tota patria, nobilis genere, nobilior humi-
« litatis virtute, super afflictos et miseros gestans viscera pietatis.
« De prioratu vero Montispessulani factus fuit inquisitor Tholosanus,
« paulo post Natale Domini, anno Domini M° CC° LXXXIX°. De officio
« vero inquisicionis electus et assumptus est ad provincialatum in
« capitulo provinciali Brivensi, in Assumpsione beate Marie Virginis
« celebrato, anno Domini M° CC° nonag° II°; priorque provincialis
« existens, in conventu Montis Albani positus, ad quem venerat
« visitandum, migravit ad Dominum, VI° kls. augusti, in festo Beate
« Marthe, anno Domini M° CC° nonag° V°, ubi primo jacuit tumulatus;
« deinde translatum fuit corpus ejus ad conventum fratrum Briven-
« sium, in capitulo provinciali Caturcensi, anno Domini M° CC°
« nonag° VIII°, ubi nunc in Domino in capitulo requiescit » (B. Gui, f° 131 B, f° 132 A, cf. f° 70 A). Mentionné dans les *Sentences* de B. Gui, publiées par Limborch, p. 2 et 3.

Petrus de Oratorio. — Étudiant des *Naturalia* au couvent d'Albi, en 1293; lecteur des *Naturalia* à ce couvent, en 1301; étudiant de théologie au couvent de Toulouse, en 1303; sous-lecteur au couvent de Bayonne, en 1304; lecteur de théologie au couvent de Bergerac, en 1306, au couvent de Brives, en 1308, et au couvent de Périgueux, en 1313; lecteur de la Bible au couvent de cette ville, en 1314; prédicateur général, en 1315; lecteur de théologie au couvent de Périgueux, en 1316.

Petrus de Palheriis. — Étudiant des *Naturalia* au couvent de Brives, en 1318, et au couvent de Limoges, en 1320; lecteur des arts au couvent de Limoges, en 1321, en 1322 et en 1323.

Petrus de Pinibus. — Étudiant des arts au couvent de Béziers, en 1267 et en 1268; sous-lecteur au couvent de Montauban, en 1270; lecteur des arts au couvent de Toulouse, en 1271; étudiant des *Naturalia* au couvent de Condom, en 1273; sous-lecteur au couvent de Bordeaux, en 1278; lecteur de théologie au couvent de Saint-Émilion, en 1283, et au couvent de Bergerac, en 1285; prédicateur général, en 1286; lecteur de théologie « in sede Burdegalensi », en 1286, et au couvent d'Agen, en 1290; visiteur, en 1293, des couvents de Bayonne, d'Orthez, de Morlaas, de Saint-Sever, de Condom, de Lectoure, d'Auvillar et d'Agen.

Petrus de Pireto. — Étudiant des *Naturalia* au couvent de Cahors, en 1309 et en 1310; lecteur des arts au couvent de Brives, en 1311; étudiant de théologie au couvent de Cahors, en 1313; lecteur des *Naturalia* au couvent de Périgueux, en 1316; lecteur de théologie à ce couvent, en 1322, et au couvent de Bordeaux, en 1323.

Petrus Poieti de Sancta Gemma. — Né à Sainte-Gemme du Gers probablement; étudiant des *Naturalia* au couvent de Valence, en 1266 et en 1267; lecteur des *Naturalia* au couvent de Carcassonne, en 1268 et en 1269; étudiant de théologie au couvent de Narbonne, en 1270; lecteur des *Naturalia* au couvent de Sisteron, en 1272; sous-lecteur au couvent d'Avignon, en 1275; lecteur de théologie au couvent d'Alais, de 1276 à 1280; étudiant au *Studium generale* de Paris, en 1280; lecteur de théologie au couvent du Puy, en 1286 *(Et disputet)* et en 1289; prédicateur général, en 1289; lecteur de la Bible au couvent de Montpellier, en 1290 et en 1291; visiteur, en 1298, des couvents du Puy et d'Aubenas.

Petrus de Podio. — Étudiant des *Naturalia* au couvent de Saint-Sever, en 1305; lecteur des arts au couvent de Morlaas, en 1307; étudiant de théologie au couvent de Bordeaux, en 1308, au couvent de Toulouse, en 1309, en 1310 et en 1311; sous-lecteur au couvent de Condom, en 1312; lecteur des *Naturalia* au couvent d'Agen, en 1314, et au couvent de Condom, en 1315; lecteur de théologie au couvent de Saint-Sever, en 1316, au couvent d'Orthez, en 1318, au couvent de Morlaas, en 1320, et au couvent de Condom, en 1321; visiteur, en 1323, des couvents de Cahors, de Montauban, de Castres, d'Albi et de Rodez.

Petrus de Podio Maurini. — Né à Puymaurin (Haute-Garonne); lecteur des arts au couvent de Bordeaux, en 1301; étudiant de théologie au couvent de Cahors, en 1305, et au couvent de Toulouse, en 1306; lecteur des *Naturalia* au couvent de Bergerac, en 1307; sous-lecteur au couvent d'Agen, en 1310; lecteur des Sentences à ce même couvent, en 1311; lecteur de théologie au couvent de Saint-Émilion, en 1312; visiteur, en 1326, des couvents de Toulouse, de Carcassonne, de Castres, de Limoux et du monastère de Prouille; en 1331, des couvents de Cahors, de Brives, de Limoges, de Figeac, de Saint-Junien et du monastère de Saint-Pardoux.

Petrus de Podio sabone Tholosanus. — Né à Puybégon (?) (Tarn); entre dans l'ordre au couvent de Toulouse; étudiant des *Naturalia* au couvent de Carcassonne, en 1318, et au couvent de Rieux, en 1319 et en 1320; lecteur des arts au couvent de Rodez, en 1321 et en 1322; sous-lecteur au couvent de Pamiers, en 1325; lecteur de théologie au couvent d'Auvillar, en 1332; prieur du couvent d'Auvillar, en 1333, plus haut, p. 328; visiteur, en 1337, des couvents de Cahors, de Figeac, de Brives, de Limoges et de Saint-Junien.

Petrus Porta de villa Petragoricensi. — Né à Périgueux; étudiant des *Naturalia* au couvent d'Agen, en 1276, et au couvent de Bordeaux, en 1277; lecteur des *Naturalia* au couvent de Limoges, en 1278; étudiant de théologie au couvent de Toulouse, en 1279, et au couvent de Bordeaux, en 1282; sous-lecteur au couvent de Périgueux, en 1283; lecteur de théologie à ce même couvent, en 1285; prédicateur général, en 1289; prieur du couvent de Périgueux, de 1287 à 1291; meurt au couvent de Périgueux, le 24 janvier 1291. « Hic fecit fieri, « tempore prioratus sui, capitulum magnum novum; magnificavitque « claustrum, et magnam partem ex eo fecit; set morte preoccupatus, « non potuit consumpmare. Hic fuit facundus et bene dotatus; fuitque « in flore sue juventutis a Deo collectus; priorque existens, obiit « Petragoris, sepultus in capitulo novo, in conversione sancti Pauli, « anno Domini M° CC° nonag° r° » (B. Gui, ms. 490, f° 152 B).

Petrus de Pruneto (*de Prunh*). — Né à Prunet des Pyrénées-

Orientales probablement; étudiant des *Naturalia* au couvent de Carcassonne, en 1318, au couvent de Limoges, en 1319, et au couvent de Castres, en 1320; lecteur des arts au couvent de Saint-Junien, en 1321.

Petrus de Rama Condomiensis. — Né à la Ramée (?) (Gers); entre dans l'ordre au couvent de Condom; étudiant de la Bible et des Sentences au couvent de Bayonne, en 1310; étudiant de théologie au couvent de Toulouse, en 1311, en 1312 et en 1313; sous-lecteur au couvent d'Orthez, en 1314, et au couvent d'Agen, en 1315; étudiant au *Studium generale* de Montpellier, en 1316; maître des étudiants au couvent de Bordeaux, en 1319; lecteur de théologie au couvent de Saint-Gaudens, en 1320; premier prieur du couvent de Marciac, en 1322; lecteur de théologie au couvent de Bayonne, en 1330.

Petrus Raymundi Assalhiti Carcassonensis. — Entre dans l'ordre au couvent de Carcassonne; sous-lecteur au couvent de cette ville, en 1305; lecteur de théologie au couvent de Montauban, en 1308, et au couvent d'Albi, en 1311; prédicateur général, en 1312; prieur du couvent de Carcassonne, de 1311 à 1313; prieur du couvent de Cahors, en 1315, pendant six mois seulement; alors envoyé en Toscane comme nonce pontifical; *socius* du fr. Guillaume d'Aignan au chapitre général de 1315; définiteur au chapitre provincial de 1316 et au chapitre général de 1317; prieur du couvent de Toulouse, de 1315 à 1320.

Petrus Raymundi Baranho Tholosanus. — Entre dans l'ordre au couvent de Toulouse; visiteur, en 1279, des couvents de Limoges, de Brives, de Cahors et de Figeac; en 1282, des couvents de Montpellier, de Béziers, de Narbonne, de Perpignan, de Carcassonne et du monastère de Prouille; prieur du couvent de Castres, de 1283 à 1284; prieur du couvent de Limoges, six mois, en 1284; visiteur, en 1285, des couvents de Montpellier, de Béziers, de Narbonne, de Perpignan, de Carcassonne et du monastère de Prouille; député à Lectoure, en 1285, pour s'y occuper de la fondation d'un couvent; visiteur, en 1287, des couvents de Toulouse, de Pamiers, de Rieux, de Castres et d'Albi; prieur du couvent d'Auvillar, de 1285 à 1287, plus haut, p. 323; prieur du couvent de Saint-Émilion, de 1288 à 1289, plus haut, p. 310; meurt en 1301, « sabbato sancto Pasche, prima « die aprilis, in predicatione laborans; sepultus est in conventu « Tholosano (B. Gui, ms. 490, f° 202 A, f° 131 B).

Petrus Raymundi Guillaberti. — Étudiant des *Naturalia* au couvent de Montauban, en 1317; étudiant de théologie au couvent de Bordeaux, en 1320; sous-lecteur au couvent de Saint-Gaudens, en 1323 et en 1324.

Petrus de Rovoria *(de Roveria)* **de predicatione Albenacii.**
— Entre dans l'ordre au couvent d'Aubenas; prédicateur général, en 1291; prieur du couvent de Milhau, de 1301 à 1302; visiteur, en 1301, des couvents de Marseille et d'Aix; en 1302, des couvents de Montpellier, de Béziers, de Narbonne et de Perpignan.

Petrus de Salvaterra Orthesiensis. — Né à Sauveterre des Basses-Pyrénées probablement; entre dans l'ordre au couvent d'Orthez; étudiant des *Naturalia* au couvent de Valence, en 1266; premier prieur du couvent de Saint-Sever, de 1282 à 1284, plus haut, p. 334; prédicateur général, en 1284; visiteur, en 1293, des couvents de Montauban, de Cahors, de Figeac, de Rodez et de Milhau; prieur du couvent d'Orthez, trois fois, de 1284 à 1285, de 1290 à 1293 et de 1298 à 1299, plus haut, p. 297-299; prieur du couvent de Bordeaux, de 1299 à 1300; meurt à Bordeaux en 1300, plus haut, p. 271.

Petrus de Saunaco Agennensis. — Né à Sonac (Lot); entre dans l'ordre au couvent d'Agen; étudiant des *Naturalia* au couvent de Condom, en 1307 et en 1308, et au couvent d'Albi, en 1309; lecteur des arts au couvent de Bergerac, en 1310; étudiant de théologie au couvent de Bordeaux, en 1312, et au couvent de Toulouse, en 1314 et en 1315; sous-lecteur au couvent d'Agen, en 1316; étudiant de théologie au *Studium generale* de Toulouse, en 1318; visiteur, en 1326, des couvents de Bayonne, d'Orthez, de Morlaas et de Saint-Sever; prieur du couvent d'Agen, de 1328 à 1330, plus haut, p. 293.

Petrus Stephani Lemovicensis. — Entre dans l'ordre au couvent de Limoges; étudiant de théologie au couvent de Bordeaux, en 1302, et au couvent de Toulouse, en 1303, en 1304 et en 1307.

Petrus Stephani Carcassonensis. — Entre dans l'ordre au couvent de Carcassonne; étudiant de théologie au couvent de cette ville, en 1303, et au couvent de Toulouse, en 1304, en 1305 et en 1306; sous-lecteur au couvent de Montauban, en 1307; visiteur, en 1320, des couvents de Carcassonne, de Rieux, de Saint-Gaudens et de Saint-Girons.

Petrus Stephani Montissolini. — Étudiant de théologie au couvent de Carcassonne, en 1302.

Petrus de Tapia Agennensis dyocesis. — Prieur du couvent d'Agen, de 1282 à 1285, plus haut, p. 288; premier prieur du couvent de Lectoure, de 1287 à 1288, plus haut, p. 329; visiteur, en 1288, des couvents de Toulouse, de Pamiers, de Rieux, de Castres et d'Albi.

Petrus Tardini Diensis. — Entre dans l'ordre au couvent de Die (Drôme); étudiant des *Naturalia* au couvent de Nice, en 1274; lecteur des *Naturalia* au couvent de Tarascon, en 1276, et au couvent d'Arles, en 1277; étudiant de théologie au couvent de Montpellier, en 1279; lecteur de théologie au couvent de Die, en 1282, et au couvent de Sisteron, en 1284; étudiant au *Studium generale* de Paris, en 1286; lecteur de théologie au couvent d'Avignon, en 1289 *(Et disputet);* lecteur des Sentences au couvent de Montpellier, en 1290; prédicateur général, en 1291; lecteur de théologie au couvent de Sisteron, en 1291; *socius* du provincial au chapitre général de 1297.

Petrus de Tholosa. — Né à Toulouse; étudiant des *Naturalia* au couvent de Saint-Sever, en 1305, au couvent de Saint-Émilion, en 1306, et au couvent de Condom, en 1307; étudiant de théologie au couvent de Bordeaux, en 1309, et au couvent de Toulouse, en 1310, en 1311 et en 1312; sous-lecteur au couvent de Bayonne, en 1313, et au couvent de Condom, en 1314; lecteur de théologie au couvent de Lectoure, en 1316, et au couvent de Saint-Sever, en 1318; visiteur, en 1327, des couvents de Bayonne, d'Orthez, de Morlaas, de Saint-Sever et de Marciac.

Petrus de Valenchinis. — Étudiant des *Naturalia* au couvent de Castres, en 1312, et au couvent de Carcassonne, en 1313; lecteur des arts au couvent de Saint-Gaudens, en 1314, et au couvent de Figeac, en 1315; étudiant de théologie au couvent de Toulouse, en 1320; sous-lecteur au couvent d'Agen, en 1321, et au couvent de Cahors, en 1322; lecteur des Sentences au couvent de Carcassonne, en 1323.

Petrus de Valetica Vasco. — Né à Barèges (Hautes-Pyrénées); définiteur au chapitre général de 1267; prieur du couvent de Marseille, en 1267 probablement; il l'était encore en 1269; désigné comme tel, en 1268, pour être définiteur au chapitre général de 1269 (ms. 490, f° 306 B); prieur provincial de la première province de Provence, deux fois, de 1263 à 1266 et de 1269 à 1276; élu évêque de Lescar, mais refuse l'épiscopat. « Frater Petrus de Valetica, Vasco, de provincia « Tholosana, non acceptavit episcopatum Lascurrensem in Vasconia « in provincia Auxitana » (B. Gui, *Fratres qui dignitates oblatas renuerunt*, ms. 490, f° 34 B). L'épiscopat lui fut probablement offert en 1268, à la suite de la mort de Bertrand de la Mothe (Gams, *Series episcop.*, 563). Il mourut à Bordeaux, le 13 décembre 1278. « In isto « viguit virtus discrecionis in magnis et arduis precipue. — Hic fuit « vir modestus atque sentatus, consilio providus et promptus, brevis « stature set virtutis magne, lucerna montium Vasconie in confinio

« predicacionis conventus Morlanensis et Sancti Severi, ardens devo-
« cione ad Deum, ut pretendunt sua dictamina et carmina devota, in
« quibus non tam premeditata cecinit quam saporata primitus et
« gustata, lucensque preclaro ingenio intellectus, ut declarat inter
« cetera, promptuarium ab ipso editum, ac tractatus quidam ejusdem
« devotus et brevis de gradibus contemplacionis, qui incipit : *Notam*
« *fac michi viam in qua ambulem*, etc. Hic senex et plenus dierum
« dormivit et quiescit in conventu Burdegalensi, in festo sancte Lucie,
« anno Domini M° CC° LXXVIII° » (B. Gui, *De prioribus provincial.*, ms.
490, f° 68 B).

Petrus Vasconis. — Je trouve deux frères prêcheurs de ce nom :

1° FR. PETRUS VASCONIS, lecteur de théologie au couvent de Montauban, en 1262, et au couvent de Brives, en 1267; meurt au monastère de Prouille, en 1268 (ms. 490, f° 306 A).

2° FR. PETRUS VASCONIS, étudiant des *Naturalia* au couvent de Pamiers, en 1308, et au couvent d'Auvillar, en 1310; lecteur de théologie au couvent d'Orthez, en 1317, et au couvent de Castres, en 1318; lecteur de la Bible au *Studium solemne* de Bordeaux, en 1321; étudiant au *Studium generale* de Paris, en 1322, désigné par le chapitre provincial; probablement n'alla pas à Paris, car il fut prieur du couvent d'Auvillar, de 1322 à 1323, plus haut, p. 326; lecteur de théologie au couvent de Condom, en 1325; prédicateur général, en 1326; lecteur de théologie au couvent de Cahors, en 1328.

Petrus de Vayraco Alestensis. — Né à Alais probablement; étudiant des arts au couvent d'Arles, en 1266; étudiant des *Naturalia* au couvent de Nice, en 1274, et au couvent d'Agen, en 1276; étudiant de théologie au couvent de Montpellier, en 1277; premier lecteur de théologie au couvent de Milhau, en 1280; lecteur encore, en 1282; lecteur de théologie au couvent de Nîmes, en 1287; prédicateur général, en 1289; lecteur de théologie au couvent de Nîmes, en 1291 et en 1292; prieur du couvent de Milhau deux fois, de 1292 à 1294 et en 1296; meurt à Rome, en 1296. « Erat tunc temporis (1296) in Curia
« Romana; ibique recepit suam confirmationem per litteram sibi
« missam; ibique existens, antequam venisset ad conventum Amiliani
« obiit, paulo ante Natale Domini, anno Domini M° CC° nonag° VI° »
(B. Gui, ms. 490, f° 261 A).

Petrus Vitalis. — Plus haut, p. 95, note 14.

Philippus de Cumbellis de predicatione Caturcensi. — Entre dans l'ordre au couvent de Cahors; étudiant des *Naturalia* au couvent de cette ville, en 1317 et en 1318, et au couvent de Brives, en

1319; étudiant de théologie au couvent de Bordeaux, en 1321, et au couvent de Toulouse, en 1322, en 1323 et en 1325; sous-lecteur au couvent de Figeac, en 1324; lecteur de théologie au couvent d'Orthez, en 1330, au couvent de Bayonne, en 1331, et au couvent de Figeac, en 1332; visiteur, en 1337, des couvents de Toulouse, de Montauban, de Pamiers, de Rieux, de Saint-Gaudens et de Saint-Girons; en 1340, des couvents de Rodez, d'Albi, de Castres, de Carcassonne et de Limoux; vingt-septième prieur du couvent de Figeac, prieur pendant trois ans (ms. 490, f° 175 A).

Poncius Astoaldi. — Étudiant des *Naturalia* au couvent de Marseille, en 1271; lecteur de théologie au couvent d'Avignon, en 1279, et au couvent d'Orange, en 1288; étudiant au *Studium generale* de Paris, en 1292; lecteur de théologie au couvent de Béziers, en 1291; lecteur de la Bible au couvent de Montpellier, en 1296; prédicateur général, en 1300; visiteur, en 1301, des couvents de Montpellier et de Béziers.

Poncius Aymerici. — Étudiant des *Naturalia* au couvent de Carcassonne, en 1308, au couvent de Pamiers, en 1309, et au couvent d'Auvillar, en 1310; lecteur des arts au couvent de Montauban, en 1311; étudiant de théologie au couvent de Carcassonne, en 1313, et au couvent de Toulouse, en 1314, en 1315, en 1316 et en 1319; sous-lecteur au couvent de Saint-Émilion, en 1317.

Poncius de Brezis. — Étudiant de théologie au couvent de Montpellier, en 1302; sous-lecteur au couvent de Cahors, en 1306; lecteur des *Naturalia* au couvent d'Albi, en 1307; lecteur de théologie au couvent de Montauban, en 1309, au couvent de Rodez, en 1311, au couvent de Castres, en 1312, et au couvent de Condom, en 1315; lecteur de la Bible au couvent de Bayonne, en 1322; lecteur de théologie au couvent d'Albi, en 1324; prédicateur général, en 1326; visiteur, en 1328, des couvents de Toulouse, de Pamiers, de Rieux, de Saint-Girons, de Saint-Gaudens et de Limoux.

Poncius Fabri. — Je trouve trois frères prêcheurs de ce nom :

1° PONCIUS FABRI, étudiant des *Naturalia* au couvent de Carcassonne, en 1287;

2° PONCIUS FABRI, étudiant des *Naturalia* au couvent de Condom, en 1318;

3° PONCIUS FABRI, étudiant des *Naturalia* au couvent d'Auvillar, en 1313, et au couvent de Castres, en 1315; lecteur des arts au couvent d'Agen, en 1316; étudiant de théologie au couvent de Toulouse, en 1318; lecteur des Sentences au couvent de Castres, en 1322; lecteur de théologie au couvent de Bergerac, en 1327, au couvent de Condom, en 1328, et au couvent de Montauban, en 1329; visiteur, en 1333, des couvents de Carcassonne, de Limoux, de Castres, d'Albi et de Rodez; lecteur de théologie au couvent d'Albi, en 1341; prédicateur général, en 1342.

Poncius de Foyssaco *(Foyshaco)* **Figiacensis**. — Né à Foissac (Aveyron); entre dans l'ordre au couvent de Figeac; étudiant des *Naturalia* au couvent de cette ville, en 1305; étudiant de théologie au couvent de Bordeaux, en 1306, au couvent de Cahors, en 1307, au couvent de Bordeaux, en 1308, et au couvent de Toulouse, en 1309, en 1310 et en 1313; sous-lecteur au couvent de Cahors, en 1311; lecteur de théologie au couvent de Saint-Émilion, en 1315; lecteur de la Bible au couvent de Figeac, en 1316; lecteur de théologie au couvent d'Albi, en 1321; lecteur de la Bible au couvent de Bordeaux, en 1322; prieur du couvent de Figeac, de 1323 à 1325; prieur du couvent de Cahors, de 1325 à 1326; lecteur de théologie au couvent de Condom, en 1326; prédicateur général, en 1326; visiteur, en 1328, des couvents de Saint-Junien, de Brives, de Figeac et de Cahors.

Poncius Fulco Tarasconensis. — Entre dans l'ordre au couvent de Tarascon; étudiant des *Naturalia* au couvent de Valence, en 1266 et en 1267; étudiant de théologie au couvent de Béziers, en 1270; lecteur de théologie au couvent de Tarascon, en 1275; prédicateur général, en 1281; étudiant au *Studium generale* de Paris, en 1282; prédicateur général, en 1284; lecteur de théologie au couvent d'Avignon, en 1285; prédicateur général, en 1286; visiteur, en 1289 et en 1297, des couvents de Montpellier, de Béziers, de Narbonne, de Perpignan et de Carcassonne; prédicateur général, en 1295; prieur du couvent de Béziers, deux fois, de 1291 à 1294, et de 1302 à 1304; prieur du monastère des religieuses de Prouille à Montpellier, de 1297 à 1300. « Hic obiit in Tarascone. »

Poncius Furnerii. — Étudiant des *Naturalia* au couvent de Pamiers, en 1312, et au couvent d'Auvillar, en 1313; lecteur des arts au couvent de Pamiers, en 1314; étudiant de théologie au couvent de Bordeaux, en 1316 et en 1317, et au couvent de Toulouse, en 1319 et en 1320; sous-lecteur au couvent de Lectoure, en 1321; lecteur de théologie au couvent de Morlaas, en 1330; visiteur, en 1330, des couvents de Bayonne, d'Orthez, de Morlaas, de Saint-Sever et de Marciac; en 1332, des couvents de Carcassonne, de Castres, d'Albi, de Limoux et de Rodez, et en 1337, des couvents de Bordeaux, de Saint-Émilion, de Bergerac, de Périgueux et de Belvez; prieur du couvent d'Agen, en 1335, plus haut, p. 293.

Poncius de Morariis Tholosanus. — Entre dans l'ordre au couvent de Toulouse; prédicateur général, en 1269; envoyé, en 1280, à Saint-Sever, pour s'y occuper de la fondation d'un couvent; visiteur, en 1281, des couvents d'Agen, de Condom, d'Auvillar, de Morlaas, d'Orthez et de Bayonne; et en 1284, des couvents d'Agen, de Condom et d'Auvillar.

Poncius de Sparra Burdegalensis. — Né à Lesparre (Gironde); entre dans l'ordre au couvent de Bordeaux; sixième prieur provincial de la première province de Provence, de 1236 à 1242; en 1238, il est de ceux qui, au chapitre général, consentent à la démission de S. Raymond de Pegnafort, Maître de l'ordre; pour cela, il est relevé de sa charge par le chapitre général de 1242; réélu, il en est relevé par le chapitre général de 1249; meurt à Bordeaux, le 25 février 1254. « In isto viguit constancia mentis infrangibilis. — Sextus prior pro-
« vincialis fuit frater Poncius de Sparra, Burdegalensis dyocesis, vasco
« nacione, leo virtute, agnus mansuetudine; successit fratri Romeo,
« anno Domini M° CC° XXXVI°. Fuit autem absolutus in capitulo
« generali Bononie, anno Domini M° CC° XLII°, sicut et omnes alii qui
« in absolucionem Magistri ordinis, fratris Raymundi de Penna forti,
« consenserant. Set immediate fuit reelectus in capitulo provinciali
« Montispessulani, anno Domini M° CC° XLII°. Hic, sicut alter Judas
« Machabeus, similis factus est leoni in operibus suis. Hic siquidem
« in diebus suis non pertimuit principes in favorem hereticalium contra
« ipsum et contra inquisitores pravitatis heretice insurgentes. Hunc
« non superaverunt verba subdola prelatorum quorumdam, qui Tho-
« losano principi aplaudebant. Inter constantes constantissime inper-
« territus semper stans infatigabiliter verbis et factis, palam et publice,
« etiam quosdam qui videbantur esse columpne eclesie rationibus
« irrefragabilibus refrangebat. Cum hac cordis constancia lacrimis in
« predicacionibus et oracionibus affluebat; et valde misericors miseris
« et pius erat. Provincialis extitit annis duodecim. Fuit autem abso-
« lutus a provincialatu in capitulo generali apud Treverim celebrato,
« anno Domini M° CC° XLIX°. Tandem fractus laboribus et etate, apud
« Burdegalam obdormiens in Domino, resurrectionem expectat, v° kls.
« marcii, anno Domini M° CC° LIIII° » (B. Gui, *De priorib. provinci.*, ms. 490, f° 66 B, f° 67 A).

Poncius de Sancto Egidio. — Né à Saint-Gilles (Gard). — Un des religieux les plus considérables de la première province de Provence. Prieur du couvent de Toulouse, deux fois : 1° de 1233 à 1236. — « III^{us} [prior] frater Poncius de Sancto Egidio,

« bis; prima vice successit fratri Petro de Alesto; erat prior anno
« Domini Mº. CCº XXXIIIº, quo canonizatus est sanctus Dominicus.
« Item, erat prior eo tempore quo fratres predicatores de Tholosa,
« edicto publico principis et consulum, sunt expulsi, anno Domini
« Mº CCº XXXVº, nonis novembris vel VIIIº ydus novembris. Anno
« siquidem Domini pretaxato, nonis novembris, Petrus de Tholosa,
« vicarius Raymundi comitis Tholosani, de mandato ipsius comitis, et
« consules Tholose qui tunc erant, scilicet Bernardus de Miro monte,
« Arnaldus Barravi, Grifus de Roaxio, Arnaldus Guillermi de Sancto
« Barcio, Curvus de Turre, Poncius de Sioilh, Bernardus Signarii,
« Raymundus Rotgerii, Raymundus Borrelli, Andricus Maurandi,
« Maurandus de Bello Podio juvenis, ejecerunt de Tholosa fratrem
« Guillermum Arnaldi, de ordine Predicatorum, inquisitorem heretice
« pravitatis auctoritate apostolica deputatum, quia coram se Tholose
« quosdam credentes hereticorum ipse citaverat, et quia inquisicionis
« officium in Tholosa contra hereticos exercebat. Idcirco prefatus
« inquisitor de Tholosa expulsus abiit Carcassonam; et inde citatos
« perhemptorie excommunicavit eos omnes predictos tanquam fautores
« et defensores hereticorum lata sentencia, IIIIº ydus novembris, sicut
« in libro inquisicionis vidi plenius contineri. In diebus autem illis
« malis, memoratus inquisitor citaverat quosdam credentes hereti-
« corum per priorem Sancti Stephani, scilicet Vitalem Aurioli et
« Guillermum Vaquerii, et per capellanos parrochiales, ut certa die
« comparerent coram ipso Carcassone, responsuri de fide; qui comparere
« noluerunt. Et ob hoc, dicti consules omnes citatores ejecerunt de
« villa Tholose violenter, comminantes quod si sequentem citacionem
« aliquis faceret, non tantum ejiceretur, quinimmo interficeretur,
« quicumque ille esset. Tunc dictus inquisitor citavit eosdem perhemp-
« torie per fratres ordinis Predicatorum, scilicet Raymundum de Fuxo,
« Guidonem Navarra Lemovicensem, Johannem de Sancto Michaele,
« Guillermum Pelisso. Fecerant enim jam antea dicti consules et
« vicarius tibicinari per villam sub pena rerum et corporum, ne
« aliquod commercium aliquis haberet cum fratribus, nec eis aliquid
« venderet, neque daret; et ad omnes portas domus fratrum positi sunt
« custodes de die ac note, per tres fere epdomadas, ne victualium
« aliquid inferretur; nec etiam aquam de Garona aliquis audebat eis
« intus defferre. Verumptamen multi fideles dolentes de hiis et compa-
« cientes, multa bona plus solito dabant eis, oculte tamen per ortum,
« propter metum credencium hereticorum, panes et caseos per parietes
« intus prohicientes; quod intelligentes dicti consules, ejecerunt omnes

« fratres de domo et de villa Tholose cum magna multitudine publice
« eos trahentes, verum aliqui cum aliqua reverencia tantam irreveren-
« ciam facientes. Cumque fratres omnes confessi ad martirium pro fide
« et obediencia eclesie Romane paratos se offerrent et jam cum
« multo desiderio expectarent, precepto principis de civitate exire
« compulsi sunt omnes, ibant gaudio gaudentes a conspectu concilii
« digni pro fide Christi coutumeliam pati, processionaliter autem, bini
« exeuntes, alta voce *Credo in unum Deum*, dehinc *Salve, Regina*
« devotissime decantabant. Actum est hoc, ut premissum est supra,
« anno Domini M° CC° XXXV°, nonis novembris vel sequenti die, scilicet
« VIII° ydus novembris » (B. Gui, *Priores in conventu Tholosano*, ms.
490, f° 118 B, f° 119 A, cf. f° 10 B. — Cf. *Chronicon Guillermi Pelisso,
ordinis Fratrum Predicatorum*, Avignon, musée Calvet, ms. 229, ancien
fonds, f° 11 b, c, f° 12 a, b, et Douais, *Les Sources de l'histoire de
l'Inquisition*, textes, p. 89, 96 et suiv).

C'est pendant sa première gestion du couvent de Toulouse, que fr.
Pons de Saint-Gilles acheta plusieurs maisons pour l'agrandissement du
couvent (B. Gui, *De empcione et adquisicione secundi loci Fratrum
Predicatorum Tholose*, ms. 490, f° 112 B, f° 143 A). Il fit aussi un achat
en 1244 (*Ibid.*, f° 112 B).

2° Fr. Pons de Saint-Gilles fut prieur du couvent de Toulouse pour
la seconde fois, de 1258 à 1259. — « Frater Poncius de Sancto Egidio
« predictus secunda vice successit fratri Raymundo de Fuxo. Hic fuit
« vir sanctitate vite redolens, equitate et rigore discipline prefulgens;
« prior fuit hac vice uno anno; priorque Tholosanus existens, fuit
« electus et confirmatus simul in priorem provincialem, in capitulo
« provinciali in Montepessulano, in festo beati Dominici celebrato,
« anno Domini M° CC° LIX° » (B. Gui, *Priores in conventu Tholosano*,
ms, 490, f° 119 B). Fr. Pons de Saint-Gilles était prieur du couvent de
Montpellier, en 1250 (B. Gui, *Fundacio conventus Montispessulani*,
ms. 490, f° 252 A). Le chapitre provincial de 1257, tenu à Bordeaux, le
nomma définiteur au chapitre général de 1258 (ms. 490, f° 292 A).
Comme provincial, il accepta en septembre 1259 les donations faites
par Philippe de Montfort aux Frères Prêcheurs, pour la fondation d'un
couvent à Castres (Tarn) (B. Gui, *Fundacio conventus Castrensis*, ms.
490, f° 180 A).

Il fut le neuvième provincial de la première province de Provence, de
1259 à 1263. « Nonus prior provincialis fuit frater Poncius de Sancto
« Egidio, sic cognominatus, qui successit fratri Geraldo de Fracheto,
« electus in priorem provincialem in capitulo provinciali Montis-

« pessulani, anno Domini M° CC° LIX°; erat autem prior Tholosanus.
« Hic fuit vir longe lateque in optimis notus, principibus et prelatis,
« specialiter domino Clementi Pape IIII° et glorioso principi sancto
« Ludovico, Francorum regi, quibus gracia magna, favore ac noticia
« familiari junctus fuit ex sue meritis probitatis. Hic, si non fuit
« sciencia preminens, fuit tamen virtute animi et conversacionis fervore
« precellens, communis boni. ac communitatis amator magnus et
« ardentissimus emulator. Juvenes aptos et dociles, undecumque essent,
« pro viribus in studiis generalibus nutriebat, eisque, quantum poterat,
« in necessariis providebat. Quos postea tractos ad ordinem quanta
« sollicitudine promoveret, non posset de facili explicari. Hic multos
« magnos viros ad ordinem recepit. Hic pro fide, et fidei et inquisicionis
« negocio constans stetit coram principibus et prelatis. Tunica una
« contentus fuit hyeme et estate, ab omni pittancia multo tempore
« abstinens. Provinciam optime rexit et direxit annis quatuor.
« Tandem, cum plus quam triginta annis in multis officiis ordinis
« Deo et fratribus humiliter et utiliter deservisset, apud Brivam,
« Lemovicensis dyocesis villam, ad quam visitaturus fratres qui
« de novo ibi erant advenerat, quorum tunc prior provincialis erat,
« confectus senio, laboribus et vigiliis et jejuniis multis acriter
« in mirabili fervore spiritus, Deo et hominibus gratus, diem clausit
« extremum, XV° kls. julii, anno Domini M° CC° LXIII°, locumque
« novellum fratrum suo sancto corpore dedicavit; ad cujus tumulum
« multa fuerunt miracula, et prestantur beneficia salutis devote
« poscentibus, virtute Dei, meritis sancti amici et dilecti sui, quorum
« quedam alibi sunt notata. — In isto ferbuit zelus religionis, et
« promocio et amor communitatis » (B. Gui, *Priores provinciales*, ms.
490, f° 67 B, f° 68 A).

« Anno Domini M° CC° LXIII°, XV° kls. julii, celebrate fuerunt prime
« due misse in loco fratrum predicatorum Brivencium in tentoriis,
« quia ibidem alia edificia nondum erant; quarum primam celebravit
« frater Hugo de Mala morte *de Beata Virgine Maria*, secundam vero
« celebravit dominus Geraldus, abbas Obasine, de mortuis, sicut officium
« funeris exigebat : defunctus enim est ibi tunc venerabilis pater frater
« Poncius de Sancto Egidio, prior provincialis, qui illuc ad visitandum
« locum et fratres advenerat; et ibidem in orto simili tentorio fuit
« honorifice tumulatus; et ex tunc, fratres a loco illo quem prius
« elegerant minime discesserunt, more filiorum Israelis in tabernaculis
« habitantes, et interim edificia preparabant; Deus autem incrementum
« dedit, tempore succedente » (B. Gui, *Fundacio conventus Brivensis*,

ms. 490, f° 192 A). Fr. Gérauld de Frachet a célébré la piété de fr. Pons de Saint-Gilles dans son traité *De Vitis fratrum* (ms. 490, f° 43 A). Le chapitre provincial de 1263 ordonna que les écrits de fr. Pons de Saint-Gilles fussent recueillis avec soin (ms. 490, f° 298 B).

Poncius de Torrellis de villa [Sancti] Martini prope Limosum. — Né à Saint-Martin-de-Taissac (Aude); entre dans l'ordre au couvent de Carcassonne; étudiant des *Naturalia* au couvent de Béziers, en 1284; étudiant de théologie au couvent de Narbonne, en 1286, et au couvent de Montpellier, en 1287, en 1288 et en 1289; sous-lecteur au couvent de Béziers, en 1290; lecteur de théologie au couvent de Rodez, en 1297; prieur du couvent de Figeac, de 1298 à 1300; lecteur de théologie au couvent d'Albi, en 1303; prieur du couvent d'Albi, de 1306 à 1307; visiteur, en 1306, des couvents de Cahors, de Montauban, d'Albi et de Castres; en 1307, des couvents de Bayonne, d'Orthez, de Saint-Sever et de Morlaas; meurt à Limoux, le 24 octobre 1309.

Raymundus Adzemarii. — Plus haut, p. 127, note 4.

Raymundus Amelii. — Étudiant des *Naturalia* au couvent de Brives, en 1279; étudiant de théologie au couvent de Toulouse, en 1283 et en 1284.

Raymundus Amelii de Palheriis. — Prédicateur général, en 1277; visiteur, en 1279, des couvents d'Agen, de Condom, d'Auvillar, d'Orthez, de Morlaas et de Bayonne; lecteur de théologie au couvent de Rieux, en 1286; prédicateur général, en 1290; prieur du couvent de Rieux, de 1292 à 1294; visiteur, en 1295 et en 1298, des couvents de la Gascogne; élu prieur du couvent de Pamiers, en 1297, mais n'accepte pas cette charge; prédicateur général, en 1300; meurt en 1311.

Raymundus Baione de conventu Appamiensi. — Attaché au couvent de Pamiers; étudiant des *Naturalia* au couvent de Carcassonne, en 1317; étudiant de théologie au couvent de cette ville, en 1319; sous-lecteur au couvent de Cahors, en 1323; lecteur des *Naturalia* au couvent de Carcassonne, en 1324; lecteur de théologie au couvent de Saint-Émilion, en 1326; prieur du couvent d'Auvillar, de 1327 à 1330, plus haut, p. 327; étudiant au *Studium generale* de Paris, en 1330; lecteur de théologie au couvent de Castres, en 1332; prieur du couvent de Pamiers, en 1333; prédicateur général, en 1336.

Raymundus Barravi. — Plus haut, p. 137, note 5.

Raymundus Barthe *(Barta)* **Appamiensis.** — Entre dans l'ordre au couvent de Pamiers; étudiant des *Naturalia* au couvent de Saint-Émilion, en 1306, et au couvent de Pamiers, en 1308; étudiant de théologie au couvent de Bordeaux, en 1310; lecteur des Sentences au couvent de Pamiers, en 1311; étudiant de théologie au couvent de Toulouse, en 1312 et en 1313; prieur du couvent de Saint-Girons, en 1315, plus haut, p. 349; prieur du couvent de Pamiers, de 1323 à 1327; prédicateur général, en 1326.

Raymundus Bartholomei. — Plus haut, p. 95, note 15.

Raymundus de Baulenx Condomiensis. — Entre dans l'ordre au couvent de Condom; sous-lecteur au couvent de Cahors, en 1302; étudiant de théologie au couvent de Toulouse, en 1304; prieur du couvent de Saint-Émilion, deux fois, de 1306 à 1308 et de 1310 à 1311, plus haut, p. 311; visiteur, en 1308, des couvents de Cahors, de Montauban, d'Albi et de Castres; prieur du couvent de Condom, de 1311 à 1313, plus haut, p. 307; reçoit, en 1319, commission de s'informer de l'état du lieu de Marciac (Gers), en vue d'y fonder un couvent (ms. 490, f° 433 A); le reçoit en 1320 (*Ibid.*, f° 435 A); le fonde en 1321, et y est attaché en 1322 (*Ibid.*, f° 438 B, f° 441 A).

Raymundus Bequini. — Étudiant de théologie au couvent de Montpellier, en 1302; sous-lecteur au couvent de Bordeaux, en 1304; étudiant de théologie au couvent de Toulouse, en 1305; lecteur de théologie au couvent de Bayonne, en 1306, au couvent d'Orthez, en 1308, et au couvent de Cahors, en 1311; prédicateur général, en 1315; définiteur au chapitre général de 1324; prieur du couvent de Toulouse, de 1313 à 1315. « Tempore hujus fuit facta sacristia nova valde pulchra, « anno Domini M° CCC° XIIII° »; administrateur de Limasol (Chypre), de 1324 à 1328 (Echard, *Script. or. Pr.*, I, 561. — Touron, *Hom. illust.*, II, 51).

Raymundus Botini. — Prédicateur général, en 1270; visiteur, en 1273, des couvents de Nîmes, d'Alais, d'Aubenas et du Puy; en 1277 et en 1279, des couvents de Montpellier, de Béziers, de Narbonne, de Perpignan et de Carcassonne; en 1283, des couvents d'Aix, de Tarascon, d'Arles et d'Avignon.

Raymundus de Caubosio. — Né à Caubous; entre dans l'ordre en 1258; sous-prieur du couvent de Toulouse, avant 1268; prieur du couvent de Montauban, trois fois, de 1268 à 1271, de 1276 à 1278 et de 1286 à 1290; prieur du couvent de Toulouse, de 1278 à 1282; visiteur, en 1283, des couvents d'Agen, de Condom, d'Auvillar, de Morlaas, d'Orthez, de Bayonne et de Saint-Sever; *socius* du provincial au chapitre général de 1290, tenu à Ferrare; au retour, meurt au couvent de Sienne. « Hic fuit vir bonus et devotus, mater et nutrix

« religionis, ubicumque prefuit, dictus non immerito bonus prior. Hic
« in senectute bona, in fervore Spiritus Sancti, Deo et ordini serviens,
« prior Montis Albani existens, cum rediret de capitulo generali
« Ferrariensi ubi fuerat socius prioris provincialis, anno illo, in
« conventu Senensi Romane provincie positus, obiit anno Domini
« M° CC° nonag°, ab ingressu vero ordinis anno XXXIII°, quam ingressus
« est in capitulo generali Tholose, anno Domini M° CC° LVIII° » (B. Gui,
ms. 490, f° 120 A, f° 170 A).

Raymundus Cayrelli. — Sous-lecteur au couvent de Marseille,
en 1268; lecteur de théologie à ce couvent, en 1269, au couvent de
Saint-Émilion, en 1270, au couvent de Tarascon, en 1271, au couvent
de Nice, en 1273, au couvent d'Arles, en 1275 (*Et disputet*), et au
couvent d'Aix, en 1278; visiteur, en 1287, des couvents de Nice, de
Grasse, de Sisteron, de Valence et de Die.

Raymundus Convenarum alius a Tholosano. — Visiteur,
en 1254, des couvents de Toulouse, d'Agen et de Montauban; prieur
du couvent d'Orthez, deux fois, de 1253 (?) à 1256, de 1266 à 1268,
plus haut, p. 294 et 295; meurt au couvent d'Orthez, en 1268, peu
après Pâques; Pâques, cette année, le 8 avril.

**Raymundus de Convenis Tholosanus mansione magis
quam natione.** — Entre dans l'ordre au couvent de Toulouse, en
1234; prieur du couvent de Montauban, de 1258 à 1259. « Hic obiit
« Tholose plenus dierum et operibus sanctis, dominica in Ramis
« Palmarum, XV° kls. aprilis, anno Domini M° CC° nonag° v°, ab
« ingressu vero ordinis anno LXI° » (B. Gui, ms. 490, f° 169 A).

Raymundus de Convenis vasco. — Second prieur provincial
de la province de Provence. « Secundus prior provincialis fuit frater
« Raymundus de Convenis vasco, vir admodum mitis et pius. Hic
« fuit positus in officio a capitulo generali; quievitque in officio,
« sepultus apud fratres Baionenses. In isto enituit patiencia dulcis
« et amabilis » (B. Gui, ms. 490, f° 65 A).

Raymundus de Corsavino Cathalanus. — Né à Corsavy
(Pyrénées-Orientales); étudiant des *Naturalia* au couvent de Béziers,
en 1284; étudiant de théologie au couvent de Montpellier, en 1285
et en 1286; lecteur des *Naturalia* au couvent de Tarascon, en 1287,
et au couvent d'Avignon, en 1288; étudiant de théologie au couvent
de Montpellier, en 1289, en 1290 et en 1291; étudiant au *Studium
generale* de Paris, en 1294; lecteur de théologie au couvent de Perpignan, en 1297 (*Et disputet*); prédicateur général, en 1300; prieur du
couvent de Perpignan, de 1303 à 1304; prieur du couvent de Montpel-

lier, en 1304, un mois seulement; alors lecteur de théologie à ce couvent.

Raymundus de Curamonta. — Je trouve plusieurs frères prêcheurs nés à Curemonte (Corrèze), du nom de Raymond, et contemporains.

1° RAYMUNDUS DE CURAMONTA, étudiant des arts au couvent de Béziers, en 1256.

2° RAYMUNDUS DE CURAMONTA, étudiant de théologie au couvent de Limoges, en 1283, au couvent d'Agen, en 1284, au couvent de Limoges, en 1285, en 1287, en 1288, en 1289, et au couvent de Toulouse, en 1293.

3° RAYMUNDUS DE CURAMONTA LEMOVICENSIS, entre dans l'ordre au couvent de Limoges; étudiant des arts au couvent d'Orthez, en 1267; lecteur des arts au couvent de Castres, en 1269; sous-lecteur au couvent du Puy, en 1270; étudiant des *Naturalia* au couvent de Bordeaux, en 1271, et au couvent de Bayonne, en 1272; visiteur, en 1301, des couvents de Bayonne et d'Orthez; en 1303, des couvents de Bordeaux, de Saint-Émilion, de Bergerac, de Périgueux et du monastère de Saint-Pardoux; prieur du monastère de Saint-Pardoux, de 1303 à 1311; meurt à Saint-Pardoux, en 1311, « in vigilia sancte Katerine » (B. Gui, ms. 490, f° 247 A).

Raymundus Dorgone *(Dorga).* — Lecteur de théologie au couvent de Sisteron, en 1252; visiteur, en 1277, des couvents de Nice, de Grasse, de Sisteron, de Valence et de Die; nommé prieur du monastère de Pont-Vert, en 1283;. n'y va pas; plus haut, p. 338 et 339.

Raymundus de Duroforti de villa de Sabairio juxta Prulianum, conventus Tholosani. — Un des religieux les plus considérables de la province de Toulouse; né à Villasavary (Aude); entre dans l'ordre au couvent de Toulouse; étudiant des *Naturalia* au couvent de Castres, en 1306, au couvent de Condom, en 1307, et au couvent de Carcassonne, en 1308; étudiant de théologie au couvent de Bergerac, en 1309, et au couvent de Toulouse, en 1310 et en 1311; sous-lecteur au couvent de Carcassonne, en 1312, et au couvent de Castres, en 1313; lecteur des *Naturalia* au couvent de Castres, en 1315, et au couvent de Pamiers, en 1316; lecteur de théologie au couvent de Pamiers, en 1319; lecteur de la Bible au couvent de Toulouse, en 1324; prédicateur général, en 1326; prieur du couvent de Toulouse, de 1326 à 1328; inquisiteur; provincial de la province de Toulouse, de 1343 à 1348; prieur du monastère de Prouille, de 1348 à 1355; meurt à Prouille, en 1355 probablement; docteur en théologie

à Paris. « Emptis redditibus pro capitulo provinciali in Manso Sanc-
« tarum Puellarum et circa, datis sibi quatuor missis perpetuis, obiit
« in dicto monasterio [Pruliani], et sepultus est ibidem » (ms. 490,
f° 73 B).

Raymundus de Feno. — Étudiant des *Naturalia* au couvent de
Condom, en 1315, et en 1317; étudiant de théologie au couvent de
Cahors, en 1319, et au couvent de Bordeaux, en 1321; sous-lecteur au
couvent de Bayonne, en 1324; prédicateur général, en 1335.

Raymundus Guilha Tharasconensis. — Entre dans l'ordre
au couvent de Tarascon; lecteur des *Naturalia* au couvent de Toulouse,
en 1262; étudiant au *Studium generale* de Paris, en 1264, pour trois
ans; lecteur de théologie au couvent de Montpellier, en 1267, et au
couvent de Béziers, en 1268; prédicateur général, en 1274; lecteur de
théologie au couvent de Narbonne, en 1275, au couvent de Marseille,
en 1276, et au couvent de Bordeaux, en 1287; présent à l'acte d'acceptation, à Paris, du monastère de Saint-Pardoux par le Maître de l'ordre,
en 1293; professeur à l'université de Toulouse, assigné comme docteur
au couvent de cette ville, en 1295 (ms. 490, f° 367 B); définiteur aux
chapitres provinciaux de 1295, de 1297 et de 1300 (Cf. Echard, *Script.
ord. Præd.*, I, 496).

Raymundus Guilhaberti *(Guilaberti, Gilaberti, Gulaberti)*
dyocesis Albiensis. — Né à Castres (Tarn); lecteur de théologie
au couvent de Limoges, en 1271, au couvent de Montauban, en 1272,
au couvent de Castres, en 1273, et au couvent de Montauban, en 1277;
prédicateur général, en 1281; prieur du couvent de Castres, deux fois,
de 1280 à 1282 et de 1287 à 1294; prieur du couvent de Rieux, de
1285 à 1286; visiteur, en 1285, des couvents de Toulouse, de Pamiers,
de Rieux, de Castres et d'Albi; lecteur de théologie au couvent d'Agen,
en 1286, et au couvent de Cahors, en 1287; lecteur de la Bible au
couvent de Toulouse, en 1293; prieur du couvent de Montauban, de
1294 à 1295; meurt à Toulouse, en 1295. « Hic prior Montis Albani
« existens, obiit Tholose, circa festum sancti Michaelis, anno Domini
« M° CC° nonag° v° » (B. Gui, ms. 490, f° 210 B).

Raymundus Ferrerii. — Étudiant des *Naturalia* au couvent
d'Auvillar, en 1314; étudiant de théologie au couvent de Toulouse, en
1317; lecteur de théologie au couvent de Rodez, en 1322, et au couvent
de Limoux, en 1329; prédicateur général, en 1336.

Raymundus de Frontinhano. — Né à Frontignan (Haute-
Garonne); étudiant des *Naturalia* au couvent de Bordeaux, en 1310, et
au couvent de Condom, en 1311 et en 1312; étudiant de théologie au

couvent de Cahors, en 1314, et au couvent de Toulouse, en 1318; lecteur de théologie au couvent de Belvez, en 1322.

Raymundus Grima. — Étudiant des *Naturalia* au couvent de Pamiers, en 1306, au couvent de Bayonne, en 1307, et au couvent de Brives, en 1308; étudiant de théologie au couvent de Condom, en 1309, au couvent d'Agen, en 1310, et au couvent de Toulouse, en 1312, en 1313, en 1314, en 1318 et en 1319; prédicateur général, en 1335.

Raymundus Guillermi de Villafranca. — Lecteur de *Logique nouvelle* au couvent de Narbonne, en 1265; sous-lecteur au couvent de Béziers, en 1273; lecteur de théologie au couvent d'Auvillar, en 1275; étudiant au *Studium generale* de Paris, en 1276; lecteur de théologie au couvent de Perpignan, en 1279; envoyé au couvent de Puycerda en fondation, en 1291.

Raymundus Hunaudi de Lantario Tholosanus. — Né à Lanta (Haute-Garonne); moine avant d'entrer dans l'ordre; entre dans l'ordre au couvent de Toulouse; étudiant des arts au couvent de Béziers, en 1267; lecteur de théologie au couvent de Rieux, en 1275; envoyé au *Studium generale* de Paris, en 1278; lecteur de théologie au couvent de Montauban, en 1281; prieur du couvent de Rieux, de 1282 à 1285; prieur du couvent de Pamiers, en 1285, pendant quelques mois; prieur du couvent de Toulouse, de 1285 « circa Natale Domini » jusqu'en 1294; définiteur aux chapitres provinciaux de 1286, de 1288, de 1292 et de 1294; électeur du Maître général, en 1295; vicaire général de l'ordre et prieur provincial de la première province de Provence, de 1295 à 1299; meurt au couvent de Toulouse, le 13 mai 1299; il y est enseveli « in choro fratrum ». Fr. Durand, vicaire de la province et prieur du couvent de Perpignan, annonça sa mort à toute la province par la lettre suivante : « Reverendis in Christo, etc. — Gravis casus et
« nobis plurimum dolorosus, quem vos et latere non credo, non sine
« cordis gemitu vobis scribere me compellit. Quem enim non moveat ad
« statum suum compassionis affectus, cujus [viderit] personas insignes,
« majores et plures tam frequenti jactura tolli de medio et a nostro
« consorcio separari ? Venerabilis siquidem pater ac felicis recorda-
« cionis frater R[aymundus], prior condam memorate provincie, cum
« ad conventum Tholosanum, post multarum terrarum circuitu[m],
« devenisset, in crastino festi Corone Domini secundo, arripuit eum
« febris continua multum gravis, de qua laborans, in quarta feria post
« festum beati Johannis ante portam latinam, circa horam sextam, dies
« suos feliciter consummavit; feria namque sexta ante, licet esset nimis
« debilis et infirmus, in altari majori audita missa, devote sacram

« communionem recepit coram toto conventu; et ibidem capitulum
« tenuit et absolutionem generalem fecit pro tota provincia; et post,
« sacram unctionem devote recepit, psalmos cum fratribus dicens, et
« multa alia signa memorie digna ostendens, sicut talem fratrem
« deceba[t], dies suos finiens et in plena noticia perseverans.

> « O Reymunde, pater, Hunaudi nomine frater,
> « Nos lactans mater, sacians quoque nectare crater;
> « Fama, genus, mores, sapientia, virtus, honores,
> « Te magnis dignum reddunt cunctisque benignum.
> « De via direxit fratres, ac se bene rexit,
> « Nil quoque neglexit vigilans, infirmaque vexit. »

(ms. 490, f° 376 A, f° 377 A). Cf. Douais, *Les Frères Prêcheurs à Pamiers*, p. 17-20.

Raymundus Magistri. — Lecteur de théologie au couvent de Sisteron, en 1269, et au couvent d'Avignon, en 1270; visiteur, en 1272, des couvents de Marseille, de Nice, de Sisteron, de Valence et de Grasse; vicaire du couvent d'Aix, en 1273; lecteur de théologie au couvent d'Aix, en 1274, et au couvent de Sisteron, en 1275; prédicateur général, en 1281; visiteur, en 1281 et en 1288, des couvents de Nice, de Grasse, de Sisteron, de Valence et de Die; en 1295, des couvents de Montpellier, de Béziers, de Narbonne, de Perpignan et de Puycerda; en 1300, des couvents du Puy, d'Aubenas, de Marvejols, d'Alais et de Nîmes.

Raymundus Maurandi. — Étudiant des *Naturalia* au couvent de Condom, en 1287; lecteur de *logique* au couvent d'Agen, en 1288; étudiant des *Naturalia* à Pamiers, en 1289, et au couvent de Montauban, en 1290; étudiant de théologie au couvent de Toulouse, en 1292.

Raymundus Maurelli de civitate Ruthenensi. — Né à Rodez; prieur du couvent de cette ville, deux fois, de 1297 à 1302 et de 1313 à 1315; prieur du couvent de Milhau, de 1302 à 1303; prieur du couvent de Montauban, deux fois, de 1307 à 1309 et de 1312 à 1313; prieur du couvent de Figeac, de 1309 à 1310; visiteur, en 1304, des couvents de Condom, de Lectoure et du monastère de Pont-Vert; en 1309, des couvents de Toulouse, de Carcassonne, de Pamiers, de Rieux, de Saint-Gaudens et du monastère de Prouille; délimite, en 1310, les prédications de Limoges, de Périgueux et de Saint-Junien; prédicateur général, en 1312; prieur du monastère de Prouille, de 1319 à 1336.

Raymundus de Medullione antiquior. — Novice en 1263

(Ul. Chevalier, *Invent. des arch. des Dauph. de Vien.*, n° 1316); meurt en 1274 (ms. 490, f° 318 B).

Raymundus de Medullione minor. — De la famille des seigneurs de Mévouillon (Drôme) alliée à la famille des Alaman (M. Ed. Cabié et L. Mazens, *Un cartulaire et divers actes des Alaman, des de Lautrec et des de Levis*, et Uly. Chevalier, *Op. citat.*); lecteur de théologie au couvent de Sisteron, en 1262; prédicateur général, en 1264; *socius* de Pierre de Barèges; définiteur au chapitre général de 1267 et *socius* de B. Gérauld; définiteur au chapitre général de 1270; lecteur de théologie au couvent de Sisteron, en 1273; définiteur au chapitre général de 1275; définiteur au chapitre provincial de 1276; vicaire de la vicairie de Marseille, en 1277; délégué en Angleterre, en 1278, à l'occasion de l'opposition faite en ce pays aux doctrines de saint Thomas d'Aquin; assiste, comme témoin, à l'acte d'abandon fait à Bertrand de Lautrec par noble dame Béatrix de Mévouillon, épouse de feu noble Sicard Alaman, et par noble dame Agathe de Mévouillon, de tous leurs droits sur les domaines de Sic. Alaman, sauf les lieux de Saint-Sulpice, Azas et Lamotte (Saint-Sulpice, 3 juin 1280); définiteur au chapitre provincial de 1280; évêque de Gap, de 1282 à 1289; archevêque d'Embrun, le 22 août 1290; sollicite et obtient la fondation d'un couvent au Buis (Drôme); meurt le 28 juin 1295 (Gams, *Series episcop.*, p. 548).

Raymundus Mironis. — Plus haut, p. 96, note 7.

Raymundus de Pradinis (*de Pardinis*). — Lecteur de théologie au couvent de Saint-Sever, en 1301; sous-lecteur au couvent de Bayonne, en 1303; lecteur de théologie au couvent de Morlaas, en 1304, et au couvent de Saint-Sever, en 1307; prieur du couvent de Morlaas, de 1312 à 1313, plus haut, p. 320; visiteur, en 1313, des couvents de Limoges, de Saint-Junien, de Brives, de Figeac et de Rodez; prieur du couvent d'Auvillar, de 1320 à 1321, plus haut, p. 326.

Raymundus Petri de Garrico. — Plus haut, p. 98, note 2.

Raymundus de Rupe Carcassonensis. — Entre dans l'ordre au couvent de Carcassonne; étudiant de théologie au couvent de Cahors, en 1306, et au couvent de Toulouse, en 1307, en 1308 et en 1310; lecteur des Sentences au couvent de Bordeaux, en 1311; lecteur de théologie au couvent de Carcassonne, en 1316; lecteur de la Bible à ce même couvent, en 1323 et en 1324; lecteur de théologie au couvent de Bordeaux, en 1325.

Raymundus Sancii. — Étudiant de théologie au couvent de Narbonne, en 1297; sous-lecteur au couvent d'Agen, en 1301; lecteur de théologie au couvent de Lectoure, en 1302, au couvent de Saint-Sever, en 1303, et au couvent de Lectoure, en 1304; prieur du couvent de Pamiers, de 1311 à 1312; visiteur, en 1314, des couvents de Bordeaux, de Saint-Émilion, de Bergerac, de Périgueux et du monastère de Saint-Pardoux; prieur du couvent de Figeac, de 1314 à 1320.

Raymundus Severi. — Sous-lecteur au couvent de Béziers, en 1267; visiteur, en 1277, des couvents de Marseille, d'Aix, d'Orange, de Tarascon et d'Arles; prédicateur général, en 1277; visiteur, en 1280, des couvents de Sisteron, de Valence, de Die, de Nice et de Grasse; lecteur de théologie au couvent de Grasse, en 1283; visiteur, en 1294, des couvents du Puy, de Marvejols, d'Albi, d'Alais et de Nîmes; en 1299, confirme, à titre d'ancien, l'élection de B. de Jusic, nommé provincial; prédicateur général, en 1302.

Raymundus Stephani. — Plus haut, p. 137, note 4.

Reginaldus Seguini de conventu Agennensi. — Étudiant des *Naturalia* au couvent de Condom, en 1311 et en 1312, et au couvent d'Agen, en 1313; sous-lecteur au couvent d'Auvillar, en 1318; étudiant de théologie au couvent de Toulouse, en 1320; lecteur de théologie au couvent de Lectoure, en 1321; prieur du couvent d'Agen, de 1326 à 1328, plus haut, p. 292; visiteur, en 1341, des couvents de Bayonne, de Saint-Sever, d'Orthez, de Morlaas et de Marciac.

Ricardus. — Lecteur de théologie au couvent d'Aubenas, en 1269, au couvent de Sisteron, en 1270 et en 1272, et au couvent de Tarascon, en 1273; premier prieur du couvent d'Aix, en 1274; lecteur de théologie au couvent du Puy, en 1276.

Robertus *(Rotbertus)* **de Solminhaco** *(Solompnaco, Solumihaco, Solmiaco).* — Étudiant des *Naturalia* au couvent d'Agen, en 1305, au couvent de Saint-Émilion, en 1306, et au couvent de Bergerac, en 1307; étudiant de théologie au couvent de Bordeaux, en 1309, au couvent de Toulouse, en 1310 et en 1311; sous-lecteur au couvent d'Agen, en 1312; étudiant de théologie de nouveau au couvent de Toulouse, en 1313; lecteur de théologie au couvent de Saint-Émilion, en 1314, au couvent de Rieux, en 1317, au couvent d'Auvillar, en 1318, au couvent de Pamiers, en 1322, et au couvent de Périgueux, en 1323; lecteur de la Bible, en 1324, à Bordeaux, « ad dominos canonicos Sancti « Andree », (f° 444 A); prédicateur général, en 1326; prieur du couvent de Saint-Émilion, de 1329 à 1331, plus haut, p. 314.

Rostragnus Follanis. — Plus haut, p. 95, note 17.

Rotgerius de Bordis. — Sous-lecteur au couvent de Condom, en 1333, et au couvent de Castres, en 1334; lecteur des *Naturalia* au couvent de Cahors, en 1335; lecteur de théologie au couvent de Port-Sainte-Marie, en 1337, et au couvent de Rieux, en 1341.

Rogerius Carreria. — Sous-lecteur au couvent de Saint-Émilion, en 1322.

Romeus de Levya. — Né à Llivia (*Julia Lybica*), dans la Cerdagne; un des plus saints religieux des premiers temps de l'ordre; prieur du couvent de Lyon, vers 1223 (Et. de Bourbon, *Tract. de diversis materiis prædicabilibus*, n° 230, éd. Lecoy de la Marche); cinquième provincial de la première province de Provence; comme provincial, reçoit la Bulle de Grégoire IX, *Ille humani generis*, 15 juillet 1233, édictant l'inquisition dans le diocèse de Toulouse (Ripolli, *Bull. or. Pr.*, I, 41; Percin, *Monum. conv. Tolos.*, III, 92; Potthast, *Regesta*, I, 792); comme provincial, approuve, le 20 décembre 1234, une fondation de Trinitaires sur une des dépendances du monastère de Prouille, dans le territoire de Saint-Martin-de-Limoux (Fonds Doat, Bibl. nat., t. 96, f° 73); prédicateur général, avant 1257; *socius* de Pons de Saint-Gilles au chapitre général de 1258; prieur du couvent de Bordeaux, de 1258 à 1260, plus haut, p. 267; meurt à Carcassonne, le 21 novembre 1261. Gérauld de Frachet célèbre sa piété (*De vitis frat.*, ms. 490, f° 43 A); Étienne de Bourbon lui prête deux anecdotes (*Op. cit.*, n°s 27 et 127); qualifié de Bienheureux. Pour sa bibliographie, voyez Ul. Chevalier, *Répertoire*, 1998; le R. P. Cormier, *le Bienheureux Romée de Livia*, Toulouse, 1884.

« In isto exarsit fervor devocionis ad matrem Dei Virginem et
« Jhesum, ejus prolem. — Quintus prior provincialis (provincie
« Provincie antique) fuit frater Romeus, Cathalanus nacione, set
« celestis conversacione, oriundus de Levya, castro prope Podium
« Cerdanum. Successit fratri Raymundo de Falgario memorato, anno
« Domini M° CC° XXXII°, per provisionem Magistri ordinis, ut audivi
« referri a quodam de senioribus. Prefuit in provincialatu annis quatuor;
« vir inter devotos devocior, inter mittes micior, qui vivens et moriens
« miraculis coruscavit.

« Hujus viri fuit simplex habitus, supplex vultus, graciosus aspectus,
« sermo mellifluus, pius ad Deum et homines affectus, specialis ad
« Beatam Virginem Mariam devocio, cujus salutacione dulcissima non
« poterat saciari, quam singulis diebus millesies salutabat. Misterium
« divine incarnacionis jugiter in corde gerebat, ore promebat, et omnem
« suum sermonem ex ipso condiebat, in principio, vel in medio, vel in
« fine, vel in toto, humilitatem cordis et corporis pio venerabatur
« affectu. Ad illum versiculum psalmi, *Cum dederit dilectis suis*

« sompnum, ecce hereditas Domini filii merces fructus ventris, tanta
« devocione ferebatur, tantoque cordis jubilo jocundabatur in eo, ut
« ipsum semper in ore vellet habere, unde contigit ei sepe quod de ore
« sui socii, cum quo divinum dicebat officium, specialiter versus de
« Beata Virgine, ipsum versiculum rapiebat, si forsitan contigisset
« quod ad partem suam versiculus ille non venisset; quod tamen
« diligencius observabat et dulcissime ipso quasi fruebatur in ore et
« multo profundius in corde. Hic, cum Lugduni et Burdegalis, prior
« conventualis, et, in provincia Provincie, prior Provincialis fuisset, et
« multo tempore Domino in ordine deservisset, in mira cordis mundicia
« odorem sanctitatis et fame sue, ubicumque fuerit, Deo volente, longe
« lateque diffundens, tandem apud Carcassonam decumbens, in mirabili
« paciencia infirmitatem sustinens, et cum gracia servicia fratrum
« suscipiens, puerum Jhesum et dominam Mariam, ejus matrem et
« Virginem, ruminans et fratribus inculcans, obdormivit in Domino,
« cordulam cum nodulis quibus mille *Ave, Maria* in die numerare
« solitus erat, firmiter manu tenens, anno Domini M° CC° LXI°, XI° kls.
« decembris — (In Kalendario vero domus de Glanderio, ordinis
« Cartusie, inveni intitulatum ejus obitum x° kls. novembris).

« Eademque hora defunctionis ejus, frater Guillermus de Grazanis,
« conventus Carcassonensis, vir religiosus et verax, audivit in
« dormitorio (non enim audiverat sonitum tabule cum aliis) claram
« vocem resonantem et dicentem prefatum versiculum psalmi *Cum*
« *dederit dilectis suis sompnum, ecce hereditas Domini filii merces*
« *fructus ventris;* et statim dixit in corde suo quod dilectus Deo et
« hominibus frater Romeus, sompnum mortis capiens, ad hereditatem
« Domini possidendam intrabat, et fructum ventris Beate Marie semper
« virginis, quam tociens dulcissime salutaverat, revelata facie jam
« visurus, et de laboribus tam utilibus mercedem tam felicem quam
« fertilem percepturus, abibat; statimque prefatus frater Guillermus
« consurgens et ad infirmitorium currens, sicut audiverat, sic invenit.
« Multa quoque alia laude et memoria digna et prestanciora perfec-
« tionis opera viderunt in viro Dei Romeo, qui ejus meruerunt dulci
« consorcio frui.

« Hujus viri corpus sanctum, cum plus quam viginti annis sub terra
« jacuisset, humatum, et sub divo, in prefato conventu Carcassonensi,
« ad honorabilem locum, sicut dignum erat, scilicet ante altare beate
« Marie semper Virginis, digno cum honore translatum, inventum fuit
« integrum et penitus incorruptum, circa annum Domini M° CC° LXXXV°,
« sicut dictum est per illos qui presentes interfuerunt, perspexerunt

« oculis et manibus contractarunt, inter quos, supprior, qui affuit, viva
« voce michi sepius enarravit.

« Alia quoque multa devocione plena de eodem sancto amico Dei
« audivi refferri sepius a plerisque.

> « Hac sunt in fossa fratris venerabilis ossa
> « Dicti Romei, qui fuit archa Dei.
> « Hic Jhesumque piam dilexit valde Mariam ».

(Bernard Gui, ms. 490 (I. 273), f° 24 A, et ms. 489, f° 23 b, et ap. Martène, *Amp. collect.*, t. VI, col. 420 et 421).

Sancius de Borderiis. — Étudiant de théologie au couvent de Montauban, en 1303, au couvent de Bordeaux, en 1305, et au couvent d'Agen, en 1307; étudiant de la Bible et des Sentences au couvent de Bayonne, en 1309; étudiant de théologie au couvent de Toulouse, en 1312; sous-lecteur au couvent de Saint-Gaudens, en 1320 et en 1322.

Sancius de Ficola conventus Marciaci. — Entre dans l'ordre au couvent de Marciac; quinzième prieur provincial de la province de Toulouse. « Quintus decimus prior provincialis frater
« Sancius de Ficola conventus Marciaci, oriundus de Salva terra
« dyocesis Tarbiensis, qui, cum esset confessor illustris principis
« domini comitis Armaniaci et assignatus pro anno sequenti ad
« legendum Sentencias Parisius per acta capituli Ferreriensis, electus
« est in capitulo Sancti Severi, dominica post festum beate Marie
« Magdalene, anno Domini M° CCC° LXIII°. Confirmatus fuit per Magis-
« trum Simonem de Lengomis, et tandem factus magister in Theologia.
« Rexit provinciam quasi VI. annis, et fuit absolutus in capitulo Bru-
« gensi, anno Domini M° CCC° LXIX°. Et occasio fuit quia apellaverat cum
« multis aliis a Magistro ordinis et ejus vicario; set apellationis causa
« per dominum Papam Urbanum V fuit commissa capitulo generali;
« et judicatum est injuste apellasse; et idcirco et ipse et alii graviter
« puniti fuerunt, set pepertum fuit apellantibus a pena quam incur-
« rerant propter ordinationem que currebat anno illo » (ms. 490, f° 74
A).

Sixtus de Layssaco de predicatione Caturcensi. — Né à Laissac (Aveyron); attaché au couvent de Cahors; étudiant des *Naturalia* au couvent de Montauban, en 1290; étudiant de théologie au couvent de Bordeaux, en 1292, et au couvent de Toulouse, en 1293; visiteur, en 1305, des couvents de Condom, d'Agen, de Lectoure et du monastère de Pont-Vert; prieur du couvent de Figeac, de 1306 à 1307; visiteur, en 1307, des couvents de Toulouse, de Carcassonne, de Pamiers, de Rieux, de Saint-Gaudens et du monastère de Prouille; prieur du couvent de Rodez, de 1308 à 1310; délimite, en 1312, les *prédications* de Bergerac et d'Agen, de Montauban et d'Auvillar; prieur du couvent de Montauban, de 1313 à 1315; prieur du monastère de Pont-Vert, de 1319 à 1321, plus haut, p. 340.

Stephanus dictus Alvernhatus. — Plus haut, p. 137, note 4.

Stephanus Bisuntinus. — Plus haut, p. 137, note 4.

Stephanus Laurelli de Garacto Lemovicensis dyocesis.
— Lecteur de *logique* au couvent de Limoges, en 1280, et au couvent de Figeac, en 1281; étudiant de théologie au couvent de Limoges, en en 1284, et au couvent de Montpellier, en 1285 et en 1287; lecteur de théologie au couvent de Rodez, en 1288, et au couvent de Carcassonne, en 1292; sous-lecteur au couvent de Montpellier, en 1295; lecteur de théologie au couvent de Limoges, en 1296, et au couvent d'Agen, en 1298; prédicateur général, en 1300; définiteur au chapitre provincial de 1307; lecteur de théologie au couvent de Limoges, en 1308; prieur du couvent de Carcassonne, de 1308 à 1311. « Notandum hic quod anno
« Domini M° CCC° VIII°, dominica in quinquagesima, v° ydus februarii,
« frater Garinus Cenomanensis nacione, episcopus Sagonensis in
« Cursica, consecravit tria altaria in ecclesia Fratrum Predicatorum
« Carcassonensium, scilicet altare Beate Virginis Marie, et altare
« sancte Anne matris ejusdem Virginis benedicte, et altare sancti
« Ludovici confessoris. Item, sequenti feria IIII*, in die Cinerum,
« pridie ydus februarii, consecravit altare sancti Martini in capella
« sacristie.

« Item, anno Domini M° CCC° X°, fuit consumpmata illa pars claustri
« que est ex parte dormitorii novi et scolarum et capituli conversorum
« in ingressu conventus. Anno vero Domini M° CCCXI°, fuit facta
« altera pars claustri que est ex parte dormitorii antiqui » (B. Gui, ms. 490, f° 158 B, f° 159 A). Prieur du couvent de Limoges, trois fois, de de 1304 à 1305. « Quo tempore factum fuit capitulum novum precio
« CXV. librarum, et provinciale capitulum celebratum in sequenti festo
« Beate Marie Magdalene; et pars claustri ex parte capituli pro majori
« parte facta » (B. Gui, ms. 490, f° 133 B). Prieur, une seconde fois, de 1306 à 1308. « Hoc in tempore, vicecomes Lemovicensis qui diu impe-
« diverat et retardaverat, tandem permisit et concessit ut Fratres
« prepararent et edificarent sibi portale in loco prius empto versus
« barrium de Manhenia, ubi facta fuit porta, anno Domini M° CCCVII° »

(B. Gui, *ibid.*, f° 134 A). Prieur, pour la troisième fois, de 1311 à 1312, pendant six mois; meurt le 30 avril 1312, au couvent de Rodez, « ad « quem accesserat visitandum » (*Ibid.*, f° 134 B).

Stephanus Rocho (*Rochos, Rochonis*). — Étudiant des *Naturalia* au couvent de Limoges, en 1309, et au couvent de Périgueux, en 1310; étudiant de théologie au couvent de Périgueux, en 1311, au couvent de Limoges, en 1312, au couvent de Bordeaux, en 1313 et en 1314, et au *Studium generale* de Montpellier, en 1315; sous-lecteur au couvent de Brives, en 1316 et en 1317; étudiant au *Studium generale* de Toulouse, en 1319 et en 1320; lecteur de théologie au couvent de Saint-Émilion, en 1322.

Stephanus de Salanhaco. — Né à Salagnac (Dordogne); entre dans l'ordre vers 1230; définiteur aux chapitres généraux de 1255 et de 1260; en 1261 et en 1263, fait des achats de maisons pour l'agrandissement du couvent de Toulouse (ms. 490, f° 113 A, f° 114 B); prieur du couvent de Limoges, deux fois, en 1250 et en 1255; prieur du couvent du Puy; prieur du couvent de Toulouse, en 1263; électeur du Maître de l'ordre, en 1264; *socius* du provincial au chapitre général de 1274; définiteur au chapitre provincial de 1276; meurt à Limoges, le 6 janvier 1290. « Hic frater Stephanus fuit in
« omni statu ac gestu suo religionis speculum aspicientibus,
« gratia predicationis et sermonis benedictus in verbo audientibus,
« prudentia et sapientia preditus in regimine, facundia et loquacia
« redimitus, experientia multa edoctus, in hiis que sunt religionis
« maxime instructus et instruens, enarrator gestorum et antiqui-
« tatum ac exemplorum notabilium gratiosus et copiosus, morum
« ac gestuum maturitate compositus, famosus in tota patria »
(ms. 490, f° 129 B). « Tempore prioratus sui hac ultime vice (1265-
« 1271), intravit ordinem et suscepit habitum de manu ipsius in
« conventu Lemovicensi venerabilis Pater dominus Petrus de Sancto
« Asterio, episcopus Petragoricensis, anno Domini M° CC° LXVII°, qui
« annis XXXIII. episcopatum digne et laudabiliter gubernaverat; in
« ordine vero annis VIII., mensibus quatuor cum dimidio, vixit
« Lemovicis laudabiliter et honorabiliter; obiitque feliciter, pridie
« ydus julii, dominica die, anno Domini M° CC° LXXV°; sepultus est in
« medio chori fratrum. Tempore quoque prioratus fratris Stephani, hac
« secunda vice, anno Domini M° CC° LXIX°, fuit incoatum et fundatum
« dormitorium ex parte inferiori versus ortum; et memoratus dominus
« P., Petragoricensis episcopus, primarium lapidem posuit in eodem,
« de cujus bonis tam in vita ipsius quam post mortem fuit quasi

« perfectum et consumpmatum. Hic frater Stephanus incoavit tracta-
« tum quemdam brevem et devotum de quatuor in quibus Deus
« Predicatorum ordinem insignivit, quem ego in notulis scriptum de
« manu fratris, semiperfectum reperiens, diligencius recollegi; ipsum
« compingens, noviter reformavi, pluraque superaddidi in locis suis
« secundum exigentiam materie, quam inveni in eodem. Prior fuit
« Lemovicis, tam prima quam secunda vice, in universo annis XVI;
« fuitque absolutus hac vice in capitulo generali Montispessulani, anno
« Domini M° CC° LXXI°. Hic fuit prior Podiensis et Tholosanus. Tandem
« plenus dierum, quasi sexagenarius in ordine, obiit Lemovicis, VI°
« ydus januarii, anno Domini M° CC° nonag°; sepultus [est] in claustro,
« ante hostium eclesie » (B. Gui, ms. 490, f° 130 B. — Cf. M. Léopold
Delisle, *Notice sur les manuscrits de B. Gui*, p. 309-313). — Echard,
Script. or. Pr., I, p. 415-417. — *Hist. litt. de la France*, t. XX, 37).

Stephanus Vitalis Agennensis. — Entre dans l'ordre au couvent d'Agen; sous-lecteur au couvent de Limoges, en 1270; lecteur de théologie au couvent de Montauban, en 1273, et au couvent d'Agen, en 1275; envoyé, en 1280, à Saint-Sever, pour la fondation du couvent (ms. 490, f° 222 A); lecteur de théologie à ce couvent, en 1283; prieur du couvent de Morlaas, en 1281, plus haut, p. 317; prieur du couvent d'Agen, deux fois, de 1288 à 1289 et de 1290 à 1292; meurt à Agen, plus haut, p. 289.

Symo Massiliensis. — « Massilie educatus et receptus fuit, cum
« tamen esset Burgundus linga et nacione ex origine parentali »
(B. Gui, ms. 490, f° 157 A). Lecteur des arts au couvent de Carcassonne, en 1271, et au couvent de Castres, en 1272; sous-lecteur au couvent de Marseille, en 1273; lecteur de théologie au couvent d'Orthez, en 1275, au couvent de Marseille, en 1279, et au couvent d'Albi, en 1281; prédicateur général, en 1282; lecteur de théologie au couvent d'Auvillar, en 1283, au couvent de Valence, en 1285, au couvent d'Albi, en 1286, au couvent de Carcassonne, en 1288, et au couvent de Sisteron, en 1289; prieur du couvent de Carcassonne, de 1289 à 1291; visiteur, en 1291, des couvents de Sisteron, de Valence, d'Aix, d'Arles, de Tarascon, d'Orange et d'Avignon; lecteur de théologie au couvent de Perpignan, en 1292; lecteur de la Bible au couvent de Montpellier, en 1295; visiteur, en 1296, des couvents de Montpellier et de Béziers; meurt au couvent de Tarascon (ms. 490, f° 157 A).

Thomas Normanni *(Narmanni, Narmandi)* **de Ageduno Lemovicensis.** — Entre dans l'ordre au couvent de Limoges; étudiant de théologie au couvent de Toulouse, en 1305; sous-lecteur au couvent de Limoges, en 1307; visiteur, en 1309, des couvents d'Agen, de Condom, d'Auvillar, de Lectoure et du monastère de Pont-Vert; prieur du monastère de Saint-Pardoux, de 1312 à 1314; prédicateur général, en 1315; visiteur, en 1328, des couvents de Bordeaux, de Saint-Émilion, de Bergerac, de Périgueux, de Belvez et du monastère de Saint-Pardoux; prieur du couvent de Limoges, quatre fois, de 1308 à 1309, de 1315 à 1318, de 1320 à 1327 et de 1331 à 1335.

Vitalis Ademarii. — Étudiant des *Naturalia* au couvent de Cahors, en 1318, au couvent de Pamiers, en 1319, et au couvent de Rieux, en 1320; lecteur des arts au couvent de Montauban, en 1321 et en 1322; sous-lecteur au couvent d'Auvillar, en 1324.

Vitalis de Bosco Condomiensis. — Entre dans l'ordre au couvent de Condom; étudiant de théologie au couvent de Toulouse, en 1286 et en 1287; prieur du couvent d'Auvillar, de 1290 à 1292, plus haut, p. 323.

Vitalis de Fontibus orbis de conventu Altivillaris. — Né à Fonsorbes (Haute-Garonne); attaché au couvent d'Auvillar; étudiant de théologie au couvent de Toulouse, en 1306, en 1307 et en 1308; lecteur de théologie au couvent de Morlaas, en 1311, et au couvent de Bergerac, en 1314; prédicateur général, en 1315; lecteur de théologie au couvent de Rieux, en 1316; prieur du couvent d'Auvillar, de 1318 à 1320, plus haut, p. 326; est alors envoyé auprès du cardinal Raymond *de Fargis*.

Vitalis Johannis. — Plus haut, p. 88, note 2.

Vitalis de Podio. — Plus haut, p. 99, note 1.

Vitalis de Reganhaco. — Plus haut, p. 127, note 7.

Yterius Labranda. — Lecteur de théologie au couvent de Périgueux, en 1265, au couvent de Bordeaux, en 1267 et en 1272, et au couvent de Périgueux, en 1276.

Ysarnus Lauri de Castris. — Né à Castres (Tarn); entre dans l'ordre au couvent de cette ville; étudiant de théologie au couvent de Toulouse, en 1284, en 1286, en 1287 et en 1288; lecteur de théologie au couvent de Castres, en 1292; prieur du couvent de Figeac, de 1294 à 1295; prieur du couvent de Saint-Émilion, de 1300 à 1302, plus haut, p. 311; visiteur, en 1302, des couvents de Limoges, de Brives, de Figeac, de Rodez et de Milhau; prédicateur général, en 1304; visiteur, en 1307, des couvents de Bordeaux, de Saint-Émilion, de Bergerac, de Périgueux et du *lieu* de Saint-Pardoux; délimite, en 1312, les *prédications* de Condom et de Lectoure, de Morlaas et de Saint-Gaudens; prieur du couvent de Castres, trois fois, de 1297 à 1298, de 1305 à 1306 et en 1314; alors se démet.

Yterius de Compuhaco Lemovicensis dyocesis. — Entre dans l'ordre au couvent de Limoges, en 1263, à l'âge de treize ou quatorze ans, par exception; étudiant des arts au couvent de Figeac, en 1266, et au couvent du Puy, en 1267; lecteur des arts au couvent du Puy, en 1268; étudiant des *Naturalia* au couvent d'Orthez, en 1269; étudiant de théologie au couvent de Limoges, en 1270; lecteur des *Naturalia* au couvent de Condom, en 1273, et au couvent d'Agen, en 1274; sous-lecteur au couvent de Limoges, en 1278, et au couvent de Toulouse, en 1279; lecteur de théologie au couvent de Figeac, en 1281; prédicateur général, en 1281; étudiant au *Studium generale* de Paris, en 1282; lecteur de théologie au couvent de Bordeaux, en 1285, et au couvent de Limoges, en 1286; prédicateur général, en 1286; lecteur de théologie au couvent de Limoges, en 1289, et au couvent de Bordeaux, en 1292 (f° 351 A); prieur du couvent de Brives, en 1295; « noluit diu pati, fuitque absolutus paulo post festum sancti Martini « Narbone a fratre Raymundo Hunaudi, priore provinciali electo et « confirmato ibidem, ubi ipse frater Yterius presens erat, et fuit repo- « situs lector Lemovicis, anno Domini M° CC° nonag° v° » (B. Gui, *Prior. in conv. Brivensi*, f° 195 B); prieur du couvent de Bordeaux, de 1296 à 1297, plus haut, p. 270; lecteur de théologie au couvent de Limoges, en 1298; prieur du couvent de Toulouse, de 1299 à 1301. « Tempore prioratus sui fuit factum capitulum novum valde pulchrum « testitudinatum cum capella, pro quo faciendo magister Arnaldus « de Villario contulit octingentas libras Turon. » (B. Gui, *Prior. in « conv. Tholos.*, f° 121 B); prédicateur général, en 1300; lecteur de théologie au couvent de Cahors, en 1301; prieur du couvent de Limoges, trois fois, de 1288 à 1289, de 1291 à 1292 et en 1301, alors il refuse, et, en 1304, deux mois; meurt à Saint-Junien, le jeudi, 20 août, en 1304.

« Frater Yterius de Compuhaco predictus quarta vice successit fratri « Raymundo Extranei, confirmatus Tholose in crastino sancti Johannis « Baptiste, anno Domini M° CCC° IIII°. Prior fuit hac vice mensibus « fere duobus tantum. Hic prior Lemovicensis existens obiit, inter « priores Lemovicenses primicie dormientium priorum, quia nullus « ante ipsum obiit ibi in officio prioratus. Obiit autem in villa Sancti « Juniani, ubi, precedenti die dominica infra octabam Assumptionis « Beate Marie Virginis, in ecclesia predicans de eadem *In omnibus*

« *requiem quesivi,* more suo voce qua poterat altiori, ejus gloriosam
« requiem extollendo, vix finito sermone, finem predicandi pariter et
« loquendi deinceps ibidem coram populo fecit ; indeque productus
« ad domum prepositi et ad lectum, diem claudens extremum, pervenit
« ad requiem quam predicaverat et optarat, sequenti feria V^a, scilicet
« XIII° kls. septembris, in festo beati Bernardi abbatis, anno Domini
« M° CCC° IIII° ; eademque die fuit corpus ejus allatum apud Lemovicas
« et honorifice in capitulo tumulatum, anno vero ab ingressu ordinis
« XLII°, quem ingressus est anno Domini M° CC° LXIII°, in festo beati
« Petri Martiris, in conventu Lemovicensi, priore existente fratre
« Geraldo de Sancto Valerico, sub etate puerili, circiter XIII. aut XIIII.
« annorum, dilectus et electus a Deo, cum puritate et innocentia vite,
« quam cum claritate fame illibate in ordine conservavit.

« VERSUS SUPRA TUMULUM.

« Christiferam venerans, sic clamans magnificavit
« Quod verbum superans devotio debilitavit
« Rapta fuit mens, flens siluit, vox preco Marie ;
« Dum docuit, tunc ocubuit lux archa sophie ».

(B. Gui, ms. 490, f° 133 A-B).

FIN DE LA TROISIÈME PARTIE.

INDEX

NOMINUM AD ORDINEM FRATRUM PRÆDICATORUM NON PERTINENTIUM.

A

Agnes Dorcau, p. 173
Agnes de Fossorto, p. 185.
Agnes de Galaart, p. 174.
Agnes de Yspania, p. 173.
Alionora, soror Alphonsi Sapientis, p. 333, not. 1.
Alphonsus Aragonum rex, p. 274.
Alphonsus Castiliæ rex, p. 333, not. 1.
Altivillaris Vicecomes, p. 147.
Amalirinus Torasii, p. 148.
Amalunus Tharisis, p. 149.
Amanevus de Armaniaco, Archiepiscopus Auxensis, p. 146.
Amanevus Columbi, pp. 147, 264.
Amaneus de Fargis, Episcopus Agennensis, pp. 146, 183, 199.
Amaneus de Lebreto, pp. 147, 184.
Amanevus de Nohalhaco, p. 184.
Andoniis (dominus de), p. 200.
Anpasia, filia Beatricis de Amalunio, p. 147.
Aquinus, Archidiaconus de Rostagno, p. 200.
Araus (dominus de), pp. 159, 160.
Armaniaci Comes, pp. 147, 173, 184, 200.
Armaniaci Comitissa, p. 160.
Arnaldus, Agennensis Episcopus, p. 102.
Arnaldus Belengarli, pp. 283, 286.
Arnaldus, Comes Altivillaris, p. 160.
Arnaldus de Cantalupo, pp. 134, 148, 160, 185.
Arnaldus Femer, p. 147.
Ar^{dus} Holiba, p. 235.
Ar^{dus} Garsie (*Guarsie*), pp. 149, 174.
A. Guarssie, Vicecomes Leomannie, p. 185.
Arnaldus Gayssie, pp. 325, 326.
Ar. Guillermi de Bearnio, p. 160.
Ar^{dus} de Landorre, pp. 147, 184.
Arnaldus de Marmanda, p. 147.
Ar^{dus} Martini, p. 185.
Ar. de Monasse, burgensis Orthesiensis, p. 160.
Arnaldus de Pelagrua, pp. 145, 159, 173, 183 et 199.
Arnaldus, sacrista Sancti Petri de Agennesio, p. 200.
Arnaldus de Villanova, p. 280.
Arnaldus de Yspania, pp. 173, 174, 200, 201, 346. 347, 348.
Arnoldus Rogerii, Episcopus Lombariensis, p. 199.
Aspays, uxor Raymundi Columbi, p. 174.
Astariacensis Comes, p. 173.
Aymericus Sicardi, p. 149.

B

Barrava, uxor Ar^{di} de Marmanda, p. 147.
Bearnii (comtessa), p. 159.
Bearnii domina, p. 200.
Beatrix de Amalunio, p. 147.
Benaughes (vicecomes de), p. 147.
Beraldus, Cardinalis, p. 185.
Beraldus de Fargis, Episcopus Albiensis, pp. 146, 199.
Berengarius Amblardi, pp. 384, 385.
Bernada de Castanea, p. 174.
Bernardus, Albiensis Episcopus, p. 112.
Ber., Armaniaci comes, pp. 174, 185.
B. Belini, canonicus Narbone, p. 92.
B. Fabri, p. 147.
Bernardus de Fargis, Archiepiscopus Narbonensis, p. 145.
Ber^{dus} de Garno, pp. 173, 183, 199.
Bernardus Garsie, p. 174.
Ber^{us} Garsie, canonicus Sancti Licerii, p. 174.
Ber. de Mota, Cardinalis, p. 183.
Ber. de Rovinhano, p. 185.
B. de Trencaleone, p. 149.
B. Vasconis, p. 236.
Bertranda, genitrix Petri de Malamorte, p. 268, not. 3.
Bertrandus, Agennensis Episcopus, pp. 148, 362.
Bertrandus de Cardaliaco, pp. 147, 199.
Bertrandus de Favas, Forojuliensis Episcopus, p. 83.
Bertrandus de Lamota, p. 184.
Bertrandus del Got, p. 326.
Bertrandus de Monte Favesio, p. 173.
Bertrandus de Palacio, p. 201.
Bertrandus de Pogeto, Cardinalis, p. 173, 183, 199.
Bertrandus Sayssecti, Appamiensis Episcopus, p. 65.
Bertrandus, Vicecomes Altivillaris et Leomannie, p. 184.
Bidomius, p. 33.
Blancha, soror Rogerii Bernardi vicecomtis Castelli boni, p. 200.
Bonifacius Papa VIII, pp. 65, 281.
Bonofonte (abbas de), p. 173.
Boso, Convenarum Episcopus, pp. 148, 348.
Brageriaco (dominus de), p. 47.
Bruchio (dominus de), p. 184.

C

Canapenna (dominus de), p. 160.
Carolus, rex Siciliæ, pp. 278, 372.
Cathalana de Castro Verduno, p. 200.
Caucor (dominus de), p. 201.
Caudarasa (domina de), pp. 149, 159, 174.
Caudarasa (dom. de), p. 160.
Cebelia, p. 184.
Cebelia, consors Rogerii de Convenis, pp. 174, 200.
Claramonte (dominus de), p. 185.
Clemens Papa V, pp. 112, 134, 148, 160, 271, 306, 325, 326, 347, 359, 362, 365, 385.
Clemens VII, antipapa Avenionensis, p. 281.
Clementia, regina Francie, p. 159.
Convenarum Comes, pp. 160, 164, 200.
Convenarum Comitissa, p. 200.
Couhta, p. 149.

D

D. de Plassan, p. 281.

E

Eduardus, rex Anglie, pp. 123, 146, 184, 200, 279, 281, 333 note 1.

INDEX.

Edvenarum Comes, p. 174.
Eliana Coguda, p. 149.
Elianor, uxor Gualhardi de Monte lauro, p. 148.
Esclarmonda de Durbanno, p. 173.
Esclarmonda de Yspania, p. 173.
Eustochius, p. 173.

F

Fargiis (dominus de), pp. 145, 159.
Fina, p. 385
Fredericus Imperator, p. 273.
Fronto (S.), p. 30.
Fuxensis Comes, pp. 147, 159, 173.
Fuxensis Comitissa, pp. 184, 200.

G

Galardus Columbi, p. 264.
Galhardus de Lamota, Cardiualis, pp. 173, 199.
Galhardus de Preyssaco, Episcopus Tholosanus, p. 145.
Galterus de Fossato, p. 185.
Garcias Ar^{dl} de Navalhas, p. 200.
Garro (dominus de), p. 160.
Garu (dominus de), p. 159.
Gasto, Bearnii dominus, pp. 160, 201, 297, 298.
Gasto, filius Margarete comitisse Fuxensis, p. 174.
Gasto, frater Ber^l comitis Armaniaci, pp. 174, 185.
Gasto, Fuxensis Comes, pp. 159, 160, 200, 201.
Gaucelmus Johannis, Cardinalis, pp. 173, 183.
Geraldus de Mala morte, p. 263.
Grandis Silve abbas, p. 173.
Gracensis abbas, p. 173.
Gregorius Papa IX, pp. 73, 264.
Guabaudus de Fonte Guavano, p. 147.
Gualhardus de Monte lauro, p. 148.

Gualhardus de Mota, Cardinalis, p. 183.
Guarn (dominus de), p. 145.
Guarssias Ar^l de Hugueto, p. 184.
Guido de Levys, Marescallus Mirapicis, p. 367.
Guillermus, Agennensis Episcopus, p. 302.
Guillermus Arrufati, p. 362.
Guilhermus Bruneti, p. 175.
G. Johannis de Pogeto, Cardinalis, p. 199.
G., filius Vitalis, p. 147.
G. Lamberti, canonicus Sancti Severini, p. 148.
Guilhermus de Odonis, p. 200.
Guilhermus Raymundi Columbi, p. 265.
G. Seguini, p. 185.
Guillelmus de Tilheda, abbas Sancti Salvatoris de Blavia, p. 146.
Guillermus de Villareto, Magister Hospitalis, p. 372.

H

Helias de Mala morte, decanus Lemovicensis, p. 268, not. 3.
Helionors de Monte forti, p. 184.
Helionors, Comitissa Umdocinensis, p. 200.
Henricus, Anglie rex, pp. 273, 275, 265 not. 6.
Herveus Lormerii, p. 184.
Hugo, Dignensis Episcopus, p. 372.
Hugo Mascharo, Episcopus Tholosanus, p. 387.
Hugolinus, Archiepiscopus Burdegalensis, p. 281.

I

Innocentius Papa IV, p. 73.
Innocentius Papa VII, p. 281.
Isabella, regina Anglie, p. 146.

J

Jacobus Furnerii, Appamiensis Episcopus, p. 199.
Jacobus, Archiepiscopus Ydrontinus, p. 372.
Johanna, filia Gastonis comitis Fuxensis, p. 201.
Johanna, soror Rogerii Bernardi vicecomitis Castelli boni, p. 200.
Johannes de Atrebato, p. 200.
Johannes Columbi, p. 147.
Johannes Croseti, p. 149.
Johannes Ferolli, p. 65.
Johannes de Ferreriis, senescallus Vasconensis, p. 147.
Jo. Holiba, p. 235.
Johannes Rocelli, p. 147.
Johannes Papa XXII, pp. 44, 49, 172, 198, 374.

K

Karolus, Francie rex, pp. 184, 199.
Karolus, germanus Ludovici regis Francie, p. 159.
Karolus, imperator Constantinopolitanus, p. 102.
Katherina, imperatrix Constantinopolitana, p. 102.

L

Lancastrius, p. 281.
Larreto (dominus de), p. 160.
Lazarus (S.), p. 29.
Leomannie vicecomes, pp. 160, 173.
Lerballo (comes de), p. 160.

Lescuro (dom. de), p. 160.
Ludovicus rex (S.), pp. 276, 365.
Ludovicus, rex Francorum, pp. 146, 160, 174.

M

Maloleone (dominus de), p. 160.
Mansiasilis abbas, p. 173.
Margareta, Comitissa Fuxensis, p. 174.
Margareta, filia Gastonis Fuxensis, pp. 174, 185.
Maria de Cauda rasa, p. 201.
Maria, filia domini de Gavascone, p. 201.
Maria Magdalena (S.), p. 29.
Marquesia, uxor Hervei Lormerii, p. 184.
Marsani (comtessa). p. 159.
Martha (S.), p. 29, 30.
Martha, uxor domini B. de Trencalone, p. 149.
Martinus, abbas de Blasimonte, p. 146.
Martinus Papa, p. 91.
Mascarosa, p. 184.
Maximinus (S.), p. 29.
Menaldus, sacrista Ossensis, p. 199.
Menardus, p. 160.
Miramunda vicecomitissa, p. 147.
Miramunda de Maloleone, p. 160.
Mirapisce (dominus de), p. 160.
Monte Cavo (dominus de), p. 185.
Monte ferrandi (dominus de), p. 147.
Monte Esquivo (domina de), p. 147.
Monte forti (domina de), 147.
Monte Lauduno (comes de), p. 200.
Montis lesa comes, p. 173.
Montis Marciani comes, p. 160.

N

Nicholaus, Hostiensis et Velletrensis Episcopus, pp. 133, 145, 159, 201.

O

Odo, p. 200.
Odoardus, rex Anglie, p. 333.
Oliverius de Ingam, p. 314.
Olorensis comes, p. 160.

P

Petrus, Aragonie rex, pp. 86, 278.
Petrus Ar^{dl} de Castro Verduno, p. 173.
Petrus, Carcassonensis Episcopus p. 146.
Petrus, Cistaricensis Episcopus, p. 372.
Petrus Duescus, p. 174.
Petrus, filius Beatricis de Amalunio, p. 147.
Petrus Hyspani, Episcopus Sabinensis, p. 362.
Petrus de Malamorte, p. 268, not. 3.
Petrus de Maslaco, Episcopus Baionensis, p. 146.
P. Pellicerii, p. 185.
P. de Podio, p. 174.
P. Reginaldi, p. 149.
Petrus *de Ronceval*, Archiepiscopus Burdegalensis, pp. 264, 265.
Petrus, Regensis Episcopus, p. 372.
Petrus, Sancti Romani abbas, p. 146.
Petrus, Sancti Fermevi abbas, p. 146.
Petrus, Venssiensis Episcopus, p. 372.
Philippa, uxor Ar^{dl} de Yspania, pp. 174, 348.
Philippa de Yspania, p. 173.
Philippus, germanus Ludovici Regis Francorum, p. 159.
Philippus, rex Francorum, pp. 82, 148, 173, 185, 233, 279, 281, 365.
Pilusfortis, Appamiensis Episcopus, p. 146.
Pinibus (dominus de), p. 184.
Pomeriis (dominus de), p. 147.
Poncius de Varesio, p. 149.

R

Raymundus, abbas de Faczia, p. 146.
R^{us} Ar^l Deucos, p. 160.
R^{us} Atto de Espello, p. 174.
R^{dus} Athonis de Espello, archidiaconus Valencie, p. 174.
Raymundus Atho, Mirapiscensis Episcopus, p. 199.
R^{dus} Castelli, p. 185.
Raymundus de Cauda rasa p. 200.
Raymundus Columbi, p. 174..
R. de Duro forti p. 184.
R^{dus} de Fabricis, Cardinalis, pp. 173, 199.
Raymundus de Fargiis, Cardinalis, p. 183.
Raymundus de Galard, Condomiensis Episcopus, p. 199.
Raymundus del Got, p. 362.
R. de Granhol, p. 284.
Raymundus Hugonis de Telis, p. 184.
R^{us} Garsie, p. 174.
R. de Goto, Cardinalis, p. 160.
Raymundus, Lemovicensis Episcopus, p. 146.
Raymundus, Petragoricensis Episcopus, p. 146.
Ray^{dus} Rosaldus, clericus Fanijovis, p. 235, 236.
Raymundus, Tholosanus Comes, p. 274, 275.
R. Seguini, p. 184.
Robbertus, frater Rogerii Bernardi vicecomitis Castelli boni, p. 200.
Ricardus, rex Angliæ, p. 281.
Rogerius Armaniaci, Episcopus Vaurensis, p. 199.
Rogerius Bernardi, vicecomes Castelli boni, p. 200.
Rogerius de Convenis, vicecomes Cosseranensis, pp. 173 200.
Rogerius, Cosseranensis vicecomes, p. 174.
Rogerius Ysarni, p. 174.

Rogerius de Yspania, p. 184.
Rostangnus, Archiepiscopus Aquensis, p. 372.

S

Sadiraco (dominus de), p. 200.
Salvaterra (comes de), p. 160.
Sancti Ylarii abbas, p. 173.
Saxiaco (dominus de), p. 173.
Sicardus, filius Ar^{dt} de Marmanda, p. 147.
Simo de Bria, p. 277.
Simo, Monfortis filius, p. 276.
Symo de Monte forti, p. 265.
Symo Simardi de Fontazellis, p. 235.

T

Talamon (domna de), p. 278.
Tafesia, domina de Acu, p. 147.
Testa, p. 199.
Thomas de Sancto Severino, comitis Massilii p. 37.
Titbors de Insula, p. 184.
Titbors, nepos domini de Bruchio, p. 184.
Trencaleon (domina de), p. 264.

U

Urbanus papa V, p. 54.
Urbanus papa VI, p. 281.

V

Viana, pp. 302, 337, 338.
Vincentius (S.), p. 183.
Vitalis, p. 147.

W

W^{us} R. Columbi, p. 147.
W^{us} R. de Gensaco, p. 147.
W^{us} Seguini, p. 102.

Y

Ysarnus, dominus de Thauriaco, p. 201.
Ysens, vicecomitissa Lautricensis, p. 185.
Yspano (dominus de), p. 160.

INDEX.

PRÆCIPUORUM LOCORUM (1).

A

Agennum, pp. 66, 71, 94, 111, 114, 129, 140, 155, 168, 175, 176, 177, 181, 193, 206, 213, 225, 245, 246, 282 et seq., 322, 324, 354, 355, 356.
Albia, pp. 69, 90, 98, 107, 118, 130, 139, 154, 166, 180, 194 205, 212, 224, 246, 355.
Alestum, pp. 71, 98.
Altumvillare, pp. 66, 111, 119, 125, 129, 140, 166, 180, 194, 207, 209, 212, 221, 224, 247, 321 et seq., 355, 356.
Anglia, p. 39.
Anicium, p. 353.
Appamie, pp. 65, 118, 126, 131, 140, 151, 154, 165, 179, 190, 191, 194, 207, 212, 225, 245, 246, 354, 355, 356.
Aque, p. 372.
Arelata, pp. 90, 98.
Avinio, pp. 71, 93, 243, 253, 353, 354.

B

Baiona, pp. 108, 119, 130, 140, 155, 156, 166, 176, 177, 180, 195, 206, 212, 225, 247, 255 et seq.
Barchino, pp. 46, 49, 187.
Bellumvidere, pp. 171 et not. 1, 172 not. 1 et 2, 208, 225, 247.
Belvacum, p. 266.
Bitterre, pp. 71, 75, 90, 98, 353, 354.
Bononia, pp. 71, 187.
Brageriacum, pp. 86, 107, 119, 133, 140, 155, 161, 168, 181, 194, 207, 213, 224, 231, 242, 246, 324, 354, 355, 356.
Briva, pp. 108, 119, 133, 155, 166, 180, 193, 205, 213, 225, 354, 355.
Burdegala, pp. 23, 32, 43, 49, 52, 59, 61, 67, 71, 74, 87, 93, 99, 108, 113, 114, 126, 136, 151, 191, 202, 222, 247, 263 et seq., 353, 354, 356.

C

Cadilhacum, pp. 306, 365.
Carcassona, pp. 65, 89, 99, 103, 119, 126, 129, 136, 139, 155, 166, 176, 177, 179, 190, 191, 193, 202, 205, 212, 222, 224, 245, 246, 354, 355, 357, 384.
Castra, pp. 99, 108, 118, 139, 166, 176, 177, 180, 190, 191, 195, 205, 225, 243, 245, 246, 354, 356, 384.
Catholona, p. 82.
Catholonia, p. 82.

(1) J'ai exclu de cette table les noms de lieux qui accompagnent le nom d'un frère prêcheur; et je les ai relevés seulement dans le cas où un intérêt historique m'a paru s'y attacher.

Caturcum, pp. 71, 90, 108, 117, 130, 133, 139, 154, 167, 180, 193, 205, 213, 222, 224, 245, 353, 354, 355, 356.
Cistaricum, pp. 75, 98, 354.
Clugia, p. 37.
Condomium, pp. 78, 89, 99, 104, 107, 118, 130, 139, 155, 166, 180, 206, 213, 224, 244, 246, 269, 290, 301 et seq., 328, 330, 335, 339, 344, 354, 355, 356, 365.
Corona (Monasterium de), p. 264.

D

Dacia, p. 49.
Draguinianum, p. 83.
Duracum, p. 33.

E

Erffordium, p. 49.
Exonia, p. 112.

F

Figiacum, pp. 89, 99, 114, 126, 136, 140, 151, 155, 168, 181, 194, 205, 213, 224, 355, 356.
Florentia, p. 27.

G

Girona, p. 82.
Grecia, pp. 33, 34.

H

Hispania, pp. 33, 34.

L

Lectora, pp. 66, 67, 82, 87, 108, 111, 130, 155, 168, 181, 195, 207, 210, 213, 220, 246, 328 et seq., 356.
Lemovica, pp. 75, 82, 140, 151, 156, 167, 181, 190, 191, 194, 202, 208, 213, 224, 247, 271, 309, 353, 355, 356, 385.
Limosum, pp. 213, 224, 246.
Lombardia, pp. 31, 33, 37, 44.

M

Marciacum, pp. 171 et not. 1, 172 et not. 1 et 2, 187, 213, 225, 247.
Massilia, pp. 29, 71, 98, 101, 269, 353, 354, 355.
Mediolanum, p. 31.
Mons Albanus, pp. 71, 98, 107, 119, 140, 154, 168, 181, 194, 202, 207, 213, 218, 224, 246, 355.
Mons Marciani, pp. 318, 330, 344, 364.
Monspessulanus, pp. 77, 93, 99, 112, 187, 252, 353, 354, 376.
Morlanum, pp. 140, 168, 181, 187, 190, 195, 206, 213, 225, 246, 315 et seq.

N

Narbona, pp. 71, 93, 98, 353, 354, 355.
Nemausum, p. 394.
Nicia, pp. 98, 287.

O

Orthesium, pp. 90, 98, 108, 130, 150, 168, 181, 186, 193, 206, 225, 247, 293 et seq., 355.

INDEX.

P

Parisii, pp. 31, 34, 39, 49, 71, 82, 144, 187, 218, 219, 252.
Petragora, pp. 30, 98, 108, 114, 126, 130, 136, 140, 154, 167, 180, 193, 202, 206, 213, 218, 225, 245, 247, 353, 355, 356.
Pirpinianum, pp. 83, 354, 355.
Pise, p. 26.
Perusia, p. 368.
Polonia, pp. 28, 33, 37.
Pons Viridis, pp. 65, 337 et seq.
Portus Sancte Marie, pp. 230, 232, 246.
Provincia, pp. 33, 34, 59.
Prulianum, pp. 63, 124, 236, 362, 366, 367, 394.

R

Rivi, pp. 75, 119, 121, 154, 166, 181, 195, 207, 213, 216 not. 1, 224, 246, 252, 355, 356.
Romana provincia, pp. 33, 37, 40, 102.
Ruscia, p. 29.
Ruthena, pp. 108, 140, 168, 181, 195, 207, 213, 225, 246, 356.

S

Saccatorum locus, p. 83.
Sanctus Emilianus, pp. 130, 134, 135, 139, 144, 156, 166, 180, 194, 206, 213, 217, 225, 247, 307 et seq., 355.
Sanctus Gaudentius, pp. 131, 139, 166, 179, 193, 206, 213, 225, 247, 342 et seq.
Sanctus Geruncius, pp. 140, 155, 162, 168, 181, 186, 195, 198, 207, 213, 216, 225, 237, 246, 251, 346 et seq., 356.
Sanctus Junianus, pp. 124, 167, 181, 194, 208, 247.
Sanctus Pardulphus, p. 65.
Sanctus Severus, pp. 144, 155, 168, 181, 195, 206, 213, 224, 246, 332, et seq.
Sarlatum, p. 344.
Saxonia, p. 49.

T

Terra Sancta, p. 33, 34.
Tharasco, pp. 29, 30, 71, 89, 355.
Theutonia, pp. 31, 37.
Tholosa, pp. 62, 99, 114, 202, 221, 222, 242, 323, 353, 354, 355, 356, 381.
Treveti, p. 388.

U

Ultramarina provincia, p. 34.
Ungaria, p. 33.

V

Valentia, pp. 90, 98.
Vasconia, p. 40.
Vaurum, p. 330.
Vienna, pp. 36, 53.

INDEX ANALYTICUS

RERUM PRÆCIPUARUM IN ACTIS CAPITULORUM CONTENTARUM

A

Absentatio priorum et fratrum a communibus locis extra refectorium vel a conventu, pp. 133, 141, 142.
Accessio ad conventum sine mora, pp. 72, 76, 122.
Accusatio fratris a fratre, p. 61.
Accusationes conventus Sancti Severi contra priorem provincialem, pp. 144, 145.
Acta capitulorum generalium et provincialium, pp. 73, 92, 123, 229.
Alquimia proscripta, p. 35.
Ambitio a fratribus detestanda, p. 47.
Anniversaria pro defunctis, p. 63.
Apostate ordinis in provinciam evagantes capi debent a prioribus, pp. 214, 215.
Aragonie et Curie Romane negotia, p. 86.
Assertio in loquendo simplex esse debet, p. 170.
Ave, Maria divisim recitatur a fratribus, p. 62.

B

Bacallarius, pp. 34, 49, 216.
Balnea, pp. 122, 169, 183.
Beguine sorores, pp. 142, 143.
Burdegalensis conventus erectus in studium provinciale, p. 162.
Bursa portari non debet a fratribus, pp. 110, 248.

C

Calciamenta, p. 111, 143.
Capellus de filtro, p. 158.
Capitegium, p. 196.
Capitulum conventuale, pp. 61, 63, 121.
Capitulum generale, pp. 37, 49, 62, 73, 93, 101, 110, 197, 208, 215, 216, 217, 228, 231, 238, 240.
Capitulum provinciale, pp. 37, 60, 68, 72, 77, 84, 86, 93, 94, 103, 110, 111, 112, 124, 134, 135, 142, 150, 161, 168, 175, 186, 187, 198, 208, 218, 231, 238, 240, 243, 252.
Capucium, pp. 61, 171, 216.
Carcer in conventu, pp. 132, 144, 240, 249.
Carnes trite, pp. 85, 101.
Carnis usus prohibitus, pp. 101, 169, 182.
Cedula de culpis vel de excessibus priorum, pp. 73, 85.
Cellarum uniformitas, pp. 215, 216.
Ciroteca, p. 158.

Circumspectio in verbis circa negotia principum, pp. 181, 209.
Clausura, p. 196.
Collatio in scolis, p. 121.
Collatio de subprioribus absolvendis vel retinendis, p. 101.
Collecta communis, p. 60.
Collecte fieri non debent in festis sancti Nicholay vel sancte Katherine per artistos vel naturales, p. 110.
Comedere extra conventum, ubi adest conventus, est prohibitum, pp. 63, 122.
Compositio inter monasterium Pruliani et provinciam Tholosanam super eleemosina domini Coseranensis episcopi, pp. 232, 233, 234, 235, 236.
Condomiensis civitatis invasio, p. 252.
Conducticius fratrum, p. 61.
Confessio peccatorum fiat a fratribus nisi prelatis suis, p. 91.
Confessio sacramentalis fratrum non sacerdotum bis fieri debet in septimana, p. 120.
Confessores dyocesanis presentati, pp. 227, 228.
Congregationes fratrum prohibite, p. 215.
Concilium seniorum in unoquoque conventu, pp. 85, 101, 122, 133, 143, 169, 228, 239, 242, 249. — Pro negotiis studentium, pp. 92, 99, 108, 119, 140, 141, 156, 168, 197, 209.
Constitutio confirmata, pp. 73, 92.
Controversiis non se intromittunt fratres, p. 62.
Contributio peccuniaria uniuscujusque conventus pro supportatione expensarum conventus Avinionensis factarum in Curia pro facto reformationis, pp. 243, 253.
Conventus Tholosanus juvandus, p. 62.
Crimen vel defectum fratris scribere non debent fratres superiori, p. 209.
Culcitra, p. 158.
Cultellus acutus portari non debet a fratribus, p. 183.
Curia Romana, pp. 37, 48, 68, 102.
Cursor missus a fratre vel a priore, p. 61.

Custodes deputati in unoquoque conventu contra silentium frangentes, p. 121.

D

Debita non contrahunt fratres, pp. 91, 92.
Defectus in choro et altari, p. 122.
Defectus observantie regularium institutionum, p. 140.
Delatores verborum, pp. 132, 144, 209.
Deposita non recipienda, ostendenda, et reddenda sine licentia trium depositariorum, p. 26.
Determinatio in scolis, p. 158.
Detractores, p. 132, 144.
Devotio B. Belini ad ordinem, pp. 92, 93.
Diffinitores capituli generalis, pp. 39, 62, 77, 86, 93, 103, 112, 124, 134, 161, 187, 201, 216, 231.
Diffinitores capituli provincialis, pp. 26, 66, 78, 97, 104, 113, 121, 125, 150, 151, 187.
Discenciones in Vasconia, p. 181.
Discursus fratrum per provinciam, pp. 85, 182. — Intra vel extra limites predicationis, p. 101. — Ad Curiam Romanam, pp. 37, 48, 68, 102.
Disputationes in scolis, pp. 47, 100, 176, 228.
Divisio provincie Provincie antique, p. 102.
Domorum concessiones Polonie, p. 28.
Dormitorium, p. 158.

E

Ecclesiam in negotiis cum principibus approbare debent fratres, p. 86.
Electio B. Geraldi in provincialem, pp. 66, 78. — W. Petri de Godino, p. 94.
Electiones, pp. 46, 109, 120, 131, 141,

156, 186, 197, 214, 216, 217, 226, 238, 241.
Electores Magistri ordinis, p. 124.
Equitare sine licentia prohibitum, p. 68.
Excessus refrenandi, pp. 40, 41, 42, 43.
Excessus in conviviis, p. 158.
— in equitando, pp. 170, 171.
— in recreatione, p. 85.
— in visitationibus, p. 84.
Exitus terminorum predicationis ultra tres leucas puniendus, p. 61.
Expensa pro inquisitionis officio, p. 47.

F

Famulus deputati ad capitulum generale, p. 197.
Festa non fiunt in principio aut terminatione lectionum, seu in responsionibus vel terminationibus questionum, vel in sermonibus ad clerum, p. 133.
Festum sancti Vincentii cujus reliquia in conventu Castrensi reponuntur duplex in tota provincia, p. 182.
Fratres conversi, p. 241.
Fratres cuicumque curie se subdere non debent, pp. 247, 248.
Fratres de dominio ad dominium dominorum Regum, Francie videlicet et Anglie, non licentiantur, pp. 239, 240, 250.
Fratres instituti pro receptione et conservatione sexte partis omnium que obveniunt conventui, pp. 111, 143.
Fratres juvenes, pp. 47, 101, 121, 122, 209, 215, 227, 240.
Fratres layci, p. 91.
Fratres raro celebrantes et raro confitentes communicari debent cum fratribus juvenibus, p. 121.
Fratres reverenter se habeant ad prelatos, p. 91.
Fugientes ad domum Fratrum Pirpiniani denegati, p. 83.

G

Gampela, p. 248.
Guerre principum de quibus non se intromittunt fratres, pp. 73, 181, 208, 209, 238, 239, 249, 250, 251.

H

Helemosina domini Coseranensis episcopi, pp. 231, 232, 233, 234, 235, 236.
Honestas in cibo extra conventum, pp. 122, cf. Balnea.
Hospicium, p. 133, 142.

I

Impositor criminum, p. 210.
Imprecatio secularis, p. 170.
Inductio in capitulo generali, p. 36, et note 1.
Indulgencie, p. 60, cf. Prelati.
Infirmus, pp. 37, 101, 110, 111, 122, 142, 143.
Infirmitorium, pp. 133, 142, 182.
Ingressus monasterii Pruliani non suadendus, p. 63.
Inquesta de crimine, p. 170.
Inquisitio heretice pravitatis, vid. inquisitor.
Inquisitio super locum Lectorensem, p. 82.
— Super locum Draguiniani, p. 83.
Inquisitor heretice pravitatis, pp. 47, 55, 56, 57, 63, 64, 65, 216.

J

Juppa, p. 182.
Juramentum prohibitum, p. 170.

L

Lectio in scolis, pp. 61, 100, 157, 163, cf. Lector.
Lector, pp. 46, 62, 92, 102, 119, 131, 156, 158, 168, 197, 209, 216, 226, 228, 241, 242.
Lectores artium, pp. 71, 75, 90, 98, 99, 108, 119, 130, 131, 140, 155, 156, 167, 168, 181, 191, 195, 206, 207, 208, 213, 225, 237, 246, 247. — Biblie, pp. 49, 102, 106, 114, 126, 136, 151, 163, 176, 190, 202, 222. — Naturalium, pp. 71, 75, 89, 107, 108, 117, 118, 129, 130, 131, 139, 140, 154, 155, 165, 166, 179, 180, 193, 194, 205, 206, 212, 213. 224, 237, 246. — Sententiarum, pp. 106, 114, 126, 136, 177, 191, 222, 245. — Theologie, pp. 69, 74, 79, 87, 95, 105, 115, 126, 136, 151, 163, 177, 190, 191, 202, 203, 211, 222, 244, 245.
Libellus de doctrina Fratrum, pp. 226, 227, et not. 1.
Liber Ethicorum in scolis, p. 224.
Liber Porphirii in scolis, p. 167.
Liber Posteriorum in scolis, p. 167.
Liber Priorum in scolis, p. 167.
Liber Topicorum in scolis, p. 167.
Libri, pp. 35, 111, 143, 144, 198.
Limitatio predicationum, pp. 73, 77, 92, et not. 1.
Limitatores predicationum, pp. 92, 133.
Linteamina, pp. 132, 158, 182.
Littera Barnabe, Magistri ordinis, pp. 50, 51, 52.
Littera de obitu Barnabe, Magistri ordinis, pp. 218, 219.
Littera Helie de Ferreriis de obitu Barnabe, Magistri ordinis, pp. 220, 221.
Littera Munionis, Magistri ordinis, pp. 40, 41, 42, 43.
Littera diffamatoria contra priorem Brageriacensem, p. 84.
Littere scribende a conversis, p. 61.
Littere non aperiende, p. 68.
— Misse, pp. 36, 61.
Littere familiaritatis, pp. 62, 63.
Littere testimoniales, pp. 182, 227.
Logica vetus, p. 225.
Ludi pro lucro fratribus interdicti, p. 196.
Ludus taxillorum, p. 196, et not. 1.

M

Magister naturarum et artium, pp. 197, 198.
Magister ordinis, pp. 28, 34, 35, 37, 39, 47, 48, 49, 60, 62, 67, 68, 73, 91, 93, 102, 110, 202, 231, 237, 253.
Magister studentium, pp. 49, 110, 158, 222, 245.
Magister in Theologia, pp. 28, 34, 35, 216.
Majoricarum regi denuntiantur gravia et periculosa, p. 83.
Manica, p. 248.
Marcatio rerum conventus Tholosani, p. 67.
Marthe (s.) festum et legenda, pp. 28, 29, 30.
Mendicatio, p. 169.
Minutio, p. 196.
Missa nova extra conventum celebrari non debet, pp. 228, 242.
Monasteria quarumcumque religiosarum mulierum ingredi non debent fratres in villa, ubi adest conventus, vel de prope ad mediam leucam, pp. 142, 143.
Montispessulani conventus duos studentes ad studium naturalium et artium mittere potest, p. 99.
Mulieres ingredi non debent ad claustrum, oratorium et alias officinas, pp. 27, 100, 110.
Mulierum religiosarum frequens visitatio, p. 142.
Mutatio fratrum, pp. 60, 70.

N

Negligencie communitatum, p. 73.
Negligentia in punitione insolentium, p. 142.
Novitius, pp. 27, 68, 84, 132, 133, 216 not. 1.
Nuncius missus a fratre vel priore, p. 61.

O

Obedire debent antiquiori fratres qui turmatim ad capitulum ire debent, vel redire, p. 208.
Officium ecclesiasticum, p. 28.
Officium B. Marie in dormitorio recitandum, p. 110.
Ordinatio conventuum, p. 70.
Ornamenta ecclesiastica, pp. 111, 143.

P

Pactum facere non debent fratres de quota sibi danda de questis, mendicationibus et procurationibus communibus, p. 169.
Pannus lineus, p. 110.
Paupertas terre anno 1285, p. 81.
Peccunia communis non contrectanda, p. 110, — non pertractanda, p. 197.
Peccunia conventus in depositis, p. 100.
Peccuniam portare non debent fratres, nec portari facere, p. 67.
Pena, p. 27.
Penitentiarum relaxatio, p. 141.
Penitentiarius, p. 60.
P. de Tarantasia scripta lectoribus imposita, p. 157.
Philosophia moralis in scolis, p. 224.
Phylipus, rex Francorum, obiit in Cathalonia, p. 82.
Pirpinianum, vid. Fugientes.

Portarius in conventu, p. 101.
Possessio quecumque interdicta fratribus, pp. 195, 196.
Preceptum, p. 73.
Predicamenta in scolis, p. 167.
Predicatores crucis tres tantum esse debent in conventu, p. 85.
Predicatores dyocesanis presentati, pp. 227, 228.
Predicatores generales, pp. 62, 76, 93, 149, 186, 197, 229.
Prelati propter indulgentias turbati, p. 91.
Prior conventualis, pp. 26, 28, 36, 37, 39, 60, 61, 67, 68, 73, 77, 85, 99, 100, 101, 102, 108, 110, 111, 119, 121, 122, 123, 133, 140, 141, 142, 143, 157, 158, 168, 169, 171, 182, 196, 197, 198, 208, 209, 214, 215, 227, 228, 229, 239, 240, 241, 248.
Prior provincialis, pp. 27, 35, 36, 37, 47, 48, 61, 62, 68, 72, 73, 81, 84, 92, 102, 110, 111, 119, 121, 122, 141, 142, 144, 156, 186, 187, 209, 215, 216, 226, 227, 228, 229, 238, 239, 240, 242, 243, 244, 249, 252, 253.
Privilegia ordinis, p. 123.
Processus habitus per priorem Burdegalensem contra fratres R. Bertrandi et Michaelem Vigorosum, p. 67.
Procuratio communis, p. 169.
Professus alterius religionis recipi non debet in ordine, p. 26.
Proherminias (liber) in scolis, p. 167.
Pulmentum coctum cum carnibus, p. 182.

Q

Questa, pp. 169, 197, 228, 229.

R

Rasura, pp. 61, 170.
Rebellio in pluribus conventibus, p. 249.

Recepta pro inquisitionis officio, p. 47.
Receptio conventus in Albia, p. 69.
— — In Bello videre, pp. 171 et note 1, 172.
— — In Lectora, p. 87.
— — In Marciaco, pp. 171 et note 1, 172, 187.
— — In Portu Sancte Marie, p. 230 et note 1.
Recollectio in scolis, p. 228.
Recreatorium, p. 182.
Redditus emere non debent fratres, p. 216.
Repetitio lectionis in scolis, pp. 47, 61.
Rotulus accusatorius, pp. 73, 85, 215.

S

Sancti Emiliani conventus elegit subpriorem in socium prioris, p. 217.
Sancti Geruncii conventus elegit socium ad conventum non pertinentem, pp. 216, 217.
Scapularia, p. 241, cf. Scrutinium.
Scola, pp. 47, 121, 224, 242, 248.
Scripta superstitiosa, p. 121.
Scrutinium singulare conventus Sancti Geruncii, p. 186.
Seculares, pp. 35, 61, 62.
Sedens ad terram, p. 60.
Seminator discordie, pp. 132, 144, 209.
Sententia ferenda, p. 73.
Sententie prelatorum de quibus non se intromittunt fratres, p. 73.
Sermo ad clerum, p. 133.
Silentium intra conventum, pp. 62, 72, 121, cf. Custodes.
Socius prioris, p. 101 — visitatoris, p. 110 — fratris ad balnea missi, pp. 122, 169.
Sotulares, p. 248.
Studentes, pp. 39, 46, 47, 92, 99, 108, 109, 131, 141, 156, 196, 197, 215, 228.
Studentes artium, pp. 61, 110, 206, 207, 208, 225, 252. — Naturalium, pp. 71, 89, 107, 108, 110, 117, 118, 129, 130, 139, 140, 154, 155, 165, 166, 179, 180, 193, 194, 205, 206, 212, 213, 224, 252. — Theologie, pp. 81, 88, 89, 97, 98, 106, 107, 115, 116, 121, 122, 128, 129, 138, 139, 152, 153, 154, 164, 165, 178, 179, 191, 192, 193, 204, 205, 212, 223, 224, 251, 252.
Studentes Barchinone, pp. 187, 201. — Bononie, pp. 71, 187, 201. — Exonie, pp. 112, 149. — In Montepessulano, pp. 112, 124, 134, 149, 161, 187, 201, 217, 230. — Parisius, pp. 71, 134, 144, 161, 187, 216.
Studium, pp. 63, 100, 121 et note 2, 133, 157, 168, 228, 248.
Studium generale, pp. 28, 39, 161, 216 et note 1.
Studium Burdegalense, p. 162.
Studium Parisiense, pp. 39, 49, 216.
Studium Tholosanum, p. 114.
Studium artium, pp. 47, 71, 72, 75, 81, 109, 110, 117, 119, 120, 131, 140, 141, 156, 158, 167, 168, 181, 196, 197. — Biblie, pp. 26, 114. — Naturalium, pp. 71, 72, 75, 81, 109, 110, 117, 119, 120, 131, 140, 141, 156, 158, 168, 196, 197. — Sententiarum, p. 114. — Theologie, pp. 196, 197.
Sublector, pp. 70, 75, 80, 88, 96, 105, 115, 127, 128, 137, 152, 163, 164, 177, 178, 191, 197, 203, 211, 212, 222, 223, 245, 246.
Subprior, pp. 28, 31, 36, 92, 101, 102, 110, 131, 142, 168, 197, 198, 209, 214, 228, 229.
Sudariolum, p. 110

T

Testamentorum executiones non recipiunt fratres, p. 122.
Tholose conventus duos studentes ad studium naturalium et artium mittere potest, p. 99. — Quatuor mittere potest, pp. 108, 141, 156. —

juvandus pro expensis, p. 62.
Thome (s.) scripta in scolis introducta, 157.
Tractatus capituli conventualis, pp. 68, 169, 186, 197, 209, 216, 229, 240, 248.
Tucentum seu pulmentum cum tritura carnium, p. 182.
Tuizare fratres est prohibitum, p. 170.
Turbatio ex petitione remansionis seu remotionis lectorum, p. 197.
Turbator pacis, p. 132.

U

Uniformitas in cibo et potu, p. 182.

V

Vanna, p. 158.
Vestes, p. 37, 61, 91, 110, 111, 143, 241. — In vestibus modestia, pp. 110, 170, 171, 182. — In vestibus paupertas, pp. 158, 183, 216, 248, 249.

Vicarius prioris conventualis, pp. 26, 28, 31, 37, 68, 73, 77, 99, 100, 101, 108, 110, 111, 119, 123, 140, 141, 142, 156, 157, 158, 169, 171, 182, 227, 228, 229.
Vicarius prioris provincialis, pp. 35, 36, 73, 81, 84, 119.
Vicarius vicarie, pp. 70, 74.
Vigilie in hospitio et in infirmitorio, p. 122.
Vencentii (S.) corpus in conventu Castrensi, p. 182.
Visitatio conventus, vid. Visitator.
Visitator conventus, pp. 62, 68, 72, 73, 76, 81, 90, 91, 99, 100, 109, 110, 120, 121, 123, 131, 132, 141, 142, 156, 157, 168, 169, 171, 182, 183, 185, 186, 195, 197, 198, 209, 214, 215, 229, 230, 242, 243, 251.
Vocis privatio, pp. 68, 149, 175, 186, 187.

Z

Zelator in conventu, p. 249.
Zona, p. 248.

TABLE GÉNÉRALE

Préface. 5

PREMIÈRE PARTIE. — CHAPITRES.

I. — Chapitres généraux.

I. — Chapitre général de Bordeaux, 16 mai 1277 23
    Légende de Sainte-Marthe 29
II. — Chapitre général de Bordeaux, 25 mai 1287 32
    Lettre de fr. Munio, Maître de l'ordre 40
III. — Chapitre général de Bordeaux, 3 juin 1324 43
    Lettre de fr. Barnabé, Maître de l'ordre 50
    Suppléments au chapitre général de 1324.
    i. — Culte du T.-S. Sacrement dans l'ordre des Frères Prêcheurs.
       — De l'auteur de l'office du T.-S. Sacrement 52
    ii. — Règlements des chapitres généraux relatifs à l'inquisition . 54
    iii. — Prose de saint Pierre de Vérone. — Prose de saint Antonin
       de Florence 57

II. — Chapitres provinciaux.

Prœmium de Bernard Gui 59
I. — Chapitre provincial de Bordeaux, 1246 59
II. — Chapitre provincial de Bordeaux, 8 septembre 1257 60
    Supplément au chapitre provincial de 1257 : règlements des
       chapitres provinciaux relatifs à l'Inquisition dans le Midi
       de la France au XIIIe siècle. — Inquisition de Carcassonne
       et de Toulouse 63
III. — Chapitre provincial d'Agen, 15 août 1276 66
IV. — Chapitre provincial de Bordeaux, « Post generale », 1277 . . 74
V. — Chapitre provincial de Condom, 9 octobre 1285 78
VI. — Chapitre provincial de Bordeaux, « Post generale », 1287 . . 87
VII. — Chapitre provincial d'Agen, 22 juillet 1301 94
VIII. — Chapitre provincial de Condom, 22 juillet 1307 104
IX. — Chapitre provincial de Bordeaux, 15 août 1311 113

X. — Chapitre provincial d'Auvillar, 22 juillet 1314 125
XI. — Chapitre provincial de Saint-Émilion, 6 juillet 1315 135
XII. — Chapitre provincial d'Orthez, 24 juin 1316 150
XIII. — Chapitre provincial de Saint-Girons, 8 septembre 1321. . . . 162
XIV. — Chapitre provincial d'Agen, 28 août 1322 176
    Supplément aux actes du chapitre provincial de 1322 : Visiteurs et lecteurs du couvent de Marciac 188
XV. — Chapitre provincial de Morlaas, 24 juin 1323 190
XVI. — Chapitre provincial de Bordeaux, 1324 202
XVII. — Chapitre provincial de Lectoure, 23 juin 1331 210
    Lettre du couvent de Paris annonçant la mort de fr. Barnabé . . 218
    Lettre de fr. Helie de Ferrières, provincial de Toulouse, communiquant cette mort 219
XVIII. — Chapitre provincial d'Auvillar, 15 août 1335. 221
    Suppléments aux actes du chapitre provincial de 1335 :
        I. — Visiteurs et lecteurs du couvent de Port-Sainte-Marie. . 232
        II. — Accord entre la province de Toulouse et le monastère de Prouille. 232
XIX. — Chapitre provincial de Saint-Girons, 11 juin 1338. 237
XX. — Chapitre provincial de Condom, 22 juillet 1340. 244

DEUXIÈME PARTIE. — COUVENTS.

I. — Fondation et prieurs du couvent de Bayonne (1231-1315) :
    I. — Fundacio conventus Baionensis. 255
    II. — Priores in conventu Baionensi. 256
II. — Fondation et prieurs du couvent de Bordeaux (1230-1315) :
    I. — Fundacio conventus Burdegalensis 263
    II. — Priores in conventu Burdegalensi. 265
    III. — Epitome Prædicatorii Burdigalensis ad annales ordinis Fratrum Prædicatorum. 273
III. — Fondation et prieurs du couvent d'Agen (1249-1335) :
    I. — Fundacio conventus Agennensis 282
    II. — Priores in conventu Agennensi 286
IV. — Fondation et prieurs du couvent d'Orthez (1250-1315) :
    I. — Fundacio conventus Orthesiensis 293
    II. — Priores in conventu Orthesiensi 294
V. — Fondation et prieurs du couvent de Condom (1261-1323) :
    I. — Fundacio conventus Condomiensis. 301
    II. — Priores in conventu Condomiensi. 302
VI. — Fondation et prieurs du couvent de Saint-Émilion (1262-1335) :
    I. — Fundacio conventus Sancti Emiliani. 307
    II. — Priores in conventu Sancti Emiliani. 308
VII. — Fondation et prieurs du couvent de Morlaas (1268-1325) :
    I. — Fundacio conventus Morlanensis 315
    II. — Priores in conventu Morlanensi 316
VIII. — Fondation et prieurs du couvent d'Auvillar (1275-1333) :
    I. — Fundacio conventus Altivillaris. 321
    II. — Priores in conventu Altivillaris 322

IX. — Fondation et prieurs du couvent de Lectoure (1276-1313) :
    i. — Fundacio conventus Lectorensis 328
    ii. — Priores in conventu Lectorensi 329
X. — Fondation et prieurs du couvent de Saint-Sever (1280-1315) :
    i. — Fundacio conventus Sancti Severi. 332
    ii. — Priores in conventu Sancti Severi. 334
XI. — Fondation et prieurs du monastère des Sœurs de Pont-Vert, à Condom :
    i. — Fundacio monasterii sororum Pontis viridis 337
    ii. — Priores in monasterio sororum Pontis viridis 338
    Supplément à l'histoire du monastère de Pont-Vert : Visiteurs du monastère de Pont-Vert. 341
XII. — Fondation et prieurs du couvent de Saint-Gaudens (1290-1314) :
    i. — Fundacio conventus Sancti Gaudencii 342
    ii. — Priores in conventu Sancti Gaudencii 343
XIII. — Fondation et prieurs du couvent de Saint-Girons (1306-1315) :
    i. — Fundacio conventus Sancti Geruncii. 346
    ii. — Priores in conventu Sancti Geruncii. 349

TROISIÈME PARTIE. — NOTICES.

Avertissement. 351
Capitula provincialia in provincia Provincie antiqua. 352
Capitula provincialia in provincia Tholosana 355
Notices (ordre alphabétique). 357
Index nominum ad ordinem Fratrum Prædicatorum non pertinentium. . 489
Index locorum præcipuorum. 495
Index analyticus rerum præcipuarum in actis capitulorum contentarum. 499
Table générale 507

CORRIGENDA.

Malgré les soins de l'imprimeur et malgré la plus minutieuse attention, toute faute n'a pas été évitée. Je prie le lecteur de tenir compte des corrections suivantes :

Page 264, ligne 32 : au lieu de *M° CC° LXXX°*, lisez *M° CC° XXX°*.
— 281, — 32 : au lieu de *Burdig[alensem]* lisez *Burdig[alensibus]*.
— 286, — 23 : au lieu de *Agennensis* lisez *Agennensi*.
— 329, — 24 : au lieu de *huic* lisez *hic*.
— 396, — 16 : au lieu de *Cartusiensis* lisez *Caturcensis*.
— 433, — 8 : au lieu de *Marvejols (Ardèche)* lisez *Marvejols (Lozère)*.

FIN.

www.ingramcontent.com/pod-product-compliance
Lightning Source LLC
Chambersburg PA
CBHW071714230426
43670CB00008B/1008